DAVID PICKERING
LEXIKON DER MAGIE UND HEXEREI

DAVID PICKERING

LEXIKON
DER
MAGIE
UND
HEXEREI

BECHTERMÜNZ VERLAG

Originaltitel: Dictionary of Witchcraft
Zuerst veröffentlicht durch Cassell, London

Deutsche Erstausgabe

Copyright © David Pickering 1996

Copyright © für die deutsche Übersetzung und Ausgabe 1999 by
Weltbild Verlag GmbH, Augsburg
Produktion der deutschen Ausgabe:
Neumann & Nürnberger, Leipzig
Übersetzung: Regina van Treeck, Leipzig
Umschlaggestaltung: Georg Lehmacher, Friedberg (Bay.)
Umschlagmotiv: AKG, Berlin
Gesamtherstellung: Wiener Verlag, Himberg bei Wien
Printed in Austria
ISBN 3-8289-0323-1

Alle Rechte vorbehalten. Kein Teil dieser Veröffentlichung darf in irgendeiner Form reproduziert werden ohne die schriftliche Erlaubnis der Rechteinhaber. Alle Abbildungen in diesem Buch wurden mit dem Wissen und dem vorherigen Einverständnis der Künstler reproduziert. Producer, Verlag und Drucker übernehmen keine Verantwortung für Verletzungen des Copyrights oder andere Schäden, die aus dem Inhalt dieser Veröffentlichung folgen können. Es wurde jede Anstrengung unternommen sicherzustellen, daß die hier gegebenen Informationen der Wahrheit entsprechen.

Bildnachweis:
Die folgenden Illustrationen wurden freundlicherweise von
Peter Newark's Historical Pictures zur Verfügung gestellt:
10, 30, 75, 92, 94, 109, 135, 141, 152, 214, 255, 267; Fortean Picture
Library: 49, 195; Foromas Index: 175; The Mansell Collection: 263

Inhalt

Vorwort   6

Karte   8

Einleitung   9

Lexikalischer Teil   ab Seite 17

Vorwort

Die Attribute des Hexenwesens – häßliche alte Weiber, Besen, schwarze Katzen, Hexenkessel und Zauber – spielen in der Ikonographie des heutigen Europa und Amerika eine wichtige Rolle. Durch Kinderbücher, das Fernsehen, Märchen und Filme (nicht zuletzt die Cartoon-Klassiker der Disney-Studios) nehmen die Kinder überall in der westlichen Welt Geschichten von Hexen und Dämonen schon im frühesten Alter geistig auf. Jugendliche und Erwachsene akzeptieren inzwischen bedenkenlos das Urbild der Hexe als eine typische Gestalt in Horrorfilmen, Romanen und Computerspielen.

Beschreibungen von Hexen, die auf Besen reiten, sind überall zu finden – auf Verpackungen, in der Werbung, als Logos und in zahllosen anderen Zusammenhängen. Selbst unsere Sprache spiegelt den Einfluß des Hexenwesens wider: ein schönes Gesicht bezeichnet man als bezaubernd; eine nachtragende, rachsüchtige Frau wird „eine alte Hexe" geheißen; Menschen bekennen, unter einem Bann zu stehen; Untersuchungen von Korruptionsfällen oder heimlichen Geschäften werden gewöhnlich „Hexenjagd" genannt. Zu Halloween (Allerheiligen), dem wichtigsten Datum im Hexenkalender, nehmen Millionen Menschen an Parties teil, begleiten ihre Kinder zu Besuchen bei den Nachbarn, bei denen Süßigkeiten gefordert oder im Scherz ein Streich angedroht wird, schmücken ihre Wohnungen mit symbolischen Darstellungen von Kürbissen, Skeletten und Hexen, oder sie sitzen um Mitternacht herum, um sich einen Horrorfilm anzusehen, in dem neben anderem übernatürlichem Treiben sehr wohl Szenen von Hexensabbaten oder Schwarzen Messen vorkommen können.

In einem zunehmend weltlichen Zeitalter scheint sich das allgemeine Interesse an allen mit dem Übernatürlichen in Zusammenhang stehenden Dingen verdoppelt zu haben, da suchende Gemüter nach Zeugnissen von etwas forschen, das jenseits materialistischer Vorurteile liegt. Nur wenige Leute glauben ernsthaft an die ziemlich verworrene Philosophie der „schwarzen Magie", die man mit dem Hexenwesen assoziiert, so wie es die christlichen Dämonologen darlegten, doch viele erkennen in dem Gegenstand nicht nur eine Gelegenheit, die Geschichte von einem anderen Standpunkt aus zu betrachten, sondern eine amüsante Möglichkeit, ihr Leben auch auf andere Art und Weise zu interpretieren. Hexen wurden nicht so sehr wegen der bösen Taten verfolgt, die sie angeblich begingen; man glaubte vielmehr, daß sie mit ihrer vermeintlichen Teufelsgefolgschaft das herkömmliche christliche Denken ablehnten und damit eine Herausforderung für die etablierte Gesellschaft darstellten.

Ich habe in diesem Buch versucht, die historische Wirklichkeit hinter dem Mythos des Hexenwesens zu beleuchten und zu zeigen, wie die Stereotypen in manchen Fällen der Wahrheit nahekamen und in anderen abenteuerlich falsch waren. Bei vielen Beispielen ist es schwierig, genau zu sagen, was in einem bestimmten Fall wirklich geschah – ob beispielsweise die Folter angewendet wurde, oder ob die vermeintlichen Hexen wirklich an ihre Behauptungen glaubten –, doch in anderen Fällen bringen die Darstellungen aus erster oder zweiter Hand dem Leser die Ereignisse lebendig nahe. Das Hexenwesen ist eine grausame Härte der Geschichte, eine fixe Idee, die einen großen Teil der zivilisierten Gesellschaft mehr als zweihundert Jahre lang traumatisierte und in der europäischen Psyche ein unauslöschliches Zeichen hinterlassen hat.

Die Stichwörter sind in alphabetischer Reihenfolge geordnet; zu ihnen gehören allgemeine Artikel über Themen wie Dämonen, Hausgeister, die Inquisition, Hexensabbate, Verwandlung,

Vorwort

Zauber und Folter, die eine Menge grundverschiedener, doch thematisch verwandter Einträge zu einem Ganzen vereinen sollen. Andere Artikel untersuchen die Tradition des Hexenwesens bestimmter Länder oder Regionen oder beschränken sich auf die Beschreibung der bedeutendsten Prozesse und der daran beteiligten Personen. Hier finden Sie auch eine Anzahl von ausführlichen Artikeln über den Volksglauben, der sich als Teil des Hexenwissens entwickelte, sowie andere, die die Theorien der einflußreichsten Dämonologen und anderer Autoritäten auf diesem Gebiet zusammenfassen. Viele Querverweise schaffen durchgängig Verbindungen zu thematisch verwandten Artikeln, die für den Leser von Interesse sein könnten.

Ich möchte nochmals dem Verlagslektor und den Herstellern beim Verlag Cassell für ihre Mithilfe und Jan, Edward und Charles für die ungezwungene Arbeitsatmosphäre danken.

David Pickering

Bedeutende Schauplätze des Hexenwesens von 1320 bis 1775

← NORDAMERIKA: *Salem 1692*

Mora 1669

Auldearn 1662
Aberdeen 1597
Renfrew 1697
Perth 1623
Pittenweem 1704
North Berwick 1590
Edinburgh 1670

Stockholm 1675

Kilkenny 1324

Pendle 1612, 1634
Burton 1596
Bilson 1620
Bury St. Edmunds 1645, 1662, 1694
Warboys 1593
Somerset 1664
St. Osyth 1582
Newbury 1643
Chelmsford 1566, 1579, 1589, 1645
Wapping 1652
Arras 1459–60
Köln 1625–26, 1630–36
Rheinbach 1631, 1636
Kanalinseln 1562–1736
Louviers 1647

SACHSEN

NORMANDIE 1589–94, 1600–45
Trier 1582–94
Würzburg 1623–33
Bamberg 1609–33
Eichstätt 1637

BAYERN
BÖHMEN

Loudun 1634
Paris 1679–82
LOTHRINGEN

BURGUND
Luxeuil 1529

HEILIGES RÖMISCHES REICH DEUTSCHER NATION 1400–1775

ÖSTERREICH 1570

Auxonne 1660–61
FRANCHE-COMTÉ

SALZBURG
TIROL

Bordeaux

SÜDFRANKREICH 1320–1682
Avignon
Toulouse
Aix-en-Provence
Carcassonne

Como 1514
Brescia 1510

BASKENLAND 1576–1609

Einleitung

Eine Definition des Hexenwesens

Obwohl das englische Wort für „Hexenwesen" – witchcraft – auf das altenglische *wiccian* zurückgeht, das „Zauberei betreiben" bedeutet, wird die Hexerei von den meisten Autoritäten als eine Erscheinung betrachtet, die von der viel breiter gefaßten Kategorie der Zauberei ganz verschieden ist. Das Hexenwesen ist eine Reflexion der christlichen religiösen Philosophie und Kultur, während Zauberei, ausgedrückt in der gewöhnlichen Sprache des Aberglaubens, der Verwünschungen und Zauber, weltweit ein typisches Kennzeichen des Volkstums ist.

Zauberei bedeutet das Verfolgen eines bestimmten Ziels mittels Magie, die man durch einfaches Kräuterwissen, Wachsbilder oder kompliziertere Zauber und verschiedene andere Mittel nutzbar macht. In allen volkstümlichen Traditionen und zu faktisch allen Zeiten vertraut die Zauberei zwar auf das Eingreifen guter oder böser Geister, schließt jedoch nicht unbedingt einen tieferen, speziell antichristlichen Zweck ein. Ein Zauberer kann möglicherweise auf die Hilfe von Dämonen zurückgreifen, doch ist damit nicht die automatische Vermutung verbunden, daß er dadurch die Herrschaft Gottes in Abrede stellt.

Eine Hexe jedoch verstößt notwendigerweise gegen die Riten der Taufe, um mit dem Teufel einen Pakt zu schließen, der ihr helfen soll, in den Besitz magischer Gaben zu kommen und direkten Zugang zu okkulter Macht zu erlangen. Mit den Worten des Puritaners William Perkins „ist das eigentliche Ding, das eine Hexe zu einer Hexe macht, die Einwilligung in einen Bund". Durch das Unterzeichnen eines solchen Pakts stellt sich eine Hexe gegen alles, was die christliche Kirche repräsentiert, und setzt sich der Vermutung aus, sie lehne Gott selbst ab und wolle ihn destruieren. Nicht die umfassendere Zauberkunde, die genauer genommen in den Bereich des Volkstums gehört, sondern das Hexenwesen in diesem konkreten historischen, antichristlichen Sinn soll in diesem Buch besprochen werden.

Die Wurzeln der Hexerei

Die Menschheit hat seit jeher die geheimnisvollen Mächte der Natur beschworen, um sie im täglichen Leben wirksam werden zu lassen – Krankheiten zu heilen, die Ernten zu verbessern, Feinde zu vertreiben und so fort. Die eigentlichen Vorstellungen vom Verzaubern, vom Verwünschen und selbst vom Flug durch die Luft auf behexten Tieren oder Dämonen sind Jahrtausende alt und in gewisser Hinsicht vorchristlich-heidnischen Ursprungs (obgleich das mittelalterliche und nachmittelalterliche Hexenwesen wahrscheinlich keine auf die Zeit vor Christus zurückgehende spirituelle Linie darstellte).

Für die Menschen im Mittelalter waren die Aktivitäten der Zauberer, Propheten und Heiler nichts übermäßig Beunruhigendes; alle diese Zauberer, Propheten und Heiler behaupteten, über Kenntnisse der verschiedenen Arten von Volksmagie zu verfügen, ohne jedoch für das christliche Establishment, mit dem sie koexistierten, eine Bedrohung darzustellen. Die Grenzen zwischen der konventionellen religiösen Praxis und dem Volkstum waren häufig verwischt, und das gemeine Volk vertraute auf eine stattliche Reihe von Talismanen, Amuletten und anderen Dingen des Aberglau-

Einleitung

bens genauso wie auf die Macht des Gebets, um sich zu schützen und, wenn nötig, einem Feind Schaden zuzufügen. In einem Zeitalter, in dem die Medizin noch in den Kinderschuhen steckte, rühmte sich jede Gemeinde ihrer „weisen Frauen", die in ihrer Person die Rollen der Hebamme, der Medizinfrau, der Tierheilerin, der Kräuterkundigen, der Seelenärztin, der Wahrsagerin und der Beichtmutter vereinten.

Der anonyme *Canon Episcopi* aus dem zehnten Jahrhundert n. Chr. unterstrich die relativ gleichgültige Haltung der Kirche gegenüber Bezichtigungen, die auf Zauberei hinausliefen. Es wurde zwar eingeräumt, daß manche Personen frevelhafte Behauptungen über ihre Kräfte, wie etwa das Fliegen durch die Luft oder das Belegen mit einem Zauber, aufstellten, doch es war dem *Canon* zufolge offensichtlich, daß diese Personen irregeleitet waren, denn es war niemand in der Lage, solche Kunststücke auszuführen. Selbsterklärte Hexen sollten daher nicht für die tatsächliche Ausführung der angemaßten Handlungen, sondern dafür gezüchtigt werden, daß sie sich so blenden ließen. Der *Canon Episcopi* stellte ein beträchtliches intellektuelles Hindernis für die Dämonologen der späteren Jahrhunderte dar, die die Hexenverfolgung offiziell sanktioniert sehen wollten: Die Autorität des *Canon* konnte nicht aufgehoben werden, und das Dokument stellte in Abrede, daß Hexerei möglich sei. Wenn es Hexerei in Wirklichkeit aber nicht gab, dann konnte ihre Ausübung nicht bestraft und ihre Anhänger nicht der Gerichtsbarkeit unterworfen werden.

Wurde eine ortsansässige „weise Frau" wirklich vor Gericht gebracht, dann ergab sich der Fall für gewöhnlich aus einem wirklichen Schaden, wie etwa aus einem Giftmord, der ruchbar geworden war. Daß jemand der Zauberei bezichtigt wurde, geschah mehr zufällig. Es war stets das eigentliche Verbrechen, das von Bedeutung war. Verdächtige, die der Anwendung von Zauberei angeklagt waren, wurden routinemäßig zu so leichten Strafen wie Geldbußen oder mehrmaligem Erscheinen am Pranger verurteilt.

Die mittelalterliche Gesellschaft war verhältnismäßig stabil, doch der Zusammenbruch des feudalen Systems, gepaart mit Hungersnöten, Krieg und Spaltungen innerhalb der römisch-katholischen Kirche im frühen vierzehnten Jahrhundert, signalisierten eine grundlegende Veränderung im seelisch-geistigen Leben Europas. Das Auftreten der Pest in Europa im Jahre 1347, an der rund fünfundzwanzig Millionen Menschen (ein Drittel der damaligen Bevölkerung) starben, führte überall auf dem Kontinent zu verstärkter sozialökonomischer Unruhe und großer Angst und Besorgnis. Plötzlich schien es, die Zivilisation selbst stünde schwankend am Rande des Chaos. Mit diesem Anwachsen der Spannung, die die Hierarchie der Kirche und des Staates bedrohte, entstand ein Bedürfnis, Sündenböcke ausfindig zu machen, denen man die Schuld an diesem apokalyptischen Zustand aufbürden konnte. Sicherlich, so wurde behauptet, steckten mystische Kräfte des Bösen hinter diesen Unglücken, und die schuldigen Individuen müßten ausgerottet werden.

Nahezu jede nonkonformistische Gruppe war dafür geeignet. Zu den Gemeinschaften, die für die Verfolgung ausersehen wurden, gehörten die Juden und verschiedene häretische Sekten, die unter dem Verdacht standen, sich mit dem Satan verschworen zu haben, um die christliche Ordnung zu stürzen. Satan, der Feind im Innern, wurde als die Personifizierung des Chaos umgedeutet, und die Dämonologen der katholischen Kirche arbeiteten bald daran, eine intellektuelle Basis für die Verfolgung derjenigen zu schaffen, die man als Gegner der Kirche betrachtete. Zu den Verbrechen, die beispielsweise den Tempelrittern zur Last gelegt wurden, gehörten das vermeintliche Opfern von Kindern, sexuelle Perversion und die Verehrung des Teufels.

Als diese Sekten vernichtet waren, suchten die Dämonologen nach einer neuen „schuldigen" Gruppe (ganz gleich, ob sie wirklich existierte oder nicht). Die Übereinstimmung zwischen den ersonnenen Beschuldigungen gegen Tempelritter und andere und den Anklagen, die über Jahrhunderte hinweg gegen Zauberer vorgebracht worden waren, machten letztere naturgemäß zu Zielscheiben für Verdächtigungen. Die traditionelle Zauberei wurde nun mit dem Satanismus verbunden, um eine neue Ketzerei – die Hexerei – zu schaffen.

Einleitung

Die frühe Entwicklung des Hexenwesens in Europa

Die Inquisition, das Tribunal der katholischen Kirche, dessen Aufgabe es war, Häresie in all ihren Formen aufzuspüren und auszurotten, spielte eine Schlüsselrolle in der frühen Verfolgung der europäischen Hexen. Diese Einrichtung, die Ketzer wie die Katharer, die Waldenser und die Tempelritter mit grausamer Effizienz ausgelöscht und sich und die Mutterkirche durch die Konfiszierung des Besitzes ihrer Opfer bereichert hatte, griff begierig die Möglichkeit auf, Hexen zu Häretikern zu erklären und somit in ihren Einflußbereich zu bringen.

Es wurde die Theorie entwickelt, daß eine neue, viel gefährlichere Generation von Zauberern entstanden sei, die sich der Teufelsanbetung und dem Sturz der Kirche Jesu Christi gewidmet habe und nun sogar dabei sei, eine gemeinsam geplante, großangelegte Aktion gegen die zivilisierte Welt zu starten. Es war nicht so sehr der Schaden von Bedeutung, den solche Hexen anrichteten, sondern die Tatsache, daß sie Christus negiert hatten. Derartige Verleugnungen seien, so wurde argumentiert, Treubruch gegen Gott – und ein schlimmeres Verbrechen gab es nicht. Die Tatsache, daß eine verwirrte alte Hexe in den Verdacht geraten konnte, ihre Taufe zu verleugnen, verdiente an sich schon eine Bestrafung; die Vorstellung jedoch, sie könne, obgleich als Individuum vielleicht schwach und konfus, Teil einer riesigen weltweiten Verschwörung gegen die etablierte Ordnung sein, machte sie zu einer unendlich größeren Bedrohung.

Die Dämonologen verwiesen auf die Bibel als höchste Autorität, um das tatsächliche Vorhandensein der Hexerei zu bekräftigen, und zitierten beispielsweise die Geschichte der Totenbeschwörerin von En-Dor, mit deren Hilfe Saul versucht hatte, mit dem Geist des verstorbenen Samuel in Verbindung zu treten, sowie die Legenden um den Zauberer Simon, den Apostel Petrus tadelte, und dem man nachsagte, er habe versucht, das Fliegen zu erlernen. Viele bemerkenswerte christliche Denker, darunter auch Augustinus, hatten zum Ausdruck gebracht, daß sie an Divination und verwandte Zaubereien glaubten; ihre Namen wurden nun als „Beweise" für die Bedrohung durch das Hexenwesen angeführt. Jenen, die mit der Begründung protestierten, daß Gott allmächtig sei, Dämonen also nicht auf Geheiß von Hexen magische Kräfte wirken lassen könnten, gaben die Dämonologen zur Antwort, daß Gott dem Teufel gewisse Kräfte zugestanden habe, damit er zur Prüfung der Menschheit Böses tue.

Manche Autoritäten versuchten es mit einer Unterscheidung in Gut und Böse oder in „weiße" und „schwarze" Magie. Weiße Hexerei war harmlose Zauberei und somit keine Bedrohung für die Kirche; nur „schwarze" Zauberer leiteten ihre Kräfte vom Teufel her. Diese Feinheit ließ die meisten Hexenjäger allerdings gleichgültig, und man akzeptierte eher, daß jeder, der behauptete oder verdächtigt wurde, magische Kräfte zu besitzen, mit Dämonen paktierte und daher der Ketzerei schuldig war, wofür als einzig mögliche Strafe nur der Tod in Frage kam. In Anbetracht des vermeintlichen Erscheinens dieser neuen, mächtigeren Hexensekte war der verhältnismäßig milde Wortlaut des *Canon Episcopi* belanglos, und die Inquisitoren betonten statt dessen die Notwendigkeit weit härterer Maßnahmen. Bereits 1258 hatte Papst Alexander IV. die Verfolgung Verdächtiger, die der Ausübung von Magie angeklagt waren, sanktioniert, doch das war einige Zeit bevor das Hexenwesen legitimes Territorium für die Inquisition wurde. 1320 akzeptierte Papst Johannes XXII. nach großem Druck seiner Günstlinge schließlich die Theorie, daß Hexerei eine Ketzerei sei, da sie notwendigerweise einen Pakt mit dem Teufel einschließe. Also wies er die Inquisition an, all jene zu vernichten, die solcher Teufelsverehrung angeklagt waren:

> [Papst Johannes] ersehnt inbrünstig, daß alle Übeltäter, die die Herde Christi verderben, in die Flucht geschlagen werden, und wünscht, befiehlt und bevollmächtigt Euch daher durch seine Autorität, jene, die den Teufeln Opfer darbringen oder sie anbeten oder ihnen huldigen, indem sie ihnen eine Urkunde oder etwas anderes mit ihrem Namen Unterzeichnetes geben; jene, die einen offen eingestandenen Pakt mit den Teufeln schließen; jene, die irgendein Wachsbild formen oder veranlassen, daß ein Wachsbild geformt wird oder irgendetwas anderes, um den Teufel zu verpflichten, oder durch Anrufung von Teufeln jegliche Art von *maleficium* begehen; jene, die durch Mißbrauch des Sakraments der Taufe eine Wachsfigur oder eine

Einleitung

aus etwas anderem bestehende Figur taufen oder deren Taufe veranlassen oder durch Anrufung von Teufeln etwas ähnliches tun oder veranlassen ... und auch jene Zauberer und Hexen, die das Sakrament der Messe oder die geweihte Hostie sowie andere Sakramente der Kirche oder irgend eines davon in Form oder Materie für Zauberei oder Hexerei benutzen, ausfindig zu machen und im übrigen gegen sie zu verfahren.

Die ersten Schritte zu einer systematischen Kampagne gegen das Hexenwesen wurden in den zwanziger Jahren des vierzehnten Jahrhunderts mit einer Reihe von Hexenjagden in Südfrankreich gemacht. Die Inquisitoren, offenbar bestrebt, ketzerischen Vorsatz zu beweisen und damit ihr Recht auf das Anhören der Beschuldigungen zu bekräftigen, trachteten danach, den Motiven der vorgeführten Verdächtigen auf den Grund zu gehen. Indem sie Geständnisse durch Folter erpreßte, trug die Inquisition „Beweismittel" für das ganze Beiwerk der Hexerei – Sabbate, Kannibalismus, Geschlechtsverkehr mit Dämonen und Verehrung des Teufels in Gestalt eines Ziegenbocks – zusammen. Diese „Entdeckungen", die die Vorstellung von einer dem Satan geweihten, gewaltigen und höchst feindseligen, umstürzlerischen gesamteuropäischen Organisation unterstützten, sollten überall in Südfrankreich, in der Schweiz, in Norditalien und in den süddeutschen Staaten Panik entfachen und Tausende für solche Vergehen auf den Scheiterhaufen schicken.

Aus Berichten und Dokumenten ist zu ersehen, daß in den Jahren zwischen 1320 und 1350 in Carcassonne ungefähr zweihundert, in Toulouse weitere vierhundert verurteilte Hexen verbrannt wurden. In diesem frühen Stadium wurden sämtliche Hexenprozesse von der Kirche durchgeführt, die die Verurteilten unter dem scheinheiligen Vorwand der Milde, die ihnen dort gezeigt würde, der weltlichen Obrigkeit zur Bestrafung übergab. Der erste weltliche Hexenprozeß fand 1390 in Paris statt; später wurden die meisten Verdächtigen von weltlichen oder bischöflichen Gerichtshöfen verhört. Die Kirche fuhr allerdings fort, Informationen gegen Verdächtige zu sammeln und für Verurteilungen zu sorgen (die Beute wurde zwischen den verschiedenen beteiligten Parteien aufgeteilt).

Gegen Ende des fünfzehnten Jahrhunderts war die Mythologie des Hexenwesens gut ausgearbeitet, und verschiedene Stereotype hatten sich fest etabliert. Obgleich die Hexen in Wirklichkeit, und das besonders auf dem europäischen Kontinent, allen Altersgruppen, Geschlechtern oder Klassen angehören konnten, beschrieb die allgemeine Phantasie die archetypische Hexe als ein betagtes, in Armut lebendes Weib, das wahrscheinlich für sein wunderliches und unfreundliches Verhalten bekannt war. Sie lebte für gewöhnlich abseits von der „normalen" zivilisierten Gesellschaft, oftmals in Gesellschaft bestimmter Tiere (Katzen, Amseln, Mäusen und ähnlicher Wesen), die man wahrscheinlich ihren Hausgeistern gleichsetzte. Ihre Schuld konnte durch Feststellung des Teufelsmals an ihrem Körper bewiesen und darüber hinaus durch die Suche nach den Hexenmalen begründet werden, an denen sie angeblich ihre Kobolde nährte. Zu den Behauptungen, die man gegen sie vorgebracht haben mag, gehörten das Verursachen von Krankheit, Schaden am Eigentum oder sogar Tod durch Zauber, der Ritt auf einem Besen zum Hexensabbat, die Vereinigung mit Dämonen und die Verehrung des Teufels.

Entscheidend war der Beweis für den Pakt mit dem Teufel, da dies das zentrale Vergehen der Häresie des Hexenwesens war. Der Protestant George Gifford erwähnte: „Eine Hexe nach Gottes Wort soll den Tod erleiden, nicht weil sie Menschen getötet hat – denn das kann sie nicht, wenn sie nicht eine jener Hexen ist, die mit Gift töten, das sie entweder vom Teufel empfangen oder seine Herstellung von ihm gelernt haben –, sondern weil sie sich mit Teufeln abgibt."

1484 sanktionierte die Hexenbulle *Summis desiderantes affectibus* von Papst Innozenz VIII. die Anwendung der strengsten Maßnahmen gegen angeklagte Hexen durch die Inquisition. Aufgrund der außergewöhnlichen Natur des Verbrechens galten die Verdächtigen, solange nichts anderes bewiesen war, als schuldig und waren des üblichen, vom Gesetz vorgesehenen Schutzes beraubt, indem man sie häufig über die Anklagepunkte im unklaren ließ und ihnen verbot, Zeugen zu ihrer Verteidigung zu rufen oder einen Verteidiger zu engagieren, der in ihrem Auftrag handelte. Der Erlaß der Bulle von 1484 markierte den Beginn der Hauptperiode der Hexenverfolgung.

Einleitung

Der Hexenwahn

Über einen Zeitraum von etwa dreihundert Jahren, etwa von der Mitte des fünfzehnten bis zur Mitte des achtzehnten Jahrhunderts, wurde das christliche Westeuropa von der weitverbreiteten Wahnvorstellung von den vermeintlichen Aktivitäten der Hexen beherrscht. Was zwischen 1450 und 1750 geschah, stellte einen wahren Holocaust und eine unbegreifliche Widerlegung der zivilisierten Werte des nachreformatorischen Europa dar. Die normalen Ideale der Menschlichkeit, der Gesetzlichkeit und der Toleranz waren fast gleichgültig aufgegeben worden, um viele der wehrlosesten Menschen der Gesellschaft auszurotten und sie aufgrund von Anschuldigungen grausam vernichten zu lassen, die selbst den bigottesten und abergläubischsten Gemütern absurd erschienen.

In dieser Zeit wurden auf die fadenscheinigsten Beweise hin zahllose Verdächtige vor die Obrigkeit gezerrt, furchtbar gefoltert oder anderweitig zu Geständnissen gezwungen und dann meist durch Verbrennen oder wie in England und später im kolonialen Amerika durch Erhängen zu Tode gebracht. Während der Folter wurden Einzelheiten von Hexensabbaten und die Namen anderer Personen, die daran teilgenommen haben sollten, erpreßt, so daß weitere Prozesse in Gang gebracht werden konnten, was zu einer plötzlichen Häufung von Verfahren führte, deren Folge mitunter eine spürbare Dezimierung der Bevölkerung bestimmter Dörfer und Städte war. Die kleine deutsche Stadt Quedlinburg beispielsweise erlebte an einem einzigen Tag die Hinrichtung von einhundertdreiundsechzig Einwohnern, die als Hexen verurteilt worden waren. Die Tatsache, daß in England die Folter nach dem allgemeinen Gesetz nicht erlaubt war, bedeutete, daß die englische Gesellschaft von der Epidemie des Hexenwahns, die die deutschen Staaten mit ihrem Fluch überzog, verschont blieb. Doch selbst hier gab es eine Anzahl bedeutsamer Massenprozesse, die in der Hinrichtung mehrerer Mitglieder vermeintlicher Hexenzirkel gipfelten.

Die Spaltung zwischen der katholischen und der neu entstehenden protestantischen Welt im fünfzehnten Jahrhundert wirkte sich verhältnismäßig wenig auf die Ausbreitung des Hexenwahns aus. Die protestantische Obrigkeit machte sich die Vorgehensweise ihrer katholischen Amtsbrüder zu eigen und erwies sich als gleichermaßen unbarmherzig bei der Unterdrückung der Teufelsanbetung. Zur Rechtfertigung ihrer Hexenjagden zitierten sie häufig katholische Autoritäten. Die vielleicht einflußreichste Veröffentlichung zu dem Thema war der berüchtigte *Malleus maleficarum*, der Hexenhammer, der 1486 als Anleitung für die Richter in Hexenprozessen erschien. Er kodifizierte zum erstenmal eine Unmenge von Mythen über Hexen und gab Empfehlungen, wie man am besten vorging, um Schuldsprüche zu erwirken. Die Unterscheidung in schwarze und weiße Hexerei, so behaupteten die Autoren, sei trügerisch, und es sollten alle Hexen ausgerottet werden, wo immer man sie fand.

Es scheint, daß der Hexenwahn am schlimmsten in Staaten wütete, in denen die Macht dezentralisiert war und die Richter in engem Kontakt mit den Gemeinden standen, aus denen die Anschuldigungen kamen, die typischerweise kleinlicher Eifersucht oder banalen Streitereien entsprangen. In den winzigen Fürstentümern Deutschlands beispielsweise waren die Hexenrichter stark von lokalen Vorurteilen beeinflußt und erwiesen sich als nicht willens und unfähig, der Hysterie zu widerstehen, die ihre Gerichtshöfe ergriffen hatte. In Ländern, deren Richter in der Lage waren, die Beweislage distanzierter und nüchterner zu überdenken, war die Zahl der Opfer weit geringer. Ein wichtiger Faktor war die Anwendung der Folter. In seinem Werk *De la démonomanie des sorciers* von 1580 äußerte der Dämonologe Jean Bodin die orthodoxe Ansicht über die Anwendung der Folter in Hexenprozessen:

> Wenn es gegenwärtig ein Mittel gibt, den Zorn Gottes zu besänftigen, seinen Segen zu erlangen, einige durch die Bestrafung anderer mit Ehrfurcht zu erfüllen, manche davor zu schützen, von anderen verdorben zu werden, die Zahl der Übeltäter zu verkleinern, um das Leben der Wohlgesinnten zu schützen und die abscheulichsten Verbrechen, die sich die menschliche Seele vorstellen kann, zu ahnden, dann ist es die Bestrafung der Hexen mit äußerster Härte.

Einleitung

Die Verdächtigen hatten nur wenig Hoffnung davonzukommen, wenn sie in Staaten angeklagt wurden, in denen die Folter als Mittel zum Erpressen von Schuldgeständnissen anerkannt war. Gab es erst eine Anzeige wegen Hexerei, dann war das Schicksal des Angeklagten besiegelt. Viele Gerichte nahmen bereitwillig unbestätigte Bezichtigungen entgegen, und wenn irgendein bestätigender Beweis gebraucht wurde, dann brauchte die Obrigkeit den Verdächtigen nur der Folter zu unterwerfen, um das erforderliche Geständnis zu erhalten, oder an dessen Körper das belastende Teufelsmal zu identifizieren. Die Entdeckung eines einzelnen Leberflecks, einer Warze, einer Narbe oder einer anderen Unvollkommenheit auf der Haut genügte als Zeichen der Schuld (ein berühmter Kölner Rechtsgelehrter erklärte allen Ernstes, daß niemand mit solch einem Makel auf der Haut gänzlich unschuldig sein könne).

In Ländern, in denen die Folter nicht angewendet werden durfte, war es für die Gerichte schwieriger, Schuldsprüche zu erwirken. In England und Skandinavien beispielsweise stützte man sich weniger darauf, Geständnisse zu erlangen, und legte mehr Wert auf Anklagen wegen wirklicher *maleficia*, die die Verdächtigen begangen hatten, und auf solche physischen Beweise wie Hexenmale und den Besitz von Hausgeistern (eine Besonderheit englischer Hexen, die anderswo relativ wenig Beachtung fand). Aufgrund des Folterverbots – bestimmte Formen des Drucks waren allerdings erlaubt – konnten die Hexenjäger in diesen Ländern nur sehr wenig Beweise für Hexenzirkel und Hexensabbate zusammentragen und waren daher nur selten in der Lage, einen einzelnen Fall zu einer Epidemie von Prozessen werden zu lassen.

Nichtsdestoweniger gab es auch in Ländern, in denen offene Folter verboten war, verschiedene sinnreiche Wege, vermeintliche Hexen einer Probe zu unterziehen. Ehe eine solche Person vor Gericht gebracht wurde, konnte man sie dem Schwemmen unterwerfen (sie wurde in einen Teich oder Fluß geworfen, um zu überprüfen, ob sie an der Wasseroberfläche blieb oder unterging) oder gegen eine Kirchenbibel aufwiegen. Man konnte den Gefangenen auch stechen, um das Teufelsmal zu finden, von dem man annahm, daß es schmerzunempfindlich sei und nicht bluten könne.

Die schlimmsten Grausamkeiten trugen sich in den deutschen Staaten zu, die damals Teil des Heiligen Römischen Reiches waren: Auf jede in England hingerichtete Hexe kamen in Deutschland vielleicht gar hundert. (In England wurde Hexerei im Jahre 1542 zum Verbrechen, 1563 zum Kapitalverbrechen erklärt.) In Deutschland gebrauchten Kirche und Staat vereint den Vorwurf der Hexerei, um die Besitztümer Reicher wie Armer zu beschlagnahmen, und nutzten Leichtgläubigkeit der Fürstbischöfe und der allgemeinen Öffentlichkeit, um Tausende angeblicher Hexen hinzurichten und deren Eigentum an sich zu bringen. Ein Hexenrichter äußerte im Jahre 1600, daß „Deutschland fast ausschließlich damit beschäftigt ist, Scheiterhaufen für die Hexen zu errichten". Besonders die Diözese Bamberg wurde für die Flut von Prozessen bekannt, die gegen Ende der zwanziger Jahre des siebzehnten Jahrhunderts mit äußerster Grausamkeit abgehalten wurden. Zwischen 1626 und 1629 brachte man dort jährlich etwa hundert Hexen zu Tode. Andere Gegenden, die mehr als die meisten anderen unter dem Wahn zu leiden hatten, waren Lothringen, Trier und Würzburg. In der schlesischen Stadt Neiße konstruierte der Scharfrichter einen eisernen Ofen, in dem er etwa eintausend verurteilte Hexen regelrecht braten ließ.

Ein weiteres Zentrum des Hexenwahns war Schottland. Die entscheidende Person war in diesem Fall Jakob VI. (später Jakob I. von England), der wohlgebildete, doch abergläubische König, der von dem in anderen Gegenden Europas wütenden Hexenwahn angesteckt wurde, als er Dänemark besuchte, um sich mit seiner zukünftigen Braut zu treffen. Nach seiner Rückkehr nach Schottland interessierte sich Jakob für den Prozeß der sogenannten Hexen von North Berwick, die angeblich versucht hatten, König Jakob in eigener Person durch Schiffbruch, Bildermagie und Gift zu ermorden. Agnes Sampson, eine der Hexen, war als Heilerin bekannt; den erhalten gebliebenen Unterlagen zufolge scheinen die meisten Angeklagten jedoch nichts mit Hexerei zu tun gehabt zu haben, und auch ein Komplott hat es wahrscheinlich nicht gegeben.

Der Prozeß hatte einen starken politischen Beiklang, da Jakobs Cousin, der Graf von Bothwell, darin verwickelt war; doch welche Intrigen auch immer gesponnen wurden – Jakob war deutlich

Einleitung

von dieser Episode beeindruckt. 1597 veröffentlichte er seine berüchtigte *Daemonologie*, die teilweise als Widerlegung des skeptischen Werkes *A Discoverie of Witchcraft* von Sir Reginald Scot geschrieben war. Darin hob Jakob die Realität der Bedrohung durch das Hexenwesen hervor und verlangte, härtere Schritte dagegen zu unternehmen. Als König eines vereinten England und Schottland verlor Jakob keine Zeit, seine Ideen in die Tat umzusetzen. Die Mehrzahl der berühmten britischen Hexen wurde unter seinem 1604 erlassenen Gesetz gegen die Hexerei (Witchcraft Act) vor Gericht gestellt. Es war vermutlich auch König Jakob, für den William Shakespeare sein Stück *Macbeth* mit den drei „Schicksalsschwestern" schrieb.

Die bösen Aktivitäten der „Hexenriecher" verstärkten die Hysterie, wo immer diese Männer tätig wurden. Zu den bekanntesten unter ihnen gehörte der selbsternannte „Oberste Hexenriecher", der in den vierziger Jahren des siebzehnten Jahrhunderts über einen Zeitraum von etwa achtzehn Monaten in den östlichen Grafschaften von England eine Herrschaft des Terrors walten ließ. Wie die Hexenriecher anderswo in Europa, so nutzte auch er das Klima der Angst und der Verdächtigungen aus und häufte durch seine Dienste beträchtliche Gewinne an, ehe ihn der öffentliche Abscheu zum vorzeitigen Rückzug zwang.

In den meisten Fällen überschritt der Hexenwahn nie die Grenzen des christlichen Westeuropa, doch führte er gelegentlich auch zu Ausbrüchen in anderen Teilen der Welt, wo der europäische Einfluß ausgeprägt war. Am bemerkenswertesten war hier das puritanische New England, das sich damals noch unter englischer Herrschaft befand. Das koloniale Amerika des späten siebzehnten Jahrhunderts sah sich vielen Bedrängnissen ausgesetzt, darunter dem Konflikt mit den Indianern und den immer wieder eintreffenden Neuankömmlingen. Mehrere Hexenprozesse endeten mit Hinrichtungen, und einen Höhepunkt erreichte die Hysterie 1692 mit dem bekannten Fall der Hexen von Salem. Das Trauma dieses Falles hatte eine tiefe Wirkung auf die Kolonien und markierte eindrucksvoll das Ende des Hexenglaubens in Amerika.

Zu der Zeit, als der Hexenwahn schließlich zu Ende ging, waren in ganz Europa und im kolonialen Amerika Zehntausende Angeklagte wegen vermeintlicher Hexerei zu Tode gebracht worden. Historische Schätzungen veranschlagten die Zahl der Toten mit neun Millionen, doch neuzeitliche, realistischere Berechnungen nennen eine Gesamtzahl von ungefähr einhunderttausend Opfern (eine neuere Schätzung hat die Zahl auf vierzehntausend reduziert).

Das Ende des Hexenwesens

Von der Mitte des siebzehnten Jahrhunderts an begann die Hexenpanik in den meisten Regionen Europas abzuklingen (obgleich es in Ländern wie Polen und Ungarn bis weit in das folgende Jahrhundert hinein noch ein spätes Aufflackern der Hysterie gab). Die Gesellschaft war jetzt stabiler als in den vorangegangenen zwei oder drei Jahrhunderten, und die Notwendigkeit, Sündenböcke zu präsentieren, schwand. Die zersplitterten Staaten Deutschlands, in denen der Hexenwahn seinen Höhepunkt erreicht hatte, wurden langsam zu einem größeren Land vereinigt, und Kirche und Staat fühlten sich vor der Bedrohung durch das Hexenwesen geschützt. Eine neue Vernunft führte dazu, daß die Gerichte Beweise, die nichts als Hirngespinste waren, und die Zeugenaussagen von Kindern zurückwiesen.

Der letzte englische Hexenprozeß wurde 1712 inszeniert, der letzte schottische fand 1722 statt. Die Gesetze gegen Hexerei in England und Schottland wurden 1736 aufgehoben, und in den meisten Ländern war der Hexenwahn bis 1750 verebbt. Der letzte holländische Prozeß wurde bereits 1610 abgehalten, die letzte französische Gerichtsverhandlung wegen Hexerei fand 1745 statt, der letzte Fall in Deutschland kam 1775, der letzte schweizerische 1782 und der letzte polnische Fall im Jahre 1793 vor Gericht. Mit der Aufhebung des gesetzlichen Verbots und einer neuen Abneigung, die Einmischung des Satans in irdische Angelegenheiten als Tatsache zu akzeptieren, wurde das Hexenwesen wieder auf die Ebene bloßen Aberglaubens und der Zauberei zurückgeführt, wie sie es in der Zeit vor dem dreizehnten Jahrhundert ursprünglich war.

Einleitung

Das Wort „Hexerei" gilt jetzt gewöhnlich als Synonym für magische Praktiken aller Art, darunter Voodoo und andere Riten, die man besser „Volksreligion" nennt. Fälle, die in der Zeit seit der Mitte des achtzehnten Jahrhunderts in die Schlagzeilen kamen, bezogen sich im großen und ganzen eher auf Beispiele gewöhnlicher Zauberei als auf Hexerei, und nur selten wurde nun jemand beschuldigt, einen Pakt mit dem Teufel geschlossen zu haben. In den meisten Fällen wurde eine Person wegen irgendwelcher *maleficia* angeklagt, die durch Zauber vollbracht waren, ohne daß man dabei den Ursprung der Kräfte dieses Menschen in Betracht zog.

Eine ganz vereinzelte Ausnahme wurde jedoch dokumentiert. Im Jahre 1928 berichtete die Londoner *Sunday Chronicle* über den Fall einer alten Frau aus Horseheath in Sussex:

> Eines Tages kam ein schwarzer Mann, zog ein Buch hervor und bat sie, ihren Namen hineinzuschreiben. Die Frau signierte das Buch, und der rätselhafte Fremde sagte ihr dann, daß sie die Herrin von fünf Kobolden sei, die ihre Befehle ausführen würden. Kurz darauf wurde die Frau auf der Straße in Begleitung einer Ratte, einer Katze, einer Kröte, eines Frettchens und einer Maus gesehen. Jeder glaubte, sie sei eine Hexe, und viele Leute kamen, um von ihr Heilmittel zu erhalten.

Der Zusammenhang zwischen dem nachreformatorischen Hexenwesen und dem neuzeitlichen Satanismus ist schwach und undeutlich. Okkultisten wie Aleister Crowley waren viel mehr darum bemüht, ihren persönlichen intellektuellen Glauben durch die Sprache der Dämonologie und der Teufelsanbetung zu entwickeln, als sich als Hexen der jüngsten Zeit zu etablieren. Nichtsdestoweniger wurde die Terminologie durcheinandergebracht, und es ist jetzt nur allzu einfach, Aleister Crowley, Gerald Gardner und andere als die direkten Nachkommen historischer Hexen zu akzeptieren und nicht als die frühreifen, ehrgeizigen Zauberer, die sie eigentlich sind.

Die in den zwanziger Jahren unseres Jahrhunderts veröffentlichten Theorien von Margaret Murray werden häufig von jenen zitiert, die ängstlich bestrebt sind, eine Verbindung zwischen zeitgenössischer Hexenkunst und dem historischen Hexenwesen zu ersinnen, wobei letzteres wiederum (nach Murrays Theorie) bis zu der vorchristlichen heidnischen Religion zurückverfolgt werden kann. Diese Verbindung ist künstlich herbeigeredet und wird von modernen Gelehrten abgelehnt, obwohl die Praktiker des Wicca-Kults in dessen verschiedenen Formen die Sache weiterhin erörtern und sich dabei als die Erben einer verlorengegangenen Naturreligion sehen, die schon vor langer Zeit durch die Entwicklung komplizierterer religiöser Kodes, wie etwa des Christentums, ins Dunkel gerückt wurde.

A

Aberdeen, Hexen von Im Jahre 1596 wurde die Stadt Aberdeen vom Hexenwahn ergriffen; sie erlebte in der Folge eine der bekanntesten Serien von **Hexenprozessen** in der schottischen Rechtsgeschichte. Als Reaktion auf die wachsende Furcht der Öffentlichkeit vor der Hexerei beschäftigten sich die Priester und Kirchenältesten der reformierten Kirche damit, Beweise gegen eine große Zahl von Verdächtigen – hauptsächlich ältere Frauen – aus der Gegend um Aberdeen zusammenzutragen.

In der Flut gegenseitiger Anschuldigungen wurden Behauptungen über alle Arten von übernatürlichen Übeltaten vorgebracht. Man bekundete, daß zahlreiche Angeklagte Magie angewandt hätten, um neben anderen Übeltaten durch die Macht des **Bösen Blicks** den Tod herbeizuführen, um Männer zu Ehebrechern zu machen, dem Vieh zu schaden, die Milch sauer werden zu lassen, Unwetter heraufzubeschwören und **Zauberformeln** für die Liebe zu ersinnen. Die Sensibilität für Hexerei war in dieser Zeit so groß, daß das Zusammenbrauen selbst der harmlosesten Kräutermedizin Grund genug für eine Verhaftung war. Unter Druck und Zwang, wobei man auch das **Schwemmen** anwendete, gestanden viele Beschuldigte ziemlich ausführlich ihre Praktiken. Zu dem, was bereits oben genannt wurde, behaupteten sie, um Mitternacht mit Dämonen um das Marktkreuz von Aberdeen getanzt zu haben und zur Musik des **Teufels** persönlich um einen alten grauen Stein am Fuße des Hügels in Craigleuch herumgesprungen zu sein.

Es kam zutage, daß sich die Hexen von Aberdeen angeblich zum **Hexenzirkel** trafen, dem vierzehn Mitglieder angehörten und der unter Anleitung des Teufels stattgefunden habe, der als grauer Schafbock, als **Eber** oder **Hund** getarnt gewesen sei und sich Christsonday genannt habe. Auch sei er häufig in Begleitung seiner Gemahlin, der **Elfenkönigin**, gewesen. Die Mitglieder des Hexenzirkels seien genötigt worden, zum Zeichen der Ehrerbietung das Gesäß ihres Herrn und ihrer Herrin zu küssen, und häufig habe auf den Treffen auch geschlechtlicher Verkehr mit ihnen stattgefunden.

Die alte Janet Wishart, eine der vielen Beschuldigten, war eine typische Erscheinung. Sie wurde verdächtigt, Andrew Webster durch Magie ermordet und bei einem anderen Mann, Alexander Thomson, Fieber hervorgerufen zu haben. Sie war des weiteren angeklagt, Teile von einer noch am Galgen hängenden Leiche genommen und für ihre schändlichen Zwecke verwendet zu haben. Einer anderen Frau, Isobel Cockie, warf man vor, Mühlen und Vieh behext zu haben, während sich Margaret Ogg angeblich mit dem Vergiften von Fleisch beschäftigt und Helen Rogie Wachsbilder von ihren Opfern angefertigt hatte, um diesen zu schaden, Isobel Strachan junge Männer verleitet, Isobel Ritchie Zauberspeisen für werdende Mütter zubereitet und Isobel Ogg Unwetter heraufbeschworen hatte. Viele jener Personen, die nun vor der Obrigkeit von Aberdeen standen, waren von einer der ihren identifiziert worden, die behaupteten, an einer großen Versammlung von zweitausend Hexen in Atholl teilgenommen zu haben. Andrew Mann, selbst ein bekennender Hexer, hatte sich einverstanden erklärt, als Kronzeuge aufzutreten, und war zum **Hexenriecher** für das Gericht ernannt worden, wo er die Verdächtigen der Nadelprobe unterzog, um das **Teufelsmal** zu finden.

Am Ende der Gerichtsverfahren im April 1597 wurden nicht weniger als dreiundzwanzig Frauen und ein Mann der Verbrechen schuldig gesprochen, die ihnen die Anklage zur Last gelegt hatte. Die unglücklichen Opfer wurden an Pfosten gebunden, vom Scharfrichter erdrosselt und dann an einer Stelle nahe der heutigen

Adam, Isobel

Commerce Street verbrannt, um zu verhindern, daß das Böse von ihren Körpern auf andere übertragen würde. Der Legende nach hing der üble Geruch der Feuer wochenlang über Aberdeen. Mehrere Angeklagte entgingen diesem grausamen Schicksal, indem sie während des Arrests im Tolbooth oder im Gewölbe von Our Lady's Pity Selbstmord begingen. Die Körper dieser Unglücklichen wurden durch die Straßen geschleift, bis sie in Fetzen gerissen waren. Jene, für die kein Schuldbeweis erbracht werden konnte, wurden auf der Wange gebrandmarkt und aus der Stadt gewiesen.

Zu den grausigsten Erinnerungen an die Prozesse gehören die erhalten gebliebenen Rechnungen über die Kosten für die Verbrennung der Janet Wishart und einer ihrer angeblichen Verbündeten. Einschließlich Scheiterhaufen, Scharfrichterseil und Henkerlohn kostete das Töten der beiden Menschen fünf Pfund, acht Schillinge und vier Pennys. Die offizielle Rechnung lautete folgendermaßen:

> Für 20 Ladungen Torf, um sie zu verbrennen: 40 Schillinge
> Für 1 Boll [6 Scheffel] Kohle: 24 Schillinge
> Für vier Teerfässer: 26 Schillinge, 8 Pennies
> Für Feuer und Eisenfässer: 16 Schillinge, 8 Pennies
> Für einen Scheiterhaufen und dessen Herrichtung: 16 Schillinge
> Für vier Faden [24 Fuß] Seil [Henkerseil]: 4 Schillinge
> Für das Tragen des Torfs, der Kohle und der Fässer zum Hügel: 8 Schillinge, 4 Pennies
> An einen Richter für die Hinrichtung: 13 Schillinge, 4 Pennies.

Nicht lange nach dem Ende der Hexenprozesse von Aberdeen veröffentlichte König **Jakob VI.** seine *Dämonologie*, die viel dazu beitrug, den Hexenwahn überall in der schottischen Gesellschaft zu verbreiten.

Siehe auch **Schottland**.

Adam, Isobel *siehe* **Pittenweem, Hexen von**

Agar, Margaret *siehe* **Somerset, Hexen von**

Agrippa von Nettesheim (Heinrich Cornelius) 1486–1535. Der auch unter dem Namen Heinrich Cornelius bekannte deutsche Abenteurer, Alchimist, Arzt und Gelehrte war für sein Interesse an den schwarzen Künsten bekannt und entging selbst nur knapp der Verurteilung als Hexer. Das Leben des Cornelius Agrippa ist in geheimnisvolles Dunkel gehüllt, doch scheint es, daß er mit Eifer seinem Interesse an der Hexenkunst und den damit verwandten Dingen nachging. Er widmete sich dem Studium der Geheimlehre der **Kabbala** und wurde dem Vernehmen nach 1525 in seinem Labor von Ahasver, der unglücklichen Seele, aufgesucht, die Christus auf seinem Weg nach Golgatha beleidigt hatte und nun dazu verurteilt war, bis zum Jüngsten Tag auf der Erde umherzuirren. Johann Wolfgang von Goethe baute mehrere der Geschichten, die sich um Agrippas Namen ranken, bei der Niederschrift seines *Faust* aus. Zu Agrippas Werken gehört auch die umfangreiche Abhandlung *De occulta philosophia*, in der er die Zauberpraxis ausführlich verteidigt und dabei behauptet, daß solches Wissen das Gottes- und Naturverständnis des Menschen erleuchte.

Alfons de Spina gest. 1491. Spanischer Franziskaner und Verfasser des frühesten veröffentlichten Buches zum Thema Hexerei. De Spina wurde von den Franziskanern vom Judaismus zum Katholizismus bekehrt; viele seiner Schriften hatten einen deutlichen antisemitischen Einschlag. Er war Beichtvater bei König Johann von Kastilien, hatte später eine Professur in Salamanca inne und wurde schließlich Bischof von Thermopolis. Sein um 1459 geschriebenes Werk *Fortalicium fidei (Festung des Glaubens)* umfaßte mehrere Themen, gipfelte jedoch in einer Erörterung über die Dämonologie und jene Unglücklichen, die in Teufelsanbetung verfielen. Der Autor beklagte, daß viele alte Frauen von Dämonen leicht mit der Vorstellung getäuscht würden, sie könnten fliegen und durch Zauberei Böses tun. Er identifizierte die Dauphiné und die Gascogne in **Frankreich** als besondere Brutstätten solch übler Aktivität und beschrieb, wie die dortigen Hexen einen **Eber** mit dem obszönen **Kuß** verehrten. Er merkte zustimmend an, daß viele verdächtige Hexen von der in Toulouse ansässigen Inquisition niedergemetzelt worden seien.

Allier, Elisabeth geb. 1602. Französische Nonne, die im Mittelpunkt eines der berüch-

Amulett

tigtsten Fälle dämonischer **Besessenheit** von Novizinnen und Nonnen stand, über den im siebzehnten Jahrhundert in ganz Frankreich berichtet wurde. Dem Dominikanermönch François Farconnet aus Grenoble zufolge, der einen Bericht über diesen Fall schrieb, war Elisabeth Allier bereits im Alter von sieben Jahren besessen, als zwei Teufel mit Namen Bonifarce und Orgeuil auf einem Kanten Brot in ihren Körper hineinschlüpften. Als Farconnet etwa zwanzig Jahre später seinen ersten Versuch der **Teufelsaustreibung** unternahm, hörte er, wie die **Dämonen** in ihrem Körper mit heiseren Stimmen zu ihm sprachen, obwohl es ihm schien, daß sich Elisabeths Lippen überhaupt nicht bewegten. Auch fünf weitere Versuche brachten nicht die gewünschte Wirkung, während sich Elisabeth unter starken Anfällen und Krämpfen krümmte. In seinem *Wahren Bericht* über den Fall beschrieb Farconnet, wie er ihre Zunge in einer Länge von mehr als vier Fingern aus dem Mund herausragen sah, ehe die Dämonen schließlich ausgetrieben wurden.

Amerika *siehe* **Vereinigte Staaten von A.**

Amsel Die Amsel wurde zusammen mit anderen schwarzgefiederten Vögeln mitunter als Lieblingsgestalt der **Hausgeister** von Hexen identifiziert. Einem alten britischen Aberglauben zufolge wurde die Amsel als angeblicher Bote aus der Welt der Toten bereits früher mit Unheil assoziiert.

Amulett Magischer Gegenstand, den eine Person direkt am Körper oder mit sich trug, um eine Bedrohung durch Hexerei abzuwehren oder anderweitig Nutzen aus seinen übernatürlichen Eigenschaften zu ziehen. Zu den beliebtesten neuzeitlichen Amuletten gehören Achate und andere Edelsteine, denen man verschiedene Eigenschaften wie die Erhaltung der Gesundheit zuschreibt. Zu den Amuletten, die die Menschen über Jahrhunderte hinweg wegen ihrer Wirksamkeit bei der Abwehr von Hexerei und anderem Bösen schätzten, gehörten neben einer Unmenge anderer Objekte kleine Hufeisen, Zähne, Stücke vom Holz der **Eberesche**, Gegenstände aus **Eisen**, Stücke von roter Schnur, Kreuze und Armreifen mit **Zauberformeln**.

Manche Amulette waren alltägliche, für jedermann erhältliche Gegenstände, andere jedoch waren schon merkwürdiger: Erde von einem frischen Grab, die als hochwirksam gegen Tuberkulose galt, oder von den Kämmen dreier Wellen geschöpftes Wasser. Noch andere, wie etwa die Glücksteine oder Glücksmünzen, waren außergewöhnlich und wurden wegen ihrer schützenden Eigenschaften im ganzen Land berühmt. In bestimmten Familien gab man sie über Jahrhunderte hinweg von Generation zu Generation weiter (und verlieh sie manchmal auch gegen ein Entgelt an andere Menschen, die in Not waren). Unter diesen zuletzt genannten Amuletten war auch das Hemd der frommen, aus Ungarn gebürtigen Gemahlin des schottischen Königs Malcolm III., Königin Margareta, die 1093 starb. Dieses Hemd, das die Jahre hindurch sorgfältig erhalten wurde, galt als mächtiger Schutz gegen Behextheit und wurde 1452 für den zukünftigen König Jakob III. von Schottland, der damals noch ein Säugling war, und 1512 wieder für Jakob V. als Wickeltuch benutzt.

Das Tragen von Amuletten wurde damals sehr in denjenigen Ländern empfohlen, in denen das einfache Volk in der täglichen Angst umherging, Opfer des **Bösen Blicks** zu werden. In ihrer Furcht vor Hexerei trugen die Menschen einst Amulette aus kleinen Papierstücken bei sich, die mit frommen Worten wie dem **Vaterunser**, dem Ave Maria oder dem Johannes-Evangelium beschrieben waren, da man weithin glaubte, sie hielten das Böse fern. Andere legten ein Stück Papier in ihren Schuh, auf das das Vaterunser geschrieben war. Obgleich von dem katholischen Gottesgelehrten Thomas von **Aquino** gebilligt, fanden solche Praktiken in protestantischen Ländern niemals Anklang.

Amulette – oder richtiger „Talismane", da sie magische Kräfte wirken lassen und nicht einfach nur das Böse abwenden sollten – wurden auch bei der weißen Magie zu Heilzwecken benutzt. Zu ihnen gehörten seit jeher prähistorische Pfeilspitzen aus Feuerstein und mit einem Loch versehene Steine (*siehe* **Hexenstein**), die man auch ins Schlafzimmer oder in den Kuhstall gelegt haben mag, um feindselige Geister abzuwehren.

Siehe auch **Schutz vor Hexenzauber**.

Antichrist

Antichrist *siehe* **Das Tier**

Apfel Für den Apfel fanden sich in der Hexenkunst und im Aberglauben eine ganze Reihe Verwendungszwecke, wo er (besonders in Liebesangelegenheiten) weithin für die **Divination** und als Element bestimmter **Zauber** benutzt wurde. An die Verbindung zwischen Apfel und Hexenkunst erinnert jedes Jahr der Brauch des Äpfelspiels zu Halloween.

Aphrodisiakum *siehe* **Liebestrank**

Aquino, Thomas von 1225–1274. Dominikaner, Theologe, herausragender religiöser Philosoph, der die theologische Basis der römisch-katholischen Kirche definierte. In Aquinos wichtigen und höchst einflußreichen Schriften gab es mehrere Textstellen, die in den Jahrhunderten nach seinem Tod eine tiefgreifende Wirkung auf die Entwicklung des europäischen Hexenwesens haben sollten. Seine Schriften wurden häufig von den Verfassern des *Malleus maleficarum*, des Hexenhammers, angeführt und in anderen maßgebenden Abhandlungen über die Hexerei zitiert. Sie verliehen den Theorien der neuen Dämonologen intellektuelles Gewicht und trugen auf diese Weise zu der wachsenden Unruhe bei, die im Hexenwahn des sechzehnten und siebzehnten Jahrhunderts gipfelte.

Aquinos Schriften unterstützten die fünf wichtigsten Bereiche der Hexentheorie. Bezüglich des ersten Bereichs schien Aquino zu glauben, daß Männer Geschlechtsverkehr mit **Sukkuben** haben könnten, die ihr Geschlecht ändern und zu **Inkuben** werden konnten, um sterbliche Frauen zu schwängern. Aufgrund dieser Behauptung wurden sexuelle Beziehungen mit Dämonen in den Hexenprozessen der Folgezeit zur Standardanklage. Beim zweiten Punkt griff Aquino mit der Vorstellung, die Günstlinge des Satans könnten durch die Luft fliegen (*siehe* **Hexenflug**), auf das Zeugnis der Bibel zurück. Zum dritten Punkt räumte er ein, daß der Teufel in betrügerischer Weise Menschen glauben machen könnte, sie seien in der Lage, ihre Gestalt zu wandeln; von hier war es für die späteren Dämonologen nur ein kleiner Schritt, Aquino zur Verteidigung ihrer Idee, daß die Heerscharen des Teufels ihre Gestalt wirklich verändern, heranzuziehen. Was den vierten Bereich der Hexentheorie anging, so bestätigte Aquino, daß die Dämonen Unwetter heraufbeschwören und andere Zauber ausüben könnten, und behauptete zuletzt, daß sie durch **Potenzzauber** die Beziehungen der Menschen störend beeinflussen könnten. Die Tatsache, daß Aquino die Möglichkeit einräumte, Bündnisse mit dem Teufel zu schließen, ebnete den Weg dahin, angeklagte Hexen wegen eben dieses Teufelspakts als Ketzer verurteilen zu können. Deshalb wiederum meinte man, die schuldig gesprochenen Hexen verdienten die gleiche strenge Bestrafung, die anderen Häretikern auferlegt wurde.

Armstrong, Anne *siehe* **Forster, Anne**

Arras, Hexen von Die Opfer einer der ersten organisierten Hexenjagden im nördlichen **Frankreich**, die in den Jahren 1459–1460 von der **Inquisition** durchgeführt wurden. Zu einer Zeit, da die Vorstellungen von einer Hexe noch mangelhaft definiert waren, stellte die Inquisition Verbindungen zwischen den angeblichen Praktiken gewisser Einheimischer und der anerkannten Häresie der Waldenser oder Vaudois her. Zum Handeln gedrängt wurde Pierre le Broussart, der Inquisitor der Region Arras, durch die Bekenntnisse von Robinet de Vaulx, einer verurteilten Gefangenen, die Deniselle Grenières eine Hexe nannte. Die Grenières wiederum gab unter der Folter fünf weitere Personen an, die ebenfalls einer üblen Behandlung unterzogen wurden. In ihrer Verzweiflung versuchte einer von ihnen, Jehan la Vitte, sich die Zunge abzuschneiden, um damit die Folter nutzlos zu machen, doch er verletzte sich nur und mußte fortan seine Antworten niederschreiben.

Typisch für die Anklagen, mit denen die Hexen von Arras konfrontiert wurden, waren die Behauptungen, sie hätten sich mit dem **Teufel** getroffen, ihm mit dem obszönen **Kuß** (auf des Teufels Hinterteil) gehuldigt, mit ihm zusammen ein Bankett abgehalten und sich wahllos untereinander erotischen Ergötzungen hingegeben. Trotz des Rates von seiten der kirchlichen Obrigkeit, die Nachsicht empfahl, da nichts auf einen Mord oder eine Hostienschändung schließen ließe, bestand die Inquisition auf der Todesstrafe. Fünf der Angeklagten wurden im entwürdigenden Gewand eines verurteilten Ketzers öffentlich zur Schau gestellt, bevor man sie bei lebendigem Leibe verbrannte.

In den darauffolgenden Wochen wurden weitere Verdächtige ergriffen und gefoltert. Viele von ihnen wurden zu Geständnissen bewegt, indem man ihnen versprach, sie wieder freizulassen, wenn sie bekennen würden und sich so zur Zusammenarbeit bereit zeigten. Trotz der „Geständnisse", die der Inquisitor auf diese Weise erlangte, weigerten sich die weltlichen Autoritäten, seine Aktivitäten zu sanktionieren, und bestanden schließlich darauf, einige der Angeklagten auf freien Fuß zu setzen. Die übrigen kamen mit der Rückkehr des Bischofs von Arras aus Rom frei. 1491 ging das Parlament von Paris so weit, das Vorgehen des Inquisitors in dieser Angelegenheit öffentlich zu verurteilen und die Überlebenden um Gebete für jene zu bitten, die zu Tode gebracht worden waren.

Asmodi Dämon, der die Wollust und Unzüchtigkeit personifizierte. Man nimmt an, daß dieser Dämon im Grunde von Aeschma Dewa, dem persischen Gott des Zornes, herstammt, der die Menschen zu Rachegedanken anstiftete. Von den Juden übernommen, wurde er häufig als einer beschrieben, der Zank zwischen Eheleuten verursachte, indem er den geschlechtlichen Verkehr zwischen ihnen verhinderte und den Ehebruch förderte; von da war es nur ein kleiner Schritt zu seinem späteren Status als Gott der Wollust. Salomo erlangte mit Hilfe eines Zauberrings Macht über Asmodi und verpflichtete den Dämon, ihm beim Tempelbau zu helfen; Asmodi jedoch brachte Salomo dazu, ihm den Ring zu überlassen, den er dann ins Meer warf (woher ihn ein Fisch in seinem Magen zu Salomo zurückbrachte).

Rief man Asmodi durch Hexerei herbei, dann zeigte er sich, so erzählte man, auf dem Rücken eines Drachen; er hatte drei Köpfe – den eines Stieres, den eines Menschen und den eines Widders. Behandelte man ihn mit dem gebührenden Respekt (die Person, die ihn rief, mußte dies barhäuptig tun), dann konnte er einem die Macht der **Unsichtbarkeit** verleihen und auch verraten, in welcher Gegend ein verborgener Schatz lag.

Astarot Mächtiger Dämon, von dem man glaubte, er kenne alle Geheimnisse und könne herbeigerufen werden, um die Vergangenheit und die Zukunft zu offenbaren. Astarot, die ursprüngliche Naturgöttin Astarte, erschien in Gestalt eines halb weißen und halb schwarzen Mannes. Dem alten Testament zufolge wurde Salomo durch die Frauen seines Harems dazu verführt, Astarte zu verehren, die Liebe und Fruchtbarkeit verkörperte und die man in orgiastischen Riten feierte, bis sie zur Strafe für das Opponieren gegen den Christengott in einen Dämon verwandelt wurde.

Astarot stand in dem Ruf, einen abstoßend üblen Atem zu haben; er befehligte in der Hölle vierzig Legionen und war einer der Dämonen, denen Madame de **Montespan** bei ihrem Versuch, magischen Einfluß über Ludwig XIV. von Frankreich zu gewinnen (*siehe* **Chambre-Ardente-Prozeß**), Menschenopfer gebracht haben soll. Der Überlieferung nach konnte er nur mittwochs herbeigerufen werden, und dann auch nur in der zehnten und elften Nachtstunde.

Siehe auch **Große Göttin**.

Aufziehen Extreme Form der **Folter**, deren Anwendung beim Verhör von Hexen auf dem europäischen Kontinent weit verbreitet war. Eine der frühesten Erwähnungen dieser Foltermethode besagt, daß sie 1474 in Piemont angewendet wurde. Damals war sie an den italienischen Gerichten unter der Bezeichnung *tratti di corde* bekannt. Später griff man sie in vielen europäischen Ländern, darunter auch in **Schottland**, niemals jedoch in England, als wirksames Mittel zur Erpressung von Geständnissen auf.

Bei dieser Form der Folter band der Henker oder Folterknecht die Arme des Gefangenen auf dessen Rücken zusammen und zog den Verdächtigen dann mittels Rolle und Seil, das an dessen Händen befestigt war, zur Decke der Folterkammer auf. Diese Methode hatte den Vorteil, daß sich die Schulterknochen des Opfers ausrenkten, ohne sichtbare Anzeichen einer körperlichen Mißhandlung zu hinterlassen.

Das Aufziehen konnte viele Male wiederholt werden, wenn sich ein Gefangener weigerte, die Fragen des Verhörenden in der gewünschten Weise zu beantworten. Es gibt Berichte über eine zwanzigjährige Deutsche, die 1608 in Tett-

Aufziehen

nang bei Konstanz während des Verhörs an einem einzigen Tag elfmal aufgezogen wurde; um die Wirkung der Folter zu erhöhen, hatte man an ihre Füße ein fünfzig Pfund schweres Gewicht gehängt. Nach dieser Tortur wurde sie noch zehn Wochen lang gefoltert, bis die Befürchtung, sie könne dabei sterben, der Pein ein Ende setzte.

Weigerte sich ein der Hexerei verdächtigter Gefangener besonders hartnäckig, ein Geständnis abzulegen, dann wurde eine verschärfte Form des Aufziehens angewendet. Man hängte dem Verdächtigen bis zu dreihundertdreißig Kilogramm schwere Gewichte an die Beine, ehe man ihn aufzog. Nach einer gewissen Zeit wurde das Seil plötzlich gelöst, so daß der Geschundene ein Stück in Richtung Fußboden fiel, ehe er im letzten Moment mit einem Ruck angehalten wurde. Die Gewalt, die dabei auf den Körper wirkte, reichte aus, um faktisch jeden Knochen im Körper des Gefangenen auszurenken. Es hieß, daß die viermalige Anwendung dieser gefürchteten und äußerst grausamen Foltermethode im allgemeinen tödlich sei und nur von den widerstandsfähigsten Opfern überlebt werden könne.

Eine weitere brutale Form des Aufziehens existierte Berichten zufolge auf den **Kanalinseln**, wo man selbst zum Tode Verurteilte noch folterte, um ihnen die Namen von Komplizen zu entlocken. Hier band man das Seil an den Daumen des Opfers fest. In manchen Fällen ließ man den Verurteilten wie bei der verschärften Form des Aufziehens plötzlich fallen, so daß seine Daumen abgerissen wurden.

Um die Wirkung der Folter zu erhöhen, wurde der Aufgezogene oft zusätzlich noch mit **Daumenschrauben** und Zehenschrauben gemartert. Der sadistische Balthasar Ross, ein deutscher Hexenrichter aus dem frühen siebzehnten Jahrhundert, peinigte aufgezogene Frauen mit rotglühenden Spießen; andere Folterer sollen die Gefangenen während des Aufziehens mit brennenden Schwefelkugeln gequält haben.

Auldearn, Hexen von Der **Hexenzirkel** in Auldearn (Morayshire), zu dem dreizehn schottische Hexen gehörten und der aufgedeckt wurde, als Isobel **Gowdie** im Jahre 1662 ihr freiwilliges und bestürzendes Geständnis, Hexerei zu betreiben, machte. Der detaillierte Bericht, den sie den Behörden gab, erhellte die vermeintlichen Praktiken typischer schottischer Hexenzirkel des siebzehnten Jahrhunderts.

Isobel Gowdies Zeugnis zufolge hatte der Hexenzirkel, den eine Frau namens Jean Marten leitete, dreizehn Mitglieder, die an einem prähistorischen Steinkreis regelmäßig mit dem **Teufel** und ihren **Hausgeistern** zusammengekommen seien, um durch eine Reihe von magischen Ritualen Unheil zu stiften. Dort hätten sie bei wildem Tanzen (*siehe* **Hexentanz**) und Trinken in sexuellen Orgien geschwelgt. Die Feste, zu denen man zusammenkam, begannen mit dem folgenden Tischgebet:

> Wir essen dies Fleisch in des Teufels Namen
> Mit Jammern und Seufzen und ohne Scham;
> Zerstören werden wir Haus und Festung,
> Die Schafe und das Vieh im Stall.
> Wenig Gutes wird daraus kommen
> Von all dem, was dann übrig ist.

Ein typischer Trick des Hexenzirkels sei das Heraufbeschwören von Unwettern gewesen; dazu habe man einen nassen Lappen mehrmals an einen Stein geschlagen und rezitiert:

> Ich schlage diesen Lappen auf diesen Stein,
> Um einen Sturm zu entfesseln in des Teufels Namen;
> Er soll nicht ruhen, bis es mir beliebt.

Einmal sei der Hexenzirkel über eine Färberei in Auldearn hergefallen und habe die Küpen behext, damit das Tuch in Zukunft immer schwarz, in der Farbe des Teufels, herauskäme. Ein anderer Abstecher habe sie in die Welt der **Feen** getragen, wo sie sich, wie Isobel Gowdie sich erinnerte, beim Anblick der „Elfenstiere" erschreckt hätten: „Der Hügel öffnete sich, und wir kamen zur Tageszeit zu einem großen Raum. Dort ist ein wilder Haufen großer Stiere am Eingang, die mich sehr ängstigten."

Alle Mitglieder des Hexenzirkels seien in die Kunst eingeweiht, sich in verschiedene Tiergestalten zu verwandeln. Isobel Gowdie erinnerte sich, wie sie einmal, in einen **Hasen** verwandelt, auf der Flucht den Zähnen einiger Hunde nur knapp entgangen sei, indem sie geradewegs durch ihr eigenes Haus in ein anderes gerannt wäre. Durch ein kompliziertes Ritual, bei dem ein Miniaturpflug von **Kröten** gezogen würde, verfügten die Hexen von Auldearn angeblich über die Macht, das Ackerland eines Bauern unfruchtbar zu machen und damit die „gestohlenen" Feldfrüchte dem Teufel zu schenken. Sie hätten auch gelernt, von den Feen geformte „Elfenpfeile" zu verschießen: Isobel Gowdie brüstete sich damit, einen Pfeil verschossen und eine Frau damit umgebracht zu haben. Andere Opfer des Hexenzirkels seien die kleinen Söhne des Gutsherrn von Park, die durch die Zerstörung ihnen ähnelnder Tonfiguren getötet worden seien (*siehe* **Bildzauber**).

Jedes Mitglied des Hexenzirkels hatte nach Isobel Gowdies Aussagen seinen persönlichen Kobold, die auf solch ungewöhnliche Namen wie Swein, Pikle ganz nah am Wind und Rorie hörten. Der Teufel (dessen Identität genauso enthüllt wurde) schien seine Hexen jedoch streng im Zaum zu halten, und bestrafte jede mit Schlägen, die seinen Verdruß erregte. Isobel Gowdie, die auch die übrigen Mitglieder des Hexenzirkels nannte, beschrieb, wie eine von ihnen, Margaret Wilson, so tapfer gewesen sei und zurückgeschlagen habe, als der Teufel sie züchtigte, und wie eine andere, Bessie Wilson, ihn übel verflucht habe. Die meisten anderen aber hätten sich solcher Mißhandlung demütig gebeugt.

Die Aufzeichnungen des Gerichtes von Auldearn zum Prozeß um die Mitglieder des Hexenzirkels sind nicht vollständig, doch es herrscht die allgemeine Annahme, daß die meisten, wenn nicht gar alle Genannten zusammen mit Gowdie am Galgen endeten. Ebenfalls in Auldearn brachte man fast zur gleichen Zeit Hexen vor Gericht, die als Katherine Sowter, die Hexe von Bandon, und Janet Breadheid identifiziert wurden.

Siehe auch **Schottland**.

Ausspucken *siehe* **Böser Blick**

B

Bahrprobe Hexenprobe, die auf den alten Volksglauben zurückging, daß der Körper eines Mordopfers in Gegenwart des Mörders wieder zu bluten beginne. Aufgegriffen wurde das Verfahren der Bahrprobe im zwölften Jahrhundert als letzte Entscheidungshilfe für schwierige Fälle. 1597 empfahl **Jakob I.** diese Methode in seiner *Daemonologie*. Der angesehene presbyterianische Gelehrte und Dichter Richard Baxter war nur einer von vielen berühmten Autoritäten, die von der Wirksamkeit der Probe in Mordfällen überzeugt waren, wie er in seiner Erörterung der Bahrprobe in der Schrift *The Certainty of the World of Spirits* (1691) klarlegte:

> Was soll man zu den vielen zuverlässigen Geschichten über das erneute Bluten ermordeter Körper sagen, das beginnt, wenn der Mörder zu der Leiche gebracht wird, oder wenn er sie zumindest berührt, sei es durch die Seele des Toten oder durch den guten Geist, der Mord haßt, oder durch den Teufel, der bestellt ist, um Rache zu nehmen; es scheint einfach das Wirken eines unsichtbaren Geistes zu sein.

Die Methode wurde insbesondere mit Fällen von Hexerei in Zusammenhang gebracht. Einer der berühmtesten Fälle, in denen sie als Hexenprobe angewandt wurde, war der Prozeß gegen Jennet Preston, die man neben anderen **Hexen von Pendle** des Mordes mit Hilfe von Zauberei angeklagt hatte. Sie wurde aufgefordert, die Leiche des Thomas Lister, ihres angeblichen Opfers, zu berühren, worauf diese sofort zu bluten begann. Obwohl Jennet Preston jegliche Schuld leugnete, wurde sie am 27. Juli 1612 in York wegen Mordes verurteilt und bald darauf gehängt.

Ein anderes Beispiel für die Anwendung der Bahrprobe bei einer gerichtlichen Untersuchung war der Prozeß gegen Christine Wilson, die „Hexe von Dalkeith", der 1661 in **Schottland** stattfand. Von den Richtern aufgefordert, die Leiche ihres vermeintlichen Opfers zu berühren, legte Christine Wilson einen Finger auf die tödliche Wunde, die zur „großen Verwunderung all der Zuschauenden" als Beweis für die Schuld der Frau heftig zu bluten begann.

Baites, Anne *siehe* **Forster, Anne**

Bamberg, Hexen von Schauplatz einiger der grausamsten Hexenprozesse in der deutschen Geschichte war das Fürstentum Bamberg. Unter der Herrschaft des Fürstbischofs Gottfried Johann Georg II. Fuchs von Dornheim, wurden in den Jahren 1623 – 1633 mindestens sechshundert Menschen als Hexen verbrannt. Die Verfolgung begann unter Bischof Johann Gottfried von Aschhausen, dem „Hexen-Bischof", der 1609 – 1622 über Bamberg herrschte und dafür verantwortlich war, daß etwa dreihundert vermeintliche Hexen in den Tod geschickt wurden. Johann Georg II. verstärkte die Kampagne. Er richtete unter dem Suffraganbischof Friedrich Förner eine Organisation zur Hexenjagd ein und ließ spezielle Gefängnisse für die Verdächtigen bauen. Er setzte sich rücksichtslos über gesetzliche Bestimmungen hinweg: Die der Hexerei Verdächtigten wurden häufig über die Einzelheiten der Anklage im unklaren gelassen, und vielen verweigerte man einen juristischen Beistand, der zu ihrer Verteidigung hätte auftreten können. Einmal im Gefängnis, hatte ein Verdächtiger nur wenig Aussicht, der Todesstrafe zu entgehen.

Die Prozesse waren oftmals oberflächlich; es gibt Berichte von einem Opfer, Anna Hansen, die nur drei Wochen nach ihrer Arrestierung zur Hinrichtung geführt wurde. Zahlreiche prominente Bürger flohen aus dem Fürstentum oder starben als Opfer der Hexenjagd. Ihr Eigentum verwendete man, um die Kosten des Prozesses,

Bamberg, Hexen von

der Folter und der Hinrichtung zu begleichen. Was von dem Besitz übrigblieb, ging an den Bischof (ein starker Anreiz für ihn, den Feldzug gegen die Hexen mit Nachdruck zu führen und sich auf wohlhabende Verdächtige zu konzentrieren). Dr. Georg Hahn, der Kanzler von Bamberg, war einer der wenigen, die es wagten, diese Politik in Frage zu stellen; er wurde 1628 gefoltert und als Strafe für seine Beschwerde zusammen mit seiner Frau und seiner Tochter auf dem Scheiterhaufen verbrannt. Von dem unter der Folter erpreßten Geständnis des Kanzlers waren fünf Bürgermeister betroffen, deren Schicksal mit der Anklage, sie hätten Verbrechen wie den geschlechtlichen Verkehr mit **Dämonen** begangen und seien auf **schwarzen Hunden** (*siehe* **Junius**, **Johannes**) zu **Hexensabbaten** geritten, besiegelt war. Gesuche von Flüchtlingen aus Bamberg an Kaiser Ferdinand II., Einfluß auf die Gerichte des Fürstbischofs zu nehmen, waren nutzlos, da der Bischof alle Appelle zur Mäßigung ignorierte.

Ein scheußlicher Aspekt der Bamberger Hexenprozesse war der ausgedehnte Gebrauch der Folter. Die Befrager wandten vielfältige Prozeduren an, um Geständnisse zu erpressen, darunter die **spanischen Stiefel**, kalte Bäder, das erzwungene Verspeisen gesalzener Heringe (was einen furchtbaren Durst zur Folge hatte), das Eintauchen in siedendes Wasser, das mit Kalk versetzt war, das Verwunden des Halses mit einem Seil, das Knien auf dem Gebetsschemel (einem mit Stacheln besetzten Brett), das Sitzen auf einem erhitzten eisernen Stuhl, das Ansengen der Haut in Achselhöhlen und Leisten mit in Schwefel getauchten brennenden Federn, das Auspeitschen, das Einschließen in den Stock (der eigens mit Eisenstacheln besetzt war, um die Pein

Ein zeitgenössischer Holzschnitt zu den Bamberger Hexenprozessen.

Barclay, Margaret

zu erhöhen), die **Leiter**, das **Aufziehen** und das Anlegen der **Daumenschrauben**. Auf dem Weg zur Hinrichtung wurden die für schuldig erklärten Hexen weiteren Qualen ausgesetzt; man schnitt ihnen die rechte Hand ab oder zerriß den verurteilten Frauen mit rotglühenden Zangen die Brüste.

Schließlich war die Empörung über die Verfolgung so stark, daß sich der Kaiser 1630 verpflichtet sah, härter gegen den Fürstbischof vorzugehen. Die Berichte über die Verfahren wurden überprüft und die Bamberger Gerichte angewiesen, die Anklagen kundzutun und den Angeklagten den Beistand eines juristischen Beraters zuzubilligen. Zwar wurde auch die Konfiszierung des Eigentums untersagt, doch die Anwendung der Folter blieb weiterhin erlaubt, und die Atmosphäre des Terrors in der Region wich erst, als Bischof Förner im darauffolgenden Jahr starb. 1631 gab es in Bamberg keine Hinrichtungen wegen Hexerei, und 1632 schließlich beendete der Tod des hexenhassenden Bischofs von Bamberg die Verfolgung.

Siehe auch **Deutschland**.

Barclay, Margaret gest. 1618. Schottische Dame aus guter Familie, die 1618 in Irvine (Ayrshire) als Hexe vor Gericht gestellt wurde. Margaret Barclay, die Ehefrau eines geachteten Bürgers von Irvine, war im Gegensatz zu anderen Opfern des Hexenwahns jener Zeiten jung und energisch. Sie hatte sich jedoch mit ihrem Schwager John Deans und dessen Frau Janet Lyal entzweit, nachdem sie von beiden fälschlicherweise des Diebstahls beschuldigt worden war. Das Zerwürfnis wurde beigelegt, nachdem man den kirchlichen Gerichtshof konsultiert hatte, doch die Angelegenheit ärgerte Margaret Barclay noch immer, und so hörte man sie den Wunsch äußern, das Handelsschiff, mit dem John Deans bald in See stechen wollte, möge samt seinem Kapitän untergehen. Zeugen behaupteten, gesehen zu haben, daß sie glühende Kohlen ins Wasser habe fallen lassen, damit das Schiff auf die Felsen auflieft.

Unglücklicherweise kehrte das Schiff nicht zum vorgesehenen Zeitpunkt zurück, und ein Bettler mit Namen John Stewart, der behauptete, hellsehen zu können, erklärte es für verloren. Als sich herausstellte, daß das Schiff vor Padstow in Cornwall tatsächlich gesunken war, kerkerte man Stewart sofort ein. Er behauptete daraufhin, daß Margaret Barclay, gegen die man wegen des verlorenen Schiffes bereits Verdacht hegte, habe ihn um eine Verwünschung gebeten, die sie gegen das Schiff aussprechen könne. Stewart zufolge hatten sich Margret Barclay und zwei Komplizinnen, begleitet vom **Teufel** in Gestalt eines **schwarzen Hundes**, in einem verlassenen Haus getroffen, um Tonfiguren zu formen, die sie dann ins Meer geschleudert hätten, damit das Schiff auch wirklich sinke. Das Meer habe wild geschäumt und sich rot gefärbt.

Die nächste, die verhaftet werden sollte, war eine der Komplizinnen, eine Frau mit Namen Isobel Insh, die durch die Aussage ihrer achtjährigen Tochter ebenfalls in den Fall verwickelt wurde. In einem verzweifelten Versuch, der Gefangenschaft im Glockenturm der Kirche von Irvine zu entfliehen, stürzte Isobel Insh in die Tiefe und starb fünf Tage später an ihren Verletzungen.

John Stewart und Margaret Barclay wurden dann auf Anordnung des Grafen von Eglington gefoltert. Stewart gelang es, sich von seinen Ketten zu befreien; um weiteren Qualen zu entgehen, erhängte er sich mit den Bändern seines Hut an der Zellentür. Margaret Barclay, der solcherart Flucht versagt war, wurde der „sichersten und mildesten Folter" unterworfen; man ließ schwere Eisenstücke auf ihren bloßen Füßen liegen, bis sie den Schmerz nicht mehr ertragen konnte und ein volles Geständnis ablegte. Vor Gericht widerrief sie später jedes Wort davon, doch die Geschworenen lehnten die Anerkennung ihres Widerrufs ab und befanden sie schuldig. Sie wurde stranguliert und dann auf dem Scheiterhaufen verbrannt.

Das letzte Opfer in diesem Fall war eine Isobel Crawford. Margaret Barclay hatte sie bei dem erzwungenen Geständnis als Komplizin angegeben. Auch sie starb, nachdem sie tapfer alle Folter ertragen hatte, auf dem Scheiterhaufen, obgleich sie standhaft auf ihrer Unschuld beharrt und sich geweigert hatte, dem Scharfrichter zu vergeben.

Das letzte Wort über diesen tragischen Fall ging an Sir Walter Scott, einen Romancier des neunzehnten Jahrhunderts, der nach der Lektüre des Prozeßberichts schrieb: „Es ist kaum möglich, daß ein Mensch von klarem Verstand nach dem Lesen einer solchen Geschichte auch nur einen Moment lang einem Beweis Gehör schenken kann, der sich auf ein derart erlangtes Geständnis gründet, welches – und das selbst in heutigen Zeiten – für einige Individuen fast der einzige Grund für den Versuch war, den Glauben an die Existenz der Hexerei zu rechtfertigen."

Siehe auch **Schottland**.

Barton, Elizabeth etwa 1506–1534. Englisches Dienstmädchen, genannt die „Maid von Kent", die als Prophetin und Hexe beträchtlichen Ruhm erlangte.

Elizabeth Barton behauptete, ihre prophetischen Gaben von der Jungfrau Maria erhalten zu haben, nachdem sie in der Kapelle eines gewissen Priesters auf wundersame Art Heilung erfahren habe. Die Errettung des Dienstmädchens von starken Anfällen (von denen bekannt wurde, daß sie auf Anweisung des Priesters vorgetäuscht waren) und seine neu entdeckten Fähigkeiten als Seherin machten die Kapelle zu einem bekannten Pilgerort, und viele vornehme Personen suchten den Rat des Mädchens, um ihre Zukunft zu ergründen.

Alles ging recht gut, bis die „Maid von Kent" – scheinbar auf Anregung von verschiedenen Stellen – eine Reihe von Prophezeiungen lieferte, die vor unheilvollen Konsequenzen der Scheidung Henrys VIII. von Anne **Boleyn** warnten. Das Vorhersagen von Tod und Unglück für einen Herrscher wurde stets sehr ernst genommen, und die Anhänger des Königs machten sich schnell daran, die Prophetin in Mißkredit zu bringen. Sie streuten Gerüchte aus, die Barton sei eine Hexe. Elizabeth Barton wurde wegen Verrats festgenommen und schließlich zum Tode verurteilt.

Bevor die „Maid von Kent" in Tyburn Barton gehängt wurde, gestand sie ihren Betrug ein und gab zu, daß sie sich von anderen habe beeinflussen lassen. Sie räumte ein, daß Stolz ihren Fall verursacht habe, „weil die Dinge, die ich vortäuschte, von Nutzen für sie waren, wofür sie mich sehr rühmten."

Baskische Hexen Lange Zeit stand das baskische Gebiet in den Pyrenäen in dem Ruf, eine Brutstätte des Hexenwesens zu sein, denn es war geographisch abgelegen von den Kulturen Spaniens und Frankreichs und rief in beiden Ländern den Argwohn der Obrigkeit gegenüber seinen Bewohnern hervor. Die Basken waren von der keltischen Kultur, die dreitausend Jahre zuvor in Spanien und Frankreich geherrscht hatte, relativ unberührt geblieben. Ähnlich geschützt war das Land auch vor der Invasion der Römer unter Julius Cäsar gewesen, und so hatte es seine eigene Sprache und sein Volksbrauchtum erhalten. Als dann das Christentum zu ihnen gelangte, verbanden die Basken den neuen Glauben mit ihrem alten, und es geschah, daß die Priester sonntags christliche Gottesdienste abhielten und an Wochentagen die Riten für ihre älteren Götter leiteten.

Die Region wurde bereits im vierzehnten Jahrhundert offiziell als ein Zentrum des Hexenwesens erwähnt. Damals standen die Dorfzauberer weithin in dem Ruf, sich für ihre böswilligen Absichten gegenüber anderen der Magie zu bedienen und Eigentum, Vieh und Ernte zu vernichten. Die katholischen Gemeinden waren angeblich bekannt dafür, daß sie von ihren Priestern verlangten, sich Mätressen zu halten – wahrscheinlich um sie von den Tändeleien mit einheimischen Frauen abzubringen. In einigen Gebieten, in denen Kulte der Totenverehrung blühten, war christlichen Bischöfen die Durchreise untersagt. Andere huldigten „La Dama", einer mysteriösen Berggöttin, von der man glaubte, sie habe aus einer früheren Religion überlebt.

So war es denn unvermeidlich, daß die **Inquisition** ihr besonderes Augenmerk auf die spanischen Basken richtete. Sie schleuste Spione ein und sandte unbarmherzige Untersuchungsbeamte aus und hatte so wenig Mühe, Beweismaterial zu erbringen, das die anfängliche Hypothese stützte, die Gegend werde von den Horden des Satans beherrscht. Zahllose Angeschuldigte machten detaillierte Geständnisse über Beziehungen zu Teufeln und Dämonen und über andere Dinge. In den meisten Berichten hieß es, der **Teufel** erscheine in Gestalt eines **Ziegenbocks** und manchmal als Maultier, obwohl er mitunter auch die Gestalt eines Menschen annehme.

Bastet

Im frühen siebzehnten Jahrhundert folgten die Franzosen dem Beispiel auf ihrer Seite der Grenze und schickten 1608 den Richter Pierre de **Lancre** nach Béarn in die Region Pays de Labourd, um die Verehrer der „heidnischen" Götter auszurotten. Das tat er mit erschreckendem Eifer, wobei er für sich in Anspruch nahm, innerhalb von vier Monaten sechshundert Hexen aus diesem Landstrich hingerichtet zu haben. Das bekannteste unter Lancres Opfern war der junge Geistliche Pierre Bocal, unter dessen Anleitung Gerüchten zufolge christliche und nichtchristliche Zeremonien veranstaltet wurden. Die Tatsache, daß Bocal eine Ziegenkopfmaske trug, wenn er die alten Götter der Baskenregion anbetete, reichte als Beweis für seine Schuld aus, und so wurde er 1609 im Alter von siebenundzwanzig Jahren bei lebendigem Leib als Hexer verbrannt.

Die Hexenjäger behaupteten, die Gegend sei zu einem Versteck für die Dämonen geworden, die die Missionare im fernen Osten ausgetrieben hätten. Es wurde berichtet, daß sich in Bordeaux zwölftausend Hexen zu einem **Hexensabbat** versammelt hätten, während es bei anderen derartigen Treffen angeblich gar einhunderttausend gewesen seien. In vielen Fällen erlangte man Geständnisse von Kindern, die Hunderte Menschen mit Behauptungen belasteten, sie hätten an Sabbaten teilgenommen, **schwarze Messen** abgehalten, seien durch die Luft geflogen, hätten Leichen gegessen, Feinde ermordet, Zaubersalben hergestellt und sexuelle Beziehungen zum Teufel gehabt.

Am Ende war die Schlächterei in der Baskenregion, besonders unter de Lancre, zu viel für die einheimische Bevölkerung. Als fünftausend Fischer von ihrer Fahrt nach Neufundland zurückkehrten und entdeckten, daß viele ihrer Nächsten umgekommen waren, rasten sie vor Zorn, und es gab weiteren Verdruß, als de Lancre drei Priester verbrennen ließ. De Lancre sah sich zu dem Schluß veranlaßt, die ganze Region sei vom verderblichen Einfluß des Hexenwesens angesteckt, doch es gelang selbst ihm nicht, einen Völkermord von solchem Ausmaß auszuführen.

Siehe auch **Frankreich**.

Bastet *siehe* **Katze**

Bateman, Mary 1768–1809. Englische Hexe, die 1808 für ihre Verbrechen vor Gericht gestellt wurde. Die in Topcliffe (Yorkshire) geborene Mary Bateman verfiel einem Leben der kleinen Verbrechen und verdiente sich ihren Unterhalt mit Bauernfängereien. Dem Vernehmen nach Wahrsagerin, Abtreiberin und Vermittlerin von **Zauberformeln** verschiedener Art, war sie weithin als Hexe bekannt, wurde aber in einer Zeit, da die Hexenmanie bereits Geschichte war, nie als solche gerichtlich verfolgt. Sie starb statt dessen wegen Mordes an einer Rebecca Perigo am Galgen.

Bavent, Madeleine Etwa 1607–1647. Französische Nonne, die 1647, während der Herrschaft Ludwigs XIV., in Rouen als Hexe vor Gericht gestellt wurde. Sie war als Waise bei ihrem Onkel und ihrer Tante aufgewachsen, arbeitete von ihrem zwölften Lebensjahr an als Gehilfin bei einer Frau, die Kleidung für das örtliche Kloster herstellte, und war für ihr tief religiöses Wesen bekannt. In ihren Jugendjahren zog sie mit ihrer Schönheit die Aufmerksamkeit „Pater Bontemps", eines Franziskanermönchs, auf sich, der kam, um Madeleine und den übrigen Angestellten die Beichte abzunehmen. Er wurde Madeleines Geliebter.

Kurze Zeit später trat Madeleine in das einige Kilometer von Rouen entfernte Franziskanerkloster von Louviers ein, wo sie unter die Obhut des obersten Priesters, Pater Pierre David, kam. Pater David hatte etwas ungewöhnliche Vorstellungen über die Führung eines Klosters. Um nach seinen Worten die Unschuld von Adam und Eva nachzuempfinden, bestand er darauf, daß die Nonnen zu ihren Gebeten nackt in die Kapelle kämen, und förderte nach Aussagen von Madeleine Bavent lesbische Beziehungen zwischen den Frauen, wobei er versicherte, daß jedes Tun entschuldbar sei, wenn der Heilige Geist die Seele erleuchtet habe.

Pater David, der Madeleine niemals wirklich verführte, obwohl er sich nach deren Worten „gewissen Liebkosungen und gegenseitiger Masturbation" hingab, starb 1628. Seinen Platz nahm Pater Mathurin Picard ein, der Davids Vorstellungen unterstützte und das Zelebrieren der Sexualität zum zentralen Thema des Dienstes der Nonnen an Gott machte. Madeleine als die Hübscheste unter den Nonnen wurde zur Königin dieses unorthodoxen Hexenzirkels ernannt und spielte – als **Astarot** angesprochen – die Hauptrolle in den verschiedenen orgiastischen Ritualen, die der als ein Gott namens Dagon verkleidete Picard ersonnen hatte. Solche Zeremonien erreichten ihren Höhepunkt, wenn Madeleine nackt auf den Altar gelegt wurde und Picard dann eine „Messe" auf ihrem Leib las, ehe er sie verführte, was jedoch nach Madeleines Angaben gegen deren Willen geschah.

Die Beteiligung an Picards Zeremonien blieb nicht ohne Folgen, und Madeleine brachte ein Kind zur Welt; allerdings ist unklar, was aus dem Kind wurde. (Es könnte in Madeleines ehemaligem Waisenheim aufgewachsen sein.) Picard und andere ausgewählte Personen verführten auch mehrere andere Nonnen, die sie angeblich durch Liebestränke betört hatten, für die Leichenteile und Menstruationsblut (*siehe* **Blut**) verwendet worden sein sollten. Ein- oder zweimal in der Woche fanden **Hexensabbate** statt, an denen Picard, dessen Gefährten, der Kaplan Pater Thomas Boullé, einige Nonnen und eine Ansammlung von Laien und angeblich auch Dämonen teilnahmen. Während der Rituale verspeiste man mitunter Menschenfleisch, und Madeleine wurde vergewaltigt oder anderweitig verführt. Auch ein vermeintlicher Dämon in Gestalt einer schwarzen **Katze**, die oft in ihrer Zelle lag und auf sie wartete, tat ihr Gewalt an.

Als Picard 1642 starb, nahm Boullé seinen Platz ein und arbeitete die Aktivitäten des Hexenzirkels in ganz ähnlicher Weise weiter aus. Die Nonnen jedoch begannen, offen Symptome dämonischer Besessenheit zu zeigen und außerhalb der Klostermauern unerwünschte Aufmerksamkeit zu erregen. Neben anderen Äußerungen anormalen Verhaltens erschreckten die Schwestern Beobachter mit einer nicht abreißenden Flut von Obszönitäten und Blasphemien, mit der Demonstration des Abscheus vor geweihten Gegenständen und Sakramenten, mit lästerlichen Flüchen während der Gebete und mit dem Entblößen ihrer Geschlechtsteile in unanständiger Manier. Andere zeigten nahezu übermenschliche Stärke, doch stritten alles Wissen um die Geschehnisse während dieser „Anfälle" ab, wenn sie sich davon erholt hatten.

Das ungewöhnliche Leben der Nonnen von Louviers war ernsthaft bedroht, als eine der Nonnen, Schwester Anne, auf Madeleine eifersüchtig wurde und sie 1643 öffentlich beschuldigte, mit dem **Teufel** verkehrt zu haben. In einer Welle von psycho-sexueller Hysterie behaupteten mindestens vierzehn von vierundfünfzig Nonnen, sie seien vom Teufel besessen (*siehe* **Besessenheit**), und bezichtigten Madeleine Bavent, sie behext zu haben. Madeleine selbst erwiderte, daß, wenn sie schuldig sei, das gleiche dann für Schwester Anne und auch für die Mutter Oberin gelte.

Es wurden öffentliche Gottesdienste zum Zwecke der Teufelsaustreibung (*siehe* **Exorzismus**) abgehalten. Die Nonnen zeigten sich der Lage schnell gewachsen; sie stellten Symptome von Hysterie zur Schau und bekamen Anfälle. Die sterblichen Überreste von Pater Picard wurden exhumiert und exkommuniziert. (Als Verwandte seinen Leichnam auf einem Müllhaufen fanden, forderten sie Genugtuung, und eine königliche Kommission mußte vermittelnd eingreifen.)

Der Bischof von Evreux, der die Schwere des Skandals einzuschätzen wußte, ließ Madeleine festnehmen und auf **Hexenmale** untersuchen. Man konnte jedoch keine sehen und unterwarf sie der **Nadelprobe**, um das **Teufelsmal**, einen schmerzunempfindlichen Punkt an ihrem Körper, zu finden. Wieder fand man nichts. Trotz des Mangels an derartigen „Beweisen" wurde Madeleine als Hexe angeklagt und zu lebenslanger Haft verurteilt.

Madeleine Bavent wurde – vielleicht um zu verhindern, daß sie weitere schädigende Behauptungen aufstellte – in einer dumpfigen unterirdischen Zelle im Kloster der Ursulinerinnen in Rouen eingekerkert. Hier erhielt sie nur unzureichende Nahrung und wurde von den Gefängniswärtern und den Dienern des Bischofs regelmäßig sexuell mißbraucht. Ihre Selbstmordversuche schlugen fehl, und Madeleine legte vor dem Bischof ein volles Geständnis ab. (Allerdings gestand sie später ein, daß viel davon erfunden gewesen sei, weil es ihre Befrager ihr so eingegeben hätten.)

Nach Madeleines Geständnis wurde Pater

Bayern

Boullé, den man 1644 wegen des Vorwurfs der Hexerei verhaftet hatte, wegen Behexung der Nonnen zum Tode verurteilt. Nach der Folter wurde er auf einem Rost durch die Straßen von Rouen gezogen und dann am 21. August 1647 bei lebendigem Leib verbrannt. Seine Asche wurde in alle Winde verstreut. Die sterblichen Überreste von Pater Picard wurden öffentlich verbrannt, ebenso ein weiterer Geistlicher mit Namen Duval, nachdem Madeleine Bavent auch ihn in den Fall hineingezogen hatte. Das Kloster wurde geschlossen, die Nonnen in ein anderes geschickt.

Das Geständnis erleichterte Madeleine Bavents Lage nur wenig. Obwohl ein Zeuge zugab, daß er bezüglich der schwarzen Messen gelogen hatte, hielt man Madeleine weiterhin in Einzelhaft. Sie starb vierzigjährig, noch ehe das Jahr vergangen war.

Siehe auch **Frankreich**.

Bayern Wie andere deutsche Staaten, so litt auch Bayern beträchtlich unter dem Hexenwahn, der Europa im frühen siebzehnten Jahrhundert überzog. Unter Herzog Wilhelm V. und dessen Sohn Maximilian I., die unter dem Einfluß ihrer jesuitischen Berater standen, wurde der Staat von etwa 1590 an von einer langen Folge blutiger Hexenjagden erschüttert. Damals forderte Wilhelm V. eine Untersuchung des Hexenwesens in der Region und sanktionierte mit dem Einverständnis der jesuitischen Universität von Ingolstadt die ersten Prozesse gegen vermeintliche Hexen.

Die Verfolgungen orientierten sich an Berichten von früheren Hexenprozessen in anderen Teilen Deutschlands. Die Art der Beweisfindung war stark durch den von Peter **Binsfeld** neu herausgegebenen *Malleus maleficarum* beeinflußt. Die Folter wurde routinemäßig angewendet, um Geständnisse zu erpressen, und es gibt Berichte von mindestens einer Verdächtigen in München, die ohne Unterbrechung gepeinigt wurde, bis sie vor ihren Befragern ein Schuldbekenntnis abgab. Die als Hexen schuldig Gesprochenen wurden ermuntert, die Namen von Komplizen anzugeben, und so breitete sich der Wahn, der mehr und mehr Opfer forderte, immer weiter aus.

In manchen Städten und Dörfern fielen der Hexenpanik mehr Einwohner zum Opfer als anderswo. Einer der am schwersten heimgesuchten Orte war Werdenfels in den Alpen, wo von 1590–1591 von 4700 Einwohnern neunundvierzig als Hexen verbrannt wurden. In Schongau indessen setzte man alle anderen Prozesse ab, damit sich die Richter dem Geschäft der Verfolgung angeblicher Hexen widmen und diese zum Tode verurteilen konnten.

Viele Opfer wurden von professionellen Hexenriechern identifiziert, die die Verdächtigen gegen eine Gebühr auf **Hexenmale** untersuchten. Die Scharfrichter konnten durch die wachsende Zahl von Verbrennungen beträchtliche Vermögen anhäufen; sie gehörten zu den mächtigsten und einflußreichsten Mitgliedern ihrer Gemeinden, waren oftmals nicht nur Henker, sondern traten auch als Hexenriecher auf, wie beispielsweise der bekannte Jörg Abriel aus Trier (*siehe* **Trier, Hexen von**).

Nach 1597, als Maximilian I. nach der Abdankung seines Vaters die Herrschaft antrat, verstärkte sich der Hexenwahn. Maximilian glaubte, daß das Hexenwesen für die Unfruchtbarkeit seiner Frau verantwortlich sei. Er, der als junger Mann persönlich bei der Folterung von Hexen zugesehen hatte, führte den Feldzug mit neuer Heftigkeit und wurde darin von den Jesuiten unterstützt und ermutigt. Neue Gesetze drohten jedem mit der Todesstrafe, der schuldig befunden wurde, einen **Pakt mit dem Teufel** geschlossen zu haben, und erlaubten, jene, die ihre Geständnisse widerriefen, zu weiteren Mißhandlungen sofort wieder den Folterknechten zu übergeben. Die Hysterie war so stark, daß die Gerichtsbeamten Widerrufe später gänzlich verboten und Anzeichen von Angst während des Arrests als Indiz für die Schuld der Angeklagten nahmen. Als 1619 ein Richter in Ingolstadt die Anklagen gegen eine Frau und drei Kinder fallenließ, intervenierte Maximilian persönlich und sorgte dafür, daß der Fall fortgeführt wurde. Er veröffentlichte 1622 eine *General- und Spezialinstruktion über den Hexenprozeß*, um die Richter zu härteren Maßnahmen gegen vermeintliche Hexen anzuregen.

Eine gewisse Mäßigung erfuhr das Wüten um 1631, als mehrere humanitär gesinnte Berater Maximilian I. dazu überredeten, in der Hexenjagd nachzulassen, die so viele Leben gefordert hatte. Ein Jahr darauf beendete die Ankunft schwedischer Invasionstruppen den Wahn. Sporadische Ausbrüche des Hexenwahns gab es allerdings noch hundert Jahre und länger. 1722 beispielsweise wurde ein Mann namens Georg Pröls von einigen Kindern der Hexerei bezichtigt, nach grausamer Folter enthauptet und in Moosburg bei Freising verbrannt. Andere Personen, deren Namen der inzwischen Hingerichtete genannt hatte, wurden von der Obrigkeit freigelassen, da man fürchtete, daß eine ganze Serie von Hexenprozessen eine schwere Panik entfachen und die schlimmsten Grausamkeiten des zurückliegenden Jahrhunderts wiederbeleben könnte.

Zu den letzten Hexenfällen, die man in Bayern verhandelte, gehörten der Massenprozeß, der 1728–1734 in Augsburg gegen etwa zwanzig Beschuldigte geführt wurde und in dessen Ergebnis es mehrere Hinrichtungen gab, sowie der Prozeß und die Hinrichtung der Anna Maria **Schwägel** im Jahre 1775 in Schwaben (die in ganz Deutschland als letzte Exekution wegen Hexerei galt).

Siehe auch **Eichstätt, Hexe von**; **Deutschland**.

Bedford, Herzogin von siehe **Woodville, Elizabeth**

Beelzebub Der Fürst der **Dämonen**, der in der christlichen Dämonologie nur dem **Satan** selbst unterstand. Beelzebub war der Gott der Philisterstadt Ekron. Er wurde angeblich wegen der Wolken aus Fliegen, die sein blutgetränktes Götzenbild umgaben, auch „Herr der Fliegen" genannt – abgeleitet von *baal*, was Herr bedeutete, und *zebub*, was Fliegen hieß. Der Name könnte allerdings auch „Herr des Hohen Hauses" bedeutet haben. In der Bibel wurde Beelzebub mit dem Mächtigsten der falschen Götter gleichgesetzt.

Die mittelalterlichen Autoritäten, die Beelzebub mitunter sogar über Satan setzten, beschrieben ihn als riesige Gestalt mit zwei großen Hörnern und breiten fledermausartigen Schwingen, mit Entenfüßen, einem Löwenschwanz und dichtem schwarzem Haar. In späteren Jahrhunderten wurden Dämonen, die zu **Hexensabbaten** erschienen, oft als Beelzebub identifiziert – besonders dann, wenn sie die Gestalt einer riesigen Fliege annahmen. Beelzebub soll dann von allen anwesenden weiblichen Wesen gefordert haben, sich ihm körperlich hinzugeben. Als der Dämonologe Peter **Binsfeld** 1589 eine Hierarchie der Hölle aufstellte, wies er Beelzebub als Dämon der Unmäßigkeit aus; auch gestanden mehrere Hexen, daß sie bei ihren Festessen die Speisen im Namen Beelzebubs, des „Schöpfers und Erhalters aller Dinge", gesegnet hätten.

Durch Beelzebub konnten angeblich andere, geringere Dämonen herbeigerufen werden, doch beim Anrufen des Beelzebub selbst müsse man mit Sorgfalt zu Werke gehen. War nicht zuvor ein ordentlicher **magischer Kreis** gezogen, konnte das den Tod für die bedeuten, die ihn riefen. Aleister **Crowley** behauptete, er habe Beelzebub erfolgreich beschworen und ihn zusammen mit einem Gefolge aus neunundvierzig Teufeln ausgeschickt, um seinem Rivalen Samuel **Mathers** Schaden zuzufügen.

Behemot Schaden bringender Dämon, der angeblich von den **Tempelrittern** verehrt und später mit dem von den Praktikern der schwarzen Magie angebeteten **Teufel** identifiziert wurde. Behemots Name entstand durch eine Verfälschung aus „Mahomet" oder einem ähnlichen Namen, der aus zwei griechischen Wörtern abgeleitet war und die Bedeutung „Vertieftsein in das Wissen" hatte. Behemot wurde als Götze der Tempelritter bezeichnet, als man 1307 gegen den Orden Anklage wegen Ketzerei und anderer Verbrechen erhob. Den Geständnissen zufolge, die man von zwölf Anhängern des Ordens erzwungen hatte, bestand der Götze aus einem menschlichen **Schädel** oder einem ausgestopften Menschenkopf oder einer Art geschnitztem Kopf mit drei Gesichtern. Man nahm an, die Ritter betrachteten den Götzen als Born all ihrer Reichtümer und darüber hinaus als mächtigen Fruchtbarkeitszauber.

Später behauptete die kirchliche Obrigkeit, daß Behemot mit der klauenfüßigen, ziegenköpfigen geflügelten Gottheit identisch sei, der die Hexen bei ihren Sabbaten huldigten. Dieses Wesen, das Fruchtbarkeit, Sinneslust und Weisheit verkörperte, sollte letztendlich von einem Ziegenbock abstammen, der einst in altägyptischen Kulten Gegenstand der Verehrung gewesen sei. Der bekannte britische Okkultist Aleister **Crowley** hatte sich als einen seiner Titel den Namen Behemot zugelegt.

Beifuß Kraut, das als sehr starkes Abschreckungsmittel gegen Hexen galt und angeblich auch die Wirkung von Giften und Zaubern aufheben sowie Krankheiten kurieren konnte. Das Hexenwissen empfahl Beifuß als besonders wirksames Mittel zur Behandlung von Frauenleiden und als Mittel gegen die Auswirkungen der Schwindsucht. In den Schuh gelegt, sorgte der Beifuß dafür, daß man auf langen Reisen nicht müde wurde. Jeder, der in der Johannisnacht eine Beifußpflanze ausgrub, sollte unter dem Wurzelstock ein Stück Kohle finden, das man zum Schutz gegen Verbrennungen, Pest, Karbunkel, Fieber und Blitzeinschlag bei sich tragen konnte.

Bekker, Balthasar 1634–1698. Holländischer Geistlicher, der zu den bedeutendsten Gegnern der Hexenjäger des siebzehnten Jahrhunderts gehörte. Holland entging dank der energischen Bemühungen zahlreicher Gelehrter, die sich dem intellektuellen Disput gegen den Glauben an solcherart übernatürliche Aktivitäten stellten, den schlimmsten Auswirkungen des Hexenwahns. Bekker, dessen einflußreichste Veröffentlichung *De betoverde Wereld (Die behexte Welt)* 1691 erschien, hielt es für einen Fehler, alles nicht sofort Verständliche dem Hexenwesen und anderen paranormalen Aktivitäten zuzuschreiben. Geister könnten wohl existieren, so argumentierte er, doch hätten sie keinen Einfluß auf die Angelegenheiten gewöhnlicher Sterblicher. Geister könnten weder von einer Person Besitz ergreifen (*siehe* **Besessenheit**) noch **Pakte** als Entgelt für die Seele eines Menschen schließen. Er beschuldigte das Papsttum, den Hexenwahn zu fördern, damit sich der Klerus bereichern könne.

Bekker selbst wurde des Atheismus beschuldigt, aus seinem geistlichen Amt entlassen und schließlich aus der holländischen reformierten Kirche ausgeschlossen, doch seine Schriften trugen wesentlich dazu bei, die Hexenjäger von Holland fernzuhalten.

Belial Der Dämon der Lügen, der in der Bibel als Quelle des großen Bösen und sogar als Herr aller Dämonen bezeichnet wird. Der falsche und bösherzige Belial war angeblich einer der Dämonen, die Gilles de **Rais** bei seinem üblen Tun zu beschwören suchte. Einst als dem **Beelzebub** Gleichgestellter betrachtet, wurde Belial spätestens im Mittelalter zu einem der geringeren Teufel der Hölle herabgestuft.

Benet, Johanna *siehe* **Kerzenzauber**

Bennet, Elizabeth *siehe* **St. Osyth, Hexen von**

Bergrüster Diesem Baum, der in England auch „Hexenrüster" heißt, wurden einst verschiedene magische Eigenschaften nachgesagt. Er galt weit und breit als glückbringend; wer einen Stecken aus dem Holz der Bergrüster bei sich hatte, sollte damit alle Arten von Übel abwehren können. Um sich vor dem **Butterzauber** der Hexen zu schützen, konnte man einen Zweig von der Bergrüster in ein Butterfaß legen.

Bergson, Moina 1865–1928. Französische Hexe, Schwester des mit dem Nobelpreis ausgezeichneten Philosophen Henri Bergson, die eines der ersten Mitglieder des spiritistischen Zirkels Hermetic Order of the **Golden Dawn** (Hermetischer Orden der goldenen Morgenröte) war. Geboren in Paris, studierte sie in London Kunst, trat der Theosophischen Gesellschaft und dann kurz nach dessen Gründung im Jahre 1888 dem Golden Dawn bei. Sie erwies sich als eifrige Studentin des Okkultismus, heiratete 1890 Samuel **Mathers**, den Leiter des Golden-Dawn-Zirkels und ging zwei Jahre darauf mit ihm nach Paris, wo sie ihre Untersuchungen zu alten Religionen, speziell zu den Religionen Ägyptens, fortsetzte. Besondere Aufmerksamkeit widmete sie den untergegangenen Glaubensvorstellungen, die sich um die **Große Göttin** und den **gehörnten Gott** rankten, der von vielen als der Vorläufer des **Teufels** der christlichen Religion angesehen wird.

Moina Bergson und ihr Ehemann bemühten sich, durch das Abhalten von sogenannten „Riten der Isis" im Théâtre Bodinière, ihre Ideen der Öffentlichkeit nahezubringen und privatim in eher anschaulicher Form in ihrem Haus zu verkünden. Bei diesen seltsamen Auftritten, die Musik, Tanz und die Anrufung der Götter miteinander verbanden, spielte Moina Bergson die altägyptische Göttin Isis, während ihr Ehemann Osiris darstellte. Andere Mitglieder des Golden-Dawn-Zirkels in Großbritannien betrachteten solche Aktivitäten mit Mißfallen: Man bezichtigte das Paar der Beschäftigung mit schwarzer Magie, und Mathers wurde aus dem Zirkel ausgeschlossen. Nach seinem Tod im Jahre 1918 gründete Moina Bergson in London eine neue Golden-Dawn-Loge, in deren Mittelpunkt wiederum die Mythologie um den Gehörnten Gott stand.

Daß andere Logenmitglieder glaubten, Moina Bergsons Untersuchungen hätten sie mit der schwarzen Magie in Berührung gebracht, wird durch die Aussagen von Violet Firth, einer früheren Kollegin, illustriert, die behauptete, sie sei von Dämonen belästigt worden, nachdem es 1920 zu einem Streit mit ihrer früheren Freundin gekommen war. Sie sei von schwarzen Katern verfolgt und einmal auch wirklich von einem tigergroßen Tier angegriffen worden. (Die Große Göttin der ägyptischen Mythen wurde oft in Gestalt einer Löwin oder einer **Katze** dargestellt.)

Berkeley, Hexe von Englische Hexe mit unbekanntem Namen, die dem Vernehmen nach im frühen Mittelalter in Berkeley (Gloucestershire) lebte. Die von William of Malmesbury erzählte und durch die Jahrhunderte immer wieder neu aufgenommene warnende Geschichte von der Hexe aus Berkeley stammt möglicherweise aus dem Jahre 1065.

In der Erzählung geht es um eine alte Hexe, die einen verheirateten Sohn und zwei weitere Kinder hatte, von denen eines ein Mönch, das andere eine Nonne war. Das Unglück brach herein, als die alte Frau von ihrem **Hausgeist** (verschiedentlich mit einer Dohle gleichgesetzt) Kunde erhielt, daß ihr verheirateter Sohn und dessen Familie bei einem Unfall ums Leben gekommen seien. In ihrer Angst, daß auch sie nun dem Tode geweiht sei, und besorgt, der Teufel könne kommen und ihre Seele fordern, gab die Hexe ihren noch lebenden Kindern genaue Anweisungen, was mit ihrer Leiche zu geschehen habe. Damit ihre Seele vor der Hölle gerettet würde, sollte ihr toter Körper in eine Hirschhaut eingenäht und rücklings in einen steinernen Sarg gelegt werden, der obenauf mit einem großen Stein beschwert und mit Ketten verschlossen werden sollte. Fünfzig Nächte hindurch sollten ununterbrochen Psalmen für sie hergesagt, und an fünfzig Tagen hintereinander Frühmessen gelesen werden. Wenn ihr Körper am Ende all dieser Vorkehrungen in seinem Grab drei Tage lang ungestört blieb, dann konnten sie sicher sein, daß ihre Seele gerettet war, und sich Ruhe gönnen.

Nachdem die alte Frau einige Zeit später gestorben war, erfüllten die Kinder ihre Anweisungen auf den Buchstaben genau. Das war jedoch scheinbar nutzlos, denn in der Nacht, als man sie in ihren Steinsarg legte, drang ein schrecklicher Dämon in die Kirche ein und packte die Leiche. Das letzte, was man von der alten Frau sah, war, daß sie gewaltsam auf einem schwarzen Pferd davongetragen wurde.

Besen Der Überlieferung nach ein Fluggerät, mit dem die Hexen seit dem fünfzehnten Jahrhundert in Verbindung gebracht werden. Der Besen bzw. der Besenstiel war ursprünglich nur eine von mehreren alltäglichen Gerätschaften, die angeblich dem Hexenflug dienten. In historischen Berichten finden sich Einzelheiten über Hexen, die auf gespaltenen Stöcken, auf Spinnrocken und sogar auf Schaufeln sowie auf dem nun üblichen Besen flogen, während man von manchen Hexen glaubte, sie könnten auf **Dämonen**, Tieren oder so unwahrscheinlich anmutenden Dingen wie Eierschalen und Grasbüscheln oder gar ohne irgendein Beförderungsmittel durch die Luft reiten. Am verblüffendsten ist die These, daß der Besen nur deshalb mit dem Fliegen assoziiert wurde, weil man das Wort „cat" (englisch – Katze), einen alten mundartlichen Ausdruck für „Besenstiel", mit dem gleichnamigen Tier verwechselt habe, das angeblich eines der Wesen war, die die Hexen zu ihren **Hexensabbaten** trugen.

Der 1450 veröffentlichten Schrift *Errores Gazariorum* zufolge erhielten Neulinge bei ihrer **Initiation** einen mit **Flugsalbe** bestrichenen Stock geschenkt. Das früheste aufgezeichnete Geständnis, auf einem Besen geflogen zu sein, stammt aus dem Jahre 1453; darin behauptete

Besessenheit

Darstellung von Hexen, die auf Besen reiten. Ein Holzschnitt aus dem im achtzehnten Jahrhundert erschienenen Volksbuch The History of Mother Shipton.

Guillaume Edelin aus Saint-Germaine-en-Laye bei Paris, ein solches Kunststück vollbracht zu haben. Einige spätere Berichte weisen darauf hin, daß nur jene, die wegen Krankheit oder Gebrechlichkeit nicht an den Sabbaten teilnehmen konnten, solche Flugstöcke erhielten. Aus dem frühen siebzehnten Jahrhundert stammende Dokumente führen **Ziegenböcke**, schwarze Widder, Wölfe, Ochsen und andere Tiere als Transportmittel auf, die die Hexen zum Fliegen benutzt haben sollten. Später galt jedoch der Besen, der als traditionelles Symbol der Weiblichkeit galt, während eine Mistgabel die Männlichkeit darstellte, als gebräuchlicher. Manche behaupteten sogar, daß ein Besen, den man in einer Nacht vor dem Hause stehen ließ, in der ein Hexensabbat stattfand, von selbst zu der Zusammenkunft fliegen würde, ganz gleich, ob er eine Hexe trug oder nicht.

Hatten die Hexen sich und ihren Besen mit Flugsalbe bestrichen, dann murmelten sie „Auf gehts, in des Teufels Namen, auf!" oder etwas ähnliches und verließen das Haus durch den **Schornstein**. (Diese Vorstellung geht vielleicht auf den alten Brauch zurück, einen auf den Schornstein zeigenden Besen zurückzulassen, um die Abwesenheit der Frau des Hauses anzuzeigen.) Eine Hexe, die vorhatte, heimlich an einem **Hexenzirkel** teilzunehmen, mag vielleicht auch einen Besen in ihr Bett gelegt haben, um vor dem Ehemann ihre Abwesenheit zu verbergen. Ein quer über die Türschwelle gelegter Besen galt jedoch einst auch als sicheres Mittel, eine Hexe vom Eindringen ins Haus abzuhalten.

In Wirklichkeit haben nur wenige Hexen jemals bekannt, auf einem Besen geflogen zu sein, obgleich viele zugaben, in Hexenzirkeln an rituellen Tänzen teilgenommen zu haben, bei denen sie rittlings auf einem Stock gesessen hätten (was wahrscheinlich eine Quelle für die Überlieferung vom Hexenflug auf dem Besen war). Die mystischen Assoziationen haften dem Besen jedoch weiterhin an, und seine Kräfte werden noch heute in alten Volksbräuchen zelebriert. Viele Jahre lang konnten Paare in Wales eine „Besenhochzeit" feiern, bei der sie ihre Gemeinschaft bekräftigten, indem sie über einen im Eingang ihres neuen Heimes liegenden Besen sprangen. Es herrschte auch der Aberglaube, daß eine Jungfrau, die über einen Besen hinwegtrat, noch vor der Heirat Mutter würde.

In volkstümlichen Vorstellungen nimmt der Besen heute einen wichtigen Platz in der Ikonographie des Hexenwesens ein; er steht als wichtiger Ausstattungsgegenstand jeder echten Hexe in einer Reihe mit dem spitzen **Hexenhut** und der schwarzen **Katze**.

Siehe auch **Hexenflug**.

Besessenheit Zustand eines Menschen, in dessen Körper ein Dämon, ein Geist oder ein anderes übernatürliches Wesen eingedrungen ist. Die Vorstellung von der Besessenheit, die sich durch allerlei Arten unnormalen Verhaltens zeigte, ist sehr alt und tritt in dieser oder jener

Form faktisch in allen Kulturen und Religionen auf. Dem Neuen Testament zufolge vertrieb Christus selbst irgendwelche Teufel, und die kirchliche Obrigkeit (besonders in Frankreich, Spanien, Italien und anderen katholischen Ländern) war nur allzu gern bereit, an die Realität solcher Manifestationen zu glauben. Die Dämonologen des nachmittelalterlichen Europa ließen im allgemeinen gelten, daß der Teufel sich des Willens eines Menschen bemächtigen konnte, betonten jedoch nachdrücklich, daß **Dämonen** eine Person stets nur auf Geheiß einer Hexe in Besitz nahmen.

Die Besessenheit durch den Teufel oder seine Günstlinge war im Europa des Mittelalters ein vieldiskutiertes Thema, und mit der Entwicklung der Hexenmythologie trat als „Beweis" für die von den **Hexenriechern** beschworene Bedrohung der christlichen Welt auch die Besessenheit in Erscheinung. Man war sich einig darüber, daß sich die bösen Geister durch jede ungeschützte Öffnung Zugang zum menschlichen Körper verschafften und dann möglicherweise jahrelang allen Vertreibungsversuchen widerstehen konnten, wobei sie jene, die sie durch einen **Exorzismus** oder andere Mittel aus dem Körper des Besessenen zu verjagen suchten, sogar noch verhöhnten. Um einen Menschen mit Dämonen zu „infizieren", brauchte eine Hexe angeblich nur ihre **Hausgeister** in irgendwelchen Lebensmitteln, meist in einem Apfel, zu verstecken, die sie ihren Opfern dann anbot.

Die Besessenheit ließ sich an vielen unterschiedlichen Symptomen erkennen. An manchen Opfern war eine Veränderung des Gesichts zu bemerken, manche litten unter Schmerzen, Anfällen, Krämpfen, Ohnmachtsanfällen, geistiger Verwirrung oder erbrachen große Mengen Nadeln, Stroh, Glas und andere ungewöhnliche Dinge. Manche siechten dahin, andere hatten einen aufgeblähten Leib oder litten unter Lähmungen, Impotenz oder Störungen des Menstruationszyklus. Weitere Anzeichen konnten eine veränderte, ungewöhnlich rauhe Stimme oder eine blasphemische Ausdrucksweise sein (was besonders auffällig war, wenn es sich bei dem Betroffenen um ein Kind oder ein Mitglied eines religiösen Ordens handelte). Selten geschah es auch, daß sich das Opfer plötzlich in mehreren Sprachen verständlich machen konnte und Zugang zu anscheinend geheimen Kenntnissen hatte. Viele Opfer erlitten Anfälle, wenn religiöse Gegenstände in den Raum gebracht wurden, wenn jemand Gebete sprach oder Bibeltexte in lateinischer Sprache las. (Die Tatsache, daß die besessene Person mitunter auch Anfälle bekam, wenn nichtreligiöse Texte lateinischer Autoren vorgetragen wurden, führte mehr als einmal zur Entdeckung einer vorgetäuschten Besessenheit.)

Mitunter konnte der Betroffene die Hexe ausmachen, die seine Leiden verursacht hatte, und Einzelheiten zu Namen und Wesen der in ihm hausenden Teufel mitteilen. Es gibt Berichte über einige Opfer, die behaupteten, von Dutzenden oder gar Hunderten von Dämonen, darunter auch von so hochrangigen Bösewichtern wie **Beelzebub** persönlich, besessen zu sein. 1583 soll ein von Jesuiten befragtes Mädchen aus Wien von insgesamt 12 652 Dämonen besessen gewesen sein, die die Großmutter des Kindes zuvor in Gestalt von Fliegen in Glasbüchsen gehalten habe. Die Großmutter wurde unter der Folter zu einem Geständnis gezwungen und später bei lebendigem Leibe verbrannt.

Viele Beispiele scheinbarer Besessenheit waren in Wirklichkeit falsch diagnostizierte Fälle von Geisteskrankheiten. Manche Opfer wurden mit Wohlwollen und Mitgefühl behandelt und ermuntert, möglichst viel über ihre Erlebnisse und Erfahrungen mit den Dämonen zu offenbaren. Mit anderen ging man strenger um und warf ihnen Umgang mit dem Teufel vor, da wahrhaft fromme Menschen gegen eine solche Verletzung ihres Wesens immun seien. Zahllose geistig zerrüttete oder paranoide Männer und Frauen wurden als Hexen verfolgt, weil sie behauptet hatten, mit Dämonen und Geistern in Verbindung zu stehen, oder weil die Ärzte keinen erkennbaren medizinischen Grund für deren absonderliches Verhalten finden konnten.

Es waren jedoch keinesfalls alle Opfer dämonischer Besessenheit wahnsinnig. Eine große Zahl von Individuen – oftmals kleine Kinder oder im Zölibat lebende Mitglieder religiöser Orden – lockte die Aussicht, durch solches Verhalten das öffentliche Interesse auf sich zu ziehen, und so gaukelten sie ihren Mitmenschen Besessenheit vor. Vorgetäuschte Anfälle und un-

Besessenheit

zusammenhängendes Geplapper über Dämonen und ähnliches sorgten garantiert in jeder Gemeinschaft für Aufregung; sensationelle Anschuldigungen wegen Hexerei, die sich gegen persönliche Feinde oder Personen richteten, die offensichtlich die Rolle des Sündenbocks spielen sollten oder schon in dem Ruf standen, Hexen zu sein, konnten den Ankläger zu einer nationalen Berühmtheit machen und boten zudem eine gute Möglichkeit, alte Rechnungen zu begleichen. Hatte sich eine Nonne oder ein Kind mit diesem Trick einmal erfolgreich versucht, dann war es unvermeidlich, daß andere, ihnen nahestehende Personen, von der Aufregung überwältigt oder begierig darauf, an der allgemeinen Aufmerksamkeit teilzuhaben, dem Beispiel folgten. Daraus ergaben sich die vielen Fälle grassierender hysterischer Besessenheit in verschiedenen geschlossenen Gemeinschaften. Allerdings war das Risiko hoch, denn der Ankläger konnte ohne weiteres selbst in den Verdacht der Hexerei geraten – überführte Hexen wurden oftmals als „vom Teufel besessen" dargestellt. Mitunter jedoch verteidigten sich angebliche Hexen damit, daß sie besessen und daher für ihre Taten nicht verantwortlich seien. Wie zahlreiche Fälle von dämonischer Besessenheit in französischen Klöstern zeigten, war das Motiv oftmals nicht so sehr Berechnung; die Symptome wiesen vielmehr auf einen Zustand hin, den ein Psychiater heute als eine auf sexueller Verdrängung beruhende Hysterie erkennen würde.

Manche Opfer offenbarten in ihren Besessenheitssymptomen Originalität, wenn nicht gar Genialität. Mit blauem Urin oder erbrochenen Nadeln, die die Opfer angeblich von sich gegeben hatten, stellten sie die Leichtgläubigkeit vieler Beobachter auf eine harte Probe. 1571 beispielsweise erstaunte Catherine Gaulter aus Louvain in Belgien die Obrigkeit, als sie sich erbrach:

> Große Flocken von Haaren mit schmutzigem Wasser, so wie in Eiterbeulen, und manchmal etwas wie der Mist von Tauben und Gänsen, und darin Stücke von Holz, auch wie frische, erst kürzlich von einem alten Baum abgeschlagene Holzschnitzel und eine Menge Häute wie Pergamentstücke … danach erbrach sie unzählige Steine, einige wie Walnüsse und wie aus alten Mauern herausgebrochene Stücke, an denen Kalk war.

Andere unter Besessenheit Leidende verdrehten ihre Körper in unglaubliche Positionen oder stellten ihre übermenschliche Stärke unter Beweis. Viele Fälle von vorgetäuschter Besessenheit wurden aufgedeckt, worauf man dann die entsprechenden Anklagen fallenließ, doch viel mehr Fälle wurden nur nach dem äußeren Anschein beurteilt, und die Wahrheit kam erst (falls überhaupt) ans Licht, nachdem mehrere Menschen gehängt oder verbrannt worden waren.

Behandelt wurde die Besessenheit mit Gebeten und wiederholten Teufelsaustreibungen (*siehe* **Exorzismus**), die in den protestantischen Ländern von etwa 1600 an allerdings verboten waren. Pilgerreisen zu heiligen Stätten sollen viele Menschen von ihrer Besessenheit geheilt haben, wenn mitunter auch erst nach jahrelangem Leiden. Ein seltsamer Trick, den manche Gerichte anwendeten, war der, der besessenen Person eine Perücke aufzusetzen; wenn der nächste Anfall begann, wurde die Perücke weggerissen und in der Hoffnung, mit ihr sei der Dämon aus dem Körper entfernt worden, schnell in ein verschließbares Gefäß gesteckt.

Die Tradition der dämonischen Besessenheit war zählebig. Erst 1816 wurde ein jesuitischer Priester angewiesen, seine Aktivitäten einzustellen, nachdem er eine Kampagne gestartet hatte, um ein junges Mädchen aus Amiens in Nordfrankreich von drei Dämonen zu befreien, die in ihrem Körper wohnen sollten. Es stellte sich jedoch heraus, daß das Mädchen die Geschichte erfunden hatte, um seine Schwangerschaft zu verbergen.

Siehe auch **Allier, Elizabeth; Bavent, Madeleine; Bury St. Edmunds, Hexen von; Cadière, Marie-Cathérine; Connecticut, Hexen von; Darrell, John; Fery, Jeanne; Fontaine, Françoise; Goodwin-Kinder; Gunter, Anne; Haizmann, Christoph; Jørgensdatter, Siri; Junge von Bilson; Junge von Burton; Junge von Leicester; Köln, Hexen von; Mora, Hexen von; Newton, Florence; Nonnen von Aix-en-Provence; Nonnen von Auxonne; Nonnen von Cambrai; Nonnen von Loudun; Novizinnen von Lille; Pittenweem, Hexen von; Renata, Schwester Maria; Robinson, Edmund; Salem, Hexen von; Warboys, Hexen von; Wenham, Jane**.

Betrüger von Pendle *siehe* **Robinson, Edmund**

Bibel Die Bibel wurde lange Zeit als die letztendliche Autorität zitiert, auf die sich die Hexenverfolgung in der christlichen Gesellschaft stützte. Am berüchtigtsten ist hier die Ermahnung im Buch Exodus, Kapitel 22, Vers 18: „Eine Hexe sollst du nicht am Leben lassen." Im hebräischen Original ist jedoch nicht von Hexen, sondern von Giftmischern die Rede. Trotz der Tatsache, daß man diesen Fehler bereits im sechzehnten Jahrhundert erkannt hatte, wurde der Sinn des Verses nahezu überall in seiner falsch ausgelegten Form akzeptiert, als die Hexenverfolgungen sich ausweiteten.

Ähnlich hatte auch der Vers, in dem jede „Frau, die über einen Totengeist (*siehe auch* **Hausgeist**) Gewalt hat", verdammt wird, nichts mit Hexerei zu tun, sondern mit einer falschen Übersetzung des hebräischen Wortes für eine Frau, die durch eine Pythonschlange oder einen Geist weissagte (*siehe* **En-Dor, Hexe von**). Eine andere Textstelle, die den Hexenjägern als Rechtfertigung diente, fand sich im Buch Deuteronomium, Kapitel 18, Verse 10–12. Dort sind Wahrsager und Zauberer aller Art sowie Totenbeschwörer zwar „dem Herrn ein Greuel", doch ist das Thema der Hexerei, wie es später ausgelegt wurde, auch hier nicht hervorgehoben. In seinen *Briefen über Dämonologie und Hexenwesen* kommentierte Sir Walter Scott im neunzehnten Jahrhundert das Alte Testament: „Man kann nicht sagen, daß in irgendeinem Teil dieses heiligen Buches ein Text erscheint, der auf die Existenz eines Systems des Hexenwesens hindeutet ... In den vier Evangelien tritt das Wort in keinem Sinne auf."

Die Bibel wird häufig etwas unzutreffend als die ursprüngliche Quelle der westlichen Tradition des Hexenwesens bezeichnet, weil sie es gewesen sei, die die Gestalt **Satans** (zunächst einfach als Angehörigen des himmlischen Hofstaates) eingeführt und die **Dämonen** aufgezählt habe, aus denen die Gottheiten des angeblichen Hexenkults hervorgehen sollten. Die Bibel stellt jedoch keine Verbindung zwischen den Zauberern aus der Zeit Jesu Christi und dem Satan her und fällt gewiß kein Urteil über das Hexenwesen in dem Sinne, wie man es im siebzehnten Jahrhundert verstand.

Was die eher pragmatische Ebene angeht, so war das Aufwiegen vermeintlicher Hexen gegen die große Bibel der örtlichen Kirche einst eine verbreitete Methode zur Klärung der Schuldfrage. War eine angeklagte Person schwerer als die Bibel, dann galt sie als unschuldig. War aber die Bibel schwerer, dann wurde der oder die Verdächtige als schuldig angesehen. Es gibt allerdings keinen Hinweis darauf, daß ein Gericht eine solche Gottesurteil je als Beweis betrachtet hat (*siehe* **Hexenwägen**).

Das Vorhandensein einer Bibel im Haushalt galt als wichtiges Abschreckungsmittel gegen Hexen und andere böse Geister. Es war in der Vergangenheit nicht ungewöhnlich, daß Mütter ihre Kinder längere Zeit unbeaufsichtigt ließen – nur mit einer aufgeschlagenen Bibel neben der Wiege, die umherstreifende Hexen und Dämonen fernhalten sollte.

Bildnisse *siehe* **Bildzauber**

Bildzauber Die Benutzung des Abbildes einer lebenden Person, um auf eben diese Person – häufig zu deren Nachteil – Einfluß zu gewinnen. Die Anwendung eines solchen Analogiezaubers, bei dem man davon ausging, daß sich all das, was mit dem Bild geschah, genauso im realen Leben zutrug, wurde lange Zeit mit den Aktivitäten der Hexen in Verbindung gebracht. Viele vermeintliche Hexen gestanden vor Gericht

Der Teufel weist Hexen in die Kunst der Wachsbildherstellung ein. Illustration aus dem Volksbuch The Witch of the Woodlands, *das im achtzehnten Jahrhundert erschien.*

Bildzauber

auch, Puppen mit dem Aussehen ihrer Feinde zu ihren Hexensabbaten mitgenommen zu haben, wo sie vom **Teufel** getauft worden seien.

Das Bild oder Püppchen war traditionell aus Wachs oder Lehm geformt, doch häufig auch aus Holz geschnitzt oder einfach aus Stoff gemacht. Manche Hexen beteuerten, daß in eine solche Figur gewisse, für den Zauber wirksame Ingredienzien eingearbeitet würden: Erde von einem frischen Grab, zu Asche verbrannte Menschenknochen, schwarze Spinnen und Holundermark (*siehe* **Holunder**). Die übliche Bedingung war, daß das Bild auch etwas von der real existierenden Person enthalten müsse, wenn es in der beabsichtigten Weise wirken sollte. Deshalb fanden sich an solchen Abbildern stets einige Strähnen vom **Haar** des künftigen Opfers, abgeschnittene Fingernägel, Fäden von Kleidungsstücken, Taschentücher, Speichel, Blut, Schweiß, Tränen, andere Körperflüssigkeiten oder sonstige Dinge, die vom Körper der Zielperson produziert worden oder in engem Kontakt damit gewesen waren. Selbst Erde, die man aus der Mitte eines Fußabdruckes dieser Person nahm, konnte bereits genügen, um die magische Verbindung herzustellen. Um solch übelwollenden Zauberversuchen entgegenzuwirken, waren die Menschen in der Vergangenheit gewissenhaft darauf bedacht, Dinge wie abgeschnittene Fingernägel, Haarlocken und ähnliches zu vernichten, indem sie sie bis auf das letzte Stückchen verbrannten, damit sie nicht in die falschen Hände gelangten. Selbst das für die Körperpflege verwendete Wasser mußte sorgfältig entsorgt werden, da es Spuren von der Seele des Menschen trug, der sich darin gewaschen hatte.

War das plastische Abbild der Zielperson fertig, dann wurde es mit Nadeln, Nägeln oder Dornen gespickt oder aber geschmolzen, in Wasser gelegt oder verbrannt, um dem Opfer Schmerz und Pein zuzufügen oder gar dessen Tod zu bewirken. Trieb man einen Nagel durch den Kopf des Bildes, dann wurde die lebende Person wahnsinnig; stieß man den Nagel ins Herz, dann trat der Tod ein – entweder sofort oder nach einer kurzen Zeit von vielleicht neun Tagen. Die Puppe im Boden zu vergraben hieß, daß das Opfer langsam und qualvoll dahinsiechte, so wie auch das Ebenbild allmählich im Boden verging. Eine Verfeinerung dieser Praxis hat man bei Voodoo-Zauberern beobachtet, die dem Opfer die Figur zuschicken, um die betreffende Person durch gesteigerte Angstgefühle weiteren magischen Beeinträchtigungen zugänglich zu machen. Manche behaupten, daß ein Porträt oder eine Fotografie und sogar eine zu einer menschlichen Gestalt geformte und nach dem Opfer benannte Weizengarbe den gleichen Zweck erfülle. Es gibt auch Berichte von Hexen, die als Ersatz für das menschliche Opfer Tiere quälten und töteten.

Die einzige Möglichkeit, sich gegen Bildzauber zu verteidigen, war die, daß das Opfer sein Ebenbild fand und verbrannte oder anderweitig vernichtete, damit die betreffende Hexe ihr Tun aufgab und keinen weiteren Schaden anrichtete. Es gab eine Zeit, da der bloße Besitz eines Wachsbildes oder eines Gegenstandes, der einem solchen Bild ähnelte, ausreichte, um einen Verdächtigen zu überführen und zum Tod am Galgen oder auf dem Scheiterhaufen zu verurteilen.

Typische Zielpersonen für den Bildzauber waren über Jahrhunderte hinweg unerwünschte Rivalen in Liebesangelegenheiten, Gegner in geschäftlichen Dingen und Personen in Macht- und Prestigepositionen (die gegen konventionellere Mittel rachedurstiger Individuen größtenteils geschützt waren). Es gab mehrere bemerkenswerte Fälle, bei denen es um die Anwendung böswilligen Bildzaubers gegen Mitglieder der königlichen Familie oder des Adels ging. Elisabeth I. hatte offenbar am meisten darunter zu leiden. Die Entdeckung von drei Wachsbildern in den königlichen Pferdeställen löste 1578 große Aufregung aus, denn eines davon war mit dem Namen der Königin versehen. (Reginald **Scot** meinte, es seien eigentlich Liebeszauber gewesen, die ein junger Mann auf drei Damen aus seinem Bekanntenkreis gerichtet habe.) Zwei Jahre später stand Nicholas Johnson aus Woodham Mortimer vor Gericht, weil er ein Wachsbild von der Königin angefertigt hatte. Andere bemerkenswerte Fälle, in die Personen aus den höchsten Kreisen verwickelt gewesen sein sollten, waren der Fall der Eleanor **Cobham**, der **Hexen von North Berwick** (denen man ein Mordkomplott gegen **Jakob I.** angelastet hatte), der **Hexen von Auldearn** und der Fall der Elizabeth **Wood-**

Bildzauber

ville. Zu den bedeutenden Persönlichkeiten, die auf dem europäischen Kontinent das vermeintliche Ziel von Bildzaubern waren, gehörten Philipp VI. von Frankreich, der Anklage gegen den Grafen Robert von Artois erhob, sowie Papst Urban VIII., der den Neffen eines seiner Kardinäle hinrichten ließ, weil er Nadeln in eine Wachsfigur gestochen hatte.

Die Verwendung von Wachsbildern für Zaubereien läßt sich bis in das alte Ägypten zurückverfolgen. Noch bevor sich das Hexenwesen als solches entwickelt hatte, wurde von einem Fall aus dem Jahre 963 n. Chr. berichtet, in dem eine Witwe und deren Sohn aus Ailesworth (Northamptonshire) angeklagt waren, eine Puppe von Aelsi, dem Vater von Wulfstan, angefertigt und mit Nägeln durchbohrt zu haben. Der Sohn entzog sich seiner Verurteilung und wurde für vogelfrei erklärt, doch die Mutter ertränkte man an der London Bridge. Etwa sechs Jahrhunderte später war der Glaube an die Wirksamkeit von Bildzaubern noch genauso stark. 1594 fand man im Schlafgemach des kränklichen Ferdinand Stanley, Graf von Derby, ein Wachsbild. Das Bild wurde sofort vernichtet, um den Zauber zu brechen, der für den schlechten Gesundheitszustand des Grafen verantwortlich sein mußte, doch war es offenbar zu spät, denn der Graf erholte sich nicht wieder und starb sechs Tage später – trotz der Bemühungen seiner Ärzte und einer **weißen Hexe**, die man zur Bekämpfung des Zaubers hinzugezogen hatte. Tatsächlich scheint man den Grafen jedoch vergiftet zu haben; jenes Wachsbild wurde wahrscheinlich nur ins Spiel gebracht, um die wahre Ursache für den körperlichen Verfall des Mannes zu verschleiern.

Eine der ausführlichsten Beschreibungen zur Anwendung von Wachsbildern in Bildzaubern lieferte 1612 Mother Demdike, eine der Hexen von Pendle:

> Die schnellste Art, einem Menschen durch Hexerei das Leben zu nehmen, ist die, ein Tonbild nach der Gestalt der Person zu machen, die getötet werden soll, und dieses sorgfältig zu trocknen. Und wenn Ihr die Person an einer Stelle mehr als am ganzen übrigen Körper krankmachen wollt, dann nehmt einen Dorn oder eine Nadel und stecht sie in diesen Teil des Bildes hinein, den Ihr damit krank macht. Und wenn Ihr einen Teil des Körpers dahinsiechen lassen wollt, dann nehmt diesen Teil des Bildes und verbrennt ihn. Hierauf wird der Körper sterben.

1960 wurde im Keller des Ratsgebäudes in Hereford eine aus dem achtzehnten Jahrhundert stammende Puppe gefunden, an deren Kleid ein Zettel mit dem Namen Mary Ann Wand und folgenden Worten geheftet war: „Ich lege von ganzem Herzen diesen Zauber auf Euch und wünsche, Ihr möget für den Rest Eures Lebens niemals Ruhe finden, noch essen oder schlafen. Ich hoffe, Euer Fleisch wird dahinsiechen, und ich hoffe, Ihr werdet nie mehr einen Penny ausgeben, der eigentlich mir gehört."

Berichte über die Anwendung von Tonfiguren in Hexenzaubern gab es bis ins neunzehnte Jahrhundert hinein besonders in Schottland recht häufig, und einzelne Fälle ereigneten sich auch in neuerer Zeit. 1900 verbrannte ein Kritiker des Präsidenten McKinley auf den Stufen der amerikanischen Botschaft in London dessen nadelstarrendes Ebenbild; während des zweiten Weltkrieges fand man in Gloucestershire eine Puppe in der Uniform eines Offiziers des Frauenhilfscorps der englischen Luftwaffe, in deren einem Auge eine Nadel steckte.

Bildzauber dieser Art richteten sich jedoch nicht immer gegen das Wohl einer Person. Weiße Hexen benutzten solche Bilder für Zaubereien, die sich günstig auf die finanziellen Aussichten, die Gesundheit oder das Liebesleben eines Menschen auswirken sollten. Bildzauber wendete man auch an, um die Fruchtbarkeit zu fördern, und in Abwandlung eines herkömmlichen **Exorzismus** fertigten auch Priester manchmal Wachsbilder der Dämonen an, die sie austreiben sollten, und warfen sie ins Feuer, während sie dazu passende Bibelverse vortrugen.

Eine ungewöhnliche Veranschaulichung des Bildzaubers ist in der Nähe von Bunbury (Cheshire) im sogenannten „Image House" zu sehen. An den Außenwänden und im Garten des bescheidenen Hauses sind kleine Steinfiguren aufgestellt. Der Sage nach wurde dieses Haus von einem im Ort lebenden Wilddieb gebaut, der einen Wildhüter getötet hatte, dafür verurteilt worden und dann nach achtjähriger Deportation nach Bunbury zurückgekehrt war. Er verfluchte die Steinfigürchen, die die Namen des

Bilsenkraut

Richters, der Polizeibeamten, der Zeugen und anderer Personen trugen, die alle mit seiner Verurteilung zu tun hatten, stellte sie rund um sein Haus auf und wartete darauf, daß der Zauber die gewünschte Wirkung zeige. Über das Schicksal der Personen, gegen die der Wilddieb den Bildzauber gerichtet hatte, ist nichts bekannt.

Siehe auch **Kerzenzauber**.

Bilsenkraut Giftige Pflanze, die eine beliebtes Beiwerk für den Hexenzauber gewesen sein soll. Der Überlieferung von Hexenpraktiken zufolge verbrannte man das Bilsenkraut, um Dämpfe freizusetzen, die das Erscheinen von **Dämonen** hervorrufen sollten. Verspeiste ein Mensch die Pflanze, dann wurde er angeblich wahnsinnig. (Das Verzehren von Bilsenkraut konnte wirklich Krämpfe auslösen und zum Tod führen.) Die Pflanze wies jedoch auch positive Eigenschaften auf: Sie sollte beim Hellsehen helfen und eine aphrodisische Wirkung haben, was sie für die Herstellung von **Liebestränken** nützlich machte. Bilsenkraut wurde auch zur Linderung angehexter Schmerzen und Verletzungen verwendet. Die uralte Praxis, Bilsenkraut zu räuchern und damit Zahnschmerzen zu dämpfen, war höchst riskant, da eine solche Behandlung tödlich verlaufen konnte.

Binsfeld, Peter etwa 1540 – 1603. Deutscher Dämonologe und Verfasser der sehr einflußreichen Schrift *Tractatus de confessionibus maleficorum et sagarum* (Traktat über die Bekenntnisse der Zauberer und Hexen), die 1589 erschien. Binsfeld studierte bei den Jesuiten in Rom und kam zu der Überzeugung, daß die Bedrohung durch das Hexenwesen Realität sei. Sein Traktat war in der Absicht verfaßt, die Verfolgung mutmaßlicher Hexen in ganz Europa zu fördern. Obwohl er die Stichhaltigkeit des **Teufelsmals** in Frage stellte, warnte er die Richter, Widerrufe von Geständnissen anzuerkennen, gab sein stillschweigendes Einverständnis zu ihren Versuchen, den unverbesserlichen Hexen die Namen von Komplizen abzupressen, und unterstützte allgemein die Vorstellung, die Hexerei, ein von allen anderen Übeltaten ganz verschiedenes Verbrechen, auf eine Art und Weise zu verfolgen, die den üblichen gesetzlichen Schutz für Unschuldige aufhob.

Binsfeld unternahm auch einen Versuch, zur Aufklärung der Richter in Hexenprozessen eine neue Hierarchie der Hölle aufzustellen. Binsfeld zufolge gab es sieben oberste **Dämonen**, von denen jeder über eine der sieben Todsünden herrschte: Luzifer über die Hoffart, Mammon über den Geiz, Asmodi über die Unkeuschheit, Satan über den Zorn, Beelzebub über die Unmäßigkeit, Leviathan über den Neid und Belphegor über die Trägheit.

Binsfelds Buch wurde trotz seiner augenfällig bigotten Betrachtungsweise von der juristischen Obrigkeit der katholischen und der protestantischen Staaten häufig zitiert und hundert oder mehr Jahre benutzt, um die Verfolgung vermeintlicher Hexen durch die Gerichte in ganz Europa zu rechtfertigen.

Siehe auch **Trier, Hexen von**.

Bishop, Ann *siehe* **Somerset, Hexen von**

Bishop, Bridget *siehe* **Salem, Hexen von**

Bithner, Jakob *siehe* **Hexenriecher**

Blackmore, Anne *siehe* **Pferdezauber**

Blanchu, Etienette *siehe* **Rais, Gilles de**

Blanckenstein, Chatrina 1610 – etwa 1680. Deutsche, die 1676 in Naumburg (Sachsen) als Hexe vor Gericht gestellt wurde. Der Fall der Chatrina Blanckenstein, einer Witwe aus gutem Hause, macht deutlich, wie in der Zeit des Hexenwahns Anklagen wegen Hexerei schon aufgrund des geringsten Hinweises das Leben selbst angesehenster Bürger vernichten und Jahre später gar das Leben ihrer Kinder bedrohen konnten.

Dieser Fall nahm seinen Anfang, als das Kind eines Nachbarn starb – vier Tage, nachdem es von der Marmelade gegessen hatte, die Chatrina Blanckenstein statt einiger Münzen gegen etwas Brennmaterial eingetauscht hatte. Der Tod des Kindes wurde auf Hexerei zurückgeführt, und der Verdacht fiel auf das Blanckensteinsche Haus. Andere Nachbarn berichteten, sie hätten in unmittelbarer Nähe des Hauses **Hasen** gesehen, und ein Stadtwächter erzählte von drei **Katzen** mit roten Augen, die er dort beobachtet habe. Auf diese und andere, ebenso banale Zeugnisse hin, ordnete das Gericht gegen Chatrina Blanckenstein einen Prozeß wegen Mordes durch Hexerei an.

Trotz energischer Versuche ihrer Söhne, ihre Freilassung zu erwirken, wurde sie ins Gefängnis geworfen und, nachdem alle Appelle zurückgewiesen worden waren, mit den **Spanischen Stiefeln**, den **Daumenschrauben** und der **Leiter** gefoltert. Um ihre Pein zu vergrößern, wurde ihr Hals mit Seilen derart zusammengedreht, so daß man schon fürchtete, sie zu töten. Ungewöhnlicherweise weigerte sich die alte Frau, zu irgendeinem Anklagepunkt ein Geständnis abzulegen, und als man an ihr auch kein **Teufelsmal** fand, wurde sie freigelassen.

Nachdem Chatrina Blanckenstein beim Gericht die Kosten für ihre Folter (!) beglichen hatte, wurde der Fall zwar zu den Akten gelegt, doch der Verdacht, der mit ihrem Namen verbunden war, blieb bestehen. 1689, einige Jahre nach ihrem Tod, wurde ihre Tochter (der Name ist nicht überliefert) der Tötung eines anderen Kindes durch Hexerei beschuldigt. Das Gericht erinnerte sich zweifellos an die früheren Anklagen gegen Chatrina Blanckenstein und verfolgte den Fall mit Eifer. Die Tochter fand keine Verteidiger und wurde der Folter unterworfen. Beim Anblick der Instrumente, die man ihr zeigte, erklärte sie sich sogleich bereit, ein volles Geständnis abzulegen, bestätigte den Vorwurf, das Kind getötet zu haben, und gab darüber hinaus zu, sexuelle Beziehungen mit einem Teufel namens Heinrich gehabt, mehrere Stück Vieh getötet und die Heilige Dreieinigkeit verleugnet zu haben. Nachdem sie ihre Mittäter genannt hatte, versuchte sie sich mit ihrem Gürtel zu erhängen, doch man brachte sie wieder zu Bewußtsein und verbrannte sie zur gegebenen Zeit bei lebendigem Leibe.

Blei Da man Blei früher bei der Herstellung von Särgen verwendete, galt es weit und breit als zauberkräftiges Metall. Bleikugeln, so wurde behauptet, konnten eine Hexe nicht töten, sondern prallten nach einem in Schottland verbreiteten Glauben möglicherweise von ihrem Ziel ab und töteten dann die Person, die den Abzug betätigt hatte. Blei konnte jedoch benutzt werden, um festzustellen, ob irgendwo Hexerei am Werk war. Dazu ließ man etwas geschmolzenes Blei in Wasser tropfen und beobachtete, ob sich eine erkennbare Form bildete oder nicht. War das Ergebnis positiv, dann war zweifellos Böses in der Nähe, und das Opfer des Zaubers erhielt den Rat, das Stück Blei zum Schutz vor einem weiteren Angriff über seinem Herzen zu tragen.

Särge und Urnen aus Blei, in die keine bösen Geister eindringen konnten, waren für Bestattungen und zur Aufbewahrung wertvoller Reliquien sehr beliebt.

Blocula siehe **Mora, Hexen von**

Blut Das Blut einer der Hexenkunst mächtigen Person wurde lange Zeit als Medium für deren Zaubereien betrachtet. Man glaubte, die bösen Kräfte, die sie besaß, lägen ihr im Blut und würden so an ihre Kinder weitergegeben. Deshalb hielt man es auch für wichtig, den Körper einer getöteten Hexe völlig zu zerstören, damit alle Spuren des Bösen, das ihr anhaftete, auch wirklich ausgelöscht würden. (Dieser Glaube liegt vermutlich der auf dem europäischen Festland verbreiteten Gepflogenheit zugrunde, Ketzer und Hexen zu verbrennen, statt sie zu hängen, so wie es in England üblich war.) Man nahm an, daß die vermeintlichen Hexen ihre Hausgeister an besonderen Saugwarzen mit ihrem eigenen Blut nährten und daß sie mit ihrem Blut auch den äußerst bedeutsamen **Pakt mit dem Teufel** unterzeichneten.

Einem weitverbreiteten Aberglauben zufolge, konnte die Macht einer Hexe gebrochen werden, indem man ihr oberhalb von Mund und Nase Wunden zufügte, aus denen sie dann blutete (*siehe* **Hexenkratzen**). Eine weitere Gegenmaßnahme, bei der Blut eine Rolle spielte, war die **Hexenflasche**, die **Haare**, Blut und **Urin** einer vermeintlichen Hexe enthielt. Das Ganze wurde um Mitternacht über einem Feuer gekocht und sollte der Schuldigen schreckliche Qualen und sogar den Tod bringen.

In der Annahme, der Kern der Lebenskraft eines Menschen wäre in dessen Blut zu finden, wurde der Lebenssaft meist als Zutat für alle Arten von Zaubereien verwendet. Mit dem Zauber des Blutes konnten angeblich Dämonen bezwungen, Opfer von dämonischer Besessenheit erlöst, Krankheiten verhindert, Unglücken vorgebeugt und **magische Kreise** gezogen werden. Damit ein Zauber auch wirkte, mußte man sich von dem ausersehenen Opfer etwas Blut (oder einige Haare, etwas Haut usw.) beschaffen, das dann in ein Wachsbild eingefügt wurde, um den schädigenden Einfluß auf die richtige Person zu lenken.

Gegen die unglücklichen Opfer der Hexenverfolgung wurde immer wieder der Vorwurf erhoben, sie tränken bei ihren **Hexensabbaten** das Blut kleiner Kinder und Säuglinge, die speziell zu diesem Zweck umgebracht worden seien. Es ging auch das Gerücht, daß keine geringere als Katharina von **Medici** befohlen habe, bei einer **schwarzen Messe** das Blut eines kleinen Jungen zu trinken, damit ihr eigener kränklicher Sohn gesund würde.

Nach einem frühen Aberglauben besaßen Hexen und Schmiede eine einzigartige Macht über das Blut und konnten sein Fließen nach ihrem Willen bei Mensch und Tier anhalten. Menschen, die einem dieser beiden Gewerbe nachgingen, ließen sich als Blutzauberer nieder und erboten sich, mit ihren magischen Kräften gegen ein kleines Entgelt Blutungen zu stillen. Einem weitverbreiteten Glauben zufolge war das Blut eines frisch Gehenkten zur Heilung einer ganzen Reihe von Gebrechen besonders wirksam. Man mußte es auf den Erkrankten tropfen lassen, solange der tote Verbrecher noch am Galgen hing.

Siehe auch **Bahrprobe**.

Bocal, Pierre siehe **Baskische Hexen**

Bodenham, Anne siehe **Dr. Lambs Geliebte**

Bodin, Jean 1529–1596. Französischer Jurist und politischer Philosoph, der eine Reihe früher und sehr einflußreicher Bücher über das Hexenwesen verfaßte. Die Veröffentlichung von Bodins Werk *De la démonomanie des sorciers* im Jahre 1580 war ein Markstein in der Entwicklung des Hexenwahns des sechzehnten und siebzehnten Jahrhunderts, denn darin setzte sich der Autor für ein viel eifrigeres Vorgehen gegen vermeintliche Hexen ein, die Bodins Behauptungen zufolge unter der Leitung ihres Meisters, des Teufels, einen Angriff auf die christliche Welt planten.

Bodin kritisierte unter anderem die Verbrennung von Hexen auf langsam brennenden Scheiterhaufen, denn dabei stürbe der verurteilte Gefangene gewöhnlich schon nach einer halben Stunde und entginge daher weiterer Bestrafung. Er unterstützte auch Theorien, nach denen sich Hexen in Wölfe verwandeln könnten und in der Lage seien, durch das **Potenzzaubern** an Männern Schaden anzurichten. Konfrontiert mit der offensichtlichen Unmöglichkeit der Vorstellung, daß Hexen fliegen könnten, wartete Bodin mit einer eigenen genialen Erklärung auf. Danach flogen Hexen nur im Geiste auf ihren **Besen**, während ihre Körper zu Hause blieben, um jene, die Verdacht gegen sie hegten, zu täuschen.

In Bodins Augen war die Hexerei von solcher Natur, daß es hier schwieriger als bei anderen Vergehen war, das Verbrechen nachzuweisen. Deshalb sollte den Delinquenten der übliche gesetzliche Schutz verwehrt werden; die Befrager sollten auch rechtswidrige Verfahrensweisen anwenden, indem sie die Aussagen kleiner Kinder heranzogen, ihre Informanten durch Zusicherung von Anonymität ermunterten und keine Person, die einmal angeklagt worden war, freisprachen. Ein Richter, der einer verurteilten Hexe das Leben schenkte, sollte selbst den Tod erleiden. Bodin lieferte auch eine der ersten juristischen Definitionen einer Hexe: „Eine, die Gottes Gesetz kennt und versucht, durch ein Abkommen mit dem Teufel Taten zu vollbringen."

Manche Autoritäten zogen es vor, Bodin für seine Einfalt zu verachten und ihn dafür zu verurteilen, daß er dazu beigetragen hatte, in ganz Europa die Angst vor dem Hexenwesen anzufachen. Andere jedoch zeigten sich von den Fähigkeiten Bodins beeindruckt (Bodin rühmte sich einer umfangreichen Bildung auf humanistischem Gebiet, im Bereich des Rechts, der Philosophie und der Wirtschaft und führte bei vielen Hexenprozessen den Vorsitz); sie akzeptierten seine Behauptungen und zitierten sein Buch zur Rechtfertigung der Scheußlichkeiten, die im Namen der Kirche und des Staates an angeklagten Hexen begangen wurden. Ein umfangreicher Teil seines berühmtesten Werkes war genauen Ausführungen über die Mittel gewidmet, mit deren Hilfe Verdächtige befragt, gefoltert, verfolgt und zu Tode gebracht werden konnten, und Berichte deuten darauf hin, daß er in Fällen, mit denen er selbst zu tun hatte, sogar das Foltern von Kindern und Invaliden billigte.

Bodin starb in seiner Heimatstadt Angers an der Pest, doch sein Buch übte auch in den Folgejahren weiterhin einen verderblichen Einfluß aus, und das Ansehen und die Gelehrsamkeit des Verfassers ließen dessen Rufe nach härtester Verfolgung der Hexen, wo immer man sie fand, auch weiterhin auf offene Ohren treffen.

Böffgen, Christine gest. 1631. Deutsche Witwe, die in dem rheinländischen Dorf Rheinbach auf Weisung des bekannten Hexenrichters Franz **Buirmann** als Hexe zu Tode gefoltert wurde. Der Fall der Christine Böffgen, einer im Ort geachteten Familienmutter, gehörte zu den skandalösesten Prozessen, die mit Buirmanns Namen in Verbindung standen, und die bis ins zwanzigste Jahrhundert hinein als eine der bedauerlichsten Episoden in der Geschichte des Dorfes in Erinnerung geblieben ist.

Nachdem zwei bereits eingekerkerte Personen Christine Böffgen der Hexerei beschuldigt hatten, wurde die Frau festgenommen. Man gestand ihr nur eine flüchtige Anhörung zu, ehe man sie den Folterknechten übergab. Mit verbundenen Augen und kahlrasiert wurde sie zunächst der **Nadelprobe** unterzogen und dann auf den Folterschemel gesetzt, wo man ihr Beinschrauben (*siehe* **Spanische Stiefel**) anlegte. Das Geständnis, das ihr auf diese Weise abgezwungen wurde, widerrief die Gefangene, sobald man ihr die Beinschrauben abgenommen hatte, doch das Gericht ordnete weitere körperliche Mißhandlungen an. Nach vier Tagen solcher Peinigung starb die alte Frau. Noch in den zwanziger Jahren unseres Jahrhunderts wurden in der Dorfkirche St. Georg Messen für ihre Seele gelesen.

Boguet, Henri etwa 1550–1619. Französischer Jurist und Autor, der als einer der bekanntesten Hexenrichter in Burgund für den Tod von etwa sechshundert vermeintlichen Hexen verantwortlich war. Seine Aktivitäten kennzeichneten einen der schlimmsten lokalen Ausbrüche des Hexenwahns des späten sechzehnten Jahrhunderts. Seine 1602 veröffentlichte Schrift *Discours des sorciers*, in der er viele Fälle erörterte, an denen er beteiligt war, vereinte in sich die Missetaten, die er begangen hatte, indem er wesentlich zu einem geistigen Klima beitrug, das die Furcht vor dem Hexenwesen während der darauffolgenden Jahrzehnte anwachsen ließ.

Als oberster Richter in St. Claude (Burgund) begann Boguet seine Hexenjagd, indem er eine vermeintliche Hexe mit Namen Françoise Secretain durch grausame Folter dazu brachte, zahlreiche Mittäter zu nennen. Es wurde praktisch jedermann, der in der Folgezeit vor Boguets Gericht kam – darunter auch sehr kleine Kinder –, zum Tode verurteilt. Vielen versagte er die „Gunst", vom Scharfrichter erst erdrosselt zu werden, und ließ sie bei lebendigem Leibe verbrennen. In einem der schrecklichsten Fälle gelang es einem Mann namens Claude Janguillaume, sich von den Stricken zu befreien, mit denen er an den Pfahl gefesselt war; er wurde dreimal ins Feuer zurückgeworfen, ehe er schließlich starb.

Boguets Buch, in dem er seine Erfahrungen aus Burgund niedergeschrieben hatte, erlebte in knapp zwölf Jahren zwölf Auflagen und wurde zu einem der maßgeblichsten Belege über die Führung von Hexenprozessen. Mittels der Geschichte von Einzelprozessen schuf er ein wichtiges Argument für den Glauben an solche Erscheinungen wie den **Hexenflug**, **Hexenmale** und das Behexen des Viehes. Von besonderem Interesse für andere Hexenrichter war ein Anhang, in dem Boguet die das Hexenwesen betreffenden Gesetzesparagraphen zusammengestellt und das Verfahren beschrieben hatte, das bei der Verfolgung solcher Fälle eingehalten werden sollte.

Siehe auch **Frankreich**.

Boleyn, Anna etwa 1507–1536. Engländerin, die 1533 die zweite Gemahlin Heinrichs VIII. wurde, über die man jedoch bald das Gerücht ausstreute, sie sei eine Hexe. Ihre Hochzeit hatte heimlich stattgefunden, während die Verhandlungen über eine Annullierung der Ehe Heinrichs VIII. mit Katharina von Aragonien noch im Gange waren. Innerhalb von drei Monaten nach der Heirat verlor Anna Boleyn die Gunst des Königs, und es dauerte nicht lange, bis er auf einen Weg sann, sich von dem Bund freizumachen. Die Tatsache, daß Anna an der linken Hand einen rudimentären sechsten Finger besaß, wurde von den Anhängern des Königs absichtsvoll als Zeichen ihrer Verwicklung in die Zauberei gedeutet, und es verbreitete sich schnell die Kunde, die Königin habe den Herrscher durch Behexen umgarnt.

Heinrich war nicht besonders erfreut, als sie ihm anstelle eines Sohnes eine Tochter gebar (die spätere Königin Elisabeth I.) und während einer weiteren Schwangerschaft das Kind, einen Jungen, verlor. Er gab nun seinem eigenen Verdacht bezüglich der Beschäftigung seiner Gemahlin mit der Zauberei Ausdruck, was zusammen mit Gerüchten über ihre angebliche Untreue gegen den König ihr Schicksal besiegelte. Anna Boleyn wurde am 19. Mai 1536 in London wegen Verrats hingerichtet.

Bolingbroke, Roger *siehe* **Cobham, Eleanor, Herzogin von Gloucester**

Böser Blick Behexen einer Person oder eines Tieres durch einen Blick. In der Vergangenheit war die Macht des bösen Blicks sehr gefürchtet. Häufig bezichtigte man angebliche Hexen, daß durch solche „Betörung" (zumeist ein unheilvolles Anstarren), Verletzungen oder gar der Tod hervorgerufen wurden. Zu den bekannteren Prozessen gegen Personen, die angeblich einen hypnotisierenden Blick ausgesandt hatten, zählen die Verfahren gegen Janet Wishart, eine der **Hexen von Aberdeen**, gegen Elizabeth Device, die zu den **Hexen von Pendle** gehörte, und gegen Bridget Bishop, eine der **Hexen von Salem**.

Hinweise auf den bösen Blick sind in der **Bibel**, in den Schriften von Vergil und in anderen Quellen der antiken Welt zu finden. Der englische Dämonologe William **Perkins** war sich offensichtlich bewußt, daß diese Überlieferung antike Ursprünge hatte. Er schrieb im späten sechzehnten Jahrhundert:

> Es ist eine alte, allgemein anerkannte Meinung, daß bei boshaften und übelgesinnten Menschen mit den Strahlen aus dem Auge schädliche und bösartige Geister hervorkommen, die die Luft verpesten und nicht nur die vergiften oder töten, mit denen sie täglich Umgang haben, sondern andere, deren Gesellschaft sie oft suchen, wie stark, welchen Alters oder welchen Aussehens sie auch immer sind.

Jeder, der schielte, ungleichmäßige, tiefliegende oder verschiedenfarbige Augen oder eine andere Anomalie ähnlicher Art zeigte, konnte wegen Behexens mit dem bösen Blick angeklagt werden, besonders dann, wenn man ihn dabei ertappt hatte, wie er eine Person anstarrte oder ihr einen strengen Blick zuwarf. Bei Menschen mit stechend blauen oder grünen Augen war es angeblich besonders wahrscheinlich, daß sie über die Macht des bösen Blicks verfügten.

Abergläubische Menschen ergriffen einst bis ins einzelne ausgedachte Maßnahmen, um sich vor der Wirkung des bösen Blicks zu schützen (*siehe* **Hexenkugel**). Kinder und Vieh, besonders Schweine, waren angeblich über die Maßen anfällig gegen solchen Zauber und mußten daher **Amulette** oder mit Inschriften versehene Ringe tragen, um die Bedrohung abzuwehren. Eine Gegenmaßnahme war das Tragen einer Kordelschnur, die man beim Hersagen von **Namen der Macht** mit Knoten (*siehe* **Knotenzauber**) versehen hatte. (Dieses Verfahren wird von Hexen und Okkultisten noch immer praktiziert.) Als Amulette benutzte man Korallenstücke, rote Bänder und Halsketten aus Blättern des Zehrkrautes, des Bittersüßen Nachtschattens, des Waldnachtschattens oder Ketten aus blauen Perlen.

Glaubte man trotz dieser Vorsichtsmaßnahmen, daß ein durch den bösen Blick hervorgerufener Zauber noch immer wirkte, dann konnte man versuchen, das Unheil mit Beschwörungen abzuwenden. Im Notfall spuckte das Opfer dem Schuldigen ins Auge. War durch den bösen Blick ein Tier ums Leben gekommen, dann wurde dessen Kadaver verbrannt. Das sollte dem Schuldigen heftige Schmerzen bereiten. Nadeln in das Bildnis einer Person zu stecken, die unter dem Verdacht stand, über die Macht des bösen Blicks zu verfügen, sollte den Zauber ebenfalls brechen. Auch das Zeichen des Kreuzes, die „Fica", bei der der Daumen zwischen die ersten beiden Finger der Faust gesteckt wird, oder die „Teufelshörner", bei denen man die beiden mittleren Finger der Hand und den Daumen nach unten hielt, und die in Richtung des Verdächtigen gezeigt wurden, konnten den gleichen Effekt haben.

Wenn all das nichts half, dann suchte man Zuflucht bei einer **weißen Hexe**, die dann meist einen ihrer Gegenzauber aussprach. Ein solcher Spruch aus dem mittelalterlichen England lautete beispielsweise so:

> Drei Betrüger hast du betrogen
> Das Herz, das böse Auge und die üble Zunge.
> Drei Betrüger sollen deine Entschädigung sein,
> Vater, Sohn und der Heilige Geist oder
> Gottes Name.
> In Anbetung der fünf Wunden unseres
> Herrn.

Von einem auffallend ähnlichen Gegenzauber wurde im zwanzigsten Jahrhundert in Spanien berichtet:

> Drei haben dir Böses getan.
> Drei müssen weg.
> Wer sind die drei Wesen der Heiligen Dreifaltigkeit?
> Vater, Sohn und der Heilige Geist.
> Schäfer, der zur Quelle kam,
> Nimm weg den bösen Blick
> Von dem, auf den du ihn gerichtet hast.

Ganz anders war das Verfahren, mit dem die schottischen Hexen das Problem lösten: „Geh zu einer Furt, die die Toten und die Lebenden überschreiten, nimm Wasser davon, gieße es in ein Coggie [Trinkgefäß] mit drei Ringen über einen Crosset [mittelalterliche Münze] und versprenge dann das Wasser über das Opfer des bösen Blicks."

Der Glaube an die Macht des bösen Blicks hat sich bis in die heutige Zeit erhalten, in der man eine solche Fähigkeit oftmals Zigeunern und Wahrsagern zuschreibt. In den dreißiger Jahren gab es über keinen geringeren als den spanischen König Alfons XIII., der 1931 ins Exil ging, weitverbreitete Gerüchte, die besagten, daß der König seine Feinde schädigen könne, indem er ihnen einfach den bösen Blick schicke.

Siehe auch **Ei**.

Bosse, Marie siehe **Chambre-Ardente-Prozeß**

Bostock, Bridget siehe **Weiße Hexe**

Bothwell, Francis Stewart, Fünfter Graf von siehe **Fian, John**; **Jakob I.**; **North Berwick, Hexen von**

Bouillon, Herzogin von siehe **Chambre-Ardente-Prozeß**

Boullan, Joseph-Antoine 1824–1893. Französischer Okkultist, der im späten neunzehnten Jahrhundert die Satanistengruppe Kirche von Carmel in Lyon leitete. Boullan, ein gebildeter Mann, war katholischer Geistlicher, bis ihm wegen eines Verhältnisses mit Adèle Chevalier, einer Nonne, die von ihm schwanger war, das Priesteramt entzogen wurde. Das Paar gründete seine eigene religiöse Gemeinschaft und trat dann der Kirche von Carmel bei, die bereits 1848 vom Papst verurteilt worden war. 1876 erbte Boullan die Führung der Gruppe und machte mit seiner neuen Geliebten Julie Thibault den Sex zum Mittelpunkt der sogenannten „Union of Life" und anderer, im Rahmen dieses Kults praktizierter Riten. Das Ganze wurde mehr oder weniger als **Hexenzirkel** geführt.

Nachdem Boullan einige Jahre lang mit seinen Anhängern nach sexuellem Genuß gestrebt hatte, zog er sich die Feindschaft des Marquis von **Guaita** zu, der einen „psychischen Krieg" gegen den Führer der Kirche von Carmel führte. Seinen Anhängern zufolge fiel Boullan, der trotz scheinbar guter Gesundheit ohne Warnung hingestreckt wurde, schließlich den Verwünschungen zum Opfer, die Guaita und dessen Jüngerschaft gegen ihn gerichtet hatten. Ihrer Führung beraubt, löste sich die Organisation auf. 1891 veröffentlichte der Dichter Joris-Karl **Huysmans** einen wohlwollenden Bericht über die Aktivitäten und Prinzipien der Gruppe.

Boullé, Thomas siehe **Bavent, Madeleine**

Brandon, Hexe von Englische Hexe unbekannten Namens, die im elften Jahrhundert von dem normannischen Eindringling Wilhelm I., dem Eroberer, auf seinem Feldzug gegen den angelsächsischen Aufrührer Hereward the Wake in den Niederungen Ostangliens angeworben wurde. Ivo Taillebois' Werk *De gestis Herwardi Saxonis* zufolge wurde Wilhelm dazu gebracht,

Breadheid, Janet

die Hexe in ihrem Haus in Brandon aufzusuchen und um Rat zu bitten. Gemeinsam planten sie einen Zauber gegen den angelsächsischen Feind. Zu Wilhelms Unglück befand sich Hereward, als einfacher Töpfer verkleidet, im selben Raum und hörte und sah alles, was vor sich ging. Als die Normannen den nächsten Angriff vorbereiteten, wurde die Hexe auf einen hohen hölzernen Turm gesetzt, von wo sie Verwünschungen und Bannflüche gegen die angelsächsischen Rebellen ausschickte. Als Antwort darauf wies Hereward seine Männer an, das Ried rund um die Normannen anzuzünden. Bald floh die Armee blindlings vor den Flammen und dem Rauch. Viele kamen bei der Panik ums Leben, doch Wilhelm gehörte zu den Glücklichen, die davonkamen. Die Hexe von Brandon stürzte in der allgemeinen Verwirrung von ihrem Turm und brach sich das Genick.

Breadheid, Janet *siehe* **Auldearn, Hexen von**

Brinvilliers, Marie-Madeleine d'Aubray, Marquise von 1639–1676. Französische Adlige, die 1676 in einem sensationellen Prozeß in Paris als Hexe vor Gericht gestellt wurde. Marie-Madeleine d'Aubray entwickelte schon früh ein Interesse an Hexenkunst und Sex; von ihrem zwölften Lebensjahr an hatte sie regelmäßigen Geschlechtsverkehr mit ihren beiden älteren Brüdern und erschöpfte später schnell die sexuelle Kraft ihres Ehemannes Antoine Gobelin, Marquis von Brinvilliers. Sie nahm sich dann zahlreiche Liebhaber und machte sich an die weitere Entdeckung der körperlichen Liebe, während sie auch mit Gift und anderen schwarzen Künsten experimentierte.

Bei ihren Besuchen in den Pariser Krankenhäusern, in die sie angeblich ging, um Brot und Suppe an die Patienten zu verteilen, probierte sie ihre Gifte aus und stellte auf diese Weise fest, welches davon am besten wirkte. Sie ermordete ihren Vater und ihre beiden Brüder und richtete ihre Aufmerksamkeit dann auf ihren Ehemann. Der Mord an letzterem wurde von ihrem damaligen Liebhaber vereitelt, der dem Marquis ein Gegengift gab, um nicht selbst einst den todbringenden Gewohnheiten seiner Gebieterin zum Opfer zu fallen.

Die Kunde vom Interesse der Marquise an der Hexenkunst kam 1676 an die Öffentlichkeit, als verschiedene Gifte und andere belastende Beweisstücke unter ihrer Habe entdeckt wurden. Man nahm sie fest und unterwarf sie schlimmen Torturen, um sie zu einem Geständnis zu zwingen, das sie auch bald abgab. Als Adlige blieb der Marquise der Feuertod erspart; sie wurde statt dessen enthauptet, ehe ihr toter Körper vor den Augen praktisch des gesamten französischen Hofes zu Asche verbrannt wurde. Bevor sie starb, behauptete sie, nur eine von vielen in der französischen Oberschicht zu sein, die sich für schwarze Magie interessierten. Diese Behauptung führte dazu, daß der Polizeichef Nicholas de la Reynie eine Untersuchung in die Wege leitete, die beträchtliche Auswirkungen hatte.

Briqueville, Roger de *siehe* **Rais, Gilles de**

Brocken *siehe* **Walpurgisnacht**

Brown, Thomas *siehe* **Pittenweem, Hexen von**

Buckingham, George Villiers, Erster Herzog von 1592–1628. Englischer Politiker, Günstling **Jakobs I.**, der angeblich in die schwarzen Künste eingeweiht war. Jakob I. war berühmt für seine unnachsichtige Haltung gegenüber überführten Hexen, schien jedoch die Interessen seines Günstlings zu übersehen, den man in den Adelsstand erhob und der der zweitreichste Edelmann in England wurde. Der in Frankreich ausgebildete George Villiers heiratete Katherine Manners, von der gleichfalls das Gerücht ging, sie sei eine Hexe, die dem König in dessen letzten Jahren eng zur Seite stand.

Als Jakob 1625 im Sterben lag, soll er in der Hoffnung, sein Leben zu verlängern, dem Herzog und dessen Frau erlaubt haben, eine ungewöhnliche Zeremonie abzuhalten. Das Paar ging unter strengster Verschwiegenheit ans Werk. Jakob sah zu, wie sie in die Rollen von Gottvater und einer Hebamme schlüpften, ein Ferkel in ein christliches Taufkleid steckten, eine rituelle Taufe abhielten und dabei dem Tier den Namen Jakob gaben; dann jagten sie das Ferkel zur Tür hinaus, damit es die Krankheit des Königs mit sich fortnähme. Unglücklicherweise schlug der Zauber fehl, und der König starb.

Als Karl I. von 1629–1640 ohne Parlament regierte, war eigentlich der Herzog Herrscher über England, doch ihn konnte keine Zuflucht zur Hexerei vor einem frühen Tod schützen. Er wurde bei einer Inspektion der Flotte in der Marinewerft von Portsmouth von einem entlassenen Offizier erstochen.

George Villiers, der Zweite Herzog von Buckingham (1627–1687) trat als angesehener Staatsmann in die Fußstapfen seines Vaters. Auch er stand in dem Ruf, ein Vertreter der Hexenkunst zu sein. Er wuchs in der königlichen Familie auf und lebte nach dem Bürgerkrieg im Exil, erhob jedoch durch die Heirat mit Mary Fairfax, der Tochter eines Abgeordneten, Anspruch auf die Rückgabe seiner Besitztümer und wurde einer der ausschweifendsten Höflinge Karls II. sowie oberster Minister und ein erfolgreicher Bühnenautor. 1670 traf der Herzog als Botschafter in Frankreich Cathérine Deshayes, die bekannte Leiterin eines Hexenzirkels, und nahm wohl auch an einem ihrer Hexensabbate teil, bei dem nackte Frauen als Altar dienten (*siehe* **Chambre-Ardente-Prozeß**). 1672 begab er sich ein zweites Mal nach Paris und besuchte dort wieder den Zirkel von Cathérine Deshayes. Später überwarf er sich mit dem König, nachdem man ihn, auf den Druck seiner politischen Gegner hin, aus dem Amt entlassen hatte.

Buirmann, Franz Deutscher Rechtsgelehrter, der zahlreichen Hexenprozessen als Richter vorsaß und Hunderte vermeintlicher Hexen auf den Scheiterhaufen schickte. Er hatte sich in der Zeit des Hexenwahns, der **Deutschland** im siebzehnten Jahrhundert traumatisierte, als einer der unbarmherzigsten Hexenrichter hervorgetan. Der Fürsterzbischof von Köln, der ihm den Vorrang vor allen lokalen Autoritäten einräumte, hatte ihm als reisendem Richter besondere Macht übertragen. Ungestört von geringeren Richtern, zog er durch Köln und die angrenzenden Gegenden und ging vor allem gegen wohlhabende Verdächtige vor, deren Eigentum dann konfisziert wurde.

Als Mann von geringer Bildung ließ Buirmann die mutmaßlichen Schuldigen mit äußerster Härte foltern, um von ihnen Geständnisse und die Preisgabe von Mittätern zu erzwingen. Berichte weisen darauf hin, daß die Opfer unter seiner Leitung mit **Spanischen Stiefeln** gefoltert oder auf einen metallenen Hexenstuhl geschnürt wurden, unter dem man dann ein Feuer entfachte. Andere Opfer wurden vergewaltigt, erlitten Knochenbrüche oder bekamen ein mit Stacheln besetztes eisernes Halsband angelegt, das die Haut zerfetzte, und wurden daran gewaltsam durch den Raum gezerrt. Viele Angeklagte starben infolge dieser Mißhandlungen (*siehe* **Böffgen, Christine**), während man jene, die geständig waren, später bei lebendigem Leibe, häufig in Hütten aus Stroh, verbrennen ließ.

Selbst Buirmanns eigene Leute waren vor seiner mörderischen Aufmerksamkeit nicht sicher: 1636 ließ der Hexenjäger in Siegburg den Scharfrichter als Hexer verbrennen. Unter seinen weiteren Opfern befanden sich die Schwester einer Frau, die die Avancen des Hexenrichters zurückgewiesen hatte, und keine geringere Person als der Bürgermeister des Dorfes Rheinbach, das während der Visiten Buirmanns 1631 und 1636 einige der schlimmsten Scheußlichkeiten erlebte. Als Reaktion auf seinen ersten Aufenthalt im Jahre 1631 tat sich die verschreckte Bevölkerung zusammen und bot dem Hexenrichter eine beträchtliche Summe, damit er das Dorf verließe. Buirmann ließ sich bestechen und zog in einen anderen Ort weiter. Fünf Jahre später jedoch kehrte er zurück. Auf seine Anordnung hin wurde nach Schätzungen allein in diesem Dorf in jeder zweiten Familie ein Mensch ums Leben gebracht.

Bulcock, John und Jane *siehe* **Pendle, Hexen von**

Burroughs, George *siehe* **Salem, Hexen von**

Bury St. Edmunds, Hexen von Die Stadt Bury St. Edmunds in Suffolk (Ostengland) war Schauplatz zweier berüchtigter Hexenprozesse. Der erste fand 1645 auf Betreiben des selbsternannten obersten Hexenriechers Matthew **Hopkins** statt; der zweite, urkundlich belegte

Bury St. Edmunds, Hexen von

Fall kam 1662 vor den späteren Lordoberrichter Sir Matthew **Hale**.

Der Prozeß vom August 1645 erreichte seinen Höhepunkt mit der Verhaftung von fast zweihundert Verdächtigen, deren bemerkenswertester ein älterer Geistlicher namens John Lowes aus dem Dorf Brandeston war. Lowes war bei seinen Gemeindemitgliedern unbeliebt, die Hopkins eifrig Gründe dafür lieferten, den unglücklichen Pfarrer anzuklagen, der verdächtigt wurde, unpopuläre Sympathien für das Königshaus zu hegen. Hopkins ließ Lowes im Wassergraben des Schlosses Framlingham **schwemmen** und dann peinigen, indem man ihn zwang, mehrere Tage und Nächte lang fast pausenlos hin- und herzulaufen (eine Hexenprobe oder ein sogenanntes Gottesurteil, das als **Hexenspaziergang** bezeichnet wurde), bis sich der Angeklagte in einem solchen Wahn befand, daß er bereit war, alle Arten verbotener Praktiken zu gestehen.

Aus diesen Geständnissen ging hervor, daß er einen **Pakt mit dem Teufel** geschlossen, mehrere **Hausgeister** gehalten und durch Zauberei vor Harwich ein Schiff zum Sinken gebracht und dabei vierzehn Leben vernichtet sowie andere Missetaten, darunter das Verderben von Vieh, vollbracht hatte. Einen Beweis für den Untergang eines Schiffes zur fraglichen Zeit erachtete man als unnötig, und obwohl Lowes sein Geständnis widerrief, sobald er sich von den Mißhandlungen erholt hatte, starb der Geistliche zusammen mit weiteren siebzehn Verurteilten am Galgen. Da er es ablehnte, die Totenmesse für sich von einem Geistlichen lesen zu lassen, mußte Lowes auf dem Weg zur Hinrichtungsstätte die Worte selbst sprechen. Ein weiteres Opfer von Hopkins' Aktivitäten in Bury St. Edmunds war eine Frau, die für den durch Hexerei herbeigeführten heimtückischen Mord an ihrem Ehemann verbrannt wurde (siehe **Hexenverbrennung**).

Der zweite Prozeß gegen vermeintliche Hexen in Bury St. Edmunds fand im Jahre 1662 statt; er sollte einen starken Einfluß auf die richterlichen Entscheidungen in dem späteren Verfahren gegen die **Hexen von Salem** haben. In dem Fall ging es um Rose Cullender und Amy Duny, zwei Witwen aus Lowestoft, die man zahlreicher Hexereien bezichtigte; sie sollten unter anderem mehrere Kinder behext haben, von denen eines starb. Die zwei Frauen hatten angeblich eine Läuseplage herbeigeführt, Kinder krank gemacht oder ihnen Anfallsleiden geschickt, Bauernkarren umkippen und Schornsteine einstürzen lassen. Ein weiterer schlagender Beweis hing mit einer **Kröte** zusammen, die man im Bettzeug eines Säuglings gefunden hatte. Die Kröte war auf Anraten eines Dr. Jacob aus Yarmouth ins Feuer geworfen worden. Kurz darauf hatte man Amy Duny angeblich mit versengten Armen gesehen.

Die belastenden Aussagen der Kinder, die behaupteten, die Frauen seien ihnen selbst während des Gerichtsverfahrens als Geister erschienen und hätten bei ihnen Lähmungen und das Erbrechen von Nadeln und Nägeln verursacht, waren besonders schwerwiegend. Als zusätzlichen Beweis für Hexerei verzeichnete das Gericht, daß die Kinder unter dem unheilvollen Einfluß von Amy Duny und Rose Cullender beim Namen Jesu Christi ins Stottern gerieten, als sie aus der Bibel vorlesen sollten, und schrien, als eine der beiden Frauen sie berührte. Es wurde zudem – merkwürdigerweise von der Mutter eines der beiden Kinder – behauptet, Amy Duny habe Saugwarzen entblößt, um ihre **Hausgeister** zu füttern (siehe **Hexenmal**).

Angesichts einer solchen Fülle von „Beweismaterial", das durch Hales Bemerkung am Ende des Prozesses unterstützt wurde, es gäbe in so vielen Ländern Gesetze gegen Hexerei, also müsse sie existieren, zögerten die Richter nicht, die beiden Frauen schuldig zu sprechen. Obwohl sie ihre Unschuld beteuerten, wurden sie vier Tage später gehängt. In Wirklichkeit bestand das einzige Verbrechen der beiden unglücklichen Frauen, die für ihr hitziges Gemüt bekannt waren, wahrscheinlich darin, vage Drohungen gegen ihre Nachbarn ausgestoßen zu haben, nachdem man ihnen verweigert hatte, einige Kleinigkeiten zu kaufen.

Hale, der die Hexerei bereitwillig als bewiesene Tatsache akzeptierte, war mit dem Ergebnis zufrieden. Später beklagte die gerichtliche Obrigkeit die Tatsache, daß man unbewiesenen Beschuldigungen Glauben geschenkt und die eindeutig betrügerischen Aussagen einiger Zeugen zugelassen hatte. Selbst während des Prozesses wiesen einige der Anwesenden auf den Betrug hin, als ein Mädchen bei einem Test versagte, der belegen sollte, daß eine Berührung von Amy Duny das Mädchen aufschreien ließ: Man verband ihr die Augen, und sie schrie ebenso laut und bekam einen Anfall, wenn jemand anderes als Amy Duny sie anfaßte. Der Prozeßausgang befleckte auf immer den Ruf von Sir Matthew Hale, der eine der gefeiertsten Gestalten in der englischen Rechtsprechung gewesen war.

Bury St. Edmunds war jedoch auch Schauplatz eines anderen herausragenden Prozesses in der Geschichte des englischen Hexenwesens, der 1694 stattfand und bei dem der Oberrichter Sir John **Holt** Mother Munnings, eine vermeintliche Hexe, entschieden von dem Vorwurf freisprach, durch Hexerei jemanden getötet zu haben.

Bute, John Stuart, Dritter Graf von *siehe* **Hell-Fire club**

Butterzauber Zu den vielen falschen Anschuldigungen, die gegen Hexen vorgebracht wurden, gehörte auch die relativ unbedeutende, doch oft angeführte Behauptung, die Hexen nähmen Rache an ihren Feinden, indem sie das Buttermachen mißlingen ließen. Wenn aus dem Rahm beim Kirnen keine Butter entstand, dann kam einst zwangsläufig der Verdacht auf, daß Hexerei im Spiel war. Viele vor Gericht gebrachte Hexen waren angeklagt, die Butter behext zu haben, und einige der beschuldigten Personen gestanden, solche Delikte begangen oder versucht zu haben.

Bauern und Melkerinnen konnten ihre Butter durch eine Reihe magischer Gegenmaßnahmen vor Hexerei schützen. Es wurde empfohlen, beim Buttern gewisse Zaubersprüche herzusagen oder eine Prise Salz ins Feuer zu werfen, ehe man ans Werk ging. Man konnte auch eine Münze aus **Silber** oder drei Haare vom Schwanz einer schwarzen Katze in den Rahm fallen lassen, um böswillige Störungen magischen Ursprungs abzuwehren. In Irland sollte das Eintauchen der Hand eines Toten in den Rahm ähnlich wirksam sein. Hilfreich beim Buttern war angeblich ein Faß aus dem Holz der **Eberesche**. Argwöhnte man den Einfluß von Hexerei, dann konnte das Eintauchen eines rotglühenden Schürhakens oder Hufeisens in den Rahm den Zauber brechen (und dem Schuldigen eine böse Brandwunde zufügen).

Siehe auch **Schutz vor Hexenzauber**; **Zauber**.

Buvée, Barbara, Schwester St. Colombe *siehe* **Nonnen von Auxonne**

C

Cadière, Marie-Cathérine geb. 1709. Ein Mädchen aus Frankreich, eine der Hauptfiguren in dem Verfahren, das als letzter großer Hexenprozeß vor einem französischen Gericht bekannt geworden ist. Die tief religiöse Tochter von Cathérine Cadière, eine Witwe aus Toulon, war eine sehr schöne junge Frau. Im Alter von achtzehn Jahren schien sie jedoch ihr weiteres Leben in religiöser Aufopferung führen zu wollen und schloß sich in ihrer Heimatstadt einer Gruppe gleichgesinnter Frauen an, die unter Anleitung von Pater Jean-Baptiste Girard, eines geachteten Jesuiten, beteten und meditierten. Cathérines Ambition war es augenscheinlich, durch ihre Hingabe eine Heilige zu werden, und das führte sie ihrer Behauptung zufolge dazu, sich um eine besondere Beziehung zu dem Geistlichen zu bemühen. Andere spekulierten, sie habe sich in den fünfzigjährigen Kleriker verliebt, und meinten weiter, daß dies nur das Ergebnis einer Hexerei von seiner Seite sein könne.

Ein Jahr lang bestärkte der Pater Cathérine in ihren Hoffnungen, in den Stand der Heiligkeit zu gelangen, doch schließlich begann er daran zu zweifeln, daß sie jemals einen solchen Status erreichen würde, und empfahl ihr, in das Kloster Ste. Claire d'Ollioules einzutreten. Diese Enttäuschung kam Marie-Cathérine hart an, und bald litt sie unter starken Anfällen, Halluzinationen und Hysterie. Die Versuche, das Mädchen durch Teufelsaustreibung von den Dämonen zu befreien, die sie zu quälen schienen, schlugen fehl. Sie behauptete nun, daß ihre Qualen die Folge der Behexung durch Girard seien, der sie verführt habe. Inzwischen machten ihr Bruder und ihre Rechtsanwälte vier weitere Schülerinnen von Girard und vier Nonnen ausfindig, die gewillt waren, ähnliche Anschuldigungen gegen den Geistlichen vorzubringen.

Der Skandal weitete sich schnell aus, und die Angelegenheit wurde unter großem Aufsehen bald vor Gericht gebracht. Der Prozeß begann am 10. Januar 1731, begleitet von Szenen nahezu hysterischer Aufregung. Am Vorabend ließ Marie-Cathérine, unterstützt von ihrem Bruder (der offenbar hoffte, daß seine Schwester heiliggesprochen würde), eine mitternächtliche Teufelsaustreibung (*siehe* **Exorzismus**) vornehmen. Die große Volksmenge, die dabei zuschaute, wurde mit dem „Beweis" der **Besessenheit** des Mädchens belohnt, als Marie-Cathérine in einen Zustand bewegungsloser Trance fiel.

Das Beweismaterial, das in dem Prozeß ans Tageslicht kam, war sensationell. Marie-Cathérine hatte anscheinend behauptet, „vertraulichen Umgang mit Gott" zu haben, war angeblich aber von Girard dazu veranlaßt worden, ihm bei einer Reihe sexueller Perversionen willfährig zu sein. Der entscheidende Augenblick sei gewesen, als Girard sich über sie gebeugt und seinen Atem über ihr Gesicht habe strömen lassen, so daß sie von Liebe zu ihm magisch verzehrt worden sei: „Dann beugte er sich nieder, brachte seinen Mund nahe an ihren und hauchte sie an, was eine so gewaltige Wirkung auf das Gemüt der jungen Dame hatte, daß sie sofort von Liebe hingerissen war und einwilligte, sich ihm hinzugeben. Auf diese Weise behexte er Seele und Neigungen dieses unglücklichen Beichtkindes."

Der Priester, so behauptete Marie-Cathérine, habe sich dann systematisch darangemacht, sie ihrer Ehre zu berauben. Zuerst habe er sie geküßt und ihren Körper gestreichelt und dabei gesagt, er könne ihr „heilige Freiheit" verheißen; ihre Brüste liebkosend, habe er erklärt, daß sie durch solche körperliche Demütigung zu größerer Seelenkraft käme. Girard gelangte schließlich an sein Ziel und machte es sich von da an zur Gewohnheit, regelmäßig, mitunter mehrere Stunden lang, seine Begierden bei Marie-Cathérine zu stillen. Zum Ergötzen der Anwesenden fuhr die junge Frau fort zu schildern, wie Pater Girard sadistischen Praktiken gefrönt und mit einer Peitsche ihr nacktes Hinterteil geschlagen habe, um sie von ihren unheiligen Zweifeln zu reinigen.

Girard für seinen Teil protestierte heftig gegen solche Anschuldigungen. Wenn jemand gesehen habe, wie er seinen Kopf dem ihren genähert habe, dann sei das nur wegen seiner Schwerhörigkeit geschehen. Wenn in seinen Briefen an sie von Liebe die Rede gewesen sei, dann habe er die Liebe gemeint, die jeder Geistliche seinen Anbefohlenen zeigen sollte. Er beschmutzte auch den Ruf seiner einstigen Anhängerin mit der Enthüllung, sie habe mehrere Zeugen bestochen, damit sie diese Geschichte mit ihren Aussagen bestätigten. Sie habe auch die von ihr erlebten „Wunder" vorgetäuscht; einmal habe sie ihr Gesicht mit ihrem Menstruationsblut bestrichen und dann behauptet, beim Zelebrieren der Leiden Christi sei sie wie durch Magie besudelt worden.

Quer durch den Gerichtssaal wurden Beschuldigungen und Gegenbeschuldigungen ausgestoßen, und der Prozeß drohte in eine Farce abzugleiten. Nach vielen Monaten gegenseitiger Bezichtigungen zeigten sich die Richter unfähig zu entscheiden, wer – falls überhaupt jemand – hingerichtet werden sollte. Am Ende schickte man Pater Girard zur Kirche zurück, wo er für sein zweifelhaftes Verhalten einen Verweis erhielt, während man Marie-Cathérine Cadière nach Hause gehen ließ, um dort in Frieden bei ihrer Mutter zu leben. Ein aufgebrachter Mob versuchte, den Priester auf seine Weise zu bestrafen, doch Girard entkam und wurde später von der geistlichen Obrigkeit von jeglicher Schuld freigesprochen. Er starb im Jahr 1733.

Der Fall beschäftigte in Frankreich und jenseits der Grenzen zahllose Beobachter. Es wurden nicht wenige Bücher verfaßt, die in den schlüpfrigen Einzelheiten der Angelegenheit schwelgten. Kritiker behaupteten zwar, daß die Autoren solcher Werke lediglich an den obszönen Seiten des Falles interessiert seien, doch offenbarte das auch, daß niemand in dieser Zeit mehr bereit zu sein schien, Aussagen über vermeintliche Hexerei sehr ernst zu nehmen. Tatsächlich kam dieser Fall überhaupt nur vor Gericht, weil die Anklage wegen Hexerei den schwerwiegenderen Vorwurf der Unzucht nach sich gezogen hatte.

Cagliostro, Graf Alessandro 1743–1795. Dieser bekannte italienische Abenteurer, Scharlatan und Magier, der ursprünglich den Namen Guiseppe Balsamo trug, gehörte zu den berühmtesten Okkultisten des achtzehnten Jahrhunderts. Cagliostro, dem der britische Dichter Thomas Carlyle den Namen „König der Lügner" gab, kam in der Armut der Slums von Palermo auf Sizilien zur Welt. Er wurde für seine angeblichen Erfolge auf dem Gebiet der Alchimie und der Magie in ganz Europa berühmt. Er reiste von einem Land ins andere, ehe er sich in Paris niederließ, und beeindruckte viele leichtgläubige Menschen aus allen Schichten der Gesellschaft mit seinen offensichtlichen Kenntnissen der Astrologie und einer Reihe okkulter Künste. Der Verkauf eines Elixiers für ewige Jugend brachte ihm ein Vermögen ein. Abnehmer waren oftmals wohlhabende Klienten, die seinen Rat suchten, obwohl er bei verschiedenen Gelegenheiten wegen Betrugs und Fälschung seiner Ergebnisse bloßgestellt worden war. Nichtsdestoweniger blieb er bei seinen Behauptungen, er könne durch Zauber den Tod herbeiführen, könne hochwirksame **Liebestränke** (auch die mitunter gefährlichen Spanischen Fliegen) liefern und aus einer Kristallkugel die Zukunft weissagen.

Schließlich mußte Cagliostro Frankreich verlassen, nachdem er in eine Bauernfängerei verwickelt worden war, bei der es um ein wertvolles Diamantenhalsband ging, das angeblich für die Königin Marie Antoinette bestellt, aber niemals an sie geliefert worden war. Zurück in Italien, ließ er sich als Zauberer in einem Haus an der Piazza Farnese nieder, wo er viele geachtete Würdenträger empfing. Er wurde von seiner Ehefrau bei der Inquisition angezeigt und ins Gefängnis geworfen. Er starb, nachdem er in der Festung von San Leo in den Bergen Norditaliens fünf Jahre einer lebenslangen Haftstrafe abgesessen hatte. Einigen Berichten zufolge wurde er von seinem Gefängniswärter erdrosselt; andere behaupten, er sei an Syphilis gestorben, die er sich als junger Mann auf seinen Reisen in Spanien zugezogen hätte.

Canewdon, Hexen von

Canewdon, Hexen von Das Dorf Canewdon in Essex stand lange in dem Ruf, eine der ältesten Hochburgen des Hexenwesens in der englischen Geschichte zu sein; die Gegend in Südostengland, in der dieser Ort liegt, wird oftmals auch „Hexenland" genannt. Der Sage nach wird es, solange der Kirchturm von Canewdon steht, sieben Hexen im Dorf geben – „drei in Seide und drei in Baumwolle, eine davon die Pfarrersfrau, eine die Fleischersfrau und eine die Bäckersfrau". Erzählungen von einem aktiven **Hexenzirkel** in dieser Gegend haben sich bis weit ins zwanzigste Jahrhundert hinein gehalten.

Eine alte Überlieferung besagt, daß der Hexenzirkel des Ortes am **Kreuzweg** in Canewdon zusammenkommt, der einen unguten Ruf hat und angeblich von einer Hexe heimgesucht wird, die man vor vielen Jahren wegen ihrer Taten hingerichtet hat. Ein anderer Ort in Canewdon, an dem sich Hexen treffen sollen, ist ein Stückchen Grasland am Fluß, das das „Hexenfeld" genannt wird.

Ein Farmarbeiter namens George Pickingale, der 1909 starb, soll der letzte „Hexenmeister" im Dorf gewesen sein. In Berichten wird ihm die Macht, seinen Hexenzirkel mittels einer Holzpfeife versammeln zu können, der **böse Blick** und die Fähigkeit zugeschrieben, **Warzen** zu besprechen. Er war auch bekannt dafür, mit der Anwendung seiner Zauberkünste zu drohen, um von den Nachbarn neben anderen Gefälligkeiten unentgeltlich Bier zu erpressen. Seine **Hausgeister** erschienen in Gestalt von runzeligen weißen Mäusen, die angeblich von einem Hexenmeister an den nächsten übergegangen waren und die Pickingales Hütte noch lange nach dessen Tod unsicher machten.

Frühere Hexengenerationen von Canewdon waren für ihre Macht bekannt, Maschinen und Wagen mit einem einzigen durchdringenden Blick oder indem sie sich selbst in Räder verwandelten, zum Anhalten zu bringen. Verschiedene Male wurden sie bezichtigt, Läuse und andere Plagegeister gegen ihre Feinde ausgeschickt zu haben. Dem Anschein nach besaßen alle **Hausgeister** in Gestalt weißer Mäuse, die manchmal zusammen mit ihren Herren und Herrinnen begraben wurden.

Viele Häuser in diesem Dorf wurden mit **Hexenflaschen** und durch andere Vorkehrungen geschützt. Hier tauchte man im Laufe der Jahre beim Hexenschwemmen eine ganze Zahl ortsansässiger Frauen in den Dorfteich, um ihre Schuld oder Unschuld zu beweisen.

Canon Episcopi Religiöses Dokument unklaren Ursprungs, das viele Jahrhunderte lang als offizielle Meinung der katholischen Kirche über das Hexenwesen angesehen wurde. Diesem Dokument zufolge, das aus dem Jahre 314 v. Chr. stammen sollte und dem Rat von Ancyra zugeschrieben wurde (was man inzwischen nur bedingt annimmt), war Hexerei nichts anderes als Verblendung, war deshalb jeder, der glaubte, daß es Hexerei wirklich gebe, der **Häresie** schuldig:

> Es darf auch nicht übergangen werden, daß gewisse liederliche Frauen, vom Teufel verdorben, von Illusionen und vom Blendwerk der Dämonen verführt, daran glauben und es offen bekennen, daß sie um Mitternacht mit der heidnischen Göttin Diana in einem zahllosen Haufen von Frauen auf gewissen Tieren reiten, in der Mitternachtsstille weite Gebiete des Landes überfliegen und die Befehle der Göttin, ihrer Herrin, befolgen, während sie sich in anderen Nächten zu Gottesdiensten versammeln, die sie ihr zu Ehren abhalten. Doch es wäre gut, wenn sie in ihrem Unglauben allein zugrunde gingen und nicht so viele andere mit sich in den Abgrund ihrer Ungläubigkeit zögen. Denn eine zahllose, durch diese falsche Ansicht getäuschte Mehrheit hält dies für wahr und weicht in dieser Meinung vom rechten Glauben ab; sie verfällt heidnischen Irrtümern, wenn sie meint, daß es außer dem einen Gott irgendein anderes göttliches Wesen oder eine andere göttliche Macht gibt … Es muß daher allen öffentlich verkündigt werden, daß jeder, der solche oder ähnliche Dinge für möglich hält, den Glauben verliert, und daß, wer nicht den rechten Glauben an Gott hat, nicht von Gott, sondern von dem, an den er glaubt, das heißt des Teufels ist. Denn von unserem Herrn steht geschrieben; „Alle Dinge sind von ihm erschaffen." Wer immer deshalb glaubt, daß etwas gemacht werden kann, oder daß irgendeine Kreatur zum besseren oder schlechteren verändert oder in eine andere Gestalt verwandelt werden kann außer von Gott selbst, der alles geschaffen hat, und durch den alle Dinge erschaffen wurden, der ist ohne Zweifel ein Ungläubiger.

Der *Canon Episcopi* wurde im zwölften Jahrhundert in den *Corpus juris canonici* eingegliedert. Er entwickelte sich zu einem festen Bestandteil des kanonischen Rechts und hatte im Mittelalter eine große Wirkung auf die Einstellung zum Hexenwesen. Hexerei war nach Ansicht der höchsten Autorität eine Erfindung, und jeder, der daran glaubte, wurde von der Kirche öffentlich verurteilt. Da alle übernatürliche Macht im Besitz von Gott allein war, waren solche Dinge wie die nächtlichen Hexenritte und die Verwandlung von einer als Tarnung angenommenen Tiergestalt in eine andere zweifellos unmöglich.

Der Widerstand gegen die Haltung der Kirche gegenüber dem Hexenwesen wuchs über die Jahrhunderte hinweg jedoch ständig an, und Gelehrte wie Thomas von **Aquino** machten geltend, daß sich Satan tatsächlich in die menschlichen Angelegenheiten einmischte und sich dazu der Hexen bediente, deren offiziell gebilligte Verfolgung somit als gerechtfertigt angesehen wurde. Weil die Kirche nicht zugab, daß irgend jemand die übernatürlichen Taten vollbringen konnte, die man den Anhängern der Diana und ihren Nachfolgern zuschrieb, konnten die Verdächtigen auch nicht für die Ausführung an sich, sondern nur für den Glauben bestraft werden, sie hätten etwas Derartiges getan. Die Urteile fielen daher zur Enttäuschung jener, die im Hexenwesen eine reale Bedrohung der christlichen Zivilisation sahen, relativ mild aus. Typische Strafen für das Praktizieren von Hexenkünsten waren unter anderem, Buße zu tun und eine Zeitlang zu fasten. Allerdings wurden manche Verdächtige auch dem Gottesurteil unterworfen.

Zu den Argumenten der Vorkämpfer für eine Reform des Kirchenrechts gehörte der Gedanke, daß seit dem Entwurf des ursprünglichen Kanons eine neue Hexensekte entstanden sei, die die alten Vorschriften als überholt auswies. Diese neue Generation von Hexen war, so behauptete man, viel mächtiger (und daher auch bedrohlicher) als ihre Vorgänger, da sie über die Fähigkeit verfügte, all die übernatürlichen Meisterstücke zu vollbringen, die die Kirche bei den Vorfahren der neuen Hexen für unmöglich gehalten hatte.

Letzten Endes überredete die **Inquisition**, die ein finanzielles Interesse daran hatte, das Hexenwesen als etwas wirklich vorhandenes Böses verdammen zu lassen, den Papst, die Haltung der Kirche in dieser Sache zu ändern. 1484 entschied **Innozenz VIII.** schließlich, daß Hexerei eine Realität sei, daß Hexen wirklich flögen, daß sie wirklich mit dem Teufel Geschlechtsverkehr hätten, ihre Gestalt änderten und so fort. Damit war die bisherige offizielle Position ins Gegenteil verkehrt. Es galt nun als Ketzerei, die Hexerei als eine wirkliche und ausführbare Sünde zu leugnen. Das förderte die Entwicklung des Hexenwahns, der die christliche Welt während der folgenden zwei Jahrhunderte heimsuchte.

Capeau, Louise *siehe* **Nonnen von Aix-en-Provence**

Carpzov, Benedict 1595–1666. Richter, der die deutsche Gesetzgebung systematisierte und für gewöhnlich als Begründer der Rechtswissenschaft in Deutschland gilt, der angeblich aber auch Hinrichtungsbefehle für etwa zwanzigtausend verurteilte Hexen unterzeichnete. Der Lutheraner Carpzov sprach in ganz Sachsen Urteile bei Hexenprozessen, nachdem sie an das Leipziger Berufungsgericht überwiesen worden waren, bei dem er arbeitete. Als eifriger Kirchgänger, der behauptete, die Bibel dreiundfünfzigmal gelesen zu haben, war er nur allzu geneigt, die Hexerei als Realität und direkte Herausforderung für den frommen Glauben zu interpretieren. Die Folge war, daß er Verdächtige mit unbarmherziger Zielstrebigkeit und blindem Vorurteil verfolgte. Er ließ gelten, daß die **Hexensabbate** und unzüchtigen Riten, die die Verdächtigen unter der Folter beschrieben, wirklich stattgefunden hatten, und stellte niemals den Gedanken in Frage, daß Hexen die Macht zum Fliegen besaßen, regelmäßig mit **Dämonen** Geschlechtsverkehr hatten und als Folge dann häufig Kobolde gebaren.

Carpzov entschied, daß Personen, die Hexerei betrieben, mit allem Nachdruck verfolgt werden sollten. Die örtlichen Richter erhielten eine besondere Genehmigung für solche Fälle, die über die übliche Reichweite des Gesetzes hinausging. Angeklagte hatten beispielsweise nicht das Recht, Zeugen zu ihrer Aussage zu befragen, weil sie vielleicht versuchen könnten, jene zu verwirren. Er billigte auch die umfassende Anwendung der Folter gegen die Angeklagten, um die äußerst wichtigen Geständnisse zu erlangen. Carpzov selbst empfahl nicht weniger als siebzehn verschiedene Arten der Folter, die vom langsamen Rösten des Verdächtigen über Kerzen bis zu dem Vorschlag reichten, dem vermeintlichen Delinquenten Keile unter die Nägel zu treiben und diese dann in Brand zu setzen. Die Körper hingerichteter Hexen mußten unbestattet liegenbleiben, um andere davor abzuschrecken, ähnliche Wege einzuschlagen.

Carpzov, der den Spitznamen „Gesetzgeber von Sachsen" trug, veröffentlichte seine Ansichten über das Hexenwesen 1635 in der Schrift *Practica nova Imperialis Saxonica rerum criminalium*, die im protestantischen Deutschland zu einem Standardwerk für andere, mit der Verfolgung von Hexen befaßte Personen wurde. Obgleich dieses Werk wenig Neues zum damaligen Verständnis des Hexenwesens beitrug, stellte es einen Versuch dar, die systematische Verfolgung zu legitimieren, indem es ihr eine gesetzliche Basis gab. Die Entscheidungen, die Carpzov in diesem Buch festgehalten hatte, wurden auch hundert Jahre später noch als Ermächtigung betrachtet, Hexen hinrichten zu lassen.

Zu Carpzovs Verteidigung ist zu sagen, daß er, in humaner Absicht handelnd, die Lage der Verurteilten erleichterte. Er ordnete an, Verdächtige nicht in unterirdische Verliese zu sperren, wo sie Giftschlangen zum Opfer fallen könnten, und schrieb auch vor, daß einem Verurteilten der Hinrichtungstermin drei Tage im voraus bekanntzugeben und der Todgeweihte in der Zwischenzeit ordentlich zu ernähren sei. In dem Bewußtsein, daß vielen örtlichen Gerichten schlecht ausgebildete und gar begriffsstutzige Männer vorsaßen, setzte er sich auch dafür ein, daß nur intelligente, gebildete Personen über solche Fälle zu richten hatten.

Carr, Robert, Graf von Somerset siehe **Overbury, Sir Thomas**

Cernunnos siehe **Gehörnter Gott**

Chambre-Ardente-Prozeß Skandal um das Hexenwesen, der während der Herrschaft Ludwigs XIV. die Oberschicht der französischen Gesellschaft erschütterte. Die Angelegenheit begann mit Befürchtungen, daß einige Mitglieder des französischen Adels durch Gifttränke von einem geheimen internationalen Ring getötet worden seien, der Aristokraten in mehreren Ländern mit Giften belieferte. 1677 befahl der König dem Polizeichef von Paris, Nicolas de la Reynie, Untersuchungen anzustellen. Reynie, dessen Verdacht bereits durch den Fall der Marquise von **Brinvilliers** geweckt worden war, entlarvte mehrere Anführer des Ringes, darunter Adlige, einen Rechtsanwalt und einen Bankier. Er beschlagnahmte auch Giftvorräte, die an verschiedenen Orten in ganz Frankreich versteckt waren. Bei den Vernehmungen während des darauffolgenden Jahres gelang es nicht, die Namen von anderen Mittätern in Erfahrung zu bringen, und die Spur hätte sich ohne die zufällige Bemerkung einer Wahrsagerin namens Marie Bosse, die Beziehungen zu hochstehenden Personen hatte, fast im Nichts verloren. Marie Bosse brüstete sich bei einer Abendgesellschaft damit, daß es nur noch dreier Giftmorde bedürfe, und sie sich dann zur Ruhe setzen könne. Ein Jurist, der zufällig unter den Gästen war, benachrichtigte daraufhin die Polizei.

Reynie stellte Marie Bosse eine Falle, indem er eine Agentin in der Rolle einer unglücklichen Ehefrau auftreten ließ, die ihren Mann loswerden wollte. Nachdem sie von der Verdächtigen eine Flasche Gift erhalten hatte, drang die Polizei in die Wohnung ein und verhaftete Marie Bosse sowie eine andere Wahrsagerin, La Dame Vigoreux (die ehemalige Geliebte von Marie Bosses zwei früheren Ehemännern), deren Tochter und die beiden Söhne, die man alle im selben Bett schlafend entdeckte.

Marie Bosse und La Dame Vigoreux wiesen alle Anschuldigungen zurück, doch nannten mehrere ihrer Kunden, darunter die hochgestellte Madame von Poulaillon, die erste von mehreren hundert Höflingen, deren Identität den Behörden in diesem Zusammenhang preisgegeben wurde. Es wurde bekannt, daß Madame von Poulaillon versucht hatte, ihren alten Ehemann zu vergiften, um in den Besitz seines Vermögens zu gelangen und sich ihrem Liebhaber widmen zu können. Der alte Mann jedoch hatte die Gefahr geahnt und war in ein Kloster geflohen. Von den beiden Frauen wurden auch ein Mann namens Vanens, ihre Kontaktperson zu dem Giftring, sowie die berühmte Wahrsagerin Cathérine Deshayes, bekannt als La Voisin, angegeben. Cathérine Deshayes sollte ihren ersten Ehemann vergiftet, Liebestränke zubereitet, Abtreibungen vorgenommen und Gift an Personen mit guten Verbindungen zur Gesellschaft verkauft haben und dadurch sehr reich geworden sein. Sie hatte in ihrem Garten auch eine Kapelle errichten lassen, wo sie und ausgewählte Gefährten die „alten Götter" **Astarot** und **Asmodi** anbeten konnten. Dieser Kreis unter Leitung von La Voisin entpuppte sich als ein **Hexenzirkel** mit Beziehungen zu höchsten Kreisen. Zu den Gästen der **schwarzen Messen**, die in der Kapelle abgehalten wurden, gehörten Verlautbarungen zufolge Prinzessinnen, Höflinge, der Scharfrichter und der Herzog von **Buckingham**.

Ludwig XIV. erkannte den Skandal, der seinem Hof drohte, und setzte eine Sonderkommission ein, die den Anschuldigungen nachgehen sollte. Die Kommission wurde unter dem Namen „Chambre Ardente" bekannt, da ihre Verfahren in einem schwarz verhängten, durch Kerzen erhellten Raum stattfanden. La Voisin und Marie Bosse beschuldigten sich gegenseitig und nannten dann einen anderen Klienten des Hexenzirkels und La Lepère, eine dritte Mittäterin, die als Abtreiberin bekannt war. Bei der Befragung durch das Gericht erhob sie Einspruch dagegen, Jungfrauen und Schwangeren ihre Hilfe angeboten zu haben; ein anderer Zeuge behauptete hingegen, sie habe den Tod von ungefähr zweitausendfünfhundert Säuglingen verursacht, von denen viele jetzt in einem Garten im Pariser Vorort Villeneuve-sur-Gravois begraben lägen. Es kam auch zutage, daß sich La Voisin mit Hilfe von Gift ihres Ehemannes entledigt und an die Witwe des verstorbenen Präsidenten des französischen Parlaments sowie an den Cousin eines der Richter in diesem Prozeß Gift verkauft hatte.

Um die Affäre zu beenden, bevor weiterer Schaden entstand, verurteilte die Sonderkommission Marie Bosse und La Vigoureux zum Tode durch Verbrennen und François Bosse, einen ihrer Söhne, zum Tod durch Erhängen, während Madame de Poulaillon ins Exil geschickt wurde. Die Untersuchungen gingen jedoch weiter, und es wurden höhergestellte Verdächtige entlarvt, unter ihnen auch der Schauspieldichter Jean Racine, der zwar eine Haftstrafe erhielt, sie aber nicht antrat.

Am 23. Januar 1680 erhielt der schwelende Skandal von neuem Nahrung. Die Gräfin von Soisson, die Marquise d'Allnye, die Marquise von Polignac, Madame von Tingry, die Herzogin von Bouillon, die Marquise von Roure, der Herzog von Luxemburg und der Marquis von Feuquières (einige von ihnen enge Freunde des Königs) wurden verhaftet und ins Gefängnis gebracht oder schafften es, zu entkommen und das Land zu verlassen.

Die Notwendigkeit, bezüglich so berühmter Gefangener unumstößliches Beweismaterial zu beschaffen, veranlaßte Reynie, härteste Maßnahmen gegen die Verdächtigen zu ergreifen, von denen die Standespersonen denunziert worden waren. La Voisin und die anderen wurden solch schrecklichen Folterungen wie den **Spanischen Stiefeln**, der Streckbank und der Wasserfolter unterworfen, bei der man ihnen zwangsweise acht Krüge Wasser einflößte. Als La Voisin sich weigerte zu sprechen, schlug der oberste Vertreter der Anklagebehörde vor, ihr die Zunge und die Hände abzuschneiden, doch das Gericht beschränkte sich darauf, sie zum Feuertod zu verurteilen. Man sagt, sie habe die Nacht vor ihrer Hinrichtung mit anderen Mitgliedern des Hexenzirkels, die in derselben Zelle eingesperrt waren, in „skandalösen Ausschweifungen" verbracht. Das Todesurteil wurde am 22. Februar 1680 vollstreckt. La Voisin bestand bis zum Schluß darauf, keine Hexe zu sein, und stieß mehrfach das um sie herum aufgeschichtete brennende Holz beiseite, bis man sie schließlich überwältigte.

Eine andere Wahrsagerin mit dem Namen Lesage wurde durch Folter zu einem Geständnis gezwungen, das Pater Davot und Abbé Mariette in den Fall hineinzog, die offenbar in La Voisins Kapelle und anderswo über den Leibern nackter Mädchen schwarze Messen gelesen hatten. La Filastre, eine weitere Wahrsagerin, gestand ein, bei einer schwarzen Messe ihr eigenes Neugeborenes dem **Teufel** geopfert zu haben. Madame von Lusignan war angeklagt, mit

Chambre-Ardente-Prozeß

ihrem Priester nackt im Wald herumgesprungen zu sein und eine Osterkerze zu obszönen Zwecken mißbraucht zu haben. Pater Touret sollte in der Öffentlichkeit Geschlechtsverkehr mit einem Mädchen gehabt haben, das ihm bei einer anderen Zeremonie als Altar gedient habe.

Der sechsundsechzigjährige Abbé Guibourg war ebenfalls angeklagt, schwarze Messen mit nackten Frauen als Altar durchgeführt zu haben. Unter der Folter gestand er den Mord an einem Kind. Er habe ihm die Kehle durchgeschnitten und dann das **Blut** in einem Kelch aufgefangen; das Herz und die Eingeweide seien bei späteren Messen verwendet, und der Körper für Zutaten zu „Zauberpulvern" geraubt worden. La Voisins sechzehnjährige Tochter und eine der drei Geliebten des Abbé bestätigten diese Darstellung. Auch Einzelheiten von einer anderen Messe wurden bekannt, bei der Guibourg das Menstruationsblut von Mademoiselle von Oeillets mit dem Samen ihres Gefährten und dem getrockneten Blut von **Fledermäusen** vermischt hatte, um einen Trank herzustellen, der ihren Einfluß auf den König vergrößern sollte.

Reynie war augenscheinlich von den Geständnissen, die er hörte, überzeugt, und schloß: „Ich habe alles, was man mir möglicherweise einreden konnte, daß die Anschuldigungen falsch seien, wieder und wieder überprüft, doch eine solche Schlußfolgerung ist einfach nicht möglich." Er übersah dabei die Tatsachen, daß die belastenden Aussagen durch grausamste Folterungen erreicht worden waren und daß viele Hauptzeugen von mehr als zweifelhaftem Charakter waren, sich selbst widersprachen und – zumindest im Falle von La Filastre – ihre Geständnisse auf dem Scheiterhaufen zurücknahmen. Er fand jedoch in den Häusern der angeklagten Wahrsagerinnen zwingende Beweisstücke wie Gifte, Wachsbilder, schwarze Kerzen und Bücher, die über die Praktiken der schwarzen Magie detailliert Auskunft gaben. Angesichts solcher Beweise glaubte nicht nur Reynie, sondern die Mehrheit der französischen Gesellschaft, daß hier Hexerei erwiesen sei, und der König mußte entschieden handeln, um eine gegen seinen degenerierten Hof gerichtete Empörung zu verhindern.

Die „Chambre Ardente" stellte im August 1680 ihre Arbeit offiziell ein. Reynie war jedoch angewiesen worden, den Aussagen über Madame von Montespan, die Mätresse des Königs, im geheimen nachzugehen. Man behauptete, daß sie nach der Einführung in La Voisins Hexenzirkel an verschiedenen Zeremonien unter Leitung von Cathérine Deshayes und Abbé Guibourg teilgenommen habe, um ihren besonderen Status als Favoritin des Königs zu erhalten. Bei diesen Zeremonien wurde Madame von Montespan nackt auf den mit Kissen gepolsterten Altar gelegt, während man ihre Bitten um die Gunst des Königs zunächst an den christlichen Gott und dann an die Götter der Unterwelt weitergab. Beim drittenmal, als ihr Einfluß auf den König schon im Schwinden begriffen war, erlaubte sie Guilbourg angeblich, die Hostie in ihre Scheide einzuführen und dann mit ihr Geschlechtsverkehr zu haben, während er in ihrem Namen Gebete hersagte. Reynie verbrachte die nächsten zwei Jahre damit, Beweismaterial gegen Madame von Montespan zusammenzustellen, doch sah man von weiteren Aktionen gegen sie (sowie gegen all die anderen Adligen, die in den Fall verstrickt waren), schließlich ab. An ihre Stelle als erste Mätresse des Königs trat jedoch die besonnenere Madame von Maintenon, auf die Ludwig 1682 seine Aufmerksamkeit richtete.

Im Verlaufe des Verfahrens waren insgesamt 319 Menschen verhaftet und sechsunddreißig davon hingerichtet worden. Weitere achtunddreißig wurden zu Galeerenarbeit verurteilt oder verbannt. Andere, wie der Abbé Guibourg, ließ man als Einzelhäftlinge in französischen Kerkern schmachten, wo sie an die Mauern gekettet waren und kein Wort an die Kerkerwärter richten durften. Ludwig ließ später die Wahrsagerei in ganz Frankreich verbieten und sorgte dafür, daß der Verkauf von Giften strenger kontrolliert wurde. Die Hexerei selbst wurde 1682 mit einem Erlaß zu Täuschung und Einbildung erklärt; dieser Erlaß verkündete das Ende des Hexenwahns in Frankreich. 1709 sollten auf Ludwigs Befehl alle schriftlichen Dokumente der Chambre Ardente vernichtet werden; dennoch blieben einige als Zeugnis eines der außergewöhnlichsten Hexenskandale, die es je gab, erhalten.

Chattox, Old *siehe* **Pendle, Hexen von**

Chelmsford, Hexen von In den historischen Berichten über das englische Hexenwesen rangiert die Stadt Chelmsford (Essex) auf einem der vorderen Plätze. Sie war Schauplatz wiederholter Ausbrüche der Hexenmanie, die diese Gegend von der Mitte des sechzehnten Jahrhunderts an hundert Jahre lang in ihrer Gewalt hatte.

Der Schrecken nahm seinen Anfang im Juli 1566. Das erste urkundlich erwähnte Opfer des Hexengesetzes von 1563 und damit die zentrale Figur im ersten wichtigen Hexenprozeß in England war Agnes Waterhouse, eine dreiundsechzigjährige Bauersfrau aus Hatfield Peverel. Agnes Waterhouse gestand, durch Zauberei und mit Unterstützung ihres **Hausgeistes**, einer **Katze**, die sie Sathan nannte, den Tod eines Mannes namens William Fynee verursacht zu haben. Vor Sir Gilbert Gerard, den obersten Vertreter der Anklagebehörde, gebracht, konnte sie zu ihrer Verteidigung nur wenig vorbringen und wurde als erstes von allzu vielen Opfern in der Gegend um Chelmsford zum Tod am Galgen verurteilt. Die Tatsache, daß kein Geringerer als Sir Gilbert Gerard über den Fall zu Gericht saß, ließ den Prozeß zu einem Präzedenzfall werden, an dessen Verfahrensweise sich viele spätere Richter gebunden fühlten. Die Zulassung unbestätigter Geständnisse, von **Geisterbezeugungen**, Zeugenaussagen von Kindern und die Anerkennung des **Teufelsmals** als Schuldbeweis setzten einen Maßstab für viele Jahrzehnte, die noch kommen sollten.

Agnes Waterhouse war nicht die einzige Angeklagte. Neben ihr standen ihre Tochter Joan und Elizabeth Francis, die ebenfalls in Hatfield Peverel wohnten, vor Gericht. Elizabeth Francis war die erste Angeklagte, die man bezichtigte, unter anderem den Sohn eines William Auger krankgemacht und später eine Frau namens Mary Cocke mit einem Zauber belegt zu haben, deren Gesundheit sich dann in ähnlicher Weise verschlechtert habe. Elizabeth Francis kam relativ glimpflich davon: Sie wurde zu einer Gefängnisstrafe verurteilt und mußte mehrmals am Pranger stehen. Im Jahre 1579 wurde sie jedoch wegen Mordes an Alice Poole durch Hexerei angeklagt; man befand sie für schuldig, und sie wurde gehängt.

Elizabeth Francis gestand, im Alter von zwölf Jahren die Anfangsgründe der schwarzen Künste von ihrer Großmutter erlernt zu haben. Von dieser Mother Eve genannten Frau, die zu dieser Zeit schon lange tot war, hatte sie Sathan, ihren weißgefleckten Katzen-Hausgeist, geerbt, den sie nach langen Jahren treuen Dienstes (den er ihr für einige Tropfen ihres **Blutes** leistete) wiederum an Agnes Waterhouse weitergegeben habe. Durch Sathan sei Elizabeth Francis in den Besitz einer Schafherde gelangt (die nichtsdestoweniger „alle weg seien, sie wisse nicht wie") und habe fast einen reichen Ehemann namens Andrew Byles an der Angel gehabt. Als Byles sich am Ende weigerte, sie zu heiraten, habe sie Sathan angewiesen, seinen Reichtum zu vernichten und Byles dann den Tod zu schicken, der dann auch bald eingetreten sei. Die Katze habe ihr später einen anderen Ehemann, Christopher Francis, gesucht, doch sei dann die Geburt eines Kindes nicht willkommen gewesen, und Sathan habe das Kind getötet. Ebenfalls auf Elizabeths Bitte habe die Katze, in eine **Kröte** verwandelt, ihren Mann lahm gemacht, indem

Die Titelseite einer zeitgenössischen Druckschrift über den dritten Chelmsforder Prozeß von 1589. Sie zeigt Joan Prentice, Joan Cony und Joan Upney am Galgen sowie die Hausgeister der Frauen, die bei den Hingerichteten erscheinen.

Chelmsford, Hexen von

sie sich in dessen Schuh versteckt und seinen Fuß berührt habe. Als die Katze dann bei Alice Waterhouse gewesen sei, habe sie den Tod von deren Feind William Fynee herbeigeführt, indem sie diesem eine zehrende Krankheit gebracht habe. Sathan habe auch verschiedene andere, unwesentliche Übeltaten vollbracht, die größtenteils gegen das Vieh jener gerichtet waren, die Agnes Waterhouse Unrecht getan hätten.

Die achtzigjährige Joan Waterhouse saß vor allem wegen der Behauptungen eines zwölfjährigen Mädchens auf der Anklagebank, das ihr die Schuld an der Erkrankung seines rechten Armes und Beins gab. Der Höhepunkt der Aussage war die detaillierte Beschreibung eines **schwarzen Hundes**, hinter dem sich angeblich Sathan verbarg. Joan Waterhouse wurde jedoch freigesprochen.

Ein weiterer Ausbruch des Hexenfiebers kam 1579 über Chelmsford, als Elizabeth Francis und drei andere vor John Southcote und Sir Thomas Gawdy, zwei angesehenen Richtern des Obersten Gerichts, erschienen. Bei der Beweisfindung ging man im wesentlichen wieder von den Aussagen der Angeklagten aus. Ellen Smith wurde schuldig gesprochen, durch Hexerei den Tod eines vierjährigen Mädchens herbeigeführt zu haben, und auch Alice Nokes wurde wegen ähnlicher Anschuldigungen zum Tode verurteilt und kam am Ende des Verfahrens zusammen mit Elizabeth Francis und Ellen Smith an den Galgen. Margery Stanton, die vierte Angeklagte, wurde von dem Verdacht, sie habe Vieh sterben lassen, freigesprochen.

Drei Jahre später fand in Chelmsford der berüchtigte Prozeß gegen die **Hexen von St. Osyth** statt, bei dem es mehr Todesurteile gab. Ein weiterer Massenprozeß folgte 1589, bei dem neun Frauen und ein Mann hauptsächlich wegen Mordes durch Hexerei vor Gericht standen. Der Prozeß von 1589 gipfelte in der Hinrichtung von vier der Angeklagten, von denen drei – Joan Prentice, Joan Cony und Joan Upney – innerhalb von zwei Stunden nach dem Schuldspruch gehängt wurden. Vielleicht in der Hoffnung, in ihrer letzten Stunde begnadigt zu werden, gestanden die drei Frauen an der Hinrichtungsstätte ihre Verbrechen. Wie in zahlreichen vorausgegangenen Fällen, so gab es auch hier viele vernichtende Aussagen von Kindern, und die Anklage drehte sich um die Ausführung von Morden mit Hilfe von Hausgeistern. 1610 wurde in Chelmsford Katherine Lawrett aus Colne Wake in Essex angeklagt, durch Hexerei ein wertvolles Pferd umgebracht zu haben, das einem Francis Plaite gehörte.

Die Tatsache, das Chelmsford als Schauplatz von Hexenprozessen bereits traurige Berühmtheit erlangt hatte, trug viel dazu bei, den Bezichtigungen Matthew **Hopkins'**, des selbsternannten obersten Hexenriechers, Glaubwürdigkeit zu verleihen. 1645 beschuldigte er ortsansässige Frauen, woraus sich eines der entsetzlichsten Beispiele der Hexenverfolgung des siebzehnten Jahrhunderts entwickeln sollte. Dieser vierte Massenprozeß gegen vermeintliche Hexen in der Chelmsforder Gegend begann mit der Folter der körperlich behinderten Hexe Elizabeth Clarke aus Manningtree, der Tochter einer Hexe, die am Galgen gestorben war. Sie gestand, Hausgeister zu halten und sechs oder sieben Jahre lang mit dem **Teufel** geschlechtlich verkehrt zu haben. Sie zog fünf andere Frauen in den Fall hinein, die wiederum weitere Namen nannten; am 29. Juli 1645 wurden dann insgesamt zweiunddreißig Frauen vor das Grafschaftsgericht gebracht.

Die meisten der Beschuldigten wurden aufgrund ihrer Geständnisse angeklagt, die man ihnen beim **Schwemmen** und durch Schlafentzug abgezwungen hatte: Auf Hopkins' Anweisung ließ man sie stundenlang ohne Pause im Schneidersitz auf einem Hocker sitzen oder bis zur Erschöpfung hin- und herlaufen. Rebecca West, eine Verdächtige, wurde zu dem Geständnis „überredet", sie habe den Teufel geheiratet; sie bezichtigte auch ihre Mutter Ann West (die früher einmal wegen Hexerei im Gefängnis gesessen hatte), eine Hexe zu sein. Die anderen lieferten Beschreibungen von Kobolden, die Katzen, Mäusen und Eichhörnchen ähnelten. Um dem zusammengetragenen „Beweismaterial" mehr Gewicht zu verleihen, behauptete Hopkins, den Hausgeistern der Clarke aufgelauert zu haben, und berichtete gesehen zu haben, wie sich fünf von ihnen materialisiert und die Gestalt einer Katze mit Namen Holt, eines beinlosen Spaniels mit dem Namen Jarmara, eines Windhundes, der Vinegar Tom geheißen habe, eines kaninchenartigen Wesens mit Namen Sack and Sugar und eines Iltis mit Namen Newes angenommen hätten.

Die Frauen, die angeklagt waren, mittels Hexerei und/oder durch Geister getötet zu haben, hatten gegen Hopkins und dessen genaue Kenntnis der Hexengesetze nur geringe Chancen. Sie wurden unter Robert Rich, Graf von Warwick, und Sir Harbottle Grimston verurteilt, die für die Hopkinsschen Thesen höchst empfänglich waren. Nur eine der Angeklagten sprach man von allen Vorwürfen frei; neunzehn von den anderen Beschuldigten, darunter auch Elizabeth Clarke, wurden für ihre Verbrechen gehängt.

Chisholm, Alexander *siehe* **Hexenriecher**

Cideville, Hexer von Der Fall eines Poltergeistes, der einen Beiklang von Hexerei hatte und 1851 in Frankreich zu einem berühmten Prozeß führte. Die Sache begann 1850, als ein argloser vierzigjähriger Schäfer namens Felix Thorel mit dem Curé von Cideville, einem kleinen Dorf in der Normandie, in Streit geriet. Pater Tinel, der Curé, hatte entdeckt, daß sich eines seiner Gemeindemitglieder wegen einer Erkrankung von einer **Weißen Hexe** (deren Identität geheim blieb) behandeln ließ, und schlug vor, daß der Mann statt dessen zu einem Arzt gehen solle. Als die weiße Hexe dann wegen Ausübung des Heilberufes ohne Lizenz verhaftet wurde, nahm man automatisch an, daß der Curé die Person angezeigt habe. Die angebliche weiße Hexe wollte sich für die erlittene Unbill rächen und warb dafür Thorel an. Thorel drohte in der Öffentlichkeit, den Curé in Schwierigkeiten zu bringen, und kurz nachdem er zwei Schüler des Geistlichen berührt hatte, begannen die beiden Jungen über unheimliche Geschehnisse im Pfarrhaus zu klagen.

Der Aussage der Jungen zufolge wurde der Hausfrieden durch lautes Pochen gestört, das seltsamerweise auf Befehl lauter wurde und, wenn man es wünschte, den Rhythmus bestimmter Lieder wiedergab. Als die Jungen aus dem Haus gebracht wurden, gab es weitere seltsame Erscheinungen, bei denen sich Haushaltgegenstände durch die Räume bewegten, Tische angehoben und Türen zugeschlagen wurden. Den Hausbewohnern wurden die Bettdecken weggezogen, Leuchter und Messer flogen durch die Luft, und durch die Korridore blies ein starker Luftzug.

Pater Tinel forderte von Thorel eine Entschuldigung für diese Störungen, und einer der jüngeren Zöglinge im Pfarrhaus identifizierte den Mann als die Geistergestalt, die ihn zwei Wochen lang verfolgt hatte. Thorel schien Freude daran zu haben, sich mit seiner neu entdeckten übernatürlichen Fähigkeit zu brüsten, und nachdem er einen der Jungen ein weiteres Mal berührt hatte, traten die Poltergeistererscheinungen wieder auf. Thorel war allerdings weniger erfreut, als man ihn aus seinem Dienst entließ und Pater Tinel ihn mit seinem Spazierstock schlug. Er wandte sich ans Gericht, um den Kleriker wegen Beleidigung zu verklagen.

Nicht weniger als vierunddreißig Zeugen, darunter der Bürgermeister, der Gutsherr, mehrere Geistliche und der Marquis von Mirville, ein geachteter Okkultist aus Paris, bestätigten den Richtern, daß die Störungen durch den Poltergeist von Cideville echt waren. Sie stimmten alle darin überein, daß die Jungen diese Erscheinungen nicht hervorgerufen haben konnten, und dem Gericht blieb nichts anderes als der Schluß übrig: „Was immer die Wurzel sein mag für die ungewöhnlichen Erscheinungen, die im Pfarrhaus von Cideville auftraten – aus der Gesamtheit der erbrachten Zeugenaussagen wird deutlich, daß die Ursache der Tatsachen unbekannt bleibt." Thorels Verfahren wurde eingestellt, weil er ja vorgeführt hatte, daß er ein Hexer war, und daher den Curé kaum beschuldigen konnte, ihn dessen bezichtigt zu haben. Es mag allerdings ein Trost für ihn gewesen sein, als die Eltern der Jungen, die sich in Pater Tinels Obhut befanden, beschlossen, den Curé von der Fürsorge für ihre Kinder zu entbinden.

Clarke, Elizabeth *siehe* **Chelmsford, Hexen von**

Clarke, Jane *siehe* **England**

Claviculae Salomonis *siehe* **Zauberbuch**

Cleary, Bridget 1868–1894. Irische Bauersfrau, die grausam und rechtswidrig zu Tode gebracht wurde, nachdem sie in den Verdacht ge-

Clophill, Hexen von

raten war, eine Hexe zu sein. Obgleich im Zuge der Hexenmanie des sechzehnten und siebzehnten Jahrhunderts in **Irland** nur wenige Männer und Frauen hingerichtet wurden, waren noch zu viktorianischen Zeiten viele Menschen von der Furcht vor dem Übernatürlichen und insbesondere von den Machenschaften der **Feen** und der „kleinen Männchen" besessen, die angeblich Menschen entführten und an deren Stelle ihre eigenen Wechselbälger hinterließen.

Es geschah 1894, als die sechsundzwanzigjährige Bridget Cleary eines Tages nicht rechtzeitig nach Hause zurückkehrte. Ihr Ehemann Michael Cleary, ein Arbeiter, der einige Kilometer nördlich von Clonmel in Tipperary wohnte, befürchtete Schlimmes und sprach darüber, daß seine Frau von den Feen des nahen Kilegranach Hill entführt worden sei. Der Hügel war als Schlupfwinkel von Hexen bekannt. Als Bridget Cleary schließlich doch noch erschien, wurde sie von ihrem Mann und ihrer Familie ohne weiteres beschuldigt, eine Hexe und ein Wechselbalg zu sein. Die Ankläger der Frau ignorierten deren Unschuldsbeteuerungen und entschieden, ein Geständnis von ihr zu erlangen. Sie weigerte sich, irgendwelche Übeltaten zuzugeben, und so zwang man sie, nackt auf dem Torffeuer in der Küche zu sitzen, während andere Dorfbewohner vor den Fenstern zuschauten. Sie lehnte es noch immer ab, etwas zu gestehen, was man ihr eingeflüstert hatte, obwohl man sie so lange peinigte, bis ihr Körper furchtbar verbrannt war.

Schließlich konnte Bridget Cleary es nicht mehr ertragen und warf ihrem Mann vor, seine eigene Mutter habe sich mehr als einmal zu den Feen gesellt. Das wurde als Beweis für Bridgets Schuld angesehen, da sie ja selbst dabeigewesen sein mußte, um darüber Bescheid zu wissen. Ohne weitere Gewissensbisse übergoß der Mann seine am Boden liegende Frau mit Lampenöl und setzte sie in Brand.

Der Körper der ermordeten Frau wurde in einem flachen Grab nahe dem Haus bestattet, doch die Kunde von der brutalen Tat drang schnell bis zur Polizei, und Michael Cleary und seine Komplizen wurden verhaftet. Man exhumierte die Leiche und fand sie teilweise sogar bis auf die Knochen verkohlt. Des Totschlags schuldig gesprochen, wurde Michael Cleary zu zwanzig Jahren Zwangsarbeit verurteilt. Selbst während des Prozesses bestand er darauf, daß seine Frau gegen einen Wechselbalg ausgetauscht worden sei, und fragte seine Nachbarn: „Wußten sie denn nicht, daß das nicht meine Frau war? Sie war zu hübsch für meine Frau, und sie war fünf Zentimeter größer als meine Frau." Die Nachbarn, die den Tod von Bridget Cleary beobachtet, aber nichts unternommen hatten, um ihn zu verhindern, wurden als Zeugen vorgeladen, jedoch nicht angeklagt.

Vom „Feuertod von Clonmel", wie man die Greueltat später nannte, wurde überall berichtet. Bis zum heutigen Tag kann man in Clonmel Kinder im Kreis tanzen sehen und dabei singen hören:

> Bist du eine Hexe, bist du eine Fee,
> Oder bist du die Frau von Michael Cleary?

Clophill, Hexen von Angeblicher englischer **Hexenzirkel**, dessen Aktivitäten in den sechziger Jahren unseres Jahrhunderts das Interesse der Öffentlichkeit auf sich zogen. Der erste Vorfall, der für Aufregung sorgte, geschah im März 1963 im Umfeld einer verfallenen Kirche auf dem Dead Man's Hill in Clophill (Bedfordshire), als man auf dem Friedhof mehrere Gräber zerstört fand. Die zweihundert Jahre alten Knochen, die im Grab einer 1770 verstorbenen jungen Frau ruhten, waren herausgenommen und in der Kirche in ritueller Form ausgelegt worden. Weitere belastende Beweisstücke, die darauf hinwiesen, daß in unmittelbarer Nähe eine **Schwarze Messe** stattgefunden hatte, waren unter anderem einige verstreute Hahnenfedern.

Derartige Vorfälle häuften sich während der sechziger Jahre in ganz Großbritannien, erwiesen sich in der Mehrzahl allerdings als Studentenstreiche. Im Falle von Clophill jedoch schien hinter den Ereignissen in der Kirche eine ernstere Absicht zu stecken, da man sich der Mühe unterzogen hatte, gut geschützte Grüfte aufzubrechen. Als man bekanntgab, daß die Knochen wieder bestattet würden, kam es zu einem zweiten Einbruch in die Kirche, doch die Vandalen mußten scheinbar mit leeren Händen abziehen.

Die Vermutung, die Entweihung sei das Werk von Hexen gewesen, wirkte alarmierend auf Gerald **Gardner** und andere führende englische Hexen, die jegliche Beteiligung bestritten und betonten, daß sie nur weiße Magie praktizierten (*siehe* **Weiße Hexe**). Die allgemeine Schlußfolgerung war, daß Clophill der Treffpunkt einer Satanistengruppe sei, die sich mit einer dunkleren Art von Magie beschäftigte und wahrscheinlich versucht hatte, die Toten auferstehen zu lassen (*siehe* **Nekromantie**).

Cobham, Eleanor, Herzogin von Gloucester Englische Aristokratin, Ehefrau des mächtigen Humphrey, des Herzogs von Gloucester, deren Stellung als eine der einflußreichsten Frauen in England durch Anklagen wegen Hexerei ruiniert wurde. Die Wurzeln des Skandals waren in einer Verschwörung der politischen Feinde des Herzogs zu finden. Anführer war der Kardinal Henry Beaufort. Ihm hatte der Herzog, der als Lord Protector die Regentschaft für seinen minderjährigen Neffen Heinrich VI. führte, das Bistum zu nehmen versucht. Beaufort und andere suchten nach einer Möglichkeit, den Herzog von Gloucester zu stürzen, und 1441 bezichtigten sie vereint die Herzogin (die sich als ehemalige Geliebte des Herzogs während dessen erster Ehe ihre eigenen Feinde geschaffen hatte) der Hexerei.

Der Hauptanklagepunkt lautete, daß Eleanor Cobham beabsichtigt habe, durch Zauberei und Hexerei den König zu vernichten, um so ihren Gemahl auf den Thron zu bringen. Die Nebenklagen beschuldigten sie unter anderem, die Zuneigung ihres Mannes durch Behexung mit Hilfe von **Liebestränken** gewonnen (ein Anklagepunkt, den man zugunsten schwerwiegenderer Behauptungen fallenließ) und versucht zu haben, durch Magie ihre eigene politische Zukunft vorauszusehen. Als Komplizen mit ihr angeklagt waren Thomas Southwell von Westminster, Pater John Hun, der geachtete Oxforder Gelehrte Roger Bolingbroke und die als Hexe von Eye bekannte Margery Jourdemain (oder Jourdain). Sie alle hatten die Herzogin mit fachmännischen Kenntnissen auf dem Gebiet der schwarzen Künste ausgestattet, über die diese selbst nicht verfügt hatte. Beweismaterial, das die Anklagepunkte unterstützen sollte, wurde in Form eines Wachsbildes beigebracht, das angeblich auf Anordnung der Herzogin als Ebenbild des Königs angefertigt worden war.

Im darauffolgenden Prozeß erlebten sämtliche Angeklagte eine gnadenlose Verfolgung durch die Richter, die bis auf den letzten Mann Feinde des Hauses Gloucester waren. Bolingbroke, einer der begabtesten Gelehrten seiner Zeit, wurde unter der Folter gezwungen, die Anschuldigungen gegen die Herzogin zu unterstützen. Nach seiner Verhaftung wurde er gezwungen, angetan mit seiner Zaubererkleidung und umgeben von seinen „Werkzeugen der Magie", darunter einem Zeremoniendegen und einem mit Schwertern und Kupferbildern geschmückten Stuhl, in London am St. Paul's Cross zu stehen, während seine Verbrechen vor einer feindseligen Menge vorgelesen wurden. Bolingbroke selbst gab zu, der Herzogin beim Vorhersagen ihrer Zukunft behilflich gewesen zu sein, bestritt jedoch, daß in ihren Handlungen Verrat eine Rolle gespielt habe. Das Gericht war nicht geneigt, dem zu folgen: In Erwägung der hohen Stellung der Herzogin sahen die Richter in der Aufforderung an Bolingbroke, ihren künftigen gesellschaftlichen Rang vorauszusagen, eine unausgesprochene Bedrohung für das Leben des Königs. Bolingbroke wurde gehängt, geschleift und geviertailt. Sein Kopf wurde auf der London Bridge zur Schau gestellt, und seine Gliedmaßen als ernste Warnung an andere Gelehrte vor der Nachahmung solcher Taten an die Städte Oxford, Cambridge, Hereford und York gesandt.

Thomas Southwell warf das Gericht vor, an schwarzen Messen teilgenommen zu haben, die den Tod des Königs herbeiführen sollten. Der Angeklagte starb jedoch noch vor seiner Verurteilung in den Kerkern des Tower. John Hun wurde begnadigt, doch Margery Jourdain, die man bereits 1430 aufgrund einer geringeren Anklage der Hexerei für schuldig befunden hatte, wurde als die Herstellerin des Wachsbildes identifiziert und wegen Hochverrats und Hexerei in Smithfield verbrannt. Es hieß auch, daß Margery Jourdain den Liebestrank geliefert habe, mit dem sich Eleanor Cobham angeblich die Zuneigung des Herzogs gesichert hatte.

Wegen ihrer gesellschaftlichen Verbindungen blieb die Herzogin von der Folter verschont,

Cockie, Isobel

doch man zwang sie dennoch, die Anklagepunkte gegen sie zu bestätigen (obgleich sie beteuerte, daß das Wachsbild dazu gedient habe, ihre Chancen auf die Geburt eines Kindes zu verbessern und nicht etwa den Tod des Königs zu verursachen). Sie entging der Todesstrafe, wurde jedoch dazu verurteilt, öffentlich Buße zu tun und dazu barfuß und barhäuptig, mit einer schweren Kerze in den Händen, durch die Straßen von London bis zu einer bestimmten Kirche zu gehen. Nach drei Bußgängen verbrachte sie den Rest ihres Lebens zunächst in Chester, dann in Peel Castle auf der Insel Man im Gefängnis. Der Herzog von Gloucester sorgte dafür, daß ihre Unterkunft dort stets bequem und gut ausgestattet war, doch am Ende geriet auch er in eine politische Intrige. Er starb 1447 auf mysteriöse Weise, wenige Tage nachdem man ihn wegen des Verdachts verhaftet hatte, einen Aufstand gegen Heinrich VI. geplant zu haben.

Cockie, Isobel *siehe* **Aberdeen, Hexen von**

Cocwra, Samuel *siehe* **Hexenriecher**

Coggeshall, Hexe von Ein Fall von Hexerei in England, der 1699 in Coggeshall (Essex) mit dem Tod einer Frau endete. Die Witwe Coman war eine hochbetagte Frau, die schon lange in dem Ruf stand, eine Hexe zu sein. J. Boys, der Vikar von Coggeshall, bestand darauf, daß sie ihre Sünden bekenne, und drängte die arme Frau dazu, die Anwendung von Zauberpraktiken zu gestehen. Sie gab unter anderem zu, einen **Pakt mit dem Teufel** unterzeichnet und sich einverstanden erklärt zu haben, fünf Jahre lang keine Kirche zu betreten, **Hausgeister** zu besitzen (die sie „an ihrem Gesäß" nähre) und Nadeln in Wachskerzen gesteckt zu haben. Ein weiterer „Beweis" für ihre Schuld ergab sich, als sie beim **Vaterunser** ins Stottern geriet, und als sie es ablehnte, während eines Gottesdienstes des Vikars zur Teufelsaustreibung dem Teufel und seinen Kobolden zu entsagen.

Der Geistliche Boys hielt sich abseits, als der Mob die alte Frau packte und zum Dorfteich schleifte. Dort unterwarf man sie dem **Schwemmen**; sie starb einige Monate später an einer Erkältung, die sie sich wahrscheinlich im kalten Wasser des Teiches zugezogen hatte. Völlig überzeugt von der Rechtmäßigkeit seiner Handlungen, sorgte der Vikar dafür, daß ihr Körper ohne die Zeremonien, die ein pflichtbewußter Christ erwarten durfte, verbrannt wurde.

Cole, Ann *siehe* **Connecticut, Hexen von**

Connecticut, Hexen von Die Opfer einer Reihe von Hexenprozessen im nordöstlichen Amerika in den Jahren 1647–1662, die mindestens neun, wahrscheinlich aber elf Menschenleben forderten.

Die puritanische Gesellschaft Neuenglands, das damals noch nicht lange von Europäern besiedelt war, hatte, was das Hexenwesen betraf, eine tiefsitzende Paranoia aus der Alten Welt mitgebracht. Einige der dortigen Autoritäten neigten gar dazu, sich die gleiche Unnachsichtigkeit zu eigen zu machen, mit der in England Hexenjäger wie beispielsweise Matthew **Hopkins** vorgingen.

1642 wurden in Connecticut Gesetze gegen das Hexenwesen erlassen, und am 26. Mai 1647 wurde Alice (oder Alse) Young, die erste verurteilte Hexe, am Galgen hingerichtet. In der Folgezeit kamen noch verschiedene andere Fälle angeblicher Hexerei zutage: Mary Johnson aus Wethersfield gestand, mit dem Teufel Geschlechtsverkehr gehabt und ein Kind ermordet zu haben; sie wurde trotz Mangels an beweiskräftigen Aussagen gehängt. Mary Parsons hingegen bekannte in einem der zahlreichen Prozesse, die in den späten vierziger Jahren des siebzehnten Jahrhunderts von der Stadt Springfield (Massachusetts) ausgingen, verschiedene Arten von Hexerei betrieben zu haben. Sie wurde 1651 von einem Gericht in Boston wegen des Mordes an ihrem Kind zum Tode verurteilt, später aber begnadigt. Weitere Opfer der Verfolgung waren Goodwife Bassett, die 1651 in Stratford der Hexerei für schuldig befunden wurde, zwei Hexen, die man um 1653 in New Haven hängte, sowie Elizabeth Garlick, die 1658 in Easthampton (Long Island) jedoch vom Vorwurf der Hexerei freigesprochen wurde.

Im Jahre 1662 wurde die Stadt Hartford (Connecticut) von mehreren Prozessen heimgesucht, die durch die scheinbare dämonische

Besessenheit eines Mädchens mit Namen Ann Cole ausgelöst wurden. Während ihrer Anfälle brachte das Mädchen in Niederländisch (einer Sprache, die sie vorgab, nicht zu kennen) Anschuldigungen gegen ein Mädchen aus den Niederlanden und auch gegen eine Rebecca Greensmith hervor, die bereits unter dem Vorwurf der Hexerei festgenommen worden war, nachdem man sie in Gesellschaft von Dämonen (wahrscheinlich mit Indianern, die ihren rituellen Kopfschmuck trugen) gesehen hatte. Die Niederländerin wurde freigesprochen, doch Rebecca Greensmith gab unter Druck zu, vertrauten Umgang mit dem Teufel zu haben, der ihr das erste Mal als Hirsch erschienen sei und später mit ihr geschlechtlichen Verkehr gehabt habe. Sie behauptete auch, daß in der Nähe ihres Hauses Treffen eines **Hexenzirkels** stattfänden, dessen Mitglieder in Gestalt von Krähen und anderen Tieren erschienen. Rebecca Greensmith wurde zusammen mit ihrem Ehemann Nathaniel (der jegliches Wissen in dieser Sache leugnete) zu Tode gebracht. Damit war die Angelegenheit allerdings nicht beendet, da die Obrigkeit versuchte, anderen Mitgliedern des Greensmithschen Hexenzirkels auf die Spur zu kommen. Man verhaftete Andrew Sandford sowie dessen Frau und Tochter, William Ayres und dessen Ehefrau, zwei verheiratete Frauen mit Namen Grant und Palmer, Elizabeth Seager, ein älteres Fräulein mit Namen Judith Varlet und James Walkley. Einige von ihnen wurden gehängt. Nach Rebecca Greensmiths Hinrichtung erholte sich Ann Cole schnell wieder.

Nach 1662 gab es zwar weniger Hexenprozesse, doch hin und wieder gab es Einzelfälle, die die Phantasie der Öffentlichkeit beschäftigten. 1669 wurde Katherine Harrison, eine Frau aus Wetherfield, als Hexe zum Tode verurteilt. Das Urteil wurde jedoch nicht vollstreckt, und sie wurde statt dessen verbannt. 1671 zog Elizabeth Knap aus Groton (Long Island) die Aufmerksamkeit auf sich, als sie unter Anfällen zu leiden begann, bei denen sie lachte, weinte und seltsame Laute von sich gab; mitunter waren sechs Männer nötig, um sie festzuhalten. Elizabeth Knap bezichtigte eine im Ort lebende Frau der Hexerei, doch die Angeschuldigte war eine wohlgeachtete Person, und so fand sich niemand bereit, die Knapsche Aussage gelten zu lassen. Die Anfälle ließen nach, und Elizabeth Knap gab schließlich zu, vom Teufel verleitet worden zu sein, der ihr in Gestalt einer „guten Person" erschienen sei und mit ihr einen Pakt geschlossen habe, nach dem sie ihm ein Jahr und er ihr dann sechs Jahre lang dienen müsse. Aufgrund dieses Geständnisses wurde Elizabeth Knap gehängt. Seelsorger von Groton war zu dieser Zeit Reverend Samuel Willard, der bezüglich der Aussagen von Kindern später eine lobenswerte Vorsicht an den Tag legen sollte, als er 1692 an dem berüchtigten Prozeß gegen die **Hexen von Salem** teilnahm.

1697, fünf Jahre nach dem Prozeß von Salem, beschuldigten Kinder, die von sich behaupteten, das zweite Gesicht zu haben, eine Frau namens Winifred Benham sowie deren Tochter der Hexerei. Hier konnte man jedoch keine Todesstrafe verhängen, und die angeblichen Hexen wurden freigesprochen. Die Kirche allerdings exkommunizierte beide Frauen.

Constitutio Criminalis Carolina Das Strafgesetzbuch des Heiligen Römischen Reiches, nach dessen Richtlinien im sechzehnten Jahrhundert auf dem europäischen Kontinent unzählige vermeintliche Hexen verfolgt wurden. Die Peinliche Gerichtsordnung wurde im Jahre 1532 eingeführt. Sie sanktionierte den Gebrauch der Folter bei der Befragung Verdächtiger:

> Wenn jemand andere die Hexenkunst lehrt, oder wenn er Menschen zum Behexen verleitet und zusätzlich jene, die er getäuscht hat, dazu bringt, eine Hexerei zu bewirken; auch wenn er mit Hexen, männlichen oder weiblichen, oder mit solch verdächtigen Dingen, Taten, Worten und Methoden Umgang hat, die auf Hexerei schließen lassen, und wenn er überdies von selbigen Hexen verleumdet wird, dann ergeben diese Hinweise wohlbegründete Beweise für Hexerei und ausreichend Gründe für die Folter.

Die Geständigen mußten darüber befragt werden, wie sie einst zu Hexen geworden waren, welche Prozeduren sie befolgten und wer ihre Komplizen waren. Jeder, der durch Hexerei Schaden verursachte, wurde zum Tode verurteilt:

Cornfoot, Janet

> Wenn jemand den Menschen durch Hexerei Wunden oder Schäden zugefügt hat, dann muß die Person mit dem Tode bestraft, und diese Strafe muß durch Verbrennen vollzogen werden. Doch wo jemand Hexerei anwendet, ohne Schaden anzurichten, dann soll die Person je nach der Schwere des Verbrechens auf andere Weise bestraft werden …

Die Hexenrichter auf dem europäischen Kontinent wichen gegen Ende des sechzehnten Jahrhunderts zunehmend von der Peinlichen Gerichtsordnung ab, und an den Kaiser ergingen Appelle, darauf zu achten, daß diese Ordnung strenger eingehalten würde.

Cornfoot, Janet *siehe* **Pittenweem, Hexen von**

Cory, Giles und Martha *siehe* **Salem, Hexen von**

Cosyn, Edward *siehe* **Prestall, John**

Coventry, Bischof von *siehe* **Langton, Walter**

Cox, Mrs. Julian etwa 1593 – 1663. Englische Bettlerin, die 1663 in Taunton (Somerset) wegen Hexerei vor Gericht stand. Ihre Aussage ist insofern interessant, als sie Themen wie den **Hexenflug** und die **Verwandlung** beleuchtet und im Verständnis der Laien ihrer Zeit darstellt.

Frau Cox war angeklagt, eine Dienerin aus Rache dafür, daß sie auf ihre Bitte hin kein Geld gegeben hatte, behext zu haben. Das Mädchen war von der Bettlerin gepeinigt worden, die in ihrer Geistergestalt erschienen war und das Mädchen gezwungen hatte, große Nadeln zu verschlucken. Aus anderen Aussagen wurde ruchbar, daß die alte Frau einen **Hausgeist** in Gestalt einer **Kröte** hielt und die Fähigkeit besaß, sich in einen **Hasen** zu verwandeln. Einem Zeugen zufolge hatten seine Hunde einen Hasen unter einem großen Strauch in die Enge getrieben; als er versuchte, den Hasen zu packen, um ihn vor den Hunden zu retten, verwandelte sich das Tier in eine Frau, die er mit Sicherheit als Mrs. Julian Cox identifizierte. Wie später berichtet wurde, war der Zeuge von dieser Verwandlung stark beeindruckt.: „Er, der sie ja kannte, war so erschrocken, daß ihm die Haare zu Berge standen. Dennoch fragte er sie, was sie an diese Stelle geführt habe, doch sie war so außer Atem, daß sie ihm keine Antwort geben konnte."

Frau Cox hatte angeblich auch andere Verbrechen begangen. Man hielt ihr vor, sie habe durch Zauberei die Kuh eines benachbarten Bauern wahnsinnig gemacht und sei auf einem Besen geflogen. (Jemand gab an, sie gesehen zu haben, als sie durch ihr Fenster flog.) Die Beschuldigte selbst beschrieb, wie sie zwei Hexen und einen unbekannten „schwarzen Mann" gesehen habe, die in einer Höhe von etwa einhundertvierzig Metern auf Besen reitend auf sie zugekommen seien. Als das Gericht sie zur Prüfung ihrer Schuld das **Vaterunser** aufsagen ließ, bemühte sie sich dem nachzukommen, machte jedoch den fatalen Fehler, an der Stelle „und führe uns nicht in Versuchung" das Wort „nicht" auszulassen. Die Angeklagte wurde für schuldig befunden und als Hexe hingerichtet.

Crew, Sir Randolph *siehe* **Jakob I**

Cromwell, Lady *siehe* **Warboys, Hexen von**

Crowley, Aleister 1875 – 1947. Eigentlich Edward Alexander Crowley, britischer Okkultist, der sich selbst als Great Beast (*siehe* **Tier**) bezeichnete und seinen Ruf als der „bösester Mensch der Welt" pflegte. Er wurde in Leamington Spa als Sohn eines Predigers der Plymouth Brethren geboren und in Malvern, Tonbridge und am Trinity College in Cambridge ausgebildet. Später beschäftigte er sich mit ritueller Magie und gab sich Drogen und Sexorgien hin, organisierte seine eigenen Hexenzirkel und etablierte sich als vielleicht bekanntester und am meisten verurteilter **Satanismus**-Praktiker des zwanzigsten Jahrhunderts. Er verkündete: „Tu was du willst – das soll das ganze Gesetz sein." Er weihte sein Leben der okkulten Praxis, wobei er glaubte, ein Kanal für die Kommunikation mit dem Übernatürlichen zu sein, und reiste überall in der Welt umher, um in die Geheimnisse einer ganzen Reihe mystischer Wissenszweige einzudringen. Zu den Titeln, die er sich selbst verlieh, gehörten Earl of Boleskine, Graf Syareff und Prinz Chioa Khan.

Nachdem Crowley die Universität Cambridge 1898 verlassen hatte, trat er dem Hermetic Order of the **Golden Dawn** bei, wo er ein treuer Anhänger des Sektenführers Samuel Liddel **Mathers** wurde. Zwei Jahre später jedoch entzweite er sich mit Mathers; nach dem Ausschluß Crowleys aus der Gruppe rechneten beide Männer in einer „Psychokrieg"-Kampagne miteinander ab. Wie verlautete, schickte Mathers einmal einen **Sukkubus** gegen Crowley aus, doch Crowley überlistete ihn und verwandelte das Wesen in eine häßliche alte Frau ohne all die Reize, die ihn hätten verführen können.

Nach seiner Heirat mit der Schwester Gerald Kellys, eines Künstlers, der dem Golden Dawn angehörte und einmal der Präsident der Royal Academy werden sollte, besuchte Crowley Ägypten und trat dort mit einem Geist mit Namen Aiwass in Verbindung, der ihm verschiedene Regeln und Gesetze diktierte, die die Basis seines Werkes *Book of the Law* bilden sollten. Nach Crowleys Worten war im Jahre 1904 mit dem Anbruch des dritten Zeitalters der Menschheit, dem Zeitalter des Horus, zu rechnen, in dem die alten „Sklavenreligionen" wie das Christentum durch neue Glaubensbekenntnisse des Vergnügens ersetzt würden. 1907 gründete er seinen eigenen Orden Astrum Argentum, um seine Ideen in die Praxis umsetzen zu können. Seiner Ehefrau wurde Crowleys grenzenloses sexuelles Verlangen zu viel; sie begann zu trinken und ließ sich schließlich von ihrem Mann scheiden. Sie und auch Crowleys zweite Frau beendeten ihr Leben in der Irrenanstalt, mindestens fünf seiner Geliebten begingen Selbstmord.

1912 wurde Crowley zum Leiter der britischen Sektion des deutschen Ordo Templi Orientis (Orden des östlichen Tempels) ernannt, der zwanglos auf der Sexualmagie der **Tempelritter** basierte. Während des ersten Weltkrieges verlegte er seine Aktivitäten in die USA und gründete dann 1920 in Cefalù auf Sizilien die Abtei Thelema. Hier praktizierte er zusammen mit zwei seiner zahlreichen Geliebten, der Deutschschweizerin Leah Hirsig (die er „Scarlet Woman" nannte) und der Französin Ninette Shumway und oft auch in Gesellschaft von Freunden und Ordensschülern seine Sexualmagie, die auch den Gebrauch von Drogen einschloß. Die Räume seiner Villa, die ein Weltzentrum für okkulte Studien werden sollte, waren mit Wandgemälden geschmückt, die den **Gehörnten Gott** und andere Gottheiten darstellten. In der britischen Presse wurden regelmäßig Geschichten über die in der Villa abgehaltenen bizarren Sexzeremonien ausgewalzt, und als Crowley eine Autobiografie veröffentlichte, entrüstete man sich noch mehr. Die Erzählungen über Crowleys Exzesse widerten die Leser in seinem Heimatland an und faszinierten sie gleichzeitig. Einmal soll er im Namen Jesu Christi eine Kröte getauft, das Tier dann gekreuzigt und sich dann an dessen Todesqualen geweidet haben.

Schließlich wurde Crowley aus Sizilien ausgewiesen, und man beeilte sich, in seiner Villa die berüchtigten Malereien von den Wänden zu waschen. Das „Great Beast" setzte jedoch seine Studien des Okkulten fort und veröffentlichte Bücher zu diesem Thema, darunter auch *The Magick in Theory and Practice*, verkaufte Zaubertränke und leitete neue Hexenzirkel.

In seinen letzten Lebensjahren verfiel Crowley immer mehr; er kämpfte gegen seine Drogenabhängigkeit und starb schließlich im Alter von zweiundsiebzig Jahren in einer Pension in Hastings (Sussex). Bei seinem Begräbnis sangen einige seiner Anhänger ihm zu Ehren und setzten ihn mit Pan (dem griechischen Namen für den Gehörnten Gott) gleich.

Cullender, Rose siehe **Bury St. Edmunds, Hexen von**

Cunningham, John siehe **Fian, John**

D

Dama, La *siehe* **Baskische Hexen**

Damnum minatum *siehe* **Maleficia**

Dämonen und Dämonologie Das Studium der Dämonen und ihrer Eigenschaften ist von Theologen und auch Okkultisten jahrhundertelang betrieben worden. Das griechische Wort *daimon* bezeichnet jede Art von Geist, ob von bösem oder von anderem Wesen, doch die christliche Lehrmeinung forderte, daß alle Geister außer Gott und seinen Engeln per definitionem dem Guten feindlich gegenüberstünden, und so kam es, daß man „Dämonen" als notwendigerweise böse Wesen verstand. Gelehrte Experten argumentierten, daß der Teufel und seine Günstlinge gefallene Engel seien, die im Dienste Gottes blieben, wobei ihnen eine gewisse Macht zugestanden würde, damit sie den Glauben der Menschen prüfen und jene bestrafen könnten, die vom Pfad der Rechtschaffenheit abgewichen seien.

In den Annalen des Hexenwesens wurden die Dämonen verschiedenen Kategorien zugeordnet. Zu ihnen gehörten die Kobolde, die den Hexen und Zauberern als **Hausgeister** dienten, sie zu ihren Hexensabbaten trugen und bei ihren Zaubereien halfen; sie ließen sich als **Inkubi**, **Sukkubi** und Poltergeister einsetzen. Manche zeigten eine Vorliebe dafür, Priester und Nonnen zu peinigen, während andere ihre Freude daran hatten, den Menschen Alpträume und anderes Unheil zu bringen. Dämonen konnten nach Nicolas **Remys** Worten außerdem „die Phantasie eines Menschen so durcheinanderbringen, daß er sich ganz verwandelt vorkommt; und dann verhält sich der Mensch nicht wie ein Mensch, sondern wie das Tier, als das er sich in seiner Phantasie sieht" (was die Fälle von **Lykanthropie** „rational" erklärt).

Nach der herkömmlichen Vorstellung war ein Dämon in seiner materiellen Gestalt eine Miniaturversion des Teufels – mit Hörnern, Flügeln, schwarzer Haut und Pferdefüßen. Dennoch traute man ihnen auch die Macht zu, sich ganz nach Wunsch verwandeln zu können. Um beispielsweise junge Männer zu verführen, konnten sie ihnen in Gestalt schöner Frauen erscheinen. Solche Wesen wurden im Mittelalter und auch später auf zahllosen Bildern und Holzschnitten dargestellt, wie sie aus den Münden von Menschen herausfuhren, die sich einer Teufelsaustreibung (*siehe* **Exorzismus**) unterzogen hatten, und in unmittelbarer Nähe von Menschen lauerten, von denen sie glaubten, sie seien für ihren Einfluß empfänglich. Es herrschte weithin der Glaube, Dämonen könnten riesige Entfernungen zurücklegen und flögen stets bei Nacht, und zwischen ihnen und der Menschheit bestünde eine anhaltende Feindschaft. Allerdings konnte ein geschickter Zauberer seine Macht nutzen, um Dämonen zu seinen Sklaven zu machen (was aber eine große Gefahr für ihn barg).

Nach Meinung vieler Autoren, die sich mit diesem Thema beschäftigten, teilten die Dämonen die Gerissenheit und Schläue ihres Meisters. Jean **Bodin** schrieb 1580:

> Es ist sicher, daß die Teufel ein gründliches Wissen über alle Dinge haben. Kein Theologe kann die Heilige Schrift besser auslegen als sie; kein Jurist verfügt über mehr detaillierte Kenntnis von Testamenten, Verträgen und Klagen; kein Arzt oder Philosoph kann den Aufbau des menschlichen Körpers und die Eigenschaften des Himmels, der Sterne, Vögel und Fische, Bäume und Kräuter, Metalle und Steine besser verstehen.

Über die Hierarchie der Dämonen gab es in den vergangenen Jahrhunderten unter theologischen Fachleuten viele Diskussionen, und es erschienen viele Bücher zu diesem Thema, die

Dämonen und Dämonologie

dem wachsenden Volksglauben an solche Wesen wissenschaftliche Autorität beilegten. Zu den bemerkenswertesten Schriften gehörten *De la démonomanie des sorciers* (1580) von Jean **Bodin**, *Tractatus de confessionibus maleficorum et sagarum* (1589) von Peter **Binsfeld**, *Demonolatreiae* (1595) von Nicolas **Remy**, *Daemonologie* (1597) von **Jakob I.**, *Disquisitionum magicarum* (1599) von Martin Antoine **Del Rio**, *Discours des sorciers* (1602) von Henri **Boguet**, *Compendium maleficarum* (1608) von Francesco-Maria **Guazzo**, *Tableau de l'inconstance des mauvais Anges et démons* (1612) von Pierre de **Lancre** und *De demonialitate* (1700) von Ludovico Maria Sinistrari. Viele dieser Autoren waren auch Rechtsanwälte und sogar Richter. Sie schrieben aus ihrer Erfahrung, die sie bei den Hexenprozessen gesammelt hatten; ihr Wissen über die Unterwelt setzte sich aus dem zusammen, was sie bei den Geständnissen Verdächtiger gehört hatten.

Die Dämonen waren nach Ansicht der Fachleute in mehrere Ränge oder Hierarchien eingestuft, über die Satan persönlich herrschte. Die schrecklichsten unter ihnen waren **Astarot**, der alle Geheimnisse kannte, **Asmodi**, ein Dämon des Zornes und der Wollust, **Behemot**, der häufig mit dem **Ziegenbock** der Hexensabbate gleichgesetzt wurde, **Beelzebub**, der Fürst der Dämonen, den man mit der Sünde der Unmäßigkeit identifizierte, Belphegor, der die Menschen träge machte, **Leviathan**, der Dämon des Neides, **Lilith**, eine Dämonin, die das Blut schlafender Menschen saugte, **Luzifer**, der Beherrscher der Unterwelt, auch als der **Teufel** oder Satan bekannt, der in den Menschen Stolz und Ärger wachrief, und Mammon, der die Menschen in Träume der Habsucht und des Geizes trieb.

Daneben gab es eine Unmenge geringerer Dämonen, die über unterschiedliche Kräfte verfügten. Alfons de **Spina** schrieb 1459, daß ein Drittel der Engel Gottes Teufel geworden seien, und daß es genau 133 306 668 von ihnen gäbe. Andere Schätzungen beliefen sich auf eine Gesamtzahl von 6 660 000 Dämonen, die von sechsundsechzig Gebietern befehligt würden, oder auf 7 409 127 Dämonen, die unter dem Kommando von neunundsiebzig Befehlshabern stünden. Am Ende des sechzehnten Jahrhunderts stellte eine Autorität auf diesem Gebiet die Behauptung auf, daß die Zahl der Dämonen, die damals aktiv waren, größer als die Hälfte der Weltbevölkerung sei.

Eine Möglichkeit, die riesigen Legionen von Dämonen zu unterscheiden, bestand darin, sie nach dem Element zu kategorisieren, in dem sie angeblich wohnten. Francesco-Maria Guazzo unternahm den Versuch, die Dämonen unter den folgenden Gesichtspunkten in sechs Typen einzustufen: Dämonen, die die „obere Luft" bewohnten; die in den der Erde näheren Luftschichten lebten; die in Wäldern, Höhlen oder an anderen Orten auf dem Festland hausten; die im Wasser lebten; die unter der Erde lauerten; und schließlich jene höchst geheimnisvollen Dämonen, die das Sonnenlicht scheuten und aufs Geratewohl im Dunkeln umherstreiften. Ein anderer geachteter Fachmann teilte sie unter anderem in Schicksalsdämonen, Poltergeister, Inkubi und Sukkubi, Hausgeister, Alptraumdämonen, aus menschlichem Samen erschaffene, irreführende und in solche Dämonen ein, die die Hexen glauben machten, sie könnten fliegen.

Solche gelehrte Studien waren für die meisten Hexenprozesse jedoch bedeutungslos, da es nur wenige Richter gab, die das Wissen und den Intellekt hatten, die feinen Unterschiede, die die Autoritäten häufig zwischen dem einen und anderen Dämonentyp gemacht hatten, richtig einzuschätzen. Was die Gesetzgebung betraf, so gehörten die Dämonen in eine allgemeine Klasse und waren alle böse, so daß jegliche Beschäftigung mit ihnen hinreichte, die Schuld eines Verdächtigen zu bestätigen.

Fälle von dämonischer Besessenheit wurden gelöst, indem man bei den Opfern Teufelsaustreibungen vornahm (*siehe* **Exorzismus**), in deren Verlauf dem Dämon, der den Körper des Opfers mit Beschlag belegt hatte, verschiedene Routinefragen bezüglich seiner Identität und seiner Absichten gestellt wurden. Kannte man erst einmal seinen Namen, dann, so glaubte man, hatte der Exorzist die Macht über ihn. Jeder Dämon hatte einen Heiligen als Pendant, den man während der Austreibung mit Gebeten um Hilfe anflehen konnte. So sollten von Beelzebub Besessene durch das Beten zu dessen Gegner, dem heiligen Franziskus, von ihrem Plagegeist befreit werden können, während den von Astarot und Asmodi Gepeinigten angeblich das

Dänemark

Eingreifen des heiligen Bartholomäus' bzw. Johannes' des Täufers half. Dämonen sollten sich auch durch gewisse **Amulette** und **Zauberformeln** und überhaupt von jedem abschrecken lassen, der das Zeichen des Kreuzes oder der „Fica" (*siehe* **Böser Blick**) machte oder sich mit Weihwasser, Feuerschein, Spucke, Brot, Salz, Eisen oder Kräutern verteidigte.

Siehe auch **Geist**; **Satanismus**.

Dänemark *siehe* **Norwegen**

Darling, Thomas *siehe* **Junge von Burton**

Darrell, John um 1562–1602. Englischer Geistlicher, der versuchte, seinen Ruf als selbsternannter Teufelsaustreiber in Fällen von Hexerei zu festigen, nach anfänglichen Erfolgen jedoch nur in Konflikt mit der kirchlichen Obrigkeit kam. Die Exorzisten waren damit beschäftigt, gegen die durch Hexerei hervorgerufene **Besessenheit** vorzugehen. Die traurige Berühmtheit, die Darrells Name erlangte, hatte zur Folge, daß **Exorzismus** durch Geistliche 1603 in England „bei Strafe des Makels der Hochstapelei und der Entlassung aus dem geistlichen Amt" gänzlich verboten wurde, wenn die fragliche Person nicht eine Genehmigung und die Billigung des Bischofs hatte.

Darrell, ein Absolvent der Universität Cambridge, begann seine Laufbahn als Prediger in seiner Heimatstadt Mansfield (Nottinghamshire) und wurde später zum Priester geweiht. Die Gelegenheit, sich in Fällen von Hexerei zu engagieren, bot sich ihm im Jahre 1586, als Darrell die siebzehnjährige Catherine Wright überredete, eine Frau namens Margaret Roper der Hexerei zu beschuldigen, da diese einem Dämon mit Namen Middlecub befohlen habe, Catherine Wright zu peinigen. Zum Unglück für Darrell gestand das Mädchen bei der Untersuchung, die ganze Sache erfunden zu haben, und der karrieresüchtige Exorzist konnte von Glück sagen, daß er dem Kerker entging.

Darrell schien aus diesem Vorfall nichts gelernt zu haben, denn er versuchte trotz dieses Rückschlags weiterhin, sich einen Ruf als Exorzist zu schaffen. 1596, zehn Jahre später, war er wieder dabei und hielt in dem weithin (später als Fälschung) bekanntgewordenen Fall des Thomas Darling, des **Jungen von Burton**, einen Gottesdienst zur Teufelsaustreibung ab. Sein nächster Fall war der von Nicholas Starkie und dessen Familie in Cleworth Hall in Leigh (Lancashire), in dessen Verlauf er nicht weniger als sieben angeblich besessenen Menschen erfolgreich Dämonen austrieb (*siehe* **Hartlay, Edmund**).

Der Höhepunkt von Darrells umstrittener Karriere kam im November 1597, als man ihn und George More, einen anderen Priester, im Fall des William Somers, des „Jungen von Nottingham", um Hilfe bat. Somers, der junge Schüler eines Musikers aus Nottingham, zeigte Symptome dämonischer Besessenheit, und Darrell beeilte sich, diese Diagnose zu bestätigen und zu behaupten, der Junge litte wegen all der Sünden, die die Einwohner von Nottingham begangen hätten. Darrell forderte alle verheirateten Stadtbewohner zu sexueller Enthaltsamkeit auf und hielt eine Predigt, in der er die an dem Jungen beobachteten Anzeichen bis ins Detail beschrieb, wobei Somers jedem, der es sehen wollte, den Gefallen tat, die Symptome zu demonstrieren. Er verschluckte scheinbar seine Zunge, wurde von Weinkrämpfen befallen und lag wie tot am Boden. Man ermunterte Somers sodann, die Personen zu nennen, die für seinen Zustand verantwortlich seien, und er gab die Namen von dreizehn ortsansässigen Hexen an. Jedesmal, wenn diese Frauen in seine Nähe kamen, erlitt er einen Anfall (obgleich Kritiker bemerkten, daß dieser „Test" nicht immer unfehlbar sei).

Nun identifizierte Mary Cowper, Darrells Schwägerin, eine Alice Freeman als Hexe. Als die Angeschuldigte versuchte, der Befragung zu entgehen, indem sie angab, schwanger zu sein, beeilte sich Darrell zu behaupten, die Leibesfrucht sei ganz sicher das Kind des **Teufels**. Alice Freemans Bruder gelang es, Somers vor den Stadtrat zu bringen, wo der Junge gestand, die Besessenheit vorgetäuscht zu haben. Darrell hingegen weigerte sich, dieses Geständnis zu akzeptieren, und behauptete, das sei eine List des Teufels, um eine weitere Untersuchung zu verhindern. 1598 folgte eine öffentliche Befragung; Somers, der erkannte, daß er die Todesstrafe riskierte, wenn er den Betrug enthüllte, blieb bei der Geschichte, er sei besessen, und

Alice Freeman sowie eine weitere Beschuldigte wurden vor Gericht gebracht.

Das Gerichtsverfahren wurde jedoch eingestellt, als Somers wieder einen anderen Kurs einschlug und gestand, seine Befrager mit einer Reihe simpler Tricks hinters Licht geführt zu haben. Es kam zutage, daß sich Somers die ganze Sache ausgedacht hatte, um seine als lästig empfundene Lehre bei dem Musiker aufgeben zu können. Er hatte die überall erhältlichen Schriften über andere zeitgenössische Fälle von Hexerei, wie beispielsweise den der **Hexen von Warboys**, gelesen und dabei herausgefunden, wie man dämonische Besessenheit zur Schau stellen konnte. Von Darrell hatte er nach und nach weitere Tips erhalten, der ihm die Symptome im Falle des Jungen von Burton beschrieb, so daß er sie nachahmen konnte.

Das Fiasko, mit dem der Hexenprozeß von Nottingham endete, brachte Darrell in große Verlegenheit. Der Teufelsaustreiber mußte sich einer Befragung durch den Erzbischof von Canterbury und andere hochgestellte Männer der Kirche unterziehen. Obwohl einige prominente kirchliche Würdenträger mit Darrells Mission gegen die Dämonen sympathisierten, wurden er und More für ihr Verhalten gerügt, aus dem Priesteramt entlassen und für ein Jahr ins Gefängnis geworfen. 1599 schrieb Samuel Harsnett, einer von Darrells Befragern, unter dem Titel *A Discovery of the Fraudulent Practises of John Darrell, Bachelor of Arts* ein Buch über die Affäre. Obwohl Darrell umfangreiche Schriften zur Verteidigung seines Verhaltens verfaßte, gibt es keinen Anhaltspunkt dafür, daß er seine früheren Aktivitäten als Exorzist jemals wieder aufgenommen hat.

Dashwood, Sir Francis *siehe* **Hell-Fire Club**

Daumenschrauben Weitverbreitetes Folterinstrument (*siehe* **Folter**), das aus einer Art Schraubstock bestand, in dem der Henker die Daumen vermeintlicher Hexen und anderer Verbrecher quetschte, um die Gefolterten zu einem Schuldgeständnis zu zwingen. Die Daumenschrauben, die man in **Schottland** *pilliwinks* und in **Frankreich** *grésillons* nannte, wurden zwar als milde Form der Folter eingestuft, was jedoch den überlieferten Beschreibungen ihrer Anwendung widersprach. Johannes Junius, den man 1628 in einem Bamberger Gefängnis furchtbar gefoltert hatte, beschrieb in einem Brief an seine Tochter, wie das Blut aus seinen zerquetschten Daumen hervorgeschossen sei, als der Folterknecht die Schrauben immer fester angezogen habe. In der gleichen Weise wurden bei der Folter auch Zehenschrauben angewendet. Um die Qualen zu erhöhen, denen ein Gefolterter beim **Aufziehen** oder bei anderen Peinigungen ausgesetzt war, legte man ihm häufig auch noch Daumenschrauben an.

Davies, William *siehe* **Morgan, Nanny**

Davot, Pater *siehe* **Chambre-Ardente-Prozeß**

de Drownestown, Eva *siehe* **Kyteler, Alice**

Dee, John 1527–1608. Englischer Alchimist, Geograph und Mathematiker, der zum berühmtesten Zauberer des elisabethanischen Zeitalters wurde. Dee verfaßte Schriften zu verschiedenen Themen, darunter zur Logik, Astrologie, Naturphilosophie, Schiffahrtskunde und zum Kalender. Er gehörte zu den schöpferischsten Gelehrten seiner Zeit und war Mitbegründer des Trinity College der Universität Cambridge. Der Zauberei wurde er das erstemal 1546 beschuldigt, als er einen mechanischen Käfer baute, der als Bühnenrequisit für eine Aufführung von Aristophanes' Stück „Der Friede" gedacht war. In Belgien und Frankreich eignete er sich bei Autoritäten wie Cornelius **Agrippa von Nettesheim** weiteres Wissen an. Besonders faszinierend war für ihn das zwischen Wissenschaft und Magie liegende Reich der Erfindungen.

Eduard VI. gewährte dem jungen, doch bereits über die Landesgrenzen hinaus geachteten Dee eine Pension, die dieser gegen die Pfründe von Upton-upon-Severn eintauschte. Später wurde Dee Astrologe bei Maria I. und erstellte für sie und ihren zukünftigen Gemahl Philipp II., König von Spanien, Horoskope. 1555 entzweite er sich jedoch mit seiner königlichen Gebieterin, als er – wahrscheinlich wegen seiner Freundschaft mit deren Feindin, Prinzessin Elisabeth – beschuldigt wurde, er habe sie mit Hilfe der Magie töten wollen. Weitere Anklagepunkte lauteten, er habe durch Hexerei den Tod von Kindern bewirkt und besäße **Hausgeister**. Es gelang ihm, einem Schuldspruch wegen Hochverrats zu entgehen, doch die Sternkammer schickte ihn ins Gefängnis, wo er zwei Jahre blieb. Unter Elisabeth I. gewann er dann die königliche Gunst zurück, und die neue Herrscherin beriet sich mit ihm bezüglich des günstigsten Datums für ihre Krönung im Jahre 1559. Sie unterstützte ihn mehrmals mit Geldgeschenken, um seine Forschungen auf dem Gebiet der Alchimie zu fördern. Man hält es auch für wahrscheinlich, daß Dee für die Königin als Spion tätig war.

1563 veröffentlichte Dee seine umstrittene Schrift *Monas Hieroglyphia*, die die mystische Wissenschaft der Zahlenkunde erörterte. Dee hatte das Buch in seinem Geheimkode verfaßt, und nur Personen, die er ins Vertrauen zog, erfuhren von ihm, wie der Text entschlüsselt werden mußte. 1577 bestellte ihn die Königin nach Windsor, wo sie sich von ihm den Ursprung des Halleyschen Kometen erläutern ließ, dessen Erscheinen in jenem Jahr erwartet wurde.

1581 tat sich Dee mit Edward **Kelly** zusammen, der sein Interesse am Okkulten teilte. Zusammen führten sie zahlreiche Untersuchungen zu Themen wie der **Kristallomantie** und der **Nekromantie** durch. Dee interessierte sich besonders für die Möglichkeit, mit der Welt der Geister in Verbindung zu treten, und sei es auch nur, um seine intellektuelle Neugier zu befriedigen. Dee und Kelly erklärten, Gespräche mit Engeln gehabt zu haben, wozu ihnen Dees berühmte Kristallkugel verholfen habe, die Elisabeth I. bat untersuchen zu dürfen. (Die Kugel liegt heute im Britischen Museum in London.) Dee selbst war nicht in der Lage, die mit der Kugel herbeigerufenen Wesen zu sehen, doch er notierte die Beschreibungen, die ihm Kelly lieferte, der allein die Engel sehen konnte.

Die beiden Gelehrten und ihre Ehefrauen reisten weit umher und waren mehrmals Gäste des Königs von Polen, des Kaisers Rudolf II. von Böhmen und des Zaren des Russischen Reichs. 1589 schließlich trennten sich Dee und Kelly – zwei Jahre, nachdem Dee nur zögernd einer Abmachung zugestimmt hatte, nach der sich beide ihre Ehefrauen teilen sollten, worauf Kellys übernatürliche Gesprächspartner angeblich bestanden hatten. Als Dees Frau sich über die Zweifelhaftigkeit der Abmachung äußerte, antwortete Dee ihr recht kläglich: „Es gibt kein anderes Mittel ... wir müssen es also tun."

1595 erhielt Dee, obgleich kein Günstling von Elisabeth I. mehr, den Posten des Direktors am Manchester College. Während sich Dee in Manchester aufhielt, befaßte er sich auch mit der vermeintlichen Besessenheit der Kinder von Nicholas Starkie (*siehe* **Hartlay, Edmund**). Seine Versuche, das Kristallsehen weiter zu erforschen, blieben erfolglos, da er keinen Assistenten mit den Fähigkeiten seines früheren Gefährten Kelly finden konnte.

1604 verlor Dee sein Amt in Manchester. Angesichts des aufkommenden Hexenwahns fürchtete er vielleicht um sein Wohlergehen und suchte (allerdings vergeblich) bei Jakob I. um eine öffentliche Widerlegung seines Rufs als Magier nach. Das war eine Enttäuschung für Dee, der über die Bezeichnung „Magier" tief verärgert war und darauf bestand, trotz seines Interesses für die Magie stets ein pflichtbewußter Christ gewesen zu sein. Man unternahm jedoch nichts gegen den inzwischen gealterten Gelehrten. Trotz der vielen außerordentlichen Leistungen, die er in seinem Leben vollbracht hatte, starb Dee im Alter von einundachtzig Jahren als armer Mann. Er wurde in seinem Heimatort Mortlake beerdigt.

de Lancre, Pierre *siehe* **Lancre, Pierre de**

Delort, Cathérine *siehe* **Frankreich**; **Hexensabbat**

Del Rio, Martin Antoine 1551–1608. Belgischer jesuitischer Gelehrter, dessen *Disquisitionum magicarum* aus dem Jahre 1599 eines der wichtigsten Werke zum Thema Hexenwesen war, das in der Zeit des europäischen Hexenwahns – zwischen dem vierzehnten und dem achtzehnten Jahrhundert – veröffentlicht wurde. Del Rio wurde in Antwerpen als Sohn einer Familie spanischer Herkunft geboren. Er stieg bis in die Stellung des Kronanwalts von Brabant auf, ehe er 1580 dem Jesuitenorden beitrat. Sein *Disquisitionum magicarum* stellte eine umfassende

Betrachtung des Hexenwesens und der Dämonologie dar. Es baute auf den Schlußfolgerungen des **Malleus maleficarum** auf und erörterte alle Themen von den **Maleficia** bis zur besten Herangehensweise der Richter in Hexenprozessen. Obwohl der Autor es guthieß, den wegen Hexerei Angeklagten einen juristischen Beistand zu gewähren, und Themen wie der **Lykanthropie** mit Vorbehalten begegnete, zeigte er doch eine entschiedene Intoleranz gegen vermeintliche Hexen und eine gewisse Leichtgläubigkeit, wenn es um deren übernatürliche Kräfte ging. Er machte geltend, daß die Richter verpflichtet seien, über Hexen, die ein Geständnis abgelegt hatten, die Todesstrafe zu verhängen, und legte nahe, daß jeder, der gegen solch drakonische Maßnahmen protestierte, selbst der Hexerei zu verdächtigen sei.

Del Rios Buch erlebte viele Auflagen. Es fand Verbreitung in ganz Europa und wurde auf seinem Gebiet zu einem der wichtigsten Kompendien und teilweise zu einer Rechtfertigung der schlimmsten Elemente der Hexenverfolgung. Seine letzte Auflage erschien erst 1747.

Demandolx de la Palud, Madeleine de *siehe* **Nonnen von Aix-en-Provence**

Demdike, Old *siehe* **Pendle, Hexen von**

de Midia, Petronilla *siehe* **Kyteler, Alice**

de Rais, Gilles *siehe* **Rais, Gilles de**

Derby, Graf von *siehe* **Bildzauber**

Deshayes, Cathérine *siehe* **Chambre-Ardente-Prozeß**

de Spina, Alphons *siehe* **Alfons de Spina**

Deutschland Die deutschen Staaten, die damals unter der Herrschaft des Heiligen Römischen Reiches standen, erlebten besonders schlimme Auswirkungen des Hexenwahns, der die europäische Gesellschaft im sechzehnten und siebzehnten Jahrhundert traumatisierte. Auf jede Hexe, die damals in England hingerichtet wurde, kamen in Deutschland ungefähr hundert, die man zu Tode brachte. Insgesamt starben etwa hunderttausend Menschen, nachdem sie von deutschen Gerichten der Hexerei für schuldig befunden worden waren. Dennoch erlebte das Land erst relativ spät – um 1570 – den Höhepunkt des Hexenwahns, als die Jesuiten die Kampagne gegen Nichtkatholiken

Hexenverbrennung in Dernburg. Ein Holzschnitt aus dem sechzehnten Jahrhundert.

Deutschland

aller Couleur forcierten. Nach den Bestimmungen der **Constitutio Criminalis Carolina**, des Strafgesetzbuches des Heiligen Römischen Reiches, das 1532 eingeführt wurde, mußten alle Hexen der Folter unterworfen und zum Tode verurteilt werden. Die Folter wurde in den meisten Staaten von der Obrigkeit offiziell gebilligt (wenngleich die Auslegung der Gesetze regional variierte), und die Angeklagten litten die schrecklichsten Qualen, ehe sie auf dem Scheiterhaufen endeten.

Das Abschlachten hatte zu dieser Zeit in ganz Deutschland ein solches Ausmaß angenommen, daß viele Städte und Dörfer einen richtigen kleinen Wald aus Scheiterhaufen aufzuweisen hatten, auf denen die Verurteilten zu Tode gebracht wurden. In der schlesischen Stadt Neiße konstruierte der Scharfrichter eigens einen riesigen Ofen, in dem er mehr als tausend verurteilte Hexen, manche davon zwei (!) Jahre alt, röstete: Allein 1651 wurden darin zweiundvierzig Frauen und Mädchen umgebracht. In Quedlinburg wurden 1589 an nur einem Tag hundertdreiunddreißig Hexen öffentlich verbrannt. (Der Scharfrichter nahm es auf sich, vier der schönsten Mädchen, die zum Tode verurteilt waren, zu schonen.) Die Berichte über die Region um die Benediktinerabtei St. Maximin bei Trier weisen darauf hin, daß in der Zeit zwischen 1587 und 1594 zwei Dörfer regelrecht entvölkert waren, nachdem man alle Bewohner wegen Hexerei hingerichtet hatte, und daß 1586 in zwei anderen Ortschaften lediglich zwei Frauen am Leben gelassen worden waren. Viele Städte verfügten über spezielle „Hexenhäuser" – Gefängnisse, in denen die der Hexerei Beschuldigten eingesperrt und gefoltert wurden.

Um eine Person verhaften und in ein Hexenhaus werfen zu lassen, genügte der bloße Verdacht der Hexerei. Oftmals waren es persönliche Feinde, die aus Rache solche Verdächtigungen laut werden ließen, oder Menschen, die eine ausgesetzte Belohnung dazu verlockte, entsprechende Informationen weiterzugeben. Weltliche und kirchliche Obrigkeit waren besonders eifrig, Verfahren gegen die reichsten Bürger einzuleiten, da sie dann – dem Beispiel der **Inquisition** folgend – deren Besitztümer konfiszieren konnten. Viele vermeintliche Hexen wurden einfach aufgrund unbewiesener Aussagen vor Gericht gestellt, die Verdächtige unter der Folter gemacht hatten oder die von Kindern stammten, die sich der Tragweite ihrer phantastischen Anschuldigungen offenbar nur wenig bewußt waren.

Noch mehr Menschen wurden Opfer der üblen Aktivitäten berufsmäßiger **Hexenriecher**, die mit ihren belastenden Denunziationen ein Vermögen machten. Niemand war vor ihnen sicher; zu ihren Opfern gehörten in Armut lebende alte Frauen, deren stereotypes Bild in der Volkssage lebendig ist, genauso wie Mitglieder der reichsten Familien der deutschen Gesellschaft. Philipp Adolf von Ehrenberg, der Fürstbischof von Würzburg, ließ auf Anraten der Jesuiten seinen eigenen Sohn und Erben als Hexer verbrennen. Später bereute er diese Entscheidung und gebot um 1630 die Einstellung aller Hexenprozesse im Bistum. War ein Mitglied einer Familie erst einmal angeklagt worden, dann fiel der Verdacht automatisch auch auf andere Familienmitglieder und enge Gefährten, und man zwang die angeklagte Person zuzugeben, daß diese ebenfalls den Teufel verehrten.

Der aus dem frühen siebzehnten Jahrhundert stammende Brief eines Priesters an den Grafen Werner von Salm beschreibt lebhaft das Ausmaß der allgegenwärtigen Bedrohung, als Hexe hingestellt zu werden. Der Verfasser des Briefes berichtet über die Verhaftung und Hinrichtung von Priestern, Mönchen und herausragenden politischen Persönlichkeiten und stellt fest, daß auch Kinder verdächtigt werden:

> Die halbe Stadt muß hierin verwickelt sein; denn schon Professoren, Jurastudenten, Pastoren, Stiftsherren, Vikare und Mönche sind verhaftet und verbrannt worden ... Der Kanzler und seine Frau und die Frau des Privatsekretärs sind schon ergriffen und hingerichtet worden. An Mariä Verkündigung wurde hier ein Mädchen von neunzehn Jahren exekutiert, das in dem Rufe stand, das lieblichste und tugendhafteste Wesen in der ganzen Stadt zu sein, und das von Kindheit an vom Fürstbischof selbst aufgezogen worden ist ... Kinder von drei oder vier Jahren haben Teufel als Buhlen. Studenten und Knaben von edler Geburt im Alter von neun, zehn, elf, zwölf, dreizehn und vierzehn Jahren sind hier verbrannt worden. Um es kurz zu machen, die Dinge sind in einem solch elenden Zustand, daß man nicht weiß, mit welchen Leuten man sprechen und verkehren soll.

Die Folter, die die vermeintlichen Hexen und Hexenmeister erwartete, war schlimm; sie konnte mehrmals wiederholt werden. Eine Frau soll den Folterknechten nicht weniger als sechsundfünfzigmal übergeben worden sein. Der Einfallsreichtum der Folterer, die entschlossen waren, Geständnisse und die Namen anderer Hexen zu erlangen, kannte keine Grenzen. Der Angeklagte, der, einmal angeschuldigt, nur geringe Aussichten auf einen Freispruch hatte, wurde dazu mit solch teuflischen Methoden und Instrumenten wie den **spanischen Stiefeln**, dem **Aufziehen** und den **Daumenschrauben** gepeinigt.

Versuche, vor Gericht die unter der Folter gemachten Geständnisse zu widerrufen, waren nur selten erfolgreich. Das lag zum Teil daran, daß die Angeklagten nach dem Vorbild der Inquisition keine Zeugen zu ihrer Verteidigung beibringen durften und im allgemeinen bis zum Beweis des Gegenteils als schuldig galten. Jeder, der sein Geständnis widerrief, lief Gefahr, wieder den Folterknechten übergeben zu werden. Die Anklagen gegen vermeintliche Hexen waren ziemlich formal. Sie beschuldigten die Verdächtigen für gewöhnlich, einen **Pakt mit dem Teufel** geschlossen, ihre Feinde behext, an **Hexensabbaten** teilgenommen und mit dem Teufel gebuhlt zu haben. Ein Geständnis in allen Punkten der Anklage, auch wenn es unter der Folter gemacht wurde, genügte meist als Rechtfertigung der Todesstrafe.

Die herkömmliche Bestrafung sah den Tod durch Verbrennen vor. Viele verurteilte Hexen wurden bei lebendigem Leibe verbrannt, anderen erwies das Gericht die Gnade, sie erst erdrosseln oder mit dem Schwert durchbohren zu lassen. Gegen Ende der Periode, als die Todesstrafe nicht mehr zwangsläufig verhängt wurde, schickte man viele Schuldige (die infolge der erlittenen Folter hoffnungslos verkrüppelt waren) statt dessen ins Exil.

Der Hexenterror in Deutschland, der sich auf Katholiken und Protestanten erstreckte, erreichte während der Gegenreformation um 1570 und nochmals während des Dreißigjährigen Krieges (1618–1648) einen Höhepunkt. In dieser Zeit fanden in Verbindung mit den Massenprozessen in Würzburg und Bamberg in den zwanziger und frühen dreißiger Jahren des siebzehnten Jahrhunderts die schlimmsten Exzesse statt (*siehe* **Bamberg, Hexen von**; **Würzburg, Hexen von**). Ebenfalls und selbst für damalige Maßstäbe exzessiv war die unbarmherzige Kampagne gegen den Lutheraner Benedikt Carpzov in Sachsen, die das Leben einiger zwanzigtausend Verdächtiger forderte.

Hier muß angemerkt werden, daß jene, die sich der systematischen Verfolgung angeblicher Hexen in Deutschland entgegenstellten, auf eigene Gefahr handelten. Menschen, die man verdächtigte, „Hexenfreunde" zu sein, mußten damit rechnen, der gleichen Behandlung unterworfen zu werden wie die Opfer, denen sie wohlwollend gegenüberstanden, oder auf andere, subtilere Weise unschädlich gemacht zu werden (*siehe* **Spee, Friedrich von**).

Gegen Ende des siebzehnten Jahrhunderts begann der Terror – zunächst in den protestantischen Staaten – abzuflauen. Es kam jedoch noch viele Jahre lang zu vereinzelten Ausbrüchen. Der letzte Hexenprozeß in Preußen beispielsweise fand 1728 statt, das letzte Todesurteil in Deutschland wegen Hexerei wurde erst 1775 vollstreckt. Damals wurde Anna Maria **Schwägel** auf Anweisung des regierenden Abtes Honorius hingerichtet.

Siehe auch **Bayern**; **Blanckenstein, Chatrina**; **Böffgen, Christine**; **Buirmann, Franz**; **Eichstätt, Hexen von**; **Flade, Dietrich**; **Gwinner, Else**; **Junius, Johannes**; **Köln, Hexen von**; **Lemp, Rebecca**; **Mäusemacherinnen**; **Österreich**; **Renata, Schwester Maria**; **Schüler, Johann**; **Trier, Hexen von**; **Würzburg, Hexen von**.

Device, Alizon, Elizabeth, James, Jennett und John *siehe* **Pendle, Hexen von**

Diana Römische Göttin der Jagd, der Fruchtbarkeit und des Mondes aus der Zeit der Antike, die im Mittelalter Gegenstand der Verehrung durch einen frühen, über weite Teile Europas verbreiteten Hexenkult war. Lange vor der Entstehung des Hexenwahns der nachmittelalterlichen Zeit wurde Diana als Anführerin der (meist weiblichen) Zauberer angesehen, die sie – auf unterschiedlichen Dämonen und Tieren sitzend – auf ihren nächtlichen Ritten über den Himmel begleiteten. Denkbar ist, daß dies

Dicconson, Frances

der Ursprung für die Vorstellung war, die Hexen flögen zu ihren **Hexensabbaten**. Im Jahre 906 n. Chr. stellte die Kirche offiziell in Abrede, daß solche nächtlichen Ritte stattfinden (*siehe* **Canon Episcopi**), doch der Gedanke blieb jahrhundertelang fest im Volksglauben verhaftet, und die Zusammenkünfte, an denen die Kultmitglieder teilnahmen, lieferten zweifellos ein Modell für den Hexensabbat. Die Anhänger der Diana (oder Herodias, Hodla-Perchta, Noctiluca, Bensozia und Dame Habonde, wie die anderen Namen der Göttin lauteten) wurden nicht mit Hexen gleichgesetzt, doch die Verbindung war offensichtlich da, und mit der Zeit brachte man ihre Aktivitäten mit denen der Hexen durcheinander. Diana selbst wurde mit dem **Teufel** auf eine Stufe gestellt und dann durch ihn ersetzt. Wie der Teufel, so wurde auch die Göttin als Quelle alles Bösen in der Welt verehrt. Man schrieb ihr die Macht zu, ihre Gestalt wechseln zu können, und behauptete, daß sie meist in eine **Katze** verwandelt auftrete.

Die Verehrung der Göttin Diana hat durch die Aktivitäten verschiedener moderner Hexenzirkel bis in relativ neue Zeit überdauert. Diese Zirkel sind dem **Gehörnten Gott** und der **Großen Göttin** geweiht und nehmen für sich in Anspruch, eine Version der lange vernachlässigten „Alten Religion" zu praktizieren.

Dicconson, Frances *siehe* **Pendle, Hexen von**

Divination Nutzung der Magie, um Geheimnisse zu erfahren, die mit gewöhnlichen Mitteln nicht enthüllt werden können. Seit es die Vorstellung von Göttern, Dämonen und anderen spirituellen Wesen gibt, haben Männer und Frauen diese zu Rate gezogen, um zu bestimmten Kenntnissen zu gelangen, die nicht jedem zugänglich waren. Einige der frühesten Gesetze, die gegen Zauberer und Hexen erlassen wurden, richteten sich auch gegen solche Aktivitäten, die ohne weiteres die Stabilität eines Staates bedrohen konnten. Einen Wahrsager über die Lebenserwartung eines Herrschers zu befragen, konnte dem Frager eine Anklage wegen Verrats und das Todesurteil einbringen, wie es 1213 im Falle des englischen Einsiedlers Peters des Weisen geschah, nachdem er unklugerweise den Tod König Johanns I. vorausgesagt hatte. Gewöhnlichere Anfragen nach dem Versteck verborgener Schätze und nach anderen Dingen wurden als weniger gefährlich betrachtet, und so wurde man für diese Art von Magie viele Jahrhunderte lang nur relativ mild bestraft.

Als Wahrsager konnte man immer Geld verdienen; viele Menschen, die wegen Hexerei angeklagt waren, hatten sich lediglich des Versuches schuldig gemacht, auf die Fragen, die ihnen arme wie reiche Mitbürger stellten, Antworten zu geben, und hatten die Informationen nur zu gern für ein paar Münzen an sie verkauft. Sehern in der antiken Welt gestand man einen gewissen Status zu (verfolgte sie aber auch zu gewissen Zeiten); in späteren Jahrhunderten war es für Könige, Generäle und selbst für prominente Gestalten der Kirche ganz selbstverständlich, in Krisenzeiten einen Wahrsager zu Rate zu ziehen. Viele hervorragende Gelehrte wie John **Dee** waren berühmt für ihre Fähigkeit des Kristallsehens; sie protestierten jedoch energisch dagegen, allein deshalb als Zauberer oder Hexen abgestempelt zu werden.

Nichtsdestoweniger waren manche Autoritäten der Meinung, daß Divination nichts anderes als ein Aspekt des Hexenwesens und von anderen Beschäftigungen mit der Geisterwelt, denen die Hexen angeblich nachgingen, nicht zu unterscheiden sei. William Perkins argumentierte 1608, daß jegliches Wissen, zu dem man durch Divination komme, vom Teufel selbst verliehen werde. Entgegenhaltungen der Angeklagten, sie kommunizierten nur mit „guten" Geistern, wurden als Verteidigung nicht akzeptiert. In der Praxis jedoch waren Anklagen wegen Divination nur selten der Grund für die Verfolgung Verdächtiger, wurden allerdings häufig als Beweis dafür in Betracht gezogen, daß eine bestimmte Person eine praktizierende Hexe war.

Es gab verschiedene Möglichkeiten und Mittel, mit denen Wahrsager, Zauberer und Hexen Geheimnisse der Vergangenheit, der Gegenwart und der Zukunft zu enthüllen suchten. Sie reichten vom Beschauen der Eingeweide rituell geopferter Frauen und Kinder und dem Handlesen bis zum Würfeln, Interpretieren des Vogelfluges, „Lesen" aus Zahlen, Beobachten der Wasseroberfläche oder der Figuren, die von Flammen erzeugt wurden, und zum Anhören der Verdauungsgeräusche des Magens. Ungewöhnlichere Mittel sollen das Erwecken von Toten zwecks Befragung zu anstehenden Problemen (*siehe* **Nekromantie**) oder die Inanspruchnahme der Hilfe eines Dämons gewesen sein, wozu man sich vorzugsweise zunächst in den Schutz eines **magischen Kreises** begab. In vergangenen Zeiten bedeutete die Anschuldigung, eine Hexe oder eine andere Person habe die Toten erweckt, jedoch mehr als das harmlose Erforschen der Zukunft, da sich nur diejenigen, die einen **Pakt mit dem Teufel** geschlossen hatten, eine solche divinatorische Fähigkeit anmaßen konnten.

Siehe auch **Shipton, Mother**.

Dodington, George Bubb *siehe* **Hell-Fire Club**

Dornheim, Gottfried von *siehe* **Bamberg, Hexen von**

Dr. Lambs Geliebte Spitzname von Anne Bodenham, der Assistentin des berühmten Arztes und angeblichen Zauberers Dr. John **Lamb**. Die Tatsache, daß sie nicht bei ihrem Ehemann, sondern in Lambs Haus lebte, war Gegenstand eines aufsehenerregenden Skandals. Obwohl weitgehend ungelernt, erwarb sich Anne Bodenham einige Grundkenntnisse von Dr. Lambs Magie. In dem Bestreben, aus diesem Wissen Kapital zu schlagen, veröffentlichte sie nach dessen Tod ein kleines Buch, das Zauberformeln enthielt. Die Verbindung zu dem verstorbenen Arzt hatte ihr den Ruf einer „weisen Frau" eingebracht. Diese Reputation nutzte sie aus, ließ sich in dem Dorf Fisherton Anger (Wiltshire) nieder und bot ihre Dienste als Wahrsagerin und Kräuterkundige feil. Befragte sie jemand nach der Zukunft, dann warf sie für den Preis von drei Schillingen verschiedene Kräuter ins Feuer, das in der Mitte eines **magischen Kreises** brannte, worauf die Geister erschienen und die Antwort auf ihre Fragen gaben.

Ein Mann namens Mason bestätigte Anne Bodenhams Fähigkeiten mit seiner Beschreibung, wie sie die Geister erweckt hatte, damit sie seine Fragen über einen Prozeß beantworteten, den er gegen seinen Schwiegervater anstrengen wollte. Seinen Angaben zufolge zog sie mit

Anne Bodenham sagt mit Hilfe tanzender Geister und brennender Kohlen die Zukunft voraus. Ein Holzschnitt aus dem siebzehnten Jahrhundert.

einem Stab einen magischen Kreis und legte in diesen Kreis ein gewisses Buch:

> Danach legte sie ein grünes Glas auf das Buch und stellte in den Kreis einen irdenen Topf mit Kohlen, in den sie etwas hineinwarf, das einen sehr ekelhaften Geruch verursachte ... und indem sie so Beelzebub, Tormentor, Satan und Luzifer herbeirief, erhob sich plötzlich ein Wind, der das Haus erbeben ließ. Und alsdann flog die Hintertür auf, und es kamen fünf Geister ... die aussahen wie abgerissene Jungen, einer größer als der andere, und im Haus umherliefen; und die Hexe warf Brotkrumen auf den Boden, die die Geister aufhoben, und sie sprangen öfter über die Kohlenpfanne mitten im Kreis, und ein Hund und eine Katze, die der Hexe gehörten, tanzten mit ihnen.

Anne Bodenhams Verderben begann durch ihre Verbindung mit der Familie Goddard. Die verstörte Ehefrau von Richard Goddard, die fürchtete, daß ihre Töchter sie vergiften wollten, schickte ihre junge Magd Ann Styles zu Anne Bodenham, um etwas Arsenik zu holen, das sie ihren Kindern zugedacht hatte. Als die Nachricht von der Intrige an die Öffentlichkeit kam, nahm Ann Styles einige Stücke vom Familiensilber der Goddards an sich und floh. Als man sie später ergriff, versuchte sie sich zu retten, indem sie alle Schuld an der Affäre auf Anne Bodenham abwälzte. Ann Styles sagte aus, sie sei in die Dienste des Teufels gelockt worden, nachdem die Bodenham sich in eine schwarze Katze verwandelt und sie dann überredet habe, mit ihrem eigenen **Blut** einen **Pakt mit dem Teufel** zu unterzeichnen, und das Mädchen in den Finger gestochen habe, um ihren Federkiel zu befeuchten. Zur Belohnung für den Verkauf ihrer Seele an den Teufel habe sie von einem Kobold eine Silbermünze geschenkt bekommen.

Der Prozeß gegen Anne Bodenham stützte sich im wesentlichen auf Ann Styles' Aussage. Besonders vernichtend war die Entdeckung eines Mals am Finger des Mädchens, das angeblich von der Wunde herrührte, die die Bodenham ihr beim Unterzeichnen des Pakts beigebracht habe, sowie die starken Anfälle, unter denen Ann Styles litt, als sie den „schwarzen Mann ohne Kopf" beschrieb, der gedroht habe, ihre Seele zu holen. Immer, wenn man Anne Bodenham in den Gerichtssaal brachte, schien Ann Styles in einen tiefen Dämmerzustand zu fallen, aus dem sie erst erwachte, wenn die Angeklagte gegangen war. Als Bestätigung der Schuld fand man an deren Körper zwei **Hexenmale**. Der Prozeß erregte großes Aufsehen, und wie John Aubrey berichtete, „machte die Zuschauermenge einen solchen Lärm, daß weder der Richter den Gefangenen noch der Gefangene den Richter hören konnte; doch die Worte wurden von Herrn R. Chandler von einem zum anderen weitergegeben, und mitunter zeichnete man sie nicht genau auf."

Anne Bodenham beteuerte bis zuletzt ihre Unschuld und weigerte sich, ihren Anklägern und den Kerkeraufsehern zu vergeben. Sie wurde 1653 in Salisbury gehängt. Ihre Bitte, man möge ihr etwas Bier geben, damit sie betrunken sei, wenn die Zeit für ihre Hinrichtung käme, wurde abgelehnt.

Driver, Ellen *siehe* **Hausgeist**

Drownestown, Eva de *siehe* **Kyteler, Alice**

Duke, Alice *siehe* **Somerset, Hexen von**

Dummy Spitzname eines unbekannten Mannes, der 1863 (!) in Sible Hedingham (Essex) als vermeintlicher Hexenmeister dem **Schwemmen** unterzogen wurde. Dummy war ein exzentrischer Achtzigjähriger, der vermutlich aus Frankreich stammte und der nicht sprechen konnte, weil man ihm viele Jahre zuvor (aus unbekannten Gründen) die Zunge abgeschnitten hatte. Von der Gesellschaft seiner drei Hunde abgesehen, lebte er allein in einer bescheidenen Hütte. Im Dorf gab er eine komische Figur ab, denn er trug gewöhnlich mehrere Hüte und Mäntel übereinander. Er war in der Gegend als Wahrsager bekannt, und manche meinten, er sei auch ein geschickter weißer Hexenmeister (*siehe* **weiße Hexe**).

Die Nachsicht, mit der ihm die Nachbarn begegneten, änderte sich eines Nachts spürbar, als der alte Mann im Swan Inn beschuldigt wurde, eine Frau namens Emma Smith mit dem **bösen Blick** behext zu haben. Den Angaben der Smith zufolge hatte Dummy ihr als Strafe dafür, daß sie ihm einst ein Zimmer in ihrem Haus verweigert hatte, eine langwierige Krankheit geschickt. Als Dummy darauf bestand, die Smith nach Hause zu begleiten, um den Bann von ihr zu nehmen, beschuldigte sie ihn der Zauberei und wurde hysterisch, ging mit einem Stock auf ihn los und wiederholte ihre Behauptungen so laut, daß alle im Wirtshaus sie hören konnten. Die Hysterie griff schnell auf die Anwesenden über, und man beschloß, den alten Mann einer Hexenprobe zu unterziehen und ihn nach einem alten Verfahren, an das man sich allerdings nur dunkel erinnerte, zu schwemmen.

Der unglückliche Dummy wurde aus dem Gasthaus getragen und zu einem Bach in der nahen Watermill Lane gebracht. Er wurde mehrmals ins Wasser geworfen, obwohl es scheint, daß der Mob (der die ursprüngliche Theorie des Schwemmens vielleicht gar nicht kannte) weniger Interesse daran hatte, die Schuld des Mannes daran zu messen, ob er unterging oder nicht; es schien vielmehr darum zu gehen, jemanden zu bestrafen, von dem man wußte, daß er ein Hexenmeister war, und dessen Macht zu brechen. Als es immer kälter wurde, gewann schließlich der gesunde Menschenverstand die Oberhand, und die wütende Menge zerstreute sich. Zwei mitleidige Frauen brachten den verschreckten und völlig durchnäßten alten Mann nach Hause, doch das Erlebnis war über Dummys Kräfte gegangen, und er starb an den Folgen der Hexenprobe kurze Zeit später im Armenhaus von Halstead.

Emma Smith und der Rädelsführer des Mobs, ein junger Mann namens Samuel Stammers, wurden vor den Friedensrichtern in Castle Hedingham des Überfalls angeklagt und in Chelmsford vor Gericht gebracht. Henrietta Garrod, ein zehnjähriges Mädchen, war Zeugin des Vorfalls gewesen; ihre Aussage trug wesentlich dazu bei, daß man die beiden Erwachsenen verurteilte und sie sechs Monate Zwangsarbeit verrichten ließ. Der offizielle Gerichtsbericht über die „schmachvolle Verhandlung", wie es das Gericht nannte, verurteilte scharf die Bereitschaft, mit der die Dorfbewohner den Vorwurf der Hexerei gegen den alten Mann akzeptiert hatten, besonders da die Beteiligten nicht ungebildete Feldarbeiter gewesen seien, wie man es angesichts des Vorfalls vielleicht erwartet hätte, sondern Männer „der Kleinhändlerklasse", die sich nach Meinung des Gerichts hätten klüger verhalten müssen.

Duncan, Gilly *siehe* **North Berwick, Hexen von**

Dunlop, Bessie *siehe* **Schottland**

Duny, Amy *siehe* **Bury St. Edmunds, Hexen von**

E

Eber Eine Tiergestalt, in der nach den Aussagen gefolterter Hexen der **Teufel** zu zahlreichen **Hexensabbaten** erschien. Das Schwein wurde ursprünglich im Neuen Testament, und zwar in erster Linie durch die Geschichte von der Heilung der Besessenen von Gadara, in der die ausgetriebenen Dämonen in eine Schweineherde fahren, als Verkörperung des Bösen identifiziert. Jahrhunderte später berichteten Hexen in **Irland** und Neuengland (*siehe* **Vereinigte Staaten von Amerika**) häufig, daß der Teufel ihnen in Gestalt eines großen schwarzen Ebers erschienen sei. Anderswo hielt sich hartnäckig eine Überlieferung, nach der Schweine höchst anfällig gegen dämonische Besessenheit seien, und es geschah, daß kränkliche Schweine als Opfer verbrannt wurden, um die in ihnen hausenden Dämonen daran zu hindern, anderen Schweinen Schaden zuzufügen. Es gibt Berichte, nach denen erst 1833 im ostenglischen Huntington ein lebendes Schwein den rituellen Feuertod fand.

Eberesche Die Eberesche, die den Druiden als heiliger Baum galt und noch heute wegen ihrer schützenden Eigenschaften geehrt wird, betrachtete man einst als starkes Abwehrmittel gegen Hexerei und den **bösen Blick** und pflanzte sie deshalb oft in Gärten und nahe ans Haus. Früher befestigten die Bauern häufig einen Eberseschenzweig an der Tür zum Kuhstall, wenn sie argwöhnten, daß eine Hexe durch Zauberei Milch von der Herde stahl (was man sich typischerweise so vorstellte, daß die Hexe entweder in Gestalt eines **Hasen** oder einer Schlange die Milch direkt aus dem Kuheuter saugte oder die Milch durch rituelles „Melken" eines Seilstückes entwendete). Die einzelnen Tiere schützte man vor Hexen, indem man ihnen Eberescheszweige mit roter Schnur an die Schwänze band. Um zu verhindern, daß eine Hexe die Milch sauer werden ließ, steckte man einen Eberseschenstock in den Milchkübel. Eine Herde Schafe oder andere Nutztiere unter einem Bogen aus Eberseschenholz hindurchzutreiben sollte deren Unempfänglichkeit gegenüber Hexerei garantieren. Aus ähnlichen Gründen hatten Reiter mitunter Peitschen aus Eberseschenholz oder trugen Eberseschenzweige am Hut.

In vielen Häusern hatte man das ganze Jahr über Eberseschenholz liegen, um damit das Eindringen böser Geister zu verhindern. Jeweils am 3. Mai, dem Tag der Kreuzesauffindung, wurde dieses Holz durch neues ersetzt. In manchen Fällen verwendete man beim Hausbau Querbalken oder andere Teile, die aus Eberseschenholz gefertigt waren, um in den Genuß der positiven Wirkung dieses Materials zu kommen, solange das Haus bestand. Kleine Eberseschenstücke, die man bei sich trug oder an der Bettstatt befestigte, sollten das Böse abschrecken. Die Bäume wurden häufig auf Friedhöfen gepflanzt, damit keine Hexe die Totenruhe stören konnte.

Die der Eberesche nachgesagte Kraft kommt am besten in einem alten Volksglauben zum Ausdruck, der besagt, daß eine Hexe, die mit einem Eberseschenstecken in Berührung kommt, sofort vom Teufel persönlich in die Hölle befördert wird.

Edelin, Guillaume *siehe* **Besen**

Edinburgh *siehe* **Weir, Major Thomas**

Edwards, Susanna *siehe* **Exeter, Hexen von**

Ei Das bescheidene Hühnerei wurde von den Menschen seit jeher als ein magischer und deshalb für Hexen interessanter Gegenstand betrachtet. In der Vergangenheit war der Glaube weithin verbreitet, die Hexen würden in unzerbrochenen Eierschalen die stürmischsten Meere befahren oder könnten mit Hilfe der Schalen Einfluß auf eine Person gewinnen, die den Inhalt jener Schalen verspeist hatte. Um das zu verhindern, zerdrückten die Leute am Ende einer Mahlzeit die leeren Schalen (so wie es auch heute noch viele tun, ohne den Zweck zu kennen, der sich früher dahinter verbarg). Man konnte auch jedes Ei mit einem kleinen schwarzen Kreuz markieren, um die Feinde Jesu Christi abzuschrecken. Eine Hexe konnte angeblich jemandes Tod durch Ertrinken bewirken, indem sie Eier in einem Eimer Wasser kochte. 1583 wurde Mother Gabley aus King's Lynn in Norfolk für Zaubereien dieser Art und für ihre vermeintliche Schuld am Tod von vierzehn Matrosen, die in einem Sturm umgekommen waren, zum Tode verurteilt.

In einigen Gegenden der Erde dienten Eier auch als Schutz vor dem **bösen Blick**. In Albanien beispielsweise zerdrückte man ein Ei und warf es über das Gesicht eines Neugeborenen, um das Kind vor der Aufmerksamkeit böser Geister zu bewahren. In Griechenland reichte man vor dem Gesicht eines Babys ein Ei vorbei, während die Mutter sprach: „Mögest du leben, mein Kleiner. Mögest du alt werden, mit weißem Haar und weißem Bart."

Eibe Immergrünes Gewächs, das lange Zeit mit dem Leben nach dem Tod und deshalb auch mit dem Übernatürlichen im allgemeinen assoziiert wurde. Oftmals auf Friedhöfe gepflanzt, galt die Eibe mit ihren giftigen Nadeln und ihrem dichten Holz als **Schutz vor Hexenzauber** und vor **Geistern**. Aus diesem Grund ließ man die Eibe oftmals nah am Haus wachsen. Manche Quellen behaupteten sogar, daß viele Kirchen ursprünglich an Stellen errichtet worden seien, in deren Nähe zum Zeitpunkt des Baues bereits eine Eibe gestanden habe. Dementsprechend galt es als unheilbringend, eine Eibe abzuholzen. Auch das Aufstellen von Eibenzweigen im Haus sollte Unglück bringen, denn mit ihnen konnten angeblich böse Geister in das Gebäude gelangen. Das Holz der Eibe wurde einst zum Herstellen von Wünschelruten und **Zauberstäben** bevorzugt; die Verwendung dieses Materials auch für Waffen stärkte allerdings den Ruf des Gewächses, ein unheilvoller Baum zu sein.

Junge Mädchen, die Hexen bezüglich ihres zukünftigen Partners befragten, erhielten meist den Rat, einen Eibenzweig unter ihr Kopfkissen zu legen. Den Zweig mußten sie allerdings selbst auf einem Friedhof gebrochen haben, den sie noch nie zuvor gesehen hatten.

Eiche Einem alten Aberglauben zufolge bot die Eiche Schutz vor bösen Geistern und Hexerei. Jeder, der unter diesem Baum stand oder Eichenzweige in seinem Haus hatte, galt als sicher vor magischen Einflüssen. Manche Menschen trugen zum selben Zweck Eichenblätter bei sich oder hatten ein paar Eicheln im Haus liegen, um sich vor Blitzschlag zu schützen.

Aus Cornwall stammt eine Überlieferung, nach der ein Mensch von Zahnschmerzen befreit wird, wenn er einen Nagel in den Stamm einer Eiche schlägt, während walisische Hexen rieten, Wunden am Johannistag an einem Stück Eichenrinde zu reiben, damit die Haut an diesen Stellen schnell heilte. Ehepaaren, denen der Kindersegen versagt blieb, oder Patienten, die unter einer Hernie litten, wurde empfohlen, die Eiche mit den Armen zu umfassen, um sich die magischen Kräfte des Baumes zunutze zu machen.

Als die zauberkräftigsten Eichen galten die, die an **Kreuzwegen** wuchsen.

Eichstätt, Hexe von Deutsche Bauersfrau, gegen die 1637 in Eichstätt bei Ingolstadt ein Hexenprozeß stattfand. Der Prozeß war typisch für viele Tausende ähnlicher Verfahren, doch sind darüber mehr Einzelheiten bekannt, da der vom Amtsschreiber verfaßte Gerichtsbericht erhalten geblieben ist. Dieses Zeugnis, das die Entwicklung des Geschehens im Gerichtssaal und in der Folterkammer belegt, wirft ein Licht auf die erschreckende Unvermeidlichkeit des Prozesses, durch den die Schuld einer vermeintlichen Hexe „nachgewiesen" wurde.

Der namentlich nicht bekannten Angeklagten, eine vierzigjährige Bauersfrau, hatte man wiederholt zugesetzt, um sie zu bewegen, die ihr zur Last gelegten Verbrechen – die Teilnahme an **Hexensabbaten**, das Ausgraben von Leichen und das Hindurchgehen durch verschlossene Türen mittels Zauberei – zu gestehen. Anfangs bestritt sie all diese und andere absurde

Anschuldigungen energisch. Dem Bericht über ihre Aussage zufolge erklärte die Frau, „sie wolle alles erleiden, könne jedoch nicht zugeben, daß sie eine Hexe sei". Als ihr die ersten Anklagepunkte vorgelesen wurden, „lacht sie herzlich auf und erklärt, daß sie den Tod vorziehe". Dann notierte der Schreiber die frostige Bemerkung: „Insofern als die Angeklagte auf gütige Behandlung nicht reagiert, wird sie in die Folterkammer gebracht."

Nachdem man auf der rechten Seite ihres Rückens das **Teufelsmal** entdeckt hatte, wurde die Angeklagte etwa zwei Wochen lang gefoltert. Man begann damit, sie mehrmals auf die **Leiter** zu binden, unterwarf sie später jedoch noch schmerzhafteren Qualen, indem man ihr die **spanischen Stiefel** anlegte und sie aufzog (*siehe* **Aufziehen**). So wurde sie gezwungen, sich ein übertriebenes Geständnis von der Art auszudenken, wie es die Befrager ihrer Ansicht nach hören wollten. Zeitweise wurde ihre Pein zu stark, und alles was der Schreiber dann notieren konnte, waren ihre mitleiderregenden Worte, mit denen sie Gott und Jesus Christus anrief, sie zu erlösen.

Zunächst bekannte sich die Frau zu einer Affäre mit dem Henker, dann gab sie zu, der **Teufel** habe sie in Gestalt des Henkers verführt. Der Teufel habe ihr ein geheimnisvolles grünes Pulver gegeben, mit dem sie Böses gegen Mensch und Tier in die Wege leiten konnte (was die Beamten dann auch vor Gericht vorbrachten). Auf Geheiß des Teufels habe sie auch drei ihrer eigenen Kinder getötet. Erkannte man bei ihr Anzeichen dafür, daß sie ihr Geständnis widerrufen wollte, dann wurde sie geschlagen und ermuntert, weitere Übeltaten wie den selbst in der Gefängniszelle fortgesetzten Geschlechtsverkehr mit dem Teufel (den sie als schmerzvoll empfunden habe) zu gestehen. Sie besäße auch einen Inkubus mit Namen Gockelhahn. War die Folter jedoch zu Ende, dann zog sie das gesamte Geständnis zurück und behauptete, daß sie „in ihrem ganzen Leben den Teufel nie gesehen noch Geschlechtsverkehr mit ihm gehabt habe". Daraufhin wurde sie von den Richtern, die sie für ihr „störrisches, teuflisches Herz" tadelten, wieder in die Folterkammer geschickt.

Als die Folterknechte ihre Arbeit getan hatten, befand sich die Angeklagte in einem solchen Zustand, daß sie wahrhaftig an ihre vermeintlichen Verbrechen zu glauben schien und keinen weiteren Widerstand leistete. Die Denunziationen von fünfzehn Zeugen hatten jeglichen Protest ihrerseits ohnehin aussichtslos gemacht. Vor Gericht, wo man ihr wie üblich keinerlei Verteidigung zugestand, schienen die Richter in erster Linie daran interessiert zu sein, die Namen von Komplizen zu erfahren. Um den Wünschen der Richter zu willfahren, gab die Angeklagte umfassende Einzelheiten von den Hexensabbaten zu Protokoll, an denen sie teilgenommen habe, und führte die Namen vieler anderer Hexen, die angeblich ebenfalls dort anwesend waren, sowie die Namen der Dämonen an, die ihr gedient hätten. Unter anderem, so gab sie zu, habe sie Stürme heraufbeschworen, sei in verschlossene Keller eingedrungen und habe auch die Leichen von Kindern exhumiert und die geheiligte Hostie geschändet.

Bis dahin hatte die Angeklagte dem Gericht mehr als genug Beweismaterial geliefert, auf dessen Grundlage ein Schuldspruch gefällt und auch Anklage gegen zahlreiche andere Verdächtige erhoben werden konnte. Eine letzte mechanische Eintragung im Bericht des Schreibers für Freitag, den 17. Dezember 1637 lautet: „Sie stirbt reuig."

In Eichstätt fanden vor und nach diesem Fall viele ähnliche Prozesse statt. Schätzungen zufolge wurden in der Zeit des Hexenwahns in dieser Stadt zwischen eintausend und zweitausend vermeintliche Hexen verbrannt.

Siehe auch **Bayern**; **Deutschland**.

Eidechse Einer abergläubischen Vorstellung zufolge bestand eine feste Verbindung zwischen Eidechsen und der Hexenkunst. Die meisten Sagen, in denen es um Eidechsen ging, stellten diese Geschöpfe negativ dar und spiegelten so die Assoziation mit den Mächten der Finsternis wider. In Shakespeares *Macbeth* verwendeten die Hexen Eidechsen als Zutat zu dem Trank, den sie auf der Bühne bereiteten. Eidechsen sind gewiß Bestandteil einer ganzen Reihe legendärer Tränke gewesen, so beispielsweise der Präparate zur Behandlung von Syphilis, Impotenz, **Warzen** und Hautkrankheiten. In der Antike nahm man an, die Eidechse besitze aphrodisische Eigenschaften (*siehe* **Liebestrank**). Manche

Hexen gaben in ihren Geständnissen an, ihre **Hausgeister** hätten mitunter die Gestalt einer Eidechse angenommen. Manche Autoritäten auf dem Gebiet des Hexenwesens stellten auch die Theorie auf, Eidechsen seien das Resultat der Paarung der Hexen mit dem Teufel.

Eisen Eisen, das man im Feuer schmiedet, wird als das zauberkräftigste Metall betrachtet. In der Vergangenheit diente es weit und breit als Abschreckungsmittel gegen Hexen. Im alten Ägypten legte man den Verstorbenen häufig Gegenstände aus Eisen ins Grab, um böse Geister fernzuhalten. Ähnliche Zusammenhänge sahen auch die alten Chinesen, die behaupteten, daß Eisen Drachen abschrecken könne, und in Europa glaubten viele Menschen, Eisen wehre auch Blitze ab.

Wegen der vermeintlich abschreckenden Wirkung verbarg man unter den Fußmatten vor dem Hauseingang häufig Messer und Scheren, damit keine Hexe in das Haus eindringen konnte. Ein über dem Eingang aufgehängtes Hufeisen sollte die gleiche Wirkung haben, und eine alte Sense über dem Bett, so glaubte man, hielt Hexen aus dem Schlafraum fern. Berührte man einen Gegenstand aus Eisen, dann war man angeblich gegen den **bösen Blick** gefeit. Zauberer, die die Geister zu beschwören suchten, legten manchmal eine Kette aus magnetisiertem Eisen um ihren **magischen Kreis**, um dessen schützende Eigenschaften zu verstärken. Eisennägel indes gehörten zum gewöhnlicheren Beiwerk für Zauberrituale.

Elemente Die vier Grundelemente Feuer, Luft, Erde und Wasser, aus denen einem einstigen Glauben zufolge die gesamte Schöpfung bestand. Diese alte Vorstellung, die lange vor dem Christentum verbreitet war, blieb in der Philosophie mittelalterlicher Gelehrter erhalten und war einer der Grundsätze, die die Pseudowissenschaft Alchimie beherrschten. Der Mensch selbst, so glaubte man, wurde von den vier Elementen geleitet, wobei das Feuer (oder die gelbe Galle) Reizbarkeit und Jähzorn, die Luft (oder das Blut) Selbstvertrauen, die Erde (oder die schwarze Galle) Melancholie und das Wasser (oder der Schleim) Ruhe verkörperten. Diese Elemente mußten sich im Gleichgewicht befinden, um das Wohlbefinden eines Individuums zu garantieren, und so baute eine medizinische Behandlung oftmals auf der Regulierung des Verhältnisses zwischen den vier Teilen auf. Allgemeiner gesagt, wurden Feuer und Luft als die aktiven, kreativen, männlichen Elemente betrachtet, während Erde und Wasser für passive, negative, weibliche Werte standen.

In den Ritualen der Hexenkunst spielte die Theorie von den vier Elementen eine wichtige Rolle. In der neuzeitlichen Praxis ist ihr Einfluß besonders augenfällig in der konventionellen Initiationszeremonie. Bei dieser Zeremonie liegt der Neuling in einem **magischen Kreis** auf dem Boden, die Glieder nach vier Seiten oder den vier Elementen ausgestreckt, während der Kopf (wie in einem **Pentagramm**) einen fünften Punkt bildet, um die okkulte Kraft zu repräsentieren, von denen die vier „Temperamente" beherrscht werden.

Elfenkönigin Die Königin der Elfen wurde im sechzehnten und siebzehnten Jahrhundert in einer ganzen Reihe von Hexengeständnissen erwähnt. Sie war ein mysteriöses Wesen, das manchmal zusammen mit dem Teufel die **Hexensabbate** anführte. Offensichtlich stellte die Elfenkönigin eine Version der antiken Gestalt der **Großen Göttin** dar; sie forderte von den Mitgliedern der **Hexenzirkel** oftmals die gleiche Ehrerbietung wie der Teufel selbst, wobei sie darauf bestand, daß diese ihr Hinterteil küßten (*siehe* **Kuß**), und dann unter den anwesenden Hexenmeistern ihre Wahl traf. In den Geständnissen, die man 1590 den **Hexen von Aberdeen** abgezwungen hatte, hieß es beispielsweise, sie sei „sehr freundlich, und sie kann alt oder jung aussehen, wenn sie vergnügt ist, und sie macht jeden zum König und legt sich mit jedem nieder, den sie gern hat." Möglicherweise ist sie gleichbedeutend mit der „Feenkönigin", die Isobel Gowdie als „prächtig in weißes Leinen gehüllt und in weißen und braunen Kleidern" beschrieb.

Elfenschuß In den ländlichen Gemeinden früherer Zeiten führte man eine unerklärliche Verschlechterung des Gesundheitszustandes eines Menschen oder eines Tieres häufig auf den üblen Einfluß von Hexen oder **Feen** zurück, und das unglückliche Opfer galt als „von den Elfen angeschossen". Der Überlieferung zufolge konnten böswillige Wesen Menschen und auch Tiere verletzen oder krankmachen, indem sie „magische" Pfeile auf sie abschossen. Diese Pfeile wurden mitunter in unmittelbarer Nähe des leidenden Opfers als Beweis für die Übeltat gefunden (die sorgfältig aufbewahrten und erhaltenen Pfeile wurden später als prähistorische Pfeilspitzen identifiziert).

Die schottische Hexe Isobel **Gowdie** beschrieb in ihrem umfangreichen, freiwilligen Geständnis, wie sie im Verschießen dieser Pfeile unterwiesen worden sei, die der Teufel persönlich hergestellt habe. Sie sagte aus: „Der Teufel wetzt sie mit eigener Hand und gibt sie an Elfenjungen weiter, die sie mit einem scharfen Ding, das wie eine Packnadel aussieht, zurichten." Als sie auf das Abschießen der Pfeile zu sprechen kam, erklärte Isobel Gowdie, die Hexen würden dazu keinen Bogen benutzen, sondern sie „von unseren Daumennägeln losschnellen lassen". Der Teufel habe sie und ihre Freunde mit auf die Jagd genommen, wo sie einen Pflüger angeschossen und getötet hätten, während Isobel Gowdie sich brüstete, selber eine Frau auf diese Weise umgebracht zu haben.

Ellis, Dorothy *siehe* **Hausgeist**

En-Dor, Hexe von „Hexe", durch die Saul mit dem toten Samuel in Verbindung trat, wie im Alten Testament (Erstes Buch Samuel, Kap. 28) berichtet wird. Die Textstelle wurde häufig von jenen zitiert, die eine systematische Verfolgung der Hexen anstrebten. Der Bibeltext berichtet über die Totenbeschwörerin von En-Dor, die als Medium für Saul agierte, als dieser in Erwartung eines Angriffs der Philister Rat suchte. Auf Sauls Aufforderung hin beschwor sie den Geist Samuels herauf (einigen Kritikern zufolge war es ein Dämon, der den Toten nachahmte), und Saul hörte durch sie Samuels Stimme.

In Wahrheit ist die Gleichsetzung der Frau mit einer Hexe kleinen Unterschieden zwischen dem Originaltext und der Übersetzung und nicht der Bibel geschuldet, denn die ursprüngliche hebräische Fassung bezeichnet die vermeintliche Hexe als eine Wahrsagerin, die ihre Eingebungen durch eine Pythonschlange oder einen Geist erhält. In der autorisierten englischen Version von 1611 jedoch waren sich die Übersetzer über das Wesen der Episode ganz sicher und setzten über das Kapitel die unzutreffende Überschrift „Saul zieht eine Hexe zu Rate". (In der lutherschen Übersetzung heißt die Stelle „Saul bei dem Weibe zu Endor".) Sie beschrieben sie als Besitzerin eines **Hausgeistes**, obwohl die Vorstellung davon, daß jede Hexe solch einen Kobold besitze, relativ neu war und sich hauptsächlich auf die englische Tradition des Hexenwesens beschränkte. Diese Trübung des Urteils ließ Maßnahmen wie das 1604 unter **Jakob I.** erlassene Hexengesetz (Witchcraft Act) als von Gott gebilligt erscheinen. Daß das Zitieren der Geschichte von der Hexe von En-Dor als Rechtfertigung der Hexenverfolgung stichhaltig sei, stellte bereits 1584 Reginald **Scot** in Frage. Scot stellte aufgrund des hebräischen Originaltextes fest, daß alles, was Saul gesehen habe, falls er überhaupt etwas gesehen habe, „eine Illusion oder Täuschung" gewesen sei.

Engelwurz Aromatische Pflanze, die einst wegen ihrer schützenden Eigenschaften in bezug auf Hexerei geschätzt wurde. Assoziiert mit dem Erzengel Michael und mitunter auch „Wurzel des Heiligen Geistes" genannt, sollte diese Pflanze Schutz vor Hexen, Tollwut, Pest und anderen Bedrohungen bieten. Sie wurde auch zur Zerstreuung wollüstiger Gedanken bei jungen Leuten empfohlen.

England Obgleich im Verlauf von vielen Jahrhunderten in England fast eintausendfünfhundert überführte Übeltäter, die ihre Verbrechen mit Zauberei und anderen Mitteln begangen hatten, schwer bestraft worden waren, drang der Hexenwahn, wie er auf dem europäischen Festland herrschte, erst relativ spät auf die Inseln vor. Hier wurde im Mittelalter die Hexerei nicht so sehr als Vergehen gegen Gott, sondern gegen die Menschen interpretiert und wie andere Verbrechen behandelt. Die Fälle stützten sich hauptsächlich auf unumstößliche Beweise für strafbare Handlungen wie das Verderben der Ernte oder erwiesene Bedrohung des Lebens durch Gift oder Zauber. Über die Hexen wurde somit auf der Grundlage ihrer Taten Recht ge-

England

sprochen, und es mußte der Beweis für **Maleficia** erbracht sein, ehe ein Urteil gefällt werden konnte. Es gibt Berichte über mehrere angebliche Hexen aus dem Mittelalter, die von den Gerichten freigesprochen wurden oder nur mildeste Strafen erhielten, weil niemand den Beweis dafür liefern konnte, daß sie irgendeinen Schaden angerichtet hatten. Noch 1560 ließ man acht Männer, die ihre Zauberei und Hexerei gestanden hatten, frei, nachdem sie kurze Zeit am Pranger gestanden und versprochen hatten, in Zukunft der Hexenkunst zu entsagen.

Wie andere Verdächtige, so konnten sich im Mittelalter auch Hexen entscheiden, sich einer Hexenprobe, dem Gottesurteil, zu unterziehen. Die allererste Person, die in England wegen Zauberei angeklagt wurde, war Agnes, die Frau des Odo. Sie kam im Jahre 1209 vor Gericht, wurde jedoch freigesprochen, nachdem sie sich dem Gottesurteil der Feuerprobe unterzogen hatte, bei der sie ein rotglühendes Eisen anfassen mußte. Bis zum vierzehnten Jahrhundert lagen die vermeintlichen Fälle von Zauberei im Verantwortungsbereich der kirchlichen Gerichte, die die verurteilten Personen zur Bestrafung an die weltliche Obrigkeit übergaben. Der erste Hexenprozeß, der in England vor einem weltlichen Gericht verhandelt wurde, fand 1324 statt. Damals standen in Coventry siebenundzwanzig Personen unter der Anklage, ein Komplott geschmiedet und Totenbeschwörer konsultiert zu haben, um den König zu töten.

Die englische Gesellschaft konnte sich insofern glücklich schätzen, als die **Inquisition** diesseits des Kanals nie viel Erfolg hatte. Dieser Umstand beruhte hauptsächlich darauf, daß man die Anwendung der Folter zur Erlangung von Geständnissen ablehnte, daß die Zivilgerichte traditionsgemäß keine unbestätigten Schuldbekenntnisse als Beweismaterial akzeptierten und stichhaltige Belege für *maleficia* forderten. Fälle, in die Adlige verwickelt waren, wurden von den Zivilgerichten sehr ernst genommen, da sie das Risiko des Verrats gegen die Krone bargen. Hier konnten die Angeklagten vor den Kronrat gebracht oder vor einem Gericht der Bischöfe zur Anklage vernommen werden (*siehe* **Cobham, Eleanor, Herzogin von Gloucester; Woodville, Elizabeth**).

Das erste Gesetz, das sich speziell mit dem Hexenwesen befaßte, wurde 1542, während der Herrschaft Heinrichs VIII., erlassen. Es ging zwar nicht auf den **Pakt mit dem Teufel** ein, zeigte aber anderweitig Strenge, indem es harte Strafen für Alchimisten und Hexen diktierte, die beabsichtigten, mittels schwarzer Magie, darunter auch durch Bildzauber, *maleficia* zu begehen. Hexerei an sich lieferte indes noch keinen Anlaß für ein Gerichtsverfahren, und es stellte sich heraus, daß aufgrund dieser Verfügung nur eine verdächtige Person verhaftet (und später begnadigt) wurde, ehe Eduard VI. 1547 das Gesetz aufhob. 1559 wurde ein neue Bestimmung vorbereitet, jedoch nicht zum Gesetz erhoben, und einige Jahre lang gab es in der englischen Rechtsprechung keine Vorschrift mehr, die das Hexenwesen verbot.

Die Verhältnisse änderten sich deutlich im Jahre 1563, als unter Elisabeth I. eine neue Gesetzgebung in Kraft trat, die das Hexenwesen einschränken sollte. Die Königin selbst war das Ziel verschiedener Hexereikomplotte gewesen; ihrer Einschätzung zufolge konnten Behauptungen wahrsagender Zauberer oder Hexen, nach denen ein Herrscher nur noch kurze Zeit zu leben hatte, ohne weiteres einen Aufstand provozieren, dessen Anführer Personen waren, die sich schon als Nachfolger auf dem Thron sahen. Unter dem Eindruck der Hexenverbrennungen, die sie in anderen Ländern gesehen hatten, drängten mehrere protestantische Bischöfe die Königin wiederholt dazu, auch in England härtere Maßnahmen zu ergreifen. Bischof John Jewel, der um 1560 in Oxford vor der Königin predigte, wich damals von seinem vorbereiteten Text ab, um schwarzseherisch vor den Aktivitäten der Hexen überall im Reich zu warnen, und behauptete: „Euer Gnaden Untertanen welken gar bis zum Tod dahin, verlieren ihre Lebendigkeit, ihr Fleisch verfault, ihre Rede ist kraftlos, sie sind ihrer Sinne beraubt."

Das Gesetz von 1563 führte die Todesstrafe für jene, die des Mordes mittels Zauberei für schuldig befunden waren, sowie Gefängnisstrafen und das Prangerstehen für Hexen ein, die sich weniger schwerer Verbrechen schuldig gemacht hatten. Obwohl die neue Gesetzgebung weniger streng als die im übrigen Europa war, begann mit ihr der Hexenwahn in England Fuß zu fassen.

England

Zu den ersten bedeutenden Hexenprozessen auf der Grundlage des Gesetzes von 1563 gehörten die Verfahren gegen die **Hexen von Chelmsford** und die **Hexen von St. Osyth**, die 1566 bzw. 1582 in der Grafschaft Essex stattfanden, sowie der Prozeß gegen die **Hexen von Warboys**, die 1593 in Huntington vor Gericht standen. Essex, das in der ersten Hälfte des fünfzehnten Jahrhunderts ein Zentrum der protestantischen Abweichung von der Staatskirche war, wurde als Brutstätte der Aktivität des Hexenwesens angesehen; die Mehrheit der Prozesse, zu denen es auf der Basis des Gesetzes von Königin Elisabeth kam, waren in den südöstlichen Grafschaften angesiedelt, obgleich es in späteren Jahrzehnten zu einer Konzentration von Fällen unter anderem auch in Lancashire und Somerset kam. Ein weiteres Gesetz verschärfte 1581 das Verbot der Tätigkeit von Wahrsagern und Hexen im allgemeinen. Unter der Herrschaft der Königin gab es insgesamt fünfhundertfünfunddreißig Anklagen wegen Hexerei. Zweiundachtzig der verurteilten Hexen wurden zu Tode gebracht, wovon die erste die dreiundsechzigjährige Agnes Waterhouse war, die man 1566 in Chelmsford hängte. Mitunter stützten sich die Gerichte auch auf zweifelhafte Beweise: Mehrere bekannte Fälle waren aufgrund von falschen Behauptungen zur Verhandlung gekommen (wie beispielsweise 1597 der des **Jungen von Burton** und 1622, nach dem Ende von Elisabeths Herrschaft, der Fall des **Jungen von Bilson**).

Ein viel schärferes Gesetz, 1604 unter Jakob I. erlassen, trat an die Stelle der früheren juristischen Maßnahmen. Der Tod durch Erhängen war nun als Strafe selbst für Ersttäter vorgeschrieben, wenn *maleficia* nachgewiesen werden konnten. Es war auch nicht wichtig, ob das Opfer einer Straftat wirklich gestorben war oder nicht; es genügte, wenn es durch Magie „getötet, zugrunde gerichtet, geschwächt, kraftlos oder lahm am ganzen Körper oder an einem Teil davon war". Auch der Pakt mit dem Teufel wurde genau wie der Umgang mit üblen oder bösen Geistern, das Ausgraben von Leichen für Zaubereien, das Zubereiten von **Liebestränken** und das Voraussagen von Orten mit versteckten Schätzen zum Schwerverbrechen. Das Gesetz von 1604 blieb bis 1736 in Kraft. Auf seiner Grundlage wurden die wichtigsten englischen Hexenprozesse geführt, darunter auch der Prozeß gegen die **Hexen von Pendle**, von denen 1612 neun gehängt wurden, und das Verfahren von 1645 gegen die spätere Generation der Hexen von Chelmsford, das mit der größten Massenhinrichtung in der Zeit des englischen Hexenwahns endete. In Amerika wurde das Gesetz als Grundlage für die Verfolgung der **Hexen von Salem** herangezogen.

Die schlimmste Zeit waren die vierziger Jahre des siebzehnten Jahrhunderts, als die englische Gesellschaft wegen des Bürgerkrieges ohnehin in Unruhe war. Der berüchtigtste englische Hexenjäger, der zu dieser Zeit in Erscheinung trat, war Matthew **Hopkins**, der selbsternannte Oberste Hexenriecher, der in den Jahren 1645 und 1646 in den puritanischen Grafschaften des Ostens eine Herrschaft des Terrors herbeiführte. Da die englische Gesetzgebung sich dagegen sträubte, unbestätigte Geständnisse anzuerkennen, und Schuldbeweise forderte, legten Hopkins und dessen Verbündete großen Wert auf die **Nadelprobe** und die Suche nach dem **Teufelsmal**, die sie erfolgreich als stichhaltigen und unleugbaren Beweis dafür darstellten, daß eine Person einen Vertrag mit dem Teufel geschlossen hatte. Auffallend in den Geständnissen, die Hopkins und andere erzwangen, waren die detaillierten Beschreibungen der **Hausgeister** von Hexen. Diese dienstbaren Dämonen, die für gewöhnlich die Gestalt von **Katzen**, **Hunden** oder anderen Haustieren annahmen, waren eine Besonderheit des englischen Hexenwesens. Nur wenige Hexen, die auf dem europäischen Festland lebten, erwähnten jemals solche Wesen.

Hatte man sie nicht des Verrats für schuldig befunden, dann wurden verurteilte Hexen meist gehängt und nicht wie in Schottland oder auf dem Kontinent bei lebendigem Leib auf dem Scheiterhaufen verbrannt. Auch übermäßigen Peinigungen durch die Folter mit dem Ziel, Geständnisse zu erzwingen, waren sie nicht ausgesetzt. Allerdings entwickelten Hexenriecher wie Matthew Hopkins eine wahre Meisterschaft darin, Verdächtigen Aussagen zu entlocken, indem sie Mittel wie Schlafentzug, zwangsweises Hin- und Herlaufen (*siehe* **Hexenspaziergang**) anwandten und die Nahrung für ihre Opfer auf Brot und Wasser reduzierten. Eine beliebte

England

Hexenprobe war das **Schwemmen**, das 1645 schließlich durch eine parlamentarische Kommission verboten wurde.

Von Ausnahmen abgesehen, waren die typischen Opfer der Hexenverfolgung verwirrte alte Bauersfrauen, die wegen ihrer Einsamkeit und ihres mitunter ungeselligen Verhaltens von den Nachbarn gereizt und gefürchtet wurden. Allzuoft beruhten die Fälle nur auf Beweisen vom Hörensagen oder auf den höchst unzuverlässigen Aussagen von Kindern, die in ihren Denunziationen von hexenhassenden Fanatikern, böswilligen Verwandten oder leichtgläubigen Geistlichen oder Richtern noch ermuntert wurden.

In der zweiten Hälfte des siebzehnten Jahrhunderts klang die Hexenmanie in England wie überall in Europa allmählich ab – nicht zuletzt dank der aufgeklärten Haltung solcher Juristen wie des Oberrichters Sir John **Holt**, der jede Hexe, die man vor ihn brachte, freisprach. Das Gesetz von 1604, unter dem die meisten Hexenprozesse geführt worden waren, wurde 1736, während der Herrschaft Georgs II., schließlich aufgehoben. Die letzte Todesstrafe wegen Hexerei vollstreckte der Scharfrichter 1684 in Exeter, als Alice **Molland** gehängt wurde. Die letzte Person, die man wegen Hexerei angeklagt hatte und 1712 in Hertford verurteilte, war Jane **Wenham**, die später begnadigt wurde. Der letzte ernsthafte Versuch, jemanden wegen Hexerei verurteilen zu lassen, wurde 1717 in Leicester unternommen. Hier unterzog man Jane Clarke sowie deren Sohn und Tochter, die alle aus Great Wigstone stammten, dem Schwemmen und dem **Hexenkratzen** und legte ihnen dann verschiedene Verbrechen zur Last, zu denen nicht weniger als fünfundzwanzig Nachbarn Aussagen geliefert hatten. Nachdem die Geschworenen die Anklagen fallengelassen hatten, wurden die Beschuldigten wieder auf freien Fuß gesetzt.

Es ist unmöglich, eine genaue Zahl der Personen anzugeben, die in den Jahren 1542–1736 in England wegen Hexerei zu Tode gebracht wurden, doch die meisten Fachleute sind sich einig, daß es mindestens tausend Opfer gab.

Noch Jahre nach der Zeit des Hexenwahns fürchteten die Menschen im ganzen Land die Aktivitäten der Hexen. 1751 schlug eine wütende Menge Ruth **Osborne** tot, der die Einheimischen vorwarfen, eine Hexe zu sein. Der Anführer des Mobs wurde später wegen Mordes gehängt. Der Glaube an die Realität der Hexerei war bis in die Mitte des neunzehnten Jahrhunderts weithin verbreitet, und noch 1879 brachte man einen Mann namens William Bulwer, der aus Etling Green in Norfolk stammte, wegen Mißhandlung und Beleidigung seiner achtzehnjährigen Nachbarin Christiana Martins und deren Mutter vor Gericht. Er hatte beide Frauen bezichtigt, Hexen zu sein. Als das Gericht versuchte, dem Zank auf den Grund zu gehen, hielt Bulwer mit seinen Zweifeln über die beiden Martins nicht lange hinterm Berg:

> Mrs. Martin ist eine alte Hexe, Gentlemen, das ist sie, und sie hat mich behext, und ich konnte wegen ihr drei Nächte nicht schlafen, und eines Nachts halb zwölf stand ich auf, weil ich nicht schlafen konnte, und ging hinaus und fand unter einer Erdscholle eine Kröte, die mit einer dreizinkigen Gabel eingegraben worden war. Deshalb konnte ich keine Ruhe finden; sie ist eine schlechte alte Frau, und ihre Tochter ist genauso schlecht, Gentlemen. Sie behext jeden; sie hat mich behext, und ich konnte Tag und Nacht nicht ruhen, bis ich diese Kröte unter dem Rasen fand.

Vereinzelte Fälle von Hexenglauben gibt es auch in der neuen Zeit immer wieder, wie das gelegentliche, anscheinend rituelle Töten eines Lebewesens oder die Entdeckung zerstörter Gräber und ähnlicher Dinge zeigt. Das zwanzigste Jahrhundert ist auch Zeuge eines wiederauflebenden Interesses an der Hexerei als einer okkulten Wissenschaft geworden, die (obwohl die Verbindungslinien schwach sind) angeblich von vorchristlichen Kulten herkommt. Die letzten Bestimmungen bezüglich des Hexenwesens wurden vom britischen Parlament schließlich 1951 aus dem Gesetzbuch entfernt.

Siehe auch **Bateman, Mary; Bury St. Edmunds, Hexen von; Crowley, Aleister; Darrell, John; Dee, Dr. John; Dr. Lambs Geliebte; Dummy; Exeter, Hexen von; Fairfax, Edward; Faversham, Hexen von; Flower, Joan; Gardner, Gerald; Glanvill, Joseph; Golden Dawn, Hermetic Order of the; Gunter, Anne; Hale, Sir Matthew; Harsnett, Samuel; Junge von Leicester; Peter-**

Essex, Gräfin von

son, Joan; **Somerset, Hexen von**; **Trommler von Tedworth**; **Walton, Charles**; **Wicca**.

Essex, Gräfin von *siehe* **Overbury, Sir Thomas**

Exeter, Hexen von Susanna Edwards, Temperance Lloyd und Mary Trembles, die 1682 wegen Hexerei in Exeter vor Gericht gebracht wurden. Einer der letzten großen Hexenprozesse in England, der sich auf die Stadt Bideford in Devonshire konzentrierte, wo die drei Frauen angeblich einem **Hexenzirkel** angehörten. Temperance Lloyd, die Königin des vermeintlichen Hexenzirkels, hatte bereits zweimal wegen Hexerei vor Gericht gestanden, während Susanna Edwards vom Teufel persönlich angeworben worden sein sollte (den sie in der Gestalt eines schwarzgekleideten Herrn beim Überqueren des Parsonage Close getroffen habe); Mary Trembles war von Susanna Edwards zum Eintritt in den Zirkel aufgefordert worden.

Als man Susanna Edwards einsperrte, bedachte sie ihren Gefängniswärter mit einem langen wütenden Blick. Als ihn unmittelbar darauf ein Krampf befiel, bezichtigte man sie zwangsläufig, über die Macht des bösen Blickes zu verfügen. Susanna Edwards' Bericht über ihre Begegnung mit dem Teufel auf dem Parsonage Close erregte großes Aufsehen. Die freiwillig abgegebenen phantasiereichen und schockierenden Geständnisse der drei Frauen ließen in den Augen der Öffentlichkeit nur wenig Raum für Zweifel an deren Schuld. Nichtsdestoweniger waren einige Beweise, die man gegen die drei Frauen aus Bideford vorbrachte, mehr als fadenscheinig. Die Aussage eines „Zeugen" gründete sich auf nichts weiter als auf die Tatsache, daß der Mann gesehen hatte, wie eine schwarze **Katze** durch ein Fenster in das Haus einer der Angeklagten gesprungen war. Roger North schrieb in seinem Bericht über den Prozeß: „Dieser Denunziant sagt, er habe in der Dämmerung eine Katze in ihr Fenster springen sehen; und dieser Denunziant sagt weiter, daß er wahrhaftig glaubt, die besagte Katze sei der Teufel, und mehr sagt er nicht."

Der Richter, der als „sanfter, passiver Mensch" geschildert wird, zeigte sich geneigt, Mitleid mit den drei armen, sichtlich verwirrten und erschreckten alten Frauen zu haben, die da vor ihm standen, doch ganz Exeter schien anderer Meinung zu sein. North schrieb dazu:

> Die Frauen waren sehr betagt, altersschwach und hilflos und wurden unter so viel Geschrei und wildem Zorn gegen sie zur Gerichtssitzung gebracht, wie es der Pöbel zu jeder Gelegenheit tut. Die Geschichten von ihren Taten waren in aller Munde … die Leute glaubten alles und verfolgten die bedauernswerten alten Geschöpfe entsprechend.

Es war offensichtlich, daß es einen Aufruhr gäbe, wenn die drei Frauen freigesprochen würden, und der Richter gab schließlich auf. Susanna Edwards, Temperance Lloyd und Mary Trembles wurden zum Tode verurteilt und am 25. August 1682 gehängt. Es wird berichtet, daß Susanna Edwards und Mary Trembles auf dem Weg zum Galgen weinten, Temperance Lloyd hingegen gleichgültig an einem Stück Brot gekaut habe.

Siehe auch **Molland, Alice**.

Exhumierung *siehe* **Grabschändung**

Exorzismus Austreibung von **Dämonen** oder anderen bösen Geistern, die von einer Person, einem Ort oder einem Gegenstand Besitz ergriffen haben sollen (*siehe* **Besessenheit**). Die einfachste Form des Exorzismus erforderte nichts weiter als das Begießen des Besessenen mit Weihwasser, das von Befehlen oder Drohungen gegen den jeweiligen Dämon begleitet wurde. In Berichten über eine Teufelsaustreibung, die im siebzehnten Jahrhundert stattfand, wird geschildert, wie sich ein Dämon vor Schreck von seinem Opfer zurückgezogen habe, nachdem er von dem herbeigerufenem Exorzisten „Trottel", „Säufer" und „Sau" geschimpft worden sei. Bei anderen bösen Geistern dauerte das Austreiben länger; es bedurfte ausgedehnter Zeremonien, einer langen Diskussion zwischen dem Exorzisten und dem Dämon, und das Opfer mußte mit Stecken geschlagen werden.

In unserer Zeit wird der christliche Exorzismus von vielen Priestern mit Zweifeln betrachtet, doch ersucht man Geistliche immer wieder, einen solchen Akt vorzunehmen (jetzt meist in Verbindung mit Geistererscheinungen), und so haben sich einige – meist katholische – Diener

Gottes mit besonderer Genehmigung ihres Bischofs auf solche Zeremonien spezialisiert. Auch **weiße Hexen** nehmen Teufelsaustreibungen vor, wobei sie ähnlich wie die Priester den Beistand Gottes, Jesu Christi und der zwölf Apostel (und anderer freundlicher Geister) erbitten, um die unerwünschten Dämonen zu vertreiben. Der letztere Typ eines Exorzisten zieht einen **magischen Kreis**, in dem er arbeitet, und rät mitunter zu einem symbolischen Opfer oder vielleicht zu einem Ritual, bei dem Sexualmagie eine Rolle spielt.

Die Zeremonie der Teufelsaustreibung ist im Neuen Testament erwähnt, und so wurden Taufwillige routinemäßig von den Dämonen befreit, die sich angeblich vor der Bekehrung zum Christentum in ihnen festgesetzt hatten. In späteren Jahrhunderten rief man Exorzisten häufig herbei, damit sie einen Besessenen von den Dämonen befreiten, der sein Opfer peinigte, ihm Krämpfe und schreckliche Schmerzen verursachte oder diesen Menschen ins Unglück stürzte. Ursprünglich glaubte man, daß nur bestimmte begabte Individuen exorzieren könnten, doch später wurde jeder Geistliche für fähig gehalten, die Prozedur auszuführen, von der es viele Varianten gab.

Einen Exorzisten heranzuziehen war oftmals der erste Verteidigungstrick, zu dem die Obrigkeit in den vielveröffentlichten Fällen um junge Mädchen griff, die im siebzehnten Jahrhundert in französischen Klöstern eingesperrt waren (siehe **Bavent, Madeleine**; **Nonnen von Aix-en-Provence**; **Nonnen von Auxonne**; **Nonnen von Loudun**). In vielen anderen Fällen ging man auf ähnliche Weise vor. Oftmals genügte schon die Hinzuziehung eines Exorzisten (oder die Genugtuung, das öffentliche Interesse auf sich gezogen zu haben), um die Symptome einer Besessenheit verschwinden zu lassen.

Das Ritual eines vollständigen Exorzismus war kompliziert und forderte von dem Geistlichen oder der weißen Hexe beträchtliche Ausdauer und Geduld. Mißlang eine Teufelsaustreibung beim ersten Versuch, dann konnte sie so lange wiederholt werden, bis man ein befriedigendes Ergebnis erreicht hatte. Der Exorzist, der die Prozedur möglichst um Mitternacht vornahm, forderte den Dämon streng auf, den Körper, in dem er wohnte, zu verlassen. Ein moderner Exorzismus beginnt mit der Beschwörung: "I rebuke thee! I rebuke thee! I rebuke thee! I abjure thee and summon thee forth from this man/woman." (Ich tadle dich! Ich tadle dich! Ich tadle dich! Ich beschwöre dich und fordere dich auf, den Körper dieses Mannes/dieser Frau zu verlassen.) Mit Gebeten und Weihwasser übte man weiteren Druck auf den Dämon aus. Auch eine Variante der Exkommunikationsprozedur konnte ausgeführt werden, um den Dämon zu vertreiben. Früher wurden die besessenen Opfer aufgefordert, giftige Dämpfe einzuatmen. Damit sollte der im Körperinnern lauernde Dämon ausgeräuchert werden. Hatte man das erreicht (ein Bericht schildert, wie der Dämon aus den Nasenlöchern des Opfers herausgezogen wurde), dann wurden die neun Körperöffnungen versiegelt, um die Rückkehr des ausgetriebenen Geistes in sein Opfer zu verhindern. Auch das **Geißeln** half angeblich. Der Exorzist versuchte dann, den Namen des Dämons zu erfahren und festzustellen, wie viele Dämonen in den jeweiligen Fall verwickelt und ob sie bereit waren, freiwillig zu verschwinden, ehe er daranging, sie mit Gewalt zu vertreiben.

Mit seinem Wechsel von Gebeten und Drohungen mag das Ritual des Exorzismus mitunter eine heilsame psychosomatische Wirkung auf vermeintlich besessene Menschen gehabt haben, doch es hat auch Beispiele dafür gegeben, daß das Gegenteil erreicht wurde. 1975 ließ sich ein Mann aus Yorkshire von einem Geistlichen die Dämonen austreiben, die ihn seinen Behauptungen zufolge gequält hatten. Kurze Zeit nach der Prozedur tötete er seine Frau, schnitt ihr die Augen und die Zunge heraus und ließ sie an ihrem eigenen Blut ersticken.

F

Fairfax, Edward *um* 1580–1635. Englischer Gelehrter und Ehrenmann aus Fewston in Yorkshire, der 1621 einen Hexenprozeß gegen sechs ortsansässige Frauen anstiftete. Die Angelegenheit begann damit, daß zwei Töchter des Gelehrten unter Krämpfen zu leiden und über Visionen zu klagen begannen. Die Symptome hielten über Monate an, und die Ärzte konnten keine medizinische Ursache feststellen. Die zwei Mädchen gaben Elizabeth Fletcher sowie fünf weiteren Frauen aus dem Wald von Knaresborough die Schuld an ihren Leiden. Den Behauptungen der Mädchen zufolge trafen sich diese Frauen in Timble Gill zu mitternächtlichen Festessen mit dem **Teufel** und hatten ihre **Hausgeister** ausgesandt, um ihre Opfer zu peinigen. Als Helen, eines der Mädchen, beim einsamen Umherschweifen durch das Heidemoor entdeckt wurde, behauptete sie, von einer der Hexen dahingetragen worden zu sein und einen Blick auf den Hexenzirkel erhascht zu haben, der um ein loderndes Feuer versammelt gewesen sei.

Edward Fairfax sah keinen Grund, an den Aussagen seiner Töchter zu zweifeln, und wandte sich mit seinen Vermutungen ans Gericht. Seine Anschuldigungen gewannen an Glaubwürdigkeit, als John Jeffray, ein Nachbar, behauptete, seine Tochter Maud sei ebenfalls von den Frauen behext worden. Die sechs Verdächtigen wurden zur Gerichtssitzung nach York gebracht und befragt. Als man die drei Mädchen in ihre Nähe brachte, fielen diese in einen tranceähnlichen Zustand und mußten aus dem Raum gebracht werden, damit sie wieder zu sich kamen. Die Richter indes waren vorsichtig und befragten die jungen Opfer gründlich, da sie sich vielleicht der Warnungen **Jakobs I.** vor unbewiesenen Anschuldigungen erinnerten. Maud Jeffray nahm ihre Aussage bald zurück und gestand, daß ihr Vater sie dazu angestiftet habe. Obwohl sich die Fairfax-Mädchen weigerten, ähnliche Geständnisse abzulegen, vermutete man, daß sie von der Familie Jeffray beeinflußt worden waren, und führte den Prozeß nicht weiter. John Jeffry wurde ins Gefängnis geworfen und die sechs Frauen auf freien Fuß gesetzt.

Edward Fairfax' Abschrift des Prozeßberichts, von Reverend Miles Gale aus Keighley illustriert, ist noch heute ein interessanter Bericht über diese Angelegenheit.

Farn Gewächs, von dem man einst glaubte, daß es über zahlreiche magische Eigenschaften verfüge. Mitunter wurde es geheimnisvoll als „Teufelsschweif" bezeichnet. Farne wurden oftmals als böse Pflanzen angesehen, die jedem, der sie abschnitt oder berührte, Schaden zufügten. Es gab jedoch auch die Ansicht, daß Farne Glückspflanzen seien und böse Geister abhielten, wenn sie als Schmuck für das Kummet eines Pferdes verwendet würden. Brachte man die Wedel ins Haus, dann sollten sie dort angeblich vor Blitzen schützen. Manche Leute trugen Farnblüten, da sie glaubten, damit Hexen fernhalten zu können. Andere indes befürchteten, daß jeder, der ein Blättchen von einem Farnwedel bei sich trug, Ottern anlocke.

Das überlieferte Wissen der Hexen besagte, daß man eine Farnblüte in die Luft werfen und beobachten müsse, wo sie niederfällt, denn dort könne man einen vergrabenen Schatz finden. Zur Sommersonnenwende gesammelte Farnsamen sollten dem, der sie am Körper trug, die Kraft verleihen, sich unsichtbar zu machen (*siehe* **Unsichtbarkeit**). Sie galten auch als wichtige Zutat für die **Flugsalbe**. Samen von Farnpflanzen, die unter Eichen wuchsen, wurden als sicheres Mittel gegen Magenschmerzen verordnet. Arzneitränke aus Farnsamen verwendete man unter anderem zur Behandlung von

Faversham, Hexen von

kleineren Wunden, Bissen und Augenentzündungen.

Der männliche Farn war wegen seiner Wirksamkeit gegen Hexerei besonders geschätzt. Wer zur Sommersonnenwende eine solche Pflanze nahm, die Wedel abstreifte, bis nur noch fünf zusammengerollte Blätter übrig waren (die fast wie Finger aussehen) und diese über einem Lagerfeuer räucherte, bis sie hart waren, der war angeblich völlig immun gegen die Drohungen von Hexen und bösen Geistern, wenn er diese „Glückshand" bei sich trug.

Faust, Dr. Fast legendärer deutscher Geistlicher und Schwarzkünstler, dessen Beziehungen zum **Teufel** Gegenstand berühmter Bühnenstücke von Christopher Marlowe, Johann Wolfgang von Goethe und anderen Dichtern sind. Der Legende und den vielen Theaterstücken und Büchern zufolge, die auf diesem Stoff beruhen, war Dr. Faustus ein hervorragender Gelehrter, der ein Bündnis mit dem **Beelzebub** schloß, mit dem er seine Seele für einige Jahre Vergnügen und ungehinderten Strebens nach Wissen über die Erde verkaufte. Neben anderen Exzessen, die er angeblich beging, verschluckte er einmal einen Magierkonkurrenten in einem Stück, und ein andermal versuchte er (erfolglos), nach Venedig zu fliegen. Als jedoch für ihn die Stunde näherrückte, in die Hölle hinabzusteigen, bereute er seine Entscheidung – eine heilsame Lehre für all jene, die vielleicht eine ähnliche Übereinkunft in Betracht ziehen.

Die Verwandtschaft zwischen dem Faust des Theaters und dem Dr. Faust der Wirklichkeit ist ungewiß. Im sechzehnten Jahrhundert scheint in Deutschland ein Schwarzkünstler dieses Namens gelebt zu haben, doch wurden die Versuche, ihn als Johannes Faust, einen 1400 geborenen und 1466 an der Pest gestorbenen Drucker, zu identifizieren, von den meisten Sachverständigen aufgegeben. Ein anderer „Bewerber" war Georgius Sabellicu Faustus Junior, ein Totenbeschwörer, Astrologe, Alchimist, Wahrsager und Hellseher, der im frühen sechzehnten Jahrhundert in Deutschland lebte. Dieser kluge Kopf wurde aus seinem Amt als Lehrer entlassen, nachdem man ihm unschickliche Handlungen mit seinen Schülern zur Last gelegt hatte; einige Jahre später wurde er wegen Wahrsagerei aus Ingolstadt ausgewiesen. Ein Johannes Faust indes erwarb 1509 nach dem Studium der Theologie in Heidelberg einen akademischen Grad. Vielleicht ist der Faust in der Dichtung ein Konglomerat aus mehreren natürlichen Vorbildern. In Deutschland erschien 1505 ein Buch über Dämonologie, das Faust zugeschrieben wird.

Marlowes Stück *The Tragical History of Doctor Faustus* beschreibt den Pakt zwischen dem gelehrten Doktor und Mephistopheles (*siehe* **Pakt mit dem Teufel**) und erzählt das tragische Ende des eigensinnigen Gelehrten, der vom Teufel persönlich in die Hölle gebracht wird. Eine berühmte Anekdote aus der Theaterwelt schildert, wie der bekannte englische Schauspieler Edward Alleyn, der den Faustus spielte, in der Szene, in der der Doktor Mephistopheles beschwört, unbeabsichtigt einen richtigen Teufel herbeizitierte. Alleyn war so erschüttert, als er in der Kulisse einen Teufel traf, der dort auf ihn gewartet hatte, daß er die Schauspielerei für immer aufgab und sich wohltätigen Werken widmete, zu denen auch die Gründung des Dulwich College in London gehörte.

Faversham, Hexen von Vier Frauen, denen 1645 aufgrund des Hexenwahns, der damals die Stadt Faversham in Kent beherrschte, der Prozeß gemacht wurde. Der Fall war typisch für viele andere Prozesse in dieser Zeit, denn er beruhte hauptsächlich auf Geständnissen, die unter Zwang zustande gekommen waren, und dehnte sich auf weitere Verdächtige aus, ehe er schließlich ein Ende fand.

Titelseite von Christopher Marlowes The Tragical History of Doctor Faustus *(Ausgabe von 1631).*

Feen

Entscheidend für die Entwicklung des Falles war das Geständnis der Joan Williford, die zugab, sich einer Vielzahl von Hexenpraktiken bedient zu haben. Sie habe, so wurde behauptet, mit dem **Teufel** Bekanntschaft geschlossen, als dieser ihr in Gestalt eines kleinen **Hundes** erschienen sei und sie aufgefordert habe, ihm untertan zu sein. Sie habe ihm folglich ihre Seele verkauft und den Pakt mit ihrem Blut unterzeichnet (*siehe* **Pakt mit dem Teufel**), wofür als Gegenleistung Rache an einem Thomas Letherhand und dessen Frau Mary Woodruff genommen worden sei. Weiterhin sei sie durch Versprechungen belohnt worden, daß es ihr nie an Geld fehlen solle. Sie habe auch einen **Hausgeist** mit Namen Bunnie bekommen, der in den zwanzig darauffolgenden Jahren seines Dienstes unter anderem ihren Feind Thomas Gardler in einer Jauchegrube habe enden lassen.

Joan Williford benannte in ihrem Geständnis auch Jane Holt, Joan Argoll und Elisabeth Harris als Hexen. Ein besonderer Anklagepunkt gegen letztere lautete, daß sie das Schiff eines John Woodcott mit einem Fluch belegt habe, nachdem ihr eigener Sohn auf der Fahrt mit eben diesem Schiff ertrunken war. Der Fluch hatte das Schiff dann angeblich sinken lassen. Joan Argoll indessen hatte einen Mann namens Major und einen John Mannington verflucht, die beide folglich zu Schaden gekommen seien.

Joan Willifords Geständnis endete mit der Behauptung, der Teufel habe sie in Gestalt einer Maus zweimal im Gefängnis besucht, um von ihrem Blut zu saugen. Das war mehr als genug, um ihr Schicksal zu besiegeln. Sie und ihre Mittäterinnen wurden am 29. September 1645 hingerichtet.

Feen Märchenhafte „kleine Leute", die in der Vergangenheit in abgeschiedenen ländlichen Gegenden gespukt, Zauber bewirkt und mit Freuden nichtsahnenden Menschen Unheil gebracht haben sollen. Es gibt viele verschiedene Arten von Feen; manche sind freundlich, manche hingegen verhalten sich den Menschen gegenüber ausgesprochen feindselig. Was ihr Wesen betraf, so gingen die Meinungen auseinander: Manche setzten sie den Totengeistern gleich, während andere sie eher als niedere ländliche Gottheiten, die vielleicht die Überlebenden irgendeiner kleinwüchsigen keltischen Rasse waren, oder als gefallene Engel beschrieben. Sie bewohnten angeblich ein unterirdisches Reich, in das man durch gewisse Höhlen oder Berghänge gelangte.

Der Volksglaube an die Feen deckte sich teilweise mit den Überlieferungen von Hexen und Zauberern. Der Glaube an die Existenz dieser Wesen war zu der Zeit, als der Hexenwahn seinen Höhepunkt erreicht hatte, in ganz Europa sicherlich stark verbreitet. Tatsächlich hielten es im siebzehnten Jahrhundert viele Menschen für gefährlich, das Wort „Fee" auch nur auszusprechen, und benutzten statt dessen sprachliche Verhüllungen wie „die gute Nachbarin". In Irland, wo der Hexenwahn die Volksphantasie nie wirklich erfaßte, so wie es anderswo geschah, hatten dennoch viele Menschen Angst vor den Schäden, die die Feen meist in Gestalt übelwollender Kobolde bewerkstelligten, und verfolgten jene als Hexen, die angeblich mit ihnen verkehrten (*siehe* **Cleary, Bridget**). Wie die Hexen, so waren auch die Feen unberechenbar und konnten sich freundlich oder feindselig zeigen – ihre Macht mußte man fürchten.

Die Feen, die sich unsichtbar machen konnten, übten ihre eigene Art von Magie aus. Sie standen in dem Ruf, Menschenbabys zu stehlen und sie durch Wechselbälger zu ersetzen – unheilvolle Geschöpfe, um die sich die überlisteten Eltern dann kümmern mußten. Sie schossen angeblich auch mit magischen Pfeilen auf das Vieh und die Menschen; so mancher Bauer, der entdeckt hatte, daß es seinen Tieren übel ging, stellte fest, daß die Ursache ein **Elfenschuß** war, der von einer Fee oder einer Hexe stammte. Interessanterweise behauptete die schottische Hexe Isobel **Gowdie**, bei ihrer Ausbildung zur Hexe auch im Umgang mit solchen magischen Pfeilen unterwiesen worden zu sein. Als weiteren Beweis für die in der Volksphantasie bestehende Verbindung zwischen Hexen und Feen kann man die Tatsache werten, daß die Befrager von **Jeanne d'Arc** versuchten, der Angeklagten das Geständnis zu entlocken, daß sie als Kind um einen Feenbaum getanzt und den Baum mit Girlanden geschmückt habe. Andere Hexen wie Agnes Hancock und der Hexenmeister John Walsh gaben 1438 bzw. 1566 zu, Wunden durch Feenzauber geheilt und die „kleinen

Leute" um Rat gebeten zu haben. Der Überlieferung zufolge war es besonders gefährlich, sich in die Nähe von Orten zu wagen, an denen am Vorabend des Allerheiligenfestes (Halloween) angeblich Feen umherstreiften, die genau wie die Hexen an diesem Tag sehr aktiv sein sollten. Es gibt viele Augenzeugenberichte von zufälligen Begegnungen mit einer Feenprozession, die sich von einem Feenhügel zum andern bewegte. Die Zeugen wurden für ihre Verwegenheit, solche Aktivitäten ausspioniert zu haben, allerdings meist bestraft. Ebenso wahrscheinlich kam jeder zu Schaden, der es wagte, in das unterirdische Königreich der Feen einzudringen. Die Strafen für jene, die das Feenreich unerlaubt betraten, reichten von groben Scherzen bis zum Tod. Eine typische Strafe war das Blenden. 1555 beispielsweise behauptete eine angebliche Hexe namens Joan Tyrrye, auf einem Auge blind geworden zu sein, nachdem sie nur flüchtig eine Fee zu Gesicht bekommen habe.

Manche Besucher wurden jedoch willkommen geheißen. Ein namentlich nicht bekannter Mann aus Yorkshire, der 1653 wegen Hexerei angeklagt war, gestand, daß ihn eine Fee ob seiner Armut bemitleidet und in das Feenreich eingelassen habe. Dort habe man ihm gezeigt, wie man mit einem besonderen Feenpulver Kranke behandeln könne, was ihm die Möglichkeit gegeben habe, sich seinen Lebensunterhalt zu verdienen. Die Geschworenen sprachen den Angeklagten, den sie als „eine sehr einfache und unwissende Person" bezeichneten, schließlich frei.

Siehe auch **Feenring**; **Hexenstein**.

Feenring Dunkelgrüner Ring auf dem Rasen oder in einer Wiese, der durch Pilze im Boden entsteht, traditionell aber als ein Lieblingsplatz der **Feen** gilt. Er wird im Deutschen auch als Hexen- oder Elfenring bezeichnet. Wie die Sage erzählt, tanzten die Feen um Mitternacht um diese Ringe herum, und jeder Mensch, der närrisch genug war, in einem solchen Ring einzuschlafen, geriet unter die Macht der Feen. Diese Stellen, die manche für Standorte von Feendörfern hielten, standen lange in dem Ruf, magische Orte zu sein, an denen okkulte Kraft konzentriert sei. Sie waren daher bevorzugte Plätze für Zaubereien und Zeremonien.

Fery, Jeanne geb. 1559. Französische Nonne, die in der Zeit von 1573–1585 angeblich von nicht weniger als acht Teufeln besessen war und damit großes Interesse erregte. Jeanne Fery litt unter heftigen hysterischen Anfällen, bei denen sie von **Dämonen** gepeinigt wurde, die, wie man feststellte, die seltsamen Namen Hérésie, Traître, Art Magique, Béléal, Vraye Liberté, Namon, Sanguinaire und Homicide trugen. Diese Dämonen hatten sich das erstemal quälend bemerkbar gemacht, kurz nachdem der **Teufel** Jeanne Fery im Alter von vierzehn Jahren angeblich verführt hatte, und waren bei ihr geblieben, bis sie sich etwa elf Jahre danach einem **Exorzismus** unterzog. Die Stärke ihrer Anfälle verringerte sich durch das Baden in Weihwasser, worauf die Nonne reichliche Mengen von „Schmutz" und „behaarten Würmern" erbrach. Auch zeigte sie eine Neigung, sich aus Fenstern und in Flüsse zu stürzen. Von besonderem Interesse für ihre Zeitgenossen waren die Visionen von der Hölle, die ihr nach ihren eigenen Worten während der Besessenheit gewährt worden waren. Die Dämonen verursachten ihr auch seelische Qualen und zwangen sie, zu fluchen und Gott zu lästern. Zu anderen Zeiten wiederum wurde sie von kindlichen Glücksgefühlen überwältigt.

Die Teufelsaustreibung, die am 24. Mai 1585 stattfand, hatte seltsame Wirkungen. Zuerst wurde Jeanne Ferys Körper völlig starr, ihre Augen waren auf die Statue von Maria Magdalena gerichtet; dann kicherte sie, zitterte, schlug sich auf die linke Brust und verlor dann die Sprache, ehe sie in einen fast normalen Zustand zurückkehrte.

Der Fall der Jeanne Frey wurde dreihundert Jahre später nochmals untersucht, als Dr. Magloire Bourneville einen Bericht darüber neu herausgab, der das Problem geistiger Instabilität veranschaulichen sollte.

Feste *siehe* **Halloween**; **Walpurgisnacht**

Fetisch Eine **Zauberformel** oder ein **Amulett**, dem man (eigentlich wegen eines darin wohnenden Geistes oder Dämons) magische Eigenschaften zuschreibt. Die afrikanischen Volksstämme hatten stets gewisse Stein- und Holzfiguren, die angeblich über Zauberkräfte verfügten. Auch die neuzeitlichen Hexen und Okkultisten sind ähnlich überzeugt davon, daß bestimmte Gegenstände eine magische Kraft in sich tragen, die in geheimen Zeremonien angezapft werden kann. Hexenfetische können von ganz unterschiedlicher Art sein: Sie reichen von Knochen und Abendmahlskelchen bis zu mystischen Symbolen wie dem **Hexagramm**.

Feuertod von Clonmel siehe **Cleary, Bridget**

Fian, John gest. 1591. Schottischer Schullehrer aus Saltpans (heute Prestonpans) bei Edinburgh, mitunter auch als John Cunningham ausgewiesen, der in dem Prozeß von 1590 gegen die bekannten **Hexen von Berwick** verwickelt war. John Fian wurde als Anführer eines Hexenzirkels identifiziert, dessen Mitglieder angeblich ein Komplott zur Ermordung Jakobs VI. von Schottland (später **Jakob I.** von England) geschmiedet hatten, und am 26. Dezember jenes Jahres wegen Hexerei und Hochverrats verhaftet. Ihm wurde zur Last gelegt, im Auftrag des treulosen Grafen von Bothwell als Sekretär für die Hexenzirkel Südschottlands gearbeitet und Aufzeichnungen über alle gemacht zu haben, die an den Treffen teilnahmen.

Die Einzelheiten der Anklage gegen Dr. Fian waren überaus bizarr. Er sollte eine Verschwörung angezettelt haben, um Jakob auf einer Reise nach Dänemark, wohin der König zu seiner zukünftigen Gemahlin unterwegs war, mitsamt seinem Schiff untergehen und ertrinken zu lassen; er sollte auch einen **Pakt mit dem Teufel** geschlossen haben, um sich an einem Arbeiter zu rächen, mit dem er sich überworfen hatte; er sollte in der Kirche von North Berwick den Teufel angebetet und sich im Trancezustand auf verschiedene Berge tragen lassen haben; er sollte Gräber ausgeraubt haben, um sich das nötige Beiwerk für eine Reihe von Zaubereien zu verschaffen; er sollte sich Zugang zu Häusern verschafft haben, deren Türschlösser er angeblich durch bloßes Anhauchen geöffnet hatte; er sollte mittels Zauberei durch die Luft geflogen sein, Stürme heraufbeschworen, Horoskope gelegt und mit Hilfe einer Zauberformel eine Witwe verführt haben. Angeblich hatte man ihn nachts gesehen, wie er, um seine Taten auszuführen, auf einem mit lodernden Zauberkerzen geschmückten Pferd dahinritt. Seine Magie war jedoch nicht unfehlbar: Durch einen Zauber, der eigentlich auf eine gewisse junge Dame zielte, hatte er angeblich eine Kuh dazu gebracht, sich in ihn zu verlieben (siehe **Liebestrank**).

Die Anklagepunkte mögen lachhaft gewesen sein, doch die Behandlung, der man John Fian unterwarf, war es ganz sicher nicht. Zunächst wurde ihm ein Seil um den Hals gelegt, an dem der Folterknecht den Angeklagten mit groben Rucken hin- und herzerrte. Als man Fian eine Stunde so mißhandelt hatte, ohne ihm ein Geständnis entlocken zu können, legte man ihm die berüchtigten **spanischen Stiefel** an, mit denen seine Beine dreimal hintereinander zusammengequetscht wurden, ehe der Lehrer das Bewußtsein verlor. Dieses Abgleiten in die Unempfindlichkeit wurde als Trick des Teufels angesehen, damit der Delinquent weiterer Pein entginge, und so untersuchte man Fians Körper auf irgendwelche vorhandenen Zaubermittel. Die Folterer entdeckten in der Zunge des Angeklagten zwei Nadeln (die sie wahrscheinlich selbst dorthin gesteckt hatten). Zu diesem Zeitpunkt legte John Fian im Beisein von König Jakob ein volles Geständnis ab und bekannte sich zu allem, ganz gleich, was ihm seine Befrager zur Last legten.

Einem Bericht zufolge (der wahrscheinlich erfunden war) winkte dem gemarterten Lehrer in der folgenden Nacht das Glück: Es gelang ihm angeblich, aus dem Gefängnis zu fliehen und sich nach Saltpans durchzuschlagen. Angesichts seiner schrecklichen Beinverletzungen ist es allerdings fraglich, wie er seine Flucht bewerkstelligen konnte. Es ging aber das Gerücht, der Graf von Bothwell habe die Gefängniswärter bestochen und dann in Saltpans darauf bestanden, daß Fian sein Geständnis widerriefe, das seine, des Grafen, eigene Verstrickung in den Fall zu enthüllen drohte. Er überließ Fian auch eine Droge, die diesem helfen sollte, weitere Folterungen zu ertragen. Was immer in Wahrheit vorgefallen sein mochte – der König schlug angesichts der Flucht des Gefangenen Alarm, und es dauerte nicht lange, bis Fian wieder eingefangen und ins Gefängnis zurückgebracht wurde.

Bei einem zweiten Erscheinen vor dem König schien Fian neuen Mut gefaßt zu haben; er zog sein Geständnis zurück und gab an, daß er es nur abgelegt habe, um sich weitere Qualen zu ersparen. Dieser Widerruf wurde verständlicherweise nicht günstig aufgenommen. Entschlossen, den Angeklagten zu überführen, griff die Obrigkeit, die den Teufel als Ursache der neu erwachten Entschlossenheit vermutete, zu einer außergewöhnlichen Foltermethode, die man eigentlich meist mit der **Inquisition** und den Ländern des Nahen Ostens in Verbindung brachte. Mit einer „Turkas" genannten Zange wurden die Fingernägel des Angeklagten zerbrochen und abgezogen, worauf man jeweils zwei Nadeln in voller Länge bis zum ersten Fingerglied und weiter in die blutüberströmten Nagelbetten trieb, was qualvollste Schmerzen bereiten mußte. Es ist unvorstellbar, daß sich Fian auch jetzt noch weigerte zuzugeben, daß er ein Hexenmeister sei. Die Folterknechte legten ihm nochmals die spanischen Stiefel an; Fians Beine wurden dabei so gequetscht, daß „Blut und Mark in großer Menge hervorspritzten, wodurch sie [die Beine] für immer unbrauchbar wurden". Fian lehnte es noch immer ab, mit seinen Peinigern zu kooperieren.

Obwohl sich das Gericht in der unangenehmen Situation befand, kein Geständnis des Angeklagten vorweisen zu können, beschloß es mit König Jakobs Unterstützung, die Anklage durchzusetzen. Man scheute auch nicht davor zurück, die Todesstrafe zu verhängen, um an Fian ein Exempel zu statuieren. An einem der beiden letzten Samstage des Januar 1591 wurde der Verurteilte auf dem Castle Hill in Edinburgh stranguliert und dann als Hexenmeister verbrannt. Dr. John Fians Widerstand angesichts der grausamsten Folterungen bleibt vielleicht der bemerkenswerteste Zug eines bemerkenswerten Falles.

Fica *siehe* **Böser Blick**

Fingerhut Waldpflanze mit purpurfarbenen oder weißen Blüten, die lange Zeit mit dem Hexenwesen in Verbindung gebracht wurde. Über Jahrhunderte hinweg verwendeten Hexen und Kräuterkundige den Fingerhut häufig als Zutat für eine Reihe von Tränken, die sie zusammenbrauten. Viele Hexenarzneien und Pflanzenextrakte waren harmlos und können für jene, die die „weise Frau" des Ortes aufsuchten, um ihre körperlichen und seelischen Leiden behandeln zu lassen, nicht mehr als einen psychosomatischen Nutzen gehabt haben. Was jedoch den Fingerhut betrifft, so war die Hexenkunst auf eine Pflanze mit starkem Heilpotential gestoßen – ein Zufall, der auf die westliche Medizin eine große Wirkung hatte.

Im Jahre 1741 hörte William Withering, ein Arzt aus Shropshire, von einer Hexe, die an Wassersucht leidende Patienten mit einem Kräutertee behandelte und dabei bemerkenswerte Heilerfolge aufzuweisen hatte. Er stellte fest, daß die Rezeptur als Hauptzutat Fingerhut enthielt. Später extrahierte er aus den weichen Blättern der Pflanze die Droge Digitalis, die man in der Medizin bis dahin nicht gekannt hatte. Dieser Durchbruch sollte Withering berühmt machen, denn Digitalis erwies sich bei der Behandlung von Herzbeschwerden, von Herzschwäche und zur Abführung von überschüssigem Wasser und Salz aus dem Körper als ein sehr wirksames Therapeutikum. William Witherings Entdeckung, die auf dem Heiltrank einer unbekannten Hexe aus Shropshire beruhte, machte der Wissenschaft eine ganze neue Arzneimittelfamilie zugänglich.

Finnland Wie in den anderen Ländern Skandinaviens, so begann auch in Finnland die Geschichte des Hexenwahns um die Mitte des fünfzehnten Jahrhunderts. Damals ging man gegen Zauberer vor, die versuchten, mit Hilfe von Losen und Traumdeutungen die Zukunft vorauszusagen. Die spätere Geschichte des Hexenwesens in Finnland war stark von den Ereignissen in Schweden und Deutschland beeinflußt, von denen in die Heimat zurückgekehrte skandinavische Soldaten und Reisende berichteten. Dennoch blieb das Land weitgehend von den Exzessen verschont, die die Gesellschaft in jenen Ländern traumatisierten.

1573 exkommunizierte die Kirche finnische Wahrsager und Hexen, und auch die weltliche Obrigkeit ging zunehmend gegen solche Personen vor. Die Verdächtigen wurden damals jedoch nicht wie anderswo in Europa der **Häresie** bezichtigt. Der erste offizielle Hexenprozeß in Finnland fand 1595 in Pernaja statt, bei dem

Firth, Violet Mary

eine namentlich nicht bekannte Frau zum Tode verurteilt wurde, die angeklagt war, mittels Zauberei anderen Menschen Schaden und Krankheiten gebracht zu haben, die sie dann vorgab heilen zu können. Gegen Ende der zwanziger Jahre des siebzehnten Jahrhunderts wurden die Hexenprozesse vor allem in den Regionen Pohjanmaa und Ahvenanmaa häufiger. Dort sprach die Bevölkerung meist schwedisch, war die Geistlichkeit angehalten, regelmäßiger und strenger zum Thema Hexenwesen zu predigen. In den fünfziger Jahren des siebzehnten Jahrhunderts erreichte die Hexenverfolgung mit den schlimmsten Exzessen in der Region Pohjanmaa, bei denen etwa fünfzig Fälle von angeblicher Hexerei vor Gericht gebracht wurden, einen Höhepunkt.

Die vielleicht schwärzeste Zeit der Hexenhysterie in Finnland waren die siebziger Jahre des siebzehnten Jahrhunderts, als mehrere Hexen verbrannt wurden. Die Anklagen gegen sie schienen jene Beschuldigungen widerzuspiegeln, die während des vorangegangenen Jahrzehnts im berüchtigten Prozeß gegen die **Hexen von Mora** in Schweden vorgebracht worden waren. In der Zeit von 1666–1678 häuften sich – anscheinend unter dem Einfluß der Schriften deutscher Dämonologen auf die Richter – auch in der Region Ahvenanmaa die Fälle. Diese Prozesse waren für finnische Erfahrungen insofern ungewöhnlich, als die Obrigkeit zu inquisitorischen Methoden griff und die Angeklagten ermunterte, Verwandte und Bekannte zu denunzieren. Eines der Opfer der Hexenjagd war Karin Persdotter, die Frau eines Bettlers, die von sich reden machte, weil sie sich hatte anstiften lassen, weitere dreizehn Hexen zu nennen, die dann vor Gericht gebracht wurden.

In erwiesenen Fälle von **Maleficia** drohte den Angeklagten die Todesstrafe, während man bei geringeren Verbrechen Geldstrafen verhängte. Die 1683 erlassenen Gesetze verlangten für Hexenmeister, die des Mordes schuldig waren, den Tod durch Erhängen, und für Hexen, die das gleiche Verbrechen begangen hatten, den Tod durch Verbrennen. Vier Jahre später wurde das Todesurteil auch gefällt, wenn jemand für schuldig befunden worden war, einen **Pakt mit dem Teufel** geschlossen zu haben, während die wegen geringerer Vergehen verurteilten Hexen mit Gefängnisstrafen bei Brot und Wasser, mit dem Spießrutenlauf oder dem Auspeitschen rechnen mußten. Im Gegensatz zu den Prozessen in einigen anderen Ländern war hier die Anwendung der Folter verboten, und die Angeklagten durften zu ihrer Verteidigung Zeugen beibringen. (Die meisten Hingerichteten waren Angeklagte, die weder zu den Reichen zählten noch Freunde hatten.) Es gab demzufolge nur relativ wenige Beispiele dafür, daß ein Gericht die Todesstrafe verhängte: Nur fünfzig oder sechzig Personen wurden dazu verurteilt, allerdings nicht in jedem Fall hingerichtet. Es gibt keine Dokumente darüber, daß jemand wegen Hexerei exekutiert wurde, nachdem man die Bestimmungen zur Todesstrafe durch ein Gesetz aus dem Jahre 1734 erneuert hatte. Das Gesetz selbst wurde 1779 abgeschafft.

Firth, Violet Mary *siehe* **Fortune, Dion**

Flade, Dietrich gest. 1589. Deutscher Richter, die vielleicht vornehmste Person, die man in der Zeit des Hexenwahns in Deutschland für schuldig befand, ein Hexenmeister zu sein. Flade war begütert, hatte gute Verbindungen und war an den weltlichen Gerichten weithin geachtet. Er beaufsichtigte 1580 die Unterdrückung des Protestantismus unter dem Fürsterzbischof von Trier und wurde für seine Dienste 1580 zunächst mit dem Amt des Stellvertreters des Kurfürstlichen Statthalters von Trier betraut und dann 1586 zum Rektor der Universität Trier ernannt.

Die Gründe für den Fall Dietrich Flades waren in erster Linie politischer Natur. Obgleich er die Hexenverfolgung theoretisch billigte, hegte er ernste Zweifel an der Auslegung der Gesetze durch die Gerichte und neigte in solchen Fällen eher zu Nachsicht und Milde. Diese Haltung brachte ihm Kritik von verschiedenen hochgestellten Hexenjägern ein, die von Flade als „Hexenschützer" zu sprechen begannen. Die Angelegenheit spitzte sich unter Johann von Schönenburg zu, der 1581 in das Amt des Bischofs von Trier eingesetzt wurde. Das Vorgehen gegen Ketzer aller Art wurde forciert; als erste wurden die Protestanten, dann die Juden und schließlich die Hexen und Hexenmeister als Ziel der Verfolgung herausgestellt. Die erste

Hexe, die 1582 in Trier vor Gericht stand, wurde lediglich ausgewiesen, doch der Suffraganbischof Peter **Binsfeld** und der neue, 1584 ernannte Statthalter Johann Zandt drängten darauf, daß Exempel statuiert würden, wobei sie sich von Flade behindert sahen. So wurde eine Intrige gesponnen, um diesen konsequent nachsichtigen Richter loszuwerden.

Zunächst machte Zandt dem Erzbischof gegenüber Andeutungen, daß Flade diesen vergiften wolle, und brachte als Beweis für seine Verdächtigungen die Aussage eines geistig beschränkten Jungen bei, der behauptete, Zeuge eines **Hexensabbats** gewesen zu sein, an dem der Richter teilgenommen habe. Zandt berichtete dem Erzbischof auch, daß eine abgeurteilte Hexe namens Maria Meyers im Juni 1587 kurz vor ihrer Hinrichtung in Pfalzel Flade als Hexer angegeben habe und daß mehrere andere überführte Hexen in ihren Geständnissen ähnliche Anschuldigungen vorgebracht hätten. Der Erzbischof reagierte auf diese Behauptungen, indem er Flade aufforderte, bei der Festlegung der Urteile in Hexenprozessen größere Strenge zu zeigen. Dann holte Zandt zum entscheidenden Schlag aus und präsentierte dem Erzbischof eine Hexe namens Margarete Merten aus Ehrang, die behauptete, an einem Sabbat teilgenommen zu haben, an dem Flade einen Fluch auf die Ernte herabgerufen habe. Dies war ein besonders heikler Punkt, da es in den Jahren 1580 – 1599 in der Region nur zwei gute Ernten gegeben hatte, während Witterungsunbilden, Mäuse-, Schnecken- und Heuschreckenplagen in den übrigen Jahren große Ernteschäden hervorgerufen hatten. Flade hatte angeblich dafür gesorgt, daß die Sabbatteilnehmer nichts darüber verlauten ließen, indem er sie eine aus einem Kinderherzen hergestellte Speise habe essen lassen, die unter der Folter ihre Lippen versiegeln sollte. Sie selbst, Margarete Merten, habe jedoch nur ein kleines Stück davon gekostet.

Aufgrund der Tragweite der Anklagepunkte wurde im Juli 1588 eine Kommission gebildet, die die Sache untersuchen sollte. Bis Oktober hatte der Ausschuß soviel Beweismaterial – darunter die Aussagen vieler bekannter Hexen – gegen Flade zusammengetragen, daß der Richter den Versuch unternahm, aus der Stadt zu fliehen. Er wurde jedoch ergriffen und unter Hausarrest gestellt. Die Tatsache, daß Flade vor der Anklage geflohen war, sah man an sich schon als Hinweis auf seine Schuld an.

Im März 1598 schließlich befahl der Erzbischof von Trier, Flade zu verhaften. Durch das Widerstreben der Gerichte, eine so ranghohe Persönlichkeit anzuklagen, verzögerte sich die Festnahme, und so mußte Flade erst Ende April ins Gefängnis. Er wurde nun seinen Anklägern gegenübergestellt, und man berief unter Schwierigkeiten ein Gericht zusammen, um Flade den Prozeß zu machen. Um ein Geständnis von ihm zu erlangen, ließ man ihn vom Folterknecht **aufziehen**, was in Flades Fall wegen eines Bruches besonders schmerzhaft war. Es dauerte nicht lange, bis der gelehrte Mann gestand, an Hexensabbaten teilgenommen, Geschlechtsverkehr mit dem Teufel gehabt und andere Übeltaten vollbracht zu haben, indem er beispielsweise Erdklümpchen in Schnecken verwandelt und sie ausgesandt habe, die Feldfrüchte zu vernichten. Er benannte auch mehrere Mittäter, doch die Folter wurde fortgesetzt, bis er zuletzt zugab, die Ermordung des Erzbischofs geplant zu haben.

Flade wurde am 18. September 1589 stranguliert und dann verbrannt. Er gehörte zu den vornehmsten Opfern des Hexenwahns; heute erinnert man sich an ihn als einen Menschen, der gesunden Menschenverstand und Menschlichkeit in einer Zeit verteidigte, als die gesellschaftliche Situation entschieden gegen sie gerichtet war.

Siehe auch **Trier, Hexen von**.

Fledermaus Ein Tier, das lange Zeit mit der Schattenseite des Aberglaubens, insbesondere mit der Hexerei und dem Teufel in Zusammenhang gebracht wurde. Mit ihren nächtlichen Flügen und der Gewohnheit, sich ihre Ruheplätze an verlassenen Orten wie in Ruinen und Höhlen zu suchen, haben Fledermäuse stets Furcht erweckt. Viele Kulturen verbinden sie mit dem Bösen und dem Tod, und die Menschen sprachen einst automatisch schützende Zaubersprüche, wenn eine Fledermaus über sie hinwegflog.

Vormals war der Glaube weit verbreitet, Hexen besäßen die Macht, sich in Fledermäuse zu verwandeln. Somit galt es auch als großes Un-

Fliegen

glück, wenn man entdeckte, daß eine Fledermaus ihren Weg ins Haus gefunden hatte, um das Haus herum- oder durch ein Fenster ins Haus hineinflog, da dies auf den Tod eines seiner Bewohner hindeutete. Sah man Fledermäuse senkrecht nach oben und dann wieder zur Erde hinabfliegen, dann war auch das ein unheilvolles Zeichen: Es hieß, daß an diesem Ort bald die Hexen zusammenkämen. In manchen Teilen Europas trugen abergläubische Menschen einen Fledermausknochen bei sich; sie glaubten, das schütze sie vor dem bösen Zauber, den man mit diesem Tier verband. Ein Haus ließ sich angeblich auch vor Hexerei schützen, wenn man eine lebendige Fledermaus dreimal rund um das Gebäude herumtrug und dann ihren toten Körper neben ein Fenster oder an die Tür eines Schuppens nagelte.

Fledermäuse galten auch im überlieferten Hexenwissen als Zutat für allerlei Zaubertränke. Manche Rezepturen für **Liebestränke** oder **Flugsalbe** verlangten angeblich auch einige Tropfen Fledermausblut, damit eine Hexe, die einen Flug auf ihrem Besen antreten wollte, wie eine Fledermaus die Luft beherrsche und Zusammenstöße vermeiden konnte. Das Blut dieser Tiere mag auch beim Feiern der **schwarzen Messe** und beim Ziehen **magischer Kreise** verwendet worden sein. Dem Hexenwissen zufolge verlieh das Waschen des Gesichts mit Fledermausblut die Fähigkeit, im Dunkeln zu sehen.

Die Verwendung von Fledermäusen in einer Reihe von geheimen Riten hat sich bis in die heutige Zeit fortgesetzt: 1962 sahen sich die Behörden in New York genötigt, den Verkauf von „Voodoo"-Drogen, die Fledermausblut enthielten, zu verbieten. Obwohl sie eine relativ junge Erfindung des Kinos zu sein scheint, hat die moderne Vampir-Mythologie ebenfalls dafür gesorgt, die Assoziation von Fledermäusen mit schwarzer Magie zu vertiefen. In den älteren europäischen Sagen hat nie eine Verbindung zwischen der Fledermaus und dem Vampir-Mythos bestanden, und bei Bram Stoker, dem Verfasser der ursprünglichen *Dracula*-Geschichte, findet sich kein Argument für eine solche Verknüpfung.

Fliegen siehe **Hexenflug**

Flower, Joan gest. 1618. Englische Bauersfrau, die zusammen mit ihren Töchtern Margaret und Philippa Flower im März 1618 in Lincoln vor Gericht stand und angeklagt war, mittels Hexerei jemanden getötet zu haben. Joan Flower wurde als eine „gräßliche, böswillige Frau" beschrieben, die weit und breit als Hexe galt. Ihre Tochter Margaret führte die Aufsicht über die Wäscherei in Belvoir Castle, dem Sitz von Francis, Sechster Graf von Rutland, einem Freund **Jakobs I.**, wo auch Joan und Philippa häufig als Reinemachfrauen arbeiteten. Als Margaret von ihrem Posten entlassen wurde, weil man sie verdächtigte, Essen gestohlen zu haben und abends außer Haus geblieben zu sein, wandten sich die beiden Mädchen angeblich an ihre Mutter, damit sie sich durch einen Zauber am Grafen und dessen Familie räche.

Joan Flower verfluchte also den Grafen in der Öffentlichkeit und forderte die Mädchen auf, verschiedene Gegenstände aus dem persönlichen Besitz seiner Familie zu beschaffen. Unter den Dingen, die ihr später gebracht wurden, befand sich auch der rechte Handschuh des ältesten Grafensohnes Henry Lord Rosse. Joan Flowers rieb den Handschuh am Rücken ihres **Hausgeistes** (eines Katzendämons mit Namen Rutterkin) und legte ihn in kochendes Wasser. Dann durchstach sie den Handschuh und vergrub ihn, damit er seinem einstigen Besitzer Unglück bringe. Lord Rosse starb kurz darauf, und vier oder fünf Jahre später wurden die beiden anderen Söhne des Grafen von Krankheit heimgesucht, nachdem angeblich ähnliche Zauber gegen sie gerichtet worden waren. Es wurden auch Federn aus dem Bett der Gräfin besorgt und am Bauch der Katze gerieben, um den Grafen und seine Gemahlin unfruchtbar zu machen.

Angesichts der Unglücke, die über den Grafen und seine Familie hereingebrochen waren, kam der Verdacht der Hexerei auf, und man erinnerte sich des Fluchs, den Joan Flower ausgesprochen hatte. Die drei Frauen, die offensichtlich an die Wirksamkeit ihrer Taten glaubten, wurden verhaftet und mit anderen vermeintlichen Komplizen vor Gericht gestellt. Während des folgenden Verfahrens gestanden die Angeklagten freimütig ein, Böses gegen die Kinder des Grafen geplant zu haben, und machten auch genaue Angaben über verschiedene

Rituale, die der Hexenzirkel auf dem Blackberry Hill im Vale of Belvoir ausführte. Sie legten zudem Geständnisse ab, in denen sie sich zu verschiedenen Missetaten und zum Besitz von Hausgeistern bekannten, die in Gestalt einer Eule, eines weißen Hundes, einer weißen Maus und eines Kätzchens mit Namen Pusse bei ihnen lebten.

Als Joan Flower schließlich erkannte, daß sie selbst sich mit ihren eigenen Beweisen verurteilten, zog sie ihr Geständnis zurück, steckte, um ihre Unschuld zu beweisen, mit melodramatischer Geste ein Stück trockenes Brot in den Mund und sprach: „Ich will daran ersticken, wenn ich schuldig bin." Zu ihrem Unglück erstickte sie vor dem erstaunten Gericht tatsächlich daran. Sir Henry Hobart und Sir Edward Bromley, die Richter, zögerten nicht lange, die fünf übrigen Frauen – die beiden Töchter der Joan Flower, Anne Baker aus Bottesford, Eileen Greene aus Stathern und Joan Willimot aus Goadby Marwood – der Anklage gemäß für schuldig zu befinden. Sie wurden am 11. März 1619 in Lincoln gehängt.

Als Fußnote in dieser traurigen Angelegenheit sei noch bemerkt, daß das Grabmal des Sechsten Grafen von Rutland, der 1632 starb, mit Steinschnitzereien, die seine Kinder darstellen, und dem Spruch „Durch böse Praktiken und Zauberei in ihrer frühen Kindheit gestorben" geschmückt ist.

Fluch Die Anrufung übernatürlicher Kraft, um einer Person oder einer Sache Schaden zuzufügen. Die Fähigkeit, einen wirksamen Fluch gegen einen Feind zu richten, galt als eine der grundlegenden Fertigkeiten jeder Hexe. Nur wegen der angeblichen Anwendung dieser Art schwarzer Magie gegen ihre Feinde wurden überall auf dem europäischen Kontinent Tausende Menschen vor die Obrigkeit gebracht. Auch in England kam es häufig zu Hexenprozessen, weil jemand eine Verbindung zwischen einem Unglücksfall und dem Fluch einer alten Frau herstellte, den diese ausgesprochen hatte, nachdem sie beleidigt oder in Schwierigkeiten gebracht worden war.

In manchen Fällen schworen die Hexen auf ihre eigenen, speziellen Prozeduren, um ihre Flüche doppelt wirksam zu machen (*siehe* **Bildzauber**), doch meist genügte ein einfacher Spruch, um Schaden anzurichten. Die in den Skandal um die **Hexen von Somerset** verwickelten Menschen glaubten beispielsweise, daß die Worte „Hol's die Pocken!" ausreichten, um dem Urheber einer Feindschaft – einer Person, einem Tier oder einem Gegenstand – zu schaden. Der Fluch brauchte allerdings nicht unbedingt ausgesprochen zu werden: Einfaches „Übelwollen" galt als gleichermaßen wirksam, obwohl dies für gewöhnlich von irgendeiner Geste wie Spucken, dem ausgestreckten Zeigefinger oder einem durchdringenden Blick (*siehe* **Böser Blick**) begleitet sein mußte.

In der europäischen Gesellschaft des sechzehnten und siebzehnten Jahrhunderts war der Glaube an die Macht eines Fluchs oder eines Zaubers so stark, daß man viel unternahm, um die Beziehung zu einer vermeintlichen Hexe, die man beleidigt hatte, wieder in Ordnung zu bringen. Die Menschen machten die Schäden wieder gut oder nahmen die Beleidigungen zurück, die den Fluch provoziert hatten, indem sie der „Hexe" Geschenke anboten oder einen anderen Gefallen taten, damit sie den Fluch wieder aufhob. Aus dem, was uns überliefert ist, erscheint es denkbar, daß manche vermeintliche Hexe die Angst vor ihren Flüchen bewußt ausnutzte; dieser gewagte Trick konnte allerdings auch höchst gefährlich werden, wenn ein Opfer die Sache vor die Obrigkeit brachte.

Ein Beispiel für das Vertrauen, das das einfache Volk in die Kraft der Hexenflüche setzte, war die oftmals wiederholte Erzählung von Alice Trevisard, einer angeblichen Hexe aus Dartmouth (Devon). Der Überlieferung nach stritt sie sich eines Abends mit einem Matrosen namens William Tompson, der daraufhin mit seiner Muskete auf sie einschlug. Mit der Bemerkung „Du hättest besser daran getan, mir nicht zu begegnen." machte sich Alice Trevisard aus dem Staub, doch Tompson hatte in den darauffolgenden Monaten guten Grund, sich der Drohung zu erinnern. Auf seiner nächsten Fahrt ging sein Schiff nach einem rätselhaften Feuer unter, und er wurde für ein Jahr von den Portugiesen ins Gefängnis gesperrt. Als Tompson schließlich nach Hause zurückkehrte, machte Alice Trevisard seine Frau darauf aufmerksam, daß die Tage im Gefängnis noch nicht vorüber seien;

tatsächlich wurde er kurze Zeit darauf von den Spaniern gefangengenommen und mußte die folgenden zwei Jahre in einem ihrer Kerker zubringen. Die abergläubischen Einwohner von Dartmouth zögerten nicht, eine Verbindung zwischen der Drohung der Frau und Tompsons Mißgeschicken herzustellen.

In anderen weithin bekanntgewordenen Fällen starben die Opfer von Hexenflüchen nach Krankheiten oder Unfällen eines qualvollen Todes oder litten unter harmloseren Folgen, nachdem sie sich den Zorn einer alten Frau aus der Nachbarschaft zugezogen hatten. Zu den weniger schlimmen Folgen von Verwünschungen gehörte das Erbrechen großer Mengen von seltsamen Gegenständen, die von Steinen und Kohlestücken bis zu Nadeln, Stroh und Knöpfen reichten. Margaret Holyday, ein achtzehnjähriges Dienstmädchen aus Saxmundham, das 1672 von den Auswirkungen eines Fluches heimgesucht wurde, erbrach Haarnadeln, Knochen, Eierschalen, Messingstücke und andere ungewöhnliche Dinge. Die Pein endete erst, nachdem Margaret mehrere Nadeln ausgespien hatte, die säuberlich in einer Reihe in einem Stück blauem Papier steckten.

Ein beeindruckendes Beispiel von Unternehmergeist, der mitunter selbst in solchen Angelegenheiten eine Chance witterte, war das einst florierende Gewerbe des Kaufs und Verkaufs von Flüchen – eine Praxis, die bis in die Zeit des alten Griechenland zurückreicht. Solche Flüche wurden gewöhnlich in Form von Zaubersprüchen oder Zaubertränken verkauft und konnten gegen bestimmte Personen oder ganze Familien gerichtet werden, wobei sie ihren unheilvollen Einfluß Jahrhunderte hindurch auch auf die nachfolgenden Generationen ausübten. Typisch für diese Erscheinung war der Fluchbrunnen von St. Elian in Llanelianyn-Rhos bei Colwyn Bay in Wales, wo die Leute bis ins späte neunzehnte Jahrhundert hinein kleine Geldbeträge zahlten, um Bleikästchen mit Flüchen gegen ihre Feinde in den Brunnen werfen zu dürfen. Die Opfer dieser Flüche konnten nötigenfalls jedoch den Besitzer des Brunnens bestechen, damit er ihnen das Kästchen mit dem Fluch wieder herausfischte. Andere Gegenden rühmten sich ihrer „Fluchsteine", zu denen die Hexen kamen, um schreckliche Verwünschungen gegen ihre Feinde auszusprechen (*siehe* **Wetterzauber**).

Selbst im zwanzigsten Jahrhundert läßt die Idee des Fluchs viele Menschen in großer Angst leben, was ein Fall aus den zwanziger Jahren deutlich gemacht hat: In dieser Zeit wurde im Tal der Könige das Grab des Tutanchamum entdeckt und geöffnet. Als mehrere Personen, die an der Ausgrabung des berühmten archäologischen Fundes beteiligt waren, eines vorzeitigen und rätselhaften Todes starben, ging das Märchen um, daß damit das Eindringen in die Grabstätte bestraft würde, wie es ein Fluch angedroht habe, der angeblich als Inschrift über dem Eingang gestanden habe (und nun auf mysteriöse Weise verschwunden ist).

In manchen primitiven Gesellschaften ist die Macht des Fluches nach wie vor ungebrochen. Es gibt viele dokumentierte Fälle von Opfern, die unter einem stetigen physischen und psychischen Verfall zu leiden beginnen, der sogar zum Tode führen kann, wenn sie erfahren haben, daß sie jemand verflucht hat. Sogar in Westeuropa sind vor relativ kurzer Zeit mehrere außergewöhnliche Fälle ans Licht gekommen, in denen Menschen, die von einer Reihe von Unglücksfällen verfolgt wurden, die Behauptung aufstellten, ein Feind habe sie durch Verfluchen psychisch beeinträchtigt. Um nur ein Beispiel dafür zu nennen: 1953 erschoß ein Viehzüchter in Arizona eine Frau, von der er und seine Nachbarn glaubten, sie habe seine Ehefrau mit einem Fluch belegt.

Siehe auch **Böser Blick**; **Hexenzaum**; **Maleficia**; **Zauber**.

Flugsalbe Geheimnisvolle Salbe, mit der sich die Hexen angeblich bestrichen, um fliegen zu können. Der Überlieferung zufolge rieben sie vor dem Flug zum **Hexensabbat** ihren nackten Körper und mitunter auch den **Besen** oder andere Fluggeräte mit der Salbe ein, die sie vom Teufel erhalten oder nach seinen Anweisungen hergestellt hatten. Uneinigkeit bestand darüber, welche Körperteile damit zu bestreichen waren; manche behaupteten, daß nur die Brüste, die Achselhöhlen und die Geschlechtsteile oder die Stirn und die Handgelenke damit eingerieben werden mußten, während andere darauf bestanden, daß der ganze Körper von der Salbe bedeckt sein mußte. (Einem Bericht zufolge sollte die Salbe fünf Zentimeter tief in die Haut eindringen.) Jean de Nynauld schrieb 1615, daß man die Haut mit der Salbe rieb, bis sie rot war, damit die Mischung tiefer eindringen konnte.

Als Zutaten für das Gemisch, das man gewöhnlich als schwarz oder dunkelgrün beschrieb, wurden verschiedentlich gekochtes und eingedicktes Babyfett, Fledermausblut, Ruß und Stücke von Eisenhut, Pappelblättern, Farn, Nieswurz, Schierling und Tollkirsche genannt. 1608 schrieb Francis Bacon, daß „die Salbe, die die Hexen verwenden, aus dem Fett von Kinderleichen, die man aus ihren Gräbern geholt hat, aus dem Saft des Sellerie, aus Tollkirsche und Fingerkraut gemacht sein soll, die man mit dem Mehl von feinem Weizen mischt". Zieht man die Giftigkeit einiger Zutaten in Betracht, dann war die Salbe vielleicht wirksam genug, um die Person, die sie anwendete, in Phantasieträume zu versetzen und sie glauben zu machen, daß sie wirklich flog.

Reginald **Scot** mißbilligte 1584 in einer Schrift den Gedanken, daß Hexen wirklich fliegen könnten, bot nichtsdestoweniger aber eine detaillierte Rezeptur für Flugsalbe an, die ihm ein Experte für solche Mixturen überlassen hatte:

> Das Fett von kleinen Kindern, kochen es mit Wasser in einem ehernen Gefäß, bewahren das dickste von dem auf, was gekocht am Boden zurückbleibt, was sie aufheben und behalten, bis die Gelegenheit günstig ist, es zu verwenden. Sie tun ferner *Eleoselinum*, *Aconitum*, Farnwedel, Pappelblätter und Ruß dazu. Ein anderes Rezept für denselben Zweck ... *Sium*, *Acarum vulgare*, *Pentaphyllon*, das Blut von Fledermäusen, *Solanum somniferum* und Öl. Sie stampfen all dies zusammen, und dann reiben sie alle Teile ihres Körpers übermäßig, bis er rot aussieht und sehr heiß ist, so daß die Poren geöffnet sind und ihr Fleisch lösbar und locker ist. Sie tun hierzu entweder Fett oder statt dessen Öl, daß die Kraft der Salbe innerlich besser eindringen kann und somit wirksamer ist. Dadurch (sagt er) scheinen sie in einer Vollmondnacht durch die Luft getragen zu werden, zu schmausen, zu singen, zu tanzen, zu küssen, sich zusammenzutun und miteinander zu buhlen (sagt er), mit solch jungen Leuten, wie sie es am meisten lieben und sich wünschen: Denn die Kraft ihrer Phantasie ist so heftig, daß fast der gesamte Teil des Gehirns, in dem das Gedächnis sitzt, voll von solchen Einbildungen ist.

Beim Verhör durch die Befrager gestanden relativ wenige Hexen den Gebrauch von Flugsalbe offen ein. 1664 beschrieb Elisabeth Style, eine der **Hexen von Somerset**, wie sie und ihre Gefährtinnen, wenn die Zeit für den Hexensabbat nahte, „ihre Stirnen und Handgelenke mit einem Öl einreiben, das ihnen der Geist bringt, und das einen groben Geruch hat", während Anne Bishop, ihre Mitstreiterin im Hexenzirkel, davon sprach, geflogen zu sein, nachdem ihre Stirn „mit einer in Öl getauchten Feder bestrichen" worden sei. Ähnliche Geständnisse zwang man einer kleinen Zahl angeklagter Hexen auch in anderen Teilen Europas ab, darunter in Belgien, Schweden und Frankreich. Es gab allerdings Hexen, die behaupteten, auch ohne jegliche Flugsalbe fliegen zu können.

In seiner Abhandlung *De la lycanthropie*, die 1615 erschien, führte Jean de Nynauld eine Anzahl Rezepturen zur Herstellung von Flugsalbe an und erörterte ausführlich deren Gebrauch. Unter den anekdotenhaften Belegen, die seine Behauptung stützen sollten, daß Flugsalbe tatsächlich wirke, war eine merkwürdige Geschichte, die ihm angeblich ein Frankfurter Arzt im Jahre 1603 erzählt hatte. Der Arzt hatte seine Tante im Verdacht, eine Hexe zu sein. Er beobachtete sie heimlich dabei, wie sie Salbe auf ihre Haut rieb, bevor sie sich zu einem nächtlichen Flug aufmachte. Als sie fort war, probierte er ein wenig von der Salbe und fand sich dann wieder, wie er auf einem Kalb über den Nachthimmel zu einem Hexensabbat sauste. Als Strafe für seine Tollkühnheit, an dem Sabbat teilgenommen zu haben, setzte ihn das Kalb auf dem Heimweg im Rhein ab, wo ihn ein freundlicher Müller vor dem Ertrinken retten mußte.

Siehe auch **Hexenflug**.

Folter Die Folter, die in den meisten Ländern des europäischen Kontinents ausgiebig angewandt wurde, stellte vielleicht die schlimmste Erscheinung des Hexenwahns dar. Das genaue Ausmaß ihrer Anwendung ist jedoch unmöglich zu ermessen, denn nur gelegentlich ist aus erhalten gebliebenen Dokumenten ersichtlich, zu welchen Methoden man damals griff, um Geständnisse zu erpressen. Mitunter ist erkennbar, daß ein Angeklagter gefoltert wurde, obgleich der offizielle Gerichtsbericht feststellt, daß dies

Folter

Verschiedene Folterinstrumente, die bei den Bamberger Hexenprozessen angewendet wurden. Ein Holzschnitt aus dem sechzehnten Jahrhundert.

nicht der Fall war, wie Friedrich von **Spee** in seiner *Cautio Criminales* 1631 erläutert:

> Es gibt eine Phrase, die häufig von den Richtern benutzt wird, nach der der Angeklagte ohne Folter gestanden hat und somit unleugbar schuldig ist. Ich war darüber erstaunt und zog Erkundigungen ein und erfuhr, daß sie in Wirklichkeit gefoltert wurden, doch nur in einem scharfgezähnten eisernen Schraubstock an den Schienbeinen, in die die Eisen wie in einen Kuchen hineingepreßt werden, Blut hervorbringen und Schmerzen verursachen, und dies wird genaugenommen ohne Folter genannt, was jene täuscht, die die Phrasen der Inquisition nicht verstehen.

Die Folter wurde damit gerechtfertigt, daß die Hexerei ein einzigartiges Verbrechen gegen Gott sei und nicht den üblichen gesetzlichen Sicherheitsklauseln und juristischen Erwägungen unterliege. Wegen der Schwierigkeit, Beweise für die Verbrechen zu finden, die angeblich so schwerwiegend waren, daß sie nicht ignoriert werden konnten, war das Erlangen von Geständnissen von überragender Bedeutung. In den meisten Fällen war die Folter der einzige Weg, Schuldbekenntnisse zu erzwingen, denn kein Jurist nahm für sich in Anspruch, den Teufel zum Erscheinen vor Gericht und zu einer Aussage gegen seine Anhänger überreden zu können. Die erfolgreiche Anwendung der Folter, so argumentierte man, habe auch den positiven Nebeneffekt, überführte Hexen zum Eingeständnis ihres Irrtums zu veranlassen, damit sie den Zorn Gottes besänftigten und vielleicht ihre unsterblichen Seelen retteten, so gefährdet sie auch gewesen sein mögen.

Ohne die weithin übliche Anwendung der Folter hätte der Hexenwahn Europa wahrscheinlich nie so beeinträchtigt, wie es tatsächlich geschehen war. Nur durch deren regelmäßigen Einsatz konnten die Dämonologen ihre Behauptungen hinsichtlich der angeblichen Bedrohung durch das Hexenwesen glaubhaft machen, indem sie auf einen umfangreichen Korpus tatsächlicher Geständnisse verwiesen. Es ist bezeichnend, daß es in Hessen bis 1564 nicht eine Hinrichtung wegen Hexerei gab, nachdem der

Markgraf von Hessen 1526 ein Folterverbot erlassen hatte.

Lange bevor die Hexenverfolgung zur Hauptbeschäftigung der kirchlichen wie auch der weltlichen Gerichte geworden war, hatte die **Inquisition** die Theorie und Praxis der Folter als Teil ihres Feldzuges gegen die **Häresie** in all ihren Erscheinungen entwickelt. Mit massenhaften Angriffen gegen Hexen beschäftigte sich die Inquisition erstmals im vierzehnten Jahrhundert, wobei der bloße Verdacht auf Hexerei als hinreichender Grund für die Festnahme und die grausamste Folterung Verdächtiger behandelt wurde. Kramer und Sprenger hoben in ihrem maßgebenden *Malleus maleficarum* die Eignung der Folter beim Verhör von Hexen hervor und führten an, daß nur Geständnisse, die unter solch extremen körperlichen Leiden gemacht würden, als echt angesehen werden könnten. Ihren Ruf hörte man überall auf dem europäischen Kontinent – vor allem in Deutschland, wo die Angeklagten routinemäßig den brutalsten physischen Mißhandlungen unterworfen wurden.

In vielen Gegenden regelten festgelegte Verfahren die Anwendung der Folter und ließen sie als etwas Offenkundiges und Legales erscheinen. Die meisten Gerichte wiesen an, die Verdächtigen vor der Folter mit peinlicher Genauigkeit kahlzuscheren, damit kein Dämon im Haar des Gefangenen unentdeckt bliebe und möglicherweise die Qualen abschwächte, die der Folterknecht seinem Opfer zufügte, oder etwa die Antworten des Verdächtigen zu beeinflussen suchte. Der ganze Körper mußte sorgfältig auf Zauberformeln untersucht werden, die der Gefangene vielleicht versteckt hatte und die verhindern könnten, daß er die Pein empfand, so wie es beabsichtigt war. Manche Gerichte bestanden darauf, daß weibliche Gefangene von Frauen überprüft wurden; oftmals jedoch ließ man sie aufs genaueste von Angehörigen des anderen Geschlechts untersuchen.

Dann unterwarf man den Verdächtigen der Folter, die je nach Schwere in zwei oder drei Grade eingeteilt wurden, wie es Philip van Limborch 1612 in seiner *Geschichte der Inquisition* beschrieb. Andere Quellen unterschieden zwischen einem Anfangsstadium des Verhörs, bei dem relativ milde Foltermethoden angewendet wurden, und einer zweiten, weitaus härteren Stufe, in der der Folterknecht auf sein gesamtes Arsenal an Folterinstrumenten zurückgriff.

Zu den Foltermethoden des ersten Grades gehörten das Entkleiden, das Fesseln mit Stricken und das Schlagen der Verdächtigen. Mitunter gab man den Gefangenen salzige Speisen zu essen, verweigerte ihnen aber jegliche Flüssigkeit, so daß sie rasenden Durst leiden mußten. Bei diesem Foltergrad konnten sie auf die **Leiter** (oder die Streckbank) gelegt und mit Seilen auseinandergezogen werden, bis ihre Muskeln rissen, oder man legte den Gefangenen die **spanischen Stiefel** an, die die Gliedmaßen zerquetschten. Andere Methoden, zu denen man bei dieser „vorbereitenden Folter" – der *question préparatoire* – griff, war ein Rundgang durch die Folterkammer, bei dem die Instrumente gezeigt und erläutert wurden, so daß der Gefangene ermessen konnte, welche Schrecknisse seiner harrten, wenn er seine Schuld nicht sofort und umfassend eingestand. Handelte es sich bei der angeklagten Person um eine gutaussehende Frau oder ein schönes Mädchen, dann bestand für sie die Gefahr, von den Helfern des Henkers vergewaltigt zu werden. Da diese Maßnahmen bei vielen Gerichten als relativ mild galten, wurde über jene, die in diesem Stadium ein Geständnis ablegten, in den Gerichtsakten häufig vermerkt, sie hätten ihre Aussagen gemacht, ohne gefoltert worden zu sein.

Weigerte sich die angeklagte Person zu gestehen, dann wurde sie den Folterungen zweiten Grades – der „endgültigen Folter" oder *question définitive* – unterworfen. Die erste Stufe davon war die „Gewöhnliche Folter", zu der das **Aufziehen** gehörte, dessen Wirkung verschiedentlich durch das Anlegen der **Daumenschrauben** oder durch andere ergänzende Martern noch verstärkt wurde. Das Opfer wurde während der gesamten Prozedur befragt, bis es bereit war, eine umfassende Erklärung seiner Schuld zu unterzeichnen.

Die hartnäckigsten Gefangenen erwartete die Folter dritten Grades oder die zweite Stufe der *question définitive* – die „außerordentliche Folter" oder die *question extraordinaire* –, deren Ziel für gewöhnlich darin bestand, die Namen der Komplizen einer Hexe oder eines Hexenmeisters in Erfahrung zu bringen. Jetzt wurde die verschärfte Form des Aufziehens angewendet, die mehrmals wiederholt werden und ohne weiteres zum Tod des Gefangenen führen konnte.

Die verschiedenen Foltergrade umfaßten noch viele andere Methoden. Dazu gehörten unter anderem das zwangsweise Trinken von Weihwasser auf leeren Magen, das Brechen auf dem Rad und in Schottland das gewaltsame Hin- und Herreißen des Gefangenen an Stricken, die um dessen Hals gebunden waren. Bei letzterer Methode bekam das Opfer mitunter auch einen mit scharfen Spitzen versehenen Kragen umgelegt, an dem die Stricke befestigt wurden und der während der Folterung das Fleisch am Hals des Opfers aufriß. Eine relativ selten angewendete und sehr gefährliche Prozedur war die Wasserfolter, bei der man den Gefangenen zwang, große Mengen Wasser und verknotete Kordelschnüre zu schlucken. Diese Schnüre wurden dem Gefangenen dann mit heftiger Gewalt durch den Mund wieder aus dem Körper gerissen, was gewöhnlich das Herausreißen der Gedärme zur Folge hatte. Andere extreme Foltermethoden waren das Abhacken der Hände und Ohren, das Eintauchen in kochendheiße Bäder, die mit Kalk versetzt waren, und das Abreißen des Fleisches mit rotglühenden Zangen (womit üblicherweise überführte Hostienschänder bestraft wurden). Manche Gefangene zwang man, große Stiefel aus Leder oder Metall anzuziehen, in die dann kochendes Wasser oder geschmolzenes Blei hineingegossen wurde.

Beim Widerruf eines Geständnisses, das ein Verdächtiger unter der Folter abgelegt hatte, wurde der Gemarterte sofort wieder in die Peinkammer zurückgeschickt. Dort waren häufig auch Ärzte zugegen, die die Folterungen stoppen mußten, wenn die Gefahr bestand, daß der Gefangene dabei starb. In diesem Fall ließ man ihm etwas Zeit zum Erholen, ehe die Folter von neuem begann. Die Vorschrift, die verbot, einen Verdächtigen mehr als dreimal zu foltern, ohne daß neue Beweise zutage kämen, umging man mit dem Argument, daß die letzte Wiederaufnahme der Folter ja lediglich eine Fortsetzung der vorangegangenen Sitzungen sei. (Es gibt Berichte über Barbara Schwartz, die 1630 in Bamberg achtmal gefoltert wurde – jedesmal ohne das gewünschte Ergebnis; andere Opfer schickte man mehr als fünfzigmal wieder in die Folterkammer zurück.) Mit dieser Begründung wich man auch dem Gesetz aus, nach dem ein Gefangener, der nach drei Foltersitzungen kein Geständnis abgelegt hatte, als unschuldig zu betrachten sei. Starb ein Verdächtiger unter der Folter, dann entschuldigten sich die Gerichtsbeamten in der Regel damit, daß hier der Teufel eingegriffen und seinem Jünger den Hals gebrochen habe, um dem Folteropfer weitere körperliche Qualen zu ersparen oder um zu verhindern, daß seine diabolischen Geheimnisse enthüllt würden.

Gefangene, die während der Folterung ohnmächtig wurden, brachte der Folterknecht wieder zu sich, indem er ihnen Wasser ins Gesicht schüttete oder Essig in die Nasenlöcher goß. Wenig Rücksicht zeigte man gegenüber Gefangenen, die bereits krank waren, und selbst schwangere Frauen konnten dem Folterer übergeben werden. (Manche Gerichte versuchten in solchen Fällen, die Untersuchung zu verschieben.)

Die Verdächtigen zeigten sich der Folter gegenüber unterschiedlich widerstandsfähig. Der Glaube, daß vermeintliche Hexen mit Hilfe des Teufels auch die schlimmsten Qualen überstünden, war weit verbreitet, wie eine von Francesco-Maria **Guazzo** wiedergegebene Geschichte in seinem *Compendium maleficarum* (1626) verdeutlichte:

> Eine Frau von fünfzig ertrug kochendes Fett, mit dem ihr ganzer Körper übergossen wurde, und schwere Folterungen all ihrer Glieder, ohne etwas zu fühlen. Sie wurde von der Streckbank genommen, ohne Schmerzen zu empfinden, ganz und unversehrt, außer daß ihr großer Zeh, der während der Folter abgerissen wurde, nicht wiederhergestellt war, doch das behinderte oder schmerzte sie in keiner Weise.

Andere Hexen sollen ihren Befragern nur ins Gesicht gelacht haben, als man ihre Körper den schwersten Mißhandlungen unterwarf, die man sich nur vorstellen kann. Paulus **Grillandus** sagte eine lateinische Zauberformel her, von der man annahm, sie habe dem Verdächtigen Unempfindlichkeit gegenüber den Schmerzen der Folter verliehen: „So wie die Muttermilch der Heiligen Jungfrau Maria süß und wohltuend für unseren Herrn Jesus Christus war, so soll diese Folter für meine Arme und Beine süß und wohltuend sein."

Zu den schlimmsten Greueltaten kam es in Deutschland im späten sechzehnten und frühen siebzehnten Jahrhundert, als Verdächtige aller Altersgruppen auf das grausamste gequält wurden. 1614 beispielsweise starb bei dem Massenmord an den **Hexen von Bamberg** eine vierundsiebzigjährige Frau unter der Folter dritten Grades. Viele deutsche Städte hatten ihre eigenen Hexengefängnisse, in denen Verdächtige in großer Zahl verhört und gefoltert wurden. Vor Beginn der Prozeduren wurden die Folterinstrumente von einem Geistlichen in aller Form gesegnet. Zu den scheußlichsten Methoden, die deutsche Gerichte anwenden ließen, gehörte das Rösten von Verdächtigen auf eisernen Stühlen, das Abziehen des Fleisches von den Knochen mit rotglühenden Zangen und das Zermalmen von Armen und Beinen mit schraubstockartigen Instrumenten. Um die Liste fortzusetzen, seien noch das Ansengen der Achselhöhlen und der Leisten mit brennenden Federn, die vorher in Schwefel getaucht wurden, und das Eintauchen von Verdächtigen in kochendes, mit Kalk versetztes Wasser genannt.

Der eiserne Folterstuhl, den man in Offenburg und anderswo einsetzte, war eines der wirksamsten Instrumente, mit dem man angebliche Hexen peinigte. Hierbei wurde der Verdächtige auf den mit Stacheln versehenen Stuhl festgeschnallt, worauf der Folterknecht unter der Sitzfläche ein Feuer entzündete. Den Gerichtsberichten zufolge weigerten sich von all denen, die in Offenburg auf diesem Stuhl sitzen mußten, nur zwei Personen – Jakob Lindner und Gotter Ness –, ein Geständnis abzulegen. Beide mußten im Jahre 1629 diese Folter insgesamt dreimal über sich ergehen lassen.

In England und Wales war die Situation anders, da hier nach den Rechtsregeln der Gerichte die Folter bis auf wenige Ausnahmen verboten war. (In Schottland gab es kein solches Verbot, und so konnte die Folter mit aller Grausamkeit angewendet werden.) In England mußten sich **Hexenriecher** wie der berüchtigte Matthew **Hopkins** auf relativ milde Formen des Drucks beschränken, wenn sie ein Geständnis erlangen wollten, doch zeigten sie innerhalb ihres Handlungsspielraums einen bemerkenswerten Erfindungsreichtum. Danach erlaubte es das Gesetz ihrer Ansicht nach, die Gefangenen einige Tage hintereinander hungern zu lassen, sie Gottesurteilen wie der **Nadelprobe** oder dem **Schwemmen** zu unterwerfen und sie mit **Schlafentzug** zu peinigen, indem sie sie stundenlang im Schneidersitz auf harten Stühlen sitzen oder sie hin und her laufen ließen, bis sie vor Erschöpfung ganz schwach waren. Auch die Suche nach dem **Teufelsmal** ging mit einer gewissen Grobheit vor sich: Die Verdächtigen wurden kahlgeschoren, bevor man sie – mitunter vor den Augen der Öffentlichkeit – sorgfältig untersuchte. Dennoch gab es hin und wieder auch in England vereinzelte Fälle weniger verhüllter Folterungen. 1603 beispielsweise wurde die achtzigjährige Agnes Fenn aus Catton (Suffolk) von einer wütenden Menge gezwungen, sich mehrmals auf einen Stuhl zu setzen, aus dessen Sitzfläche mehrere Messerspitzen ragten, und 1614 wurde Lyon Gleane in den Stock geschlossen und ausgepeitscht.

Um die Folteropfer über ihre sehr realen körperlichen Verletzungen hinaus auch noch zu beleidigen, wurden sie häufig aufgefordert, den Gerichten die Kosten der Mißhandlungen zu erstatten. Noch heute erhaltene Dokumente geben auf interessante, wenn auch beispiellose Weise einen Einblick in Prozeß- und Verhörkosten betreffenden Gebührenordnungen. Zur Verdeutlichung des geschäftlichen Aspekts der Folter sei hier gesagt, daß die Obrigkeit häufig die Gebührentabelle zitierte, die der Erzbischof von Köln als Antwort auf die steigenden Forderungen der Scharfrichter 1757 zusammengestellt hatte. So kostete beispielsweise das Abschneiden der Zunge und das Ausbrennen des Mundes eines Verdächtigen mit einem rotglühenden Eisen fünf Reichstaler zuzüglich zwei Reichstaler für das erforderliche Material; das Züchtigen einer Person im Gefängnis einen Reichstaler und das Ansetzen der Daumenschrauben sechsundzwanzig Albus. 1649 berechnete der Hexenriecher John Kincaid 6 Pfund für die Durchführung der Nadelprobe bei Margaret Dunhome. Die Verdächtigen, die 1692 während des Prozesses gegen die **Hexen von Salem** inhaftiert waren, mußten für ihre Fesseln fünf Schillinge zahlen.

Fontaine, Françoise

Die Stellungnahmen und Standpunkte aufgeklärter Zeitgenossen zwangen die Kirche allmählich, ihre Vertreter zur Mäßigung im Gebrauch der Folter gegen vermeintliche Hexen anzuhalten. In den 1623 und 1657 veröffentlichten päpstlichen Bullen wurde eingestanden, daß die Folter in vielen Fällen der Vergangenheit zu Unrecht angewendet wurde.

Siehe auch **Geständnisse**.

Fontaine, Françoise Junge Französin, deren detaillierte Behauptungen, von Dämonen besessen zu sein (*siehe* **Besessenheit**) dazu führten, daß man sie 1591 in Louviers vor Gericht stellte. Es begann wie in vielen ähnlichen Fällen damit, daß das junge Mädchen unter hysterischen Anfällen und Krämpfen litt, bei denen sie behauptete, von **Dämonen** gepeinigt zu werden. Den noch vorhandenen Prozeßaufzeichnungen zufolge neigte sie auch zu Ohnmachts- und Zitteranfällen, zu sprunghaftem Verhalten, zu Lähmungen und anderen Symptomen, die sich bei Besessenen zeigten. Zu einer Zeit, da der Bürgerkrieg das Land verheerte, waren die Bürger von Louviers nicht geneigt, Behauptungen über unirdische Aktivitäten leicht zu nehmen. Nachdem Françoise erklärt hatte, daß ein böser Geist durch ihren Schornstein käme, um sie zu besuchen und sich als Poltergeist zu betätigen, wurde sie vorsichtshalber ins Gefängnis gesteckt.

Als die Gefängniswärter berichteten, daß seit der Ankunft der Françoise Fontaine im Kerker seltsame Dinge vor sich gingen, wurde beschlossen, das Mädchen wegen Hexerei vor Gericht zu stellen. Man versuchte es mit einer Teufelsaustreibung (*siehe* **Exorzismus**). Françoise wurde dann in eine Kirche gebracht, wo man ihr vor einer großen Zuschauermenge die Kleider abstreifte und sie kahlrasierte, damit ihr Körper auf belastende Male (*siehe* **Hexenmale**) untersucht und die **Nadelprobe** vorgenommen werden konnte.

Die Beweise, die Françoise zu ihrem eigenen Prozeß lieferte, waren bemerkenswert und verursachten – nicht zuletzt wegen der freimütigen Schilderung sexueller Aktivitäten – beträchtliche Aufregung. Sie gestand, einen **Pakt mit dem Teufel** unterzeichnet zu haben und des Nachts mit ihrem dämonischen Liebhaber zu buhlen, der in Gestalt eines bärtigen Mannes in schwarzen Kleidern und mit blitzenden Augen zu ihr komme. Das Gericht weidete sich an den Beschreibungen, die sie von seinem „*membre viril*" gab, das nach ihren Worten so groß und so steif („so hart wie ein Kiesel") war, daß es ihr beim Eindringen in ihren Körper starke Schmerzen verursacht habe. Einmal seien sie nicht voneinander losgekommen und hätten einige Zeit so ineinander verharren müssen. Manchmal habe er ihr beigewohnt, ohne daß sie ihre Kleider habe ablegen müssen. Seinen Samen beschrieb sie als „sehr kalt". Zum Beweis entblößte das Mädchen seine Brüste, um den Richtern die Spuren seiner Liebesbisse zu zeigen.

Ein Höhepunkt des Gerichtsverfahrens war ein plötzlicher Krampfanfall, den das Mädchen erlitt. Die Anwesenden sahen mit Erstaunen, wie Françoise Fontaine die Haltung eines gekreuzigten Menschen annahm; sie hatte ihre Arme zur Seite ausgestreckt und lag, den Körper zu einem Kreuz ausgerichtet, auf dem Boden. Alle Versuche, ihre Armen aus der verkrampften Stellung zu bewegen, schlugen fehl, und die Zuschauer wurden von Unruhe ergriffen, als sie sahen, wie ihre Kehle anschwoll, ihre Augen aus dem Kopf heraustraten und Schweiß auf ihrer Stirn ausbrach. Als jemand prüfen wollte, ob das Mädchen noch atmete, konnte er, obwohl Puls und Temperatur ihres Körpers normal schienen, kein Lebenszeichen feststellen.

In Anbetracht der strengen Haltung, die andere Gerichte zu dieser Zeit in ähnlichen Fällen einnahmen, erscheint es merkwürdig, daß die Obrigkeit keinen Versuch unternahm, den Schuldigen ausfindig zu machen, der Françoise Fontaine vermutlich behext hatte. Auch wurde das Mädchen nach der Nadelprobe keiner weiteren Folter unterworfen, und niemand trachtete danach, sie auf der Grundlage ihres freiwilligen Geständnisses zum Tode zu verurteilen. Vielleicht war ihre geistige Labilität so offensichtlich, daß selbst in jener Zeit des Hexenwahns niemand sich geneigt fühlte, ihre Behauptungen ernst zu nehmen. Wie auch immer, die Affäre geriet allmählich in Vergessenheit, und statt als Hexe verbrannt zu werden, wie es anderswo zweifellos geschehen wäre, schien Françoise Fontaine sich nach einiger Zeit wieder erholt zu haben. Sie heiratete und führte fortan ein verhältnismäßig normales Leben.

Forman, Simon *siehe* **Overbury, Sir Thomas**

Förner, Friedrich *siehe* **Bamberg, Hexen von**

Forster, Anne Engländerin, die zu einer Gruppe Verdächtiger gehörte, die 1673 in Morpeth (Northumberland) wegen Hexerei vor Gericht kamen. Der Fall von Morpeth ist wegen der Fülle von Einzelheiten, die sich um die Anschuldigungen rankten, und auch deshalb interessant, weil er in den Augen einiger Fachleute die Existenz eines locker organisierten Systems von **Hexenzirkeln** andeutet, das sich während des siebzehnten Jahrhunderts über ganz Northumberland erstreckte.

Im Mittelpunkt des Prozesses gegen Anne Forster stand die Aussage der Anne Armstrong, einer Dienstmagd aus Stockfield-on-Tyne, die behauptete, von der Forster durch Hexerei dazu gebracht worden zu sein, sie, die Forster, eine Nacht vor Weihnachten zum Hexensabbat zu tragen. Ihren eigenen Worten zufolge hatte Anne Armstrong die Angeschuldigte zum erstenmal gesehen, als man sie zu ihr geschickt hatte, um ein paar Eier zu kaufen. Nach dieser Begegnung habe sie viel unter Ohnmachtsanfällen gelitten; auch habe ein Bettler sie gewarnt, daß die Forster eine Hexe sei und auf ihrem Geist wie auf einem Pferd reite.

Weihnachten nahte, und Anne Armstrong traf Anne Forster noch einmal. Diesmal habe ihr die Hexe einen Zaum über den Kopf geworfen, worauf der Magd alle Widerstandskraft dahingeschwunden sei. Später habe sie die mit übergeschlagenen Beinen auf ihr sitzende Forster zu deren Gefährten nach Riding Mill Bridge tragen müssen, wo die Hexen ihre Sabbate abgehalten hätten. Dabei hätte sie sich die Komplizen der Forster, zu denen auch einige gehörten, die sie kenne, genau ansehen können. (Die Namen nannte sie dem Gericht.) Am beeindruckendsten sei ein „großer schwarzer Mann auf einem kastanienbraunen Gallowaypferd [gewesen], den sie, wie sie glaube, ihren Beschützer nannten". Die Mitglieder des Hexenzirkels hätten ihr befohlen, für sie zu singen, während sie tanzten und sich damit amüsierten, sich von einer Gestalt in eine andere zu verwandeln. Anne Baites, eine Hexe aus Morpeth, habe sich in schneller Folge in eine **Katze**, einen **Hasen**, einen Windhund und in eine Biene verwandelt, um dem Teufel zu gefallen. (Statt ihre Gestalt wirklich zu wechseln, schlüpfte die Genannte wahrscheinlich nur in die Rollen verschiedener Tiere, während sie bei einem rituellen Paarungstanz vom Meister des Hexenzirkels verfolgt wurde.) Am Ende der Zusammenkunft habe sie, die unglückliche Anne Armstrong, die Forster wieder nach Hause tragen müssen.

Anne Armstrongs Aussage zufolge gab es zahlreiche Treffen zwischen Anne Forster und deren Gefährten; manchmal habe die Forster sie als Reittier benutzt, doch auch andere Hexen hätten ähnliche Dienste von ihr, Anne Armstrong, gefordert. Anne Armstrong zeigte sich bei der Beschreibung von Einzelheiten der Zeremonien, die sie angeblich beobachtet hatte, recht geschwätzig und erinnerte sich dabei besonders an ein Bankett, an dem nicht weniger als fünf Hexenzirkel mit je dreizehn Hexen teilgenommen hätten. Über der Versammlung habe ein Seil von der Decke herabgehangen, und die Hexen hätten daran gezogen, um jede gewünschte Speise zu bekommen, die dann durch Zauberei hergestellt worden sei. Die Dienstmagd schilderte auch, wie sich die Hexen ehrerbietig vor einem gewissen großen Stein verbeugt und während dieser Huldigung das **Vaterunser** rückwärts gebetet hätten.

Anne Armstrong erhob weitere schwere Beschuldigungen gegen Anne Forster und die anderen Hexen, die ihre Zauberkunst benutzt hätten, um ihre Feinde und deren Vieh zu schädigen; sie habe von den Missetaten erfahren, als sich die Hexen damit vor dem Teufel gerühmt hätten. Mary Hunter und Dorothy Green hätten einen Zauber gegen John Marchs Stute geschickt, worauf das Tier gestorben sei. Diese Bezichtigung entsprach dem, was John March selbst erzählt hatte, der beschrieb, wie sein Pferd eines Abends von einer Schwalbe gequält, dann krank geworden und vier Tage später tot gewesen sei. Elizabeth Pickering aus Wittingstall indes behauptete, daß Anne Forster durch Magie den Tod eines Nachbarkindes hervorgerufen habe. Die übrigen Verbrechen, die man Anne Forster zur Last legte, waren eher unbedeutend.

Fortune, Dion

Anne Forster und die anderen angeklagten Hexen wiesen Anne Armstrongs Beschuldigungen zurück, und den nicht ganz schlüssigen Prozeßberichten nach scheinen alle freigesprochen worden zu sein (obwohl man zwei der Frauen für kurze Zeit ins Gefängnis sperrte). Anne Armstrong selbst mag eine Zeitlang ein williges Mitglied des Hexenzirkels gewesen sein, der in dieser oder anderer Form existiert haben kann, doch viele andere Vorfälle, die sie angeblich miterlebt hatte, gingen wohl mehr auf ihre Phantasie als auf die Wirklichkeit zurück.

Fortune, Dion 1891–1946. Englische Okkultistin, eigentlich Violet Mary Firth, die eine der bekanntesten Schwarzkünstlerinnen der Gegenwart wurde. Violet Mary Firth war als junge Frau stark von den Schriften der Gründerin der Christian Science, Mary Baker-Eddy, beeinflußt, trat später jedoch dem Hermetic Order of the **Golden Dawn** bei und wurde eine Mitarbeiterin von Aleister **Crowley**. Sie war daran interessiert, ihre eigenen psychischen Kräfte zu entwickeln, und trennte sich von dem Orden, nachdem sie sich einen „psychischen Kampf" mit dessen Leiterin Moina **Bergson** geliefert hatte, in deren Auftrag angeblich eine Horde schwarzer Katzen gegen sie angetreten war. Nach der Gründung ihrer eigenen Fraternity of Inner Light begann Violet Mary Firth die „Alte Religion" zu entdecken, von der nach Meinung einiger Fachleute das neuzeitliche Hexenwesen herkommt. Sie verbreitete ihre Gedanken in verschiedenen Büchern, die sie unter dem Namen Dion Fortune veröffentlichte. Diese Schriften, in denen die Autorin behauptete, ihr Wissen durch den Kontakt mit „elementaren Kräften", wie sie es nannte, erhalten zu haben, werden noch heute überall von den Studenten der okkulten Wissenschaften gelesen. Im Mittelpunkt ihres Glaubenssystems stand die Idee, daß alle Menschen über magische Kräfte verfügen, den meisten aber das Wissen darüber fehlt, wie sie diese Kräfte zu ihren Gunsten anwenden können.

Francis, Elizabeth *siehe* **Chelmsford, Hexen von**

Frankreich Die Geschichte des Hexenwahns in Frankreich begann früh. Die fanatische Hexenverfolgung forderte Tausende Opfer, bis sie am Ende des siebzehnten Jahrhunderts schließlich abklang. Im vierzehnten und fünfzehnten Jahrhundert war hier der Einfluß der **Inquisition** auf die Haltung gegenüber dem Hexenwesen sehr stark und trug wesentlich dazu bei, die Hexenjagden der weltlichen Obrigkeit in späteren Zeiten zu fördern. Schließlich wurde Hexerei an Orten aufgespürt, wo man sie am wenigsten erwartet hatte – in den Klöstern Frankreichs und am französischen Königshof.

Im Mittelalter war Südfrankreich Schauplatz mehrerer unbarmherziger Kampagnen gegen Menschen, die die Inquisition der Ketzerei verdächtigte. Das Urteil, daß auch Hexerei **Häresie** sei, signalisierte im frühen vierzehnten Jahrhundert eine neue Verfolgungswelle. Seit dem Erlaß des Salischen Gesetzes um das Jahr 500 n. Chr. waren Zauberer hart bestraft worden, doch diese Fälle basierten hauptsächlich auf Beweisen für tatsächlich begangene Giftmorde oder für Zaubereien und nicht auf dem bloßen Glauben der Angeklagten an ihre Fähigkeiten auf dem Gebiet der Hexerei. Die entscheidende Verbindung zwischen Häresie und Hexerei wurde über mehrere Jahrhunderte durch die Debatten prominenter Theologen allmählich in den Vordergrund gerückt. Nachdem man die Realität eines **Pakts mit dem Teufel** und anderer damit zusammenhängender Dinge einmal akzeptiert hatte, wurden Zauberei und Hexerei zum Übergang von der bloßen Magie zu einer Aktivität mit religiösem Unterton, die man als Gefahr für die etablierte katholische Kirche betrachtete. Die Hexerei wurde folglich als Ketzerei eingestuft und kam damit in den Wirkungsbereich der Inquisition, die damals nach neuen Opfern Ausschau hielt, nachdem sie mit großer Effizienz häretische Sekten wie die Katharer und Waldenser zerschlagen und den Orden der **Tempelritter** ausgelöscht hatte.

Die ersten Hexenprozesse in Frankreich liefen nach einem Muster ab, das zum großen Teil durch die Verfahren gegen die Ketzer geprägt worden war. Bei den Ketzerprozessen spielte vor Gericht häufig ähnliches Beweismaterial – Teufelsbündnisse, das Verkehren mit **Dämonen** – eine Rolle. Bereits 1275 war Angèle de la Barthe beschuldigt worden, Säuglinge gegessen und mit dem Teufel gebuhlt zu haben. Sie wurde später von der Inquisition in Toulouse verbrannt und war damit wohl der erste Mensch, den man wegen Hexerei hinrichtete. Einige Jahrzehnte später, im Jahre 1335, bestätigten Anne-Marie de Georgel und Cathérine Delort, die ebenfalls aus Toulouse stammten, die damals bereits üblichen Vorstellungen von den Aktivitäten französischer Hexen. Sie gaben zu, vom Teufel verführt worden und mittels Zauberei zu regelmäßig veranstalteten **Hexensabbaten** gereist zu sein, bei denen ein **Ziegenbock** den Vorsitz geführt habe. Sie gestanden weiterhin, Magie angewendet zu haben, um ihre Feinde zu schädigen, Sexorgien gefeiert und die Leichen von Babys verspeist zu haben.

Berichte über Hexerei, die in den höchsten Schichten der französischen Gesellschaft zu politischen Zwecken praktiziert wurde, beschleunigten die Ausbreitung des Hexenwahns über das ganze Land. Der Bischof Peter von Bayeux und dessen Neffe wurden 1278 wegen der Anwendung von Hexerei gegen Philipp III. vor Gericht gestellt, Bischof Guichard von Troyes wurde 1308 der Praktizierung von Magie gegen Philipp den Schönen und andere Aristokraten beschuldigt; 1314 klagte man Alips de Mons und mehrere Mittäter wegen **Bildzaubers** gegen Ludwig X. an; 1331 wurde Graf Robert d'Artois verbannt, weil er für einen Bildzauber gegen den Sohn des Königs eine Wachsfigur geformt hatte; 1398 enthauptete der Scharfrichter mehrere Verdächtige, weil sie angeblich den Wahnsinn Karls VI. verursacht hatten (*siehe auch* **Jeanne d'Arc**; **Rais, Gilles de**). In der Zeit um 1500 war der Glaube an die Realität von Hexerei in allen Schichten der französischen Gesellschaft verbreitet, und bis etwa 1670 verging kein Jahr, in dem es nicht eine große Zahl von Hexenprozessen gab.

Um 1390 stellte sich die weltliche Obrigkeit in einem Feldzug gegen die Hexen an die Seite der Inquisition. Damals wurden die ersten Fälle von angeblicher Hexerei vor die Zivilgerichte gebracht (*siehe* **Pariser Hexenprozeß**), und mit der Zeit fanden dann die meisten Hexenprozesse vor weltlichen Gerichten statt. In den frühen Jahren liefen die Ermittlungen ganz ähnlich wie die Untersuchungen anderer Ketzereien ab: Man stellte den Verdächtigen Suggestivfragen und folterte sie dann, bis sie die gewünschten Antworten gaben. Die angeklagten Hexen wurden gewohnheitsmäßig aufgefordert, ihre Komplizen zu nennen, wodurch sich aus Einzelfällen eine Reihe von Massenprozessen entwickelten. Später versuchten die weltlichen Gerichte, bei ihren Hexenprozessen wenigstens einige der wichtigeren Gesetzeslehren zu befolgen, aber allzu oft akzeptierten sie die unwahrscheinlichsten Aussagen und Beweismittel ohne weitere Hinterfragung.

Von der Mitte des fünfzehnten Jahrhunderts an wurde mit zunehmender Regelmäßigkeit die Todesstrafe verhängt. Zwischen 1428 und 1450 starben beispielsweise in Briançon (Dauphiné) nicht weniger als einhundertzehn Frauen und siebenundfünfzig Männer wegen Hexerei auf dem Scheiterhaufen. Noch mehr Opfer gab es 1459 in Arras (*siehe* **Arras, Hexen von**). Berüchtigte Massenprozesse gab es 1508 in Béarn, 1529 in Luxeuil (*siehe* **Luxeuil, Hexe von**), 1557 in Toulouse (bei dem 40 Menschen zu Tode gebracht wurden) und 1568 in Poitiers (mit vier Hingerichteten). Als der Magier Trois-Echelles 1571 in Paris vor Gericht stand (und später hingerichtet wurde), behauptete er, es gäbe in Frankreich hunderttausend Hexen. Andere berichteten von Hexensabbaten mit zehntausend Teilnehmern.

Die Inquisition indessen beschäftigte sich besonders mit der Untersuchung angeblicher Fälle dämonischer **Besessenheit**, die in den Nonnenklöstern auftraten. Die Bestürzung über die Zahl der Nonnen, die offenbar unter dem Einfluß der Helfer des Teufels standen, bestätigten die Befürchtungen der katholischen Kirche, daß ein organisierter Angriff auf das Christentum stattfinde, und daß alle Hexen vom Teufel mit dem Ziel angeworben worden seien, die Herrschaft über die Erde zu erringen. Diese Wahnvorstellung übertrug sich schnell auf Richter und andere weltliche Autoritäten, die bei der Festsetzung des Strafmaßes für die Delinquenten folglich nun noch gnadenloser vorgingen. Jegliches Unheil, das über das Land kam – von Mißernten bis zum schlechten Gesundheitszustand des Königs –, wurde der Hexerei zugeschrieben.

Die Hysterie erreichte in Frankreich ihren Höhepunkt zwischen 1575 und 1625. 1579 wurde über „jeden Scharlatan und Wahrsager

Freeman, Alice

und andere, die Totenbeschwörung, Wahrsagerei aus dem Feuer oder aus dem Wasser, Handleserei praktizieren" die Todesstrafe verhängt. 1581 verbot die Kirche den Besitz von **Zauberbüchern**. Zu den schlimmsten Ausbrüchen des Hexenwahns in dieser Zeit gehörte der Prozeß gegen achtzehn Hexen, der 1582 unter der Leitung der Inquisition in Avignon stattfand und mit der Hinrichtung der Angeklagten endete. Die Stadt Paris und Zentralfrankreich entgingen den schlimmsten Exzessen, doch im Elsaß, in Lothringen, in der Normandie und in der Bourgogne wurden Tausende ums Leben gebracht. Wie stark der Volksglaube an die Hexerei war, verdeutlicht die Tatsache, daß Heinrich III., der 1589 in Tours versuchte, eine Abweisung der Klage gegen vierzehn Hexen zu erwirken, sofort bezichtigt wurde, ein Hexenschützer zu sein.

Obwohl es hin und wieder noch zu Greueltaten gegen vermeintliche Hexen kam (*siehe* **Gordel, Dominic**), flaute der Hexenwahn nach 1625 allmählich ab. 1670 sah sich Ludwig XIV. veranlaßt, dem Parlament der Normandie eine strenge Rüge zu erteilen, nachdem in Rouen fünfhundertfünfundzwanzig Menschen wegen Hexerei angeklagt worden waren: Der König ließ die Strafen für sie trotz des heftigen Protestes der örtlichen Behörden auf Verbannung aus der Provinz reduzieren und das eingezogene Vermögen der Angeklagten zurückgeben. Als 1682 der Königshof selbst von einem schweren Hexereiskandal bedroht war (*siehe* **Chambre-Ardente-Prozeß**), beschloß Ludwig XIV., die Hysterie ein für allemal zu beenden. In jenem Jahr formulierte er seinen Einspruch gegen die Verfolgungen in einem bekannten Erlaß, der den organisierten Hexenjagden in Frankreich ein Ende setzte. Es wurde nun offiziell dementiert, daß es Hexerei gebe (obgleich jene, die hartnäckig darauf bestanden und sich als Hexen sahen, noch immer mit der Todesstrafe rechnen mußten).

Einige Jahre lang gab es immer wieder vereinzelte Fälle, doch nach 1682 kam es nur noch in unregelmäßigen Abständen dazu. In Bordeaux fand die letzte Hinrichtung wegen Hexerei 1718 statt, als ein Mann wegen **Potenzzauberns** verbrannt wurde. 1742 starb Pater Bertrand Guillaudot (und später fünf Komplizen) in Dijon auf dem Scheiterhaufen, weil er mit Hilfe von Magie das Versteck eines vergrabenen Schatzes vorausgesagt hatte. Das letzte Opfer der Hexenverfolgung war Pater Louis Debaraz, den man 1745 in Lyon bei lebendigem Leibe verbrannte. Er hatte sakrilegische Messen abgehalten, um verborgene Schätze zu finden. Mit der offiziellen Abkehr von der Hexenverfolgung war der Glaube an die Realität der Hexerei natürlich nicht ausgelöscht. Noch 1885 gewann in Sologne eine Frau ihren Ehemann dafür, ihre eigene Mutter zu verbrennen, die von dem Paar verdächtigt wurde, eine Hexe zu sein.

Siehe auch **Allier, Elisabeth**; **Baskische Hexen**; **Bodin, Jean**; **Boguet, Henri**; **Cadière, Marie-Cathérine**; **Cideville, Hexer von**; **Fery, Jeanne**; **Fontaine, Françoise**; **Lancre, Pierre de**; **Lateau, Louise**; **Looten, Thomas**; **Medici, Katharina von**; **Nonnen von Aix-en-Provence**; **Nonnen von Auxonne**; **Nonnen von Loudun**; **Novizinnen von Lille**; **Remy, Nicolas**.

Freeman, Alice *siehe* **Darrell, John**

Fressingfield, Hexe von Eine gewisse Mrs. Corbyn aus Fressingfield (Suffolk), die man 1890 der Hexerei bezichtigte. Dieser letzte Ausbruch von Hexenwahn wurde bei einer gerichtlichen Untersuchung des plötzlichen Todes eines Säuglings im Dorf allgemein bekannt. Eine medizinische Untersuchung der Leiche zeigte, daß das Kind an einem Schock gestorben war, den ein unbekanntes Reizmittel hervorgerufen hatte. Die Eltern beeilten sich zu erklären, daß hier Hexerei im Spiel sei, und nannten als Schuldige Mrs. Corbyn, die Stiefgroßmutter des Kindes, die am selben Tag gestorben war. Auf ihrem Totenbett habe die alte Frau warnend darauf hingewiesen, daß das Baby sie nicht lange überleben werde. An diese Worte erinnerten sie sich, als das Kind einige Stunden später starb. George Corbyn, der Witwer der Verstorbenen, gab zu, er habe seine Frau stets im Verdacht gehabt, eine Hexe zu sein, und aus Furcht vor den Folgen immer Sorge getragen, sie nicht zu ärgern.

Fünffacher Kuß *siehe* **Kuß**

G

Gabley, Mother *siehe* **Ei**

Galrussyn, John, Ellen und Syssok *siehe* **Kyteler, Alice**

Gänsedistel *siehe* **Unsichtbarkeit**

Gardner, Gerald 1884–1964. Britischer Okkultist, der sich selbst zum „König der Hexen" ernannte und das Wiederaufleben der „Alten Religion" im zwanzigsten Jahrhundert förderte. Gardner behauptete, Nachkomme einer Grizell Gardner zu sein, die 1640 im schottischen Newburgh als Hexe verbrannt wurde. Sein Interesse am Okkulten entwickelte sich in den vielen Jahren, die er bei seiner Arbeit im Tee- und Gummihandel und als Staatsbeamter im Fernen Osten verbrachte. 1937 trat er in den Ruhestand und ließ sich in Christchurch in der Nähe von Bournemouth nieder, wo er Kontakt zu einer ortsansässigen Gruppe von Rosenkreuzern aufnahm. Später machte er die Bekanntschaft des bekannten Okkultisten Aleister **Crowley**, der Gardner zur gegebenen Zeit in den mystischen Ordo Templi Orientis einführte. Dieser Orden erhob den Anspruch, die geheime Magie der **Tempelritter** wiederentdeckt zu haben.

Gardner trat einem Hexenzirkel in New Forest bei und veröffentlichte 1949 ein Buch, das detailliert über einige der Geheimnisse berichtete, in die man ihn dort eingeweiht hatte. Ein weiteres Buch von ihm mit dem Titel *Witchcraft Today* folgte 1954. Es rief großes Interesse hervor, und so traten viele Menschen mit ihm in Verbindung, um mehr über dieses Thema zu erfahren. Später siedelte Gardner auf die Isle of Man über, wo er ein Museum der Magie und des Hexenwesens leitete und sein Wissen über frühe magische und okkulte Praktiken weitergab. Später erschienen weitere Bücher wie *The Meaning of Witchcraft* und *The Book of Shadows*. Letzteres ist ein Text, der im einzelnen die geheimen Riten beschreibt, die die Zirkelneulinge von Hand abschreiben mußten.

Nach Gardners Auffassung, der in dieser Hinsicht von den Schriften der Anthropologin Margaret Murray beeinflußt war, ließ sich das moderne Hexenwesen direkt von vorgeschichtlichen Kulten herleiten. Damit standen die alten Fruchtbarkeitsgötter, bekannt als **Gehörnter Gott** und die **Große Göttin**, die verschiedentlich auch Aradia und von eingeweihten Anfängern bei einem Geheimnamen genannt wird, im Mittelpunkt der Verehrung.

Einmal im Monat zelebrierten die Teilnehmer von Gardners Hexenzirkeln unter freiem Himmel ihre Magie. Die Zeremonien, darunter die **Geißelung** und der fünffache **Kuß**, wurden stets nackt abgehalten. Sex spielte – zur geheuchelten Empörung der allgemeinen Presse – bei vielen Zeremonien zu Ehren der Gottheiten eine herausragende Rolle. Auf dem Höhepunkt dessen, was Gardner den „Großen Ritus" nannte, vereinigten sich der Hohepriester und die Hohepriesterin vor anderen Mitgliedern des Hexenzirkels. Zu den Requisiten, die die Gardnerschen Hexen benutzten, gehörten das **Pentagramm**, der **Zauberstab**, das **Hexenmesser**, ein **Schwert** und ein Horn, mit dem sie die Geister riefen.

In ganz Großbritannien, in Europa und in den USA wurden zahlreiche Hexenzirkel nach Gardners Vorbild gegründet. Obwohl inzwischen betagt, leitete der „König der Hexen" bis zu seinem plötzlichen Tod, der ihn auf einem Passagierschiff vor der afrikanischen Küste ereilte, einen Zirkel auf der Isle of Man. Danach entspann sich unter der Anhängerschaft eine unziemliche Auseinandersetzung darüber, wer als leitende Hexe für die nächste Generation Gardners Nachfolge antreten sollte. Aus diesem Kampf ging als Sieger Alex Saunders hervor.

Gaufridi, Pater Louis

Gardners Ruf erlitt nach dem Tod des Okkultisten einigen Schaden, als sich herausstellte, daß dessen akademische Qualifikationen wahrscheinlich gefälscht waren. Zudem behaupteten einige Personen, daß Gardner entgegen seinen eigenen Erklärungen die mystische alte Religion, die man **Wicca** genannt hatte, nicht wiederbelebt, sondern erfunden habe.

Gaufridi, Pater Louis siehe **Nonnen von Aix-en-Provence**

Gaulter, Cathérine siehe **Besessenheit**

Gehörnter Gott Heidnische Gottheit, die von vielen vorchristlichen Gesellschaften verehrt und später dem **Teufel** gleichgesetzt wurde, der angeblich auf **Hexensabbaten** Hof hielt. Im Gegensatz zur **Großen Göttin**, die den Sommer und die damit verbundenen positiven Dinge verkörperte, repräsentierte der Gehörnte Gott den Winter. So beschwor seine Erscheinung – der einem Hirschgeweih ähnelnde Kopfschmuck, das Tierfell und die Klauenfüße – den Gedanken an die Jagd und das Töten zur Nahrungsbeschaffung herauf.

In der Steinzeit, in der die durchschnittliche Lebenserwartung ganze vierzehn Jahre betrug und nur wenige unserer Vorfahren die Geschlechtsreife erreichten, verehrten die Stämme ihre besten Jäger und stellten sie in Höhlenzeichnungen, die sich überall in Europa finden, mit Tierfellen und Hörnern angetan, dar. Besonders betont wurden bei diesen Abbildungen die Geschlechtsteile der Jäger. Diese Zeichnungen stellen wahrscheinlich die Anfänge der Tradition des Gehörnten Gottes dar. Als sich später die Landwirtschaft entwickelte, behielt der Gehörnte Gott sein Ansehen, wurde zum Symbol der Fruchtbarkeit und sorgte durch die rituelle Vereinigung mit der Großen Göttin dafür, daß die Feldfrüchte gediehen und Menschen und Vieh sich vermehrten. Mit der Zeit wurden die Hörner zu einem Sinnbild göttlicher Macht (Moses schmückte seinen Altar zu Ehren Jehovas mit messingverkleideten Hörnern, und Jahrhunderte später schuf Michelangelo eine Sitzstatue des Moses, der zum Zeichen seines göttlichen Status ein Paar Hörner auf dem Kopf trägt.)

Etwa 1000 Jahre v. Chr. brachten die Kelten ihre Version des Gehörnten Gottes mit auf die britischen Inseln. Die seltsame Figur mit erigiertem Penis, die in den Kalkhügel bei Cerne Abbas (Wiltshire) geschnitten ist, wird allgemein als eine Darstellung des Cerne oder Cernunnos, des Gehörnten Gottes, angesehen. Nachweise der frühen Verehrung des Gehörnten Gottes finden sich überall: Als beispielsweise der Altar der Kathedrale Notre-Dame-de-Paris gegen Ende des achtzehnten Jahrhunderts instand gesetzt wurde, fand man darunter einen viel älteren Altar, der neben dem Namen Cernunnos eine geschnitzte Figur dieser heidnischen Gottheit zeigte. Der Gehörnte Gott hatte in der christlichen Lehre jedoch keinen Platz, und so wurde er von einem mächtigen fruchtbarkeitsfördernden Wohltäter in eine Gestalt des Bösen umgewandelt, deren Anhänger den Tod verdienten.

In welchem Maße die frühen Glaubensvorstellungen die Entwicklung des Hexenwesens beeinflußt haben, ist umstritten; die meisten Experten argumentieren, daß es keinerlei Verbindung zwischen den beiden Erscheinungen gibt und daß der bezug, den die Anhänger des heutigen **Wicca**-Kults zur Vergangenheit herstellen, eine Fiktion ist. Der Gehörnte Gott indes überdauerte als Kultfigur länger als die Große Göttin, und es erscheint denkbar, daß der von vielen Hexen beschriebene **Satan** zumindest seine äußere Erscheinung mit den Klauenfüßen und den Hörnern – wenn wahrscheinlich auch nicht ausschließlich – dem Vorbild der heidnischen Gottheit verdankt.

Siehe auch **Herne the Hunter**.

Geißelung Das Peitschen und Schlagen des Körpers, um sich in einen ekstatischen Zustand zu versetzen, wie es angeblich auch heute noch von vielen Hexen praktiziert wird. Radikale religiöse Sekten frönten der Selbstgeißelung, um die Seele zu „reinigen", den Göttern und Göttinnen Demut zu bezeigen und damit ihre Gunst zu gewinnen. Bei den Luperkalien, einem altrömischen Fest, war es Tradition, daß die Männer alle Frauen, denen sie begegneten, mit Peitschen schlugen, um den Göttern zu gefallen und so die Fruchtbarkeit von Mann und Frau zu fördern. Die frühen Christen wandten die Geißelung in ähnlicher Weise als Mittel zur Reinigung der

Seele und besonders zum Austreiben wollüstiger Gedanken an.

Die wirkliche oder symbolische Geißelung war lange Zeit ein Charakteristikum der Hexentradition. Isobel **Gowdie** beispielsweise behauptete, bei der Zusammenkunft ihres Hexenzirkels den **Teufel** dazu herausgefordert zu haben, sie mit Schnüren zu schlagen, da ihr dies Schmerz und Vergnügen zugleich bereitet habe. Bereits im dreizehnten Jahrhundert wurde die Geißelung als sexuell anregend betrachtet; das scheint auch der Hauptgrund dafür zu sein, weshalb sie auch von neuzeitlichen Hexenzirkeln praktiziert wird. Manche Experten meinen, daß die Geißelung allein zur Erhöhung des Bewußtseins der betreffenden Personen angewandt würde, damit sie sich leichter mit der Welt der Dämonen und Geister austauschen könnten. Gerald **Gardner** empfahl seinen Anhängern enthusiastisch den Gebrauch der zeremoniellen Geißelung und gab damit ein Beispiel, dem viele moderne Hexenzirkel folgten.

Geist In der neuzeitlichen populären Vorstellung sind Geister und Spuk und die Welt der Hexen und Dämonen zwei unterschiedliche Erscheinungen. In früheren Zeiten hingegen waren die Grenzen zwischen beiden oftmals verwischt. Das galt besonders für die Poltergeister, die unsichtbaren übersinnlichen Wesen, die darauf aus waren, durch verschiedenerlei Unheil in einem Haus Chaos zu stiften. Bereits im fünfzehnten Jahrhundert schrieben Autoritäten auf dem Gebiet des Hexenwesens, daß es eine beliebte Beschäftigung von Teufeln sei, Gegenstände durch die Luft zu schleudern, mit Steinen zu werden, Bettdecken wegzuziehen, Feuer zu legen und gedeckte Tische umzukippen. Diese Teufel, die Jammer und Elend über ihre Opfer brachten, handelten, so hieß es, aller Wahrscheinlichkeit nach auf Anweisung einer Hexe, die dafür angeklagt werden konnte.

Viele bekannte Experten der okkulten Wissenschaften des sechzehnten und siebzehnten Jahrhunderts beteuerten, daß es keinen solchen Geist gebe und daß alle Gespenster oder Poltergeister, die sich zeigten, in Wirklichkeit getarnte Dämonen seien. Diese Haltung spiegelt sich in der Aufmerksamkeit wider, die man so bekannten Fällen wie dem des **Trommlers von Tedworth** widmete, der aus heutiger Sicht eher wie ein ganz normaler Spuk eines Poltergeistes aussieht. Viele Fälle angeblicher dämonischer **Besessenheit** indes waren mit übersinnlichen Störungen wie Klopfgeräuschen, Halluzinationen von Geistern und der scheinbaren Materialisierung kleiner Gegenstände aus der Luft verbunden. Die ganze Verwirrung verdeutlichte ein Bericht von einer spiritistischen Sitzung, die 1665 in Cornwall von einem Pfarrer Rudall abgehalten wurde, bei der der Kleriker den herbeigerufenen Geist zum **magischen Kreis** befahl, um zu bestätigen, daß es „ein wahrhaftiger Geist und kein falscher Dämon" sei.

Im frühen achtzehnten Jahrhundert, etwa zur gleichen Zeit, als das Hexenwesen die Volksphantasie langsam losließ, verstärkte sich das Interesse an der Welt der Geister und dem damit verknüpften Komplex der **Nekromantie** und entwickelte sich über Jahre hinweg zu einer gesonderten Disziplin des Spiritismus. Im neunzehnten Jahrhundert war das Studium der Geistererscheinungen und Poltergeister eine eigenständige Wissenschaft.

Verschiedene Maßnahmen, die man zum Schutz vor Hexerei anwandte, waren angeblich auch gegen Geister wirksam. Dazu gehörte beispielsweise, Türen und Fenster mit Knoblauch zu sichern oder einen Stecken aus dem Holz der **Eberesche** zu tragen. Im Unterschied zu den Teufeln, die in Fällen dämonischer Besessenheit ausgetrieben werden konnten, zeigten sich die Bösewichter, die Poltergeisterscheinungen hervorriefen, der Überlieferung nach für die Rituale des **Exorzismus** häufig unzugänglich.

Siehe auch **Cideville, Hexer von**; **Magee, Hexen von**; **Schwindlerin von Bargarran**; **Teufel von Glenluce**.

Geisterbezeugung Aussagen von Zeugen, sie seien von der unsichtbaren Geistergestalt einer angeklagten Person gepeinigt worden, wurden trotz der offensichtlichen Unmöglichkeit einer solchen Behauptung einst von den Gerichten überall in Europa anerkannt. Die angeblichen Hexen mußten ungeachtet der tatsächlichen Beweislage überführt und verurteilt werden, und dabei setzte man sich häufig über eine peinliche Befolgung des Gesetzes hinweg. Die Anerkennung der sogenannten „Geisterbezeugung" zeigte, in welchem Maß die Richter bereit waren, sich zu komprimittieren, um das gewünschte Ergebnis zu erreichen. Zahllose Verurteilte starben auf dem Scheiterhaufen oder am Galgen wegen oftmals hysterischer Anschuldigungen der vermeintlichen Opfer solcher Heimsuchungen. Oftmals bekamen die Zeugen ihre Anfälle vor den Augen der Gerichtsbeamten und beschwerten sich darüber, daß die vor ihnen stehende angeklagte Person sie soeben in ihrer unsichtbaren Geistergestalt attackiert habe.

Noch während der ersten Hexenprozesse im fünfzehnten und sechzehnten Jahrhundert wurden Zweifel an der Zuverlässigkeit solcher Geisterbezeugung geäußert, doch die Dämonologen entwickelten sich zu Meistern im Erfinden von Erklärungen, mit denen sie den Behauptungen, solche Erscheinungen seien nicht möglich, entgegentraten. Stellte es sich heraus, daß eine verdächtige Ehefrau zu einer Zeit, in der sie angeblich auf einem **Hexensabbat** gewesen war, in ihrem Bett gelegen hatte, dann gab es dafür eine Erklärung: Sie hatte dafür gesorgt, daß ein Dämon ihren Platz einnahm, oder hatte in ihrer Geistergestalt an dem Sabbat teilgenommen und ihren Körper zu Hause gelassen, um jeglichen Verdacht zu zerstreuen. Wenn die Kritiker auf ihren Behauptungen bestanden, dann verwiesen die Dämonologen auf die Vielzahl der Hexen, die (allerdings unter der Folter) solche Betrügereien eingestanden hatten.

Behauptungen, eine bestimmte Person sei in ihrer Geistergestalt gesehen worden, stellten für den Angeklagten eine große Gefahr dar, denn er konnte sich nicht einmal damit verteidigen, daß der Teufel sich für ihn ausgegeben habe. Gott, so hieß es, habe dem Teufel verboten, sich des Körpers eines Unschuldigen zu bemächtigen; also spreche allein dessen Erscheinen in der Gestalt dieser Person für die Schuld des Angeklagten.

Die Idee von der Geisterbezeugung hielt sich fast so lange wie der Hexenwahn selbst. Noch 1692 ließ sich das Gericht im Prozeß gegen die **Hexen von Salem** vom Auftreten der jungen Klägerinnen beeindrucken, die sich im Gerichtssaal wie zur Bestätigung ihrer Aussagen unter den Schlägen und Stößen unsichtbarer Angreifer wanden. Auch hier genügten die Behauptungen der Mädchen, sie seien von **Dämonen** in der Geistergestalt der Angeklagten gepeinigt worden, um die Angeklagten zu belasten. Doch der Meinungsstreit, der sich aus den Salemer Prozessen ergab, zwang die Hexenjäger anzuerkennen, daß der Teufel das Äußere eines guten und gottesfürchtigen Menschen auch ohne dessen Einwilligung annehmen könne. Dieses Eingeständnis untergrub die „Beweiskraft" der Geisterbezeugung; Aussagen dieser Art blieben in späteren Prozessen unberücksichtigt.

Geisterstab Ein Glasstab, oftmals einem Wanderstab ähnlich, den man im Hause hatte, um die Bewohner bei Nacht vor bösen Geistern zu schützen. Solche mit winzigen Samenkörnern oder Perlen gefüllten oder über und über mit Haarrissen im Glas versehene Stäbe sollten Dämonen von ihren schändlichen Taten ablenken. Kein Dämon, so glaubte man, könne der Versuchung widerstehen, die Samenkörnchen oder Haarrisse zu zählen, und würde auf diese Weise umgarnt. Brach der Morgen an, dann wurde der Stab von allem Bösen gesäubert, das er in der Nacht angelockt hatte.

Siehe auch **Zauberstab**.

Georgel, Anne-Marie de *siehe* **Hexensabbat**

Geständnisse In Anbetracht der Tatsache, daß es sich bei der Hexerei um ein „Verbrechen" handelte, das nur allzuoft wenig wirkliches Beweismaterial bot, war es in den zahllosen Hexenprozessen von überragender Bedeutung, Geständnisse von den Angeklagten zu erlangen. Über die Methoden, mit denen man eine vermeintliche Hexe zu einem Schuldeingeständnis bringen konnte, wurden viele gelehrte Abhandlungen verfaßt, die die Verfolgung Verdächtiger vereinfachten. Welche sachlichen Beweise auch immer gegen eine angebliche Hexe zusammengetragen wurden – es blieb wichtig, daß ein Geständnis registriert wurde, ohne das die europäischen Gerichte oftmals Vorbehalte hatten, ein Todesurteil zu verhängen. (Die englische Gesetzgebung bestand eigentlich als einzige auf „sachlichen" Schuldbeweisen wie dem **Hexenmal** oder dem Nachweis von **Maleficia**, und da hier unbegründete Geständnisse bei Gericht nicht verwertbar waren, unternahm man auch relativ wenig, um sie zu erlangen.)

Geständnisse

Die Dokumente zeigen, daß es nur sehr wenige freiwillige Geständnisse gab (wovon eine denkwürdige Ausnahme das bestürzende Schuldbekenntnis der schottischen Hexe Isobel **Gowdie** war, das die Frau aus unbekannten Gründen abgegeben hatte). In der Mehrzahl der Fälle mußte die **Folter** angewandt werden, um die erforderlichen Erklärungen zu erlangen. Selbst in England und den amerikanischen Kolonien, wo solcherart Methoden größtenteils verboten waren, übte man Zwang unterschiedlicher Art aus (darunter Schläge und das Verweigern von Nahrung), um die Verdächtigen zum Bekennen ihrer Schuld zu bewegen. Eine der Schwierigkeiten, vor denen die Historiker hier stehen, ist die Tatsache, daß aus den vorhandenen Aufzeichnungen nur selten ersichtlich wird, ob die aufgeführten Geständnisse unter der Folter zustandegekommen oder freiwillig abgelegt worden sind.

In den Ländern Europas, wo kirchliche und weltliche Obrigkeit die unterschiedlichsten Foltermethoden sanktionierten, bereitete es relativ wenig Schwierigkeiten, Geständnisse zu erlangen. Folglich endete hier ein viel höherer Prozentsatz von Prozessen mit einem Schuldspruch. Verdächtige, die sich sträubten, ihre Schuld zu bekennen, wurden mehrfach den unmenschlichsten Behandlungen ausgesetzt, und viele von ihnen starben noch während des Prozesses. Im Grunde genommen fügten sich alle, die solche Torturen wie das **Aufziehen** oder das Rösten auf eisernen Stühlen durchgemacht hatten, früher oder später den Forderungen ihrer Befrager, gaben alle Arten unwahrscheinlicher Verbrechen zu und strapazierten ihre Phantasie, um ihre Verfolger zu besänftigen. Andere ließen sich dazu durch das (oftmals gebrochene) Versprechen verführen, daß ihnen die Todesstrafe erspart bliebe, wenn sie geständig seien.

Der Jesuitenpater Friedrich von **Spee**, der vor Würzburger Gerichten viele Geständnisse gehört hatte, stellte 1631 fest, daß selbst die Widerstandsfähigsten unter den Gefolterten „bestätigt haben, daß kein Verbrechen denkbar ist, das sie nicht sofort gestehen würden, wenn es ihnen auch nur die geringste Erleichterung brächte, und sie würden zehn Tode in Kauf nehmen, um einer Wiederholung zu entgehen". In Spees Augen war ein Geständnis angesichts der Mittel, die man anwandte, praktisch unvermeidlich, und die Versuche, es zu widerrufen, aussichtslos:

> Ob sie ein Geständnis ablegt oder nicht – das Ergebnis ist das gleiche. Wenn sie gesteht, ist ihre Schuld offensichtlich, und sie wird hingerichtet. Jegliches Widerrufen ist vergeblich. Gesteht sie nicht, dann wird die Folter zweimal, dreimal, viermal wiederholt. Bei „Ausnahmeverbrechen" sind der Folter bezüglich Dauer, Schwere oder Häufigkeit keine Grenzen gesetzt ... Die Untersuchungsbehörde würde es als schimpflich ansehen, eine Frau freizusprechen; einmal verhaftet und in Ketten gelegt, muß sie mit gerechten oder ungerechten Mitteln auch schuldig gesprochen werden.

Unmittelbar nach der Anklage ein volles Geständnis abzulegen garantierte keinen Schutz vor der Folter. Viele Gerichte schickten der Angeklagten trotzdem in die Folterkammer, da sie argwöhnten, das Geständnis sei falsch und nur deshalb abgelegt worden, um körperlichen Mißhandlungen zu entgehen, die zu „wahren" Enthüllungen führen würden.

Trotz der barbarischen Verhöre, die bei den Hexenprozessen in Deutschland und anderswo nicht ungewöhnlich waren, versuchte man den Verfahren einen Anstrich von Legalität zu geben, indem man häufig über alles, was zwischen den Angeklagten und deren Häschern vor sich ging, peinlich genau Protokoll führen ließ. Die Fragen, die geständigen Hexen gestellt wurden, folgten alle demselben Schema, das aus den Erfahrungen der Ketzerprozesse des vierten Jahrhunderts entwickelt worden war. In den schriftlichen Berichten über die Verhöre waren diese Fragen häufig nur als Zahlen statt in ihrem Wortlaut vermerkt, da jedermann wußte, was diese Zahlen bedeuteten. Die Verdächtigen wurden unter anderem aufgefordert, ihr erstes Zusammentreffen mit dem Teufel und Einzelheiten von ihren späteren Treffen mit ihm zu beschreiben, Details über ihre Kobolde oder Hausgeister preiszugeben, zu bestätigen, daß sie auf einem Besen geflogen seien, um an Hexensabbaten teilzunehmen, und solche Abscheulichkeiten wie Kannibalismus und das Herbeihexen des Todes zuzugeben.

Hatte die verdächtigte Person unter der Folter ein Geständnis abgelegt, dann durfte sie sich von ihren Schmerzen erholen. Später wurde sie

Geständnisse

nochmals aufgefordert, ihr Geständnis zu bestätigen, so daß die Befrager vor Gericht behaupten konnten, das Bekenntnis sei freiwillig abgegeben worden. Entschloß sich jedoch ein Gefangener zu einem Widerruf, dann mußte er damit rechnen, unverzüglich in die Folterkammer zurückgeschickt zu werden. Versuche, Geständnisse vor Gericht zu widerrufen, wurden nur selten mit Wohlwollen aufgenommen. Sie wurden vielmehr als ein vom **Teufel** eingegebener Trick angesehen, der das rechtmäßige Verfahren gegen dessen Günstlinge behindern sollte. Auch die Ansichten darüber, was ein „freiwilliges" Geständnis ausmachte, waren verschieden; in vielen Regionen galt ein Geständnis als freiwillig, wenn es unter dem ersten von drei Foltergraden (beim Schnüren, auf der Streckbank und bei ähnlichen „milden" Prozeduren) erfolgte.

Die Delinquenten wurden auch kurz vor der Hinrichtung noch bestärkt, Geständnisse abzulegen, und viele als Hexen Verurteilte nutzten diese Möglichkeit für ein Schuldbekenntnis, damit der Scharfrichter ihnen den Tod vielleicht etwas erleichterte. In den meisten Fällen gestand man Hexen, die ein volles Geständnis ablegten, wenn sie bereits auf dem Scheiterhaufen standen, die Gnade zu, erdrosselt zu werden, ehe die Flammen sie erreichten. Das Geständnis wurde dann üblicherweise vor der umstehenden Menge, die zum Gaffen gekommen war, laut verkündet; das förderte den öffentlichen Glauben an die Existenz der Hexerei.

Zeigte sich eine verdächtigte Person besonders verstockt, dann konnte mitunter schon das Geständnis einer anderen Hexe, die am selben Hexensabbat teilgenommen hatte, als Schuldbeweis genügen: Reichte es aus, um die geständige Person zu verurteilen, dann war es logischerweise auch hinreichend, um die Schuld anderer festzustellen, die demselben Ereignis beigewohnt hatten. Am schwierigsten war die Beweislage dann, wenn jemandem vorgeworfen wurde, sich allein und ohne Zeugen mit dem Teufel getroffen zu haben. In diesen Fällen brauchte man das Geständnis der betreffenden Person, und in der Regel wurde hier die Folter angewendet. Zumindest auf dem europäischen Festland fühlten sich die Befrager nicht über die Maßen beunruhigt, wenn ein Arrestant zunächst zögerte, mit ihnen zusammenzuarbeiten: Die Gefangenschaft in den dunklen Kerkern und die wiederholten Besuche bei den Folterknechten brachen schließlich auch den stärksten Willen, wie der Niederländer Johann Weyer 1568 in seiner Schrift *De praestigiis daemonum et incantationibus ac veneficiis* darlegte:

> So werden diese unglücklichen Frauen, deren Gemüter bereits durch die Täuschungen und Künste des Teufels gestört sind, und die man nun durch häufige Folter aus dem Gleichgewicht bringt, in der anhaltenden Verwahrlosung und Dunkelheit ihrer Kerker gehalten, den abscheulichen Phantomen des Teufels ausgesetzt, und ständig herausgeschleift, um scheußliche Folterqualen zu erleben, bis sie jederzeit diese höchst bittere Existenz mit Freuden gegen den Tod eintauschen würden und bereit sind zu gestehen, welche Verbrechen man ihnen auch vorwirft, als daß sie sich wieder in ihre schrecklichen Kerker werfen und der immer wiederkehrenden Pein aussetzen lassen.

Manche seelisch zerrütteten Verdächtigen glaubten ohne Zweifel an die Wahrhaftigkeit ihrer Geständnisse. Die meisten jedoch waren geständig, weil sie um ihr Leben bangten und weiteren Folterungen entgehen wollten. Selbst wenn für sie die Aussicht bestand, der Todesstrafe zu entrinnen, wählten sie lieber das Geständnis und den Tod, weil sie erkannt hatten, daß ein Weiterleben nach dem Prozeß unerträglich wäre. Diese Haltung beobachtete Sir Georg Mackenzie, Kronanwalt Karls II., bei einigen geständigen Hexen, die er befragt hatte:

> Eine von ihnen, ein einfältiges Wesen, erzählte ihm „im geheimen, daß sie nicht gestanden habe, weil sie schuldig, sondern weil sie eine arme Kreatur sei, die für ihr Essen arbeite, und weil sie wisse, daß sie, als Hexe verschrien, würde hungern müssen, da ihr nachher niemand Nahrung oder Unterkunft gäbe, und da alle Männer sie schlagen und die Hunde auf sie hetzen würden, und daß sie deshalb aus dieser Welt heraus wolle".

Manche verurteilten Gefangenen trotzten der Gefahr, weiterer Folter unterworfen zu werden, und zogen ihre Geständnisse im letzten Moment zurück; viele andere gingen still in den Tod. Jene, die sogar vor den Richtern ein Geständnis verweigerten, wurden wegen Mißachtung des Gerichts verurteilt; auf sie wartete die Exekution für das Verbrechen der „Schweigsamkeit" (wofür die Delinquenten nach englischem Recht zu Tode gedrückt wurden).

Von einem der erschütterndsten Widerrufe einer geständigen Hexe berichtete ein Geistlicher, der in einem deutschen Gefängnis eine Frau besucht hatte. Den Worten von Michael Stapirius zufolge ergab sie sich ihm auf Gnade oder Ungnade und erklärte: „Ich habe mir niemals träumen lassen, daß ein Mensch durch die Folter dazu gebracht werden kann, solche Lügen zu erzählen, wie ich es getan habe. Ich bin keine Hexe und habe den Teufel nie gesehen, und doch mußte ich mich schuldig bekennen und andere denunzieren. Ich flehe Euch um Himmels willen an, helft mir, damit ich erlöst werde!"

ghirlanda delle streghe *siehe* **Potenzzauber**

Gifford, George gest. 1620. Englischer Kleriker, Verfasser von zwei der frühesten und wichtigsten englischen Bücher über das Hexenwesen. Seine kritische Betrachtung des Hexenwesens legte Gifford, ein nonkonformistischer Prediger aus Maldon (Essex), in seinen Schriften *A Discourse oft the Subtle Practices of Devils by Witches and Sorcerers* (1587) und *A Dialogue Concerning Witches and Witchcrafts* (1593) dar. Obwohl Gifford zugab, daß manche sich wahrhaftig für Hexen hielten und daß sie als Gotteslästerer die Todesstrafe verdienten, ermahnte er die Richter, das verfügbare Beweismaterial zu prüfen, wobei er bekundete, man könne sich auf die Aussagen der Hexen nicht verlassen. Wenn in einem Fall eine übernatürliche Kraft am Werke sei, machte Gifford geltend, dann sei der wirkliche Schuldige der **Teufel** selbst, der gewitzt genug sei, sein böses Tun auch ohne die Beteiligung alter Frauen zu vollbringen. Dennoch solle der Einfluß des Satans nicht überbetont werden, da dies nur die Leichtgläubigen ermuntere, sich um Schutz und Hilfe an die **weißen Hexen** zu wenden, wenn sie sich eigentlich ihrem christlichen Glauben zuwenden sollten.

Gifford wies die Vorstellung zurück, Hexen besäßen **Hausgeister** mit übernatürlichen Kräften, und bestritt, daß eine alte Frau – ganz gleich, ob sie daran glaube, eine Hexe zu sein oder nicht –, Menschen oder Tieren durch Magie Schaden bringen könne. Er beklagte, daß „viel unschuldiges Blut vergossen" worden sei, weil man bei Gericht geneigt sei, in Hexenprozessen unbewiesene Behauptungen zu akzeptieren, und er hob die „Klugen Männer" in den ländlichen Gemeinden hervor, die es sich zur Aufgabe gemacht hatten, Hexen zu identifizieren und magischen Schutz durch Opferung lebender Wesen zu versprechen. (Diese Praktiken waren Gifford zufolge heidnischen Ursprungs.)

Spätere Generationen bewunderten Gifford für seinen Entschluß, die Leichtgläubigkeit der Menschen in einer Zeit zu kritisieren, da die Mehrheit davon überzeugt war, wirklich von Hexerei bedroht zu sein.

Gilles de Rais *siehe* **Rais, Gilles de**

Girard, Jean-Baptiste *siehe* **Cadière, Marie-Cathérine**

Glanvill, Joseph 1636–1680. Englischer Kleriker, Philosoph und Autor, der sich mit dem Okkulten beschäftigte und wesentlich dazu beitrug, in der englischen Gesellschaft des siebzehnten Jahrhunderts den Glauben an die Realität von Hexerei zu stärken. Glanvill war Kaplan bei Karl II., Mitglied der Royal Society und Autor des Buches *Saducismus triumphatus*, das 1681 erschien. Darin untersuchte er sechsundzwanzig bemerkenswerte Fälle, in denen es um vermeintliche übernatürliche Aktivitäten oder Hexerei gegangen war.

Glanvill glaubte fest an den satanischen Ursprung des Bösen und zollte jenen Beifall, die danach trachteten, Hexerei aufzuspüren und zu unterbinden, wo immer man sie vermutete. Obwohl er vorgab, an der wissenschaftlichen Untersuchung des Themas interessiert zu sein, war er geneigt, viele an den Haaren herbeigezogene Beweise als wahr zu akzeptieren, und hielt jenen, die die Hexerei als Täuschung abtaten, warnend entgegen, daß die Leugnung der Existenz von Geistern und Hexen ein Schritt auf dem Weg zum Atheismus sei. Er zweifelte jedoch daran, daß die Hexen wirklich über die Kräfte verfügten, die sie vorgaben zu besitzen, und meinte, es sei „sehr unwahrscheinlich, daß der Teufel, der ein kluger und mächtiger Geist sei, nach der

Glendower, Owen

Pfeife einer armen alten Hexe tanze und so wenig zu tun habe, daß er sich um die Aufträge und kraftlosen Gelüste einer verrückten alten Frau kümmern könne".

Um mehr Beweismaterial für die Existenz des Übernatürlichen erbringen zu können, traf Glanvill, den man oft als den „Vater der parapsychologischen Forschung" bezeichnet, häufig mit dem Wissenschaftler Robert Boyle und anderen Männern in Ragley Castle zusammen, wo die Gruppe mit Unterstützung von Medien spiritistische Sitzungen abhielt. Zu den bekanntesten Begebenheiten, die Glanvill untersuchte, gehörten der Fall des **Trommlers von Tedworth** und der Fall der **Hexen von Somerset**.

Glendower, Owen um 1350 – um 1416. Walisischer Aufständischer, den seine ergebenen Anhänger „König der Hexen" nannten. Er behauptete, ein Nachkomme des Fürsten Llewelyn ap Gruffud zu sein. 1401 startete er einen Guerillakrieg gegen die englischen Herren und rief sich zum Prince of Wales aus. Innerhalb von fünf Jahren rang er den Engländern im Kampf einen Großteil von Wales ab, doch das militärische Geschick des zukünftigen Königs Henry V. brachte schließlich eine Wende, und Glendower und seine Männer verloren schließlich alles Land, das sie einst erobert hatten. Die näheren Umstände seines Todes sind unklar.

Trotz der jahrhundertelangen Bemühungen christlicher Missionare waren Glendowers Anhänger vorwiegend Verehrer der **Großen Göttin**, und auch Glendowers Machtanspruch beruhte hauptsächlich auf dessen (aus der mütterlichen Abstammungslinie hergeleiteten) Status als irdischer Gemahl der Göttin. Es wird vermutet, daß er der Hexengöttin neben anderen Huldigungen vielleicht auch Menschenopfer darbringen mußte. Auch soll er den rituellen Geschlechtsverkehr mit ihr vollzogen haben.

Im zwanzigsten Jahrhundert erhob Alex Sanders den Anspruch, ein direkter Nachfahre Glendowers zu sein, und nahm dessen Titel „König der Hexen" an (wie es Gerald **Gardner** vor ihm getan hatte).

Glocken Ein Aberglaube alten Ursprungs behauptet, daß Hexen und andere böse Geister den Klang von Kirchenglocken nicht ausstehen könnten. Der Überlieferung zufolge ließ das Läuten die Hexen, die auf dem Weg zum **Hexensabbat** waren, zusammen mit ihren **Besen** auf die Erde stürzen. Auch Schlangen und Mäuse sollte das Geräusch vertreiben. Oftmals wurden die Glocken geläutet, wenn man einem Übel entgegentreten mußte, wie es beim Gottesdienst zum Zwecke der Teufelsaustreibung (*siehe* **Exorzismus**) der Fall war.

Im Gegensatz dazu glaubte man einst, die Glocken könnten Tote herbeirufen. War eine Glocke aus einer bestimmten Mischung besonderer Metalle hergestellt, und begrub man sie für eine Woche auf einem Friedhof, dann sollte ihr Geläut die Toten dazu bewegen, auf Befehl eines Zauberers ihre Ruhestätten zu verlassen (*siehe* **Nekromantie**).

Gloucester, Herzogin von *siehe* **Cobham, Eleanor, Herzogin von Gloucester**

Glover, Goody *siehe* **Goodwin-Kinder**

Golden Dawn, Hermetic Order of the (Hermetischer Orden der Goldenen Morgenröte) Britische Geheimgesellschaft, die sich dem Studium der okkulten Magie widmete. Der Orden wurde 1887 von drei Rosenkreuzern gegründet. Samuel Liddell **Mathers**, einer der drei Gründer, wurde der erste Führer des Ordens. Mathers übernahm die Leitung scheinbar auf Anweisung der „Geheimen Oberhäupter", einiger höherer Wesen, die eines Nachts mit ihm im Bois de Boulogne in Paris in Verbindung traten und ihm die künftige Satzung der Gesellschaft diktierten. Weitere Personen, die dem Orden beitraten, waren unter anderem der irische Dichter William Butler Yeats, der einige Ordensrituale ersann, Algernon Blackwood und der junge Aleister **Crowley**. Die Gesellschaft eröffnete in der Folgezeit Zweigstellen in Edinburgh, Paris, Bradford und Weston-super-Mare.

Neben anderen Aktivitäten, denen man im Orden nachging, erlernten die Mitglieder des Golden Dawn den Gebrauch der Magie, wurden sie unter anderem darin unterwiesen, wie man Talismane weihte und **magische Kreise** zog, und erforschten die Komplexität der Kabbala. Drogen und Sex spielten im Ordensleben keine Rolle.

In den frühen zwanziger Jahren des zwanzigsten Jahrhunderts verlor der Orden der Goldenen Morgenröte allmählich seine Orientierung; zwischen Mathers und Crowley hatte es Streitigkeiten gegeben, und Yeats äußerte Zweifel an einem möglichen Weiterbestehen der Gesellschaft. Crowley verließ die Gruppe schließlich, um seinen eigenen Orden zu gründen, und der Golden Dawn stellte seine Aktivitäten ein.

Good, Sarah *siehe* **Salem, Hexen von**

Gooderidge, Alice *siehe* **Junge von Burton**

Goodwin-Kinder Vier der sechs Kinder des Steinmetzen John Goodwin aus Boston, deren Aussagen 1688 zu einem berüchtigten amerikanischen Hexenprozeß führten. Dieser Prozeß war in vieler Hinsicht ein Vorläufer des schändlichen Verfahrens gegen die **Hexen von Salem**, das einige Jahre später stattfand.

Die vier Goodwin-Kinder, die zwischen fünf und dreizehn Jahren alt waren, begannen unter Anfällen zu leiden, nachdem eines von ihnen, ein Mädchen, mit der Wäscherin Goody Glover über ein fehlendes Wäschestück in Streit geraten war. Die betagte Goody Glover hatte – höchst unklug, wie sich herausstellte –, in sehr rauhem Ton mit dem Mädchen gesprochen. Dieses Kind sowie drei seiner Geschwister erlebten daraufhin eine Reihe epileptischer Anfälle und einen regelmäßig auftretenden Verlust des Gehörs, des Sehvermögens und der Sprache. Zum Entsetzen ihrer Eltern und anderer Leute schienen sich die Kinnlade und die Gliedmaßen der Kinder zeitweilig zu verrenken, und ihre Zungen ragten „mit einer erstaunlichen Länge" aus den Mündern heraus oder wurden in den Hals zurückgezogen. Zu anderen Zeiten schrien die Kinder vor Schmerz, wenn ihre Körper sich verzerrten oder waren gelähmt und konnten sich überhaupt nicht bewegen.

Eine ärztliche Untersuchung, mit der man dem Problem auf den Grund gehen wollte, blieb ohne Erfolg. Das nächste, was die Familie als Ursache argwöhnte, war Hexerei. Hinter den körperlichen Qualen der Kinder, die alle gewissenhaft nach strengen religiösen Maßstäben erzogen waren, vermutete man Dämonen, die auch für das aufsässige und störrische Verhalten verantwortlich sein mußten, zu dem die vier Kinder neigten: So geringfügige Anlässe wie die Aufforderung, sich anzuziehen oder die Hände zu waschen, führten jedesmal zu heftigen Auseinandersetzungen. Als sich keine Verbesserung des Zustandes der Kinder einzustellen schien, trug der beunruhigte John Goodwin seinen Fall bei Gericht vor. Er meinte, daß der einzige Schluß, den er ziehen könne, der sei, daß die Kinder von Goody Glover behext worden waren. Beweise für seine Anschuldigung konnte er jedoch nicht bringen.

Goody Glovers Haus wurde durchsucht, und man fand eine Anzahl kleiner Figuren. Die Wäscherin gestand bald ein, diese Figürchen benutzt zu haben, um die Kinder zu beeinflussen; sie habe mit dem nassen Finger darübergestrichen, um den Kindern Schmerzen zu bereiten. Als man die alte Frau aufforderte, das **Vaterunser** zu beten, verhaspelte sie sich dabei. Zwar konnte sie nichts genaues über ihren Umgang mit dem Teufel sagen, doch das Gericht verfügte über genügend „Beweismaterial", um sie für schuldig zu befinden und als Hexe zum Tode zu verurteilen. Einer der Richter, die das Urteil fällten, sollte später den Vorsitz über den Prozeß in Salem führen.

Die Anfälle der Kinder ließen allmählich nach, als man eine zweite verdächtige Person als Mittäter zu Tode gebracht hatte. Cotton **Mather**, ein hexenjagender Geistlicher, der wie andere auch von dieser Angelegenheit tief beeindruckt war, schrieb einen eigenen ausführlichen Bericht über die Geschehnisse um die Goodwin-Kinder und schloß diesen mit den Worten: „Ich bin nach dieser Sache entschlossen, nie auch nur ein Körnchen Geduld mit einem Menschen zu haben, der mich mit einer Verneinung der Existenz von Teufeln und Hexen täuschen will."

Gordel, Dominic Französischer Geistlicher in Lothringen, der 1631 der Hexerei angeklagt war, und dessen Verhör ein Zeugnis für die Leiden war, denen die hexenfürchtenden Gerichte des siebzehnten Jahrhunderts die Angeklagten aussetzten. Wie manch andere Beschuldigte, so wurde auch Gordel, ein Gemeindepfarrer aus Vomécourt, durch die Aussagen von Kindern und die Geständnisse angeblicher Hexen, die man bereits verhört hatte, mit der Hexerei in Zusammenhang gebracht. Er glaubte fest daran, in allen Punkten, die man ihm zur Last gelegt hatte, unschuldig zu sein. In einer Zeit jedoch, da in Fällen von Zauberei und Hexerei auch die Aussagen von zweijährigen (!) Kindern zugelassen und die üblichen Beweisregeln im Interesse des Kampfes gegen die drohenden Mächte der Finsternis ausgesetzt waren, reichte diese Überzeugung schwerlich für einen Freispruch aus. Unverblümtes Leugnen der Schuld beispielsweise wurde als Versuch des Teufels angesehen, die Aufmerksamkeit der Richter abzulenken.

Pater Gordels Fall ist hauptsächlich wegen der noch erhaltenen detaillierten Berichte beachtenswert, die der Bischof von Sitie in seiner Rolle als Generalvikar der Region unterzeichnete und die die schrecklichen Folterungen vermeintlicher Hexen schildern. Daß Gordel mit Hexerei zu tun habe, hatten Claude Cathelinotte und Hanry Gaubart, zwei verurteilte Hexenmeister aus Béthencourt, sowie vier Kinder aus dem Ort behauptet, die alle aussagten, den Pater zu **Hexensabbaten** und dort bei der Ausführung verschiedener Übeltaten gesehen zu haben. Gordel wies die Vorwürfe zurück, und das Gericht gab die Erlaubnis, die Folter anzuwenden.

Die Folterungen begannen am 25. April 1631 in einem Turm des bischöflichen Palastes in Anwesenheit mehrerer Vertreter des Gerichts. Auch einen Chirurgen und einen allgemeinen Arzt hatte man hinzugezogen, die den Angeklagten vor „übermäßiger Gewalt" bewahren sollten. Der Henker setzte Gordel die **Daumenschrauben** zunächst an die Finger und dann an die Zehen, doch sein Opfer legte kein Geständnis ab. Als nächstes spannte er den unglücklichen Pater auf die **Leiter,** und unter Ermahnungen, die Wahrheit über die Hexensabbate zu sagen, an denen er teilgenommen habe, streckte er ihn dreimal. Die Schmerzen waren unerträglich, und Gordel rief immer wieder Jesus Christus und die Heiligen an, ihn von seiner Qual zu erlösen, wies unbeirrt die Unterstellung von sich, je auf einem Sabbat gewesen zu sein und überhaupt zu wissen, was ein Hexensabbat sei. Und während Gordel noch an die Leiter gefesselt war, legten die Folterknechte ihm nun die **spanischen Stiefel** an. Der Pater schrie, er müsse sterben, verneinte jedoch noch immer, ein Zauberer zu sein oder an einem Hexensabbat teilgenommen zu haben.

Das wortgetreue Protokoll, das die Gerichtsvertreter abfaßten, berichtet kalt und nüchtern, wie man den verwirrten Geistlichen immer schlimmeren Qualen aussetzte, um ihm das gewünschte Geständnis abzupressen:

> Danach befahlen wir, den Schraubstock an seinen linken Arm, Ober- und Unterschenkel anzusetzen; zu all dem sagte er, er sei niemals auf einem Hexensabbat gewesen und „Ich sterbe! Ich bin gebrochen! Jesus, Maria! Ich verleugne den Teufel!" Nun befahlen wir, ihn stärker zu quetschen, worauf er schrie, er habe die Wahrheit gesprochen und sei nie auf einem Hexensabbat gewesen; dabei sagte er immer „Jesus, Maria! Mutter Gottes, hab Erbarmen mit mir! Nie habe ich insgeheim oder anders einen Vertrag mit dem Teufel gehabt, ich habe nie in solche Versuchungen eingewilligt!" Als seine Gliedmaßen noch stärker zusammengepreßt wurden, schrie er: „Jesus! Maria! Ewiger Vater, hilf mir! Ich bin gebrochen! Ich habe nie einen Hexensabbat gesehen. Ich war nie zu einem Hexensabbat. Ich verleugne den Teufel und bekenne die Heilige Dreifaltigkeit. Ich gebe mich in die Hände der guten Engel. Gnade, Gott, ich bitte um Gnade!"

Der Bericht über die Leiden Pater Gordels, der einen nur selten möglichen flüchtigen Blick auf das Grauen der Folterkammer gewährt, ist unvollständig. Es ist nicht wahrscheinlich, daß das Gericht den Geistlichen mit dem Leben davonkommen ließ. Er wird wie viele andere auf dem Scheiterhaufen oder von der Hand seiner Folterer zu Tode gebracht worden sein.

Gordon, Sir Robert 1647–1704. Aristokrat, einer der bekanntesten Hexenmeister in der schottischen Geschichte. Den zahlreichen Legenden zufolge, die über Sir Robert Gordons Umgang mit dem **Teufel** erzählen, gab der Mann 1678 dem Versucher seinen Schatten (den man weithin für eine Erscheinung der Seele hält), um dem Tod zu entgehen. Da er befürchtete, der Teufel werde in Zukunft weitere Opfer von ihm fordern, ließ Sir Robert später in Gordonstoun (Moray) eine Festung errichten, die man „Round Square" nannte. Er hoffte, den Teufel mit Unterstützung eines Geistlichen von diesem Ort fernhalten zu können. Der Geistliche, den Sir Robert um Rat bat, bestand jedoch darauf, daß er in einer Kirche sicherer sei, und überredete den Aristokraten, ihn in die Nähe von Elgin in die Kirche von Birnie zu begleiten. Unglücklicherweise holte sie der Teufel auf der Straße ein, packte Sir Robert vor den Augen des Begleiters und galoppierte mit ihm in Gestalt eines dämonischen Hundes, die Fänge im Nacken des unglücklichen Mannes vergraben, in die Hölle davon. Das Haus, das Sir Robert einst schützen sollte, ist heute eine berühmte Privatschule mit Internat.

Gowdie, Isobel gest. 1662. Schottische Hexe, deren freiwilliges und ausführliches Geständnis 1662 vor der Obrigkeit in Auldearn (Morayshire) dazu beitrug, daß sie zur bekanntesten Person in den Annalen des Hexenwesens nördlich des Grenzgebiets zwischen England und Schottland wurde. Isobel Gowdie, die kinderlose Frau eines ungebildeten Bauerns namens John Gilbert, war jung, rothaarig und attraktiv, doch anscheinend geistig zerrüttet, denn sie glaubte, alle Arten von übernatürlichen Kräften zu besitzen, die sie ihren erstaunten und entsetzten Befragern freiwillig beschrieb. Die Enthüllung, daß sie eine Hexe sei, war für alle, die sie kannten, eine Erschütterung, zumal bis zu ihrem Geständnis vor der Obrigkeit selbst ihr Ehemann nichts davon gewußt hatte. (Sie erklärte, ihn behext zu haben, indem sie einen **Besen** in ihrem Bett zurückgelassen habe, um sich dann auf den Weg zum **Hexenzirkel** zu machen.)

Ihrem Geständnis zufolge wurde Isobel Gowdie 1647 in der Kirche von Auldearn in Nairnshire als Hexe getauft. Kurze Zeit davor sei sie eines Tages in den Dünen zum erstenmal dem **Teufel**, „einem Mann in Grau", begegnet. Auf dessen Anweisung hin habe sie ihre christliche Taufe verleugnet, eine Hand auf ihren Kopf und die andere unter ihre Füße gelegt und ihm alles versprochen, was zwischen ihren beiden Händen gewesen sei. Sie sei dann auf den Namen Janet getauft worden, und der Teufel habe ihr sein Mal aufgebracht. Er habe sie in die Schulter gekniffen, aus der Wunde Blut gesaugt und ihren Kopf damit besprengt. Zum Schluß des Rituals habe der Teufel von der Kanzel gepredigt.

Die Hexenzirkel, an denen Isobel Gowdie angeblich teilgenommen hatte, bestanden aus dreizehn Mitgliedern, die dort lernten, sich in verschiedene Tiere zu verwandeln, obskure Zeremonien mit den Leichen ungetaufter Kinder abzuhalten, „Elfenpfeile" (siehe **Elfenschuß**) abzuschießen, Feldfrüchte für den Teufel zu rauben, die Milch der Kühe zu stehlen, ihre Feinde mit Hilfe von deren Ebenbildern aus Ton zu vernichten, Unwetter heraufzubeschwören und verschiedene andere Meisterstücke auszuführen. Isobel Gowdie erklärte auch, wie man sie gelehrt habe, auf einem Strohhalm oder einem Bohnenstengel zu den **Hexensabbaten** zu fliegen. Jede Hexe im Zirkel habe ihren eigenen **Hausgeist** gehabt, ihr eigener sei ein schwarzgekleideter Geist mit Namen Read Reiver gewesen. Sie behauptete weiter, mit anderen Zirkelmitgliedern und dem Teufel öfter Geschlechtsverkehr gehabt zu haben, wobei sie festgestellt habe, daß die riesigen Genitalien des Teufels ihr mehr Vergnügen bereitet hätten als die gewöhnlicher Sterblicher, obwohl sein Samen eiskalt gewesen sei.

Obgleich Isobel Gowdie während ihres überraschend klaren, zusammenhängenden Geständnisses keine Verwirrung zeigte, ließ sie doch Gewissensbisse wegen ihres Verhaltens erkennen; sie schien sich der wahrscheinlichen Folgen ihrer beispiellosen Erklärungen voll bewußt zu sein und wehklagte bei ihrem Prozeß, daß sie die härteste Folter verdiene. Obwohl die Berichte von den Prozessen gegen die **Hexen von Auldearn** nichts darüber aussagen, ist denkbar, daß Isobel Gowdie gehängt und ihr Körper in der üblichen Weise zu Asche verbrannt wurde.

Experten auf dem Gebiet des Hexenwesens sehen seither in Isobel Gowdie die urtypische Hexe des siebzehnten Jahrhunderts, der sie, wie es Isobel Gowdie für sich beansprucht hatte, all die Kräfte zusprachen, die Hexen auch in anderen Fällen unterstellt wurden. Weshalb die Schottin das außerordentliche Geständnis ablegte, das ihr und anderen Mitgliedern ihres Hexenzirkels mit großer Wahrscheinlichkeit den Tod bringen mußte, ist bis heute umstritten. Von seiten einiger Fachleute gibt es Spekulationen, sie sei wahnsinnig oder emotional unausgeglichen gewesen und habe, gelangweilt von ihrem einsamen Leben, mit dem Geständnis die Aufmerksamkeit auf sich ziehen wollen, ohne Rücksicht darauf oder weil sie einfach nicht begriffen hatte, welchen Preis sie dafür würde zah-

Grabschändung

len müssen. Anderen Ansichten zufolge ist auch denkbar, daß der Hexenzirkel Isobel Gowdie als Menschenopfer auserwählt hatte oder daß sie nach einer Auseinandersetzung von dem Drang besessen war, sich an ihren Gefährten zu rächen.

Grabschändung Die Feinde des Hexenwesens haben lange Zeit behauptet, die Hexen und Hexenmeister plünderten Gräber, um sich die für ihre Zaubereien erforderlichen Zutaten zu beschaffen; scheinbar hat es auch wirklich solche Störungen der Totenruhe gegeben. Viele der mächtigsten Zauber, die die Hexen angeblich vollbrachten, erforderten Dinge, die eigentlich unmöglich zu beschaffen waren. Eine ganze Zahl von Zaubermitteln wie beispielsweise manche todbringenden Tränke wirkten nur, wenn die Hexe dafür auch Stücke von Überresten menschlicher Körper verwenden konnte. Daher rührt der Hexenbrauch, die Scharfrichter zu bestechen, damit diese ihnen die Leichen am Galgen überließen, und im Dunkel der Nacht Tote aus ihren Gräbern zu stehlen.

Am begehrtesten waren die Leichen von Personen, die eines zu frühen, gewaltsamen Todes gestorben waren, da sie angeblich noch Spuren ungenutzter Lebenskraft enthielten. Nach Auffassung von Paulus **Grillandus**, einem italienischen Richter aus dem sechzehnten Jahrhundert, „nehmen einige ein kleines Stück von einer begrabenen Leiche, besonders wenn es die Leiche von jemandem ist, der gehängt wurde oder auf andere Weise einen schmachvollen Tod erlitt ... die Nägel oder Zähne ... Haare, Ohren oder Augen ... Sehnen, Knochen oder Fleisch". Alice **Kyteler**, die berühmteste Hexe Irlands, soll bei ihren Zaubereien den **Schädel** eines Diebes benutzt und von einer Leiche gestohlene Haare verwendet haben.

Ebenfalls begehrt waren die Leichen von Säuglingen, besonders die von Kindern, die bereits vor der Taufe gestorben waren. Isobel **Gowdie**, die bekannte schottische Hexe aus dem siebzehnten Jahrhundert, beschrieb in ihrem freiwilligen Geständnis ausführlich, wie sie und andere Mitglieder des Hexenzirkels für ihre Zaubereien die Körper frisch begrabener Kinder exhumiert hätten. Diese Leichen seien dann zerschnitten und die Stücke auch unter den anderen Hexenzirkeln der Gegend aufgeteilt worden. Isobel Gowdie und ihre Gefährtinnen unter den Hexen hätten ihren eigenen Beuteanteil im Acker eines Bauern vergraben, um durch Magie dessen Feldfrüchte zu „stehlen".

Auch in den letzten Jahren hat es öffentlich bekanntgemachte Fälle von Grabschändung gegeben, deren Urheber offenbar Mitglieder satanistischer Sekten waren. 1968 wurden auf dem Tottenham Park Cemetery in Edmonton im nördlichen London Särge aufgebrochen, und ein Jahr darauf fand man die Knochen eines Mädchens, das vor etwa zweihundert Jahren auf dem Friedhof einer verfallenen Kirche in Clophill (Bedfordshire) begraben worden war, im Innern dieser Kirche ausgelegt, nachdem sie anscheinend in einer obskuren Zeremonie benutzt worden waren (*siehe* **Clophill, Hexen von**).

Um Hexen davon abzuschrecken, Gräber zu schänden, griff man zu verschiedenen Maßnahmen: Die Grabsteine wurden mit Runen bekritzelt, oder man meißelte Flüche in den Stein, die das Wohlergehen jener gefährden sollten, die die im Boden ruhenden sterblichen Überreste anrührten.

Siehe auch **Nekromantie**; **Main de la gloire**.

Grandier, Urbain *siehe* **Nonnen von Loudun**

Greensmith, Rebecca *siehe* **Connecticut, Hexen von**

Grierson, Isobel gest. 1607. Schottische Bauersfrau und angebliche Hexe, deren Prozeß vom 10. März 1607 vor dem Obersten Strafgericht in Edinburgh großes Aufsehen erregte. Isobel Grierson, die Frau des Arbeiters John Bull aus Prestonpans (East Lothian) war eine rachsüchtige Frau. Unter ihren Nachbarn, die sie fürchteten, hatte sie viele Feinde, die gern bereit waren, gegen sie auszusagen. Die Gelegenheit dazu bot sich schließlich, als Isobel Grierson angeklagt wurde, Hexerei angewendet zu haben, um einem Mann namens Adam Clark Schaden zuzufügen, was sie bis zu dem Prozeß auch achtzehn Monate lang tat.

Die zusammengetragenen Beweismittel besagten, daß sich Isobel Grierson in eine **Katze** verwandelt habe, um sich in der Dunkelheit in Gesellschaft anderer Katzen Zutritt zu Clarks Haus zu verschaffen und dessen Bewohner in

Furcht und Schrecken zu versetzen; daß sie im Jahre 1605 den **Teufel** in Gestalt eines nackten Kindes angeworben habe, um William Burnet zu töten; daß sie 1598 Krankheit über einen Robert Peddan gebracht habe, bis dieser seine Schulden an sie zurückgezahlt habe; daß sie 1604 das Bier, das derselbe Robert Peddan gerade braute, einfach dadurch habe schlecht werden lassen, daß sie seine Katze streichelte; daß sie Peddans Frau Margaret Donaldson seit 1600 nicht weniger als dreimal eine Krankheit angehext habe; und daß sie als Zauberin und Hexe mit verschiedenen Sprüchen und Tränken gehandelt und Zauber bewirkt habe.

Die Bereitwilligkeit der Zeugen, sich zu melden und auszusagen, sowie die Tatsache, daß man der Angeklagten jegliche Verteidigung verweigerte, besiegelten das Schicksal der Isobel Grierson. Die Frau, die keine Freunde hatte, wurde schuldig gesprochen und kurz danach auf dem Castle Hill von Edinburgh auf dem Scheiterhaufen erdrosselt und dann verbrannt.

Grillandus, Paulus Italienischer Richter, der über viele Hexenprozesse im Verwaltungsbezirk Rom den Vorsitz führte und seine Erlebnisse in der Schrift *Tractatus de hereticis et sortilegiis (Abhandlung über Ketzer und Hexen)* festhielt. Grillandus' Buch gehörte zu den bedeutsamsten Veröffentlichungen, die im sechzehnten Jahrhundert zu diesem Thema erschienen waren, da es viele Einzelheiten über die Hexenpraxis enthielt und vor den Gefahren warnte, die aus der unkontrollierten Aktivität des Hexenwesens erwuchs.

Er akzeptierte die oftmals außergewöhnlichen Geständnisse, die er in seinem Amt als Richter zu hören bekam, als wahr und führte verschiedene „Belege" für solche Phänomene wie den **Hexenflug**, das **Potenzzaubern**, den Abschluß eines **Pakts mit dem Teufel**, dämonische **Besessenheit** und die von den Hexen praktizierte Verwandlung von einer Gestalt in eine andere an. Zu weiteren Einzelheiten, die er wiedergab, ohne ihre Stichhaltigkeit in Frage zu stellen, gehörten die Behauptungen von Hexen, von **Dämonen** in Gestalt von **Ziegenböcken** zu den **Hexensabbaten** gebracht worden zu sein, „mit der größten Wollust" mit dem Teufel gebuhlt und Leichen ausgegraben zu haben, die sie dann für ihre **Zauber** verwendet hätten.

Bei einer Begebenheit, die Grillandus wiedererzählte, ging es um einen Mann, der seine Frau überredete, ihn zu ihrem Hexensabbat mitzunehmen, worin sie unter der Bedingung einwilligte, daß er dort kein Ärgernis errege, indem er Gott oder Christus erwähne. Als die Hexen dann beim Essen saßen, verlangte der Mann unglücklicherweise **Salz** (was die Dämonen verabscheuen) und rief, als es gebracht wurde, aus: „Gott sei Dank, hier kommt das Salz." In dem Moment löste sich der Hexensabbat plötzlich auf, und der Mann fand sich rund hundertfünfzig Kilometer von seinem Haus entfernt wieder. Bei seiner Rückkehr denunzierte er seine Frau als Hexe, und sie wurde von der **Inquisition** bei lebendigem Leibe verbrannt.

Große Göttin Heidnische Gottheit, die unter verschiedenen Namen zu einer der angeblich von den Hexen angebeteten Hauptfiguren wurde. Als weibliches Äquivalent des **Gehörnten Gottes** verkörperte die Große Göttin für die frühen Menschen Zeugung und Fruchtbarkeit und wohl auch das Leben und die Natur selbst. Darstellungen, bei denen die Göttin meist mit starkem Leib abgebildet ist, wurden in prähistorischen Höhlenmalereien entdeckt. Später erschien sie in unterschiedlicher Gestalt in den vorchristlichen Kulturen Europas wieder. In Babylonien war sie Ischtar, für die Ägypter Aset, für die Phönizier Astarte, für die Griechen Hera und Isis, für die Kanaaniter **Astarot**, für die Römer war sie die Große Göttin, Juno und **Diana**. Im jüdischen Volksglauben wurde sie **Lilith**, der ersten Frau Adams, gleichgesetzt, doch im Christentum spielte sie keine Rolle, und ihre Anhänger wurden von der frühen Kirche verfolgt.

Dennoch hielten viele Menschen an der „Alten Religion" fest. In England verehrten die Angelsachsen die Große Göttin als Goda oder Frig. Später erhielt sie Namen wie Himmelskönigin und Marian; in Wales nannte man sie Rhiannon und Arianrhod. Zu ihren vornehmsten Verehrerinnen gehörte Katharina von Medici, die in den Zeremonien für die Große Göttin den Part der Venus spielte und sich nackt als Altar darbot, sowie Madame de **Montespan**, die Mätresse Ludwigs XIV. von Frankreich. Der Großen Göttin huldigte man auch in den sexualmagischen Ritualen des englischen **Hell-**

Großer Ritus

Fire Club. Viele Hexenzirkel zelebrierten angeblich die Vereinigung der Großen Göttin, verkörpert von der ranghöchsten Hexe, mit dem Gehörnten Gott, der vom Meister des Hexenzirkels dargestellt wurde.

Die Verehrung der Großen Göttin ist im zwanzigsten Jahrhundert wieder aufgelebt. Viele neuzeitliche Hexenzirkel halten ihr zu Ehren Zeremonien ab, in denen sie ihr Namen wie Diana oder Aradia geben.

Großer Ritus *siehe* **Gardner, Gerald**; **Wicca**

Guaita, Stanislas de Französischer Aristokrat, der im späten neunzehnten Jahrhundert eine berühmte Rosenkreuzerloge leitete. Der Marquis de Guaita versammelte um sich einen **Hexenzirkel**, dem Schwarzkünstler und Hexen gehörten, die ähnliche Auffassungen teilten. Einer von ihnen, der Dichter Oswald Wirth, berichtete darüber in seinem Werk *The Book of Thoth* (1889), in dem er ausführlich auf die Glaubensvorstellungen in der Gruppe einging und auch die Deutung von Tarotkarten erörterte. Schwierigkeiten zeichneten sich jedoch ab, als de Guaitas auf die Aktivitäten eines von Joseph-Antoine **Boullan** geleiteten konkurrierenden Hexenzirkels in Lyon aufmerksam wurde. Nachdem er von der sexuellen Hemmunglosigkeit erfahren hatte, mit der Boullans Anhänger ihre Magie betrieben, schrieb der Marquis einen Brief an Boullan, in dem er ihm mitteilte, daß er, Boullan, zum Tode verurteilt worden sei. Zwischen den beiden Hexenzirkeln entspann sich ein Psychokrieg, bei dem jede Partei **Dämonen** aussandte, die ihre Gegner attackieren sollten. Mit Boullans plötzlichem Tod war der Kampf dann zu Ende. Es folgten Anschuldigungen, nach denen angeblich die Pariser Loge den Tod des rivalisierenden Magiers verursacht hatte, worauf sich führende Mitglieder beider Gruppen Duelle lieferten, bei denen glücklicherweise niemand ernsthaft verletzt wurde. Der Zirkel des Marquis brach in den darauffolgenden Jahren allmählich auseinander. Stanislas de Guaita starb im Alter von nur siebenundzwanzig Jahren an einer Überdosis Drogen.

Guazzo, Francesco-Maria Italienischer Mönch, der eines der Standardwerke der Dämonologie des siebzehnten Jahrhunderts verfaßte. Das *Compendium maleficarum (Handbuch der Hexen)* wurde 1626 auf Wunsch des Bischofs von Mailand geschrieben, damit das üble Tun der Hexen überall bekanntgemacht würde. Durch seine Arbeit als Sachverständiger bei zahlreichen Hexenprozessen hatte Guazzo Gelegenheit, das Thema zu untersuchen. Auch glaubte er offensichtlich an die Existenz der übernatürlichen Kräfte, die den Hexen im Volksmund zugeschrieben wurden. Er katalogisierte unter anderem die vielen Anzeichen dämonischer **Besessenheit** (Verrenkungen, Erbrechen usw.) und wiederholte das Gerücht, der protestantische Reformer Martin Luther sei der Abkömmling einer Nonne und des Teufels.

Eine bemerkenswerte Geschichte, die Guazzo in sein höchst angesehenes Buch aufgenommen hatte, handelte von einem Trupp französischer Soldaten, die in eine über Calais schwebende schwarze Wolke schossen, nachdem sie daraus Stimmen gehört hätten. Vom Himmel sei daraufhin eine dicke, betrunkene nackte Alte gefallen, die eine Wunde am Oberschenkel gehabt hätte.

Guernsey *siehe* **Kanalinseln**

Guibourg, Abbé *siehe* **Chambre-Ardente-Prozeß**

Gunter, Anne geb. 1590. Englisches Mädchen, Tochter eines geachteten Ehrenmannes aus North Moreton (Berkshire), die 1605 in Abingdon im Mittelpunkt eines berüchtigten Hexenprozesses stand. Anne Gunter neigte zu Krampfanfällen und Hysterie. Im Alter von vierzehn Jahren begannen sich bei ihr Symptome wie Schaum vor dem Mund, zeitweilige Blindheit und Taubheit und das Heraustreten von Nadeln aus verschiedenen Teilen ihres Körpers zu zeigen. Für diese Leiden machte sie die Zauberei dreier ortsansässiger Frauen – Elizabeth Gregory, Agnes Pepwell und Mary Pepwell –, verantwortlich.

Die Anschuldigungen erregten beträchtliches Aufsehen, und die drei Frauen wurden vor Gericht gestellt. Der Fall wurde jedoch nicht weiter verfolgt, und Anne Gunter geriet selbst unter Betrugsverdacht. **Jakob I.** persönlich verhörte sie dreimal – in Oxford, Windsor und Whitehall, übergab sie dann der Obhut von

Fachleuten, die die Zweifel des Königs an der Ehrlichkeit des Mädchens bald bestätigten. Der König sicherte Anne Gunter Straffreiheit für den Fall zu, daß sie die Wahrheit sage; später gab sie dann zu, die ganze Geschichte erfunden und die Krankheitssymptome auf Anweisung ihres Vaters, der sich an einem Nachbarn rächen wollte, übertrieben zu haben. Anne Gunter und ihr Vater wurden wegen Verschwörung angeklagt.

Die Angelegenheit der Anne Gunter war von Bedeutung, da es der erste wichtige, vom König untersuchte Fall war, in dem man erkannte, daß offenkundig arglistige Täuschung am Werk war. Das Resultat hatte zweifellos eine große Wirkung auf die Einstellung Jakobs (und folglich auch seiner Richter) zur Bewertung von Beweismaterial in Hexenprozessen. Historiker haben verschiedene Ähnlichkeiten zwischen dem Fall Anne Gunter und dem weithin bekanntgewordenen Fall der **Hexen von Warboys** festgestellt; es ist demnach denkbar, daß das Mädchen hauptsächlich durch Veröffentlichungen über diesen früheren Prozeß zu seinem Betrug angeregt wurde.

Gwinner, Else gest. 1601. Deutsche Bäckersfrau, die den schrecklichsten Folterungen widerstand, nachdem man sie 1601 in Offenburg (Baden) wegen Hexerei angeklagt hatte. Der Prozeß gegen Else Gwinner war typisch für viele andere, die in dieser Zeit in den katholischen Städten ganz Deutschlands geführt wurden; er ist noch heute ein gutes Beispiel für die Entschlossenheit, mit der die von Verurteilungen profitierende Obrigkeit vorging, um einen Prozeß zum „richtigen" Abschluß zu bringen.

Else Gwinner (geb. Laubbach) geriet infolge der politischen Machenschaften des Rupprecht Silberrad, der die Absetzung seines Rivalen, des Ratsherrn Georg Laubbach (Else Gwinners Vater) geplant hatte, unter den Verdacht, eine Hexe zu sein. Ihre Mutter war 1597 als Hexe verbrannt worden, ein Umstand, der Silberrad die glänzende Gelegenheit bot, auch andere Mitglieder der Familie der Hexerei zu bezichtigen. So beschuldigte Silberrad 1601 Georg Laubbachs Töchter Adelheid und Helene öffentlich, durch Zauberei seinen Sohn getötet zu haben. Auch Else Gwinner geriet auf die Liste der Verdächtigen. Sie war zusammen mit anderen Frauen aus der Stadt von zwei Landstreicherinnen genannt worden, die man wegen Diebstahls von Weintrauben angeklagt und dann als mutmaßliche Hexen gefoltert hatte.

Anschuldigungen dieser Art nahm man im jesuitischen Offenburg sehr ernst, und so wurde Else Gwinner bald verhaftet und gefoltert, damit sie ein Geständnis ablege. Sie erduldete die schrecklichen Qualen des **Aufziehens**, ohne irgendetwas zuzugeben. Man nahm ihre kleine Tochter Agathe in Gewahrsam, um durch sie belastende Beweise erbringen zu können. Dieser Trick schlug jedoch fehl, und das Gericht ließ die Angeklagte einer verschärften Form des Aufziehens unterwerfen. Sie sagte noch immer nichts. Agatha jedoch brach zusammen, nachdem man sie geprügelt hatte, und gab alles zu, was man über ihre Mutter erzählt hatte. Mit den **Daumenschrauben** preßte man Else Gwinner zu dem Eingeständnis, sie habe mit **Dämonen** gebuhlt und sei zu **Hexensabbaten** geflogen. Sie wurde dann in einen eisigen Kerker gesperrt und weiteren Quälereien unterworfen, die der entkräfteten, unglücklichen Frau die Namen zweier Mittäterinnen abzwangen.

Die Zufriedenheit des Gerichts über das Ergebnis währte jedoch nur kurze Zeit, denn Else Gwinner widerrief ihr Geständnis, sobald sie sich etwas erholt hatte. Es schien, daß sich die Angeklagte durch nichts von ihrem Entschluß, nichts mehr zu sagen, abbringen lassen wollte. Selbst die Androhung noch schlimmerer Folterungen blieb wirkungslos. Angesichts solcher Hartnäckigkeit ließen die Richter von ihren Bemühungen um ein Geständnis ab und verurteilten die Frau zum Tod durch Verbrennen. Else Gwinner starb am 21. Dezember 1601 auf dem Scheiterhaufen.

Agathe indes war für den Tod auf dem Scheiterhaufen noch zu jung. Sie wurde auf Bitten ihres Vaters (und zum großen Ärger Silberrads und seiner Gefährten) nur verbannt. Auch die Anklagen gegen Adelheid und Helene Laubbach wurden fallengelassen. Das Blatt wendete sich für kurze Zeit, als Silberrad selbst, der Anstifter der ganzen tragischen Angelegenheit, unter Hausarrest gestellt wurde. Es gelang ihm allerdings binnen kurzem, mit Hilfe seiner kirchlichen Freunde seine Freilassung (und eine beträchtliche Entschädigung) zu erwirken.

H

Haare Haare sollten genau wie andere Teile des Körpers selbst dann noch eine geheimnisvolle Verbindung zum Körper bewahren, wenn man sie abgeschnitten hatte. Sie wurden deshalb von den Praktikern der Hexenkunst hoch geschätzt (insbesonders deshalb, weil der Kopf als Sitz der psychischen Kraft eines Menschen gilt). Viele Hexen, die einst vor die kirchliche oder die weltliche Obrigkeit gebracht wurden, gaben zu, das Haar lebender Menschen und auch Verstorbener für ihre schändlichen Ziele verwendet zu haben.

Der Besitz einiger weniger menschlicher Haarsträhnen reichte für eine erfahrene Hexe angeblich aus, um magischen Einfluß auf eine bestimmte Person zu erlangen. Eine Hexe konnte beispielsweise einen Menschen herbeirufen, indem sie ein einziges abgeschnittenes oder verlorenes Haar eben dieses Menschen in heißem Wasser kochte. Das Verbrennen einer ganzen Haarsträhne indes brachte nach Meinung vieler Hexen dem einstigen Besitzer unerträgliche Schmerzen. Man konnte auch einige Haarsträhnen in eine Wachsfigur einfügen, die das Ebenbild einer bestimmten Person darstellte, um eine magische Verbindung herzustellen, über die die Hexe dann einen **Bildzauber** wirken lassen konnte.

Möglichkeiten, sich gegen solche Zaubereien abzuschirmen, gab es nur wenige. Wer fürchtete, Opfer einer solchen Hexerei zu werden, vernichtete sein abgeschnittenes Haar mit größter Sorgfalt, so wie es beispielsweise auch Aleister **Crowley** tat. Die Haare vergrub man jedoch am besten, statt sie zu verbrennen, da der Besitzer sie am Tag des Jüngsten Gerichts im Jenseits wieder brauchte. Dem Aberglauben zufolge handelten Eltern, die in ihren Nachwuchs vernarrt waren und deshalb eine Locke von ihrem Kind (oder auch von sich selbst) aufbewahrten, höchst unklug, denn diese Locke konnte ja allzu leicht in die Hände einer Hexe fallen. Auch Liebende tauschten traditionell eine Haarlocke aus, die ein Zeichen des völligen Vertrauens zueinander und des festen Glaubens daran war, daß der andere sie nicht für Hexerei und Zauberei verwenden würde.

Bestand Grund zu der Annahme, daß man das Ziel irgendeines Zaubers war, dann genügte es angeblich, sich eine Locke (oder vielleicht auch ein Stück von einem Finger) abzuschneiden und sie gewissermaßen zu opfern, um weiteren körperlichen Beeinträchtigungen vorzubeugen. Eine andere Möglichkeit war die, eine **Hexenflasche** herzustellen, in die unter anderem ein paar eigene Haare hineingehörten.

Haare spielten jedoch auch in weniger üblen Zaubereien eine Rolle. Sie wurden häufig als empfehlenswerte Zutat für Rezepturen genannt, mit deren Hilfe man die Gesundheit stärken oder das Herz eines anderen Menschen gewinnen wollte. In der Vergangenheit empfahlen **weiße Hexen** für die Behandlung von Keuchhusten bei Kindern mitunter, einen Hund mit einem Stück Brot zu füttern, auf das man eine Strähne vom Haar des Patienten gelegt hatte. Die Krankheit würde dann auf den Hund übergehen, und das Kind sollte sich angeblich wieder erholen.

Zur Vorbereitung auf die Suche nach dem **Hexenmal** oder auch kurz vor der Hinrichtung wurden vermeintliche Hexen einst am ganzen Körper kahlgeschoren. Das sollte nicht nur das Auffinden belastender Zeichen erleichtern; es sollte die Verdächtigen auch ihrer übernatürlichen Kräfte berauben und verhindern, daß eine verurteilte Person in letzter Minute noch floh. Die Dämonen, die sich angeblich im Haar der Hexe versteckt hielten, konnten mit Hilfe ihrer Magie der angeklagten Person möglicherweise ja helfen, die Qualen der Folter zu überstehen, und dem oder der Gefangenen irreführende Worte zuflüstern, um die Befrager zu täuschen.

Haecke, Pater Louis van 1828–1912. Belgischer katholischer Geistlicher, der in Brügge und Paris bekannte Teufelssekten leitete. Pater Haecke hatte eine große Schwäche für das weibliche Geschlecht. Als junger Mann nutzte er seine Stellung und seinen Einfluß, um die Frauen, die zu ihm zur Beichte kamen, zu verführen. Er suggerierte den Frauen, sie sollten sich ihn als Liebhaber vorstellen, bis sie von ihm besessen waren und er mit ihnen leichtes Spiel hatte.

Von seinen Anhängern in Brügge bewundert, scharte er einen Kreis von Okkultisten um sich und begann, seine eigene Version der katholischen Messe zu entwickeln, in die er verschiedene heidnische Elemente aufnahm und in deren Mittelpunkt er die Sexualmagie stellte. Über seine außergewöhnlichen Prozeduren wachte die Statue eines nackten Gottes, der teuflisch grinste und seinen erigierten Penis zur Schau stellte. Die typischen Rituale gipfelten in der Schändung der Hostie und einer wilden Orgie, in der alle Wünsche bedient wurden. Haecke selbst leitete die Zeremonien, bei denen er eine Schädelmaske mit Hörnern trug.

Schließlich wurde Pater Haeckes Beschäftigung mit der schwarzen Magie durch den Dichter Joris-Karl **Huysmans** enthüllt, der eine Frau namens Berthe Courrière überredet hatte, dem Brügger Hexenzirkel beizutreten und ihm dann über alles, was sie dort gesehen hatte, zu berichten. Huysmans schrieb Berthe Courrières Erlebnisse in einem Roman nieder, während der Bischof von Brügge eine eigene Untersuchung der Aktivitäten des ungeratenen Priesters einleitete. Letzten Endes ließ man die Sache jedoch auf sich beruhen.

Siehe auch **Boullan, Joseph-Antoine**; **Guaita, Stanislas de**.

Hahn, Dr. Georg *siehe* **Bamberg, Hexen von**; **Junius, Johannes**

Haizmann, Christoph gest. 1700. Bayrischer Künstler, der 1677 eine aufsehenerregende Autobiographie schrieb, in der er die Behauptung aufstellte, seine Seele dem **Teufel** verkauft und verschiedene Hexenpraktiken ausgeübt zu haben. Das reich illustrierte Buch, das Darstellungen der Dämonen zeigt, denen er begegnet war, beruhte auf einem Geständnis gegenüber der Polizei, das er nach einem Anfall abgelegt hatte. Haizmann hatte zwar immer unter Geschichten verschiedener Art gelitten, doch jetzt behauptete er, neun Jahre zuvor dem Teufel zweimal seine Seele verkauft zu haben, und bat um Schutz, da nun der Tag nahe, an dem er seinen Teil des Abkommens erfüllen müsse. Er habe mit seinem Blut den Pakt unterzeichnet, der lautete: „Ich verkaufe mich diesem Satan, um sein leiblicher Sohn zu sein, und gehöre ihm mit Körper und Seele im neunten Jahr."

So ungewöhnlich diese Geschichte auch klang, fand Haizmann bei der Obrigkeit dennoch Glauben und wurde, da er angemessene Reue zeigte, nach Zell geschickt, wo er sich einem **Exorzismus** unterzog, der drei Tage und Nächte dauerte. In einer Vision sah Haizmann, wie die Jungfrau Maria dem Teufel den bewußten Vertrag entriß. Er erklärte, nun von Satans Einfluß befreit zu sein. Doch bald darauf kehrte er nach Zell zurück, da er fürchtete, sich geirrt zu haben. In einer weiteren Vision erblickte er wiederum die Jungfrau Maria, die dem Teufel nun auch den zweiten Vertrag abnahm und zerriß.

Seine Eindrücke vom Teufel und dessen Helfern schrieb Haizmann in seiner einzigartigen Autobiographie nieder. Darin stellte er den Hinkefuß als unheimliches Geschöpf mit menschlichem Rumpf dar, der Frauenbrüste, Hörner und die Beine und Klauen eines Vogels hatte.

Zum Dank für seine Erlösung vom Teufel verbrachte Haizmann den Rest seiner Tage als Mönch in Neustadt (Bayern). Seine Schriften lieferten später Material, aus dem Sigmund Freud eine typische Krankengeschichte zusammenstellte und in dem er Anzeichen für einen Ödipuskomplex und Kastrationsängste erkannte.

Haldane, Isobel Schottin, die im Mai 1623 in Perth wegen Hexerei vor Gericht stand. Der Prozeß gegen Isobel Haldane ist insofern ungewöhnlich, als recht ausführliche Aufzeichnungen von ihrer Befragung vor der Gerichtssitzung in Perth erhalten geblieben sind, die uns einen Einblick in die schottischen Hexenprozesse auf der Höhe des Hexenwahns geben.

Isobel Haldane wurde wegen angeblicher Hexerei vor Gericht gebracht. Die Anklage war auf der Grundlage verschiedener Berichte zustandegekommen, denen zufolge sie durch Magie Flüche über bestimmte kranke Menschen gesprochen hatte. Es hieß, diese Fähigkeit habe sie sich vermutlich nur durch den Verkauf ihrer Seele an den Teufel (*siehe* **Pakt mit dem Teufel**) aneignen können. Sie verwahrte sich dagegen und behauptete, ihr Handwerk bei den **Feen** erlernt zu haben. Sie habe auch den Tod verschiedener ortsansässiger Personen prophezeit, der dann genau so eingetreten sei, wie sie es vorausgesagt habe.

Als sie zu ihrem Umgang mit dem Übernatürlichen befragt wurde, bekannte sich Isobel Haldane dem offiziellen Bericht zufolge zu einem seltsamen Abenteuer: „Es ist zehn Jahre her, daß sie in ihrem Bett lag und plötzlich, ob von Gott oder dem Teufel, weiß sie nicht, ergriffen und zum Hang eines Hügels getragen wurde. Der Hügel öffnete sich, und sie ging hinein. Sie blieb drei Tage, nämlich von Donnerstag bis Sonntag zwölf Uhr. Sie begegnete einem Mann mit grauem Bart, der sie wieder fortbrachte." Von dem „Mann mit grauem Bart" habe die Angeklagte die Namen all jener erfahren, denen es in naher Zukunft bestimmt gewesen sei zu sterben.

Verschiedene Zeugen gaben an, Isobel Haldane um Hilfe gebeten zu haben. Patrick Ruthven, ein Kürschner aus Perth, hatte sie aufgesucht, um sich von einem Zauber befreien zu lassen, den eine Frau namens Margaret Hornscleugh gegen ihn gerichtet haben sollte. Andere hatten sie gebeten, ihre kranken Kinder zu waschen, damit die Beschwerden auf das Wasser übergingen und die Kinder wieder gesund würden. Wieder andere hatte sie mit Kräuterheilmitteln behandelt. Einmal, so wurde behauptet, habe sie ein krankes Kind besucht und festgestellt, daß es ein Wechselbalg und kein richtiges Kind sei, und ihm daraufhin einen tödlichen Trank verabreicht, der das Geschöpf rasch getötet habe. Die Berichte von diesem Fall geben keine Auskunft über das Ergebnis des Prozesses gegen Isobel Haldane, doch es ist wahrscheinlich, daß sie der Hexerei überführt, erdrosselt und verbrannt wurde.

Hale, Sir Matthew 1609–1676. Englischer Richter, dessen Ruf als gelehrteste und scharfsinnigste juristische Autorität seiner Zeit durch seinen offensichtlichen Glauben an Hexerei und sein Verhalten in mehreren bekannten Hexenprozessen dauerhaft beeinträchtigt wurde.

Der puritanisch erzogene Matthew Hale wurde 1637 als Anwalt zugelassen und stieg 1671 zum Vorsitzenden der King's Bench Division, einer Abteilung des Obersten Gerichtshofes, auf. Bei verschiedenen Gelegenheiten demonstrierte er seine starke Voreingenommenheit gegenüber angeblichen Hexen und setzte sich dafür ein, daß diese auch schuldig gesprochen wurden. War in einem Fall abzusehen, daß die Beweislage einen Freispruch verlangte, dann verlegte er sich für gewöhnlich darauf, in seinem Resümee überhaupt nicht auf die Beweismittel einzugehen, sondern die abergläubischen Neigungen der Schöffen wachzurufen.

Der schändlichste Prozeß, mit dem man Sir Matthew Hale in Verbindung brachte, war der gegen Rose Cullender und Amy Duny in Bury St. Edmunds, der im Jahre 1662 stattfand (*siehe* **Bury St. Edmunds, Hexen von**). Viele Zuschauer im Gerichtssaal stellten fatale Mängel in den gegen die zwei Frauen vorgebrachten Beweisen fest, die sich auf die Aussagen hysterischer Kinder von etwa zehn Jahren stützten. Doch Hale zeigte unverkennbare Befriedigung über den Schuldspruch, der gefällt wurde, nachdem er in bewährter Weise an die Schöffen appelliert hatte. Der Fakt, daß angeblich neutrale Zeugen als befangen entlarvt wurden, weil sie in persönlicher Verbindung zu den „Opfern" der Angeklagten standen, wurde geflissentlich außer acht gelassen, und die Behauptungen, die Kinder würden von übelwollenden Geistern gepeinigt, wurden trotz der Tatsache, daß niemand sonst diese geheimnisvollen Wesen sehen konnte, bereitwillig akzeptiert. Rose Cullender und Amy Duny wurden, wie nicht anders zu erwarten war, gehängt.

Hales Schuld im Fall der Hexen von Bury St. Edmund endete hier jedoch nicht, denn seine Entscheidung in diesem Prozeß diente einige Jahre später den Richtern in den Verfahren gegen die **Hexen von Salem** als Modell. Der Schatten, den der Fall auf Hales Namen warf, war so dunkel, daß Bischof Gilbert Burnet, der Biograph des Richters, schon 1682 sorgfältig jegliche Erwähnung des Falles von Bury St. Edmunds vermied. Hales Engagement in den

Hexenfällen wird häufig der Herangehensweise seines Amtsnachfolgers Sir John **Holt** gegenübergestellt. Sir John Holts Name wird in Ehren gehalten, weil sich dieser Mann standhaft weigerte, sein Urteilsvermögen durch den Hexenwahn seiner Zeit beeinträchtigen zu lassen, und weil er auf seine Weise viel dazu beigetragen hat, die Hysterie zu beenden.

Halloween Der Vorabend des Allerheiligenfestes im Kirchenkalender; in der Überlieferung die Nacht im Jahr, die am engsten mit dem Hexenwesen und den Kräften der Finsternis verbunden ist. Halloween, das am 31. Oktober gefeiert wird, markiert das Ende des keltischen Jahres und ist der Zeitpunkt, an dem die Sonne den niedrigsten Teil ihrer Bahn erreicht. Die Sage berichtet, daß die Sonne sogar für eine Zeit in die Unterwelt eintritt, und wenn sich das Tor öffnet, um sie einzulassen, dann entweichen Horden von Geistern und Dämonen, um die Erde zu besuchen. Dies ist also der beste Moment für einen Versuch, okkulte Kräfte anzuzapfen, die zu diesem Zeitpunkt am stärksten sind.

Halloween ist die Nacht, in der sich angeblich überall in Europa die Hexen auf ihren Besen, in Sieben oder auf Eierschalen (*siehe* **Ei**) in die Lüfte schwingen und zum **Hexensabbat** fliegen, damit ihre Zaubereien wirken und um sich mit Dämonen zusammenzutun. Die **Hexen von Aberdeen** gestanden 1595 vor Gericht, zu Halloween um Mitternacht rund um das Marktkreuz getanzt und dann in Craigleuch am Fuße des Hügels zur Musik des Teufels herumgetollt zu haben. Die Hexen der Neuzeit treffen sich noch immer an diesem Tag, um **magische Kreise** zu ziehen und verschiedene Zeremonien abzuhalten.

In der vorchristlichen Kultur war Halloween der Tag des heidnischen Festes des Feuers und der Toten. Im Volkstum der Kelten war es das Fest des Samhain, das den Beginn des Winters und den Zeitpunkt markierte, zu dem das Vieh von den Weiden geholt und in die Winterquartiere gebracht wurde. Die Versuche der Kirche, diesen Brauch durch ein christliches Fest zu Ehren der Heiligen und der Märtyrer zu ersetzen, das erstmals im siebenten Jahrhundert n. Chr. eingeführt wurde, hatten nur teilweise Erfolg.

Die Feuer, die einst im Mittelpunkt des heidnischen Festes standen, sind zumindest in England auf den fünften November, den Gedenktag der 1605 fehlgeschlagenen Pulververschwörung des Guy Fawkes und seiner Gefährten, verlegt worden. Dennoch wurde Halloween bis zum Ende des neunzehnten Jahrhunderts in manchen Gegenden des Landes noch immer mit Tänzen rund um große brennende Holzstöße gefeiert. In Schottland entzündet man an diesem Tag auch heute noch gelegentlich diese Feuer, und im vergangenen Jahrhundert war es in Aberdeenshire und Buchan üblich, die Nachbarn an diesem Tag um ein Stück „Torf zum Hexenbrennen" zu bitten. Wenn das Feuer dann brannte, riefen die Kinder: „Feuer! Feuer! Verbrennt die Hexen!" Verloschen die letzten Reste, dann schrien sie: „Den letzten beißen die Hunde!" und rannten in dem Glauben, den Langsamsten unter ihnen würden die Dämonen schnappen, Hals über Kopf nach Hause. Manchmal wurde auch die Nachbildung einer Hexe in solch einem Feuer verbrannt, so wie es in den Städten und Dörfern ganz Englands häufig mit dem Abbild von Guy Fawkes geschieht.

Der Schauder, den das Fest einst bei den heidnischen Götterdienern hervorrief, wird heute durch die grotesken Köpfe aus **Kürbissen**, die für die betreffende Nacht ausgehöhlt und mit Mustern versehen werden, mit Partys, zu denen man sich verkleidet, mit Horrorfilmen und anderen Dingen heraufbeschworen, die zu beiden Seiten des Atlantiks einen Höhepunkt der Festlichkeiten zu Halloween darstellen. Die Kürbisköpfe sollen dabei nicht so sehr ihre Träger verunstalten als vielmehr die Geister oder Dämonen erschrecken, die in dieser Nacht draußen umherziehen.

Das Spiel der Kinder, die an diesem Abend von Haus zu Haus gehen und, einem Brauch aus den USA folgend, „Etwas zu essen oder Streich!" rufen, geht auf die alte Tradition zurück, Speise- und Trankopfer hinauszustellen, um die Toten zu beschwichtigen, die kommen, um ihr einstiges Haus zu besuchen. Jetzt sind es die als Geister, Hexen, Goblins oder andere Gestalten verkleideten Kinder, die diese Opfer (oder einen Ersatz in Form von Süßigkeiten) fordern und dem Hausbesitzer einen Ulk oder ähnliches androhen, falls er sich weigert – ganz

Häresie

in der Manier der Hexen, die zu dieser Zeit angeblich ihr übles Werk an ihren Feinden tun.

Häresie Meinung oder Doktrin, die von den Lehren der Kirche abweicht oder ihnen entgegensteht. Das Wort ist von dem griechischen Äquivalent für „freie Wahl" abgeleitet. Die Vorstellung, die sich damit verband, war der etablierten Macht der mittelalterlichen christlichen Gesellschaft ein Greuel. Die römisch-katholische Kirche betrachtete die Häresie als abscheuliche Sünde, die mit dem Tod bestraft werden mußte. So wurde die **Inquisition** geschaffen, die sich insbesondere der Fälle annahm, in denen man Ketzerei und (zumindest in der späteren Geschichte) Hexerei vermutete. Da die Häresie viel schwerwiegender war als ein Verbrechen, das normalerweise unter das Zivilrecht fiel, wurden die Regeln der Beweisfindung oftmals außer acht gelassen; Personen, die man der Ketzerei schuldig gesprochen hatte, wurden zwangsläufig exkommuniziert.

Die römisch-katholische Kirche unterschied mehrere Kategorien der Häresie. Dem Hexenwesen am nächsten standen nach dieser Einteilung die Bewegungen der Albigenser und der Waldenser. Die nach der Stadt Albi benannten Albigenser, ein besonders in Frankreich verbreiteter Zweig der Katharerbewegung, bestanden auf der Existenz **Satans** als Gott des Bösen auf der Erde; ihre Anhänger bezichtigte man, sexuell pervers zu sein. Im frühen dreizehnten Jahrhundert wurden sie überall in Frankreich verfolgt. Die Waldenserbewegung entstand im späten zwölften Jahrhundert. Für sie, gegen die Unmoral unter den Geistlichen anzukämpfen versuchte, galt die Bibel als höchste Autorität. Auch diese religiöse Laienbewegung war am stärksten in Südfrankreich vertreten, wo man sie auch Vaudois nannte. Hier wurde sie auf päpstliche Anweisung im fünfzehnten Jahrhundert verfolgt.

Eine Entscheidung des Laterankonzils von 1215 machte die Todesstrafe für alle Fälle von Häresie zu einem verbindlichen Gesetz des kanonischen Rechts, und so wurde auch die Hexerei mit dem Tod geahndet, nachdem man sie unter dem Druck der Inquisition zur Häresie erklärt hatte. Zusammen mit der Todesstrafe übertrug man auch Vorstellungen auf das Hexenwesen, nach denen die Teufelsbündner – die Hexen und Hexenmeister –, ihre Seelen durch einen mit ihrem **Blut** unterzeichneten Vertrag (*siehe* **Pakt mit dem Teufel**) verkauften, durch die Lüfte flogen, dem Teufel ihre Ergebenheit mit einem **Kuß** auf dessen Hinterteil bezeugten und **schwarze Messen** zelebrierten. (Diese von der Häresie entlehnten Bezichtigungen sollten die Basis für zahllose Hexenprozesse werden.)

Hargreaves, Jennet *siehe* **Pendle, Hexen von**

Harris, Elizabeth *siehe* **Faversham, Hexen von**

Harsnett, Samuel *siehe* **Darrell, John**

Hartlay, Edmund gest. 1597. Englischer Zauberer und Kräuterkundiger, dessen Verwicklung in einen Fall von dämonischer **Besessenheit** in Cleworth Hall in Leigh (Lancashire) schließlich dazu führte, daß er wegen Hexerei vor Gericht kam. Die Unannehmlichkeiten in Cleworth Hall begannen 1594, als John und Anne, die Kinder von Nicholas Starkie, von Anfällen und Schreikrämpfen heimgesucht wurden. Man bat Edmund Hartlay, den seine Zeitgenossen als wandernden Zauberer und Gesundbeter beschrieben, um Hilfe. Nachdem Hartlay die Kinder einige Monate lang mit Kräutern und **Zauberformeln** behandelt hatte, schien sich das Befinden der beiden Patienten gebessert zu haben. Als Hartlay jedoch verkündete, daß seine Arbeit beendet sei, wurden die Kinder (die den Zauberer offenbar sehr mochten) erneut von Krämpfen und Hysterie befallen, und so richtete man es ein, daß der Mann ständig in dem Hause blieb.

Als die Familie Hartlay aber weniger Lohn zahlte, als er verlangt hatte, drohte er. Tatsächlich zeigten sich dann auch bei drei in Cleworth lebenden Mädchen und bei zwei Dienstmägden Symptome dämonischer Besessenheit. Hartlay, der sich nun selbst von den bösen Geistern angegriffen sah, die hier im Spiele waren, versuchte es mit einem **magischen Kreis** (was per Gesetz jedoch verboten war), um die **Dämonen**, die das Haus bedrohten, zu bezwingen. Doch die Anfälle setzten sich fort, und Starkie suchte in seiner Verzweiflung Rat bei dem bekannten Dr. **Dee**.

Dee kritisierte Hartlay, lehnte es jedoch ab zu helfen – selbst als die Kinder ihn darum baten. Edmund Hartlay, der wahrscheinlich wirklich glaubte, den Kindern helfen zu können, war von Starkies mangelndem Vertrauen in seine Fähigkeiten erzürnt, und die Schwierigkeiten im Haus nahmen zu. Man begann, Hartlays Integrität in Frage zu stellen, und bald machten Behauptungen die Runde, er sei ein Hexenmeister und habe das Unheil selbst hervorgerufen. Eine Hausangestellte namens Margaret Byrom offenbarte, der **Teufel** sei in Hartlays Gestalt zweimal in ihrem Schlafgemach erschienen. Auch schienen sie und die Kinder die Sprache verloren zu haben, als Hartlay ihnen gegenübergestellt wurde.

Als der Zauberer und Kräuterkundige sich unfähig zeigte, das **Vaterunser** ohne Unterbrechung aufzusagen, wurde er vor den örtlichen Rat und dann vor das Gericht in Lancaster gebracht. Die Geschichte mit dem magischen Kreis, mit dem er die Dämonen bezwingen wollte, sah man als erdrückenden Beweis für seine Schuld an, und so wurde Hartlay als Hexenmeister zum Tode verurteilt und im März 1597 gehängt.

Nach Edmund Hartlays Tod übertrug man die Sache dem bekannten Exorzisten John **Darrell**. Er ließ die sieben besessenen Personen drei Tage lang fasten, betete und predigte, um die quälenden Teufel zu vertreiben, und erklärte dann sechs von ihnen als befreit. Jane Ashton, das siebente Opfer, war eine römische Katholikin. Bei ihr dauerte es einen weiteren Tag, ehe auch sie geheilt war.

Harvey, William *siehe* **Pendle, Hexen von**

Hase Angeblich eine beliebte Tarnung der Hexen, die sie benutzten, wenn sie ihren ruchlosen Beschäftigungen nachgingen. Der Hase mit seinem unheimlichen Schrei und seiner Fähigkeit, sich wie ein Mensch aufzurichten, galt in manchen vorchristlichen Gesellschaften als heilig, und man begegnete ihm lange Zeit überall mit Mißtrauen. In der Vergangenheit wurde das bloße Erscheinen eines Hasen in der Nähe des Viehs als Unglück angesehen, denn das Geschöpf war zweifellos eine getarnte Hexe, die den Tieren und ihren Besitzern Schaden zu bringen drohte.

Hexen sollten auch oft die Gestalt eines Hasen angenommen haben, um die Kühe zu melken, ohne daß man sie dabei entdeckte. Es gibt noch heute viele Geschichten von Bauern, die es nicht vermochten, einen Hasen mit herkömmlicher Gewehrmunition zu töten, und die dann feststellten, daß sie dazu eine Kugel aus **Silber** brauchten (mit der man der Überlieferung nach Hexen schoß). Man erzählte sich auch von Meisterschützen, denen es gelang, einen Hasen zu verwunden, worauf im Ort dann ein altes Weib mit einem Verband auftauchte, der an der Stelle saß, an der der Hase angeschossen worden war, und der „bewies", daß man sie in ihrer Hasengestalt getroffen hatte.

Ein typischer Fall, bei dem sich eine Hexe in einen Hasen verwandelt haben sollte, war der von Mrs. Julian **Cox**, die 1663 in Taunton (Devonshire) vor Gericht stand. Unter den Zeugen befand sich auch ein Jäger, der nicht weit von der Wohnung der Frau auf einen Hasen gestoßen war. Er sagte aus, das Tier habe unter einem Busch wie in einer Falle gesessen, und um zu verhindern, daß seine Hunde es in Stücke rissen, sei er um den Busch herumgegangen, um das Tier zu packen, worauf der Hase plötzlich Menschengestalt angenommen habe. Er habe Frau Cox erkannt und sei dann, von seinen Hunden gefolgt, entsetzt davongelaufen. Die bedauernswerte Frau wurde für schuldig befunden und hingerichtet.

Isobel **Gowdie**, die bekannte selbsterklärte Hexe, die im siebzehnten Jahrhundert in Schottland lebte, erzählte ausführlich, wie sie in ihrer Tarngestalt als Hase einmal auf der Flucht vor Hunden in ihr eigenes Haus hinein, wieder hinaus und in das eines Nachbarn hetzen mußte. Denkbar ist, daß diese Hase-und-Hund-Geschichte ihren Ursprung in einem rituellen Tanz hat, von dem in den Geständnissen mehrerer Hexen aus verschiedenen Gegenden die Rede war. Bei diesem Tanz jagte der Meister des **Hexenzirkels** in der Rolle eines Hundes die weiblichen Hexen – die Hasen – und paarte sich dann mit ihnen, wenn er sie gefangen hatte.

Die Verbindung zwischen Hasen und der okkulten Magie lebt noch heute in der „glückbringenden" Hasenpfote fort, die man als Schlüsselanhänger oder in Form eines anderen glückbringenden Zaubermittels verkauft.

Siehe auch **Kaninchen**.

Haselstrauch

Haselstrauch Der Haselstrauch wurde von abergläubischen Menschen wegen seiner mannigfaltigen magischen Eigenschaften, nicht zuletzt auch deshalb, weil er offensichtlich Feuer und Hexerei abwenden konnte, sehr geschätzt. In der norwegischen Mythologie und bei den Kelten galt er als heilig. Seine heilenden Eigenschaften waren weithin bekannt, und auch Wahrsager und Wünschelrutengänger bevorzugten für ihre Tätigkeit das Holz dieses Strauches. Mit einem gegabelten Haselzweig konnten angeblich verborgene Schätze aufgespürt werden. Ein solcher Zweig mußte in der **Johannisnacht** beschafft werden; dazu ging man rückwärts auf den Busch zu und schnitt, beide Hände zwischen den Beinen hindurchgestreckt, das Holz ab. Häufig wurden auch Zaubernußzweige über den Türen befestigt, um die Hexen am Eindringen ins Haus zu hindern und das Haus selbst vor Blitzen und anderen Bedrohungen zu bewahren. Seeleute nahmen auf ihre Fahrten Haselstückchen mit, um sich vor Schiffbruch zu schützen, während man in Wales Haselzweige als Glücksbringer an der Kopfbedeckung trug.

Wegen seines magischen Potentials wurde das Holz des Haselstrauchs von Hexen und Zauberern seit jeher als Material für Zauberstäbe bevorzugt (*siehe* **Zauberstab**). Die **weißen Hexen** setzten es bei der Behandlung von Rheumatismus, Lumbago und anderen Leiden ein. Die Früchte des Strauchs ließen sich zu **Halloween** für Weissagungen verwenden (*siehe* **Divination**). Dazu warf man zwei Nüsse ins Feuer; sprangen sie hoch, dann hieß das, daß der oder die Geliebte untreu war.

Hathaway, Richard *siehe* **Holt, Sir John**

Hausgeist Dämon oder Kobold, meist in der sichtbaren Gestalt eines Tieres, das einer Hexe oder einem Zauberer zugeteilt war, um auf deren Befehl hin Zaubereien auszuführen. Die Vorstellung vom Hausgeist einer Hexe war hauptsächlich eine Erfindung der englischen und schottischen Hexentradition. Obwohl sie wahrscheinlich von der frühen Tierverehrung herrührt, die einst überall in Europa bekannt war, gab es auf dem Kontinent relativ wenig Fälle, in denen angebliche Hexen wegen des Besitzes solcher übernatürlicher Wesen ange-

Der Teufel schenkt einer Hexe einen Hausgeist in Gestalt eines schwarzen Hundes. Ein Holzschnitt aus dem im achtzehnten Jahrhundert erschienenen Volksbuch The History of Mother Shipton.

klagt wurden. Die Vorstellung gelangte mit den englischen Siedlern an das jenseitige Ufer des Atlantik, wo sie in mehreren berühmten amerikanischen Prozessen, darunter auch in dem Verfahren gegen die **Hexen von Salem**, eine Rolle spielte.

Unter dem Hexengesetz von 1604 (Witchcraft Act) galt es in England als Verbrechen „irgendeinen bösen oder schädlichen Geist um Rat zu fragen, mit ihm zu paktieren, ihn zu beherbergen, zu beschäftigen, zu füttern oder zu belohnen". Die Vorstellung vom Hausgeist einer Hexe kam indes erst in den vierziger Jahren des siebzehnten Jahrhunderts richtig zum Tragen, als der berüchtigte Hexenriecher Matthew **Hopkins** von verschiedenen Verdächtigen Einzelheiten über deren übernatürliche Diener erpreßte. Bei seiner ersten Untersuchung von Hexerei in dem Prozeß gegen Elizabeth Clarke aus Manningtree (Essex) behauptete er sogar, die Hausgeister der Angeklagten mit eigenen Augen gesehen zu haben. Er konnte die fünf verschiedenartigen Kobolde ausführlich beschreiben, die in den Raum gekommen seien, in dem er Elizabeth Clarke verhörte. Die Frau wurde von da an drei Tage und Nächte ohne Unterbrechung gewaltsam wachgehalten (*siehe* **Schlafentzug**). In seiner Schrift *The Discovery of Witches* erinnert sich Hopkins an das Äußere dieser fünf Kobolde:

Hausgeist

1. Holt, der als weißes Kätzchen hereinkam.

2. Jarmara, der als fetter Spaniel ohne ein einziges Bein hereinkam und von dem sie sagte, daß sie ihn fett hielte, und sie schlug mit der Hand auf ihren Bauch und sagte, er sauge gutes Blut aus ihrem Körper.

3. Vinegar Tom, der wie ein langbeiniger Windhund war, mit einem Kopf wie ein Ochse, mit einem langen Schwanz und großen Augen, der sich, als der Entdecker ihn ansprach und bat, zu dem Platz zu gehen, der für ihn und seine Engel vorbereitet sei, sofort in ein kopfloses Kind von vier Jahren verwandelte und ein halbes Dutzend mal durch das Haus rannte und dann an der Tür verschwand.

4. Sack und Sugar als schwarzes Kaninchen.

5. Newes als Iltis. Sie alle verschwanden nach kurzer Zeit.

Der Hausgeist, der meist mit einer der geringen Gottheiten der Hölle gleichgesetzt wurde, war angeblich ein Geschenk des **Teufels** zur **Initiation** einer Hexe. In der Praxis jedoch wurden die Hausgeister oftmals von einer Hexe an eine andere weitergegeben oder vererbt. Die Vorstellung von solch niederen Dämonen, die vermeintlichen Hexen dienten, war für alle bequem, die die Verfolgung der Hexerei unterstützten: Sie umging die kritischen Andeutungen jener, die über die Vorstellung spotteten, daß der Teufel persönlich sich herabließ, nach der Pfeife oftmals schwachsinniger alter Weiber zu tanzen.

In vielen Fällen nahm der Hausgeist die Gestalt eines Haustieres an; am häufigsten kam er als **Katze**, **Kröte**, **Hase**, **Amsel**, **Krähe** oder **Hund**. (Das waren in der Tat genau die Geschöpfe, die sich eine einsame alte Frau höchstwahrscheinlich als Gefährten hielt.) Es gab aber auch Fälle, in denen die angeklagte Person angeblich einen Hausgeist auch in Gestalt eines **Igels**, eines **Wiesels**, eines Frettchens, eines Maulwurfs, einer Maus, einer Ratte oder eines Insekts – etwa einer Biene oder eines Grashüpfers – hielt. Größere Tiere, wie beispielsweise **Pferde** oder Hirsche, waren als „wahrsagende Hausgeister" bekannt und konnten, obgleich sie keiner bestimmten Hexe gehörten, über die Zukunft befragt werden.

Manche Hexen beschrieben eher fremdartige Tiere, die die Eigenschaften mehr als eines Geschöpfes in sich vereinten. Es haben allerdings nur wenige unabhängige Zeugen je behauptet, ein solches Wesen gesehen zu haben. Bridget Bishop aus Salem gehörte zu denen, die Kontakt zu solch einem Wesen hatten. Sie beschrieb es als „ein schwarzes Ding ... der Körper war der eines Affen, die Füße von einem Hahn, doch das Gesicht dem eines Menschen sehr ähnlich ..." Eine andere Hexe überraschte ihre Befrager mit der Behauptung, sie habe einen Hausgeist vom Äußeren einer Katze, die leuchtend blau sei. Viele Hausgeister konnten sich scheinbar auch willkürlich von einer Gestalt in eine andere verwandeln.

Mitunter erschienen Hausgeister als Menschen: Mehrere Hexen sprachen von hübschen jungen Männern in Schwarz, die den Hexen dafür, daß sie ihnen für einen späteren Zeitpunkt ihre Seele versprachen, jeden Wunsch erfüllten. Margaret Johnson, einer der **Hexen von Pendle**, diente ein gutgekleideter Mann, der sich Mamilion nannte, während Anne Chattox, die ebenfalls aus Pendle stammte, von ihrem Hausgeist als „einem Ding wie ein christlicher Mann" sprach. Beim Verhör behauptete Ellen Driver aus Framlingham in Suffolk 1645, ihren Hausgeist geheiratet zu haben, der mit Ausnahme seiner Klauenfüße in jeder Hinsicht ein Mensch gewesen sei. Sie hätten zwei Kinder (beide Wechselbälger) gehabt, ehe er gestorben oder auf andere Weise „verschwunden" sei. Eine andere angebliche Hexe schilderte, wie sich ihr Hausgeist in der Gestalt des Propheten Daniel materialisiert habe. Es gibt auch Berichte über einen Hausgeist, der das Äußere eines Bischofs bevorzugte und Feuerströme ausspie. Meist nahm man jedoch an, daß hinter den Hausgeistern in Menschengestalt der Teufel selber und nicht einer seiner Günstlinge steckte (wie im Fall der Alice **Kyteler** und ihres „Robin Artisson").

Manche Hexen bekannten, mehr als einen Hausgeist zu besitzen. Ursula Kempe, eine der **Hexen von St. Osyth**, gab zu, nicht weniger als vier Hausgeister zu haben – eine graue Katze, die Tyttey gerufen werde, eine schwarze Katze mit Namen Jack, eine Kröte, die Pygine hieße, und ein Lamm mit Namen Tyffin. (Sie bot damit der Annahme die Stirn, aufgrund der heiligen Assoziationen dieser Tiere könne sich kein Dämon als Lamm oder Taube materialisieren). Cicely Celles, eine weitere Hexe aus St. Osyth, hatte offensichtlich Schwierigkeiten, ihren Hausgeist in Schach zu halten. Ihr neunjähriger Sohn schilderte, wie ein schwarzer Kobold, der mit seiner Gestalt seiner Schwester nicht unähnlich gewesen sei, ihn an der Zehe gepackt und er seinen Vater gerufen habe, damit er ihn rette: „Worauf sein Vater zu seiner Mutter sagten: ‚Warum kannst du Dirne nicht deine Kobolde von meinen Kindern fernhalten?' Worauf sie den Kobold sogleich mit den Worten wegrief: ‚Geh weg, geh weg.' Worauf der Kobold wegging."

Selbst wenn eine Hexe kein Tier besaß, hinter dem sich ein Hausgeist vermuten ließ, war das für jene, die sie zu überführen suchten, kein unüberwindliches Hindernis. Man konnte jedes Tier, das irgendwo in ihrer Nähe gesehen worden war – von einem vorbeilaufenden Hund bis zu einer Katze, die auf ein Fensterbrett am Haus der vermeintlichen Hexe gesprungen war – ohne weiteres als ihren dämonischen Diener identifizieren.

Hausgeister wurden auch getauft. Das geschah mit einer besonderen Zeremonie, bei der man den Wesen häufig bizarre nichtchristliche Namen wie Pyewackit, Gibbe, Peckin the Crown oder Rutterkin gab. Sie waren oft wohlgenährt und wurden für ihre Dienste traditionell mit einigen Tropfen vom Blut ihres Besitzers oder ihrer Besitzerin belohnt. Manche Hexen gaben dem Futter für ihre Hausgeister auch einige Tropfen ihres Blutes zu. Ursula Kempe behauptete, die Kobolde Blut an ihrem Oberschenkel saugen zu lassen. Andere rühmten sich einer überzähligen Brustwarze, an der sie ihre dienstbaren Geister säugten; die Entdeckung einer solchen Brustwarze galt als überzeugender Schuldbeweis (*siehe* **Hexenmal**).

Die typischen Freveltaten, die die Hausgeister im Namen ihrer Herren angeblich begingen, reichten vom Sauermachen der Milch, dem Verderben des Viehs und des Besitzes bis zum Mord. Von manchen Hexen wurde berichtet, sie flögen statt auf einem herkömmlichen **Besen** auf dem Rücken ihres Hausgeistes. Ein Fall, bei dem es um Mord ging, war der der Dorothy Ellis aus Cambridgeshire, die 1647 bekannte, ihr Katzen-Hausgeist habe einige Stück Vieh aus dem Besitz des Thomas Hitch getötet, John Gotobed lahm gemacht, nachdem dieser Steine nach ihr geworfen habe, und der kleinen Tochter des Thomas Salter, der ihr, Dorothy Ellis, ein (nicht belegtes) Unrecht zugefügt habe, den Tod gebracht. Weitere bekannte Beispiele von Prozessen, bei denen der Besitz von Hausgeistern als Beweismittel eine Rolle spielte, waren die Verfahren gegen die **Hexen von Chelmsford**, von denen mehrere gestanden, neben anderen Kobolden auch einen mordenden Katzen-Hausgeist mit Namen Sathan zu besitzen, den eine an die andere weitergegeben habe, und das Verfahren gegen die **Hexen von Warboys** sowie der Prozeß gegen die bekannte schottische Hexe Isobel **Gowdie**. Isobel Gowdie gestand, anscheinend ohne dazu gezwungen worden zu sein: „Jede von uns hat einen Hausgeist, der uns dient, wenn wir beliebn ihn zu rufen."

Kam es dann dazu, daß einer vermeintlichen Hexe der Prozeß gemacht wurde, dann verschwanden deren Hausgeister und erschienen dem Vernehmen nach auch nicht wieder, um ihre vormaligen Besitzer zu retten, wenn diese im Gefängnis eingesperrt waren. Fand man solche Dämonen, dann wurden sie sofort verbrannt.

Siehe auch **Flower, Joan**.

Haynokes, Susannah *siehe* **Hexenwägen**

Heinrich III. 1551–1589. König von Frankreich, den man verdächtigte, Hexerei zu betreiben. Heinrich, der Sohn von Katharina von **Medici**, zeichnete sich als militärischer Führer gegen die Hugenotten aus und bestieg nach dem Tod seines Bruders den französischen Thron. Obwohl er sich nach außen hin als Katholik zeigte, war er dem Vernehmen nach von seiner Mutter in der Tradition der „alten Religion" erzogen worden. Unterstützt von der katholischen Liga von Henri I., Herzog von Guise, der später sein Feind werden sollte, regierte Heinrich als König über ein Land, das während seiner gesamten Herrschaftszeit vom Bürgerkrieg gespalten war. Auch in seinem Privatleben war er nicht zuletzt wegen seiner kaum verhüllten Homosexualität umstritten. Er versammelte um sich einen Kreis schöner junger Männer, und man sagte ihm nach, daß er an seinem Altar, der von zwei Satyrn aus vergoldetem Silber flankiert war, den alten Göttern huldige. Diese beiden Figuren waren – vermutlich als Geste der Geringschätzung des Christentums – mit dem Rücken zu einer Reliquie aufgestellt, die angeblich ein Splitter aus dem Kreuz Jesu Christi war.

Über die Zeremonien, die der König und dessen Anhänger vor dem Altar abhielten, ist nur wenig bekannt, doch nach Heinrichs Tod fand man in dessen Palast einen ominösen Hinweis auf deren Charakter – die getrocknete Haut eines Kindes. Heinrich sollte auch einen Talisman aufbewahrt haben, der seiner Mutter gehörte und auf einer Seite die Darstellung der Katharina von Medici als **Große Göttin** zeigt.

Es ging das Gerücht, daß sich auch die Feinde Heinrichs III. mit Hexerei beschäftigten. Von den Anhängern des Herzogs von Guise wußte man, daß sie mit Hilfe einer Puppe (siehe **Bildzauber**) einen Fluch gegen den König ausgebracht hatten, und als Heinrich Anzeichen frühzeitigen Alterns erkennen ließ, Haare und Zähne verlor, obwohl er noch verhältnismäßig jung war, schrieben viele diese Erscheinungen dem Zauber zu, den seine politischen Kontrahenten gegen ihn gerichtet hatten. Am Ende setzte Heinrich solchen Intrigen, falls es sie gab, mit einem einfachen Mittel ein Ende: Er ließ Herzog de Guise von dessen eigenem Gefolge ermorden. Doch auch Heinrich selbst fiel einem Mörder zum Opfer. Er wurde wegen seines Widerstands gegen die katholische Liga von Jaques Clement, einem Dominikanermönch, erstochen.

Wieviel Wahrheit auch immer die Behauptungen enthielten, der König von Frankreich sei ein Hexenmeister oder zumindest ein Anhänger des heidnischen Glaubens gewesen, so ist es doch eine unbestreitbare Tatsache, daß während seiner Herrschaft viele tausend Menschen aus seinem Volk auf Betreiben der katholischen Kirche der Hexerei angeklagt und hingerichtet wurden.

Heinrich V. *siehe* **Johanna von Navarra**

Heinrich VI. *siehe* **Cobham, Eleanor, Herzogin von Gloucester**

Hell-Fire Club Berüchtigte Gesellschaft, die sich einer hedonistischen Spielart des **Satanismus** widmete. Die ursprünglichen Hell-Fire Clubs waren Gruppen von Aristokraten, die zu Beginn des achtzehnten Jahrhunderts in London zusammenkamen und sich bei ihren Treffen allen möglichen Gotteslästerungen und mannigfaltigen vulgären Vergnügungen hingaben. Am bekanntesten unter diesen Klubs war die etwas kultiviertere Gesellschaft, die Sir Francis Dashwood (der spätere Baron Le Despencer) 1750 gegründet hatte.

Dashwoods Hell-Fire Club traf sich in der Medmenham Abbey in Buckinghamshire, die er nach der damals modernen Vorliebe für efeubedeckte Ruinen im italienischen Stil hatte umbauen lassen. Der Klub bestand aus einem „Höheren Orden" von zwölf Mitgliedern, die sämtlich Lebemänner aus der englischen Aristokratie waren, und einem „Niederen Orden", dem weitere zwölf Personen – Gäste in Medmenham oder Nachbarn – angehörten, die von den Zeremonien allerdings ausgeschlossen waren. Zu den „Mönchen von Medmenham" gehörten der Politiker John Wilkes, der Satiriker Paul Whitehead (der Sekretär und Verwalter des Klubs), Thomas Potter (Sohn des Erzbischofs von Canterbury), der exzentrische George Selwyn (der als alte Frau verkleidet zu Hinrichtungen ging), Charles Churchill, Sir Henry Vansittart, Robert Lloyd, der Prince of Wales, der Marquis von Bute, der Marquis von Queensberry, der Graf von Sandwich und George Bubb Dodington (später Lord Melcombe), der verhältnismäßig unbedeutender Herkunft, dafür aber sehr reich war.

Die Bruderschaft versammelte sich alljährlich im Juni für zwei Wochen, um in der mit obszönen Wandgemälden geschmückten Kapelle von Medmenham verschiedene orgiastische Riten abzuhalten, mit denen sie christliche Zeremonien parodierten. Zu den typischen Höhepunkten dieser Zusammenkünfte gehörte die Anbetung der **Großen Göttin**, die von einem auf dem Altar liegenden Mädchen dargestellt wurde, die **Geißelung**, das Fesseln und andere sexuelle Perversionen. Dem folgten für gewöhnlich Festessen, Trinkgelage und Vergnügungen mit Prostituierten, die man dafür speziell aus London herbrachte. Der Wahlspruch des Klubs war von dem französischen Dichter François Rabelais entlehnt: „Fais ce que voudras" (Tu, was du willst).

Hellsehen

Unklar ist, wie ernsthaft die Mitglieder des Hell-Fire Club ihre Beschäftigung mit dem Satanismus nahmen. (Whitehead vernichtete die Aufzeichnungen über die Zeremonien kurz vor seinem Tod.) Einmal schien die Gruppe den Teufel wirklich heraufbeschworen zu haben, als plötzlich eine schreckliche schwarze Gestalt auftauchte und den schreienden Grafen von Sandwich packte. Der Dämon entpuppte sich jedoch als Affe, der falsche Hörner und einen langen Umhang trug – ein Scherz, den sich John Wilkes erlaubt hatte.

Dashwoods Hell-Fire Club stellte seine Aktivitäten in Medmenham 1772 ein, nachdem John Wilkes und sein Verbündeter Charles Churchill Informationen über die Machenschaften des Klubs an die Öffentlichkeit getragen hatten, um gegen Bute (den damaligen Premierminister), Dashwood (den Finanzminister) und Dodington (ein Kabinettsmitglied) politische Punkte zu sammeln. Da sie möglicherweise weitere Enthüllungen fürchteten, ließen Dashwood, der Graf von Sandwich und der Marquis von Queensberry Wilkes aus dem Parlament entfernen und ins Exil nach Frankreich schikken. Dashwood versuchte später, der Bruderschaft in den Kalkhöhlen auf seinem Besitz in West Wycombe (die heute für die Öffentlichkeit zugänglich sind) einen neuen Rahmen zu geben, und veranstaltete kleine Feste in einer hohlen goldenen Kugel, die am Turm der nahen Kirche von St. Lawrence angebracht war, wo er zum Vergnügen mit lauter Stimme Parodien auf die Psalmen vortrug.

Dashwoods Klub inspirierte andere, ähnliche Gruppen in ganz Großbritannien und Irland. Zu den bekanntesten davon gehörte der Dubliner Hell-Fire Club, in dem so vornehme Persönlichkeiten wie die Oberste Clements, Ponsonby und St. George sowie Henry Barry, Vierter Lord Santry, verkehrten. Diese Lebemänner verursachten einen Skandal mit ihren abartigen Späßen: Sie boten riesige Geldsummen bei den exzentrischsten Wetten, setzten Katzen in Brand und fackelten Kirchen ab. Es gingen auch Gerüchte, wonach **schwarze Messen** abgehalten würden und die Klubmitglieder mit dem **Teufel** unter einer Decke steckten. Die Erinnerung an ihre Taten ist an Orten wie dem Dower House in Killakee noch immer wach, wo die Männer einst einen mißgestalteten Jugendlichen einfach zum Spaß verhöhnten und dann erdrosselten. Im Garten des Grundstücks wurde 1968 bei Bauarbeiten das Skelett eines kleinwüchsigen Jugendlichen mit übergroßem Schädel ausgegraben.

Hellsehen *siehe* **Kristallomantie**

Herd, Annis *siehe* **St. Osyth, Hexen von**

Hereford, Bischof von *siehe* **Laudun, Sir Walter**

Hermetic Order of the Golden Dawn *siehe* **Golden Dawn, Hermetic Order of the**

Herne the Hunter Legendärer englischer Hexenmeister, dessen Geist bis zum heutigen Tag im Great Park von Windsor spuken soll. Der Überlieferung nach war Herne the Hunter (Herne der Jäger) zur Zeit der Herrschaft Heinrichs VIII. Wächter in diesem Park und wurde an einer Eiche (später Herne's Oak genannt) erhängt, nachdem man ihn für schuldig befunden hatte, sich mit dem Okkulten beschäftigt zu haben. Später wurden viele Geschichten über seinen Geist erzählt, der, in eine Hirschhaut gehüllt, mit einem prächtigen Geweih auf dem Kopf und begleitet von einer Meute Geisterhunde, auf einem feuerspeienden Pferd durch den Park sprengen sollte. Jeder, der den Geist erblickte, war fortan irgendeinem Unheil ausgeliefert. Das hielt Heinrich VIII. allerdings nicht davon ab, einmal zu behaupten, er selbst habe die Erscheinung gesehen.

Eine andere Version der Legende berichtet, daß Herne the Hunter als Wächter einst seinem König Richard II. das Leben gerettet hatte, indem er einen verwundeten Hirsch tötete, der den Herrscher attackierte. Dabei wurde Herne selbst schwer verwundet, doch es erschien ein geheimnisvoller Fremder, der ihm das Geweih des Hirsches auf den Kopf band und den Wächter wieder genesen ließ. Der König versprach, Herne zu seinem Oberwächter zu machen, was jedoch die übrigen Wächter beleidigte, die den Fremden umzubringen drohten, wenn er nicht etwas täte, was Herne darin hindern würde, das Amt zu übernehmen. Der Fremde willigte ein, nachdem er den Wächtern das Einverständnis abgenommen hatte, Hernes Fluch auf sich zu nehmen. Bald darauf entdeckte Herne, daß ihn all sein Jägerwissen plötzlich verlassen hatte. Obwohl er es nur ungern tat, entließ der König seinen einstigen Lebensretter, worauf sich Herne erhängte. Sein Geist soll später alle anderen Wächter zu Tode gejagt haben.

Experten auf dem Gebiet des Okkulten leiten aus diesem Vorfall seither die naheliegende Verbindung zwischen Herne the Hunter und Cerne oder Cernunnos, dem **Gehörnten Gott** der „alten Religion" (und dem Prototyp des **Teufels** in der Tradition des Hexenwesens) ab.

Herodias *siehe* **Diana**

Herr der Fliegen *siehe* **Beelzebub**

Herz Dem Aberglauben nach galt das Herz als Sitz der Seele und damit als Sammelpunkt okkulter Kraft. In einer ganzen Reihe von Zaubereien wurden Herzen aus Filz geschnitten, in die die Praktiker der Hexenkunst Nadeln und Dornen stießen, um damit einem Feind Schmerzen und Pein zu bringen. Um jemandes Tod zu bewirken, schnitt man einem **Hasen** das Herz heraus, steckte Nadeln hinein und vergrub es dann im Boden. Mit zunehmender Zersetzung des organischen Materials verfiel auch das Opfer immer mehr. Das entgegengesetzte Ziel verfolgten einst Bauern, die argwöhnten, daß ihr Vieh totgehext worden sei: Sie nahmen das Herz des verendeten Tieres und trieben Nadeln und Dornen hinein, um der Hexe, die für den Tod des Tieres verantwortlich sein mußte, unerträgliche Schmerzen zuzufügen und sie so zu zwingen, ihre Identität zu verraten.

Hewit, Katherine *siehe* **Pendle, Hexen von**

Hexagramm Okkultes Symbol, auch unter der Bezeichnung Davidstern bekannt. Das Symbol besteht aus zwei übereinandergelegten Dreiecken, von denen eines nach oben, das andere nach unten zeigt. Es wurde traditionell in einer Vielzahl magischer Rituale benutzt. Das Dreieck verkörperte die gegensätzlichen Eigenschaften des Männlichen und des Weiblichen, des Oben und des Unten, des Feuers und des Wassers. Mußten im Verlaufe schwarzer Messen Opfer dargebracht werden, dann geschah dies für gewöhnlich in der Mitte eines Hexagramms. Das „Siegel Salomos", bei dem das Hexagramm von einem **magischen Kreis** umschlossen war, sollte dem Magier großen Einfluß auf die Geisterwelt verleihen und einen gewissen Schutz vor den Dämonen bieten, die er beschwor. Diese Zeichen, zu denen meist auch der Name eines okkulten Dämons gesetzt wurde (das sogenannte „Doppelhexagramm"), schmückten gelegentlich auch die Kleidung für die Zeremonien.

Siehe auch **Pentagramm**.

Hexe Der Inbegriff der Hexe in der Volksphantasie war ein altes Weib, das darauf aus war, Übles zu tun, und dem es Freude bereitete, anderen im Namen ihres teuflischen Meisters Pein und Unglück zuzufügen. In schwarze Lumpen gehüllt, den Kopf mit einem hohen spitzen **Hexenhut** bedeckt, von einem **Hausgeist** in Gestalt einer **Katze**, eines Vogels oder eines anderen Tieres begleitet, verhielt sie sich unverbesserlich übelwollend und geringschätzig gegenüber jenen, die sie für ihr Wesen zu tadeln suchten. Eine alte Überlieferung besagte, daß Hexen normalen menschlichen Empfindungen und Sympathien so gleichgültig gegenüberstünden, daß sie sogar unfähig seien zu weinen. (Die Berichte von **Hexenprozessen** und **Hinrichtungen** lassen jedoch auf etwas anderes schließen.)

Die Tatsache, daß die Mehrzahl der Hexen weiblichen Geschlechts war, erklärten Generationen von Dämonologen damit, daß Frauen geschwätziger seien, ihre Geheimnisse mit anderen schneller als Männer teilten, daß sie leichtgläubiger und leichter zu beeindrucken seien. Frauen waren angeblich auch gegen Halluzinationen anfälliger als Männer. Die Begriffe „Hexe" und „Zauberer" waren trotz der Tatsache, daß beide die **Dämonen** um Hilfe bei ihren Werken anrufen konnten, genaugenommen keine Synonyme, denn die Magie des Zauberers war nicht in erster Linie auf die Zerstörung des Christentums gerichtet, so wie es bei echten Hexen angeblich der Fall war.

Im Laufe der Zeit entwickelten die Dämonologen eine detaillierte Hexenmythologie;

Hexe

dabei waren sie sich über die körperlichen Eigenschaften einer Durchschnittshexe meist einig und beschrieben sie als alt, bösartig und abstoßend häßlich. Die Darstellung, die Samuel Harsnett, der Erzbischof von York, 1599 in seiner Schrift *Declaration of Popish Impostures* lieferte, war typisch dafür:

> ... ein altes, verwittertes Weib, dessen Kinn und Knie sich vor Alter treffen, das [krumm] wie ein Bogen umherläuft und sich auf einen Stock stützt; hohläugig, zahnlos, mit zerfurchtem Gesicht, mit zitternden Gliedern, geht sie murmelnd durch die Straßen; so eine hat ihr Vaterunser vergessen und hat noch immer eine scharfe Zunge, um eine Dirne eine Dirne zu nennen.

Die Darstellung einer Hexe in einem englischen Weihnachtsbuch aus dem Jahre 1700 zeigt, wie wenig sich dieses populäre Bild in den hundert Jahren geändert hatte, in denen es zu den schlimmsten Exzessen des Hexenwahns gekommen war: „Eine Hexe muß eine häßliche alte Frau sein, die in einer kleinen heruntergekommenen Hütte am Fuße eines Hügels im Wald lebt, sie muß häufig vor der Tür sitzen und spinnen; sie muß eine schwarze Katze, zwei oder drei Besen, einen oder zwei Kobolde und zwei oder drei teuflische Saugwarzen haben, an denen sie ihre Kobolde nährt."

In vielen Fällen wurde das populäre Bild der urtypischen Hexe von der Wirklichkeit bestätigt. Die **Hexenriecher** hielten bei ihren Hexenjagden Ausschau nach leichter Beute und zeigten dabei eine deutliche Vorliebe für unwissende, betagte Frauen, die meist als Ausgestoßene am Rande der Gesellschaft lebten. Es war gewöhnlich nicht schwierig, die Nachbarn zu Bezichtigungen gegen solche verdächtigen Personen zu überreden, die sich mit ihrem seltsamen Wesen und unfreundlichen Verhalten viele Feinde gemacht hatten und schon jahrelang in einem schlechten Ruf standen. Jeder Mensch mit schielendem Blick, mit Augenbrauen, die sich über der Nasenwurzel trafen, oder mit einem im großen und ganzen unattraktiven Äußeren zog von Natur aus die Aufmerksamkeit der Hexenjäger auf sich, und die Entdeckung von **Warzen** oder Narben, die zu **Teufelsmalen** oder **Hexenmalen** umgedeutet wurden, bestätigte schnell den Verdacht gegen eine solche Person. In Schottland galt jeder, der ein Muttermal oberhalb des Mundes hatte, als Hexe oder Hexer. Man konnte aber auch aus anderen Gründen als Hexe verdächtigt werden: War jemandes Mutter eine Hexe gewesen, dann bestand die Gefahr, daß das Kind deren Kräfte geerbt hatte und in die Fußstapfen der Mutter treten würde. (Einer langen Tradition zufolge konnte eine Hexe nicht sterben, ehe sie nicht ihre besonderen Kräfte an jemanden weitergegeben hatte.)

Der Historiker Sir Charles Oman unterteilte die englischen Hexen in vier Klassen: Demnach gab es bewußte Scharlatane, Hexen, die glaubten, dank besonderer Kräfte wirklich jemandem schaden zu können, Geisteskranke und die Opfer der **Folter** oder anderer Druckmittel. Die Analyse von noch erhaltenen englischen Berichten aus den hundert Jahren, die dem Prozeß gegen die **Hexen von St. Osyth** (1566) folgten, macht deutlich, daß über neunzig Prozent der verurteilten englischen Hexen Frauen waren. Fünfundachtzig Prozent davon waren über fünfzig Jahre alt, und vierzig Prozent waren Witwen. Sie stammten fast ausnahmslos aus den niedrigsten Klassen der Gesellschaft; viele waren Bettlerinnen.

Es war jedoch – besonders auf dem europäischen Kontinent – nicht ungewöhnlich, daß auch junge, schöne Frauen als vermeintliche Hexen identifiziert wurden; vielleicht wollten lüsterne Richter die Macht genießen, die sie über ihre Opfer ausüben konnten. Anklagen mit einem solchen Hintergrund fanden keine Unterstützung durch die Kirche, die offensichtlich fürchtete, daß Beschreibungen von jungen und begehrenswerten Hexen noch mehr Menschen ermutigen würden, sich solcher Ketzerei anzuschließen.

Das Klischee, das man in **England** akzeptiert hatte, setzte sich auf dem Kontinent im allgemeinen weniger gut durch. Obwohl hier genau wie in England ziemlich viele betagte Frauen verdächtigt und als Hexen verurteilt wurden, war die Mehrzahl von ganz anderer Art. Das Engagement der **Inquisition** von den frühesten Anfängen der Hexenverfolgung an hatte zur Folge, daß Hexenjäger und Richter gleichermaßen darauf achteten, Schuldsprüche für wohlhabendere Hexen zu erwirken, deren

Reichtum zur Erstattung der Kosten und zum Auffüllen der Geldbörsen der Gerichtsbeamten wie auch der Inquisitoren konfisziert werden konnte. Unter den Opfern des Hexenwahns in **Deutschland** waren beispielsweise hochstehende Angehörige von Universitäten, geachtete Kaufleute sowie deren Familien; selbst Bürgermeister waren vor der Verfolgung nicht sicher. Jeder, der durch Reichtum, Beliebtheit, Wissen oder gutes Aussehen den Neid anderer hervorrief, lief Gefahr, von seinen Feinden als Hexe denunziert zu werden. Jenen, die gegen die Auswahl solcher Opfer protestierten, wurde die Antwort zuteil, daß der Teufel schlau genug sei, seine Günstlinge als die achtbarsten, rechtschaffensten und ehrlichsten Menschen der Welt zu tarnen. Ebenso schien es keine Altersbeschränkung zu geben: Jeder, vom Kleinkind angefangen bis hin zu den betagten Großeltern, konnte schrecklichen Folterungen unterworfen und verbrannt werden.

Nach Auffassung der europäischen Dämonologen ließen sich die Hexen auf unterschiedliche Weise einteilen. Schwester Madeleine de Demandolx, eine der **Nonnen von Aix-en-Provence**, versuchte sich mit einer eigenen Version der Hierarchie, wie sie sie angeblich bei den **Hexensabbaten** kennengelernt hatte:

> ... die alten Vetteln und Hexen, die Leute von schäbigem und niedrigem Stand sind, und deren Geschäft und Brauch es ist, Kinder zu ermorden und sie zu den Sabbaten mitzubringen, nachdem sie schon begraben waren, sind die ersten, die kommen, um dem Fürsten der Synagoge zu huldigen ... An zweiter Stelle kommen die Zauberer und Zauberinnen, die Leute von mittlerem Stand sind, und deren Amt es ist, zu hexen und Zauberformeln zu verbreiten ... An dritter Stelle kommen die Magier, die Männer von Lebensart und Leute von höherem Rang sind; ihre Aufgabe ist es, Gott zu lästern, soviel sie nur können.

Andere versuchten, die Hexen nach der Art ihres Wirkens zu unterteilen. John Wycliffe beispielsweise teilte sie in Wahrsager, Rutengänger (von denen es verschiedene Arten gab), Zauberinnen, Hellseher und verschiedene niedrigere Klassen ein. Der hochwürdige John Gaule, der 1646 als Hexer verurteilt wurde, zählte acht Typen auf: Rutengänger, Astrologen, Hexen, die sich der Magie der Zeichen und Zahlen bedienten, Giftmischerinnen, Exorzisten oder Beschwörer, Feinschmeckerhexen, Zauberhexen und Totenbeschwörer.

War ein Opfer erst einmal als Hexe identifiziert, dann legte man ihm alle Arten von **Maleficia** zur Last, angefangen von Erkrankungen des Viehs und Mißernten bis hin zu Seuchen, Unwettern und Morden. Zu den typischen Anklagepunkten gehörten das **Verwandeln**, das Buhlen mit dem **Teufel**, das Fliegen auf **Besen**, die Schändung der Hostie und das Halten von Hausgeistern. Es bekannten sich jedoch nicht alle Hexen zu üblen Machenschaften; viele betonten, **weiße Hexen** zu sein, und nur nützliche Werke zu verrichten.

Hexe von Berkeley *siehe* **Berkeley, Hexe von**

Hexe von Brandon *siehe* **Brandon, Hexe von**

Hexe von Coggeshall *siehe* **Coggeshall, Hexe von**

Hexe von Dalkeith *siehe* **Bahrprobe**

Hexe von Eichstätt *siehe* **Eichstätt, Hexe von**

Hexe von En-Dor *siehe* **En-Dor, Hexe von**

Hexe von Eye *siehe* **Cobham, Eleanor, Herzogin von Gloucester**

Hexe von Fressingfield *siehe* **Fressingfield, Hexe von**

Hexe von Luxeuil *siehe* **Luxeuil, Hexe von**

Hexe von Newbury *siehe* **Newbury, Hexe von**

Hexe von Perth *siehe* **Haldane, Isobel**

Hexe von Yougal *siehe* **Newton, Florence**

Hexen von Aberdeen *siehe* **Aberdeen, Hexen von**

Hexen von Arras

Hexen von Arras *siehe* **Arras, Hexen von**

Hexen von Bamberg *siehe* **Bamberg, Hexen von**

Hexen von Bideford *siehe* **Exeter, Hexen von**

Hexen von Brewham *siehe* **Somerset, Hexen von**

Hexen von Bury St. Edmunds *siehe* **Bury St. Edmunds, Hexen von**

Hexen von Canewdon *siehe* **Canewdon, Hexen von**

Hexen von Chelmsford *siehe* **Chelmsford, Hexen von**

Hexen von Clophill *siehe* **Clophill, Hexen von**

Hexen von Connecticut *siehe* **Connecticut, Hexen von**

Hexen von Essex *siehe* **Canewdon, Hexen von; Chelmsford, Hexen von; St. Osyth, Hexen von**

Hexen von Faversham *siehe* **Faversham, Hexen von**

Hexen von Hartford *siehe* **Connecticut, Hexen von**

Hexen von Hatfield Peverel *siehe* **Chelmsford, Hexen von**

Hexen von Huntingdonshire *siehe* **Hopkins, Matthew; Warboys, Hexen von**

Hexen von Kilkenny *siehe* **Irland; Kyteler, Alice**

Hexen von Köln *siehe* **Köln, Hexen von**

Hexen von Labourd *siehe* **Baskische Hexen**

Hexen von Lancashire *siehe* **Pendle, Hexen von; Robinson, Edmund**

Hexen von Lincoln *siehe* **Flower, Joan**

Hexen von Lowestoft *siehe* **Bury St. Edmunds, Hexen von**

Hexen von Magee *siehe* **Magee, Hexen von**

Hexen von Manningtree *siehe* **Hopkins, Matthew**

Hexen von Mora *siehe* **Mora, Hexen von**

Hexen von North Berwick *siehe* **North Berwick, Hexen von**

Hexen von Northumberland *siehe* **Forster, Anne**

Hexen von Paisley *siehe* **Schwindlerin von Bargarran**

Hexen von Pendle *siehe* **Pendle, Hexen von**

Hexen von Pittenweem *siehe* **Pittenweem, Hexen von**

Hexen von Renfrew *siehe* **Schwindlerin von Bargarran**

Hexen von Rheinbach *siehe* **Buirmann, Franz**

Hexen von Salem *siehe* **Salem, Hexen von**

Hexen von Salmesbury *siehe* **Salmesbury, Hexen von**

Hexen von Somerset *siehe* **Somerset, Hexen von**

Hexen von St. Osyth *siehe* **St. Osyth, Hexen von**

Hexen von Trier *siehe* **Trier, Hexen von**

Hexen von Warboys *siehe* **Warboys, Hexen von**

Hexen von Wincanton *siehe* **Somerset, Hexen von**

Hexen von Würzburg *siehe* **Würzburg, Hexen von**

Hexenflasche Flasche aus Glas oder Eisen, die **Urin** und Hufnägel enthielt, die man über einem Feuer erhitzte, um allen üblen Zaubern, die möglicherweise ins Werk gesetzt worden waren, entgegenzuwirken, und die der verantwortlichen Person, der Quelle des Zaubers, mitunter gar den Tod bringen sollte. Über den Gebrauch von Hexenflaschen wurde erstmals in den Niederlanden berichtet, von wo die Idee nach England gelangte. Die Zeremonie war zumindest in den frühen Jahren recht kompliziert; während die Flasche erhitzt wurde, mußten die Anwesenden das **Vaterunser** rückwärts aufsagen. Gelang der Zauber, dann wurde die ursprüngliche Hexerei auf die Person zurückgelenkt, von der sie kam.

Angeblich durfte nur der Urin einer Person, die von der Hexerei unverdorben war, in die Flasche gefüllt werden. Nahm man den Urin einer Hexe, dann sollte die Flasche explodieren. (Manche behaupteten, die Hexe würde daran sterben.) Üblicherweise gab man in die Flasche **Haare**, abgeschnittene Nägel, **Blut** und Urin von der Zielperson und kochte das Ganze um Mitternacht auf dem Herd. Das sollte den Schuldigen an den Schauplatz locken, den man dann identifizieren oder mit solchen Schmerzen peinigen konnte, daß er gezwungen war, den Zauber zu lösen.

Die Anwendung von Hexenflaschen war in Teilen Ostangliens bis in die siebziger Jahre des neunzehnten Jahrhunderts, möglicherweise sogar noch länger bekannt. Zu diesem späten Zeitpunkt war das Ritual jedoch schon stark vereinfacht, und man stellte gewöhnlich nur noch ein bescheidenes Marmeladenglas mit Urin auf das Feuer.

Hexenflug Die vermeintliche Fähigkeit der Hexen, auf **Besen**, schwarzen Widdern, **Ziegenböcken** und anderen Tieren, auf behexten Menschen und einer Reihe von Gegenständen wie etwa auf Astgabeln, unbeschädigten Eierschalen (*siehe* **Ei**) und Strohwischen oder ganz und gar ohne Hilfsmittel durch die Lüfte fliegen zu können. Der Glaube an diese Fähigkeit war ein zentraler Aspekt der Hexenmythologie, und

Hexen und Teufel reiten auf Besen durch die Luft. Ein Holzschnitt aus dem im achtzehnten Jahrhundert erschienenen Volksbuch The History of Mother Shipton.

die angeblichen Flugkunststücke wurden in Hexenprozessen immer wieder als Schuldbeweis gegen die Verdächtigen angeführt. Die Vorstellung, daß gewisse Personen durch Abmachungen mit dem **Teufel** über die Kraft des Fliegens verfügten, war jedoch viel älter. Sie fand ihren Ausdruck lange vor der Entwicklung des eigentlichen Hexenwesens in der Geschichte vom „Nachtflug" der Anhängerinnen der Göttin **Diana**. Noch in den Anfängen des mittelalterlichen Hexenwesens lehnte der **Canon Episcopi** den Gedanken ab, daß solche Frauen fliegen könnten, doch spätere Generationen von Dämonologen verstanden es, diese Ansicht mit dem Argument zu umgehen, daß sich die Hexen vielleicht tatsächlich *vorstellen* könnten, solche Flüge zu unternehmen oder unternommen zu haben, und damit genauso schuldig seien, als wenn sie es in Wirklichkeit getan hätten. 1529 diskutierten zehn hohe Beamte der spanischen **Inquisition** über diese Frage: Sechs von ihnen kamen anhand der vorgelegten Beweise und Aussagen zu dem Ergebnis, daß die Hexen wirklich flögen, drei schlußfolgerten, daß die Hexen sich den Flug lediglich einbildeten, und einer konnte sich zu keiner Entscheidung durchringen.

Zu den frühesten Erwähnungen des Hexenfluges gehörte der Bericht über Alice **Kyteler**, die berühmte irische Hexe aus dem vierzehn-

Hexenflug

ten Jahrhundert. Alice Kyteler stand in dem Ruf, einen Stab zu besitzen, auf dem sie „durch dick und dünn ritt, wann und auf welche Art es ihr beliebte, nachdem sie ihn mit einer Salbe, die man bei ihr fand, bestrichen hatte". Eine solche **Flugsalbe**, die der Teufel beschaffte oder die Hexe aus verschiedenen exotischen Ingredienzien selbst herstellte, galt weit und breit als unentbehrlich für eine Hexe, die über die Fähigkeit des Fliegens verfügen wollte, und von Zeit zu Zeit wurden Proben davon auch als Beweismittel bei Gericht vorgelegt. Manche behaupteten, der Teufel schenke solch eine Salbe nur jenen Hexen, die den Ort der **Hexensabbate** sonst nur mit Schwierigkeiten erreichen könnten, doch viele, die sich mit diesem Thema beschäftigten, machten geltend, daß alle Hexen fliegen könnten. Daneben gab es auch Spekulationen, daß der Teufel seine Anhänger das Fliegen lehre, um damit seine Geringschätzung für die Fähigkeit der Engel, durch die Lüfte zu schweben, auszudrücken.

Die Gerichte zeigten sich meist bereit zu glauben, daß eine Hexe, die sich zu ihren Flugkünsten bekannt hatte, wahrscheinlich genauso durch die Lüfte geflogen war, wie sie es beschrieben oder wie es ihre Ankläger behauptet hatten. Für die Andeutungen gewisser Dämonologen, daß „nur der Geist" der Hexe flöge und ihr Körper zur Irreführung des Ehepartners zurückbleibe, oder daß Hexen lediglich in ihrer Phantasie durch die Lüfte schwebten, hatten die Hexenrichter keinen Sinn; sie zogen es vor, die Volksmeinung zu bestätigen, wonach sich die Hexen mit Hilfe ihrer Magie wirklich empor- und davontragen ließen. Bezeichnenderweise gestanden viele der Hexerei Angeklagte, im tranceähnlichem Zustand geflogen zu sein, was nahelegte, daß sie von ihrem Flug einfach nur geträumt hatten.

Die Tatsache, daß viele Hexen gestanden, ihren Körper vor dem Flug zum Sabbat mit einer Salbe eingerieben zu haben, ließ zahlreiche Theorien darüber aufkommen, daß die Flüge ausschließlich in der Phantasie stattfänden und daß dafür der Einfluß gewisser Drogen verantwortlich sei, die mit der Flugsalbe, die hier scheinbar eine wichtige Rolle spielte, in den Körper gelangten. Andere Thesen wiesen darauf hin, daß eine Mutterkornvergiftung durch den Verzehr von Roggenbrot ohne weiteres Halluzinationen, darunter auch die Vorstellung zu fliegen, hervorrufen könne.

Was auch immer der Grund sein mag – viele Hexen glaubten zweifellos daran, die Kunst des Fliegens zu beherrschen. Im fünfzehnten Jahrhundert beschrieb eine Hexe aus dem Baskenland, wie sie und ihre Gefährten in Pferde verwandelt worden und dann in den Himmel aufgestiegen seien, nachdem sie sich mit einer Salbe aus pulverisierten Kröten, Froschlöffel und anderen Zutaten bestrichen hätten. Isobel **Gowdie** behauptete 1662 in ihrem freiwillig abgelegten Geständnis, auf einem „Pferd" aus Stroh oder auf einem Bohnenstengel geflogen zu sein, den sie sich mit den Worten „Pferd und Sattel in des Teufels Namen" zwischen die Beine geklemmt habe. Zwei Jahre darauf berichtete Mrs. Julian **Cox** während des Prozesses gegen die **Hexen von Somerset**, wie sie eines Abends drei Menschen gesehen habe, die etwa anderthalb Meter über dem Boden auf Besen geflogen seien.

Gelegentlich behaupteten unabhängige Zeugen, fliegende Hexen gesehen zu haben. In seinem *Compendium maleficarum* aus dem Jahre 1626 erzählte Francesco-Maria **Guazzo** beispielsweise die berühmte Geschichte über einige Soldaten in Calais, die in eine Wolke schossen, aus der sie Stimmen gehört hatten, worauf ihnen eine nackte Frau mit einer Wunde am Oberschenkel vor die Füße fiel.

Manchen frühen Quellen zufolge ritten gute Hexen auf Stöcken und schlechte auf Wölfen; doch schließlich übernahm in den Geständnissen der Besen die Rolle des üblichen Transportmittels, auf dem die Hexe ihr Haus auf herkömmliche Weise durch den **Schornstein** verließ.

Nur selten geschah es, daß Hexen in der Luft zu Schaden kamen. Eine Ausnahme bildete ein Zwischenfall, bei dem ein Hexer angeblich zu nahe an einer Kirche vorbeiflog und dabei seine Hose an der Kirchturmspitze hängenblieb. Das arg zerrissene Kleidungsstück wurde bei Gericht vorgelegt und als Beweismittel anerkannt. Die einzige Gefahr, die fliegenden Hexen ansonsten drohte, waren Kirchenglocken, die zufällig geläutet wurden, wenn eine Hexe vorüberflog. Der Klang der **Glocken**, so glaubte man, hielt alle Hexen in Hörweite mitten im Flug fest und ließ sie auf die Erde niederstürzen. Hielt man die Hexenplage in einer Gegend für besonders groß, dann ließ die Obrigkeit mitunter alle Glocken in der Umgebung läuten, um die Bedrohung abzuwehren. Eine andere Gegenmaßnahme bestand darin, Sensen und andere scharfkantige Werkzeuge und Gegenstände ins Gras zu legen, damit die Hexen nicht landen konnten.

Der Glaube an die Fähigkeit zum Fliegen zieht sich durch die gesamte Geschichte des Hexenwahns. In England schwand er zumindest an den Gerichten in der zweiten Hälfte des achtzehnten Jahrhunderts, als Lord Mansfield diesbezügliche Anschuldigungen als nicht ernstzunehmend abwies. Er erklärte, daß es selbst für den Fall, daß ein Verdächtiger am Himmel entlanggeflogen sei, nach seiner Kenntnis in England kein Gesetz gäbe, das das Fliegen verbiete, und daß jeder die Freiheit habe, dies zu tun, wenn er in der Lage dazu sei.

Hexengesetze *siehe* **England**

Hexenhut Der hohe schwarze Spitzhut der Hexen ist ein altes Klischee, das im zwanzigsten Jahrhundert durch zahllose illustrierte Kinderbücher und Disney-Filme wieder berühmt gemacht worden ist. In den frühesten überlieferten Beschreibungen findet sich jedoch keine Erwähnung, daß die Hexen diese oder eine andere spezielle Kopfbedeckung trugen. Vielmehr war die Meinung verbreitet, daß die Hexen zu ihren Zusammenkünften (*siehe* **Hexenzirkel**) völlig nackt erschienen. Der hohe schwarze Hut, der zur schablonenhaften Vorstellung von einer Hexe gehörte, ist jedoch ein interessantes historisches Zeugnis des Hexenwahns: Hüte dieser Art wurden in England und in den englischen Kolonien in der ersten Hälfte des siebzehnten Jahrhunderts meist von puritanischen Frauen getragen, und gerade das puritanische England der vierziger Jahre des siebzehnten Jahrhunderts erlebte den schlimmsten Hexenwahn in Nordeuropa.

Hexenkratzen Alter Glaube, nach dem man einer Hexe oberhalb von Mund und Nase eine blutende Wunde zufügen mußte, um den Zauber zu lösen, den sie gegen jemanden gerichtet hatte. Die hauptsächlich in England verbreitete Theorie besagte, daß ein **Hausgeist**, der gerade irgendwo Unheil anrichtete, durch das Hexenblut angelockt wurde und augenblicklich zu seinem Herrn oder seiner Herrin zurückkehrte, um sich an dem Lebenssaft zu laben. Das Hexenkratzen war zwar keinesfalls eine gesetzlich zugelassene Hexenprobe, doch es gibt eine Vielzahl von Berichten über vermeintliche Hexen, die mit Zustimmung der Gemeinde und manchmal auch mit der Billigung von Kirche und Staatsbeamten von den Nachbarn oder Freunden ihrer vermeintlichen Opfer attackiert wurden. Auch Werwölfe waren solchen Übergriffen ausgesetzt.

Die Praxis des Hexenkratzens konnte bereits auf eine lange Geschichte zurückblicken, ehe sie sich gegen Ende des sechzehnten Jahrhunderts als althergebrachte Methode zur Abwehr von Hexerei etabliert hatte. 1599 beispielsweise zerkratzte Thomas Darling, der **Junge von Burton**, der angeblichen Hexe Alice Gooderidge das Gesicht, um in aller Öffentlichkeit die Macht zu brechen, die sie angeblich über ihn hatte. Die Frau stellte sich freiwillig einem Gottesurteil, da ihr offensichtlich die Gefahr bewußt war, die ihr drohte, wenn sie auswiche: „Nimm genug Blut, Junge. Gott helfe dir." Darling erwiderte auf diese Worte: „Betet für Euch selbst, Euer Gebet kann mir nichts Gutes tun."

Der Glaube an die Wirksamkeit des Hexenkratzens hielt sich bis weit in das achtzehnte Jahrhundert hinein, in einigen Gegenden sogar noch länger. 1717 wurde Jane Clarke zusammen mit ihrem Sohn und ihrer Tochter wegen vermeintlicher Hexerei dem alten Gottesurteil des **Schwemmens** unterworfen. Dazu kratzte man ihnen noch die Gesichter blutig. (Dieser Fall von Hexereiverdacht kam allerdings gar nicht erst vor Gericht.) In dem offiziellen Bericht hieß es: „Die Haut der alten Frau war so fest, daß sie nach dem Kratzen gar nicht blutete; deshalb nahmen sie lange Nadeln und ähnliche Gegenstände dafür." 1823, über hundert Jahre später, wurde Anne Burges aus Wiveliscombe (Somerset) von Elizabeth Bryant und deren beiden Töchtern, die behaupteten, sie sei eine Hexe, mit eisernen Nägeln am Arm übel zugerichtet. Keiner von ihren Mitbürgern, die Zeu-

Hexenkugel

gen des Vorfalls waren, machte den Versuch einzuschreiten, bis der Frau eine Freundin zu Hilfe kam. Elizabeth Bryant und ihre Töchter wurden später vor Gericht gebracht und zu einer viermonatigen Haftstrafe verurteilt.

Bis zum Ende des neunzehnten Jahrhunderts gab es zwar immer wieder vereinzelte Berichte über angebliche Hexen, die man bis aufs Blut zerkratzt hatte, doch das Risiko einer Bestrafung durch die örtliche Justiz sorgte dafür, daß es nur noch wenige Übergriffe dieser Art gab. Noch 1924 berichtete *The Times*, daß ein Kleinbauer eine Dorfbewohnerin erschießen wollte, die er verdächtigte, seine Schweine behext zu haben. Zuvor hatte er vergeblich versucht, ihr mit einer Nadel das Gesicht zu zerkratzen.

Siehe auch **Izzard, Anne**; **Morgan, Nanny**; **Newbury, Hexen von**.

Hexenkugel Reflektierende Spiegelkugel (*siehe* **Spiegel**), die einst ein beliebter häuslicher Schmuck war. Früher verwendeten manche Zauberer solche Kugeln zur **Divination**. Sie konnten aber auch zur Ablenkung der Macht des **bösen Blickes** eingesetzt werden.

Hexenmal Mal, Auswuchs oder Makel auf der Haut einer angeklagten Person, das einst als physischer Beweis für Hexerei galt. Der Hexenmaltheorie zufolge nährte jede Hexe, die einen **Hausgeist** hielt, dieses Geschöpf mit Blutstropfen aus ihrem Körper. Die Kobolde nahmen das Blut an besonderen Saugwarzen auf, die, wenn sie bei der Untersuchung auf Hexenmale entdeckt wurden, vor Gericht als Schuldbeweis galten. Der Nachweis von Hexenmalen spielte besonders in den **Hexenprozessen** in **England**, **Schottland** und folglich auch in Neuengland eine große Rolle.

Kritikern, die bezweifelten, daß die Untergebenen des Teufels einer physischen Ernährung bedurften, antwortete Henry Hallywell in seinem Werk *Melampronoea* aus dem Jahr 1681 mit der Behauptung, daß **Dämonen** Nahrung brauchten, um ihren unmoralischen Lebenswandel pflegen zu können:

> … da sie so sehr verdorben sind, werden sie durch das ständige Wegfließen von Partikeln ausgehöhlt, und deshalb brauchen sie etwas Nahrung, um den Platz der vergänglichen Atome auszufüllen, was durch das Einsaugen des Blutes und der Geister dieser armen Wesen geschieht … Und ohne Zweifel haben diese unreinen Teufel so viel Vergnügen beim Saugen des warmen Blutes von Menschen oder Tieren, wie ein fröhliches und gesundes Wesen beim Einatmen der erfrischenden Brise reiner und klarer Luft empfindet!

Hexenmale ließen sich faktisch überall am Körper finden. Gewöhnlich wurden sie an relativ verborgen liegenden Stellen entdeckt und erforderten daher eine gründliche Suche. Manchmal fand man die Saugwarzen, die in ganz unterschiedlichen Größen vorkamen, an den Fingern, manchmal auf dem Kopf, unter der Zunge oder an den Genitalien. Elizabeth Sawyer, die Hexe von Edmonton, die 1621 vor Gericht stand, hatte „ein Ding wie eine Brustwarze von der Stärke des kleinen Fingers und der Länge eines halben Fingers, das an der Spitze wie eine Brustwarze vergrößert war und aussah, als habe jemand daran gesaugt". Bei Bridget Bishop wiederum, einer der **Hexen von Salem**, sollte bei der ersten Untersuchung eine kleinere Saugwarze gefunden worden sein, die gänzlich verschwunden war, als bei ihr eine zweite Untersuchung vorgenommen wurde. John Bell, ein schottischer Geistlicher, der im achtzehnten Jahrhundert über dieses Thema schrieb, schilderte die Hexenmale als „etwas wie ein kleiner Fleck oder eine kleine Saugwarze oder rote Flecken wie Flohbisse, mitunter ist auch das Fleisch wie zu einer Höhle eingesunken".

Bei vielen Hexen wurden sogar mehrere Hexenmale an verschiedenen Stellen gefunden. Als Amy Duny, eine der 1662 verurteilten **Hexen von Bury St. Edmunds**, untersucht wurde, identifizierten die Fachleute nicht weniger als vier solcher Male:

> Sie begannen an ihrem Kopf und streiften ihr die Kleider ab, und am unteren Teil ihres Bauches fanden sie ein Ding wie eine Saugwarze von etwa drei Zentimetern Länge. Sie befragten sie darüber, und sie sagte, daß sie einen Bruch durch das Wassertragen habe, was diesen Auswuchs verursacht habe. Aber bei genauerer Suche fanden sie in ihren Geschlechtsteilen drei weitere Auswüchse oder Saugwarzen, doch kleiner als der vorherige. Die Erschienene sagte weiter, daß in der langen Warze am Ende ein kleines Loch sei, und es schien ihnen, als

sei erst kürzlich daran gesaugt worden, und beim Ziehen daran kam eine weiße milchige Substanz heraus.

Hexenmale unterschieden sich deutlich vom **Teufelsmal**, dem unempfindlichen sichtbaren Schönheitsfehler oder unsichtbaren Punkt, der verriet, wo der Teufel die vermeintliche Hexe als eine der Seinen gezeichnet hatte. Einige **Hexenriecher** – darunter auch der berüchtigte Matthew **Hopkins** – behaupteten jedoch, daß das Teufelsmal wie auch das Hexenmal schmerzunempfindlich seien, und machten keinen Unterschied, wenn sie mit der üblichen **Nadelprobe** am Körper ihrer Opfer nach beiden Malen suchten.

Als Reaktion auf die Beschwerden einiger Kritiker, daß es keine Möglichkeit gebe, zwischen einem Hexenmal und einem natürlichen Makel oder Auswuchs zu unterscheiden, erläuterte Hopkins in seinem Werk *The Discovery of Witches*, daß es drei wichtige Hinweise gebe. Die ersten beiden seien die ungewöhnliche Lage der Saugwarze weit weg von der normalen Position sowie die Unempfindlichkeit solcher Körperstellen. Der dritte Beweis sei das, was mit einem kaum erkennbaren Mal geschehe, wenn eine der Hexerei verdächtige Person daran gehindert werde, ihre Hausgeister vierundzwanzig Stunden lang nicht zu füttern:

> … behaltet sie 24 Stunden gewissenhaft im Auge, daß keiner ihrer Geister in sichtbarer Gestalt hereinkommt, um an ihr zu saugen; die Frauen haben am nächsten [Tag] nach ihren Saugwarzen gesehen, die auf ihre frühere volle Länge ausgedehnt waren, voller Fäulnis, bereit hervorzubrechen, und wenn Ihr sie dann eine Viertelstunde allein und die Frauen wieder hinaufgehen laßt, wird sie sie von ihren Kobolden wieder verbergen lassen.

Der Glaube der Menschen an das Hexenmal als Schuldbeweis war so stark, daß 1593 die Leiche der gerade gehängten Alice Samuel, eine der **Hexen von Warboys**, entkleidet wurde, so daß alle Anwesenden eine „kleine Geschwulst von Fleisch [sehen konnten], in einer Art hervortretend, als sei es eine Saugwarze von der Länge eines reichlichen Zentimeters gewesen", die die Schuld der Hingerichteten anscheinend so klar bewies. Zu den letzten Autoritäten, die für die Hexenmaltheorie Partei ergriffen, gehörte der amerikanische Dämonologe Cotton **Mather**, der seinen Standpunkt mit Entschlossenheit verteidigte: „Ich füge hinzu, warum soll man nicht nach Hexenmalen suchen? Die Eigenschaften dieser Male werden von etlichen einflußreichen Autoren beschrieben. Ich sah nie eines dieser Male, doch für einen Chirurgen ist es zweifellos möglich zu sagen, welche magisch sind, wenn sie sie sehen."

Hexenmesser Messer mit schwarzem Heft, das Hexen der Überlieferung nach zu rituellen Zwecken bei sich trugen. Das Messer, das angeblich selbst über magische Eigenschaften verfügte, besaß stets einen schwarzen Griff und trug auf seiner Schneide magische Symbole. Der weithin akzeptierten Praxis zufolge, wie sie in den *Claviculae Salomonis* und in anderen Zauberbüchern beschrieben wird, sollte das Messer immer am Körper der Hexe bleiben. Es wurde bei den Zeremonien der **Initiation** und beim Ziehen **magischer Kreise** sowie zum Mischen von Kräutern und anderen Zutaten für einen Zauber benutzt.

Hexenprozesse Die europäischen Gerichte behandelten die Hexerei als ein Verbrechen, das sich ganz und gar von den üblichen Vergehen unterschied und eigene Verfahrensweisen und gesetzliche Besonderheiten erforderte. Die Schwere des Verbrechens, das eine Herausforderung der Autorität Gottes darstellte, und die Schwierigkeiten, die der Nachweis von Teufelsbündnissen (*siehe* **Pakt mit dem Teufel**), **Hexensabbaten** und anderen Vergehen bereitete, hatten zur Folge, daß die Vorschriften der normalen gesetzlichen Praxis häufig übergangen wurden, um die geforderten Schuldsprüche erwirken zu können. Beweismittel, die man in anderen Fällen zurückgewiesen hätte, wurden ohne weiteres akzeptiert. Viele Richter suchten sicherlich im Bewußtsein, daß ein Freispruch einen entrüsteten Aufschrei der Allgemeinheit zur Folge hätte, nach belastenden Zeugnissen, um der öffentlichen Meinung zu willfahren.

Die ersten Hexenprozesse gab es nach heutigen Erkenntnissen im späten dreizehnten Jahrhundert in Südfrankreich (*siehe* **Frankreich**); die ersten Verfahren wegen ketzerischer Zaube-

Hexenprozesse

rei (*siehe* **Häresie**) fanden 1320 unter Leitung der **Inquisition** in Carcassonne statt. Bis um die Mitte des fünfzehnten Jahrhunderts hatte die Hexenmythologie einen umfangreich entwickelten Stand erreicht, und Anschuldigungen, die auf Buhlschaft mit **Dämonen**, Kindsmord, **Wetterzauber**, Hostienschändung, Mord durch **Todessalben** und den **Hexenflug auf Besen** hinausliefen, waren ziemlich alltäglich. Die Verdächtigen wurden auf das **Teufelsmal** untersucht, das eines der wenigen physischen Beweismittel darstellte, auf die die Gerichte zurückgreifen konnten.

In den frühen Jahren der Hexenverfolgung oblag die Untersuchung und Verhandlung der Fälle meist den kirchlichen Gerichten, die die Verurteilten zur Bestrafung dann der weltlichen Obrigkeit übergab. Der erste weltliche Hexenprozeß fand 1390 in Paris statt. Später waren sowohl kirchliche als auch weltliche Gerichte an der strafrechtlichen Verfolgung der Hexen beteiligt, wobei sich letztere häufig mit Klagen wegen wirklicher Schäden durch Hexerei beschäftigten und nur ungern Prozesse auf der Grundlage eingebildeter Vergehen führten.

In vielen katholischen wie auch protestantischen Ländern liefen die Verfahren nach einem von der Inquisition festgesetzten Modell ab. Die Angeklagten, die von vornherein als schuldig galten, wurden oftmals nur auf der Grundlage von Indizienbeweisen vor die Richter geschleppt und durften gewöhnlich keinen eigenen Anwalt haben. Den Zeugen der Verteidigung wurde das Betreten des Gerichtsgebäudes meist untersagt (was auch in den Ketzerprozessen der Fall gewesen war), während Belastungszeugen namentlich ungenannt bleiben durften, so daß für den Angeklagten nur wenig Hoffnung bestand, deren Aussagen erfolgreich anfechten zu können. Häufig wurden die Aussagen von kleinen Kindern, Komplizen, Meineidigen und Exkommunizierten als beweiskräftig akzeptiert, wandten die Richter alle Tricks an, wozu auch der Einsatz von Spionen gehörte, die in den Kerkern die Gespräche der Gefangenen belauschten. Besonders interessiert waren die Anklagevertreter an Schuldgeständnissen und an den Namen von Mittätern. Mußte ein Verdächtiger freigesprochen werden (was recht unwahrscheinlich war), dann behielten sich die Gerichte das Recht vor, den Fall nach eigenem Gutdünken wieder aufzunehmen. Es wurden mehrere Bücher veröffentlicht, die Richtlinien zur erfolgreichen strafrechtlichen Verfolgung von Hexen enthielten und deren berühmtestes der **Malleus maleficarum** von Heinrich Kramer und Jakob Sprenger war. In Zweifelsfällen wandte man sich an die juristischen Fakultäten der Universitäten.

Die meisten Prozesse, die auf dem europäischen Kontinent geführt wurden und von denen in der Regel keine vollständigen Berichte mehr existieren, gründeten sich auf Geständnisse, die man den Verdächtigen unter der Folter abgepreßt hatte. Diese Geständnisse waren stark genormt, da sich die Verhörenden an eine Folge von Fragen hielt, die so bekannt waren, daß sie in die Gerichtsakten oftmals nicht im Wortlaut, sondern nur mit einer Nummer eingetragen wurden. In gewisser Hinsicht waren diese formelhaften Geständnisse mit den Berichten von den Prozessen gegen Dämonenanbeter vergleichbar, die bereits im vierten Jahrhundert n. Chr. stattgefunden hatten. Hatte man ein Schuldbekenntnis erreicht, dann war die Gerichtsverhandlung weitgehend belanglos, wurden über die Frage der Schuld oder Unschuld eines Menschen kaum weitere Debatten geführt.

In England und Wales waren unbewiesene Geständnisse als Beweis bei Gericht nicht zulässig. Dort beruhte die strafrechtliche Verfolgung statt dessen auf bewiesenen **Maleficia** und physischen Nachweisen, die mit der **Nadelprobe** zutage kamen. Für die englischen Gerichte waren folglich die Identifizierung des **Hausgeistes** einer Hexe und die Entdeckung von Tränken oder anderen belastenden Zeugnissen in der Wohnung einer verdächtigen Person als relativ schwerwiegender Schuldbeweis von unschätzbarem Wert. Das gleiche galt für das Aufsagen des **Vaterunsers**, zu dem man die Verdächtigen aufforderte; geriet ein Verdächtiger dabei in irgendeiner Weise aus dem Konzept, dann war er eindeutig schuldig. Die englischen Richter zeigten indes oftmals wenig Bedenken, das Gesetz zu beugen, indem sie die Aussagen von Kindern anhörten, die das für ihre Anerkennung als Zeugen gesetzlich vorgeschriebene Alter noch nicht erreicht hatten. War eine angeklagte Person schon lange als Hexe verrufen, dann ließen sie sich genau wie ihre Amtsbrüder in anderen Ländern nur allzu leicht davon beeinflussen, ohne die tatsächliche Beweislage im jeweiligen Fall zu berücksichtigen.

Siehe auch **Folter**; **Geisterbezeugung**; **Geständnisse**; **Hinrichtungen**; **Schwemmen**.

Hexenriecher Beamter eines Gerichts oder häufiger eine unabhängige Person, die es sich zur Aufgabe gemacht hat, die in einer Gemeinde lebenden Hexen auszurotten. Der typische Hexenriecher, der den Anspruch erhob, über eine genaue Kenntnis der Hexenmythologie zu verfügen, wurde von der Aussicht auf finanziellen Gewinn, auf hohes persönliches Ansehen, auf Macht und in manchen Fällen auch vom Ziel der Auslöschung der Teufelsanhänger auf Erden motiviert. In ganz Europa verabscheut und gefürchtet, horchten die Hexenriecher auf der Suche nach Opfern auf Dorfklatsch und banale Streitereien, nutzten sie irrationale Ängste vor dem Übernatürlichen aus und lieferten den Gemeinden, die möglicherweise von wirtschaftlichen Problemen, Krankheiten oder von Schwierigkeiten außerhalb des menschlichen Einflusses bedrückt waren, willkommene Sündenböcke.

Sie nahmen es auf sich, erste Beweise für einen Fall zusammenzutragen, der von der Obrigkeit verfolgt werden mußte, von der sie in der Regel großzügige Honorare erhielten, und erlagen daher sicher auch der Versuchung, Beweise zu fälschen (*siehe* **Nadelprobe**), um Verurteilungen zu erwirken. Häufig griffen sie zu den brutalsten Methoden, die ihnen im Rahmen der herrschenden Gesetze zu Gebote standen, um Geständnisse zu erpressen. Die meisten Hexenriecher indes hielten die Nadelprobe und das **Schwemmen** für ausreichend, um die erforderlichen Beweise zu erlangen. Hatten sie ihre Anschuldigungen bei der Obrigkeit vorgebracht, dann steckten sie ihren Lohn ein und verließen die Stadt, lange bevor die eigentlichen **Prozesse** in Gang kamen.

Die Hexenriecher reisten auf Einladung der lokalen Behörden, die wegen verschiedener Hexereigerüchte besorgt waren, von Stadt zu Stadt. Die Tatsache, daß sie im allgemeinen für jede identifizierte Hexe bezahlt wurden, ermunterte die Hexenriecher, möglichst viele Verdächtige zu belasten, ohne die Empfindungen der ortsansässigen Bewohner gegen sich aufzustacheln, indem sie die Personen benannten, die zu populär oder gut genug situiert waren, um sich verteidigen zu können. Einige Hexenriecher häuften mit ihren Aktivitäten ein beträchtliches Vermögen an. Zu ihnen gehörte der berüchtigte Matthew **Hopkins**, der selbsternannte „Oberste Hexenriecher", der um die Mitte der vierziger Jahre des siebzehnten Jahrhunderts einige Jahre lang Ostanglien und benachbarte Gebiete Englands terrorisierte. Andere aktive Hexenriecher waren Samuel Cocwra, der sich 1579 mit einer Lizenz des Kronrats in den nordwestlichen Midlands betätigte, und der Schotte Alexander Chisholm, der in den sechziger Jahren des siebzehnten Jahrhunderts Verdächtige aufspürte und in seinem Haus in Commer verhörte und folterte.

Professionelle Hexenriecher stellten im frühen siebzehnten Jahrhundert in den deutschen Staaten eine besondere Bedrohung dar. Zu den berüchtigtsten zählten Jakob Bithner, der in der Steiermark Hexen gegen Bezahlung identifizierte, und ein Mann namens Geiss, der in Lindenheim eine Herrschaft des Terrors errichtete. Er konzentrierte sich hauptsächlich auf die wohlhabenderen Einwohner der Gemeinde, deren Besitz zugunsten der Kirche und der städtischen Beamten konfisziert wurde, doch er ging mit seinen Aktivitäten zu weit und wurde von den aufgebrachten Bürgern schließlich aus der Stadt getrieben. Gleichermaßen mörderisch war die Tätigkeit des Grafen Balthasar Voss (oder Noss), der behauptete, in einem Zeitraum von fünfzehn Jahren die Verurteilung von fast tausend Hexen erwirkt zu haben, ehe der Oberste Gerichtshof des Heiligen Römischen Reiches im Jahre 1603 seine Aktivitäten einschränkte. Andere fanatische Hexenriecher waren Jörg Abriel, der viele Hexen in der Gegend um Schongau aufspürte, sowie ein Mann, der unter dem Namen Nagogeorgus bekannt war und in Eßlingen bei Stuttgart sein Unwesen trieb.

Besonders bemerkenswert war der Fall eines deutschen Hexenriechers mit Namen Kothmann, dessen Mutter in Lemgo als Hexe hingerichtet worden war. Kothmann stieg später durch üble Machenschaften in das Amt des

Hexensabbat

Bürgermeisters von Lemgo auf und begann dann mit einer systematischen Verfolgung der Familien jener, die seine Mutter zum Tode verurteilt hatten. Als Kothmann 1684 starb, hatte er die Hinrichtung von neunzig Menschen wegen Hexerei auf dem Gewissen.

Als sich der im Volk verbreitete Hexenglaube in der zweiten Hälfte des siebzehnten Jahrhunderts legte, verschwanden auch die Hexenriecher sehr bald. Die meisten entgingen der Bestrafung und zogen sich wohlweislich aus der Öffentlichkeit zurück.

Hexensabbat Zusammenkunft von Hexen zu dem Zweck, feierlich Treue gegenüber dem **Teufel** zu zeigen, **Zauber** zu bewirken, Böses zu planen und sich ausgiebig dem Essen und Trinken, dem Tanz und Sexorgien zu widmen. Die an den jüdischen Brauch des Sabbat angelehnte Vorstellung vom Hexensabbat stand im Mittelpunkt der Hexenmythologie; schon eine unbewiesene Behauptung, daß eine Person bei einem solchen Sabbat gesehen worden sei, reichte allzu oft aus, um den Verdächtigen an den Galgen oder auf den Scheiterhaufen zu bringen. Der Hexensabbat wurde erstmals 1335 bei einem Hexenprozeß in Toulouse erwähnt, bei dem acht Menschen zum Tode auf dem Scheiterhaufen verurteilt wurden.

Der Hexensabbat im Verständnis des nachreformatorischen Europa hatte einen Vorläufer in den nächtlichen Massenflügen auf behexten Tieren oder Menschen, zu denen sich die Anhänger der heidnischen Göttin **Diana** einst versammelt haben sollten. Auch gab es deutliche Ähnlichkeiten mit den Aktivitäten religiöser Ketzersekten (*siehe* **Häresie**), die die **Inquisition** noch vor den Hexen zur Verfolgung ausersehen hatte, da sie angeblich den Teufel verehrten, Säuglinge aßen, den Brauch des obszönen Kusses pflegten (*siehe* **Kuß**), mit **Dämonen** buhlten und antichristliche Zeremonien abhielten. Spätere Generationen von Dämonologen entwickelten die Idee weiter, wobei sie möglicherweise Einzelheiten aus klassischen Berichten von fremdländischen Festen aufnahmen, die im Zusammenhang mit Bacchus und Priapus standen. Sie schilderten den Sabbat als rituelles Ereignis mit einem festgelegten Gepräge und feierlichen Zusammenkünften und stützten damit ihre Behauptungen, die zivilisierte Gesellschaft sei nicht nur von dem einen oder anderen Einzelgänger oder Geisteskranken, sondern von einem absichtsvoll bösen antichristlichen Kult bedroht.

Nach Meinung der Experten wurden Hexensabbate in regelmäßigen Abständen zu gewissen günstigen Zeiten abgehalten, nämlich zu **Lichtmeß** (2. Februar), in der **Walpurgisnacht** (30. April), in der **Johannisnacht** (der Nacht vor dem 24. Juni, dem Johannistag), am früher in England gefeierten Lammas-Tag (1. August), zu **Halloween** (31. Oktober) und am Thomastag (21. Dezember). Halloween und die Walpurgisnacht waren den Druiden heilig, die anderen vier Daten markierten einst den Jahreszeitwechsel im heidnischen Kalender. Die Hexensabbate konnten an jedem beliebigen Tag der Woche gefeiert werden, wobei der Montag, der Mittwoch und der Freitag besonders beliebt waren; der Sonnabend hingegen wurde von manchen Hexen angeblich gemieden, da dies der Tag der Jungfrau Maria war. Es gab auch weniger wichtige regelmäßige Zusammenkünfte, bei denen kleinere Gruppen von Hexen zusammenkamen und die meist wöchentlich abgehalten wurden (*siehe* Kleiner **Hexensabbat**).

Die Idee vom Hexensabbat – und damit auch der Begriff des Hexenkults – wurde in den verschiedenen Ländern mit unterschiedlicher Bereitwilligkeit akzeptiert. Auf dem europäischen Kontinent zwang man Hexen unter der Folter, ihre Teilnahme an solchen Zusammenkünften zu gestehen, und ermunterte sie, ausführlich über das Geschehen und die Anwesenden zu berichten. In England hingegen, wo die Anwendung der Folter nicht erlaubt war, wurden nur wenige zu solch detaillierten Aussagen gedrängt. Folglich gab es hier im Verhältnis zu anderen Ländern eine recht geringe Zahl von Massenprozessen gegen Hexen, die in diese Fälle verwickelt wurden, weil sie angeblich Mitglieder eines **Hexenzirkels** waren, in dem sie regelmäßig zusammenkamen, um zu feiern und ihre Magie auszuüben.

Die frühesten Berichte über Hexensabbate stammen aus der ersten Hälfte des vierzehnten Jahrhunderts. Die vielleicht älteste Beschreibung wurde 1335 von Anne-Marie de Georgel

Hexensabbat

in Toulouse gegeben. Anne-Marie de Georgel berichtete, daß sie nach einer Begegnung mit dem Teufel, der ein großer dunkler Mann mit feurigen Augen und Kleidern aus Häuten gewesen sei, in einer Sonnabendnacht ihren ersten Hexensabbat erlebt habe, wohin sie einfach kraft ihres Willens gelangt sei. Dort habe sie ein Dämon in Gestalt eines **Ziegenbocks** die Mittel und Wege des Bösen gelehrt. Cathérine Delort, eine andere französische Hexe aus derselben Zeit, gab an, den Sabbat jeden Sonnabend besucht zu haben, nachdem sie in einen tranceähnlichen Schlaf gefallen sei. Es ging das Gerücht, daß um 1460 zwei Inquisitoren in Norditalien heimlich an einem Hexensabbat teilgenommen hätten, jedoch entdeckt und getötet worden seien, noch ehe sie hätten ausführlich Bericht erstatten können. Der berüchtigte **Malleus maleficarum** aus dem Jahre 1486 enthielt zu diesem Thema zwar nur wenige Hinweise, doch innerhalb von zwanzig Jahren war der Hexensabbat zu einer zentralen Erscheinung der Hexenmythologie und zur Grundlage zahlloser Verfolgungen geworden.

Den Aussagen überführter Hexen zufolge wiesen die Sabbate von Schottland und Skandinavien im Norden bis hin nach Spanien und Italien im Süden bestimmte gemeinsame Merkmale auf (was zu einem großen Teil der Tatsache geschuldet war, daß die Verhörenden überwiegend dieselben Fragen stellten und darauf natürlich ähnliche Antworten bekommen mußten). Diese großen Zusammenkünfte fanden meist im Freien und an abgelegenen Stellen statt, die möglicherweise schon als Orte des Bösen verrufen waren – an **Kreuzwegen**, Steinkreisen und auf den Gipfeln von Bergen wie beispielsweise dem Brocken –, wurden gelegentlich aber auch in Häusern, Scheunen oder gar in Kirchen abgehalten.

Da der Hexensabbat ein besonderes Ereignis war und nur selten stattfand, nahmen daran wahrscheinlich viele Hexen teil, die aus allen Teilen einer Region oder eines Landes kamen. Es gibt sogar Berichte von Sabbaten mit angeblich mehreren Tausend Teilnehmern. Die vielleicht größte aktenkundige Zusammenkunft dieser Art fand 1440 in der Bourgogne statt; damals sollen sich über zehntausend Hexen getroffen haben.

In den Darstellungen des Volksglaubens fanden die Hexensabbate stets bei Nacht statt, fuhren die Hexen etwa zwei Stunden vor Mitternacht aus ihren Häusern und flogen auf Dämonen, **Besen**, behexten Menschen und Tieren oder anderen Dingen (siehe **Hexenflug**) durch die Dunkelheit. Tatsächlich sagten viele Hexen vor Gericht aus, sie seien zu ihren Treffen gelaufen oder ganz normal auf Pferden geritten. Um von ihren Ehemännern nicht entdeckt zu werden, ließen verheiratete Hexen in ihrem Bett einen Dämon oder einen Besen zurück und behexten ihre Männer, um diese glauben zu machen, ihre Frauen seien noch anwesend. Andere gaben an, sie hätten ihren Körper verlassen, um in ihrer „Geistergestalt" am Sabbat teilnehmen zu können. Die Versammlung sei gewöhnlich durch Feuer oder mit dem Licht von schwarzen Wachskerzen beleuchtet gewesen.

Üblicherweise führte der Teufel (oder dessen Vertreter), manchmal auf einem Thron sitzend und vielleicht auch in Begleitung seiner „Königin" (siehe **Große Göttin**), den Vorsitz über die Zusammenkunft. Dieser Meister der Zeremonien erschien gewöhnlich in Gestalt eines Tieres – typischerweise als Ziegenbock oder als **Hund**. Die Anwesenden begannen mit den rituellen Handlungen, indem sie dem Teufel ihre Untertanentreue bezeigten, dabei das Hinterteil ihres Herrn küßten und Christus abschworen. Ganz im Sinne des Glaubens, verkehrten die Diener **Satans** die normalen christlichen Praktiken in ihr Gegenteil, wurde das Gerücht verbreitet, die Hexen entböten dem Teufel ihre Ehrenbezeigung auf die bizarrste Art. Der Dämonologe Francesco-Maria **Guazzo** legte dar, wie Hexen mitunter „ihre Knie wie demütige Bittsteller beugen und manchmal mit gekrümmtem Rücken stehen und manchmal ihre Beine hoch hinausstrecken, so daß ihr Kopf zurückgeworfen ist und ihr Kinn gen Himmel zeigt ... sie beugen ihren Rücken und wie Krebse rückwärts gehend, strecken sie ihre Hände nach hinten, um ihn in Demut zu berühren". Den Aussagen einiger Hexen zufolge wurden die Anwesenden manchmal auch mit ihren in einem roten Buch eingetragenen Namen aufgerufen.

Dann berichteten die Hexen dem Teufel angeblich von ihren Übeltaten, die sie seit der letz-

Hexensabbat

ten Zusammenkunft in seinem Namen begangen hatten. Der Teufel gab dann möglicherweise Anweisungen für die Schurkereien, die bis zum nächsten Treffen auszuführen waren, und händigte seinen Anhängern gewisse Zaubersalben und Pulver aus, die sie in seinem Auftrag verwenden sollten. Wo nötig, erläuterte der Teufel, wie ein bestimmtes Ziel zu erreichen sei, so wie es 1597 **Jakob I.** in seiner *Dämonologie* beschrieb:

> Was ihre Beratungen danach betrifft, so machen sie am häufigsten in den Kirchen Gebrauch davon, wo sie zur Verehrung zusammenkommen; zu welcher Zeit ihr Meister sich bei ihnen erkundigt, womit sie beschäftigt sind, jede ihm berichtet, welche böse Tat sie begangen hat, um entweder zu Reichtümern zu gelangen oder um Rache zu nehmen an einem, gegen den sie Groll hegt; der [Meister] erfüllt (was er zweifellos gern tut, weil es bösen Taten dient) ihre Bitten und lehrt sie die Mittel, wodurch sie selbige begehen können.

Dann mochten dem Teufel wohl die Neulinge vorgestellt worden sein, und dieser hielt geheimnisvolle Zeremonien von absichtlich gotteslästerlichem Charakter ab (*siehe* **Schwarze Messe**). Dabei fanden angeblich Hexenhochzeiten und Taufen statt, wie Pierre de **Lancre** erläuterte: „Die Hexen ließen ihre Kinder öfter beim Sabbat als in der Kirche taufen und weihten sie häufiger dem Teufel denn Gott." Die Trauungszeremonien waren flüchtig und obszön in ihrer bewußten Geringschätzung der christlichen Rituale, denn die Partner beugten sich einfach nieder, und einer schlug dem andern auf das Hinterteil.

Zu den Höhepunkten eines herkömmlichen Hexensabbats gehörte der Festschmaus, zu dem der Teufel seine Untergebenen einlud. Einige Hexen beschrieben das Mahl als üppig, andere wiederum meinten, das Essen sei absichtlich verdorben und ohne **Salz** zubereitet gewesen. Pierre de Lancre, der 1612 in seiner Schrift *Tableau de l'inconstance des mauvais Anges* eine umfassende Beschreibung eines Hexensabbats lieferte, erklärte, daß „nur Fleisch von Leichen und gehängten Männern, die Herzen ungetaufter Kinder und unreine Tiere, die Christen niemals essen, verspeist werden …" Nicolas **Remy** stellte in seiner *Demonolatreiae* aus dem Jahre 1595 fest, daß die „Festessen in ihrem Aussehen und Geruch so schlecht sind, daß sie auch im hungrigsten und gierigsten Magen ohne weiteres Übelkeit hervorrufen". Als Getränke reichte der Teufel nach Ansicht Remys „in schmutzigen kleinen Bechern weinähnliche Klumpen von schwarzem Blut". Im Gegensatz dazu schmausten die **Hexen von Pendle** bei ihren Zusammenkünften (die allerdings kaum als Hexensabbate im kontinentaleuropäischen Sinne gelten können) Rindfleisch, Schinken und gebratenen Hammel, während die **Hexen von Somerset** Fleisch und Kuchen genossen und dazu Weißwein oder Bier tranken. Manche Hexen sprachen von einem Zauberkuchen, der schwarze Hirse und das Fleisch ungetaufter Kinder enthalten und den es am Ende des Banketts gegeben habe.

Neben dem Schmaus waren weitere Höhepunkte des Hexensabbats Gesang und „unanständige" Tänze (*siehe* **Tanz**), zu denen oftmals der Teufel persönlich Musik machte. Manchmal sorgte auch eine der Hexen für musikalische Begleitung, wie es Gilly Duncan bei der Zusammenkunft der **Hexen von North Berwick** tat, als sie auf ihrer Harfe das Lied „Gyllatripes" spielte. Auch hier war es wichtig, daß in allem das Gegenteil von der üblichen Verfahrensweise der Christen getan wurde; die Tänzer kehrten einander den Rücken zu, und alles ging in der dem Uhrzeigersinn entgegengesetzten Richtung vonstatten (*siehe* **Umkehrung**).

Strebte das lärmende Fest schließlich seinem letzten Höhepunkt zu, dann taten sich – mitunter auf ein Zeichen des Teufels – alle Anwesenden, auch der Teufel selbst, zur Befriedigung ihrer fleischlichen Gelüste aufs Geratewohl mit irgendwem und ohne Rücksicht auf die üblichen Hemmungen oder Verbindlichkeiten zusammen. Im allgemeinen behauptete man, es habe dabei Inzest, Sodomie, Homosexualität und andere Praktiken gegeben, die die Gesellschaft üblicherweise für unakzeptabel hielt. Der Aussagen von Madeleine de Demandolx zufolge waren bestimmte Nächte der Woche jeweils für besondere sexuelle Betätigungen vorgesehen:

> An Sonntagen beflecken sie sich durch ihre unsittliche Kopulation mit den Teufeln, die Sukkubi und Inkubi sind; immer mittwochs verunreinigen sie sich mit Sodomie; an Sonnabenden entwürdi-

gen sie sich in widernatürlicher Unzucht; an den anderen Tagen tun sie es auf die gewöhnliche Weise, die die Natur ihnen vorgegeben hat.

Die Meinungen darüber, ob die körperliche Vereinigung mit dem als schwarzer Mann, Ziegenbock, Hund, Stier oder gar als Hirsch oder Vogel auftretenden Teufel angenehm sei oder nicht, gingen auseinander. Die meisten Hexen klagten, daß die Paarung mit dem Teufel schmerzhaft sei, und behaupteten, daß der Teufel oder sein Vertreter einen künstlichen Phallus benutze, wenn seine natürlichen sexuellen Kräfte erschöpft seien. Jeannette d'Abadie, ein Mädchen aus Frankreich, das im Alter von nur sechzehn Jahren angeblich mehrmals mit dem Teufel verkehrt hatte, behauptete, daß er ihr mit seinem geschuppten Glied starke Schmerzen bereitet habe, daß sein Samen „außergewöhnlich kalt" gewesen sei und daß sie deshalb niemals von ihm schwanger wurde. Andere bestätigten in ähnlicher Weise die Eiseskälte seiner Genitalien und seines Samens und stimmten zu, daß seine Gunstbeweise ihnen große Pein verursacht hätten.

Es gab jedoch auch andere, die fest darauf bestanden, daß der Teufel ein weit fähigerer Liebhaber als jeder sterbliche Mann sei und daß er ihnen großes Vergnügen bereitet habe, so daß sie sich immer schon auf das nächste Zusammentreffen beim Sabbat gefreut hätten. Im Widerspruch zu jenen, die meinten, das Glied des Teufels sei stets kalt und dünn wie ein Finger, behauptete eine von de Lancre verhörte Hexe, daß der Teufel „ein Glied wie ein Maultier besaß und es vorzog, jenes Tier nachzuahmen, da er von der Natur bestens ausgestattet war; daß es so lang und dick wie ein Arm war". Der italienische Dämonologe Gianfrancesco Pico della Mirandola schrieb im frühen sechzehnten Jahrhundert, daß „die Teufel das Ding sogar heftig bewegen können, wenn es drinnen ist, weshalb die Frauen mehr Vergnügen daran haben als mit Männern".

Manche behaupteten, der Teufel behandle seine Partnerinnen entsprechend ihrem Aussehen. Pierre de Lancre, der in seinem Werk von 1612 Hexengeständnisse wiedergab, verfocht die Meinung, daß der Teufel schöne Frauen beim Geschlechtsverkehr von vorn sehen wolle, während die häßlichen ihm den Rücken zukehren müßten. Handelte es sich um einen Hexenmeister, dann nahm der Teufel – so gab der 1438 wegen Hexerei verurteilte Franzose Pierre Vallin an – die Gestalt eines Mädchens an, um mit ihm in dieser Gestalt zu buhlen.

Die Vorstellung, daß die Hexen zu ihren Sabbaten intimen Umgang mit Dämonen hätten, wurde zwar weithin akzeptiert, stellte für Theologen und Dämonologen jedoch ein Problem dar, weil Dämonen eigentlich körperlose Geister waren. Zur Klärung dieses Widerspruchs brachte man verschiedene Theorien vor, darunter auch die, daß sich Dämonen der Körper Verstorbener, insbesondere erst kürzlich Gehenkter, bemächtigten oder ihren Körper selbst aus den Elementen schufen.

Am Ende des Treffens, das angeblich von der beginnenden Morgendämmerung oder vom ersten Hahnenschrei verkündet wurde, zerstreuten sich die Anwesenden und machten sich so auf den Heimweg, wie sie gekommen waren, oder ließen sich durch die Zauberkräfte des Teufels augenblicklich dorthin zurückbringen. Ein unbekannter Autor behauptete in seiner Schrift *Errores Gazariorum* aus dem Jahre 1450, die Hexen würden in einer letzten Nachäffung der christlichen Eucharistie in ein Faß urinieren und ihren Darm entleeren, ehe sie sich auf den Nachhauseweg machten.

Siehe auch **Pakt mit dem Teufel**.

Hexensalbe *siehe* **Flugsalbe**; **Todessalbe**

Hexenspaziergang Relativ milde, aber wirksame Form der **Folter**, bei der die verdächtige Person zum Hin- und Herlaufen gezwungen wurde, bis sie die Erschöpfung zu einem Geständnis zwang. Diese Art der Mißhandlung galt nicht als wirkliche Folter und wurde deshalb von den Hexenriechern in England, wo härtere Maßnahmen gegen Verdächtige verboten waren, ausgiebig angewendet. Zu jenen, die den Hexenspaziergang für eine nützliche Verhörmethode hielten, gehörte auch Matthew **Hopkins**. Eines seiner Opfer war der hochwürdige John Lowes, der gestand, ein Hexer zu sein, nachdem man ihn mehrere Tage und Nächte ohne Pause hatte hin- und herlaufen lassen. Hopkins rechtfertigte diese Prozedur da-

Hexenstein

mit, daß, sobald man den vermeintlichen Hexen erlaube, sich hinzusetzen und auszuruhen, ihre **Hausgeister** erscheinen würden, um sich von ihren Herrinnen nähren zu lassen, und daß sie dabei jene erschrecken würden, die die Aufgabe hätten, die verdächtige Person zu bewachen und zu verhören.

Hexenstein Kleiner, durchlöcherter Stein, der auch unter dem Namen „Hühnergott" bekannt ist, und der Hexerei und andere Spielarten des Bösen abhalten sollte. Früher hängte man solche Steine für gewöhnlich in die Viehställe oder um den Hals von Kühen, Schafen oder Ziegen, um die Tiere vor dem Tun böser Geister zu bewahren. Auch die Menschen trugen Hexensteine bei sich, um sich vor Hexerei zu schützen und ihr Glück zu bewahren. Nachts wurden die Steine an die Bettstatt gehängt, damit sie die Dämonen fernhielten, die den Menschen Alpträume brachten.

Manche Experten behaupteten, Hexensteine seien nur wirksam, wenn sie vorher in einer besonderen Zeremonie, einer Mischung aus heidnischen und christlichen Elementen, geweiht worden seien, bei der man die folgenden Worte hersagte:

> Ich beschwöre dich bei allen himmlischen Heerscharen,
> Bei dem Lebendigen Gott, dem Wahren Gott,
> Bei dem Gesegneten und Allmächtigen Gott ...

Die Zeremonie endete damit, daß der Magier ausrief: „Möge er dich gegen alle bösen Kräfte und Flüche schützen. Amen."

Siehe auch **Amulett**; **Schutz vor Hexenzauber**; **Zauberformel**.

Hexentanz Den traditionellen Höhepunkt eines üblichen **Hexensabbats** bildeten verschiedene Arten von Tänzen. Die frühesten Berichte von Hexen, die bei ihren lärmenden Festlichkeiten tanzen, reichen mindestens bis ins dreizehnte Jahrhundert zurück. 1282 beispielsweise wurde ein schottischer Geistlicher aus Inverkeithing angeklagt, ein Zauberer zu sein, nachdem er gestanden hatte, junge Mädchen aus seiner Gemeinde zu den Osterfeierlichkeiten bei einem ausgesprochen obszönen Phallustanz, der wahrscheinlich heidnischen Ursprungs war, angeführt zu haben. Der fragliche Priester entging einer Bestrafung seitens seiner Vorgesetzten, die wahrscheinlich nichts über die eigentliche Bedeutung des Tanzes wußten, doch ein empörtes Mitglied der Gemeinde ermordete ihn später.

Der vielleicht bekannteste Reigen, den die Hexen in ihren Hexenzirkeln aufführten, war der rituelle Tanz „Hase und Hund", bei dem der **Teufel** oder der Anführer des Zirkels in der Rolle des Hundes wild hinter einer der Hexen herjagte, die den **Hasen** verkörperte. Auf dem Höhepunkt des Tanzes fing der Hund den Hasen ein, rang die Hexe zu Boden und vereinigte sich mit ihr. Manchen Geständnissen zufolge wechselten die Teilnehmer während des Tanzes auf magische Weise mehrmals ihre Gestalt und verwandelten sich in **Katzen**, Bienen und andere Tiere.

Die schottische Hexe Isobel **Gowdie** lieferte ihren Befragern detaillierte Informationen aus erster Hand, mit denen sie einen Tanz beschrieb, der in ihrem Hexenzirkel aufgeführt wurde. Die Hauptsache bei diesem Tanz war ein Sprung, den man mit den Worten begleitete: „Über den Graben damit!" Die Hexen kannten auch andere lebhafte Tänze, darunter „Follow-my-leader", bei dem die Hexen jede Handlung des Anführers nachahmen mußten. Sie bewegten sich dabei stets absichtlich in umgekehrter Richtung, das heißt dem Lauf der Sonne entgegengesetzt (*siehe* **Umkehrung**). Andere Hexen behaupteten, sie hätten beim Hexensabbat stets „rückwärts" oder mit Besen zwischen ihren Beinen getanzt. Dazu habe häufig der Teufel persönlich Musik gemacht.

Pierre de **Lancre**, der im siebzehnten Jahrhundert die Aktivitäten eines gewöhnlichen Hexenzirkels auf dem europäischen Kontinent beschrieb, zählte den rituellen Tanz zu den Höhepunkten der Hexensabbate. Seinem Bericht zufolge führten die Teufel nach dem Festschmaus ihre Nachbarn zu einem verfluchten Baum, um den die Teilnehmer, mit dem Rücken zueinander stehend, einen Kreis bildeten und sich anschickten, in unzüchtigster Manier zu tanzen, wobei sie häufig vom Teufel selbst angeführt wurden. Francesco-Maria **Guazzo** schrieb in ähnlicher Weise, daß sie sich „an den Händen fassen und Rücken gegen Rücken einen wirbelnden Kreis bilden; und so tanzen sie, werfen ihre Köpfe wie das wilde Volk und halten manchmal Kerzen in den Händen, die sie zuvor benutzt haben, um dem Teufel zu huldigen." Nicholas **Remy**, eine andere Autorität auf dem Gebiet des Hexenwesens, behauptete, daß die Hexen zu ihren Sabbaten so lange tanzten, bis sie „kurz vor dem Wahnsinn" stünden; sie seien ausgesprochen erschöpft gewesen, wenn sie dann schließlich nach Hause zurückgekehrt seien. Der Tanz scheine gewöhnlich so lange gedauert zu haben, bis die Teilnehmer einen ekstatischen Zustand erreicht und sich dann einer hemmungslosen Sexorgie hingegeben hätten.

Eine italienische Variante war der Tanz La Volta. Wie in der Beschreibung der Isobel Gowdie, so bildeten auch hier gewaltige Luftsprünge den Höhepunkt. Die Sprunghöhe, die die Tänzer erreichten, und die Kompliziertheit der Tanzschritte waren für die Zuschauer ein Beweis dafür, daß der Tanz nur mit Unterstützung des Teufels gemeistert werden konnte.

Die Hexen der heutigen Zeit beziehen noch immer Tänze in ihre Rituale ein. Der bekannteste davon ist der „Tanz des Rades", ein Reigen rund um ein Feuer, der aus Anlaß der Wintersonnenwende aufgeführt wird. Auf dem Höhepunkt des Tanzes springen der Hohepriester und die Priesterin Hand in Hand durch die Flammen, worauf ihnen die übrigen Hexen paarweise folgen.

Hexenverbrennung Mit Ausnahme von **England** und Neuengland (*siehe* **Vereinigte Staaten von Amerika**), wo man Hexen für gewöhnlich hängte, war die übliche Methode, verurteilte Hexen unschädlich zu machen, das Verbrennen auf dem Scheiterhaufen. Diese Strafe war die traditionelle Hinrichtungsmethode für Ketzer und galt als besonders geeignet im Falle der Hexerei: Die damaligen Sachverständigen auf diesem Gebiet hoben durchweg hervor, daß man die Körper der Opfer vollständig zerstören müsse, damit ihre magischen Kräfte nicht weitergegeben werden könnten. Angela von Labarthe, die man 1275 in Toulouse hinrichtete, wird mitunter als die erste Frau bezeichnet, die als Hexe verbrannt wurde. Die Hexenverbrennungen setzten sich bis ins achtzehnte Jahrhundert fort. Hexen wurden im allgemeinen bei lebendigem Leibe verbrannt, wenn sie sich nicht auf irgendeine Weise die Anteilnahme des Gerichts gesichert hatten und dazu begnadigt wurden, vor dem Verbrennen am Scheiterhaufen erdrosselt oder gehängt zu werden. Verurteilte Hexen, die ihre Geständnisse kurz vor der Vollstreckung des Todesurteils widerriefen, verwirkten das Recht, den Tod auf diese Weise zu erleiden, und wurden den Flammen lebendig ausgeliefert. In Italien und Spanien ließ man alle Hexen den Feuertod sterben, ganz gleich, ob sie vorher widerrufen hatten oder nicht.

Bei einer Verbrennung war es üblich, den verurteilten Gefangenen an einen Pfahl zu fesseln, der von Stroh, Holz und anderem brennbaren Material umgeben war, das man dann entzündete. Reisende, die sich auf dem europäischen Festland aufhielten, haben Beschreibungen von bestimmten Städten hinterlassen, die sich rühmten, außerhalb ihrer Stadttore einen Wald aus Scheiterhaufen zu haben. Manche Orte erlebten in einem einzigen Jahr Hunderte von Verbrennungen. Ein Zeitgenosse behauptete, daß beispielsweise in der italienischen Stadt Como im Jahre 1523 rund tausend Hexen verbrannt worden seien. Meist hatte der Rauch die Opfer bereits getötet, ehe die Flammen sie erreichten, doch viele Menschen erlitten vor ihrem Tod schreckliche Verbrennungen. In manchen Teilen Europas wurde die verurteilte Person in eine kleine Hütte aus trockenem Stroh oder in ein Faß mit Pech gesteckt, worauf man das Feuer entzündete. In allen Fällen ließ man das Feuer so lange brennen, bis der Körper des Toten zu Asche geworden war, die dann in alle Winde verstreut werden konnte. Hatte man den **Hausgeist** einer Hexe identifiziert und eingefangen, dann wurde auch er auf den Scheiterhaufen geworfen.

Wenn sich eine wegen Hexerei abgeurteilte Person während des Prozesses geweigert hatte, mit dem Gericht zusammenzuarbeiten, dann wurde sie zur Strafe auf einem Scheiterhaufen aus Gestrüpp oder frischem Holz verbrannt, der länger brauchte, um richtig aufzulodern, und damit den Todeskampf verlängerte. Einigen Hexenjägern genügte selbst diese Grausamkeit noch nicht. Jean **Bodin** beispielsweise schrieb:

Hexenversammlung

> Welche Strafe man auch immer gegen Hexen befiehlt, indem man sie über einem langsam brennenden Feuer röstet oder kocht – es ist eigentlich nicht sehr viel und nicht so schlimm wie die Marter, die Satan ihnen in dieser Welt bereitet hat, ganz zu schweigen von den ewigen Qualen, die ihrer in der Hölle harren, denn das Feuer hier kann nicht länger als eine Stunde dauern, bis die Hexen gestorben sind.

In England wurden Hexen stets gehängt, falls sie sich nicht auch des Mordes an ihren Ehemännern oder Herrschaften oder der Verschwörung zur Ermordung des Königs schuldig gemacht hatten. In diesen Fällen wurden sie wegen Verrats zum Tod auf dem Scheiterhaufen verurteilt. Zu den seltenen Beispielen, bei denen englische Hexen den Feuertod sterben mußten, gehören Mother Lakeland, die am 9. September 1645 verbrannt wurde, weil man sie für schuldig befunden hatte, ihren Ehemann und andere durch Hexerei ermordet zu haben, sowie May Oliver, die wegen ähnlicher Verbrechen 1659 in Norwich verbrannt wurde.

Das Verbrennen war nördlich des englisch-schottischen Grenzgebietes eine bevorzugte Hinrichtungsmethode, und die Erinnerungen an die Hexenverbrennungen in **Schottland** lebten relativ lange Zeit fort. Die vielleicht bemerkenswerteste Veranschaulichung dessen war das seltsame Ritual des „Hexenbrennens", das zumindest bis zum Ende des neunzehnten Jahrhunderts auf dem königlichen Besitz Balmoral in Kincardine und Deeside beobachtet wurde und an dem Königin Viktoria selbst teilnahm. Alexander Macdonald beschrieb diese geheimnisvolle Zeremonie in seinen *Scottish Notes and Queries*:

> Vor dem Schloß, gegenüber dem Haupteingang, wurde ein gewaltiges Feuer entzündet. Die Mitglieder des Clans, gekleidet in der Tracht der Hochländer, waren angetreten. Auf das Signal einer Kapelle marschierten sie auf den Palast zu. Das Feuer war so angezündet worden, daß es hell loderte, als die Prozession es erreichte. Das Interesse der Gäste war auf einen Karren gerichtet, auf dem das Abbild einer schrecklichen alten Frau oder Hexe saß, die man die Shandy Dann nannte. Neben ihr hockte einer aus der Gesellschaft und hielt sie aufrecht, während der Marsch nach den Dudelsackweisen weiterging. Als das Gebäude in Sicht kam, beschleunigten die Männer ihre Schritte zum Lauf, und ein Dutzend Yards von dem Lodern entfernt wurde plötzlich haltgemacht. Hier wurde, umgeben von atemloser Stille, eine Anklage vorgebracht, die besagte, weshalb die Hexe zu Asche zu verbrennen sei, und ohne daß jemand zu ihrer Verteidigung erschien – nur dieser *advocatus diaboli* mit einem Papier in der Hand –, wurde sie zum Feuertod verurteilt. Mit einem Vorwärtsstürmen, einem Schrei und dem Pfeifen der Dudelsäcke wurde der Karren samt seinen Insassen in das Feuer geschleudert, während der Mann, der neben der Hexe gehockt hatte, im allerletzten Moment absprang. Es folgten Hochrufe und spöttisches Gelächter, als die brennbaren Hüllen der Shandy Dann im Feuer prasselten und zischten. Die ganze Zeit standen die Schloßbewohner da und erfreuten sich an dieser seltsamen Zeremonie, und keiner ging inniger darauf ein als das Oberhaupt des Reichs selbst.

Man sagt, daß jeder, der auf Gallows Hill, zwei Meilen außerhalb von Scalloway auf der größten Shetland-Insel steht, wo im Jahre 1700 die letzte Hexe verbrannt wurde, noch die Spuren der Asche von den vielen Hexenverbrennungen erkennen kann.

Siehe auch **Hinrichtungen**.

Hexenversammlung Monatliche Zusammenkunft eines neuzeitlichen **Hexenzirkels**. Die Zusammenkünfte werden zeitlich so gelegt, daß sie in Vollmondnächten – entweder im Freien oder in einem geschlossenen Raum –, stattfinden. Traditionell hält jeder Zirkel, dem Mondkalender entsprechend, dreizehn Versammlungen im Jahr ab. Die modernen Hexen glauben, daß bei einer solchen Versammlung insgesamt nur drei magische Zeremonien abgehalten werden können (um einer Person zu helfen, die beispielsweise krank ist oder in Schwierigkeiten steckt), da mehr ihre Kräfte erschöpfen würden. Als Ausdruck des Dankes essen die Teilnehmer am Ende einer modernen Hexenversammlung halbmondförmige Kekse und trinken Wein dazu.

Siehe auch **Hexensabbat**.

Hexenwägen Traditionelle Hexenprobe, bei der eine verdächtige Person gegen die **Bibel** der Ortskirche aufgewogen wurde, um festzustellen, ob diese Person schwerer oder leichter als das Buch war. Diese Methode beruhte auf einer alten These, nach der Hexen ein unnatürlich geringes Körpergewicht haben sollten. Zeigte es sich, daß die vermeintliche Hexe schwerer war als die Bibel, dann war sie unschuldig; wog die Bibel schwerer, dann galt das als klarer Schuldbeweis im Sinne der Anklage, und man machte der Hexe den Prozeß.

Wie es scheint, gelang es den meisten Verdächtigen, das Gewicht der Bibel zu übertreffen, so daß der Mob, der gewöhnlich diese inoffiziellen Hexenproben veranstaltete, sein jeweiliges Opfer, wenn auch nur ungern, schließlich gehen lassen mußte. Die Praxis behielt man bis weit in das achtzehnte Jahrhundert hinein bei. 1759 beispielsweise wurde Susannah Haynokes aus Wingrave (Buckinghamshire) dieser Hexenprobe unterzogen, nachdem sie bezichtigt worden war, das Spinnrad der Nachbarin behext zu haben. Sie war schwerer als die Bibel und wurde freigelassen. 1780 sprach man aus dem gleichen Grund in Bexhill (Sussex) zwei Frauen frei, die man der Hexerei verdächtigt hatte.

Hexenzaum Form eines eisernen Knebels, den man den Hexen mitunter während der **Folter** oder auf dem Weg zur Hinrichtung anlegte. Viele Leute fürchteten, daß überführte Hexen mit ihrem letzten Atemzug noch jene verfluchen könnten (*siehe* **Fluch**), die ihr Verderben herbeigeführt hatten, und so war man eifrig darauf bedacht, ihnen mit dem Zaum die Fähigkeit zum Sprechen zu nehmen. Er hielt die Zunge nieder und machte damit jegliche verständliche Äußerung unmöglich.

Ein noch erhaltenes Exemplar eines Hexenzaums ist im Forfar Museum in Schottland zu sehen. Dieser Zaum wurde in den sechziger Jahren des siebzehnten Jahrhunderts bei der Hinrichtung mehrerer Hexen benutzt. Eine von diesen Hexen war Helen Guthrie, eine vielgefürchtete Hexe, die 1661 zu Tode gebracht wurde.

Siehe auch **Schlafentzug**.

Hexenzirkel Eine Gruppe von Hexen, die regelmäßig zusammenkommen, um zu zaubern, den **Teufel** und dessen Günstlinge anzubeten, böse Geister anzurufen und sich unzüchtigen Ausschweifungen, darunter auch dem Geschlechtsverkehr mit **Dämonen**, hinzugeben.

Auch die Hexen des zwanzigsten Jahrhunderts finden sich zu kleinen Zirkeln zusammen, doch ist es seit langem ein strittiges Thema, ob solche bewußt organisierte Hexenzirkel in den vergangenen Jahrhunderten wirklich existiert haben oder ob sie einfach ein Phantasieprodukt abergläubischer Vorstellungen, eine Erfindung der Dämonologen waren, die durch die unzuverlässigen Geständnisse Gefolterter noch gestützt wurden. Akzeptiert man die Belege und Aussagen, dann deuten sie darauf hin, daß es in kleinen Bezirken jeweils einen kleinen, lokkeren Hexenverband gab, während bevölkerungsreichere Gebiete vielleicht mehrere rivalisierende Hexenzirkel mit vielen Mitgliedern aufzuweisen hatten.

Die Dichterin und Anthropologin Margaret Murray behauptete, daß Hexenzirkel immer in Gruppen von dreizehn Personen (zwölf Hexen und der Teufel oder dessen Vertreter) organisiert gewesen seien, konnte jedoch nur wenig unterstützendes Beweismaterial dafür erbringen. Nichtsdestoweniger besteht auch weiterhin die populäre Vorstellung, daß sich üblicherweise immer dreizehn Hexen zusammentaten, um gemeinsam ihre Zaubereien auszuführen, und so ahmen die modernen Praktiker der magischen Künste diese Tradition vielleicht einfach nach.

Die früheste Erwähnung eines Hexenzirkels stammt aus dem Jahre 1662. Damals berichtete Isobel **Gowdie** ihren Befragern, daß sich die Hexen ihres Wissens zu dreizehnt in Hexenzirkeln träfen. Einen weiteren Hinweis auf die Zahl Dreizehn gab es zu fast derselben Zeit auf der anderen Seite des Atlantiks in Neuengland, als Rebecca Greensmith bekannte, einem Hexenzirkel anzugehören, der zwölf Mitglieder habe und an dem auch der „Mann in Schwarz" teilnehme (*siehe* **Connecticut, Hexen von**). Eine weitere Zeugin, die ihren Hexenzirkel als eine Gruppe von dreizehn Mitgliedern beschrieb, war Anne Armstrong, eine der **Hexen von Somerset**, doch gibt es aus nahezu derselben Zeit mindestens ein Geständnis von den **Kanalinseln**, nach dem sich die dortigen Hexen in Gruppen von fünfzehn oder sechzehn Personen trafen. Andernorts in Europa berich-

Hexer von Cideville

teten Hexen von Zirkeln mit lediglich drei Mitgliedern, aber auch von solchen, an denen viele tausend Personen teilnehmen.

Die Vorstellung, daß es immer dreizehn Mitglieder geben müsse, geht wahrscheinlich auf den „Konvent" Jesu Christi und seiner zwölf Jünger zurück. Etwas spekulativere und zweifelhaftere Theorien vermuten, daß es eine Verbindung zwischen den dreizehn Mitgliedern eines Hexenzirkels und den sechsundzwanzig (zweimal dreizehn) Rittern des von Eduard III. gegründeten Order of the Garter (Hosenbandorden) gibt oder daß die Dreizehn die größtmögliche Zahl von Personen ist, die in einem Kreis tanzen können, der einen Durchmesser von 2,75 m hat und in der schwarzen Magie eine Rolle spielt. (Damit wird eine sehr unwahrscheinliche Verbindung zwischen dem modernen Hexenwesen und den rituellen Tänzen der frühen heidnischen Religion hergestellt.) Andere Experten argumentieren, daß die Hexenzirkel einfach deshalb auf Gruppen von dreizehn oder weniger Mitgliedern beschränkt waren, um den Schaden zu begrenzen, der möglicherweise entstand, wenn einer der Teilnehmer der Hexerei verdächtigt und bei der Befragung durch die Obrigkeit zu einem Geständnis gezwungen werden sollte.

Ein Gedanke, der die sexuelle Natur vieler Hexenriten widerspiegelt, war der, daß jeder Hexenzirkel stets etwa gleich viele männliche wie weibliche Mitglieder haben müsse. In vielen historisch belegten Geständnissen ist jedoch von angeblichen Hexenzirkeln die Rede, in denen die Frauen scheinbar bei weitem in der Überzahl waren.

Siehe auch **Hexensabbat**; **Hexenversammlung**.

Hexer von Cideville *siehe* **Cideville, Hexer von**

Hexer von Cleworth *siehe* **Darrell, John**; **Hartlay, Edmund**

Hexereiskandal Brown–Spofford Hexereiskandal, der sich 1878 in Salem (Massachusetts) ereignete und der Mary Baker-Eddy und die anderen Gründer der Christian-Science-Bewegung in ernsthafte Schwierigkeiten zu bringen drohte. Es begann damit, daß zwei Sektenmitglieder in Streit gerieten, und Lucretia Brown aus Ipswich, eine der streitenden Parteien, behauptete, ihr Widersacher Daniel Spofford sei ein Mesmerist, der seine okkulten Kräfte benutzt habe, ihr körperlichen Schaden zuzufügen.

Ermuntert von anderen, erhob Lucretia Brown Klage gegen Spofford, ihr verschiedene Leiden wie Rücken- und Nervenschmerzen geschickt zu haben. Nach einigem Zögern ließ sich Mary Baker-Eddy in Lucretia Browns Fall hineinziehen, während Edward Arens, ebenfalls Anhänger der Christian-Science-Bewegung, es auf sich nahm, den Fall vor Gericht zu vertreten. Wie vielleicht vorauszusehen war, hatte die Klage keinen Erfolg, da es das Gericht nicht als seine Aufgabe ansah, Spoffords Denkprozesse zu überwachen. Die Presse, die sich darin gefiel, eine Verbindung zu dem inzwischen berüchtigten Fall der **Hexen von Salem** herzustellen, der einhundertsechsundachtzig Jahre zuvor stattgefunden hatte, nahm die Gelegenheit wahr, Mary Baker-Eddy und deren Anhänger zu verhöhnen. Nicht lange nach der Prozeßfarce wurde Mary Baker-Eddys Ehemann wegen versuchten Mordes an Arens verhaftet (auch dieser Fall wurde schließlich niedergeschlagen), und Frau Baker-Eddy unternahm in den darauffolgenden zwei Jahren alles, um sich von der bedauerlichen Angelegenheit zu distanzieren, wobei sie Arens beschuldigte, die Klage angestiftet zu haben.

Himmelskönigin *siehe* **Große Göttin**

Hinchcliffe, Joseph und Susan *siehe* **Minderjährige Kläger**

Hinrichtungen Während des Hexenwahns des sechzehnten und siebzehnten Jahrhunderts bediente man sich einer ganzen Reihe von Methoden, um verurteilte Hexen hinzurichten. In England und im kolonialen Amerika starben sie meist am Galgen; verbrannt wurden sie nur, wenn das Gericht sie des Verrats (der auch ein „kleiner Verrat" gegen den Ehemann sein konnte) für schuldig befunden hatte. In Schottland und fast überall auf dem europäischen Festland hingegen wurden Hexen im allgemeinen auf eine Weise zu Tode gebracht, wie man sie früher nur bei Ketzern angewendet hatte: Sie wurden gewöhnlich auf dem Scheiterhaufen verbrannt.

Es war die **Inquisition**, die das Verbrennen als angemessene Hinrichtungsmethode etablierte, wenngleich die Inquisitoren verurteilte Hexen zur Vollstreckung der Strafe der weltlichen Obrigkeit übergaben. Nicht wenige Autoritäten bestätigten dies später als die beste Methode, da es die Schwere der begangenen Verbrechen widerspiegelte. In Italien und Spanien wurden die Verurteilten seit jeher bei lebendigem Leibe verbrannt; die deutschen, schottischen und französischen Gerichte hingegen ließen es zu, daß sie garottiert oder gehängt wurden, ehe man ihre Körper zu Asche verbrannte (um die magischen Kräfte des Verurteilten völlig zu vernichten). Lebendig verbrannt wurden sie, wenn sie ihre Geständnisse vor der Hinrichtung widerriefen.

In England beschwerte sich 1608 der Graf von Mar beim Kronrat über einen entsetzlichen Zwischenfall, bei dem die Angeklagten noch lebten, als man die Scheiterhaufen entzündete. Er schrieb, daß „einige von ihnen dem Glauben abschworen und Gott lästerten und in Verzweiflung starben, und andere halbverbrannt aus dem Feuer hervorbrachen und noch lebendig wieder hineingeworfen wurden, bis die Flammen sie getötet hatten". In Fällen, da sich eine Hexe besonders widerspenstig gezeigt hatte, war das Gericht nicht geneigt, der Verurteilten eine Gnade zu erweisen, sondern ließ den Scheiterhaufen aus frischem Holz aufschichten, damit er viel langsamer brenne und die Todesqualen verlängere.

Unter den von den Hexengerichten Verurteilten befanden sich auch viele Kinder. Obgleich manche Richter Rücksicht auf das Alter der jungen Angeklagten nahmen und sie zu Gefängnis- oder Prügelstrafen anstatt zum Tode verurteilten, gibt es auch Berichte, nach denen Elfjährige auf dem Scheiterhaufen sterben mußten. Nicolas **Remy** beispielsweise drückte sein Bedauern darüber aus, daß er sich als Richter meist damit zufriedengegeben hatte, Kinder zu Prügel zu verurteilen, die sie dann, ihre verbrannten Eltern vor Augen, auf dem Hinrichtungsplatz verabreicht bekamen.

Hinrichtungen waren große öffentliche Ereignisse, denen man häufig einen feierlichen Anschein gab. Die Zuschauer wurden durch Trompetenklänge und Glockengeläut auf die bevorstehende Hinrichtung aufmerksam gemacht, wobei man die Glocken mitunter in feuchtes Tuch hüllte, damit sie um so beklemmender klangen. Die Menge wurde oftmals durch eine nicht geringe Zahl von Kindern noch vergrößert, die einen freien Tag bekommen hatten, um bei den Hinrichtungen dabeisein zu können. Man führte die Verurteilten in einer Prozession aus dem Gefängnis heraus und zählte ihre Verbrechen auf, worauf sie ihre Schuld bekennen mußten. Weigerten sie sich, dann konnte es geschehen, daß sie zu den Folterknechten zurückgebracht wurden. Die anwesenden Priester hielten langatmige Predigten über die Verderbtheit des Hexenwesens, und gelegentlich ließ man auch die verurteilte Person einige Worte sagen. Während der Hinrichtung erklangen Choräle. In einigen Gegenden des europäischen Kontinents war es üblich, daß nach der ordnungsgemäßen Vollstreckung der Todesstrafe der Bürgermeister und andere offizielle Persönlichkeiten bei einem üppigen Mahl zusammentrafen, dessen Kosten aus dem Habe der hingerichteten Hexe bestritten wurden.

Es ist unmöglich, in Erfahrung zu bringen, wie viele Hexen in Europa und Amerika in der Zeit von 1450 bis 1750 exekutiert worden sind. Die Angaben hierzu reichen von vierzehntausend bis zweihunderttausend. (Vielleicht dreißigtausend wurden Opfer der Inquisition.) Die Hälfte davon wurde in den deutschen Staaten zu Tode gebracht – im Gegensatz zu den etwa tausend Menschen, die in England hingerichtet wurden, und den viertausendvierhundert oder mehr Opfern der Hexenverfolgung in Schottland.

Siehe auch **Hexenverbrennung**.

Hodla-Perchta *siehe* Diana

Holt, Sir John

1642–1710. Englischer Richter, der in Prozessen gegen angebliche Hexen konsequent dem Einfluß des damals herrschenden Hexenwahns widerstand. Der in Thame (Oxfordshire) geborene John Holt erhielt 1663 seine Zulassung als Anwalt und wurde 1689 als Vorsitzender der King's Bench Division am Obersten Gerichtshof der Amtsnachfolger des hexenfürchtenden Sir Matthew **Hale**. Anders als sein Vorgänger zeigte er sich gewillt, der Hexerei verdächtige Personen gegen ihre Ankläger zu schützen, indem er die Schöffen anwies, abergläubische Vorstellungen zu ignorieren und nach den Prinzipien der Gerechtigkeit und der Menschlichkeit zu handeln.

Holt führte den Vorsitz über elf bemerkenswerte Hexenprozesse. 1691 sorgte er dafür, daß zwei Hexen, die man beschuldigte, einen Zauber gegen eine Frau namens Mary Hill aus Frome (Somerset) gerichtet zu haben, freigesprochen wurden (eine dritte Angeklagte war bereits im Gefängnis gestorben) – woraufhin die Klägerin Mary Hill sehr bald wieder ihr normales Wesen annahm. 1694 setzte Holt in Bury St. Edmunds (Suffolk) einen Freispruch für Mother Munnings durch, der man vorgeworfen hatte, Kobolde zu besitzen und ihren Hauswirt getötet zu haben. Der Hauptzeuge in diesem Fall war zur fraglichen Zeit auf dem Nachhauseweg von einem Bierlokal gewesen, und man konnte keine Verbindung zwischen der Angeklagten und dem Tod des Hauswirts feststellen. Im selben Jahr erwirkte Holt in Ipswich (Suffolk) einen Freispruch für Margaret Elnore. Ihr hatte man zur Last gelegt, das **Teufelsmal** zu besitzen und eine Läuseplage hervorgerufen zu haben. Ein Jahr später konnte er Mary Guy auf freien Fuß setzen, die einem Mädchen aus ihrem Ort Besessenheit angehext haben sollte. 1696 sprach er in Exeter Elizabeth Horner von der Anklage frei, bei drei Kindern **Besessenheit** hervorgerufen zu haben. (Eines der Kinder konnte dadurch angeblich an einer Wand bis in eine Höhe von 2,70 m hochlaufen.)

1701 befreite Holt in Guildford Sarah Murdock von dem Verdacht, einen Zauber gegen den Schmiedelehrling Richard Hathaway gerichtet zu haben, der unter Anfällen litt. Die Entscheidung rief heftige Proteste hervor, und die aufgebrachte Menge drohte, die Frau zu schwemmen. Zudem verschlechterte sich der Zustand des jungen Schmiedes, der nun öfter von Anfällen heimgesucht wurde, weder essen noch trinken konnte, blind und taub wurde und zum Erbrechen großer Mengen von Nadeln neigte. Doch Holt ließ sich nicht beirren. Er stellte Hathaway unter Beobachtung, und man entdeckte, daß die schlechte gesundheitliche Verfassung des jungen Mannes vorgetäuscht war und die (eigenartigerweise trockenen) Nadeln aus seiner Jackentasche und nicht aus seinem Körper stammten. Hathaway wurde daraufhin wegen Betrugs angeklagt. Als Warnung für andere, die in Zukunft vielleicht ebenfalls Klagen wegen Hexerei vorzubringen gedachten, wurde er mit einer Geldstrafe belegt, für ein Jahr ins Gefängnis gesteckt und darüber hinaus zu dreimaligem Erscheinen am Pranger verurteilt.

Der seltsamste (und sehr wahrscheinlich unechte) Fall Holts war für den Richter persönlich von besonderer Bedeutung. Man hatte eine Frau vor ihn gebracht, die der Hexerei angeklagt war. Als Beweismaterial wurde ihm ein Stück Pergament mit einer Zauberformel zur Behandlung von Fieber vorgelegt. Dieses Pergament sah Holt jedoch nicht zum erstenmal. Er hatte als junger Mann an der Universität in Oxford ein ausschweifendes Leben geführt. Einmal, als er in der Schenke feststellte, daß er die Rechnung nicht bezahlen konnte, hatte er seine Schulden beglichen, indem er eine Zauberformel hinkritzelte, die die Tochter der Wirtin vom Wechselfieber heilen sollte. Das war die Formel, die ihm seine einstige Schankwirtin nun präsentierte. Es ist wohl unnötig zu erwähnen, daß das Verfahren eingestellt wurde.

Es war unvermeidlich, daß Holts Beispiel, ohne Rücksicht auf die damals herrschenden Vorurteile immer wieder Freisprüche für angebliche Hexen zu erwirken, an den Gerichten der unteren Ebenen nachgeahmt wurde. Damit trug Sir John Holt wesentlich dazu bei, den Hexenwahn im England des siebzehnten Jahrhunderts zu beenden.

Holunder Der schlechte Ruf, der diesem Gewächs nach abergläubischen Vorstellungen anhaftet, rührt daher, daß sich Judas angeblich an einem Holunderbaum erhängte und daß das Kreuz, an dem Jesus Christus starb, aus Holunderholz gewesen sein soll. Auch lebten dem Aberglauben zufolge in diesen Büschen oder Bäumen oftmals Geister; verbrannte man Holunderholz im heimischen Herd, dann war zu befürchten, daß der **Teufel** durch den Schornstein gefahren käme. Wegen solch unheilvoller Assoziationen bevorzugten die Hexen für ihre **Zauberstäbe** Holunderholz. Allerdings sollte der starke Geruch des Holzes Hexen auch vertreiben, und so schützten die Leute ihre Häuser vor deren Zaubereien, indem sie am letzten Tag im April einen Holunderzweig schnitten und über den Eingang hängten oder indem sie **Amulette** aus dem Holz des Baumes trugen. Holunder durfte jedoch niemals ins Haus hineingebracht werden, da er den Tod brachte. Auch Kinder, die man mit Stecken aus Holunderholz schlug, wuchsen angeblich nicht richtig. Eine Wiege mit Holunder zu schmücken galt als besonders gefährlich, da dann die **Feen** das darin liegende Baby mitnehmen würden.

Glaubte man, es sei Hexerei im Spiel, dann war es jedoch nützlicher, sich die Augen mit einigen Tropfen Holundersaft zu betupfen, damit man wahrnehmen konnte, was die Hexen in der Nachbarschaft taten. Einer weiteren Überlieferung zufolge konnte das An- oder Abschneiden des Stammes eines Zwergholunders jede Hexe in der unmittelbaren Umgebung verletzen.

Holunder galt als eine Zutat, die die Hexen häufig in ihren Rezepturen verwendeten. Denkbar ist, daß diese Vorstellung auf die rötliche Verfärbung des Stammes des Zwergholunders zurückgeht, die dem ungeschulten Auge suggerierte, daß in der Pflanze **Blut** fließe. (Die Pflanze sollte angeblich nur dort gut gedeihen, wo Menschenblut vergossen worden war.) Was die medizinische Anwendung betraf, so bestand der alte Glaube, daß ein Mensch vom Rheumatismus geheilt würde, wenn er ein Stück Holunder auf der Haut trug.

Holyday, Magdalen geb. 1654. Englisches Dienstmädchen, das 1672 bekannt wurde, als es aufsehenerregende Symptome dämonischer **Besessenheit** zeigte. Magdalen Holyday war in einem Pfarrhaus in Saxmundham (Suffolk) angestellt. Eines Tages wurde sie plötzlich krank, nachdem sie einen scharfen, stechenden Schmerz im Bein verspürt hatte. Während der darauffolgenden drei Wochen erbrach sie große Mengen außergewöhnlicher Gegenstände, darunter Eierschalen, Messing- und Knochenstücke, Nähnadeln, lange Haarnadeln und andere Dinge. Nachdem sie schließlich ein Stück blauen Stoff ausgespien hatte, in dem säuberlich aufgereihte Nadeln steckten, schien sie von ihrer Unpäßlichkeit befreit zu sein, die jedermann zwangsläufig auf Hexerei zurückführte. Magdalen Holyday konnte sich niemanden vorstellen, der ihr hätte schaden wollen, erinnerte sich jedoch an ein altes Weib, das bei ihr – ohne Erfolg – einmal um eine Nadel gebeten hatte. Was immer auch die Ursache gewesen sein mag – die Symptome zeigten sich nie wieder, Magdalen kam wieder zur Ruhe und heiratete später den Haushofmeister von Sir John Hevingham.

Hopkins, Matthew um 1621–1647. Englischer Hexenriecher; während des in einigen Teilen des puritanischen England wütenden Hexenwahns verantwortlich für die erbarmungslose Verfolgung ungezählter angeblicher Hexen. Hopkins, der Sohn eines Geistlichen, wuchs in Essex, einer strikt parlamentarischen Grafschaft mit einer langen Tradition des Hexenwesens, auf. Er studierte Jura, arbeitete als Sekretär in einer Seetransportversicherung in Amsterdam und als Anwalt in Ipswich, wo ihm allerdings kein Erfolg beschieden war, bis er Mitte der vierziger Jahre des siebzehnten Jahrhunderts in die Gemeinde Manningtree-Mistley (Essex) zurückkehrte, und wo er auf den Gedanken kam, sich einen Ruf als selbsternannter Hexenriecher zu machen. Die Zeit für eine Laufbahn als Hexenjäger war günstig, denn der Bürgerkrieg verheerte England, und die Spannung, die in der puritanischen Gesellschaft herrschte, war groß. Und so fand mit großer Wahrscheinlichkeit jeder Gehör, der einen Sündenbock für die Gebrechen der Nation vorführen konnte.

Seine erste Anschuldigung wegen Hexerei richtete der damals vierundzwanzigjährige Hopkins gegen eine alte körperbehinderte Frau mit Namen Elizabeth Clarke, die er bezichtigte, Mitglied eines **Hexenzirkels** in der Gegend von Manningtree zu sein. Elizabeth Clarke wurde folglich verhaftet und im März 1645 in Chelmsford verhört. Aufgrund der „Geständnisse" der Angeklagten wurden sehr bald viele andere Frauen vor den Gerichtstag gebracht

Hopkins als Leiter eines Verhörs, bei dem seine Opfer die Namen ihrer Hausgeister nennen. Titelbild zu Matthew Hopkins' Werk The Discovery of Witches, *das 1647 in London gedruckt wurde.*

(siehe **Chelmsford, Hexen von**), von denen man nicht weniger als neunzehn hängte.

Nachdem sich Hopkins den selbsterfundenen Titel eines Obersten Hexenriechers zugelegt hatte, gewann er John Stearne und Mary Phillips als Helfer, deren Aufgabe es war, das **Teufelsmal** ausfindig zu machen. So machte er sich, augenscheinlich besessen von seiner Mission, Hexengeständnisse zu erlangen, auf eine Reise durch die ostenglischen Grafschaften. Äußerte man Zweifel an seiner Qualifikation für eine solche Tätigkeit und wies darauf hin, daß er auf diesem Gebiet keine Ausbildung habe, dann erwiderte er einfach, sein Fachwissen stamme „aus der Erfahrung, mit der man, auch wenn sie geringgeschätzt wird, dennoch am sichersten urteilen kann". Die Nachfrage nach seinen Diensten war so groß, daß er aus seiner Tätigkeit einen ansehnlichen Gewinn ziehen konnte. (Für jede Untersuchung, um die man ihn bat, verlangte er vierzig Schillinge; waren die Gerichtsverfahren in einer Stadt abgeschlossen, belief sich seine Gesamtrechnung gar auf dreiundzwanzig Pfund.)

In nur einem reichlichen Jahr brachte Hopkins allein in Essex über hundert Frauen – typischerweise alt, verarmt und ohne körperliche Reize – an den Galgen. Die Geständnisse, die man dafür brauchte, erzwang er von den Angeklagten durch solche Mittel wie die **Nadelprobe**, das **Schwemmen** und den **Hexenspaziergang**. Die Tatsache, daß seine der Hexerei bezichtigten Opfer so sehr den herkömmlichen Vorstellungen von einer Hexe entsprachen, erhöhte ohne Zweifel seine Aussichten auf deren Verurteilung.

Besonders offenkundig war Hopkins' Engagement und das Wirken seiner Helfer im Prozeß gegen fast zweihundert Verdächtige in Bury St. Edmunds (*siehe* **Bury St. Edmunds, Hexen von**), der für viele der Angeklagten mit dem Todesurteil und der Hinrichtung endete. Zu den Opfern zählte hier auch der achtzigjährige royalistische Geistliche John Lowes, der den Fehler begangen hatte, seine Gemeindemitglieder in Brandeston (Suffolk) gegen sich aufzubringen. Lowes wurde vom Obersten Hexenriecher angeklagt, er habe mittels Zauberei ein Schiff sinken lassen, und obgleich dafür nie ein Motiv gefunden wurde und niemand feststellte, ob am fraglichen Tag überhaupt ein Schiff verlorengegangen war, endete der Beschuldigte am Galgen. Auch in den angrenzenden Grafschaften Cambridgeshire, Northamptonshire, Huntingdonshire und Bedfordshire fielen Hopkins und seinen Helfern angebliche Hexen am Galgen zum Opfer.

Hopkins' Beweggründe für dieses Wüten liegen im dunkeln: Er war kein Vertreter der Regierung oder der Kirche, handelte vielleicht aber aus religiösem Eifer; allerdings könnte ihn auch die Aussicht darauf, einer der gefürchtetsten Männer im Lande zu werden, und die Erwartung, mit der Entlarvung von Hexen ein Vermögen zu verdienen, dazu angetrieben haben. Was immer seine Motive waren – er bekannte sich dazu, von der Existenz der Hexen völlig überzeugt zu sein. Einmal äußerte er seine aufrichtige, vielleicht paranoide Furcht, ein Hexenzirkel habe einen Bären ausgesandt, der ihn töten solle. Einen Großteil seiner Aktivitäten richtete Hopkins auf die Identifizierung von Schuldigen, die auf seiner „Teufelsliste" standen – einem Dokument, das angeblich die Namen aller Hexen in Großbritannien enthielt.

Die unheilvolle Laufbahn des Obersten Hexenriechers war glücklicherweise nur kurz. Zweifel an seinen Methoden wurden laut, und man setzte eine parlamentarische Kommission ein, die über jeden Prozeß wachte und die Anwendung der Folter durch die Befrager einschränkte. Hopkins mußte das Hexenschwimmen einstellen, fuhr jedoch fort, seine Opfer mit Schlafentzug, Hunger und anderen Mißhandlungen zu peinigen. Einen weiteren Rückschlag erlitt der Hexenjäger, als der hochwürdige John Gaule aus Great Staughton (Huntingdonshire) öffentlich gegen die Anwesenheit Hopkins' und seiner Helfer sowie gegen deren Nachforschungen in der Grafschaft protestierte. Gaule verurteilte die Härte, mit der Hopkins

Hopkins, Matthew

vorging, und machte klar, daß unter solchen Umständen wahrscheinlich „jede alte Frau mit faltigem Gesicht, zerfurchter Stirn, behaarter Oberlippe, Zahnlücken, schielendem Blick, quietschender Stimme oder scharfer Zunge" zur Hexe erklärt würde. Die Richter begannen, Widerstand gegen den Druck des Obersten Hexenriechers zu leisten, und die Zahl der Verurteilungen ging zurück.

Im Mai 1646 stellte Hopkins seine Aktivitäten ein. Der Grund dafür war entweder die wachsende Auflehnung gegen sein Wirken oder seine angegriffene Gesundheit. 1647 sah er sich gedrängt, in einer Schrift mit dem Titel *The Discovery of Witches* über seine Hexenjägermethoden zu berichten, um der Kritik jener zu begegnen, die Zweifel an seiner Verfahrensweise hegten und seine Integrität in Frage stellten. Jenen, die den Hexenjäger beschuldigten, allein um des finanziellen Gewinns tätig gewesen und unbewiesene Verdächtigungen gegen Unschuldige ersonnen zu haben, antwortete er darin:

Ihr tut ihm in jeder dieser Einzelheiten großes Unrecht. Denn erstens

1. Er ist nie in eine Stadt oder einen Ort gegangen, ohne daß sie zu ihm kamen, ihm schrieben oder nach ihm schickten und (soviel er wußte) erfreut über ihn waren.

2. Er ist ein Mann, der bestreitet, jemals eine Hexe entdeckt oder gesagt zu haben: „Ihr seid eine Hexe." Erst nach dero Überprüfung durch die Untersuchung [auf Teufels- und Hexenmale] und durch eigenes Geständnis können er und andere urteilen.

3. Urteile man schließlich, wie er das Land geschröpft und sich bereichert hat, und ziehe man dabei die gewaltige Summe in Betracht, die er von jeder Stadt genommen hat: Er fordert nur zwanzig Schillinge in einer Stadt und muß dafür manchmal zwanzig Meilen reisen und hat nicht mehr für all seine Aufwendungen dorthin und wieder zurück (und bleibt vielleicht eine Woche dort) und findet dort drei oder vier Hexen, oder sei es nur eine, billig genug; das ist die gewaltige Summe, die er nimmt, um seine Truppe mit drei Pferden zu unterhalten.

Schließlich wurde Hopkins selbst ein Opfer des Wahns, zu dem er beigetragen hatte. Es wird berichtet, daß bei seiner Ankunft in einer neuen Stadt, in der er sogleich seinem üblichen Geschäft nachgehen und ortsansässige Frauen der Hexerei anklagen wollte, die Bevölkerung zur Tat schritt und statt dessen ihn bezichtigte, ein Hexenmeister zu sein. Hände und Füße zusammengebunden, so wurde er nach seinen eigenen Methoden überprüft und dem Gottesurteil des Schwemmens unterzogen. Als er nicht unterging, wie es bei einem Unschuldigen der Fall hätte sein müssen, zog man ihn aus dem Wasser heraus und jagte ihn aus der Stadt. In einer alten Version dieser höchst zweifelhaften Geschichte heißt es, daß er gehängt worden sei. Hopkins' Ende war in Wirklichkeit wahrscheinlich viel weniger spektakulär; es könnte allerdings eine indirekte Folge seines endlosen und anstrengenden Umherreisens auf der Suche nach immer neuen Opfern gewesen sein. Um seine Gesundheit war es anscheinend nie gut bestellt, und so berichtete John Stearne, Hopkins sei im August 1647 in seinem Haus in Manningtree „an einer Auszehrung" gestorben.

Der Ort von Hopkins' Grabstätte ist unbekannt; obwohl seine Bestattung im Kirchenregister von Manningtree eingetragen ist, hat es Spekulationen gegeben, nach denen er sich mit Unterstützung gutsituierter Anhänger einfach versteckt hat. In einer bemerkenswerten Theorie dazu heißt es, er sei nach Neuengland emigriert, wobei einige scherzhaft andeuten, er habe dort als alter Mann vielleicht auch im berüchtigten Prozeß gegen die **Hexen von Salem** seine Hand im Spiele gehabt.

Insgesamt schätzt man, daß Hopkins und seine Helfer für den Tod von mindestens zweihundert Menschen in einem Zeitraum von nur vierzehn Monaten verantwortlich waren.

Howard, Frances *siehe* **Overbury, Sir Thomas**

Howgate, Christopher *siehe* **Pendle, Hexen von**

Hühnergott *siehe* **Hexenstein**

Hund Der Überlieferung zufolge erschien der **Teufel** häufig in Gestalt eines schwarzen Hundes auf der Erde. So getarnt, leitete er angeblich auch manchmal die **Hexensabbate** oder pirschte sich an seine Opfer heran. Früher wurden viele Leute nervös und sahen es als ein Vorzeichen des Todes an, wenn sie von einem schwarzen Hund verfolgt wurden. Dieser Hund mußte dem Aberglauben der Menschen zufolge entweder der Teufel selbst oder der **Hausgeist** einer Hexe sein. (Das „bewiesen" die Untersuchungen Matthew Hopkins', dessen Opfer die Hausgeister als Windhunde oder beinlose Spaniels beschrieben, sowie die Aussagen der **Hexen von Pendle**, in denen von Hunden als Hausgeistern die Rede war.)

Es ist denkbar, daß sich die Überlieferung, nach der der Hund mit den Kräften des Bösen assoziiert wurde, bis auf die „Alte Religion" zurückverfolgen läßt, in der man den **Gehörnten Gott** oftmals in Gesellschaft seines treuen Jagdhundes darstellte. Das war natürlich nicht der einzige Hund, den die frühen Menschen mit den Göttern auf eine Stufe stellten: Der altägyptische Totengott Anubis wurde üblicherweise mit dem Kopf eines Schakals dargestellt.

Eine ganze Anzahl von Hexen gestand, daß der Teufel sie bei ihren Sabbaten in Gestalt eines großen schwarzen Hundes verführt habe; andere behaupteten, er sei immer als Hund erschienen, wenn die Zeit für den „obszönen Kuß" gekommen sei, wobei alle Anwesenden das Hinterteil ihres Oberherrn hätten küssen müssen. In den vierziger Jahren des siebzehnten Jahrhunderts wimmelte es in England von Gerüchten, die besagten, daß Boye, der Hund, den Prinz Rupert während seiner Feldzüge im Bürgerkrieg auf seinem Sattel sitzen hatte, in Wirklichkeit der Teufel sei. (Der Hund wurde 1644 in der Schlacht von Marston Moor getötet.) Die Nekromanten der neueren Zeit indessen beschränken sich angeblich auf eine Diät aus Hundefleisch und schwarzem ungesäuertem, ungesalzenem Brot, um sich auf das Ritual der Totenerweckung vorzubereiten.

Hunt, Alice *siehe* **Somerset, Hexen von**; **St. Osyth, Hexen von**

Hutchinson, Francis 1660–1739. Englischer Geistlicher, Bischof von Down und Connor, dessen *Historical Essay Concerning Witchcraft* aus dem Jahre 1718 dazu beitrug, in England den

Glauben an Hexerei allmählich abklingen zu lassen. Als Vikar von Bury St. Edmunds, das zu Beginn des siebzehnten Jahrhunderts schwer unter dem Hexenwahn gelitten hatte, hörte Hutchinson viele Geschichten, die auf die berüchtigten Prozesse in dieser Gegend zurückgingen. Das regte ihn an, Personen zu befragen, die sich an diese Verfahren erinnerten, und darüber ein Buch zu veröffentlichen, das ein für allemal die offenkundige Absurdität des Irrglaubens an die Hexerei belegen sollte. Insbesondere verurteilte er die Tatsache, daß man vor Gericht die Aussagen von Kindern akzeptiert und die Prozesse mit solcher Grausamkeit und Voreingenommenheit geführt hatte.

Die Wirkung des Hutchinsonschen Werkes war so groß, daß man später behauptete: „Nur wenige Männer von Intelligenz wagten nach jener Erklärung noch an die Existenz von Hexerei zu glauben; wahrscheinlich hielten nur sehr wenige noch heimlich an solch einem Glauben fest."

Huysmans, Joris-Karl 1848–1907. Französischer Romancier flämischer Abstammung, der seine Erfahrung mit der Teufelsverehrung in dem sensationellen Roman *Là-bas* (1891) niederschrieb. Der in Paris geborene Huysmans begründete seinen Ruhm als Romancier der ultrarealistischen Schule, verkehrte mit Dichtern wie Émile Zola und Gustave Flaubert, interessierte sich später jedoch für den Okkultismus und nahm Verbindung zu der Rosenkreuzergruppe des Marquis Stanislas de **Guaita** in Paris, mit der von Joseph-Antoine **Boullan** geleiteten Church of Carmel in Lyon und mit dem Zirkel von Pater Louis van **Haecke** in Belgien auf.

Als Huysmans die Aktivitäten solcher Gruppen 1891 enthüllte, unterschied er zwischen der relativ gedämpften Sexualmagie Boullans und den eher hedonistischen und zügellosen Zeremonien van Haeckes, der in seiner Romanhandlung kaum kaschiert die Rolle des Schurken spielte und den er als ausgemachten Teufelsverehrer beschrieb. Auch der Marquis de Guaita fühlte sich durch das Buch beleidigt und schickte dem Verfasser mehrere magische Todeswünsche, worauf er (so behauptete Huysmans) bei Nacht des öfteren durch den von einem unsichtbaren Angreifer verursachten Luftzug geweckt worden sei.

Von Boullan lernte Huysmans, wie man sich gegen einen Angriff übersinnlicher Kräfte wehrt, doch sein Lehrmeister starb nicht lange darauf, und so wandte sich der Dichter später der römisch-katholischen Kirche zu, um dort die innere Festigkeit zu finden, nach der er sich sehnte. Huysmans hielt allerdings noch losen Kontakt zu Boullans Anhängern und machte dessen Geliebte und „Apostolische Frau" Julie Thibault für eine Zeit zu seiner Haushälterin. Huysmans suchte Zuflucht in einem Trappistenkloster, doch auch hier konnte er sich nicht vom Einfluß der übernatürlichen Kräfte befreien und klagte, von einem **Sukkubus** heimgesucht zu werden, der in seine Zelle komme und ihn im Schlaf verführe.

Huysmans' letzter Roman spiegelte die Entscheidung des Dichters wider, sich einem keuschen christlichen Leben zu widmen. 1905 fanden seine Werke Anerkennung durch den französischen Staat, als Huysmans in den Rang eines Offiziers der Ehrenlegion erhoben wurde.

I

Igel Traditionelle Tarngestalt, in der die Hexen angeblich erschienen, um den Kühen die Milch zu stehlen und sich Zugang zu Häusern und Stallungen zu verschaffen. Die gedankliche Verbindung zwischen Igel und Hexenkunst war so stark, daß die Menschen einst diese Tiere töteten, sobald sie ihrer nur ansichtig wurden, besonders aber dann, wenn sie sie in der Nähe ihres Hauses fanden. Es galt als höchst unklug, über seine Angelegenheiten zu sprechen, wenn sich ein Igel in der Nähe befand, denn hinter diesem Tier verbarg sich wahrscheinlich eine Hexe, die die Menschen belauschen wollte.

Die in der englischen Hexentradition üblichen **Hausgeister** sollen gelegentlich auch Igelgestalt angenommen haben. Christiane Green, eine der **Hexen von Somerset**, die 1665 vor Gericht standen, behauptete beispielsweise, der **Teufel** habe die Gewohnheit, fünf Uhr morgens in Gestalt eines Igels zu ihr zu kommen und an ihrer linken Brust Milch zu trinken. Ihrer Aussage zufolge war das kein angenehmes Erlebnis: „Sie sagt, daß ihr das Schmerzen bereitet und daß sie gewöhnlich in einen Dämmerzustand verfällt, wenn er an ihr saugt."

Impotenz *siehe* **Potenzzauber**

Initiation Die Aufnahme neuer Hexen in einen **Hexenzirkel**, die stets von verschiedenen geheimnisvollen Ritualen begleitet war (und noch immer ist). Die Einzelheiten der Zeremonie haben sich mit der Zeit stark verändert und variieren darüber hinaus von Land zu Land, doch weisen die meisten Versionen der Hexentaufe gewisse gemeinsame Merkmale auf.

Der Neuling wurde an einem Abend (meist freitags) von einem Mitglied des **Hexenzirkels** – oftmals eine ältere Person aus der Verwandtschaft – dem Teufel oder dessen Vertreter vorgestellt, der vielleicht in Gestalt irgendeines Tieres anwesend war. Es wurde ein Treueid geschworen, der auch das Versprechen beinhaltete, die Geheimnisse des Zirkels niemals zu verraten. Der Hexenlehrling, der mitunter erst sieben Jahre alt oder gar jünger war, mußte möglicherweise auch versprechen, weitere Mitglieder anzuwerben und zu Ehren seines dämonischen Meisters verschiedene Übeltaten auszuführen. Dann zeichnete der Teufel die angehende Hexe als eine der Seinen, indem er die Haut mit einem Schönheitsfehler versah oder sein Mal aufbrannte oder vielleicht auch **Blut** aus dem Ohr des Neulings zog (*siehe* **Teufelsmal**). Mit diesem Blut konnte ein Pakt unterzeichnet werden. Darin versprach das neue Mitglied dem Teufel als Belohnung für Reichtümer und andere Annehmlichkeiten auf Erden, deren Genuß laut Vertrag manchmal auf eine bestimmte Anzahl von Jahren beschränkt war, seine Seele (*siehe* **Pakt mit dem Teufel**). Der Neuling, der in Anlehnung an das Übergießen mit Wasser bei der christlichen Taufe gesalbt wurde, konnte damit auch einen neuen Namen verliehen bekommen und dann zum obszönen **Kuß** aufgefordert werden, bei dem er zum Zeichen der Huldigung seine Lippen auf das Hinterteil des Teufels drücken mußte. Viele Hexen gaben später bei ihren Geständnissen vor Gericht auch an, daß der Teufel auf der Bestätigung des Pakts durch den Geschlechtsverkehr mit dem Hexenneuling bestanden habe.

Der Hexenzirkel widmete sich dann meist seinen üblichen Beschäftigungen, parodierte christliche Zeremonien, setzte Zaubereien ins Werk, schmauste, tanzte und gab sich orgiastischen sexuellen Vergnügungen hin. Der Hexenlehrling bekam bei seinem ersten Treffen mit dem Hexenzirkel gewisse Requisiten geschenkt, die er für das Hexenhandwerk brauchte – **Flugsalbe**, einen **Besen** und vielleicht auch einen **Hausgeist**, der dem neuen Mitglied treu dienen sollte.

Inkubus Dämon, der mit Frauen sexuell verkehrt. Nach der ursprünglichen Definition war ein Inkubus, abgeleitet vom lateinischen *incubo* – ich liege obenauf, ein gefallener Engel, den eine widernatürliche Begierde nach Frauen verdorben hatte. (Denkbar ist auch, daß der Inkubus von den Satyrn und Faunen der klassischen Mythologie herkommt.) Solche Dämonen schändeten Frauen im Schlaf und brachten ihnen erotische Träume. Bereits im fünften Jahrhundert n. Chr. räumte Augustinus in seinem Werk *De civitate Dei* ein, daß solche Wesen eine sehr reale Bedrohung darstellten: „Es ist ein weitverbreiteter Glaube, daß Sylphen und Faune, allgemein Inkubi genannt, häufig Frauen belästigen, den Koitus mit ihnen suchen und auch ausführen."

Die Vorstellung, daß ein solches Wesen wirkliche körperliche Beziehungen mit Sterblichen haben könnte, stellte ein Problem dar, da Dämonen nach frühkirchlicher Ansicht keine körperliche Existenz besaßen. Ein Weg, mit dem sich dieses Dilemma umgehen ließ, war die Aufstellung der Theorie, daß ein Dämon, der einem Menschen beiwohnen wollte, mittels Zauberei in eine Leiche, in den Körper eines lebenden Menschen oder in eine andere Gestalt schlüpfen könne. Im dreizehnten Jahrhundert herrschte allgemein Einigkeit darüber, daß Dämonen durch solche Mittel nach Belieben körperliche Gestalt annehmen und mit ihren Taten das verhaßte Christentum schwächen konnten. Andere Überlieferungen vertraten den Gedanken, Inkubi würden besonders von Frauen mit schönem Haar angezogen, und die seltsame Vorstellung, die Dämonen besäßen zwei Geschlechtsteile.

Solchen Dämonen sagte man nach, sie dienten den Hexen als **Hausgeister**, und es ist denkbar, daß sie die übernatürlichen Geschöpfen waren, mit denen die Hexen zu ihren **Hexensabbaten** angeblich buhlten. In letzterem Fall traten die Dämonen häufig als Ziegenböcke auf, konnten dem Vernehmen nach allerdings auch verschiedene andere Gestalten annehmen und so unter anderem als begehrenswerte junge Männer erscheinen. Das körperliche Zusammensein mit Dämonen war angeblich besonders befriedigend. Verheiratete Frauen, so behauptete man, konnten solche unerlaubten Verbindungen vor ihren Ehemännern geheimhalten, indem sie sich ihren Inkubi stets auf der linken Seite des Bettes hingaben, um ihre menschlichen Partner nicht zu wecken. Zeigte sich eine Frau unwillig, dann konnte ein Inkubus sie täuschen, indem er die äußere Erscheinung ihres Ehemannes oder Liebhabers annahm.

Experten auf diesem Gebiet behaupteten, eine Frau könne durch den Geschlechtsverkehr mit einem Inkubus schwanger werden; der Dämon sei aber nicht in der Lage, selbst Samen zu produzieren. Den müsse der Inkubus vorher einem Mann gestohlen haben, der wahrscheinlich durch Hexerei zum Koitieren mit einem **Sukkubus**, der weiblichen Version eines Inkubus, verführt worden sei. Manchen Berichten war zu entnehmen, daß Sukkubi die Macht hatten, ihr Geschlecht zu ändern und sich in Inkubi zu verwandeln, um so das „gestohlene" Sperma an die Frauen weiterzugeben. Beliebte Opfer von Sukkubi waren angeblich die starken und ausgesprochen maskulinen Männer im besten Alter, deren Samen besonders potent sein sollte und wahrscheinlich auch in reichlichen Mengen produziert wurde. Es gab auch die Vorstellung, daß ein Inkubus selbst einer Leiche Samen stehlen konnte.

Ein Kind, das angeblich auf diese Weise gezeugt wurde, kam dann wahrscheinlich als Ungeheuer auf die Welt, das halb Mensch und halb Tier war. Es gingen Gerüchte, nach denen auch Plato, Merlin und Martin Luther der Verbindung zwischen dem Teufel und einer sterblichen Frau entstammten. 1275 sollte Angela de Labarthe aus Toulouse ein Monster mit einem Wolfskopf und einem Schlangenschwanz geboren haben; sie war der erste Mensch, den man wegen Teufelsbuhlschaft hinrichtete.

Ohne Zweifel erwies sich die Vorstellung vom Inkubus bei so mancher Gelegenheit als bequem, wenn eine untreue Ehefrau der Tändelei mit einem Liebhaber verdächtigt wurde, oder wenn es sich herausstellte, daß sie schwanger war, ihr Ehemann zum Zeitpunkt der Empfängnis aber auf Reisen gewesen war. Ein bekanntes Beispiel, das Reginald **Scot** 1584 in seinem

Innozenz VIII., Papst

Werk *Discoverie of Witchcraft* wiedergab, war das eines Bischofes Sylvanus, den man bezichtigte, eine Nonne verführt zu haben. Der Bischof behauptete, ein Inkubus habe seine Gestalt angenommen, um die Nonne zu täuschen, er selbst hingegen trage keinerlei Schuld. Die Obrigkeit, die vielleicht ein wenig leichtgläubig war, akzeptierte seine Hypothese widerspruchslos. Nonnen wurden zwangsläufig als beliebtes Ziel von Inkubi betrachtet. Viele Nonnen klagten über wollüstige Träume und Dämonen, die sie in ihren Zellen verführten. Erwiesen sich die Nonnen als zu tugendhaft, um sich verführen zu lassen – wie es bei mehreren Heiligen der Fall gewesen sein sollte –, dann wurden sie angeblich von den Inkubi gepeinigt, die gottlose Lieder sangen und jede List versuchten, um sie zu unzüchtigen Handlungen zu verlocken.

Der Versuch, eigenes unmoralisches Verhalten zu verbergen, indem man die Inkubi beschuldigte, war jedoch riskant, denn geschlechtlicher Verkehr mit einem Inkubus galt als Sodomie und wog daher schwerer als die Sünde des Ehebruchs. Eine Frau, die für schuldig befunden wurde, sich mit einem Inkubus abgegeben zu haben, lieferte ihrem Ehemann einen Scheidungsgrund und konnte zum Tod durch Verbrennen verurteilt werden. Viel hing vom Ausmaß ihrer Bereitschaft ab, die sie in ihrem Umgang mit solchen übernatürlichen Wesen gezeigt hatte: Stellte es sich heraus, daß alles mit ihrem Einverständnis geschehen war, dann mußte man sie wahrscheinlich als Hexe betrachten.

Einen Inkubus loszuwerden war nicht einfach, denn **Exorzismen** und die Anwendung verschiedener heiliger Reliquien vermochten es oftmals nicht, den Quälgeist zu vertreiben. Statt dessen konnten Inkubi, die sich durch solche Maßnahmen beleidigt sahen, durch Poltergeistererscheinungen Rache nehmen, wie das im Fall des **Trommlers von Tedworth** berichtet wurde.

Siehe auch **Nachtmahr**.

Innozenz VIII., Papst 1432 – 1492. In Genua als Giovanni Battista Cibo geboren, Papst von 1484 – 1492. Er förderte den Hexenwahn, der die europäische Gesellschaft über dreihundert Jahre lang erschüttern sollte. Innozenz VIII. war einer der weniger angesehenen Päpste; er hatte eine Geliebte, mit der er zwei Kinder zeugte, ließ drei Jungen töten, deren Blut ihm zur Verbesserung seines gesundheitlichen Zustandes übertragen wurde und ernährte sich am Ende seines Lebens mit Milch aus den Brüsten einer Frau. Eine andere Schwäche, die er kurz nach seiner Einsetzung in das höchste Amt der römisch-katholischen Kirche zeigte, war sein leidenschaftlicher Haß gegenüber Hexen, deren Aktivitäten er als einen direkten Angriff auf die Autorität des Christentums deutete. Besonders erzürnte ihn die Nachsicht, die viele seiner Untergebenen gegenüber Personen walten ließen, die der Hexerei verdächtig waren, und er schrieb zahlreiche Briefe, in denen er die Notwendigkeit eines härteren Vorgehens unterstrich.

Im Dezember 1484, kurz nach seiner Wahl zum Papst, veröffentlichte er eine päpstliche Bulle mit dem Titel *Summis desiderantes affectibus*, die sogenannte Hexenbulle, die darauf abzielte, das Ansehen der **Inquisition** zu stärken und den Feldzug gegen alle, die des Verbrechens der Hexerei angeklagt waren, zu forcieren. Die Erfindung des Buchdruckes machte es möglich, daß die Bulle, die den zukünftigen **Hexenriechern** höchste Vollmacht verlieh und sie ermunterte, in allen Schichten der Gesellschaft nach Hexen zu suchen, weithin verbreitet und gelesen wurde und somit eine größere Wirkung hatte als frühere päpstliche Sendschreiben. Sie nahm die Gerüchte über die Verruchtheit der europäischen Hexen für bare Münze: Die treuen Kirchenanhänger wurden daran erinnert, daß Hexen mittels Zauberei **Inkubi** und **Sukkubi** herbeizitierten, Kinder ermordeten, das Vieh verdarben, die Feldfrüchte verfluchten, Schmerzen und Krankheit über ihre Feinde brachten, die legitimen sexuellen Beziehungen zwischen Mann und Frau behinderten, die Kirche schmähten und andere Greuel verübten:

> Nicht ohne schmerzliche Sorge ist uns kürzlich zur Kenntnis gelangt, daß in einigen Teilen Norddeutschlands sowie in den Provinzen, Gemeinden, Territorien, Kreisen und in den Diözesen Mainz, Köln, Trier, Salzburg und Bremen viele Personen beiderlei Geschlechts, uneingedenk ihres eigenen Heils und vom katholischen Glauben abweichend, sich mit Teufeln, Inkubi und Sukkubi selbst entehrt haben und durch ihre Beschwörungen, Zau-

ber, Zauberformeln und andere verfluchte Aberglauben und abscheuliche Zaubereien, Frevel und Vergehen, die Nachkommen der Frauen und die Jungtiere zugrunde richten, die Früchte der Erde, die Trauben an den Weinstöcken und das Obst an den Bäumen, ja sogar Männer und Frauen, Lasttiere, Herdentiere sowie andere Tiere, auch Weinberge, Obstgärten, Wiesen, Weiden, Roggen, Weizen und anderes Getreide der Erde verfluchen und vernichten. Diese teuflischen Wesen plagen und quälen außerdem Männer und Frauen, Lasttiere, Herdentiere sowie Vieh aller Art mit Schmerzen und Krankheit, innerlich und äußerlich; sie hindern die Männer zu zeugen und die Frauen zu empfangen, weshalb weder Männer mit ihren Frauen noch Frauen mit ihren Männern den Geschlechtsakt ausführen können. Darüber hinaus entsagen sie dem Glauben, den sie durch das Sakrament der Taufe erhielten, und scheuen sich nicht, angestiftet vom Feinde der menschlichen Rasse, die abscheulichsten Greuel und Exzesse zum Schaden der menschlichen Seele zu verüben, wobei sie die göttliche Majestät beleidigen und die Ursache von Ärgernissen und gefährliche Beispiele für viele sind.

Die Bulle richtete sich speziell an die Katholiken in Deutschland, wo die päpstlichen Inquisitoren Heinrich Kramer und Jakob Sprenger kurz zuvor mit ihren Bemühungen, die Verurteilung der Hexerei verdächtigter Personen zu garantieren, auf starken Widerstand gestoßen waren. Jene, die die Prozesse weiterhin hemmten, wurden dadurch gewarnt, daß „auf sie der Zorn des allmächtigen Gottes fallen werde". Kramer und Sprenger wurden zwei der mächtigsten und gefürchtetsten Männer im damaligen Europa. Sie besaßen weitreichende Vollmachten zur Untersuchung von Hexereiklagen „gegen solche Personen, welches Standes sie auch immer seien, und jene zu tadeln, zu bestrafen, ins Gefängnis zu bringen und mit Geldstrafen zu belegen, wie es ihre Verbrechen verdienen, die sie für schuldig befunden haben". Jeder, der sich den Inquisitoren entgegenstellte oder sie auf irgendeine Weise belästigte, riskierte „Exkommunikation, Suspendierung, Interdikt und noch schrecklichere Bestrafungen und Tadel".

Die Bulle von 1484 wurde in der Folgezeit oftmals zur Verteidigung der Hexenjagden zitiert, die von den Hexenriechern in ganz Europa inszeniert worden waren, und später sahen Beobachter in ihr einen Markstein, der den Beginn des Hexenwahns signalisierte.

Inquisition Römisch-katholisches Tribunal, das im zwölften Jahrhundert gegründet wurde, um die Häresie überall in der christlichen Welt zu unterdrücken, und das später den berüchtigten Ruf erlangte, den Feldzug der christlichen Kirche gegen das Hexenwesen mit großer Brutalität geführt zu haben. Bereits 430 n. Chr. hatten die Führer der christlichen Kirche erklärt, daß Häresie mit dem Tod bestraft werden müsse. Die weltlichen Gerichte allerdings strebten erst nach dem Erscheinen der Inquisition, die in allen von ihr untersuchten Fällen das Verbrechen der Ketzerei zugrunde legte, regelmäßig solch schwerwiegende Urteile an. Im dreizehnten Jahrhundert mußten der Häresie überführte Personen zum Zeichen ihrer Schuld für alle sichtbar häufig zwei große gelbe Kreuze an ihrer Kleidung tragen. Nach der Einrichtung der Inquisition (1233 in Toulouse und 1238 in Aragon) änderte sich die Lage langsam. Das Ziel war die Ausrottung der Häresie in allen ihren Formen. Bereits 1258 ersuchte die Inquisition Papst Alexander IV., einer Erweiterung ihres Wirkungsbereiches auf Divination und Zauberei zuzustimmen. Obwohl die Entscheidung des Papstes diesmal gegen eine solche Veränderung ausfiel, dauerte es nicht lange, bis auch Vergehen dieser Art regulär von dieser Organisation untersucht wurden. Zu den ersten, gegen die sich die Aktivitäten der Inquisition richteten, gehörten die **Tempelritter**, denen man alle Arten okkulter Verbrechen zur Last legte und die von den päpstlichen Vertretern ohne Gnade verfolgt wurden, bis der Orden ausgelöscht war.

Über den Gedanken, Hexerei als Häresie einzustufen, wurde lange Zeit debattiert. Allmählich akzeptierte man, daß die Inquisition ein berechtigtes Interesse an der Untersuchung von Fällen habe, bei denen es um Hexerei und Zauberei sowie um andere Arten von Ketzerei ging, und im vierzehnten Jahrhundert wurde die Entscheidung, ob in einem bestimmten Fall Häresie vorlag oder nicht, dem Inquisitor überlassen. Das Streben der Organisation, auch Fälle von Zauberei und Hexerei untersuchen zu dürfen, läßt sich damit begründen, daß es durch

Inquisition

ihr mörderisches Vorgehen gegen Ende des vierzehnten Jahrhunderts nahezu keinen Ketzer mehr gab, den sie hätte anklagen können.

Zu den frühesten organisierten Feldzügen der Inquisition gegen das Hexenwesen gehört die Hexenverfolgung in den zwanziger und dreißiger Jahre des vierzehnten Jahrhunderts in Südfrankreich (siehe **Frankreich**), die der Entscheidung von Papst Johannes XXII. folgte, nach der Teufelsverehrer von der Organisation zu Recht verfolgt würden. Bis zum Jahre 1350 waren etwa eintausend Menschen von der Inquisition in Toulouse und Carcassonne wegen Zauberei strafrechtlich verfolgt und sechshundert von ihnen verbrannt worden. Unter der Regie der Inquisition fanden in ganz Frankreich bis ins späte vierzehnte und frühe fünfzehnte Jahrhundert hinein Massenverbrennungen vermeintlicher Hexen statt. Später dehnte sich der Einfluß der Inquisition auf Teile der Schweiz, auf den Norden **Italiens**, auf **Deutschland** und auf andere Länder aus.

Die Aktivitäten der Inquisition gegen das Hexenwesen nahmen zu, nachdem Papst **Innozenz VIII.** seine Bulle von 1484 veröffentlicht hatte, die die Hexenjagden sanktionierte und seinen beiden Inquisitoren in Deutschland, den Dominikanern Heinrich Kramer und Jakob Sprenger, größere Vollmachten einräumte. Diese beiden Männer verfaßten den berüchtigten und maßgebenden *Malleus maleficarum*, den *Hexenhammer*, der die Verfolgung rechtfertigte. Ein Land, in dem die Inquisition vergeblich versuchte, Einfluß zu gewinnen, war England, wo nach den Rechtsregeln der allgemeinen Gerichte die Anwendung der **Folter** verboten war, sofern sie nicht durch ein Gesetz des Königlichen Hoheitsrechts sanktioniert wurde. Ohne Folter konnte man die für eine Strafverfolgung und Verurteilung notwendigen Schuldbekenntnisse nicht garantieren.

Dem traditionellen Standpunkt der Inquisitoren zufolge wurde Europa von den Mächten der Finsternis bedroht, die mittels verschiedener Formen dämonischer **Besessenheit** Krieg gegen die Menschheit führten und nun eine Armee von Agenten, Zauberern und Hexen anwarben, um ihre Feinde allmählich zugrunde zu richten. Um die Gesellschaft vor dieser Bedrohung zu schützen, ging man von den normalen Beweisregeln der weltlichen und kirchlichen Gerichte ab und wandte weit härtere Maßnahmen an.

Die Inquisition, deren Amtsträger aus dem Dominikanerorden kamen, mußte sich allein vor dem Papst verantworten, der einzelne Inquisitoren in Gegenden aussandte, die seinen Befürchtungen zufolge besonders anfällig gegenüber den Feinden der Kirche waren. Die Verfahren, die diese Inquisitoren durchführten, legten ein Muster für die Hexenverfolgung durch kirchliche und auch weltliche Gerichte fest, in dem die Anklagen formalisiert und die Folter als anerkannte Methode zur Erlangung der Geständnisse eingeführt wurde, auf deren Grundlage die Fälle (in der Regel gegen die Angeklagten) entschieden werden konnten. Die Einziehung des Eigentums durch die Inquisition war ein Beispiel, dem die anderen Gerichte rasch nacheiferten.

In Anlehnung an die römischen Rechtsquellen galten die Angeklagten bis zum Beweis des Gegenteils als schuldig. Die normalen Beweisregeln waren angesichts der Schwere der angeblichen Verbrechen außer Kraft gesetzt, und es genügten unbestätigte Beweise vom Hörensagen, um die Verhaftung eines Verdächtigen zu rechtfertigen. Sämtliche Verbrechen, die in den Zuständigkeitsbereich der Inquisition fielen, wurden als Fälle von Ketzerei verhandelt, auf die die Todesstrafe stand. Die Identität der Zeugen wurde geheimgehalten, was eine Verteidigung der Angeklagten nahezu unmöglich machte. Das Zeugnis von Personen, deren Aussage man bei anderen Gerichten nicht zugelassen hätte, war in Ketzerprozessen willkommen, und so wurden Anschuldigungen von kleinen Kindern, anderen Ketzern und überführten Meineidigen zusammengetragen. Nahm ein Zeuge seine Aussage zurück, drohte ihm eine Anklage wegen Meineids; die ursprüngliche Aussage verwendete man dann weiterhin vor Gericht oder ließ sie nach Belieben des Richters fallen. Bis in die Mitte des siebzehnten Jahrhunderts, als sich eine gewisse Entspannung abzeichnete, wurden keine Zeugen zugelassen, die zugungsten des Angeklagten aussagen wollten, ignorierte das Gericht Gnadengesuche, in denen man sich auf den einstigen guten Charakter des Angeklagten berief. Manchmal nahmen die Richter selbst an den strengen Verhören teil, wobei sie jede Täuschung anwenden durften, die sie für nötig hielten, um die Verdächtigen zu einem Schuldbekenntnis zu verleiten.

Die Anwendung der Folter wurde 1257 durch eine päpstliche Bulle genehmigt. 1623 wurde sie eingeschränkt, da leitende Persönlichkeiten im Vatikan einräumten, daß die Folter in der Vergangenheit im Übermaß angewendet worden sei. Es dauerte jedoch bis zum Jahre 1816, ehe sie offiziell verboten wurde. Obwohl die körperliche Folter nicht wiederholt werden durfte, konnte sie nach einer Unterbrechung „fortgesetzt" werden, und so wurden die meisten Verdächtigen dreimal in die Folterkammer geschickt, wo sie heftigsten und mitunter lebensbedrohenden Qualen ausgesetzt wurden, bis man ihnen ein Geständnis abgepreßt hatte.

Nach dem Ende der Folterungen mußten die Angeklagten ihre Geständnisse wiederholen, so daß die Inquisitoren behaupten konnten, die Aussagen seien ohne Zwang zustandegekommen. Zu einem Geständnis gehörte auch, die Namen von Mittätern zu nennen. War ein Inhaftierter erst einmal schuldig gesprochen, dann hatte er kein Recht, Einspruch zu erheben, und sein Eigentum wurde von der Inquisition konfisziert. Obwohl ein großer Teil davon angeblich nach Rom geschickt oder mit der weltlichen Obrigkeit geteilt werden mußte, sind doch viele Inquisitoren auf diese Weise zu Reichtum gekommen. Die einzige Hoffnung eines Verurteilten, der Todesstrafe zu entgehen, war die, sich vom Inquisitor freizukaufen, indem man ihm beispielsweise die jährliche Zahlung eines Geldbetrages garantierte.

Die Todesurteile wurden nicht unbedingt unter der Schirmherrschaft der Inquisition vollstreckt. Statt dessen übergab man die verurteilten Gefangenen mit heuchlerischen Gesuchen, das Leben der Delinquenten zu schonen, der weltlichen Obrigkeit (obwohl Richter, die dem nachkamen und überführten Ketzern gegenüber Nachsicht walten ließen, wahrscheinlich selbst mit einer Anklage wegen Häresie zu rechnen hatten).

Interessanterweise war zuerst in den Ländern, in denen die Inquisition ihre Herrschaft ausübte – mit Ausnahme von Spanien, wo das Glaubensgericht aus eigener Machtbefugnis agierte und das ganze sechzehnte Jahrhundert hindurch mit aller Härte Hexenprozesse führte –, ein Nachlassen des Hexenwahns zu beobachten. Hier gab es nach 1500 relativ wenige von der Inquisition eingeleitete Verfahren, während die Hysterie anderswo auf ihrem Höhepunkt war. Die Fälle von Hexerei, die ans Licht kamen, wurden im allgemeinen der weltlichen Obrigkeit übergeben, wobei katholische wie protestantische Gerichte ähnliche Vorgehensweisen zeigten. Die Mitglieder der Inquisition behielten ihren Status als Autoritäten auf dem Gebiet der Hexenverfolgung allerdings bei. Sie veröffentlichten das ganze siebzehnte Jahrhundert hindurch eine Flut von Druckschriften zu diesem Thema, mit denen sie die letzten Funken des Wahns entfachten, obwohl sie sich selbst schon nicht mehr aktiv an den Prozessen beteiligten.

Man schätzt, daß die Inquisition in der Zeit von 1450–1600 für die Verbrennung von etwa dreißigtausend angeblichen Hexen verantwortlich war.

Siehe auch **Salazar y Frias, Alonzo de**.

Irland Die für ihr reiches Volkstum berühmte irische Kultur ist gegenüber dem Hexenwahn, der zwischen dem fünfzehnten und siebzehnten Jahrhundert Europa überzog, relativ unempfänglich geblieben. Als Gründe dafür sieht man heute die geographische Ferne von den Brutstätten des Hexenwahns, die Schwierigkeit, die sich daraus für die Beschaffung von Literatur über das Hexenwesen ergab, und den Abstand, den die herrschende protestantische Klasse von den Anhängern der römisch-katholischen Kirche hielt, an.

Der erste wichtige Prozeß fand 1324 statt, als Alice **Kyteler** aus Kilkenny und mehrere ihrer Bediensteten und Bekannten wegen einer ganzen Reihe okkulter Aktivitäten angeklagt wurden (die aber anscheinend eher eine Art vorchristlicher religiöser Handlungen darstellten). Dieser erste Prozeß kam hauptsächlich auf Betreiben des Bischofs von Ossory, eines in Frankreich ausgebildeten Engländers, zustande, der hier die Gelegenheit gesehen haben mag, von einer Verbreitung des Hexenwahns vom europäischen Kontinent nach Irland zu profi-

Italien

tieren. Das erste Opfer der Untersuchungen, die der Bischof in Kilkenny anstellen ließ, und damit das erste historisch belegte Opfer des Hexenwahns auf irischem Boden wurde Alice Kytelers Dienstmädchen Petronilla de Midia (oder Meath), das man am 3. November 1324 auf dem Scheiterhaufen verbrannte, nachdem man ihr unter der Folter ein Geständnis abgepreßt hatte. Vielleicht folgten dem Mädchen noch weitere Mittäter auf den Scheiterhaufen, doch die Aufzeichnungen über diesen Fall sind unvollständig und geben darüber keine Auskunft. Alice Kyteler selbst entging einer ähnlichen Strafe, indem sie nach England floh.

Die sensationellen Ereignisse um den Fall in Kilkenny hatten jedoch keine weiteren Prozesse zur Folge, und zu Ausbrüchen der Hexenmanie kam es in den folgenden drei Jahrhunderten nur relativ selten, und Alice Kyteler behielt ihren Ruf als berühmteste Hexe Irlands. 1447 gab das irische Parlament eine Stellungnahme ab, in der erklärt wurde, daß es keinem Menschen möglich sei, einen anderen durch Zauberei oder Totenbeschwörung zu ruinieren oder zu vernichten.

Kilkenny wurde 1578 zum Schauplatz eines anderen schrecklichen Vorfalls im Zusammenhang mit Hexerei. Damals wurden drei Hexen – darunter auch eine dunkelhäutige – „nach Naturrecht" zu Tode gebracht, da man ihnen nach menschlichem Recht kein Verbrechen nachweisen konnte. Übrigens berichtet keine andere Quelle darüber, daß in Irland oder auf der britischen Hauptinsel ein Mensch von dunkler Hautfarbe wegen Hexerei hingerichtet wurde.

Die strafrechtliche Verfolgung einzelner Fälle in den Jahren danach führte 1586 zwar zum Erlaß eines Hexengesetzes durch das irische Parlament, doch keiner dieser Fälle löste ein solches Aufldern des Hexenwahns aus, das die englische Gesellschaft fast zur gleichen Zeit erschütterte. Für die Zeit zwischen dem ersten Prozeß im Jahre 1324 und dem letzten von 1711 sind lediglich ein halbes Dutzend Fälle dokumentiert. Mit Ausnahme des ersten Falles waren die Angeklagten stets Protestanten, die von Protestanten vor Gericht gestellt worden waren. In zwei Fällen lauteten die Anklagen auf das Voraussagen der Zukunft durch Geisterbeschwörung; ein anderer Fall aus dem Jahre 1609 betraf ein junges Mädchen, das von Dämonen besessen war, bis es auf wunderbare Weise durch einen heiligen Gürtel aus der Holy Cross Abbey bei Thurles wieder gesund gemacht wurde. Schwerwiegender waren die Prozesse gegen Florence **Newton**, die „Hexe von Youghal", der man zur Last legte, 1661 ein Dienstmädchen behext zu haben, sowie gegen eine namentlich nicht bekannte Bettlerin, die man zum Tode verurteilte und um 1699 als Hexe verbrannte, da sie ein neuzehnjähriges Mädchen, das ihr Almosen gegeben hatte, mit Anfällen heimgesucht hatte. Das irische Hexengesetz wurde 1821 schließlich außer Kraft gesetzt.

Siehe auch **Cleary, Bridget**; **Hell-Fire Club**; **Magee, Hexen von**.

Italien Die Geschichte des italienischen Hexenwesens erreichte unter dem Einfluß der **Inquisition** einen frühen Höhepunkt. Aus der Reformationszeit gibt es allerdings nur relativ wenig Berichte über den Hexenwahn, was vielleicht daran liegt, daß die Kirche in Italien eine perfektere Kontrolle über die Staatsgeschäfte ausübte, als es anderswo der Fall war.

In der Rechtsprechung des alten Rom wurde Zauberei mit dem Tode bestraft, und so wurden viele Menschen für Vergehen wie das Behexen von Feinden durch Wachsbilder oder Giftmischerei gekreuzigt oder den Löwen vorgeworfen. Auch nach dem Erscheinen des Christentums wurden die Zauberer mit Ausnahme der für die Öffentlichkeit arbeitenden Auguren verfolgt; man vertrieb sie in regelmäßigen Zeitabständen aus Rom und verkaufte sie in späteren Jahrhunderten in die Sklaverei. Die Erinnerungen an „La Vecchia" (die „alte Religion") lebten jedoch fort, und so ist denkbar, daß in abgelegenen Gebieten einige Gemeinden auch weiterhin ihrem heidnischem Glauben anhingen und Götter wie Bacchus, **Diana** Herodias und Venus verehrten. Der Sage nach schwärmten immer ganze Gruppen von Hexen hinter ihrer Anführerin Diana Herodias über den nächtlichen Himmel. Diese Zusammenkünfte mögen vielleicht die **Hexensabbate** angeregt haben, zu denen die späteren Generationen europäischer Hexen angeblich zusammenkamen.

Italien

In den ersten Jahren des fünfzehnten Jahrhunderts wurden die „weisen Frauen" der entlegenen italienischen Dörfer zur Zielscheibe der Inquisition. Ungeachtet der Tatsache, daß viele von diesen Frauen nicht mehr getan hatten, als Tränke aus wilden Kräutern zu brauen und wahrzusagen, wurden sie von den Inquisitoren unbarmherzig verfolgt. Eine weitere Gruppe, gegen die sich die Aktivitäten richteten, stellten die Wahrsager dar, die sich ihren Lebensunterhalt damit verdienten, für gutbetuchte Klienten in den Städten die Zukunft zu ergründen. (Astrologen hingegen wurden im allgemeinen toleriert und von den Herrschenden sogar zu Rate gezogen.) Die Obrigkeit bemühte sich besonders, jeden zu verfolgen, der der Giftmischerei verdächtig war, und so stand das Zusammenbrauen eines jeglichen Trankes bereits im zwölften Jahrhundert unter Strafe.

Die 1484 von Papst Innozenz VIII. erlassene Bulle öffnete der Verfolgung Tür und Tor und signalisierte den Beginn des Hexenwahns überall in Europa. Die Überzeugung wuchs, daß die christliche Gesellschaft von einer gewaltigen Armee von Hexen bedroht war, die sich den Mächten der Finsternis verschrieben hatten. In der daraus folgenden Panik führte die Entschlossenheit, das Ketzertum zu zermalmen, wo auch immer es in der italienischen Gesellschaft auftrat, zu Verurteilungen und Massenverbrennungen, die sich auf die fadenscheinigsten Beweise gründeten. Innerhalb weniger Monate nach dem Erlaß der Hexenbulle wurden allein in Como im Auftrag der Inquisition einundvierzig angebliche Hexen zu Tode gebracht.

Wie anderswo, so war auch in Italien die typische Hexe eine betagte Frau, die allein lebte und schon lange von ihren Mitbürgern verdächtigt wurde. Man unterwarf die Verdächtigen gewohnheitsmäßig der schlimmsten **Folter** und protokollierte und studierte die so erzwungenen Geständnisse sorgfältig, bis man sich darüber einig war, was ein Hexensabbat sei, wie die Hexen ihre Übeltaten vollbrachten und wie sie erkannt werden könnten. Zu den Greueln, die italienische Hexen angeblich begingen, gehörten der Mord an Kindern, Kannibalismus, das Buhlen mit Dämonen, die Schändung der Hostie, Abtreibungen und das Herbeihexen des Todes. Ein Kuriosum, das man nur im italienischen Hexenwesen antraf, war *„La Volta"*, ein schneller, rasender Tanz mit Hopsern und Sprüngen, den die Hexen auf ihren Sabbaten aufführten und von dem man sagte, er sei vom Teufel persönlich erfunden worden (*siehe* **Hexentanz**).

Auch Italien wurde nicht von Massenprozessen verschont. Bekannt wurden der Prozeß von 1510, nach dem in Brescia einhundertvierzig Hexen verbrannt wurden, ein Verfahren aus dem Jahre 1514 in Como, das mit der Hinrichtung weiterer dreihundert Verurteilter endete, sowie ein Prozeß, der in Valcanonica stattfand und bei dem siebzig Menschen zum Tode verurteilt und über fünftausend Personen der Hexerei verdächtigt wurden.

Um 1520 versuchte der Rat der Zehn von Venedig, der eine Entvölkerung fürchtete, die von der Inquisition in Norditalien inszenierten Massenhinrichtungen einzuschränken, doch Papst Leo X. reagierte darauf mit der Bekräftigung, daß in solchen Fällen die Inquisition die höchste Autorität habe. Die einzige Aufgabe der weltlichen Gerichte bestand darin, die Urteile der Inquisition zu bestätigen. 1633 wurde enthüllt, daß Papst Urban VIII. das Opfer eines Hexenkomplotts werden sollte, das zum Ziel hatte, Kardinal d'Ascoli zum Stellvertreter Gottes auf Erden zu machen.

Typisch für die späteren italienischen Hexenprozesse war der Fall der La Mercuria, einer betagten Frau, die 1646 in Castelnuovo vor dem Glaubensgericht stand. Unter der Folter gab die Frau die Namen mehrerer Komplizen an und berichtete Einzelheiten von den Hexensabbaten, an denen sie teilgenommen hatte, um Satan zu huldigen und Missetaten gegen verschiedene Feinde zu verüben. Auf ihre Aussage hin wurden später acht Menschen enthauptet und anschließend verbrannt. Zu den bekanntesten Opfern der Hexenjagd gehörte Graf **Cagliostro** (Guiseppe Balsamo), der 1789 zum Tode verurteilt wurde, weil er mehreren hochgeborenen Gästen in seiner Villa an der Piazza Farnese in Rom seine Dienste als Zauberer angeboten hatte. Es war wahrscheinlich nur seinen ausgezeichneten Verbindungen zu danken, daß man ihm die Todesstrafe ersparte, doch mußte er den Rest seines Lebens im Gefängnis verbringen.

Izzard, Anne

Von der Mitte des fünfzehnten Jahrhunderts an legte sich der Hexenwahn in Italien allmählich, doch es kam noch mehr als zwei Jahrhunderte lang zu sporadischen Ausbrüchen. Selbst heute noch stehen die Menschen in den abgelegenen Gegenden Süditaliens in dem Ruf, alten heidnischen Glaubensvorstellungen anzuhängen.

Izzard, Anne Engländerin, die 1808 im Mittelpunkt eines nochmaligen späten Aufflammens des Hexenwahns in dem Dorf Great Paxton (Huntingdonshire) stand. Anne Izzard stand schon lange in dem Ruf, eine Hexe zu sein, und als zwei Mädchen sie bezichtigten, sie habe sie mit dem **Bösen Blick** angeschaut, waren die Dorfbewohner gern bereit, diesen Anschuldigungen Glauben zu schenken. Durch Anne Izzards Einfluß, so behaupteten die Mädchen, habe ihre Gesundheit merklich gelitten. Ein aufgebrachter Mob brach in das Haus der Frau ein und zerkratzte der vermeintlichen Hexe das Gesicht (*siehe* **Hexenkratzen**), um den Zauber zu brechen. Man drohte ihr, sie dem Gottesurteil des **Schwemmens** zu unterwerfen, beließ es allerdings bei der Drohung, doch die Meute attackierte sie wenige Tage später ein zweites Mal.

Die Angelegenheit kam der Obrigkeit zu Gehör, und man warf mehrere Rädelsführer des Mobs ins Gefängnis. Nachdem zwei andere Frauen Anne Izzards Gesicht mit einer Nadel zerkratzt hatten, wurden auch sie eingesperrt. Obwohl sich das Gericht weigerte, solch ungesetzliche Handlungen gegen die vermeintliche Hexe gutzuheißen, und betonte, daß die Krankheit der beiden Mädchen wohl daher rühre, daß diese einige Tage zuvor bei dem Versuch, den zugefrorenen Fluß Ouse zu überqueren, völlig durchnäßt worden seien, beharrten die Dorfbewohner – getreu dem Glauben der ländlichen Bevölkerung von vor zweihundert Jahren – auf ihrer Meinung, daß Anne Izzard dafür verantwortlich sei. Da man ihr mit weiteren Angriffen drohte, sah sich die Frau zum Schluß gezwungen, das Dorf zu verlassen. Den Rest ihres Lebens verbrachte sie in St. Neots.

J

Jacquier, Nicholas geb. 1402. Französischer Dominikaner und Inquisitor, der das Hexenwesen als **Häresie** bestätigte und die Verfolgung der Hexen in der gesamten römisch-katholischen Welt durch die Vertreter der **Inquisition** rechtfertigte. In seiner Rolle als Inquisitor führte er 1465 in Tournai, 1466 in Böhmen und 1468–1472 in Lille grausame Feldzüge gegen Ketzer aller Art.

1452 erörterte er in seiner Schrift *Flagellum haereticorum fascinariorum* die Theorie der Ketzerei und des Hexenwesens und schlußfolgerte, daß von allen Arten der Häresie die Hexerei die sträflichste sei, da deren Anhänger wissentlich und absichtlich die Kirche Jesu Christi verleugneten.

Unter anderem rechtete er insbesondere dagegen, daß man einem Menschen, der der Teilnahme am **Hexensabbat** angeklagt war, die Behauptung erlaubte, der Teufel habe sich für ihn ausgegeben. Führte ein Angeklagter dies zu seiner Verteidigung an, dann sollte er auch beweisen, daß Gott dem Teufel sein Einverständnis dazu gegeben habe (was unmöglich war). Jacquiers unversöhnliche Ansichten wurden später von anderen Dämonologen weiterentwickelt und verfeinert.

Jakob I. 1566–1625. Von 1567 an König von Schottland (als Jakob VI.) und ab 1603 König von England (als Jakob I.), der trotz seines Rufes, gelehrt und vorurteilslos zu sein, als eine der treibenden Kräfte des Hexenwahns gilt, der im siebzehnten Jahrhundert in England und Schottland ausbrach. 1597 veröffentlichte er ein klassisches Traktat, in dem er die Notwendigkeit der Wachsamkeit gegenüber dem Hexenwesen betonte. Diese Schrift wurde von vielen als königliches Siegel der Billigung für jene betrachtet, die viel von der systematischen Verfolgung der Hexen in ihrer Mitte hielten.

Jakobs Überzeugung von der Existenz der Hexerei bildete sich wahrscheinlich heraus, als er einst als junger Mann einen Winter bei seiner zukünftigen Braut in Dänemark verbrachte. Hier kam er mit vielen bemerkenswerten europäischen Intellektuellen zusammen, die zu dieser Zeit von der vermeintlichen Bedrohung durch das Hexenwesen beunruhigt waren und an der Theorie arbeiteten, daß sich die Horden Satans über die gesamte zivilisierte Welt ausbreiteten. Kurz nach seiner Rückkehr schien sich die Furcht des Königs vor dieser Bedrohung zu bestätigen, als er 1591 im Holyrood Palace Agnes Sampson und andere Verdächtige in dem berüchtigten Fall der **Hexen von North Berwick** befragte. Unter der Folter, bei der der König persönlich zugegen war, gestand Agnes Sampson ihre Schuld ein und zog auch (vielleicht Jakob zu Gefallen) Francis Graf von Bothwell, den ehrgeizigen Cousin des Königs, in

Jakob VI. von Schottland (später König Jakob I. von England) verhört die Frauen, die 1590 im Prozeß gegen die Hexen von North Berwick angeklagt waren.

Jakob I.

den Fall hinein, der Anführer eines **Hexenzirkels** sei und ein Komplott gegen die Krone geplant habe.

Jakob war von Agnes Sampsons Geständnis, daß sie und ihre Komplizen geplant hätten, ihn auf seiner Reise zu seiner zukünftigen Gemahlin Anne von Dänemark zu ermorden, besonders beunruhigt. Diesem Geständnis zufolge hatten sich die Hexen in Zaubersieben auf das Wasser des Forth begeben, als der König seine Reise nach Skandinavien antrat, und eine Katze ins Meer geworfen, an der Teile einer Leiche festgebunden waren, um damit einen Sturm heraufzubeschwören. Die Flotte des Königs war auch tatsächlich in ein Unwetter geraten, und ein Schiff – allerdings nicht das, mit dem Jakob reiste – war untergegangen. Nachdem dieses Komplott fehlgeschlagen war, hatten die Hexen ein Wachsbild von Jakob geformt, das sie beim Weitergeben von Hand zu Hand als König bezeichneten, ehe sie es über einem Feuer braten ließen.

Jakob hörte sich die Aussage der Agnes Sampson und der anderen Angeklagten aufmerksam an und brachte dann seine Zweifel an der Wahrheit des Gehörten zum Ausdruck. Schließlich verlor er die Geduld und nannte die Frauen „ausgesprochene Lügnerinnen", doch seine Stimmung änderte sich sehr rasch, nachdem Agnes Sampson ihm angeblich die Worte ins Ohr geflüstert hatte, die Jakob und seine Braut in ihrer Hochzeitsnacht gesprochen hatten. Der überraschte Jakob, der zugab, daß „all die Teufel in der Hölle das nicht hätten herausfinden können", hatte nun keine andere Wahl mehr, als das Verbrechen der Angeklagten zu akzeptieren und den Schuldspruch gegen sie zu unterstützen. Agnes Sampson wurde später in Haddington hingerichtet. Als Barbara Napier, eine andere Angeklagte, freigesprochen wurde, weil sie schwanger war, beschuldigte James die Richter, eine „Gerichtssitzung des Irrtums" abgehalten zu haben:

> Denn ich weiß, daß das Hexenwesen, ein Ding, das sehr häufig mitten unter uns gewachsen ist, eine höchst abscheuliche Sünde ist, und ich bin drei Viertel dieses Jahres damit geschäftigt gewesen, jene unter ihnen ausfindig zu machen, die hierin schuldig sind. Die Gesetze Gottes und der Menschen lehren uns, daß diese Sünde höchst hassenswert und durch Gottes Gesetz mit dem Tod zu bestrafen ist. Vom Gesetz des Menschen wird sie *maleficium* oder *veneficium* – eine böse oder eine schädliche Tat – genannt und ist desgleichen mit dem Tod zu bestrafen.
>
> Was die [Richter] veranlaßt hat zu befinden, wie sie es getan haben, war die Tatsache, daß sie keine Aussage hatten außer der von Hexen, die sie für ungenügend hielten. Durch das zivile Recht weiß ich, daß solch schändliche Personen nicht als Zeugen anerkannt werden außer in Fällen von Häresie und *lesae majestatis*. Obwohl es auf andere Angelegenheiten nicht zutrifft, gibt es in diesen Fällen von Hexerei dennoch guten Grund, sie zuzulassen. Erstens kann ein ehrlicher Mensch nichts über diese Dinge wissen. Weil sie sich zweitens nicht selbst anklagen werden. Weil drittens keine ihrer Taten gesehen werden kann.
>
> Außerdem nenne ich jene Hexen, die Gott verleugnen und sich gänzlich dem Teufel überlassen; doch wenn sie es nicht getan haben, dann betrachte ich sie nicht als Hexen, und so ist ihr Zeugnis ausreichend.

Die Richter mußten sich für ihre Milde entschuldigen. (Barbara Napier scheint allerdings mit dem Leben davongekommen zu sein.) Bothwell mußte ins Exil gehen, wo er keine ernsthafte Bedrohung mehr für Jakobs Thron darstellte.

Auch wenn es vielleicht politisch motiviert war, veranlaßte Jakobs Interesse an dem Prozeß gegen Agnes Sampson und andere Mitglieder ihres Hexenzirkels den König, seine Gedanken zu diesem Thema in seiner Schrift *Dämonologie* festzuhalten, die 1597 – im selben Jahr, in dem der Massenprozeß gegen die **Hexen von Aberdeen** stattfand – in Form eines langen Dialogs veröffentlicht wurde. Diese Abhandlung war zum Teil auch als Antwort auf Reginald **Scots** skeptisches Werk *Discoverie of Witchcraft* aus dem Jahre 1584 geschrieben worden und unterstützte im großen und ganzen den Gedanken, daß Hexerei eine reale Bedrohung darstelle. Jakob stellte allerdings die Stichhaltigkeit einiger Theorien zu den Fähigkeiten und Praktiken der Schwarzkünstler in Frage und warnte davor, Anschuldigungen ohne bestätigende Beweise zu akzeptieren sowie die Existenz von **Werwölfen** zu vernachlässigen. Andererseits unterstützte er die Praxis des **Schwemmens** und der Suche nach dem **Teufelsmal**, womit die Schuld einer angeklagten Person bestätigt werden konnte. Das Buch, das 1604 auch südlich der englisch-schottischen Grenze erschien, fand im gesamten Königreich eine aufgeschlossene Leserschaft. Die gesamte Auflage von Reginald Scots Buch hingegen wurde 1603 auf königlichen Befehl verbrannt.

In seinem ersten Herrschaftsjahr als König von England peitschte Jakob ein neues Hexengesetz durch, das im Vergleich zu dem vorherigen Gesetz aus dem Jahre 1563 weit härter war, das Strafmaß erhöhte und die Hexenjagd intensivierte. In Übereinstimmung mit dem Vorgehen auf dem europäischen Kontinent suchten die Gerichte nun nach Hinweisen auf den **Pakt mit dem Teufel**, statt sich auf den Nachweis wirklich begangener **Maleficia** zu konzentrieren. Zu Jakobs Entlastung muß gesagt werden, daß seine Vorbehalte gegen die Aussagekraft der Beweise in vielen Fällen sehr wohl bekannt wurden und zweifellos manche Ausschreitung der Gerichte zügelte, zu denen es ansonsten vielleicht gekommen wäre. Bei mehreren Gelegenheiten wich er von seiner gewohnten Art ab und kritisierte öffentlich die Richter, die es versäumt hatten, abenteuerliche Anschuldigungen, die sich allein auf Beweise vom Hörensagen gründeten, gebührend zu hinterfragen.

1616 demonstrierte Jakob seine vorsichtige Haltung gegenüber Beweismitteln in besonderen Fällen, als er den dreizehnjährigen John Smith verhörte, der im Mittelpunkt des Verfahrens vor den Assisen von Leicestershire (*siehe* **Junge von Leicester**) stand. Neun Hexen waren bereits gehängt worden, weil man sie für schuldig befunden hatte, dem jungen Burschen ein Anfallsleiden angehext zu haben, und weitere sechs warteten wegen der gleichen Sache auf ihr Verhör. Jakob befragte den Jungen und kam – wie auch der Erzbischof – zu der Überzeugung, daß er eine Falschaussage gemacht hatte. Schließlich gestand der Junge. Jakob erteilte den Richtern, Sir Randolph Crew und Sir Humphrey Winch, die neun unschuldige Frauen in den Tod geschickt hatten, eine strenge Rüge und forderte alle Juristen auf, Beweise künftig strenger zu beurteilen. Der Fall des **Jungen von Bilson** aus dem Jahre 1620, der mit dem Freispruch der Angeklagten endete, nachdem der minderjährige Kläger in ähnlicher Weise zugegeben hatte, die Anschuldigungen erfunden zu haben, bestärkte Jakob in seiner Skepsis.

Es ist nicht anzunehmen, daß Jakob seinen Glauben an die Existenz der Hexerei gänzlich aufgab, doch es ist sicher, daß er gegen Ende seines Lebens von vielen Schlußfolgerungen, die er in seinem berühmten Buch gezogen hatte, Abstand nahm. In den letzten neun Jahren seiner Herrschaft wurden Berichten zufolge nur fünf Menschen wegen Hexerei hingerichtet. Nichtsdestoweniger wurden zur Verteidigung der strafrechtlichen Verfolgung vermeintlicher Hexen an den Gerichten auch weiterhin Textstellen aus Jakobs *Dämonologie* zitiert, und das Gesetz aus dem Jahre 1604 behielt seine Gültigkeit bis 1736.

Die Umstände des frühen Todes Jakobs I. sind von Geheimnissen umhüllt. Einige Zeitgenossen entdeckten eine weitere Verbindung zwischen dem Herrscher und dem Hexenwesen und behaupteten, **Dr. Lamb**, ein Verbündeter des Herzogs von Buckingham, habe den König mit Hilfe eines Zauberers vergiftet. Lamb selbst wurde später vom Londoner Pöbel gejagt und in Cheapside unter der Anschuldigung, er sei ein Hexenmeister, gesteinigt. Seine Assistentin Anne Bodenham, der man vorwarf, Gift verkauft zu haben, stand als Hexe unter Anklage und wurde gehängt (*siehe* **Dr. Lambs Geliebte**).

Siehe auch **Gunter, Anne**.

Jeanne des Anges *siehe* **Nonnen von Loudun**

Jeffray, John und Maud *siehe* **Fairfax, Edward**

Jenks, Roland *siehe* **Kerzenzauber**

Jersey *siehe* **Kanalinseln**

Jewel, John, Bischof von Salisbury *siehe* **England**

Johanna von Navarra 1370–1437. Französische Königstochter, die 1403 Heinrich IV. von England heiratete, doch später in Ungnade fiel, nachdem sie von ihrem Stiefsohn Henry V. der Hexerei beschuldigt worden war. Johanna war

Johanna von Orléans

die Tochter Karls des Schlechten, des Königs von Navarra. Im Alter von sechzehn Jahren heiratete sie den Herzog von Bretagne. Nach dessen Tod 1399 warb Heinrich IV. um sie. Eine Ehe zwischen beiden war vor allem aus politischen Gründen wünschenswert, und so wurde Johanna die neue Königin von England. Sie war dem Vernehmen nach eine sehr attraktive Frau, doch ihre Ehe mit Heinrich verlief nicht sehr glücklich. Heinrich starb zehn Jahre später, und sein ältester Sohn aus erster Ehe wurde als Heinrich V. gekrönt.

Zehn Jahre lang waren die Beziehungen zwischen Johanna und deren Stiefsohn herzlich und harmonisch. Dem guten Verhältnis wurde ein jähes Ende bereitet, als Henry seine Stiefmutter plötzlich beschuldigte, sie wolle ihn durch Hexerei töten. Die Behauptung basierte auf der Aussage von Johannas Beichtvater, einem Franziskanermönch namens John Randolf, der gestanden hatte, zusammen mit des Königs Stiefmutter eine Verschwörung geplant zu haben, um Heinrichs Tod „auf die schrecklichste Art, die man sich denken kann" herbeizuführen. Heinrich war so beunruhigt darüber, daß er den Erzbischof bat, zu seinem Schutz zu Gott zu beten, und sofort daranging, das angebliche Komplott zu vereiteln. Der Mönch wurde ins Gefängnis geworfen und Johanna im Pevensey Castle in Sussex gefangengesetzt. Angesichts der möglichen politischen Auswirkungen zögerte Heinrich jedoch, die Sache weiter zu verfolgen und etwas zu unternehmen.

Drei Jahre später starb Heinrich im Alter von vierunddreißig Jahren, und Johanna wurde aus ihrer Gefangenschaft entlassen, nachdem sie versprochen hatte, sich zurückzuziehen und nie wieder an den Hof zu kommen. Sie verbrachte die restlichen fünfzehn Jahre ihres Lebens in Havering-atte-Bowe (Essex), ohne weitere Meinungsverschiedenheiten mit dem König zu haben, und wurde nach ihrem Tod an der Seite ihres Gemahls in Canterbury begraben. Randolf soll im Gefängnis gestorben sein, als seine Aufseher ihm den Schädel einschlugen; einer anderen Version zufolge wurde er von einem wahnsinnigen Geistlichen ermordet, der ihn zunächst mit einem Stein und daraufhin mit einer Axt attackierte und seinen Körper später in einem Dunghaufen vergrub.

Johanna von Orléans um 1412–1431. Französische Patriotin und Märtyrerin, geborene Jehanette (Jehanne) Darc, auch unter dem Namen Jeanne la Pucelle (Jungfrau von Orléans) bekannt, die während des Hundertjährigen Krieges den französischen Widerstand gegen die englischen Okkupanten anregte, schließlich aber wegen **Häresie** auf dem Scheiterhaufen verbrannt und von vielen ihrer Feinde als Hexe betrachtet wurde. Johanna wurde in Domrémy im Grenzgebiet zwischen Lothringen und der Champagne als Kind einer Bauernfamilie geboren. Trotz ihrer geringen Bildung verfügte sie über einen scharfen Verstand. 1428, im Alter von sechzehn Jahren, verkündete sie, die Stimmen des heiligen Michael, der heiligen Katharina und der heiligen Margareta vernommen zu haben, die ihr befohlen hätten, die Engländer aus der Pariser Region zu vertreiben. (Die Heiligen waren ihr drei Jahre zuvor erstmals erschienen.) Als Johanna dem militärischen Befehlshaber des Ortes, Robert de Baudricourt, davon berichtete, schickte er sie wieder nach Hause, doch sie kam sechs Monate später nochmals, um ihre Behauptungen zu wiederholen. De Baudricourt ließ sie einer Teufelsaustreibung unterziehen, war aber allmählich von der Glaubwürdigkeit ihrer Angaben überzeugt und beschloß, Johanna dem Dauphin, dem umstrittenen Erben des französischen Throns, in Chinon vorzustellen.

Eine erste Erprobung ihrer übernatürlichen Fähigkeiten, bei der sie den verkleideten Dauphin unter seinen Höflingen herausfinden mußte, erwies sich für sie als problemlos, und ihre Behauptung, daß er der wahre Thronerbe Frankreichs sei, wurde ohne weiteres hingenommen. Zum sichtlichen Erstaunen des Dauphins war sie darüber hinaus in der Lage, die Worte seines persönlichen täglichen Gebetes herzusagen. Nachdem sie auch die Vertreter eines kirchlichen Gerichts in Poitiers beeindruckt hatte, schickte man sie mit Genehmigung des Hofes des Dauphin zur französischen Armee nach Orléans, das damals von den Engländern belagert wurde. Angetan mit einer weißen Rüstung und mit ihrem persönlichen Banner in der Hand, feuerte sie die entmutigten Soldaten an und drang am 29. April 1429 mit ihnen in die Stadt ein. Die Belagerung wurde am 8. Mai

Johanna von Orléans

aufgehoben. In den darauffolgenden Monaten wurden die Engländer zum Rückzug von der Loire gezwungen, und Johanna begleitete den Dauphin triumphierend nach Reims, wo er sich krönen lassen sollte.

Der Dauphin, nun zu Karl VII. gekrönt, zögerte jedoch, sich auch fürderhin auf die anscheinend göttlichen Führungsqualitäten des jungen Mädchens zu verlassen, und widersetzte sich Johannas Plänen für weitere militärische Unternehmungen, zu denen auch der Entsatz der Stadt Paris gehörte. 1430 beschloß Johanna, die Belagerer von Compiègne zu vertreiben, das damals von den Burgundern unter Jean de Ligny aus Luxemburg attackiert wurde. Das Unternehmen erwies sich als militärische Katastrophe, und Johanna wurde bei einem Scharmützel gefangengenommen. Ihr Versuch, mit einem Sprung von einem hohen Turm aus ihrer Gefangenschaft im Schloß Beaurevoir zu fliehen, mißglückte. Der undankbare Karl tat indessen nichts, um die Frau loszukaufen, die ihm zum französischen Thron verholfen hatte. Drei Tage nach der Gefangennahme liefert Jean de Ligny Johanna dem engländerfreundlichen Pierre Cauchon, Bischof von Beauvais, für einen Preis von zehntausend Écu d'or aus. Mit Ketten an Nacken, Händen und Füßen wurde Johanna in einen engen Eisenkäfig gesperrt und so ins Schloß von Rouen gebracht, wo sie ein Prozeß wegen Ketzerei und Zauberei vor Bischof Cauchon und Martin Billorin, dem Großinquisitor von Frankreich, erwartet.

Das Ergebnis des Prozesses war zwar vorauszusehen, doch Johanna beeindruckte jedermann mit ihrer couragierten Haltung. Eine Untersuchung bestätigte, daß sie eine Jungfrau war (ein Zeugnis, das viele als Beweis dafür nahmen, daß sie keine Hexe war), und eine Erforschung ihres früheren Lebens in Domrémy erbrachte keinerlei belastendes Material. Die Richter versuchten, der Angeklagten Offenbarungen zu entlocken, die sich als Eingeständnis okkulter Praktiken auslegen ließen, und fragten sie, ob ihre Engel nackt erschienen seien und um einen Baum getanzt hätten, der einem Aberglauben zufolge den Feen gehörte, doch sie mühten sich vergeblich.

Nichtsdestoweniger wurde der Prozeß fortgesetzt, wobei das Verfahren zum großen Teil in ihrer Gefängniszelle stattfand. Als Johanna sich weigerte, ihre Behauptungen, sie habe die Stimmen von Engeln gehört, zurückzunehmen, deutete man ihr an, es seien die Stimmen von Teufeln gewesen. Johanna jedoch wich den Gefahren, die sich hinter dieser und anderen Bemerkungen und Fragen verbargen, geschickt aus. Sie gestand auch nicht, irgendwelche Zauberringe zu besitzen, mit deren Hilfe sie auf dem Schlachtfeld gesiegt habe. Schließlich sah sich das Gericht gezwungen, aus Mangel an belastenden Beweisen sämtliche Anklagepunkte zu streichen, die besagten, daß die Delinquentin eine Zauberin oder Hexe sei, und von den ursprünglich siebzig Vorwürfen blieben lediglich zwölf bestehen, die beispielsweise das Tragen von Männerkleidung und die vorsätzliche Mißachtung der kirchlichen Autorität betrafen. In den zwölf Anklagepunkten erklärte man sie als überführt, und Johanna wurde in aller Form als Ketzerin zum Tode verurteilt.

Die Obrigkeit versuchte vergeblich, Johanna zum Widerruf ihrer Aussagen zu bewegen. Man zog die Anwendung der Folter in Betracht, verwarf den Gedanken aber, denn das Gericht wollte nicht den Anschein erwecken, es habe die Angeklagte zu einem Geständnis gezwungen. Am 24. Mai 1431 wurde Johanna zur Hinrichtung auf den Kirchplatz von St. Ouen in Rouen gebracht, doch das Entsetzen vor dem Ende überstieg ihre Kräfte, und sie gestand unerwartet ihre Irrtümer ein, versprach, der Kirche Gehorsam zu leisten und ihre Visionen zu dementieren. Sie unterzeichnete ein Geständnis und wurde daraufhin in den Kerker geworfen, um eine lebenslängliche Haftstrafe anzutreten. Hier gaben ihr die englischen Gefängniswärter nur Männerkleidung, und als sie schließlich aus Not einwilligte, diese Sachen zu tragen, wurde sie sofort angeklagt, wieder der Ketzerei verfallen zu sein.

Johanna zog nun ihr Geständnis ganz und gar zurück, widersetzte sich allen Versuchen, sie zur Änderung ihrer Meinung zu bewegen, und ergab sich in ihr Schicksal. Am 30. Mai 1431 wurde sie exkommuniziert und dann – neunzehnjährig – auf dem Vieux Marché in Rouen als Ketzerin bei lebendigem Leibe verbrannt. Für den Fall, daß Johanna vielleicht doch eine Hexe gewesen sei, soll der Scharfrichter das

Johannes XXII., Papst

Herz und die Eingeweide aus ihrem Körper geschnitten, verbrannt und die Asche dann in die Seine geworfen haben.

Um die Rechtmäßigkeit der Krönung Karls VII. zu bestätigen, wurde der Prozeß gegen Johanna von Orléans für ungesetzlich erklärt. Schließlich wurde Johanna, die „Jungfrau von Orléans", 1920 von der römisch-katholischen Kirche heiliggesprochen. Hin und wieder haben sich Fachleute, die sich mit dem Leben der Johanna von Orléans beschäftigen, mit der Theorie versucht, Johanna sei wirklich eine Hexe und Anhängerin der „alten Religion" gewesen, doch der überzeugende Beweis dafür steht noch aus.

Siehe auch **Rais, Gilles de**.

Johannes XXII., Papst *um* 1245–1344. Französischer Papst mit Residenz in Avignon (1316–1334), geboren als Jacques Duèse; der erste Papst, der die Hexentheorie förderte und auch eine Verstärkung des Kampfes der **Inquisition** gegen alle Häretiker, Zauberer und Hexen sanktionierte. Johannes XXII. war tief abergläubisch und von der Vorstellung besessen, daß sein Leben ständig von dämonischen Mächten bedroht sei, die seine Feinde gegen ihn ausgesandt hätten. Ein Jahr nach seiner Wahl befahl er die Folterung dreier Verdächtiger, die der Anwendung von Magie angeklagt waren, und erlebte die Genugtuung, ihre Schuldgeständnisse zu hören. 1318 erweiterte er den gesetzlichen Handlungsspielraum gegen angebliche Ketzer; er veröffentlichte eine Bulle, die zuließ, bei Gericht Anschuldigungen gegen tote Verdächtige vorzubringen.

1320 wies der Papst die Inquisition in **Frankreich** an, gegen jeden vorzugehen, der verdächtigt wurde, den Teufeln Opfer dargebracht, Wachsbilder hergestellt oder sich anderweitig mit den schwarzen Künsten beschäftigt oder die Kirche geschmäht zu haben, und dessen Eigentum zu konfiszieren. Später wurden auf direkten Befehl des Papstes in den Jahren 1323, 1326, 1327 und 1331 in ganz Südfrankreich Hexenjagden durchgeführt. In einer weiteren Bulle aus dem Jahre 1326 hob er die Realität der Bedrohung durch das Hexenwesen hervor, indem er die Behauptungen, die Hexen verleugneten Jesus Christus, opferten den Teufeln, fügten ihren Feinden mit Hilfe von Wachsbildern, Ringen, Spiegeln und anderen Dingen Schaden zu, sagten durch Befragung von Dämonen die Zukunft voraus und benutzten besagte Dämonen zu ihren bösen Zwecken, als Tatsachen akzeptierte.

Johannes XXII. schien trotz all seiner Ängste gegen die Hexen, die er fürchtete und so sehr verabscheute, immun zu sein. Er wurde von Ludwig IV., dem Bayern, entthront, genoß aber seine letzten Jahre in Avignon, umgeben vom Reichtum, den er als Papst angehäuft hatte.

Johanniskraut *siehe* **Johannisnacht**

Johannisnacht Die Nacht vom 23. zum 24. Juni, dem Johannistag, gilt weithin als eine der für die Magie bedeutendsten Zeiten im Jahr und ist daher ein beliebtes Datum für das Abhalten von **Hexensabbaten**. Sie markiert den Zeitpunkt des Jahres, von dem an die Kraft der Sonne allmählich schwächer wird, sowie eine Zeit, in der die Mächte der Finsternis besonders aktiv sein sollen. In der Vergangenheit wurde die Johannisnacht als ideale Zeit für die Zukunftsschau angesehen. Aus diesem Grund schlugen die Hexen überall in Europa in dieser Nacht einst Hühnereier (*siehe* **Ei**) auf, um aus deren Inhalt künftige Dinge vorauszusagen, oder beschworen Dämonen, um sie zu den Ereignissen zu befragen, die in der Zukunft lagen.

Viele Hexen mögen die Nacht auch genutzt haben, um Johanniskraut zu sammeln, von dem man glaubte, es sei für die Behandlung nervöser Störungen sehr nützlich, helfe unfruchtbaren Frauen, schwanger zu werden, und verhindere das Auftauchen übelwollender Geister. Die Pflanzen mußten in der Johannisnacht gesammelt werden, damit sie auch wirkten (manche Kräutersammler bestanden darauf, daß man dabei völlig nackt sein müsse). Zudem mußte man darauf achten, nicht versehentlich auf das Johanniskraut zu treten. Wenn das geschah, dann konnte unter dem Schuldigen plötzlich ein Zauberpferd aus dem Boden wachsen, ihn in wildem Ritt davontragen und vielleicht erst am Ende der Nacht an einem entlegenen und unwirtlichen Ort wieder absetzen.

Die Kinder von Frauen, die in der Johannisnacht schwanger wurden, sollten später angeblich die zweifelhafte Gabe des **Bösen Blickes** haben.

Johnson, Margaret *siehe* **Robinson, Edmund**

Johnson, Mary *siehe* **Connecticut, Hexen von**

Jørgensdatter, Siri geb. 1717. Norwegisches Bauernmädchen, das 1730 einem richterlichen Verhör unterzogen wurde, nachdem es seine Großmutter mehrmals der Hexerei bezichtigt hatte.

Der Fall der dreizehnjährigen Siri Jørgensdatter begann damit, daß Siri ihre verstorbene Großmutter bezichtigte, eine Hexe gewesen zu sein und versucht zu haben, ihre Enkelin in einen Zirkel von Teufelsanbetern einzuführen. Siri behauptete, gesehen zu haben, wie ihre Großmutter ein Schwein mit **Flugsalbe** bestrichen habe. Dann sei sie selbst von diesem Tier durch die Luft zu einem Ort namens Blocula getragen worden, wo man sie dem Teufel persönlich vorgestellt und sie mit ihm zusammen gespeist habe. Am Ende des Mahls sei durch eine Falltür eine blaue Flamme erschienen und daraus eine Horde kleiner Dämonen hervorgesprungen. Bei einem zweiten Besuch zusammen mit ihrer Großmutter habe der **Teufel** ein Messer in ihren Finger gebohrt und ihr rechtes Ohr angebissen. Eine Untersuchung ergab, daß Siri an den bezeichneten Stellen schmerzunempfindlich war. Ein andermal habe sie gesehen, daß ihre Großmutter auf magische Weise Kühe gemolken habe, indem sie ein Messer in die Wand gesteckt, daran drei Riemen gebunden und diese dann wie ein echtes Tier gemolken habe.

Siri behauptete auch, die alte Frau habe ihr auf dem Sterbebett einen hölzernen Becher mit etwas Flugsalbe gegeben und Anne Holstenstad sowie Goro Braenden als ihre Gefährten genannt. Leider habe dann ihre Tante die Salbe und Siris Besen gefunden und alles zusammen verbrannt. Als Siri von ihrer Tante eingehender befragt wurde, gestand sie all das ein (obgleich verschiedene Dämonen und die Gefährten ihrer Großmutter sie davor gewarnt hatten) und wurde zur Befragung vor den Ratsältesten und den Pfarrer gebracht.

Obwohl der Ratsälteste und der Pfarrer von Siris Aussage tief beeindruckt waren und den Fall an den Bischof und den Gouverneur weiterleiteten, kam man mit der Angelegenheit nicht viel weiter voran. Die Ähnlichkeiten zwischen Siris Geschichte und dem damals weithin bekannten schwedischen Fall der **Hexen von Mora** aus dem Jahre 1669 erschienen verdächtig, und man kam rasch zu dem Schluß, daß das Mädchen unter dem Eindruck dessen, was sie darüber wußte, ihre Anschuldigungen erfunden hatte. Der Fall wurde zu den Akten gelegt, und von Siri Jørgensdatter und ihrem Umgang mit dem Teufel hörte man nur noch wenig. Er machte deutlich, wie Anschuldigungen, die nur einundsechzig Jahre zuvor fünfundachtzig verdächtigten Personen den Tod gebracht hatten, nun völlig ignoriert werden konnten, da sie in einem weniger leichtgläubigen Zeitalter nicht einmal den einfachsten juristischen Überprüfungen standhielten.

Jourdemain, Margery *siehe* **Cobham, Eleanor, Herzogin von Gloucester**

Junge von Bilson Ein Fall von Hexerei, der sich als eine der am weitesten verbreiteten Falschmeldungen des frühen siebzehnten Jahrhunderts entpuppte. William Perry aus Bilson bei Stafford in den englischen Midlands behauptete 1620, daß Jane Clarke, eine ältere Frau, ihn behext und er daher unter Anfällen zu leiden habe. Das Gericht war jedoch skeptisch – besonders angesichts des Falles des betrügerischen **Jungen von Leicester**, der sich vier Jahre zuvor zugetragen hatte. Der Prozeß wurde eingestellt, und Perry, der sogenannte „Junge von Bilson", gab zu, die Anfälle vorgetäuscht zu haben.

Seltsamerweise versuchte es William Perry nicht lange nach dem Prozeß wieder mit dem gleichen Trick. Diesmal kam die Angelegenheit Thomas Morton, dem Bischof von Lichfield, zu Ohren. Morton verhörte den Jungen, und als Perry blauen Urin ausschied, gab er widerstrebend zu, daß die Anzeichen – unter anderem das Erbrechen verschiedener seltsamer Gegenstände – echt sein mußten. (Er hatte erkannt, daß sein Ruf auf dem Spiel stand.) Um eine letzte Probe zu machen, setzte man einen Spion ein, der Perry in seiner Kammer heimlich überwachte. Das war das Verderben des Jungen: In dem Glauben, er sei unbeobachtet, holte er ein Faß Tinte unter dem Bett hervor. Ebenso wurde die Behauptung des Jungen widerlegt, der Teufel schicke ihm jedesmal dann Anfälle, wenn die ersten Worte des Johannes-Evangeliums gelesen würden; er zeigte keine derartige Reaktion, als die besagte Textstelle in Griechisch, einer Sprache, die der Junge nicht verstand, vorgelesen wurde.

Schließlich wurde bekannt, daß William Perry das Simulieren von **Besessenheit** von einem römisch-katholischen Priester gelernt hatte, der ihn in solchen Tricks wie dem Erbrechen von Nadeln, irgendwelchen Fetzen und Stroh unterwiesen hatte. Der Geistliche hatte gehofft, in Zusammenarbeit mit dem Jungen einen erfolgreichen **Exorzismus** vortäuschen und damit die Gunst seiner Obrigkeit gewinnen zu können.

Junge von Burton Thomas Darling (geb. 1582), ein englischer Junge, dessen Aussage 1596 zu einem Hexenprozeß gegen mehrere ältere Frauen führte. Die bedauerliche Angelegenheit nahm ihren Anfang am 27. Februar 1596, als der vierzehnjährige Thomas nach einem Spaziergang im Wald krank wurde. Später klagte er über Visionen vom **Teufel** und anderen Dämonen, darunter von einem in Gestalt einer grünen Katze, und die Leute argwöhnten, daß er behext worden sei. Als man ihn befragte, wer dafür verantwortlich sein könne, erinnerte sich Darling daran, daß ihm im Wald eine alte Frau begegnet war, die Anstoß daran genommen habe, daß ihm in ihrer Gegenwart ein Wind entfahren war, und darauf geantwortet habe:

> Gaunerei mit Bosheit, Furz mit dem Klang einer Schelle,
> Ich komm in den Himmel und Du fahr zur Hölle.

Die Verdächtige, die ein graues Kleid und einen breitrandigen Hut getragen und im Gesicht drei **Warzen** gehabt haben sollte, wurde von den Verwandten des Jungen mit Bestimmtheit als die sechzigjährige Alice (oder Alse) Gooderidge aus Stapenhill identifiziert. Alice Gooderidge bekannte, am fraglichen Tag im Wald gewesen zu sein, doch sie wies die Darstellung des Jungen zurück und gab an, Thomas habe sie statt dessen als Hexe beschimpft. Als man die alte Frau in die Nähe des Jungen brachte, nahmen dessen Anfälle zu. Alice Gooderidge wurde auf **Hexenmale** untersucht. In der Hoffnung, der Junge würde seine Unterstellungen zurücknehmen, unterwarf sie sich einer Hexenprobe, bei der ihr oberhalb von Mund und Nase eine Schnittwunde beigebracht wurde, doch Thomas Darling bestand auf der Anklage. Ihr Unvermögen, das **Vaterunser** fehlerfrei herzubeten, wurde als Beweis für ihre Schuld betrachtet, und ein Ortsansässiger vergrößerte die Beweislast noch, indem er behauptete, sie habe seine Kuh behext.

Um ein volles Geständnis zu erlangen, paßte man Alice Gooderidge ein Paar Schuhe an und setzte ihre Füße nahe ans Feuer, so daß sich die Schuhe stark erhitzten. Trotz des Schmerzes weigerte sie sich zunächst, irgendwelche Übeltaten zuzugeben, wurde jedoch schließlich zu dem Bekenntnis gezwungen, daß sie einen **Hausgeist** in Gestalt eines **Hundes** mit Namen Minny besitze. Diesen Hund hatte sie von ihrer Mutter bekommen, die es mit der Tradition der Hexenkunst hielt, und so wurde auch Elizabeth Wright, die Mutter, als Hexe angeklagt. Thomas Darling bestätigte die Verwicklung der Mutter in die Sache, als er bei ihrem Anblick weitere Tobsuchtsanfälle bekam.

An diesem Punkt des Verfahrens wurde der berüchtigte Exorzist John **Darrell** in den Fall eingeschaltet. Er war überzeugt davon, daß die Gooderidge eine Hexe sei, und hielt einen wunderlichen Gottesdienst über Darling ab, der dessen Zustand merklich zu verbessern schien. (Später mußte Darrell zugeben, daß ein Großteil der Zeremonie vorgetäuscht worden war.) Im darauffolgenden Prozeß wurde Alice Gooderidge der Hexerei schuldig gesprochen, doch sie starb kurz danach im Gefängnis von Derby, ehe man sie hinrichten konnte. Über das Schicksal ihrer Mutter ist nichts bekannt.

Thomas Darling gestand 1599, daß er die Sache erfunden hatte, um dadurch berühmt zu werden. Vier Jahre später brachte ihn seine böse Zunge in Schwierigkeiten, als er mit der Obrigkeit der Universität Oxford aneinandergeriet. Er hatte den Rektor der Universität verleumdet, und zur Strafe dafür wurden ihm die Ohren abgeschnitten.

Junge von Leicester Der Fall des John Smith, eines dreizehnjährigen Jungen aus Husbands Bosworth bei Leicester, dessen Anschuldigungen 1616 unmittelbar oder mittelbar den Tod von zehn unschuldigen Frauen verursachten. John Smiths Anfallsleiden war so stark ausgeprägt, daß er jedesmal, wenn die Krämpfe auftraten, von mehreren kräftigen Männer festgehalten werden mußte. Er führte seine Beschwerden in aller Öffentlichkeit auf das Wirken mehrerer Frauen in der Stadt zurück und lieferte dazu eine ausführliche Beschreibung ihrer **Hausgeister**, wie in einem Brief aus dieser Zeit zu lesen ist:

> Sechs der Hexen hatten sechs verschiedene Geister, einen in Gestalt eines Pferdes, einen anderen wie ein Hund, einen weiteren wie eine Katze, einen wie ein Marder, einen wie ein Fisch, einen wie eine Kröte, mit denen jede ihn peinigte. Er machte dann ein Zeichen entsprechend dem Geist, derart, daß er wieherte, wenn das Pferd ihn quälte; wenn die Katze ihn quälte, dann schrie er wie eine Katze ...

Neun von den Frauen wurden bei den Sommerassisen in Leicestershire als Hexen angeklagt, für schuldig befunden und gehängt. Weitere sechs wurden ins Gefängnis geworfen, wo sie auf ihr Verhör warteten.

An diesem Punkt gelangte die Nachricht von den Prozessen zu Jakob I., der sich damals gerade auf der Durchreise in Leicester aufhielt. Der Königs ließ John Smith vorführen und befragte ihn eingehend. Angesichts des strengen Verhörs brach der Junge zusammen und gestand, die Anschuldigungen erfunden zu haben, um die Berühmtheit zu genießen, die ihm der Fall bringen würde. Der Erzbischof von Canterbury, dem der Junge zur weiteren Befragung überstellt wurde, stimmte dem König zu, daß es hier keinen Grund gäbe, Hexerei zu argwöhnen. Der König wandte nun seinen Zorn gegen die Richter, Sir Humphrey Winch und Sir Randolph Crew, die den Vorsitz über die vorangegangenen Prozesse zu diesem Fall innegehabt hatten. Fünf der sechs Frauen, die sich noch im Gefängnis befanden (die sechste war inzwischen verstorben), ließ man frei, und die Richter wurden für ihre Leichtgläubigkeit von Jakob gehörig getadelt. Der König gestattete darüber hinaus dem Dramatiker Ben Jonson, die Richter in seinem Stück *The Devil Is an Ass* für ihre Torheit zu verspotten.

Nach dieser sehr öffentlichen Rüge wurden die englischen Richter bei der Zulassung unbewiesener Anschuldigungen in Fällen von vermeintlicher Hexerei vorsichtiger, besonders dann, wenn die Klagen aus dem Munde von Kindern kamen.

Junge von Nottingham *siehe* **Darrell, John**

Junius, Johannes gest. 1628. Deutscher Bürgermeister, der eines der vornehmsten Opfer der berüchtigten Kampagne gegen die **Hexen von Bamberg** war. Der Fall des fünfundfünfzigjährigen Johannes Junius ist aus zweierlei Gründen in die Geschichte eingegangen. Zum ersten war er der Bürgermeister der Stadt Bamberg. Zum zweiten gelang es ihm kurz vor seiner Hinrichtung, einen Brief aus dem Gefängnis herausbringen zu lassen – ein Dokument, das nicht nur ein Licht auf den Prozeß warf, mit dem solche Verfolgungen endeten, sondern der auch eine Vorstellung von den Leiden weckt, denen die Opfer der Hexenjäger ausgesetzt waren.

Junius war zu einer Zeit Bürgermeister von Bamberg, in der der Hexenwahn in Deutschland seine schlimmsten Ausmaße erreichte. In den Jahren 1623 – 1633 wurden etwa sechshundert Bewohner der Stadt, darunter viele ihrer angesehensten Bürger, wegen Hexerei zu Tode gebracht, wobei sich die Urteile häufig auf die fadenscheinigsten Beweise gründeten. Junius war 1608 in sein Amt berufen worden und scheint bis zum Jahre 1628 ein untadeliges Leben geführt zu haben. Dann wurde er aufgrund eines Geständnisses, das man Dr. Georg Haan, dem Kanzler von Bamberg, unter der Folter abgepreßt hatte, als vermeintlicher Hexenmeister vor Gericht gestellt. Junius' Frau war bereits wegen einer ähnlichen Anklage hingerichtet worden; allein diese Tatsache genügte, um die Schuld des Bürgermeisters in den Augen der Richter zu bestätigen.

Während des gesamten Prozesses, der vor den Vertretern des hexenjagenden Fürstbischofs Gottfried Johann Georg II. Fuchs von Dornheim stattfand, bestritt Junius, Kenntnisse auf

Junius, Johannes

dem Gebiet der Hexerei zu besitzen, und behauptete leidenschaftlich, niemals Gott verleugnet oder an einem **Hexensabbat** teilgenommen zu haben. Dann präsentierte man ihm die Aussagen verschiedener anderer Zeugen (die sämtlich durch die Folter zu diesen Anschuldigungen gezwungen worden waren), doch Junius widersetzte sich weiterhin dem Drängen des Gerichts, selbst ein Geständnis abzulegen. Wie in solchen Fällen üblich, übergab man ihn nun den Folterknechten. Den noch erhaltenen Prozeßaufzeichnungen zufolge zeigten die **Daumenschrauben** und die **spanischen Stiefel** nur wenig Wirkung, doch als man Junius wiederholt dem **Aufziehen** unterwarf, brach der Angeklagte zusammen und bat um Bedenkzeit. Die Entdeckung des **Teufelsmals** in Form eines Fleckes auf der Haut, der anscheinend schmerzunempfindlich war, lieferte einen weiteren „Beweis", der seinen Fall ganz und gar hoffnungslos machte.

Allein in seiner Zelle, schaffte es der Bürgermeister, der als Folge der Folterungen kaum ein Schreibgerät halten konnte, einen Abschiedsbrief an seine Tochter Veronika zu verfassen:

> Viele hunderttausendmal gute Nacht, meine geliebte Tochter Veronika. Ich bin unschuldig ins Gefängnis gekommen, unschuldig gemartert worden und muß unschuldig sterben. Denn wer in das Hexenhaus kommt, muß eine Hexe sein oder wird gefoltert, bis er in seinem Kopf etwas erfindet und sich – Gott erbarme sich seiner – etwas ausdenkt.

In dieser bewegenden letzten Botschaft vom 24. Juli 1628 unterrichtete Junius seine Tochter über seine Lage und drängte sie, Bamberg zu verlassen, bis der Wahn sich gelegt habe. Er beschrieb, wie Georg Haan und die anderen Ankläger ihn kurz vor ihrem Tod um Verzeihung für ihre belastenden Aussagen gebeten hätten, die sie unter schier unerträglichen Folterungen gemacht hätten. Von seiner eigenen Folterung mit den Daumenschrauben berichtete er, daß „das Blut unter den Nägeln und überall hervorkam, so daß ich meine Hände vier Wochen lang nicht gebrauchen konnte, wie du an meiner Schrift erkennen wirst". Über das Aufziehen konnte er nur sagen: „Ich dachte, das Ende von Himmel und Erde sei gekommen. Achtmal haben sie mich aufgezogen und wieder fallenlassen, so daß ich schreckliche Qualen litt." Unter vier Augen, so schrieb er, habe ihn der Henker gedrängt, die Wahrheit zu gestehen oder etwas zu erfinden, um damit weiterer Pein zu entgehen: „Nun, mein liebstes Kind, verstehst du, in welcher Gefahr ich mich befand und noch immer befinde. Ich muß sagen, daß ich ein Hexenmeister bin, obwohl ich es nicht bin, muß nun Gott verleugnen, obwohl ich das nie zuvor getan habe."

Er erzählte seiner Tochter, er werde ein Geständnis verfassen, obgleich er in seiner Seele wisse, daß es nicht wahr sei. In dem Brief wird weiter beschrieben, wie die Befrager darauf bestanden, daß Junius Komplizen nenne, und ihn auf eine Fahrt durch die Stadt mitgenommen und die Hexen aufgesammelt hätten, die er ihnen Straße für Straße genannt habe. Der Brief endet mit dem einfachsten Abschiedsgruß: „Ich habe mehrere Tage gebraucht, um dies zu schreiben – meine beiden Hände sind verkrüppelt. Ich bin in einer miserablen Lage. Gute Nacht, denn Dein Vater Johannes Junius wird dich nie mehr sehen."

Junius gab später vor Gericht eine lange Erklärung ab, in der er seine diversen Verbrechen schilderte. Er gab unter anderem zu, Gott geleugnet zu haben, nachdem er vom Teufel in Gestalt einer jungen Frau verführt worden sei, einen **Sukkubus** namens Vixen gehabt und mit diesem gebuhlt, die Hostie geschändet zu haben und auf einem schwarzen **Hund** zu Hexensabbaten geflogen zu sein. Er habe sich jedoch Vixens Forderung verweigert, mit einem grauen Pulver seine Kinder umzubringen, und habe das Pulver statt dessen seinem Pferd gegeben. Auf die Forderungen des Gerichts hin beschuldigte er auch mehrere Komplizen. Das Gericht akzeptierte das Geständnis, und Johannes Junius, einer von vielen Hunderten, die genauso malträtiert worden waren, wurde zum Tode verurteilt. Am 6. August 1608 verbrannte man ihn auf dem Scheiterhaufen.

K

Kabbala Geheimes philosophisches System jüdischen Ursprungs, das über Jahrhunderte hinweg großen Einfluß auf die Okkultisten vieler Nationalitäten ausgeübt hat. Dieser Korpus geheimen Wissens, der angeblich von Gott zuerst an Abraham weitergegeben worden war, besagt, daß die menschliche Existenz nichts weiter als die niedrigste von zehn Ebenen des Seins ist, durch die sich der Geist fortentwickeln kann und dabei von einem Verständnis dieses höchst komplexen und oftmals verwirrenden Systems geleitet wird, das eine Generation wissender Menschen an die nächste weitergibt.

Die Kabbala vereint Astrologie mit komplizierten Vorstellungen von den Prinzipien der Einheit und Göttlichkeit; sie wirkte auf Okkultisten wie Eliphas **Levi** und Aleister **Crowley**, die viele kabbalistische Grundsätze in ihre eigenen philosophischen Systeme übernahmen. Die Anziehungskraft der Geheimlehre lag nicht zuletzt in deren Versprechen begründet, daß der Mensch letztendlich das Universum beherrschen könne, wenn er sein Potential auf die richtige Weise entwickelte.

Die Namen der von den Kabbalisten verehrten weisen Gottheiten, so nahm man an, besaßen an sich schon magische Kraft; sie wurden folglich oftmals in die komplizierten Rituale der Okkultisten des neunzehnten und zwanzigsten Jahrhunderts aufgenommen. Zu ihnen gehören Hokhmah und Reshith, die männlichen Götter der Weisheit, Hesed, der Gott der Liebe und der Gnade, Netsah, der Gott der Geduld, Binah, die Göttin des Verstandes und der Intelligenz, Din oder Geburah, die Göttin der Macht, Hod, die Göttin der Erhabenheit und Tifferet, die Göttin der Schönheit.

Kanalinseln Trotz ihrer Unterstellung unter die englische Gerichtsbarkeit wurden die so nahe vor der Küste Nordfrankreichs liegenden Kanalinseln stark von der kulturellen Haltung der Franzosen beeinflußt. Der Hexenwahn hatte hier folglich eine viel größere Wirkung als auf der britischen Hauptinsel.

Guernsey erlebte die Hysterie am schlimmsten: In den rund einhundert Jahren von der Zeit Elisabeths I. bis zur Herrschaft Karls I. wurden auf der Insel achtundfünfzig Frauen und zwanzig Männer wegen Hexerei vor Gericht gestellt. Weitere sechsundsechzig Prozesse fanden in den Jahren von 1562–1736 auf der Insel Jersey statt. Auf den Kanalinseln endete ein merklich höherer Anteil von Prozessen mit einer Verurteilung als auf der englischen Hauptinsel, wo man lediglich eine von fünf vermeintlichen Hexen, die vor Gericht standen, schuldig sprach. Aus Berichten ist ersichtlich, daß auf den Kanalinseln nahezu die Hälfte der wegen Hexerei Angeklagten zum Tode verurteilt wurden.

Auch die Hinrichtungsarten reflektierten die Praxis auf dem europäischen Kontinent, wo verurteilte Hexen den Tod häufig durch Verbrennen statt durch Erhängen fanden (oder zuerst gehängt und dann verbrannt wurden). Andere verbannte man, ließ sie auspeitschen oder schnitt ihnen die Ohren ab. Zu den gräßlichsten Vorfällen bei einer Hinrichtung gehört der Fall einer Schwangeren von der Insel Jersey, die auf dem Royal Square als Hexe lebendig verbrannt werden sollte und kurz vor ihrem Tod ihr Kind gebar; das Neugeborene wurde von den umstehenden Gaffern ins Feuer geworfen.

Die Fälle gründeten sich meist auf die Entdeckung des **Teufelsmals** oder auf Beweise von **Maleficia**, die so unbedeutend wie ein verlaustes Hemd oder eine trockenstehende Kuh sein konnten. Ein 1591 auf Jersey erlassenes Sondergesetz löschte die Unterscheidung in „schwarze" und „weiße" Hexenkunst (*siehe* **Weiße Hexe**) rechtswirksam aus: Jedermann,

Kaninchen

der sich „in seinen Leiden und Beschwerden" an eine Hexe oder einen Wahrsager um Hilfe wandte, lief Gefahr, zu einer Gefängnisstrafe verurteilt zu werden. Ebenfalls in Anlehnung an die französische Praxis stand die Obrigkeit der Kanalinseln der Anwendung der Folter zum Erzwingen von Geständnissen weniger ablehnend gegenüber. Außergewöhnlich war dabei, daß die **Folter** häufig nach und nicht vor dem Todesurteil gegen vermeintliche Hexen angewendet wurde, um damit noch die Namen von Mittätern in Erfahrung zu bringen (*siehe* **Aufziehen**).

Zu den sensationellsten Fällen, die vor die Obrigkeit auf den Kanalinseln kamen, gehörte der von Collette du Mont aus dem Jahre 1617. Sie gestand, zu einem **Hexensabbat** geflogen zu sein, nachdem sie sich mit **Flugsalbe** bestrichen habe, und schilderte darüber hinaus in obszönen Einzelheiten, wie sie dem **Teufel** erlaubt habe, mit ihr geschlechtlich zu verkehren, als er in Gestalt eines **schwarzen Hundes** zu ihr gekommen sei. Der „Hund" habe ziemlich eindrucksvoll auf seinen Hinterläufen gestanden und eine Pfote gehabt, die sich genau wie eine menschliche Hand angefühlt habe. Andere Hexen beschrieben, daß der Satan in Gestalt einer **Katze** und anderer Tiere zu den Sabbaten erschienen sei.

Gegen Ende des siebzehnten Jahrhunderts gewann schließlich die Vernunft die Oberhand, und die Fälle vermeintlicher Hexerei wurden seltener, wie Philippe le Geyt, königlicher Leutnant von Jersey, vermerkte:

> Wieviele unschuldige Menschen sind aufgrund von Behauptungen, bei denen es um übernatürliche Ereignisse ging, in den Flammen umgekommen? Ich will nicht sagen, daß es keine Hexen gibt; doch seitdem man auf der Insel die Schwierigkeit erkannt hat, sie zu überführen, scheinen sie alle verschwunden zu sein, als ob das Zeugnis vergangener Zeiten nichts als eine falsche Vorstellung war.

Kaninchen Wie der **Hase**, so betrachtete man auch das Kaninchen lange Zeit als beliebte Tarnung von Hexen und deren **Hausgeistern**, und es galt als unheilvoll, wenn solch ein Geschöpf zu nahe beim Vieh oder am eigenen Haus gesehen wurde. Die Verbindung mit den Mächten der Finsternis geht möglicherweise auf eine vorchristliche heidnische Religion zurück, die im Mondlicht spielende Kaninchen einst als den unheilvollen Mondgott identifizierte. Hexen sollten angeblich nicht nur in der Gestalt von Kaninchen erscheinen, sondern auch Teile von deren Körpern bei verschiedenen Zaubern benutzen – vor allem bei Schadenzauber und bei Fruchtbarkeits- und Sexualmagie, die die bemerkenswerte Reproduktionsfähigkeit des Tieres widerspiegelte.

Katze Das am häufigsten als Gefährte von herkömmlichen Hexen beschriebene Tier, angeblich eine Lieblingstarnung des **Teufels** und der Hexen selbst. Obwohl historische Dokumente darauf hindeuten, daß zu dieser oder jener Zeit Katzen aller Farben mit Hexen in Verbindung gebracht wurden, existiert heute die stillschweigende Übereinkunft, daß die typische Hexenkatze völlig schwarz zu sein hat. Zeigt das Fell der Katze auch nur ein einziges weißes Haar, dann verliert das Tier den Behauptungen einiger Autoritäten zufolge seine Kraft als Zaubermedium.

Die Vorstellung, daß der **Hausgeist** einer Hexe die Gestalt einer Katze bevorzugt, geht wahrscheinlich auf altägyptische Zeiten zurück, in denen die Katze als heilig betrachtet wurde. Die ägyptische Katzengöttin Bastet war die Göttin der Fruchtbarkeit, doch die Christen deuteten sie als Werkzeug der Unfruchtbarkeit um, das den Menschen die Fruchtbarkeit raubte, um sie dem Teufel als Geschenk darzubieten. Später festigte sich die Verbindung zwischen der Katze und den schwarzen Künsten stetig, und am Ausgang des sechzehnten Jahrhunderts, zur Zeit William Shakespeares, wurde das Tier nachdrücklich mit dem Übernatürlichen assoziiert. Auch Hexen nahmen angeblich oft selbst Katzengestalt an; über die Jahrhunderte hinweg traten Hausgeister allerdings ebenso wahrscheinlich als **Krähen**, Frettchen, **Igel**, Mäuse, **Kaninchen**, **Kröten** oder in Gestalt anderer Tiere auf.

Während des Prozesses gegen die **Hexen von St. Osyth**, der im Jahre 1582 stattfand, gestand die der Hexerei angeklagte Ursula Kempe, zwei Hausgeister in der Gestalt von Katzen zu besitzen, die sie ausgeschickt habe, Übel anzurichten, und die sie zur Belohnung aus ihrem linken Oberschenkel habe Blut saugen lassen. Matthew **Hopkins** in seiner Rolle als oberster Hexenriecher berichtete in der Mitte des siebzehnten Jahrhunderts, im Laufe seiner Untersuchungen Zeuge der Erscheinung von Hausgeistern in Katzengestalt geworden zu sein. Solche Hausgenossen wurden angeblich von einer Hexe auf die andere vererbt; dabei sollten einige Katzen, die schon einer ganzen Reihe von Herren und Herrinnen gedient hatten, ein beachtliches Alter erreicht haben. Elizabeth Francis, eine der **Hexen von Chelmsford**, sagte, sie habe ihre Katze Sathan von ihrer Großmutter bekommen und dann nach etwa fünfzehn Jahren an eine andere Hexe weitergegeben.

Katzen sollten ihren übelwollenden Herren und Herrinnen angeblich Nachrichten überbringen können, und in manchen ländlichen Gegenden, besonders in **Schottland** und auf dem europäischen Kontinent, wagte niemand, im Beisein einer Katze wichtige Familienangelegenheiten zu besprechen – aus Furcht, das Tier könnte eine verwandelte Hexe oder gar der Teufel selbst sein. Im Auftrag ihrer Besitzer konnten Katzen angeblich auch böse Taten, wie beispielsweise einen Mord, ausführen und schlechtes Wetter heraufbeschwören. Daher kommt es wohl auch, daß Matrosen, Fischer und andere Seefahrer den Katzen mit gemischten Gefühlen begegneten. Während eines Hexenprozesses im Jahre 1619 in Lincoln gestand Margaret Flower ihre Versuche ein, die Kinder des Grafen von Rutland umzubringen, indem sie deren persönliche Sachen gegen den Körper ihres Hausgeistes, einer Katze, gerieben habe, um die Eltern der Kinder unfruchtbar zu machen, indem sie in ähnlicher Weise Federn aus dem Bett der Gräfin genommen und über den Bauch der Katze gestrichen habe. Etwas früher hatten Agnes Sampson und weitere Verbündete zugegeben, eine schwarze Katze „getauft" und sie dann ins Meer geworfen zu haben, um einen Sturm zu entfesseln und auf diese Weise das Leben des zukünftigen Königs **Jakob I.** zu bedrohen.

In Ungarn herrschte der Aberglaube, daß fast alle Katzen im Alter zwischen sieben und zwölf Jahren in Hexen verwandelt würden. Die einzig mögliche Vorsichtsmaßnahme war die, ein Kreuz in die Haut des unglücklichen Tieres zu schneiden. In vielen Kulturen gibt es Erzählungen, nach denen Wunden, die man Katzen zufügte, auch an vermeintlichen Hexen in ihrer menschlichen Gestalt entdeckt wurden. Etwas derartiges trug sich einem Bericht zufolge 1718 in Caithness in Schottland zu, als ein Mann namens William Montgomery, durch die Katzen zur Raserei getrieben, die sich um sein Haus versammelt hatten und mit menschlichen Stimmen sprachen, zwei der Tiere mit einem Beil tötete und mehrere verwundete. Am darauffolgenden Tag wurden zwei im Ort wohnende Frauen in ihren Betten tot aufgefunden; eine andere wies am Bein einen tiefen Schnitt auf, für den sie keine Erklärung hatte.

Die berüchtigte Isobel **Gowdie** behauptete, daß sie die Gestalt einer Katze annähme, wenn sie den folgenden Zauberspruch murmelte:

Ich werde in eine Katze hineinschlüpfen
Mit Jammern und Seufzen
Und einer kleinen schwarzen Kugel.
Ich gehe in des Teufels Namen
Ach, obwohl ich wieder nach Hause komme.

Der Glaube, daß eine Hexe nur neunmal die Gestalt einer Katze annehmen könne (was die Vorstellung von den neun Leben einer Katze widerspiegelt), war weit verbreitet. Eine Probe, mit der festgestellt werden konnte, ob eine Katze eine Hexe war, bestand darin, das Tier in eine Schüssel mit **Weihwasser** zu setzen. Versuchte die Katze zu fliehen, dann war sie zweifellos eine Hexe.

Die Verbindung zwischen Katzen und Hexerei gereichte diesen Tieren selten zum Vorteil. Es war einst Sitte, im Mai geborene Kätzchen zu ertränken, da in diesem Monat Hexen und Geister angeblich besonders aktiv waren. Man sagte, die Tiere seien als Mäusejäger nutzlos und brächten Schlangen und andere unerwünschte Beute ins Haus. In Frankreich sperrte man Katzen in Körbe und warf sie ins Sonnenwendfeuer, während die Engländer sie in Körben aufhängten und mit Pfeilen auf sie schossen. Manche Menschen scheuten sich jedoch, eine Katze zu töten; sie glaubten, daß jeder, der so etwas tat, seine Seele an den Teufel verlöre.

1929, als der Hexenwahn über Pennsylvania hereinbrach, verschwanden viele schwarze Katzen. Man entdeckte, daß abergläubische Bewohner sie in kochendem Wasser brühten und dem Tierkörper einen „Glücksknochen" entnahmen, der ihnen Schutz vor Schaden durch das Übernatürliche bieten sollte.

Kelly, Edward 1555–1595. Geboren als Edward Talbot; englischer Totenbeschwörer, Alchimist und Wissenschaftler, der 1582 Assistent bei dem berühmten elisabethanischen Gelehrten Dr. John **Dee** wurde. Allgemein als Scharlatan angesehen, teilte Kelly dennoch Dees intellektuelles Interesse am Okkultismus.

Kelly wurde in Worcester geboren, wo er bei einem Drogisten eine Zeitlang als Praktikant arbeitete. Dem Vernehmen nach machte er zusammen mit einem Paul Waring auf dem Friedhof in Walton-in-le-dale (Lancashire) einen ersten Versuch, Tote zu beschwören. Die beiden Männer gruben eine frisch bestattete Leiche aus und brachten sie durch verschiedene Beschwörungen angeblich zum Sprechen. Die Szene wurde dann im siebzehnten Jahrhundert zum Gegenstand einer berühmten Druckschrift, in der beide Männer in einem schützenden **magischen Kreis** stehen und ein Knochengerippe im Totenhemd befragen.

Kelly fühlte sich berufen, John Dees Bekanntschaft zu machen. (Später deutete er an, in dessen Haus in Mortlake geschickt worden zu sein, um Beweise dafür zu beschaffen, daß Dee Umgang mit dem Teufel habe, mit denen ein Prozeß gegen den Gelehrten angestrengt werden sollte.) Dee lernte bald Kellys Fähigkeit des Kristallsehens (*siehe* **Kristallomantie**) zu schätzen, und die beiden Männer wurden auf der Suche nach Wissen über die mystischen Künste Partner. Kelly berichtete Dee Details über die Geisterwelt, die er beim Kristallsehen herausgefunden hatte, und erzählte ihm fast täglich von seinen Unterhaltungen mit Engeln.

Einer der Gesprächspartner der beiden Männer war der heilige Michael, der Kelly mit seiner Forderung erschreckte, er möge sich eine Frau nehmen, was er – seinen Worten zufolge mit größtem Widerstreben – auch bald darauf tat. Die Neuvermählten zogen in Dees Haus ein, was einige Mißhelligkeiten mit sich brachte, doch die Arbeit ging weiter. Die beiden Männer besuchten zusammen mit ihren Frauen die europäischen Herrscherhöfe, wo sie allgemein als Gelehrte und Mystiker geehrt wurden. Kelly soll bei den Aufenthalten im Ausland seine Kenntnisse der Alchimie vervollkommnet und bei seinen Experimenten echtes Gold erzeugt haben. Für diese und andere Leistungen wurde er während seines Aufenthalts in Prag von Kaiser Rudolf II. in den Ritterstand erhoben.

Die absonderlichste Episode in Kellys Beziehung zu Dee ereignete sich 1587; sie brachte das Ende der gerühmten Zusammenarbeit. Als Kelly berichtete, ein Kommunikationspartner aus der Geisterwelt namens Madini habe gefordert, daß die beiden Männer und ihre Ehefrauen eine Vereinbarung über gemeinsame eheliche Beziehungen treffen sollten, herrschte Bestürzung im Haus. Schließlich unterzeichneten alle vier den Vertrag (der Dees junge und schöne Frau Jane nun für Kelly erreichbar machte). Die privaten Spannungen, die sich aus einer solchen Übereinkunft ergeben mußten, führten dazu, daß sich etwa zwei Jahre später die Wege der Beteiligten trennten.

Nach seinem Bruch mit Deen im Jahre 1589 kehrte Kelly nach Prag zurück, wurde dort jedoch für mehrere Monate ins Gefängnis gesteckt, nachdem man ihn der Verschwörung gegen den Kaiser angeklagt hatte. Nach seiner Freilassung, die er dem Eingreifen Elisabeths I. verdankte, zog er nordwärts nach Deutschland, wurde jedoch erneut als Zauberer verhaftet. 1593 sprang er bei einem Fluchtversuch von einer Mauer und zog sich innere Verletzungen zu, denen er zwei Jahre später erlag.

Kempe, Ursula *siehe* **St. Osyth, Hexen von**

Kerzenzauber Verwendung von Wachskerzen für Zauber und Bannsprüche gegen die Opfer der schwarzen Magie. Diese Variante des **Bildzaubers** setzte die dem Feuer innewohnende Magie ein, um den Feinden einer Hexe Schaden zuzufügen. Bei der üblichen Prozedur wurde eine Kerze formell mit einer bestimmten Person identifiziert. Die auf diese Weise geweihte Kerze wurde mit Nadeln oder ähnlichem bestückt und dann in dem Glauben entzündet, der betreffende Feind erleide nun äußerste Schmerzen oder gar den Tod.

Der Kerzenzauber hatte eine lange Geschichte: Frühe Beispiele dafür gehen auf das fünfzehnte Jahrhundert und noch weiter zurück. Im Jahre 1490 beispielsweise erschien in London Johanna Benet vor Gericht, die angeklagt war, eine Wachskerze entzündet zu haben, um einem bestimmten Mann einen schleichenden Tod zu bescheren, der durch das langsam schmelzende Wachs symbolisiert wurde. Ein bemerkenswert junges Beispiel für den Kerzenzauber wurde in einem Fall wegen Beleidigung festgehalten, der 1843 in Norwich verhandelt wurde. Den Beweisen und Zeugenaussagen zufolge hatte eine Mrs. Bell eine Kerze angezündet, Nadeln hineingesteckt und dann in einer Austernschale etwas Drachenblut und Wasser mit einigen abgeschnittenen Fingernägeln vermischt, worauf ein gewisser Mr. Curtis feststellte, daß er seine Arme und Beine nicht mehr bewegen konnte. Zu Mrs. Bells Unglück hatte die Ehefrau von Mr. Curtis die Vorbereitungen für den Zauber beobachtet, den sie auch wirklich für die Ursache der Lähmung ihres Mannes hielt.

Zu den bekanntesten Fällen angeblichen Kerzenzaubers gehört der des Roland Jenks und der „Schwarzen Assisen", die 1577 in Oxford abgehalten wurden. Jenks, ein katholischer Buchhändler, war wegen des Verkaufs von aufrührerischer Literatur verhaftet und verurteilt worden, obgleich man ihn auch verdächtigte, Kenntnisse der schwarzen Künste zu besitzen. Als im Gefängnis plötzlich eine Typhusepidemie ausbrach und der Richter, die Geschworenen, Zeugen und Rechtsanwälte sich zusammenfanden, nahmen viele an, daß Jenks die Krankheit herbeigeführt habe. Den Gerüchten zufolge hatte Jenks auf seine Verurteilung hin eine magische Kerze geformt und angezündet, um die Seuche heraufzubeschwören, die sich dann weiter ausbreitete und das Leben vieler Stadtbewohner forderte.

Kerzen wurden auch benutzt, um zwei Menschen in Liebe zusammenzubringen. Ein Liebender konnte das Objekt seiner Wünsche herbeizitieren, indem er zwei Nadeln in eine brennende Kerze stach und dann die folgenden Worte sprach:

> „Es ist nicht nur die Kerze, die ich steche,
> Sondern mein (Name des Liebenden) Herz, das ich verletze.
> Ob er/sie schläft oder wacht,
> Ich werden ihn/sie zu mir kommen und mit mir sprechen lassen."

Wurde der Zauber richtig ausgeführt, dann mußte die gewünschte Person erscheinen, ehe die Flamme die Nadeln erreichte.

Siehe auch **Main de la gloire**.

Kessel Einer jener unentbehrlichen Gegenstände, die heute mit der urtypischen Hexe in volkstümlichen Vorstellungen assoziiert werden. In früheren Jahrhunderten war der Höhepunkt eines **Hexensabbats**, daß alle Anwesenden sich niedersetzten und mit dem **Teufel** oder dessen Vertreter als „Tischältestem" an einem rituellen Mahl teilnahmen, bei dem der Kessel als Kochutensil eine zentrale Rolle spielte. Ob nun zutreffend oder nicht, man stellt eine Hexe üblicherweise als altes Weib dar, das sich in ihrer niedrigen Behausung über einen Kessel beugt, in dem sie tödliche Tränke zusammenbraut, die so seltsame Zutaten wie Eidechsen, Kräuter, Frösche, schäumende Chemikalien aus Phiolen sowie Menschen- und Tierfleisch enthielten.

Der Kessel verkörperte einst die Erneuerung des Lebens. Er hat seine Bedeutung auch in heutigen okkulten Riten bewahrt; zu nennen wäre hier die von Gerald **Gardner** als „Der Kessel der Regeneration und der Tanz des Rades" bezeichnete Zeremonie. Bei dieser Feier der Wintersonnenwende nimmt der Kessel den Platz des Altars ein und wird als geheiligter Gegenstand an sich verehrt (was vielleicht an die Zeit erinnert, da der Kessel und die darin enthaltene Nahrung im Leben der primitiven Völker von herausragender Bedeutung waren). Der mit abgestorbenem Laub und Paraffin oder Brandy gefüllte Kessel wird dann entzündet, wenn die Mitglieder des **Hexenzirkels** ihn mit immer schnelleren Schritten umkreisen und dazu mitunter auch vorgeschriebene Verse herunterleiern. Auf dem Höhepunkt des Rituals fassen sich der Hohepriester und die Hohepriesterin bei den Händen und springen, gefolgt von den anderen Anwesenden, über den brennenden Kessel.

Archäologen haben in ganz Europa heilige Kessel gefunden, die religiöse Symbole trugen. Zweifellos hat diese alte Tradition die Auf-

Keuchhusten

nahme des Kessels in die Reihe der Symbole der Hexenkunst angeregt.

Keuchhusten Die Hexenkunst bot eine Vielzahl möglicher Therapien für Menschen, die unter Keuchhusten, einer der quälendsten und gefährlichsten Kinderkrankheiten, litten. Die Art der Behandlung reichte von relativ harmlosen bis zu ganz fremdartigen Methoden. Zu den eher abstoßenden Mitteln gehörte das Verabreichen von Eulensuppe, gerösteten Mäusen oder gezuckertem Schneckenschleim; das Tragen eines Säckchens am Hals, das erst abgenommen wurde, wenn die darin eingesperrte behaarte Raupe tot war; das Aufhängen eines Frosches im Schornstein; das Überziehen der Füße des Patienten mit einer Mischung aus gehacktem Knoblauch und Speck und das Füttern eines Hundes mit einem Butterbrot, das mit einer Strähne vom Haar des Patienten belegt war. Menschen, deren Mutter bei der Geburt gestorben war, sagte man besondere Heilfähigkeiten nach; sie sollten Keuchhusten und Soor heilen können, indem sie einfach in den Mund des Leidenden hauchten.

Killakee *siehe* **Hell-Fire Club**

Knap, Elizabeth *siehe* **Connecticut, Hexen von**

Knoblauch Pflanze, die einem weitverbreiteten Glauben zufolge ein starkes Abschreckungsmittel gegen Hexen und Vampire sein sollte. Der Sage nach schoß der Knoblauch dort aus dem Boden, wo **Satan** nach dem Verlassen des Paradieses seinen linken Fuß hingesetzt hatte (während da, wo sein rechter Fuß hingetreten war, angeblich Zwiebeln wuchsen). Im Mai geernteter Knoblauch sollte ganz besonders wirksam gegen das Böse sein; allerdings mußte man schon beim Ausgraben der Knollen Vorsichtsmaßnahmen ergreifen (und beispielsweise Knoblauch kauen), da in der Nähe immer Dämonen lauern konnten. Um Vampire abzuwehren, legte man Knoblauch ans Fenster oder trug ihn an einer Halskette. Im italienischen Volkstum schmückte man Babywiegen mit Knoblauch, um in der gefährlichen Zeit zwischen Geburt und Taufe die Dämonen fernzuhalten. **Weiße Hexen** schätzten den Knoblauch wegen seiner Wirksamkeit gegen Beschwerden wie Würmer, Wassersucht, Sonnenstich, Pocken, Pest, Lepra, Zahnschmerzen, Keuchhusten, Hysterie, Schlangenbisse, Ohrenschmerzen und Bettnässen.

Knotenzauber Das Knüpfen von Knoten zu einem bestimmten magischen Zweck galt lange Zeit als eine Fertigkeit der perfekten Hexe. Die Kompliziertheit eines gut gebundenen Knotens sollte Dämonen in Entzücken versetzen können. Daher stammt die Praxis, in ein Taschentuch Knoten zu binden, um sich an etwas Wichtiges zu erinnern: Die Knoten würden den Teufel oder einen anderen bösen Geist ablenken, der darauf aus war, die betreffende Person vergessen zu lassen, woran sie sich zu erinnern suchte.

Die **weißen Hexen** waren bekannt dafür, daß sie **Warzen** oder andere kranke Stellen behandelten, indem sie sie mit Knoten berührten und die dazu verwendete Schnur dann verbrannten oder vergruben. In der Zeit der Segelschiffe verkauften „weise Frauen" Kordelschnüre mit drei Knoten an die Matrosen, die darauf bedacht waren, allezeit den richtigen Wind in den Segeln zu haben. Knüpfte man den ersten Knoten auf, war guter Wind zu erwarten; wurde der zweite Knoten gelöst, dann sprang eine steife Brise auf; band man aber den dritten Knoten auf, dann würde ein orkanartiger Sturm das Schiff heftig vorantreiben. Es existieren noch heute Berichte über solche „Windverkäufe", die es in vielen Küstenregionen, darunter auf der Insel Man, in Wales, Schottland, auf den Orkney- und den Shetlandinseln gab. Noch 1814 berichtete der berühmte schottische Romancier Sir Walter Scott in seinem Tagebuch, wie er in Stromness von einer Frau namens Bessie Miller einen Wind „gekauft" habe.

Solcher Bindezauber ließ sich jedoch auch für schändliche Zwecke benutzen. Eine Hexe war in der Lage, durch das sogenannte Nestelknüpfen eine Ehe zu zerstören. Sie band ein Stück Kordelschnur zu einem rituellen Knoten und machte damit den Ehemann impotent, bis dieser – wenn sich die Hexe darauf einließ – für das Lösen des Knotens zahlte. Um Neuvermählte der Freuden des Ehebettes zu berauben, konnte eine Hexe Flüche über sie sprechen und dabei Knoten binden. (Allerdings hatte der Bräutigam die Möglichkeit, sich vor solchen Störungen zu schützen, indem er mit offenem Schuhband durch das Kirchenschiff zu seiner Vermählung ging.) In das Bettzeug oder die Nachtbekleidung einer werdenden Mutter heimlich Knoten zu binden, verhinderte angeblich eine leichte Geburt, während Knoten im Hemd eines Sterbenden den Todeskampf verlängern sollten.

Siehe auch **Potenzzauber**.

Kobold *siehe* **Hausgeist**

Köln, Hexen von Opfer zweier Hexenjagden, die in den Jahren 1625/26 und 1630–1636 in Köln inszeniert wurden. Köln entging dank der relativ toleranten und aufgeklärten Haltung der Stadtobrigkeit den schlimmsten Auswirkungen des Hexenwahns, der Deutschland in der Mitte des siebzehnten Jahrhunderts überzog, doch konnte nicht verhindert werden, daß die Hysterie hin und wieder aufflackerte. Die gesteigerte Sensibilität der Öffentlichkeit gegenüber diesem Thema führte 1625/26 dazu, daß mehrere Hexen vor Gericht gebracht wurden, doch selbst damals zögerte die Obrigkeit, sie schuldig zu sprechen. Das meistdiskutierte Verfahren betraf eine Frau namens Catharine Henot, die beschuldigt worden war, die Nonnen des Klosters St. Klara behext zu haben. Das kirchliche Gericht, das dem Ruf der Stadt entsprechend auch in diesem Fall Gerechtigkeit walten ließ, prüfte die Anschuldigungen, gestand Catharine Henot einen eigenen juristischen Berater zu und lehnte Zeugenaussagen von Personen ab, die an die Existenz dämonischer **Besessenheit** glaubten. Catharine Henot wurde folglich nicht schuldig gesprochen. In der Stadt herrschte zu jener Zeit allerdings eine Atmosphäre, in der diese gerichtliche Entscheidung von der Öffentlichkeit unfreundlich aufgenommen wurde, und eine höherstehende kirchliche Autorität, der Erzbischof Ferdinand von Köln, ließ die Angeklagte vor ein anderes Gericht bringen, wo sie pflichtgemäß verurteilt und verbrannt wurde.

Die Hysterie legte sich für eine Weile, bis 1629 ein anderer Fall die Gemüter der Kölner in ähnlicher Weise bewegte. Diesmal kamen die Anschuldigungen von einer Christine Plum, die behauptete, von Dämonen besessen zu sein. Jene, die versuchten, die Bezichtigungen abzutun, gerieten schnell auf ihre Hexenliste, und die Gerichte beeilten sich – wiederum im Auftrag des Erzbischofs –, die verdächtigen Personen zu verhören. Im Gegensatz zu den Bestimmungen in anderen deutschen Staaten war hier das Foltern von Verdächtigen nur auf besondere Anweisung der Gerichte erlaubt, blieb das Eigentum der Angeklagten und ihrer Familien unangetastet (obgleich auch sie für die Gerichtskosten aufkommen mußten). Diese liberale Haltung war teilweise den ortsansässigen Jesuiten zuzuschreiben, die den Verkauf von Büchern beschränkten, die das Problem der Hexenjagd wahrscheinlich verstärkt hätten.

Nach 1631 verschlechterte sich die Lage beträchtlich, als eifrige Hexenjäger aus Leipzig nach Köln flohen, deren Heimatstadt vom Krieg gegen die Schweden überzogen worden war. Sie machten sich hier mit Fanatismus daran, vermeintliche Hexen aufzuspüren und zu verfolgen, und erst durch das Eingreifen des Papstes im Jahre 1636 konnte die Stadt Köln, die bis dahin zeitweilig eine Brutstätte für Hexenprozesse gewesen war, ihre Reputation wiederherstellen. Die letzte urkundlich belegte Hinrichtung einer Hexe in Köln wurde 1655 vollstreckt.

Krähe Die Krähe mit ihrer sagenhaften Intelligenz und ihrem rein schwarzen Gefieder wurde stets mit bösen Ahnungen gesehen und folglich oftmals als eine Gestalt betrachtet, hinter der sich die **Hausgeister** von Hexen gern verbargen. In alten Zeiten war die Krähe die Götterbotin; in späteren Jahrhunderten jedoch galt sie im Volksglauben als ein Wesen, das im Auftrag seines bösen Herrn herumspionierte und auf dessen Anweisung die als Opfer auserwählten Menschen belästigte. Im ländlichen Aberglauben galt der bloße Anblick einer Krähe als Unglück und wurde vielerorts als Vorbote von Tod und Unheil auf offener See gewertet. Um das drohende Böse abzuwehren, das die Erscheinung eines solchen Vogels angeblich mit sich brachte, fielen die Kinder in Nordengland mit ihrer eigenen Gegendrohung über die Tiere her:

Krähe, Krähe, geh mir aus den Augen,
sonst eß' ich deine Leber und deine Augen auf.

Kramer, Heinrich

Kramer, Heinrich *siehe* **Malleus maleficarum**

Kreis *siehe* **Magischer Kreis**

Kreuzweg Die Stelle, an der vier Straßen aufeinandertreffen, wurde lange Zeit als verhängnisvoller Ort angesehen, den man mit Hexerei, Geistern und anderem Übel in Zusammenhang brachte. Die Wurzeln dieser Vorstellung sind wahrscheinlich in früheren Zeiten zu finden, als man an solchen Wegkreuzungen noch Altäre für die heidnischen Götter errichtete und dort möglicherweise auch Menschenopfer darbrachte. In späteren Jahrhunderten festigte sich dieser Volksglaube zweifellos dadurch, daß man an Kreuzwegen häufig Galgen aufstellte und dort zur Warnung für Reisende, die Übeltaten zugeneigt waren, die Leichen hingerichteter Verbrecher aufreihte. In der Nähe von Kreuzwegen wurden auch häufig die toten Körper von Selbstmördern, Verbrechern und vermeintlichen Vampiren begraben, damit der Geist der Verstorbenen durch die Zahl der möglichen Wege verwirrt und daran gehindert wurde, zurückzukehren und seine früheren Feinde heimzusuchen.

In Anbetracht der Furcht vor solchen Orten war es vielleicht nur normal, daß viele einsam liegende Kreuzwege mit beliebten Treffpunkten für Hexenzirkel gleichgesetzt wurden. Angeblich lauerten der Tod und der Teufel selber in unmittelbarer Nähe von Kreuzwegen den Vorüberkommenden auf. Zudem gab es eine Fülle abergläubischer Vorstellungen von **Zaubern** und **Zauberformeln**, die angeblich nur wirkten, wenn sie an einem Kreuzweg ausgesprochen wurden.

Kristallomantie Die Kunst des Weissagens und der Entdeckung geheimen Wissens durch das Hineinblicken in einen **Spiegel**, eine Kristallkugel oder eine andere reflektierende Fläche wie beispielsweise die auf Hochglanz polierte Schneide eines Schwertes. Die Reflexion wurde einst als etwas Magisches angesehen und galt manchen Theorien zufolge als die sichtbare Manifestation der Seele eines Menschen. (Daher stammt die Überlieferung, nach der jeder, der seine Seele dem Teufel verkauft hat, kein Spiegelbild mehr besitzt.) Solche Reflexionen in Spiegeln oder im Wasser konnte man über die Zukunft befragen: Bewegten sie sich, oder lösten sie sich auf, dann verhieß das meist etwas Schlechtes.

Manche Spezialisten auf diesem Gebiet betrieben die Kristallomantie, die auch unter der Bezeichnung Kristallsehen bekannt ist, um Hexen und Diebe auszurotten, indem sie einem Nachfragenden das Gesicht des Missetäters in ihrem Spiegel enthüllten. Diese Methode bot sich auch für die Suche nach verlorengegangenem Eigentum oder vermißten Personen oder für die Kontaktaufnahme mit Geistern an. Nur Menschen reinen Herzens waren angeblich in der Lage, mit guten Geistern zu kommunizieren; daher wurden viele kleine Kinder als Kristallseher angestellt.

Im Mittelalter war die Kristallomantie sehr weit entwickelt und genoß selbst an Königshöfen hohes Ansehen. Nicht jeder konnte diese Kunst meistern; Wahrsager, die behaupteten, solche Kräfte zu besitzen, waren sehr gesucht. Fähige Kristallseher wurden berühmt und verkehrten mit den Höchsten im Land, obgleich sie riskierten, von ihren Feinden wegen des Umgangs mit dem Teufel verklagt oder in den Geruch einer Hexe oder eines Hexenmeisters zu kommen.

Unter diesen Individuen der Zeiten Elisabeths und Jakobs, in denen die Kristallseher hochgeachtete Personen waren, tat sich Dr. John **Dee** hervor, der sein Können in den Dienst des englischen Hofes stellte und neben anderen Ereignissen beispielsweise die Pulververschwörung von 1605 voraussagte. Wie viele andere, war auch Dee nicht selbst in der Lage, im Spiegel oder in seinem Fall in der Kristallkugel etwas zu sehen, und mußte deshalb jemanden anstellen, der ihm als Vermittler diente. Sein erster Assistent war der sehr angesehene Barnabas Saul, der Dees Fragen an den Engel Annael weitergab, zu dem er vorgeblich Kontakt hatte. Dees Assistent wurde schließlich als Betrüger entlarvt, und an seine Stelle trat der bekannte Edward **Kelly**, der die notwendige Verbindung zwischen Dee und einer Reihe von Geistern herstellte, die verschiedentlich mit Namen wie Madini und Engel Uriel bezeichnet wurden.

Einem weit verbreiteten Glauben zufolge durften die Kristallkugel oder der Spiegel, die für die Kristallomantie benutzt wurden, niemals berührt werden, da dies ihre Wirkung verringerte. Auch sollte das mehrmalige Bewegen der rechten Hand über der Oberfläche im Spiegel oder in der Kugel Bilder erscheinen lassen.

Siehe auch **Divination**.

Kröte Die Kröte ist eines der Tiere, die im Volksglauben am engsten mit dem Hexenwesen verbunden waren. Der Überlieferung zufolge erschienen die **Hausgeister** häufig als Kröten, und in Mitteleuropa war die Vorstellung verbreitet, die Hexen selbst könnten sich mit der Gestalt eines solchen Tieres tarnen. In seinem *Paradise Lost (Das verlorene Paradies)* ließ John Milton den Satan sich in eine Kröte verwandeln, um Gift in Evas Ohr zu träufeln. Die mittelalterliche Ketzersekte der Luziferaner verehrte den Teufel in Gestalt einer Kröte.

Eine große Zahl Hexen gab zu, Kröten als Hausgeister zu haben, und führte die Tiere zum Beweis gelegentlich auch vor. Dr. William Harvey, der Leibarzt Karls I., bekam einst von einer vermeintlichen Hexe aus Newmarket einen solchen Krötenhausgeist gezeigt.

Ungeachtet des Protests der Frau, begann er, das Tier zu sezieren, wobei er feststellte, daß es sich in jeder Hinsicht um eine ganz gewöhnliche Kröte handelte. 1665, einige Jahrzehnte darauf, sagte ein Dr. Jacob aus Yarmouth, der sich brüstete, behexten Kindern helfen zu können, beim Prozeß gegen die **Hexen von Bury St. Edmunds** aus, im Bettzeug eines der Kinder, die in diesen Fall verwickelt waren, eine Kröte gefunden zu haben. Er äußerte vor dem Gericht, daß er das Tier sofort als Hausgeist oder getarnte Hexe erkannt und den Kindern befohlen habe, die Kröte ins Feuer zu werfen. Dort sei sie explodiert. Später fanden sich an den Armen der angeklagten Amy Duny Brandwunden, woraus man schloß, daß sie dieses Geschöpf gewesen sein mußte.

Kröten oder Körperteile von Kröten waren eine Standardzutat von Hexengebräuen. Die Verbindung mit dem Hexenwesen hing wahrscheinlich mit dem Ruf dieser Tiere zusammen, giftig zu sein. (Sie können aus Hautdrüsen tatsächlich Säuren absondern, wenn sie Gefahr wittern.) Dieses Gift verwendeten die Hexen angeblich für ihre **Zauber**. Die 1591 verurteilten **Hexen von North Berwick** gaben zu, versucht zu haben, Jakob VI. von Schottland (den späteren **Jakob I.** von England) zu vergiften. Dazu hätten sie geplant, ein Kleidungsstück des Königs mit dem Gift einer schwarzen Kröte zu tränken, die sie drei Tage lang an den Beinen hätten hängen lassen. Es sei ihnen allerdings nicht gelungen, etwas aus des Königs Garderobe zu beschaffen, das sie mit der, wie sie meinten, tödlichen Flüssigkeit hätten bestreichen können. Agnes Sampson, eine der Frauen, die in das Komplott verwickelt waren, behauptete, daß der König unter großen Schmerzen hätte sterben müssen, so „als ob er auf spitzen Dornen und Nadeln läge", wenn der Anschlag gelungen wäre. Andernorts erzählte man sich, daß eine Hexe sich augenblicklich unsichtbar machen könne, wenn sie sich mit einer Zauberflüssigkeit aus Krötenspucke und Gänsedistelsaft ein schiefes Kreuz auf die Haut male.

In Ostengland herrschte der Aberglaube, daß gewisse „Krötenmänner" Macht über Pferde hätten und sie entgegen allen Bemühungen der Kutscher oder Reiter wie angewachsen auf der Stelle stehen lassen könnten. Diese Kraft sollte dem „Krötenmann" aus einem komplizierten Ritual erwachsen, bei dem er eine Kröte häuten und deren Körper auf einen Ameisenhaufen legen mußte, wo er blieb, bis nur noch das Skelett übrig war. Die getrockneten Knochen mußten dann um Mitternacht in einen Bach gelegt werden. Die knöchernen Überreste, so behauptete man, würden einen schrecklichen Schrei ausstoßen, und einer der Knochen, dem große Zauberkraft innewohne, würde stromaufwärts zu schwimmen beginnen. Den müsse der angehende „Krötenmann" nur packen, um verschiedene okkulte Kräfte zu erlangen.

Kröten trugen im Kopf angeblich einen Edelstein, der als Mittel zum Aufspüren von Gift sehr geschätzt wurde. Adlige, die um ihr Leben fürchteten, trugen in dem Glauben, sie würden sie vor Giftanschlägen warnen, häufig Ringe mit einem solchen Juwel zur Schau.

Abergläubische Menschen legten großen Wert auf sogenannte „Krötensteine", wie faktisch jeder Stein genannt wurde, der durch seine Form oder Farbe an eine Kröte erinnerte.

Kürbis

Sie sollten ausgezeichnete Heilmittel bei Bissen oder Insektenstichen sein. Um zu prüfen, ob ein Krötenstein über besondere Kräfte verfügte, mußte man ihn einfach vor eine lebendige Kröte legen; kroch das Tier auf den Stein zu, dann galt er als echt.

Wegen der lange gehegten Vorstellungen, die die Kröte mit dem Hexenwesen assoziierten, betrachtete man das Tier als ein unheilvolles Geschöpf, und noch immer blicken manche Menschen mit Abscheu auf die Kröte, die angeblich Unglück bringt. Wurde das Vieh krank, dann war es einst gang und gäbe, den Grund für den schlechten Zustand der Tiere in Krötenbissen zu suchen. Allerdings zögerten die Bauern, eine Kröte zu töten, da sie fürchteten, damit einen Wolkenbruch hervorzurufen. Einer Überlieferung aus der Grafschaft Devonshire zufolge mußte man Kröten fangen und verbrennen, so wie es mit den Hexen auf dem europäischen Kontinent geschah, um deren magischen Kräfte zu vernichten. Eine Kröte mit bloßen Händen anzufassen, galt als nicht ratsam, denn dadurch bekam man angeblich **Warzen**.

Kürbis Der Kürbis, ein auffallendes Kennzeichen der neuzeitlichen Festlichkeiten zu **Halloween**, wurde lange Zeit als Symbol der Fruchtbarkeit und als Schutz vor den Hexen verehrt. Die heute verwendeten, grotesk aussehenden ausgehöhlten Kürbisse, die von innen mit Kerzen beleuchtet sind, waren ursprünglich dafür gedacht, die Feiernden zu schützen, indem sie die bösen Geister verscheuchten, die in dieser besonderen Nacht unterwegs waren. Heute scheint diese einstige Funktion immer mehr in Vergessenheit zu geraten, weil die Volksmythologie in Erzählungen von Kürbisungeheuern und kürbisköpfigen **Dämonen** schwelgt, die ganze Kindergenerationen zu dem falschen Glauben verleitet, die Kürbisse selbst verkörperten das Böse und seien vielleicht im Bunde mit Hexen, Vampiren und ähnlichen Wesen. Der ursprünglichen Vorstellung entsprechend, daß Kürbisse Schutz vor dem Bösen gewährten, war es eine alte Tradition, Kürbiskerne am besten zu Karfreitag in den Boden zu bringen. Hatten sich daraus Pflanzen entwickelt, dann mußte man darauf achten, nie auf sie zu zeigen, denn das kam angeblich der Schädigung durch den **bösen Blick** gleich und sollte die weitere Entwicklung der Pflanzen hemmen.

Dem Hexenwissen zufolge half das Verspeisen von Kürbiskernen gegen ein ausgesprochen hitziges Naturell, und die mit Öl zu einer Paste vermischten und auf die Haut aufgetragenen Kerne ließen Sommersprossen verschwinden.

Kuß Ein Kuß kann vieles andeuten – von einfacher Zuneigung bis zu Demut, Ehrerbietung, Respekt und sinnlicher Begierde. Im Hexenwesen war der „obszöne Kuß" (oder *osculum infame*), bei dem die Hexenneulinge den **Teufel** „unterhalb des Schwanzes" mit den Lippen berühren mußten, ein wichtiges Merkmal der Taufzeremonie (*siehe* **Initiation**). Er wurde auch zu allen **Hexensabbaten**, an denen der Teufel teilnahm, als Erneuerung des Treueids wiederholt. Eine Erwähnung solcher Rituale findet sich bereits in Schriften aus dem dreizehnten Jahrhundert sowie in Verbindung mit den Waldensern, den **Tempelrittern** und anderen häretischen Sekten (*siehe* **Häresie**).

Die meisten Berichte lassen darauf schließen, daß der Teufel üblicherweise in Gestalt eines Tieres erschien, um sich mit dem obszönen Kuß huldigen zu lassen, was das Ritual für das christliche Denken doppelt abstoßend machte. Verschiedenen Hexengeständnissen zufolge ließ sich der dämonische Meister mitunter als Ente, Eber, Gans oder **Kröte** küssen, doch häufiger materialisierte sich der Teufel dazu in seiner bekannten ziegenköpfigen Gestalt (*siehe* **Ziegenbock**). Agnes **Sampson**, eine der **Hexen von North Berwick**, und andere, die zugaben, bei ihren Sabbaten das Hinterteil des Teufels geküßt zu haben, berichteten, daß sich seine Haut eiskalt angefühlt habe und daß bei der Ausführung der Zeremonie alle Erinnerung an ihre frühere katholische Frömmigkeit dahingeschwunden sei. Der französische Hexenjäger Pierre de **Lancre** behauptete, eine Hexe aus Südwestfrankreich habe verraten, daß der Teufel unter seinem Schwanz ein zweites, schwarzhäutiges Gesicht habe, das dessen Untergebene küssen müßten. Andere Hexen bekannten, die Fußspuren des Dämons **Beelzebub** geküßt zu haben.

Der fünffache Kuß der neuzeitlichen Hexenzeremonien ist eine Form der Ehrerbietung, die beim „Tanz des Rades", einem Ritual zur Feier der Wintersonnenwende, von den männlichen Mitgliedern der Hexenzirkel gefordert wird. An einem bestimmten Punkt des Tanzes stellen sich die männlichen mit den weiblichen Hexen zu Paaren zusammen, worauf die Männer den Frauen mit fünf Küssen auf die Füße, die Knie, die Lenden, die Brüste und die Lippen huldigen. Die Frauen verbeugen sich zum Dank, und das Fest zur Wintersonnenwende geht weiter. Zu anderen Gelegenheiten können auch die Frauen diese Zeremonie bei den Männern ausführen.

Kyteler, Alice Irische Aristokratin, um die es in einem der frühesten bekannten Hexenprozesse in Irland ging, und die bis heute die bekannteste irische Hexe ist. Dame (oder Lady) Alice (oder Agnes) Kyteler aus Kilkenny in Südostirland war reich, hatte gute gesellschaftliche Verbindungen und entstammte nach ihren Worten einer angesehenen anglo-normannischen Familie. Sie geriet im Jahre 1324 unter den Verdacht der Hexerei, als Sir John le Poer, ihr vierter Ehemann (der an einer fortschreitenden Muskelatrophie litt), zu der Überzeugung gelangte, seine Ehefrau sei die Ursache seines schlechten Gesundheitszustandes. Sir Johns Argwohn wurde durch die Andeutung eines Dienstmädchens aus seinem Hause geweckt, und er verstärkte sich, als Sir John unter den Sachen seiner Frau eine mit dem Namen des **Teufels** versehene Oblate vom heiligen Brot und verschiedene Zauberpulver zusammen mit einem kleinen Gefäß fand, das eine als **Flugsalbe** identifizierte Substanz enthielt.

Sir John berichtete Richard de Landrede, dem Franziskanerbischof von Ossory, von seinem Fund. Der Bischof, der Sir John ohne langes Zögern beipflichtete, daß die Wurzel der Krankheit Hexerei sein müsse, ordnete eine gründliche Untersuchung an. Man spekuliert, daß der in England geborene Bischof vielleicht während seiner Ausbildung in Frankreich, wo er von den Hexenprozessen gehört hatte, zu der Überzeugung gelangt sei, daß Hexerei wirklich existiere. Vielleicht aber reizte ihn auch die Tatsache, daß er im Falle eines Schuldspruches das Vermögen der wohlhabenden Verdächtigen konfiszieren konnte.

Es wurden weitere Anschuldigungen zusammengetragen, denen zufolge Alice Kyteler Gott geleugnet, dem Teufel Opfer gebracht, mit einem Dämon namens Robin Artisson (der manchmal die Gestalt einer **Katze** oder eines **schwarzen Hundes** angenommen habe) gebuhlt, mit Hilfe von Teufeln die Zukunft ergründet, sakrilegische Gottesdienste abgehalten und mittels Zauberei Feinden und deren Viehbestand geschadet hatte. Einige dieser Beschuldigungen stammten von den Kindern ihrer ersten drei Ehemänner, die verständlicherweise Groll empfanden, nachdem sie erfahren hatten, daß sie zugunsten von William Outlawe, dem ältesten Sohn von Lady Alice, enteignet worden waren.

Alice Kyteler und zehn weitere Teufelsanbeter des Ortes, so behauptete man, trafen sich insgeheim an gewissen **Kreuzwegen**, um ihren dämonischen Meistern Hähne und andere lebende Tiere zu opfern, wobei sie die Geschöpfe Stück für Stück zerrissen und Teile ihrer toten Körper für ihre Zaubereien verwendeten. Im **Schädel** eines enthaupteten Räubers brauten sie über einem Feuer aus Eichenkloben (*siehe* **Eiche**) Tränke aller Art zusammen. Weitere Zutaten, die die Mitglieder des Hexenzirkels für ihre Zaubereien verwendeten, sollten Kräuter, Spinnen, schwarze Würmer, das Fleisch von Schlangen, Haare und Nägel von Leichen sowie das Hirn ungetaufter Kinder gewesen sein.

Einmal war Lady Alice gesehen worden, als sie den Schmutz aus den Straßen von Kilkenny vor die Haustür ihres ältesten Sohnes kehrte und dazu sang:

> Zum Haus von William, meinem Sohn,
> eilt all der Reichtum von Kilkenny.

Dem Vernehmen nach hatte sie mit Hilfe von Robin Artisson (den man als einen vom „unbedeutenderen Höllenvolk" beschrieb) auch ihre ersten drei Ehemänner ermordet, um deren Vermögen zu erben.

Wie auch immer die Wahrheit hinter diesen Anschuldigungen ausgesehen haben mag – Alice Kyteler erhielt von ihren Mitbürgern große Unterstützung, als sie sich gegen die

Kyteler, Alice

Vorwürfe wehrte, die ein englischer Bischof mit nur wenigen Sympathisanten im Ort gegen sie erhoben hatte. Nachdem der Bischof William Outlawe vor sein Gericht gerufen hatte, damit er sich gegen eine Anklage wegen **Häresie** verteidige, kam er selbst ins Gefängnis, wo er auf Anweisung von Alice Kytelers hochgestellten Freunden und Verwandten siebzig Tage zubringen mußte. Unbeeindruckt davon, schlug der Bischof zurück und stellte die gesamte Diözese unter ein Interdikt. Diese Maßnahme mußte er allerdings wieder aufheben, nachdem Alice Kyteler die Unterstützung des Lordrichters eingeholt hatte. Später hatte der Bischof seltsam wenig Erfolg bei seinem Bemühen um Zusammenarbeit mit den weltlichen Gerichten, die von Lady Alices Familie beherrscht wurden.

Am Ende erhielt der Bischof von den leitenden kirchlichen Autoritäten in Dublin angemessene Unterstützung, und der Druck auf Alice Kyteler wurde schließlich zu groß. Lady Alice floh nach England und überließ es dem Gericht in Kilkenny, sie in ihrer Abwesenheit der Hexerei schuldig zu sprechen. Obwohl der Bischof sie wegen ihrer angeblichen Missetaten exkommunizierte und ihr in Irland verbliebenes Vermögen einziehen ließ, scheint Alice Kyteler nie eine Strafe für ihre Verbrechen verbüßt zu haben. Den Rest ihres Lebens soll sie in Frieden in England verbracht haben.

Einige von Alice Kytelers „Komplizen" hatten weniger Glück. Ihre Kammerzofe Petronilla de Midia (oder Meath) und andere traf ein weit schlimmeres Schicksal. Petronilla wurde sechsmal hintereinander bis zur Bewußtlosigkeit geschlagen, bis sie zugab, daß jeder Vorwurf gegen die Angeklagte der Wahrheit entsprach, und obendrein hinzufügte, daß sie all ihre Kenntnisse der schwarzen Künste von Alice Kyteler persönlich habe. Die dem Untergang geweihte Frau wurde exkommuniziert, ehe man sie, die den Bischof bis zuletzt beschimpfte, am 3. November 1324 auf dem Marktplatz von Kilkenny bei lebendigem Leib verbrannte. Petronilla de Midia war der erste Mensch in der irischen Geschichte, der als Hexe hingerichtet wurde. Die anderen, die man als John, Ellen und Syssok Galrussyn, Robert of Bristol, William Payn de Boly, Alice Faber, Annota Lange und Eva de Drownestown identifizierte, wurden zu verschiedenen Strafen verurteilt, die von Prügel und Verbannung bis zur Verbrennung auf dem Scheiterhaufen reichten.

Ermutigt durch seinen Erfolg, beschloß Bischof de Landrede, William Outlawe noch einmal vor Gericht zu stellen, damit er sich für seine Vergehen verantworte. Er überredete schließlich den obersten Richter von Irland, den Kanzler, den Schatzmeister von Irland und den Königlichen Rat, nach Kilkenny zu kommen, um über den Angeklagten, der zur Zusammenarbeit mit ihnen verpflichtet war, zu Gericht zu sitzen. Outlawe gab gehorsam zu, er sei einem Irrtum verfallen gewesen. Man befahl ihm, zur Wiedergutmachung ein Jahr lang täglich dreimal zur Messe zu gehen, die Armen der Stadt mit Nahrung zu versorgen und die Kosten für ein neues Kathedralendach zu übernehmen. Alice Kytelers Sohn erklärte sich ruhig und gelassen damit einverstanden und vergaß alles, sobald er das Gericht verlassen hatte.

Als Nächsten verfolgte Bischof de Landrede Sir Arnold le Poer, Seneschall von Kilkenny und angeblich der **gehörnte Gott** in Alice Kytelers Hexenzirkel, der einst versucht hatte, die Kampagne des Bischofs gegen Lady Alices Familie zu vereiteln, und der den hohen kirchlichen Würdenträger damals als „nichtsnutzigen groben Durchgänger aus England" beschrieben hatte. Als der Bischof zweimal in vollem Ornat, mit allen Insignien seiner Macht und dem heiligen Sakrament in einem Abendmahlskelch vor Sir Arnolds Gericht erschienen war, hatte man ihn jedesmal mit einem Minimum an Etikette abgewiesen. Sir Arnold wurde zu einer öffentlichen (nicht allzu überzeugenden) Geste der Aussöhnung mit dem Bischof gezwungen, doch das war Richard de Landrede nicht genug, und er überstellte ihn nach Dublin. Hier wurde Sir Arnold jedoch vom Kanzler Roger Outlawe, einem weiteren Verwandten von Lady Alice, als Ehrengast behandelt.

Der Bischof war nun so unklug, den Kanzler selbst der Ketzerei anzuklagen. Sir Arnold starb indessen in Dublin eines natürlichen Todes, und der Kanzler Roger Outlawe ließ sich durch eine gleichgesinnte geistliche Kommission (die bei einem Bankett auf Kosten des Kanzlers fürstlich bewirtet wurde) von jeglichem Verdacht der Häresie reinwaschen. Der

Kyteler, Alice

Kanzler wandte sich dann an die Vorgesetzten des Bischofs, und de Landrede wurde zum Papst bestellt, um seine Aktivitäten zu erläutern und sich – Ironie des Schicksals – gegen die Anklage der Häresie zu verteidigen. In seiner Abwesenheit übte Alice Kyteler mittels ihres Einflusses auf den englischen Hof Rache, indem sie die Ländereien und den Besitz des Bischofs von der Krone konfiszieren ließ. Sie wurden schließlich wieder zurückerstattet, doch nach einer zweiten Anklage wegen Häresie dann ein weiteres Mal eingezogen. Der Bischof konnte sich 1360 schließlich von den gegen ihn erhobenen Vorwürfen reinwaschen.

L

Laing, Beatrix *siehe* **Pittenweem, Hexen von**

Lamb, Dr. John gest. 1628. Englischer Arzt und Okkultist, der für seine Beschäftigung mit der schwarzen Magie bekannt wurde. Dr. Lamb war Leibarzt des Herzogs von **Buckingham** und weithin nicht nur als Doktor der Medizin, sondern auch als Alchimist und Magier bekannt, über den viele außergewöhnliche Geschichten im Umlauf waren.

Als junger Mann forderte er das Schicksal durch seinen Ruf als Zauberer heraus, und die Assisen von Worcester verurteilten ihn zweimal: Das erste Mal aufgrund des schweren Vorwurfs, er habe durch Hexerei den Tod von Thomas, Lord Windsor, herbeigeführt; das zweite Mal wegen der Beschwörung böser Geister. Beide Male entging er dem Todesurteil und kam mit einer Gefängnisstrafe davon. Im Gefängnis setze er seine Studien der okkulten Wissenschaften fort. Man sagte ihm nach, seine Macht sei so groß, daß er Frauen behexen konnte, ihre Röcke zu heben, wenn sie an seinem vergitterten Zellenfenster vorübergingen.

1624 wurde Dr. Lamb begnadigt und vorzeitig aus dem Gefängnis entlassen. Er ließ sich unter der Schirmherrschaft des mächtigen Herzogs von Buckingham in London nieder, wo er den Spitznamen „Des Herzogs Teufel" erwarb. Als das Unterhaus 1626 plante, gegen den Herzog Anklage zu erheben, und just zu dieser Zeit ein Unwetter über die Hauptstadt hereinbrach, identifizierte man zwangsläufig Dr. Lamb als mögliche Ursache des Sturms, den er angeblich durch einen **Wetterzauber** ausgelöst hatte. Andere Gerüchte im Zusammenhang mit seinem Namen besagten beispielsweise, er habe das Arsenik beschafft, das angeblich Jakob I. den Tod gebracht hatte.

Nach Jahren der Spekulationen und Gerüchte über seine Aktivitäten starb Dr. Lamb schließlich 1628; er wurde kurz nach dem Verlassen des Fortune Theatre in der Golden Lane wegen seines Rufes als Hexenmeister von einem aufgebrachten Haufen angegriffen und am St. Pauls Cross erschlagen. Karl I., der von diesem Aufruhr erfuhr, ging auf die Straße, um den Tumult zu ersticken, kam aber zu spät, um den Doktor noch retten zu können. Als die zuständigen Stellen es jedoch unterließen, die Anführer des Mobs zu verurteilen, belegte sie der König in einem Anfall von Zorn mit einer hohen Geldstrafe von sechshundert Pfund.
Siehe auch **Dr. Lambs Geliebte**.

La Messe de St. Sécaire *siehe* **Schwarze Messe**

Lamia Seit klassischen Zeiten gebräuchlicher Name für eine Hexe oder einen Dämon. Lamia war ursprünglich eine legendäre libysche Königin, deren Schönheit den Gott Zeus faszinierte und zu ihrem Liebhaber machte. Hera, eifersüchtig auf die Königin, beraubte Lamia ihrer Schönheit und verwandelte sie in eine abscheuliche Hexe, die all ihre Kinder tötete, die sie dem göttlichen Geliebten geboren hatte. Lamia ließ daraufhin ihre Verbitterung an den Kindern anderer aus. In der römischen Mythologie erlangte sie ihre frühere Schönheit wieder, um Männer zu verführen und sich von deren Blut zu ernähren.

Spätere Generationen von Dämonologen bezeichneten Lamia als ein „Nachtmonster" oder einen Vampir, der das Blut von Kindern und Männern trank und ihnen Alpträume bescherte. Bereits im neunten Jahrhundert verwendeten einige Schriftsteller den Namen Lamia in der Bedeutung von „Hexe".

Lancre, Pierre de 1553-1631. Französischer Jurist, der 1609 in einer von ihm angestifteten viermonatigen Hexenjagd in der Baskenregion nördlich der Pyrenäen etwa sechshundert angebliche Hexen zum Tode verurteilte. Von Heinrich IV. von Frankreich in die Region Labourd geschickt, um dort die Hexenseuche auszurotten, die in der Gegend wüten sollte, verbreitete de Lancre unter der dortigen Bevölkerung Furcht und Schrecken, als er ungezählte Männer, Frauen und Kinder vor Gericht zerren ließ. De Lancre, der die Sprache und Kultur der Basken verachtete, bediente sich seiner umfangreichen Kenntnis der Hexentheorie und der gerichtlichen Verfahrensweise, um die Verdächtigen aufgrund fadenscheinigster Beweise zu verurteilen. Oftmals erhob er Anklagen auf der Basis unbewiesener Anschuldigungen, die von unmündigen Kindern stammten.

De Lancre, der aus einer in Bordeaux ansässigen wohlhabenden Familie stammte, sah sich selbst als Kämpfer, der den durch die einstige richterliche Nachsicht entstandenen Schaden wiedergutmachte und jede Hexenverbrennung als moralischen Sieg ansah. Die Gefahren des Hexenwesens waren ihm zum erstenmal ins Bewußtsein gedrungen, als er 1599 auf dem Weg ins Gelobte Land war und, wie er behauptete, auf der Durchreise in Rom ein Mädchen gesehen hatte, das vom Teufel in einen Jungen verwandelt wurde. Als Richter nahm er jede Gelegenheit wahr, Hexen aufzuspüren und strafrechtlich zu verfolgen – ein Diensteifer, mit dem er 1609 das Vertrauen Heinrichs IV. gewann.

Die Ergebnisse seiner Untersuchungen in der baskischen Region überzeugten de Lancre, daß er eine gewaltige hochorganisierte Hexenverschwörung aufgedeckt hatte, deren Ziel es war, die christliche Welt zu vernichten. Unter der Leitung des Teufels persönlich wurde ein hierarchisch geordnetes Heer von Hexen mit Zeremonien, einem anerkannten Pantheon diabolischer Heiliger und einem komplexen System von Hexenzirkeln versammelt, die gemeinsam ihre Ziele zu erreichen suchten. Um allen Bezichtigungen, er leide unter Verfolgungswahn, entgegenzutreten, verwies de Lancre auf die Ähnlichkeiten zwischen den vermeintlichen Verbrechen der Hexen überall in Europa und leitete daraus einen gemeinsamen antichristlichen Vorsatz ab. Als Beweis für diesen Vorsatz hob er den blasphemischen Charakter vieler Zeremonien hervor, die die Verdächtigen dem Vernehmen nach abhielten und bei denen anstelle von Jesus Christus der Teufel angebetet wurde. Er, Pierre de Lancre, habe Geständnisse gehört, in denen die Hexen zugaben, vor dem Teufel auf die Knie gefallen zu sein, Christus verleugnet und ihrem Meister mit Worten wie „Großer Herr, den ich bewundere" gehuldigt zu haben.

Besonders entsetzten de Lancre die Geistlichen, die sich als Hexenmeister entpuppt hatten und nun zusammen mit den Frauen vor Gericht gestellt wurden. Er bekannte, daß es ihn mit Erstaunen und Abscheu erfülle, wenn manche Hexen vor ihm behaupteten, sich auf die **Hexensabbate** mit ihren Gelagen, Tänzen (*siehe* **Hexentanz**) und Orgien gefreut zu haben. Er berichtete, daß sie „die Zeit wegen des Vergnügens und des Glückes, das sie dort genossen, als zu kurz empfanden, so daß sie mit unendlichem Bedauern auseinandergingen und sich nach der Zeit sehnten, da sie wiederkommen konnten".

Das Überhandnehmen der Hexen in der Region von Labourd, wo nach de Lancres Schlußfolgerung die gesamte Bevölkerung vom Hexenwesen verdorben war, ließ sich nach Meinung des Juristen mit der geographischen Abgelegenheit des Gebietes erklären. Nachdem die „Pestilenz" im späten fünfzehnten Jahrhundert aus Béarn in die Region von Labourd gelangt sei, habe sie sich jahrelang im verborgenen ausgebreitet, ohne daß es von jemandem in der Welt rundum bemerkt worden sei.

De Lancre unterschied zwei Arten der Hexerei. In seinen Augen bildeten Hexen, die auf die Giftmischerei spezialisiert waren, eine gesonderte Gruppe. Hier muß erwähnt werden, daß nur wenige Autoritäten diese Kategorisierung unterstützten. Seine Beschäftigung mit Fällen vermeintlicher **Verwandlung** überzeugte ihn indes von der tatsächlichen Existenz der **Lykanthropie** als einer weiteren Manifestation des Bösen im Baskenland.

De Lancre hinterließ in mehreren Büchern ausführliche Berichte über seine Aktivitäten gegen das Hexenwesen, die weitverbreitet waren

Lange, Annota

und häufig von anderen Hexenrichtern zu Rate gezogen wurden. Er beschrieb seine Methoden der Hexenjagd und die Prozesse, mit denen er zu tun hatte, in einem sechshundert Seiten langen Buch mit dem Titel *Tableau de l'inconstance des mauvais Anges (Beschreibung der Treulosigkeit gefallener Engel)*, das 1612 erschien. Andere Werke aus seiner Feder waren *L'incredulité et mescréance du sortilège (Unglaube und Irrglaube der Zauberei)* aus dem Jahre 1622 und *Du sortilège (Über die Zauberei)*, das 1627 veröffentlicht wurde. Beobachter seiner Zeit, darunter auch der Abbé Laurent Bordelon, trachteten danach, de Lancres Schriften ins Lächerliche zu ziehen, indem sie berühmte Parodien auf dessen *Tableau de l'inconstance* publizierten, doch eine weit größere Zahl von Menschen nahmen de Lancres Worte für bare Münze und benutzten dessen Theorien, um ihre eigenen Hexenjagden zu rechtfertigen.

Siehe auch **Baskische Hexen**.

Lange, Annota *siehe* **Kyteler, Alice**

Langton, Walter Englischer Prälat, Bischof von Coventry und Schatzmeister von England, der 1301 neben anderen Verbrechen auch der Hexerei angeklagt war. Der außergewöhnliche und langwierige Prozeß gegen Langton beruhte auf Anschuldigungen vonseiten Sir John Lovetots, der behauptet hatte, der Bischof habe mit Lovetots Stiefmutter Ehebruch begangen, habe den Mord an Lovetots Vater organisiert und sei ein Zauberer, der einen **Pakt mit dem Teufel** geschlossen und dem Teufel mit dem **Kuß** auf dessen Hinterteil gehuldigt habe.

Die sensationellen Anklagepunkte gegen einen der mächtigsten Männer Englands erregten großes Aufsehen, und obwohl der Bischof die Vorwürfe zurückwies, zog sich die Debatte über dessen Schuld (zum Ärger Eduards I., der seinem Schatzmeister entschlossen zur Seite stand) über zwei Jahre hin. Erst als Langton vor den Papst nach Rom gerufen worden war und eine königliche Sonderkommission die Sache untersucht hatte, wurde Langton 1303 schließlich freigesprochen.

Die Historiker stimmen darin überein, daß es wahrscheinlich aus politischen Gründen zu diesem Prozeß kam und daß dabei die Feindschaft zwischen den Hauptparteien eine Rolle spielte. Interessant ist jedoch, daß bereits 1301, ehe der Hexenwahn in der Vorstellungswelt der Europäer wirklich Fuß gefaßt hatte, eine so hochgestellte Persönlichkeit wie der Schatzmeister von England wegen angeblicher Hexerei auf die Anklagebank kommen konnte und dann größte Schwierigkeiten hatte, seinen Namen von jeglichem Verdacht zu reinigen.

Laudun, Sir Walter Englischer Ritter, der im zwölften Jahrhundert einen verblüffenden Fall von Hexerei und Vampirismus ans Licht brachte. Der aus einer walisischen Grenzstadt stammende Sir Walter Laudun erzählte Gilbert Foliot, dem Bischof von Hereford, eine ungewöhnliche Geschichte, die später in Walter Maps *De nugis curialum* aufgezeichnet wurde. Wie es schien, war kurz zuvor ein walisischer Zauberer gestorben, und Lauduns Heimatstadt wurde nun jede Nacht von dessen fleischlicher Wiederkehr traumatisiert. Lauduns Worten zufolge rief der Tote allnächtlich die Namen bestimmter Bürger der Stadt, die zur Bestürzung ihrer Freunde und Verwandten unmittelbar darauf erkrankten und starben.

Auf den Rat des Bischofs hin exhumierte Laudun die Leiche des Zauberers, ließ sie köpfen und legte sie wieder ins Grab, das darauf mit **Weihwasser** getränkt wurde. Unglücklicherweise wirkte diese Gegenmaßnahme nicht, und eines Nachts wurde auch Sir Walters Name gerufen. Um sein Leben fürchtend, folgte er dem toten Mann bis zu dessen Grab und schlug ihm, noch ehe er Schutz suchen konnte, mit einem Hieb seines Schwertes den Kopf ab. Der Zauberer erschien nicht wieder.

La Voisin *siehe* **Chambre-Ardente-Prozeß**

Lawson, Mrs. Nicholas *siehe* **Pittenweem, Hexen von**

Leek, Sybil *siehe* **Wicca**

Leichendiebstahl *siehe* **Grabschändung**

Leiter Folterinstrument, das in ganz Europa (hauptsächlich in **Deutschland** und **Frankreich**) sehr häufig bei angeblichen Hexen angewendet wurde, um diese zu **Geständnissen** zu zwingen. Die Prozedur bestand darin, daß die Folterknechte den fast nackten Gefangenen waagerecht auf diese Leiter legten und seine Beine und Arme mit Seile banden, die dann ähnlich einer Aderpresse zusammengeknotet wurden. (Anstelle der Leiter wurde auch die Streckbank benutzt, oder man umschlang den Gefangenen mit Seilen, die an zwei feststehende Haken gehängt wurden.) Der Knoten wurde dann ständig gedreht, um die an den Armen und Beinen des Gefangenen befestigten Seile zu verkürzen und dadurch den Körper des Opfers zu strecken, bis die Muskeln rissen und die Gelenke ausgekugelt waren. Besonders grausam war die Folter, wenn der Henker angewiesen wurde, den Gefangenen mit vielen relativ dünnen Stricken zu binden, die er um die Gliedmaßen des Gefangenen und um die Leiterholme wand. In die Stricke steckte er Hölzer, die wie bei einer Aderpresse gedreht wurden, um so nach Belieben auf jeden Körperteil heftigsten Druck auszuüben. Die Knoten in den Seilen wurden durch den Druck ins Fleisch hineingepreßt und erzeugten zusätzliche Qualen.

So schrecklich die Leiter auch war, galt sie doch als mildere Form der Folter und wurde in einem relativ frühen Stadium des Verhörs angewendet. Diesem Foltergrad folgte dann die viel grausamere Prozedur des **Aufziehens**, die zudem noch in verschärfter Form angewendet werden konnte.

Lemp, Rebecca gest. 1590. Deutsches Opfer der Hexenjagd, dessen bewegender Briefwechsel mit der Familie als ein Zeugnis für die Leiden erhalten geblieben ist, die viele vornehme und unschuldige Menschen während des Hexenwahns im späten sechzehnten Jahrhundert in Deutschland erdulden mußten.

Rebecca Lemp war mit einem angesehenen Zahlmeister aus Nördlingen in Schwaben verheiratet und hatte 1590, zur Zeit ihrer Verhaftung wegen angeblicher Hexerei, sechs Kinder. Der erste Brief, der dem offiziellen Gerichtsbericht beiliegt, stammt von Rebecca Lemps Kindern, denen der wahre Grund für die Abwesenheit der Mutter scheinbar nicht bewußt war; sie hatten ihn kurz nach der Festnahme geschrieben und ins Gefängnis geschickt. Darin sprachen sie davon, daß sie sie zu Hause erwarteten, und versicherten, daß sie alle wohlauf seien und „Du darfst Dich nicht um den Haushalt sorgen, bis Du zu uns zurückkommst".

Der zweite Brief von Rebecca an ihren Ehemann deutete ebenfalls auf eine relativ ruhige Gemütsverfassung der Schreiberin hin. Trotz des Kummers über ihre Lage betonte sie ihre Unschuld in allem, was man ihr vorwarf, und gelobte, nichts zu gestehen. Sie glaubte offensichtlich, daß man ihr nichts anhaben könne, und schrieb: „Sei deshalb nicht beunruhigt; vor meinem Gewissen und vor meiner Seele bin ich unschuldig. Ob man mich foltern wird? Ich glaube es nicht, denn ich habe mir nichts zuschulden kommen lassen."

Der Ton des dritten Briefes, von Rebecca einige Monate später an ihren Mann geschickt, klang ganz anders. Sie war zu der Zeit bereits fünfmal in der Folterkammer gewesen und hatte sich ein Geständnis abpressen lassen. Sie bedauerte ihre Kinder und konnte ihren Mann nur darum bitten, ihr ein Mittel zu beschaffen, damit sie weiteren Qualen entgehen könne: „O du mein geliebter Mann, mein Herz ist fast gebrochen. O weh, o weh! Meine armen lieben Waisen! Mann, schicke mir etwas, damit ich sterben kann, oder ich muß unter der Marter mein Leben aushauchen; kannst du es heute nicht, dann tu es morgen." Dieser dritte Brief wurde anscheinend von den Gefängnisaufsehern abgefangen und vor Gericht als belastender Beweis für ihre Schuld verlesen, denn Selbstmord galt als Sünde.

Den letzten der vier Briefe schrieb Peter Lemp, Rebeccas Ehemann, an das Gericht. Darin bat er um ihr Leben und betonte seinen Glauben an ihre Unschuld. Er pries sie als Frau und Mutter und sprach davon, daß viele hochangesehene Personen bereit seien, für sie als „eine gottesfürchtige, tugendhafte, ehrliche Hausfrau und Gegnerin alles Bösen" zu bürgen. Er endete mit einer innigen Bitte um Rebeccas Freilassung „in meinem Namen und im Namen meiner lieben Kinder".

Die Bittschrift zeigte keine Wirkung bei Gericht. Nach weiteren Folterungen wurde Rebecca Lemp zum Tode verurteilt und am 9. September 1590 als Hexe verbrannt.

Levi, Eliphas

Sie war nicht das einzige Opfer der Hexenparanoia in diesem Jahr in Nördlingen: Insgesamt kamen zweiunddreißig Menschen, allesamt angesehene Bürger der Stadt, aufgrund ähnlicher Anklagen ums Leben. Der Wahn, der zu Beginn der neunziger Jahre des sechzehnten Jahrhunderts über Nördlingen hereingebrochen war, klang erst 1594 ab – nach der entsetzlichen Folterung von Maria Holl, die nicht weniger als sechzehn Aufenthalte in der Peinkammer überlebte, ohne ein Geständnis abzulegen. Die öffentliche Schande, die dieser Fall und besonders die Leiden der Angeklagten über die Obrigkeit gebracht hatte, zwang die Richter, von weiteren Prozessen Abstand zu nehmen.

Levi, Eliphas 1810–1875. Französischer Okkultist, geboren als Alphonse Louis Constant, der für seine Untersuchungen magischer Praktiken berühmt wurde. Levi probierte viele Zauber selbst aus und soll dabei dem Vernehmen nach vor Entsetzen über die Resultate zusammengebrochen sein. Seine Forschungen zu diesem Thema faszinierten viele berühmte und vornehme Personen, und so zählte Levi auch den bekannten englischen Romancier Edward Bulwer-Lytton zu seinen Freunden und Bewunderern. Er versammelte seine Gedanken über eine ganze Reihe von okkulten Themen in einer großen *History of Magic*, die für spätere Generationen von Okkultisten zur Pflichtlektüre wurde. Seine bildliche Darstellung eines Dämons, den er den Sabbatbock oder Behemot von Mendes nannte, wird häufig reproduziert, da sie den ziegenköpfigen Teufel der Hexensabbate, den Gott der Templer und den Teufel auf den Tarotkarten in einer Gestalt vereint. In Levis Augen verkörperte dieser Dämon die höchste Macht im Universum, der in sich gute und böse Einflüsse einschloß.

Leviathan Nach der Auffassung der Dämonologen des sechzehnten und siebzehnten Jahrhunderts einer der wichtigsten **Dämonen** der Hölle. Von dem Dämonologen Peter **Binsfeld** mit der Todsünde der Trägheit in Verbindung gebracht, wurde Leviathan häufig als Drache dargestellt, womit man eine lange christliche Tradition nachbetete, die Drachen mit dem Teufel gleichsetzte. Im Volksglauben wählte der Teufel mitunter die Gestalt eines Drachen, wenn er mit seinen Hexen buhlte.

Levitation *siehe* **Hexenflug**

Lichtmeß Christliches Fest, das am 2. Februar zu Ehren der Jungfrau Maria gefeiert wird; ein wichtiges Datum auch in der Hexenkunst. Im christlichen Kalender erinnert Lichtmeß an Christis ersten Tempelbesuch mit seiner Mutter. Im heidnischen Kalender markiert Lichtmeß den Beginn des Frühlings. Die während der Festzeremonien geweihten Kerzen sollten Hexen fernhalten sowie Krankheiten und Unwetter im Zaum halten können. Solchen Schutz sah man als besonders wünschenswert an, da Lichtmeß auch eines der wichtigsten Feste im Hexenkalender darstellte: Es war einer der Tage, an dem angeblich größere **Hexensabbate** abgehalten wurden.

Liebestrank Zaubertrank, der das Herz eines Menschen unabhängig von dessen wahren Gefühlen erobern soll. Unzähligen Hexen schrieb man die Macht zu, Tränke bereiten zu können, die die Gefühle beeinflußten, und in vielen historisch verbürgten Prozessen spielten Vorwürfe, die angeklagte Person habe solche Tränke verabreicht, eine zentrale Rolle. Anne **Boleyn** war nur eine der prominenten Gestalten, über die das Gerücht ging, sie hätten einen König mit Hilfe eines solchen Liebeszaubers umgarnt (in Anne Boleyns Fall Heinrich VIII.). In England war der Glaube an diese Art von Magie so stark, daß sich jedermann, der „Geisterbeschwörung, Hexerei oder Zauberei [anwandte] um … eine Person zu unrechter Liebe zu reizen", nach dem Hexengesetz von 1542 eines schweren Verbrechens schuldig machte. Ähnliche Bestimmungen in den Hexengesetzen von 1563 und 1604 bestätigten die Gesetzwidrigkeit einer solchen Handlung.

In vielen Fällen brachte der Trank eine Person angeblich dazu, sich in den Menschen zu verlieben, den sie nach der Einnahme des Trankes als ersten sah. Es gab jedoch auch andere, gezielter wirkende Gebräue. Die wirksamsten Liebestränke enthielten irgendeine Spur vom „Wesen" des gewünschten Opfers – vielleicht einige Haarsträhnen (*siehe* **Haar**) oder ein paar Fingernagelschnipsel. Durch das Beschwören dieser Dinge und das Mischen mit gewissen Kräutern oder anderen Zutaten sollte eine Hexe oder der Klient einer Hexe jede Person herbeirufen und sie auf jede beliebige Weise beeinflussen können.

Die Beschaffung von „Proben" des Opfers war nicht immer einfach. In einer bekannten Geschichte über den schottischen Lehrer Dr. John **Fian**, den ein Gericht 1590 nach der Folter als Hexenmeister zum Tode verurteilte, wird folgendes erzählt: Der Zauberer wollte die Liebe der Schwester eines seiner Schüler gewinnen. Er verleitete deshalb den Schüler dazu, „drei Schamhaare seiner Schwester" zu stehlen, was dem Jungen jedoch nicht gelang, ohne dabei seine Schwester aus dem Schlaf zu wecken, die sich daraufhin bei ihrer Mutter beschwerte. Die Mutter – selbst eine Hexe – verstand sogleich, was im Gange war, und gab ihrem Sohn drei Haare von einer Färse, die er dem Lehrer bringen sollte. Der arglose Magier sprach seine Zauberformeln über diesen Haaren und wurde daraufhin auf all seinen Wegen von einer liebestollen Kuh verfolgt, die „sich dem Schulmeister näherte und um ihn herumsprang und herumtanzte".

Unter den Pflanzen, denen man die stärkste aphrodisische Wirkung nachsagte, waren viele mit charakteristischem Äußerem und Geschmack. Spargel, Lauch und Pastinake ähnelten den menschlichen Geschlechtsteilen, während andere im Körper die Empfindung von Hitze und damit Leidenschaft hervorriefen. Von den exotischeren Pflanzen bevorzugten manche Hexen vor allen anderen angeblich die **Mandragora**, die sie zu Brei zerstampften und mit **Salz** mischten. Diesem Gewächs schrieb man seit jeher die Fähigkeit zu, Leidenschaften wecken zu können. Für andere, radikalere Zauber wurde das Knochenmark und die Milz eines jungen Mannes benötigt, den man als Voyeur ertappt und sogleich ermordet hatte. Weniger ungewöhnlich, doch offensichtlich auch wirksam beim Liebeszauber waren Pflanzen wie die **Ringelblume**, Johanniskraut und Immergrün, die pulverisiert und mit einigen Regenwürmern vermischt und dann zusammen mit Fleisch verspeist werden mußten. Die Palette der Zutaten für Liebestränke enthielt unter anderem auch betäubende Parfums, Ingwer und Zimt sowie Tierhoden, Krötengift (*siehe* **Kröte**), Ochsengalle, die Lunge von Eseln sowie Herzen, **Urin** und Sperma von Menschen.

Die Hexen boten angeblich auch „Anti-Aphrodisiaka" an, die unerwünschte Begierden dämpfen sollten. Dazu gehörte der Mohn, der weit und breit als Bezähmer der sinnlichen Leidenschaft galt. Im Mittelalter legten die Frauen großen Wert auf sogenannte „Ringe des Vergessens", mit deren Hilfe sie verflossene Liebschaften vergessen und sich auf neue Aussichten konzentrieren konnten. Zu den ausgefalleneren Lösungen für dieses Problem zählte der Verzehr von Eidechsen, die in Urin getaucht wurden, und die Anwendung von Einreibungen aus Mäusedreck.

Light, Thomas Englischer Okkultist, der in seiner Heimat Shropshire und darüber hinaus für seine Fähigkeiten im Umgang mit dem Übernatürlichen berühmt war. Light lebte in Walton bei High Ercall und wurde sowohl von Nachbarn als auch von Leuten aus ganz Cheshire und Wales um Rat und Hilfe gebeten. Er stand in dem Ruf, Kranke heilen, Liebesangelegenheiten regeln, wahrsagen, Kampfhähne betören und mittels Zauberei Diebe veranlassen zu können, gestohlenes Gut zurückzugeben. Nach Aussagen seiner Klienten zog er sich dazu für gewöhnlich in ein privates Gemach zurück und focht dort einen Kampf mit dem Übernatürlichen aus, bis er die Unterstützung eines Geistes gewonnen hatte.

Light, der einer der berühmtesten Hexenmeister seiner Generation war, verdankte einen Großteil seines Erfolges einer von ihm hochgeschätzten Abschrift des Werkes *The Theomagia of John Heyden, Gentleman*, die erstmals 1662 erschienen war und den Anspruch erhob, alle Arten okkulter Praxis zu erläutern. In seiner Heimat spricht man davon, daß Lights Tod durch böse Zaubereien eines Jack von den Weald Moors, eines rivalisierenden Hexenmeisters, herbeigeführt wurde.

Lilie Die Lilie wurde vorzeiten mit der Jungfrau Maria assoziiert und daher auch zu den Pflanzen gezählt, die Hexen und böse Geister

Lilith

abwehrten. Liliendarstellungen waren einst als Kirchenschmuck beliebt, was den Ruf der Pflanze als Sinnbild des Guten verstärkte. Auch in den Zaubern, die die **weißen Hexen** gegen schwarze Magie anwandten, spielten sie eine große Rolle. Zudem sollten vor das Haus gepflanzte Lilien das Eindringen von **Geistern** in das Gebäude verhindern.

Hatten die Eltern Sorge, daß ihre Tochter vom Pfad der Tugend abkommen könnte, dann hielt die Hexenkunst den Ratschlag bereit, dem Mädchen ein wenig pulverisierte gelbe Lilie zu essen zu geben. War es tatsächlich noch eine Jungfrau, dann müßte es unmittelbar nach dem Genuß des Lilienpulvers urinieren. Mit der Pflanze ließen sich auch Geschwüre, Entzündungen und verschiedene Wucherungen behandeln.

Lilien wurden jedoch auch für gewisse Zauber verwendet, die Unheil stiften sollten. Für einen dieser Zauber mischte man Lilien mit dem Saft eines Lorbeerbaumes und ließ sie zu Jauche werden. Die Würmer, die sich in dieser Pflanzenjauche entwickelten, schmuggelte man dann in die Jackentaschen eines Feindes, der dadurch um den Schlaf gebracht wurde.

Lilith Herrin aller Dämoninnen, die kleine Kinder ermordete und schlafenden Männern beiwohnte. Die Gestalt der Lilith geht wahrscheinlich auf die assyrische *lilitu*, ein abscheuliches Ungeheuer mit Flügeln und langem Haar, zurück. Der christlichen Mythologie zufolge war sie Adams erste Frau, den sie jedoch verließ, um sich den **Dämonen** hinzugeben und dann täglich hundert dämonische Nachkommen hervorzubringen. Um Adam über den Verlust hinwegzutrösten, schuf Gott Eva als dessen neue Gefährtin. Lilith indes fuhr fort, die Menschen zu terrorisieren; in der Hoffnung, einige Spermatropfen stehlen und daraus weitere böse Geister schaffen zu können, schlich sie sich häufig an Paare heran, die beieinanderlagen. All jenen, die Liliths Attacken fürchteten, erteilte man früher den Rat, einen **magischen Kreis** an die Wand des Schlafgemachs zu malen und mit den Worten „Adam und Eva – ohne Lilith" zu versehen.

Siehe auch **Sukkubus**.

Links Da Jesus Christus der Überlieferung nach zur Rechten Gottes sitzt, wurde die linke Seite den der Frömmigkeit und Tugend feindlichen Kräften, also den Dämonen und Hexen gleichgesetzt. In den Gepflogenheiten des Hexenwesens mußten viele Tätigkeiten wie das Umrühren des Kesselinhalts linksherum bzw. gegen den Uhrzeigersinn oder den scheinbaren Sonnenlauf (*siehe* **Umkehrung**) ausgeführt werden. Bei der Zubereitung von Tränken und bei Zaubereien, so glaubte man, arbeiteten die Hexen üblicherweise mehr mit der linken als mit der rechten Hand, weil die Linke angeblich von Natur aus für die Beschäftigung mit dem Bösen geeignet war. Schloß der Teufel sein Blutsbündnis mit einer Hexe (*siehe* **Pakt mit dem Teufel**), dann war es angeblich die linke Hand des Neulings, die er ritzte, um den Pakt zu besiegeln.

Linkshändern begegnete man in den vergangenen Jahrhunderten in vielen Gemeinden unweigerlich mit einem gewissen Mißtrauen, da diese Eigenart als Zeichen dafür gedeutet werden konnte, daß die betreffende Person eine Hexe war. Die heutigen Hexen sprechen vom „linken Pfad", wenn sie über die Ausübung schwarzer Magie sprechen, und bevorzugen noch immer die linke Hand, wenn sie Zauber ausschicken.

Lloyd, Temperance *siehe* **Exeter, Hexen von**

Looten, Thomas 1599–1659. Franzose, der in dem zwischen Dunkerque und Lille gelegenen Bailleul wegen angeblicher Hexerei vor Gericht stand. Die noch existierenden Gerichtsakten geben uns Auskunft über Einzelheiten des Prozesses. Aus der Zeit der Hexenprozesse sind nur sehr wenige Dokumente erhalten geblieben, so daß der vom Anklagevertreter aufgezeichnete Bericht einen nützlichen Beitrag zum Verständnis der Art und Weise liefert, in der solche Fälle an den französischen Gerichten des siebzehnten Jahrhunderts behandelt wurden.

Die Umstände, durch die Thomas Looten im Alter von etwa sechzig Jahren vor Gericht kam, waren recht alltäglich. Im September 1659 bezichtigten ihn einige Nachbarn, er habe einem Kind behexte Pflaumen zu essen gegeben und dadurch dessen Tod verursacht. Veranlaßt durch die öffentliche Empörung über das angebliche Verbrechen, bat der Beschuldigte das Gericht, die Angelegenheit in einem Prozeß zu klären, damit er seinen Namen von jeglichem Verdacht reinigen könne. Das Verfahren begann, nachdem man die Zeugen ausfindig gemacht und Lootens Haus nach Giften und anderen belastenden Beweisstücken durchsucht hatte. Der Richter gab an, über Beweise zu verfügen, die die Anklage bestätigten, und empfahl Looten, sich von einem Rechtsanwalt vertreten zu lassen, doch der Verhaftete, offensichtlich überzeugt, daß seine Unschuld selbstverständlich sei, lehnte diesen Vorschlag ab. Zu Lootens Unglück erfuhr das Gericht dann, daß der amtlich autorisierte Henker der Stadt Dunkerque auf der Durchreise sei, und es bat den Mann, Looten auf das **Teufelsmal** zu untersuchen. Der Henker, der behauptete, „daß er zwischen fünfhundert und sechshundert Hexen verhört und hingerichtet habe", fand an Lootens Körper ein Stelle, in die er die üblicherweise verwendete lange Ahle bis zum Griff hineinbohren konnte, ohne daß der Gefangene einen Schmerz fühlte oder an der Einstichstelle Blut austrat.

Auf dieses Ergebnis hin kam das Gericht überein, die Anwendung der Folter bei dem Angeklagten zuzulassen. Looten wurde auf einen hölzernen Stuhl gesetzt, und der Henker legte ihm eine „Garotte", einen eisernen Kragen, der sich mit Schrauben verengen ließ, um den Hals. Wachsenden Qualen ausgesetzt, wurde der Angeklagte mehr als zwei Tage verhört. Nachdem sich diese Methode zur Erpressung eines Geständnisses als ungeeignet erwiesen hatte, erlaubte man dem Henker, eine grausamere Folter anzuwenden. Vorher besprengte man den Angeklagten noch mit **Weihwasser**. Wie vorauszusehen war, brach Lootens Widerstand schließlich zusammen, und der Angeklagte gestand, einen **Pakt mit dem Teufel** unterzeichnet zu haben, den er Harlakyn nannte, an **Hexensabbaten** teilgenommen zu haben, wo er sich bei Festmählern gütlich getan und mit schönen Frauen gebuhlt habe. Er gab an, mit Hilfe gewisser grüner Salben geflogen zu sein, die vom Teufel stammten (*siehe* **Flugsalbe**), und ein Nachbarskind mit Pflaumen vergiftet zu haben, auf die zuvor der Teufel gespuckt habe. Looten nannte auch einige Komplizen, über deren Schicksal jedoch nichts bekannt ist. Er habe, so erklärte er, die Folter so lange ertragen, da sich der Teufel erboten habe, die Schmerzen an seiner Stelle erleiden zu wollen.

Am folgenden Tag fand man Looten mit gebrochenem Genick in seiner Zelle liegen. Das Gericht vermutete, der Teufel habe den Gefangenen getötet, um zu verhindern, daß dieser weitere Einzelheiten seines üblen Tuns gestehe. Es befahl, den Körper zu verbrennen und die Überreste für alle sichtbar an den Galgen zu hängen.

Die offiziellen Berichte über den Fall Looten enthalten auch eine aufschlußreiche Liste der Rechnungen, die den Prozeß betrafen. Neben anderen Ausgaben mußten die Durchsuchung des Hauses, der Transport zum Prozeß, das Papier, das die Gerichtsbeamten verbraucht hatten, die Wegekosten, die den Personen entstanden waren, die die Leiche zum Galgen begleitet hatten, und schließlich das Holz, das man während der Folter verbraucht hatte, aus dem Besitz des Hingerichteten bezahlt werden.

Lorbeer Der Lorbeerbaum galt bei den alten Römern als heilig und stand Jahrhunderte später in dem Ruf, eine Zauberpflanze zu sein, die neben anderen Eigenschaften, die sie hatte, auch Hexen und böse Geister abschrecken konnte. Lorbeerbäume wurden früher häufig nahe ans Haus gepflanzt, da man glaubte, sie schützten dessen Bewohner vor bösen Geistern und der Pest und könnten auch Blitze abwehren. Viele Menschen trugen in dem Glauben, sie böten Schutz vor Krankheiten, Lorbeerblätter am Körper.

Dem Hexenwissen zufolge fand Lorbeer vielerlei Verwendung in der Heilkunde, und er war ein üblicher Bestandteil der Zauber, die die **weißen Hexen** in die Wege leiteten. Lorbeerblätter wurden wie auch in klassischen Zeiten zum Zwecke der **Divination** benutzt. Bei dieser althergebrachten Prozedur warf man die Blätter ins Feuer und las aus der Art, wie sie von den Flammen verzehrt wurden, die Zukunft ab. Verbrannten die Blätter geräuschlos, dann bedeutete das Unglück; knackten sie laut, dann würde sich alles zum Guten wenden. Lie-

Lowes, John

benden riet man, am Abend des Valentinstages auf einem mit Lorbeerblättern bestückten Kopfkissen zu schlafen, um sich am Traumbild von ihrem zukünftigen Partner zu erfreuen.

Lowes, John *siehe* **Hopkins, Matthew**

Luxeuil, Hexe von Madame Desle la Mansenée, die Frau von Jean de la Tour, die auf Anregung der **Inquisition** 1529 in Luxeuil in der Freigrafschaft Burgund (**Frankreich**) wegen Hexerei vor Gericht kam. Der Prozeß war insofern bemerkenswert, als er den verborgenen, doch fortwährenden Einfluß demonstrierte, den die Inquisition auch noch zu diesem relativ späten Zeitpunkt auf die Hexenprozesse hatte.

Dem Fall lagen „Beweise" vom Hörensagen und Klatsch zugrunde, die der Großinquisitor von Besançon in dem Dorf Anjeux (Freigrafschaft Burgund), dem Wohnort der Frau, insgeheim zusammengetragen hatte. Allein die Tatsache, daß die Verdächtige dort in dem Ruf stand, eine Hexe zu sein, genügte, um ihr Schicksal zu besiegeln. Als man dann eine Reihe Vorwürfe – ganz gleich, ob beweiskräftig oder nicht – gegen sie in der Hand hatte, eröffnete man ein Verfahren gegen Madame Desle la Mansenée, wobei die Angeklagte aufgrund ihres Leumunds schon vor Prozeßbeginn als schuldig galt. Im Bewußtsein eines vorweggenommenen Schuldspruches wurde die Anwendung der Folter von vornherein festgelegt. Da man der Angeklagten sogar die Identität der Personen verheimlichte, die sie beschuldigt hatten, bestand für sie nur wenig Hoffnung.

Bestärkt durch den Großinquisitor, behaupteten die Nachbarn, die Angeklagte habe eine große Zahl Unglücksfälle ausgelöst, die all jenen widerfahren seien, die ihren Weg gekreuzt hätten, und sie habe auch Kinder behext, so daß sie krank geworden seien. Eine aus sechs Männern bestehende Kommission unter der Leitung des Großinquisitors persönlich verhörte die Verdächtige, die alle Anschuldigungen von sich wies, und übergab sie dann dem Folterknecht. Die Qualen, die sie unter der verschärften Form des **Aufziehens** litt, ließen ihr keine andere Wahl, und sie bekannte sich in allen Anklagepunkten schuldig. Sie gab zu, ihren katholischen Glauben verleugnet zu haben, auf einem Stock geflogen zu sein, auf Hexensabbaten getanzt und mit dem Teufel gebuhlt sowie Vieh mit einem geheimnisvollen schwarzen Pulver vergiftet zu haben. Weitere Folterungen zwangen ihr dann die Namen mehrerer Komplizen ab.

Der **Häresie**, der Verleugnung ihres katholischen Glaubens und des Mordes für schuldig befunden, wurde Madame Desle la Mansenée am 18. Dezember 1529 gehängt und ihre Leiche dann zu Asche verbrannt.

Luzifer Einer der Namen, unter denen der **Teufel** oder **Satan** bekannt war. Luzifer, ein Name, den die Römer dem Morgenstern gegeben hatten, bedeutet „Lichtträger". In der christlichen Mythologie war er der Erzengel, der – in Satan umbenannt – der König aller **Dämonen** wurde, nachdem er versucht hatte, Gott den Rang streitig zu machen. Seiner früheren Rolle als Lichtträger lagen die allgemein üblichen Darstellungen des dämonischen Luzifer zugrunde, der zwischen seinen Hörnern eine oder mehrere schwarze Kerzen trug. Die Meßdiener entzündeten ihre Lichter an der Kerze des Luzifer, wenn dieser zu ihren **Hexensabbaten** kam. Hexen und Zauberer riefen den mächtigsten und daher auch gefährlichsten Dämon an, wenn ein Vorhaben besondere magische Kraft erforderte, die ihre eigenen Fähigkeiten überstieg.

Erwähnenswert ist die Tatsache, daß Luzifer nicht immer mit Satan gleichgesetzt wurde. Der Dämonologe Peter **Binsfeld** beispielsweise schrieb Luzifer die Todsünde der Hoffart zu, während Satan den Zorn verkörperte.

Die Verehrung des Luzifer als höchster Gott kam nicht allein von den herkömmlichen Hexen – im dreizehnten Jahrhundert gab es in Deutschland einen kleinen Satanskult, dessen Anhänger sich „Luziferaner" nannten und als Ketzer verfolgt wurden. In ihren Geständnissen, die man ihnen unter der Folter abgezwungen hatte, bezeichneten sie Luzifer, den Bruder Jesu Christi, als die Quelle aller guten Dinge in der Welt und drückten ihre Erwartung aus, daß er eines Tages den Christengott stürzen werde. Genau wie die Hexen, so zeigten auch sie ein Verhalten, das darauf abzielte, die christlichen Gefühle zu verletzen, die christlichen Riten zu schmähen und die Hostie zu schänden. Auch sie kannten die Zeremonie des „obszönen Kusses", zu der Luzifer als Katze oder Kröte erscheinen konnte, und feierten die Gegenwart des mächtigen Dämons mit Festgelagen und Orgien.

Lykanthropie Geheimnisvoller Prozeß, durch den eine Hexe oder ein Zauberer angeblich die Gestalt eines **Wolfes** annehmen konnte. Die Werwolf-Mythologie ist insofern eng mit dem Hexenglauben verbunden, als solche Metamorphosen ein wesentliches Merkmal des europäischen Hexenwesens waren (*siehe* **Verwandlung**). Diesem Glauben zufolge verwandelten sich die Hexen in **Hasen**, um den Kühen die Milch zu stehlen, in Vögel und **Katzen**, um arglose Menschen auszuspionieren, und in Wölfe, um Kinder zu rauben.

Der Mythos der Lykanthropie hat seinen Ursprung möglicherweise in einem antiken heidnischen Wolfskult; er wurde von zahlreichen Volkssagen genährt, die in allen Kulturen existieren und in denen Menschen ihre Gestalt ganz nach ihrem Willen oder durch einen Zauber wechselten. Im Mittelalter waren die Autoritäten darüber, ob Lykanthropie möglich sei oder nicht, geteilter Meinung. Die Kirche wies diese Vorstellung zurück, da sie ein Verstoß gegen die Allmacht Gottes zu sein schien, und machte von **Dämonen** hervorgerufene Täuschungen für die Geständnisse jener verantwortlich, die erklärten, über solche Gaben zu verfügen. Der **Canon Episcopi** aus dem zehnten Jahrhundert stärkte diese Ansicht, doch die Vermutung, daß sich eine neue Hexensekte entwickelt habe, untergrub diese Haltung, und im vierzehnten Jahrhundert fragten sich die Gelehrten abermals, ob Lykanthropie eine bloße Täuschung sei. Einige von ihnen, darunter Jean **Bodin** und Henri **Bouget**, waren wie auch ein großer Teil der Öffentlichkeit überzeugt, daß Hexen ihre Gestalt wirklich ändern konnten, während andere dagegenhielten, daß Menschen, die glaubten, sich in Wölfe verwandeln zu können, von Satan getäuscht oder einfach geistig verwirrt seien. Im dreizehnten Jahrhundert akzeptierte der Jurist Gervasius von Tilbury in seinen *Otia imperialia* die Verwandlung als Tatsache: „In England sehen wir häufig Menschen, die beim Wechsel des Mondes in Wölfe verwandelt werden, welche die Franzosen *gerulfos*, die Engländer aber *werewulf* nennen." Andere Experten meinten, leichtgläubige Menschen würden vom Teufel zu dem Gedanken verleitet, sie seien Wölfe und hätten Verbrechen an Vieh und Menschen begangen, die in Wirklichkeit vom Teufel und seinen Günstlingen verübt worden seien.

Besonders auf dem europäischen Kontinent gestand eine ganze Anzahl Hexen, manche davon offensichtlich wahnsinnig, Wolfsgestalt angenommen zu haben, um Schaden anzurichten. Als Wölfe hätten sie Vieh angefallen und kleine Kinder gefressen. Diese Geständnisse waren häufig mehr als hinreichend, um die betreffende Person auf den Scheiterhaufen zu bringen oder zumindest in eine Irrenanstalt zu sperren. Wie andere Hexen, so beschrieben mitunter auch jene, die angeblich die Wolfsgestalt annehmen konnten, wie sie zu **Hexensabbaten** zusammengekommen seien, bei denen der Teufel den Vorsitz gehabt habe. Überall in Europa erzählte man sich Geschichten von Wölfen, die geschossen oder anderweitig verwundet wurden, als sie Vieh oder Menschen angriffen; die gleichen Verwundungen seien dann bei Menschen festgestellt worden, die unter dem Verdacht standen, sich in einen Wolf verwandeln zu können. Als Anzeichen dafür, daß eine Person in Wirklichkeit ein Werwolf sei, galten behaarte Handteller und über der Nasenwurzel zusammengewachsene Augenbrauen.

Als die Wölfe aus der Landschaft verschwanden, wurden auch die Hexen seltener beschuldigt, Wolfsgestalt angenommen zu haben, und statt dessen bezichtigt, als Katzen, Hunde oder andere Haustiere umzugehen. Welche Gestalt sie auch immer annahmen, herrschte doch weit und breit Einigkeit darüber, daß eine solcherart verwandelte Hexe nur getötet werden konnte, wenn man das Tier mit einer Kugel aus **Silber** erschoß – eine Vorstellung, die heute ein wesentlicher Bestandteil des modernen Werwolf-Mythos ist.

M

Maclean, Euphemia *siehe* **North Berwick, Hexen von**

Magee, Hexen von Angeklagte im letzten Hexenprozeß **Irlands**. Der Fall, der sich auf die Halbinsel Magee konzentrierte, wurde 1711 in Carrickfergus verhandelt. Er unterschied sich insofern vom üblichen Szenario eines Hexenprozesses, als neben vermeintlicher Hexerei auch die Aktivitäten eines Poltergeistes eine Rolle spielten.

Die Ereignisse, die zu dem Prozeß führten, begannen 1710, als der Frieden im Haus des James Haltridge, des Sohnes eines Presbyterianers, durch eine Reihe von Streichen von unbekannter Hand gestört wurde. Typische Erscheinungen waren dabei das Wegziehen von Bettdecken und Steinwürfe gegen die Fenster. Im Februar 1711 bekam Haltridges verwitwete Mutter Rückenschmerzen und starb einige Tage darauf. Jetzt begannen die Nachbarn die Möglichkeit zu erörtern, daß Hexerei am Werke sei. Dazu kam, daß die achtzehnjährige Mary Dunbar, die kurz nach dem Tod der Frau als Dienstmädchen ins Haus gekommen war, Anzeichen von dämonischer **Besessenheit** erkennen ließ. Wie um den in der Luft liegenden Verdacht zu bestätigen, behauptete das Mädchen, von den Geistern verschiedener Frauen gepeinigt zu werden. Bald darauf gab sie acht Frauen aus dem Ort als Hexen an, die ihr diese Qualen gesandt hätten, und um ihre Angaben zu bestätigen, verfiel sie in heftige Hysterie, als eine von ihnen zu ihr ins Zimmer gebracht wurde.

Angemessen beeindruckt von Mary Dunbars Anfall, ließ die Obrigkeit sieben der Frauen verhaften und am 31. März vor Gericht stellen. Das Verfahren wurde nach einem Tag abgeschlossen. Die Anklage stützte sich fast ausschließlich auf die Aussage des Mädchens. Man präsentierte den Richtern eine Vielzahl von Gegenständen, die Mary Dunbar während ihrer Anfälle angeblich erbrochen hatte. Darunter waren Federn, Baumwolle, Garn, Nadeln und zwei große Westenknöpfe. Die inhaftierten Verdächtigen hatten zwar keinen Rechtsberater, der sie vor Gericht vertrat, doch Zeugenaussagen darüber, daß sie regelmäßig zur Kirche gingen und ansonsten von gutem Charakter seien, machten die Angelegenheit für die Richter etwas schwierig.

Zum Schluß einigten sich die drei Richter auf verschiedene Standpunkte, doch die Schöffen hatten keine Bedenken und verfügten, daß die Frauen im Sinne der Anklage schuldig seien. Ihre Strafen waren jedoch relativ mild: Jede von ihnen mußte für ein Jahr ins Gefängnis und viermal am Pranger erscheinen.

Magischer Kreis Sorgfältig markierte runde Fläche, in deren Schutz Zauberer oder Hexen **Dämonen** beschwören können, ohne dabei sich selbst zu gefährden. Der Kreis kann mit Holzkohle oder Kreide gezogen oder mit einem Schwert, einem **Hexenmesser** oder einem **Zauberstab** in den Boden gezeichnet werden. Der Kreis wird im Uhrzeigersinn gezogen, wenn man ihn nicht für schwarze Magie braucht; in diesem Falle muß man ihn entgegen dem Uhrzeigersinn (*siehe* **Umkehrung**) ziehen.

Alles, was bei der Zeremonie des Kreisziehens benutzt wird, muß neu und sauber sein, damit kein altes Unheil daran haftet. Der äußere Kreis muß einen Durchmesser von 2,75 m haben. Darin wird ein zweiter Kreis von 2,45 m Durchmesser eingezeichnet. Zwischen die beiden Kreislinien stellt man verschiedene Gegenstände und Substanzen mit magischen Eigenschaften, um die Sperre gegen jegliche böse Kraft, die beschworen wird, zu verstärken. Dazu eignen sich Schüsseln mit **Wasser**, Kreuze und Kruzifixe, **Namen der Macht** sowie verschiedene Kräuter, von denen man sagt, sie könnten das Böse fernhalten. Die Namen, die hierzu benutzt werden, variieren zwar, doch greift eine allgemein anerkannte Version auf die vier magisch wirksamen Namen des Schöpfers des Universums zurück: Tetragrammaton (zwischen Osten und Süden geschrieben), Eheyt (zwischen Süden und Westen), Elijon (zwischen Westen und Norden) und Eloha (zwischen Norden und Osten).

Der Zauberer oder die Hexe tritt dann in den Kreis ein und „schließt" ihn sorgfältig hinter sich. Die beiden Begrenzungslinien dürfen keine Lücke aufweisen, damit nicht ein Geist in das Innere des Kreises gelangt. Ist der magische Kreis hingegen vorschriftsmäßig gezogen, dann kann kein übelwollender Geist eindringen und den Zauberer oder die Hexe bedrohen, die innerhalb seiner Grenzen stehen. Die Kreismitte ist für gewöhnlich mit weiteren Namen und Mustern geschmückt und meist in ein **Pentagramm** oder ein ähnliches Arrangement aus Dreiecken unterteilt. Man kann auch Kerzen anzünden, Weihrauch verbrennen und Sprechgesänge ertönen lassen, um die Erfolgschancen der Beschwörung zu verbessern.

Die überlieferte Hexenkunst warnt Zauberer und Hexen vor allen Verlockungen, den Schutz des magischen Kreises zu verlassen, ehe die einmal begonnene Zeremonie beendet ist und alle bösen Geister dorthin zurückgekehrt sind, woher sie kamen. Wird diese Regel nicht beachtet, kann das den sofortigen Tod der betreffenden Person zur Folge haben: Ein Wahrsager namens Chiancungi aus dem Ägypten des siebzehnten Jahrhunderts verließ den Schutz seines magischen Kreises anscheinend zu schnell und wurde von dem Dämon, den er beschworen hatte, zermalmt.

Maid von Kent *siehe* **Barton, Elizabeth**

Main de la gloire Die abgetrennte Hand eines Gehenkten, die die Hexen angeblich wegen ihrer besonderen magischen Eigenschaften schätzten. Die Überlieferung von dieser Leichenhand findet sich im Hexenglauben mehrerer europäischer Länder, darunter auch in England und Irland. Einen der umfassendsten Berichte über die Präparierung einer solchen Hand liefert eine 1772 in Köln veröffentlichte Schrift, doch auch in vielen anderen Handbüchern der schwarzen Künste gibt es ähnliche Anleitungen.

Die Hand mußte von einer noch am Galgen hängenden Leiche abgenommen und in ein Stück Leichentuch gehüllt werden. Man preßte alle Flüssigkeit heraus und legte die Hand in einem irdenen Krug in Salz, Salpeter, langen Pfeffer und ein geheimnisvolles Pulver ein, das als „Zimit" (vielleicht Grünspan) bezeichnet wurde. Nach zwei Wochen wurde die Hand aus dem Krug herausgenommen und an den sogenannten „Hundstagen" in der Sonne oder in einem mit Farn und Eisenkraut beheizten Ofen getrocknet. Der aus der Hand herausgeholte Fleischbrei wurde mit Salpeter, Salz und anderen Zutaten vermischt, fein zerkleinert und sorgfältig zu einem Pulver getrocknet, mit dem man die Hand wieder füllte.

Dann wurde mit etwas Fett von der Leiche, reinem Wachs, Sesam und anderen als „Ponie" bezeichneten (nicht ganz zweifelsfrei als Pferdedung identifizierten) Ingredienzien eine Kerze hergestellt. Diese Kerze wurde zwischen die Finger der Hand gestellt und entzündet. Man behauptete, daß jeder, der in unmittelbarer Nähe der Kerze schliefe, weder sprechen noch sich bewegen könne, bis die Hand wieder weggenommen würde und der Schläfer erst dann wie betäubt aufwache. Die Leichenhand konnte jedoch auch einfach getrocknet und eingelegt und direkt an den Fingern angezündet werden. Wollte der Daumen nicht brennen, war das eine Warnung, daß jemand in der Nähe wachte und daher nicht der Macht der Hand unterlag.

Vielen Hexen legte man während des Prozesses den Besitz einer *main de la gloire* zur Last, und die gräßlichen Kerzenhalter wurden in der Volksphantasie mit der Zeit zu einem wichtigen Hexenrequisit. Die Dämonologen des sechzehnten Jahrhunderts meinten, daß die Hexen ihre Giftmischungen beim Licht einer solchen Leichenhand zubereiteten, damit das Gebräu die gewünschte tödliche Wirkung habe. Auch Dieben sagte man nach, sie würden sich beim Ausrauben eines Hauses mit einer Leichenhand vor ihrer Entdeckung schützen. (Die Hand sollte durch bloße Berührung an-

Maleficia

geblich auch Schlösser öffnen.) Um die Wirkung zu verstärken, sagten sie der Überlieferung zufolge einen bestimmten Spruch her:

> Laß die Ruhenden tiefer schlafen;
> Laß die Wachenden wach bleiben.
> Oh, main de la gloire, verströme dein Licht
> Und führ' uns zu unserer Beute heut Nacht.

Eine bekannte Geschichte aus dem sechzehnten Jahrhundert erzählt, wie ein Dieb, der als Bettler verkleidet an einem Haus anlangte, seine Leichenhand entzündete, damit die Bewohner nicht aufwachten, während er das Gebäude plünderte. Ein Dienstmädchen fand die Hand. Nachdem es vergeblich versucht hatte, die Schlafenden zu wecken, löschte es die brennenden Finger, indem es Milch darübergoß (Wasser und Bier waren wirkungslos geblieben). Der Dieb wurde gefangen und für seine Tat gehängt. Solche Berichte gab es – in abgewandelter Form – auch anderswo. So beispielsweise im niederländischen Huy oder in Loughcrew (County Meath, Irland), wo noch 1831 Diebe, die bei einem Einbruch gestört worden waren, eine Leichenhand zurückgelassen hatten.

Einen Schutz vor der unheilvollen Wirkung der *main de la gloire* bot angeblich das Bestreichen der Schwelle des Haupteingangs und anderer Zugänge zum Haus mit einer speziellen Salbe aus der Galle einer schwarzen Katze, dem Fett einer weißen Katze und dem Blut einer Eule.

Eine *main de la gloire* ist im Museum von Whitby im nördlichen Yorkshire als Ausstellungsexponat zu sehen.

Maleficia Übeltaten, die man früher überall den Hexen zuschrieb und die häufig die Grundlage von Anklagen der Obrigkeit gegen vermeintliche Hexen bildeten. Die theologischen und juristischen Bedenken, die viele Menschen bezüglich des Hexenwesens hegten, wurden von der verzehrenden Furcht vor dem Schaden, den eine Hexe mit Hilfe ihrer Magie verursachen konnte, noch übertroffen. Da die Quelle der Macht der Hexen dämonischer Natur war, mußte auch ihre Magie in den meisten Fällen böswillig sein. Die große Masse der Bevölkerung lebte in wahrer Sorge davor, den Zorn der ortsansässigen **„weisen Frau"** oder einer vermeintlichen Hexe auf sich zu ziehen. Diese Furcht war ein Grund für die Hexenverfolgung, die zwei Jahrhunderte und länger praktisch überall aktiv gefördert wurde.

Die von den Hexen und ihren Feinden aufgeführte Liste von Verbrechen, die durch schwarze Magie begangen werden konnten, war schier endlos. Die Übeltaten reichten vom **Wetterzauber**, vom Giftmord und vom **Potenzzauber** bis zum Krankmachen des Viehes und zum Verwünschen oder Verfluchen eines Menschen, eines Ortes oder eines Tieres (*siehe* **Fluch**). Mit Hilfe ihrer **Zauber** oder der Macht des **bösen Blickes** stahlen die Hexen Milch von den Kühen oder in der Molkerei, schlugen die Menschen mit Wahnsinn oder ließen sie unter Kopfschmerzen und Anfällen leiden, verdarben die Früchte des Feldes, ließen Feuer ausbrechen, säten Zwietracht zwischen Freunden, ließen Pferde scheuen und ausschlagen, verdarben das Bier und die Butter und begingen tausend andere lästige, unbedeutende bis so schwerwiegende Missetaten wie Hochverrat.

Schon 1435 unterteilte der Theologe Johannes Nider die *maleficia* in sieben Kategorien. Danach konnten Hexen Schaden anrichten, indem sie Liebe erweckten, Haß schürten, Impotenz verursachten, Krankheiten brachten, töteten oder Eigentum oder Vieh schädigten. Später machten Hexenspezialisten geltend, daß eine körperliche oder geistige Schwäche, deren Ursache man nicht kannte oder die vom Arzt nicht leicht zu behandeln war, auf Hexerei beruhen mußte. Sie fügten der Verbrechensliste auch solche Übeltaten wie das Heraufbeschwören von Stürmen und das Vergiften der Luft hinzu. Tatsächlich vermutete man in manchen Gegenden hinter jedem Ereignis, das sich nicht sofort mit normalen Dingen erklären ließ, automatisch das Werk von Hexen.

Die Juristen suchten bereits routinemäßig nach Einzelheiten von *maleficia*, die den Angeklagten glaubhaft belasteten. Es war kaum notwendig, eine Verbindung zwischen dem Ereignis und der verdächtigen Person nachzuweisen oder zu belegen, daß das Ereignis in der geschilderten Weise stattgefunden hatte. (Deshalb hatte ein Gericht einst die Klage gegen eines von Matthew **Hopkins'** Opfern akzeptiert, es habe durch Magie ein Schiff zum Sinken gebracht, ohne feststellen zu lassen, ob überhaupt ein Schiff verlorengegangen war.) In den meisten Fällen reichte es aus, wenn sich ein Zeuge an eine dunkle Drohung (in der Gerichtssprache ein *damnum minatum*) erinnerte, die die angeklagte Person entweder kurze Zeit zuvor oder an einem schon lange zurückliegenden Tag ausgesprochen hatte oder wenn zu der Zeit ein Schaden unklarer Herkunft (ein *malum secutum*) aufgetreten war. Hatte man keine Information über längst vergangene Drohungen zur Hand, dann war der nächste Schritt, sich bei den Nachbarn nach einer höchst verdächtigen, vielleicht schon im Ruf einer Hexe stehenden oder einfach in das Hexenklischee passenden Person umzutun. Die Entdeckung belastender Beweise – einer Figur etwa, die vielleicht für einen **Bildzauber** benutzt wurde – war nützlich, doch oftmals beinahe überflüssig.

Die Hexenjäger bei Gericht suchten die Hexen im wesentlichen für die offenkundige Ablehnung des Denkens der christlichen Gesellschaft zu bestrafen. Um jedoch die öffentliche Meinung auf ihrer Seite zu haben, war es nötig zu verdeutlichen, wie dieses „falsche" Denken der Hexen zu wirklichem, spürbarem Schaden geführt hatte. Daher spielte die Feststellung von *maleficia* in den Prozessen eine so große Rolle. Dabei blieb meist unklar, wie der Delinquent das vermeintliche Verbrechen in Wirklichkeit begangen hatte: solange die Hexe eine böse Absicht geäußert hatte und daraufhin ein Schaden entstanden war, tat es nur wenig zur Sache, ob er oder sie zur Ausführung der Tat Salben, Kräuter, Tränke, Bilder oder **Knotenzauber** angewendet oder die Hilfe des Teufels oder der **Hausgeister** in Anspruch genommen hatte.

Was die Gefahr betraf, in die sich ein Gesetzeshüter bei der Festnahme einer Hexe begab, herrschte Einvernehmen darüber, daß die Macht einer Hexe, *maleficia* zu verüben, günstigerweise in dem Moment schwand, in dem die Hexe oder der Hexenmeister von einem Vertreter des Gesetzes berührt wurde. Um ganz sicher zu gehen, riet man den Vertretern der Obrigkeit, die vor einem solchen Problem standen, exorziertes **Salz** und geweihtes Wachs bei sich zu tragen, um damit einen Angriff übernatürlicher Kräfte abwehren zu können. In manchen Orten warnte man sie, die Füße der Hexe nicht mit dem Erdboden in Berührung kommen zu lassen, damit die oder der Gefangene nicht irgendwelche *maleficia* ins Werk setzen könnte, um sich zu retten.

Malleus maleficarum Das einzige wichtige Werk, das je über das Thema Hexenwesen geschrieben wurde und lange Zeit als zuverlässigste Quelle über faktisch jeden Aspekt dieses Gegenstands galt. Der Hexenhammer, wie das Buch im Deutschen hieß, erschien im Jahre 1486. Er war das Werk Heinrich Kramers (oder Institoris') (um 1430–1505) und Jakob Sprengers (1436–1495), zweier gefürchteter Dominikaner-Inquisitoren. Kramer verfügte über große Erfahrung als Hexenjäger in Tirol, wo er mit seinen Aktivitäten beträchtliche Unruhe unter der einheimischen Bevölkerung auslöste, ehe er schließlich vom Bischof von Brixen verjagt wurde. Sprenger indes war als Dekan der Kölner Universität ein etablierter Gelehrter, dessen Name Respekt erheischte. Beide Männer waren anscheinend von der Notwendigkeit überzeugt, die Bedrohung durch das Hexenwesen zu enthüllen und die Hinrichtung möglichst vieler Hexen und Hexenmeister zu erwirken.

Kramer und Sprenger behandelten in ihrem Werk ausführlich die in Fällen von Hexerei angebrachten Verhörmethoden, darunter auch die **Folter**, gaben Ratschläge, wie die Verurteilung vermeintlicher Hexen zu erreichen war und lieferten Entgegnungen auf alle nur möglichen Argumente jener Menschen, die sich weigerten, an die Realität der Hexendrohung zu glauben. Es war auch im Hinblick auf die Verbrechen, für die man Hexerei glaubhaft verantwortlich machen konnte, und auf die Vorschläge zum jeweils angemessenen Strafmaß aufschlußreich. Nach Meinung der Autoren stellte das Hexenwesen eine ernsthafte Bedrohung dar, machte sich jeder, der dieser Auffassung mit Unglauben begegnete, der **Häresie** schuldig.

Von Papst Innozenz VIII. in der Bulle von 1484 anerkannt, wurde der *Malleus maleficarum* zu einem unentbehrlichen Handbuch für die Hexenrichter. Der Hexenhammer erlebte bis 1520 vierzehn Auflagen und erschien zwischen

1574 und 1669 weitere sechzehnmal. Die Veröffentlichung dieses Buches, das den Volksglauben an die schwarze Magie mit den Praktiken verband, die für die Kirche als ketzerisch galten, verstärkte die wachsende Panik und versicherte den Richtern der Hexenprozesse, daß in den meisten Fällen das einzig angemessene Urteil die Todesstrafe sei. Zahllose Prozesse liefen nach der im Hexenhammer ausführlich dargestellten Verfahrensweise ab. In Anbetracht der Notwendigkeit, der „Invasion" entgegenzutreten, die nach Meinung der Autoren gegen die christliche Welt angezettelt wurde, akzeptierte man Beweise aus allen Quellen und schenkte rechtlichen Gepflogenheiten nur wenig Beachtung. Da das Verbrechen der Hexerei auf den Verrat an Gott hinauslief, war es verzeihlich, wenn die Gerichte einem Verdächtigen die Namen der Ankläger vorenthielt, wenn die schwerste Folter angewandt wurde, um ein Geständnis zu erlangen, und wenn man die Aussagen verurteilter Krimineller und Meineidiger anhörte.

Das Buch behielt während der zweihundertjährigen Geschichte des Hexenwahns in Europa seinen Status als führende Quelle auf seinem Gebiet. Es wurde trotz des katholischen Hintergrunds seiner Verfasser auch von protestantischen Gerichten anerkannt.

malum secutum *siehe* **Maleficia**

Mandragora Pflanze mit charakteristischer, einer menschlichen Gestalt ähnelnden Wurzel, der Alraune, die lange Zeit als beliebte Zutat für Hexengebräue galt. In der Vergangenheit konnte der bloße Besitz einer Mandragora Beweis genug sein, um eine verdächtige Person als Hexe zum Tode zu verurteilen. In der mittelalterlichen Medizin wegen ihrer magischen Eigenschaften gewürdigt, gehörte die Mandragora zu den wirksamsten Pflanzen, die man zu okkulten Zwecken verwendete. Die Hexen schätzten sie angeblich wegen ihrer schlaffördernden, aphrodisischen und abführenden Wirkung. Wissenschaftler wiesen nach, daß die Wurzel ein Alkaloid enthält, das den Schmerz unterdrückt und den Schlaf fördert. Im Übermaß angewendet, kann sie jedoch zum Wahnsinn führen.

Im alten Ägypten stand die Mandragora eng mit der Sexualmagie in Zusammenhang. Sie konnte offenbar in gewissen Zaubern eingesetzt werden, um den Geschlechtstrieb und den Appetit zu beeinflussen – eine Vorstellung, die sich bis auf die Bibel zurückverfolgen ließ. Andere Zauber, in denen die Mandragora verwendet wurde, versprachen, den Reichtum eines Menschen zu vergrößern, gebrochene Knochen zu heilen, von kranken Zähnen oder Rheumatismus verursachte Schmerzen zu lindern, bei Operationen als Betäubungsmittel zu wirken, Depressionen zu kurieren, Sterbende wieder zum Leben zu erwecken, Krämpfen vorzubeugen und einem Menschen die Kraft zum Verzicht auf das Rauchen zu geben.

Für einen komplizierten Zauber, bei dem die Mandragora verwendet wurde, mußte man die Wurzel ausgraben, mit Menschenblut tränken und mit Beeren für die Augen und den Mund verzieren. Wurde das richtig ausgeführt, dann erlangte die Pflanze angeblich die Gabe des Sprechens und konnte das Versteck eines verborgenen Schatzes verraten sowie Kenntnisse über die Zukunft und das Öffnen von Schlössern geben. Beim Ausgraben der Wurzel mußte man jedoch Vorsicht walten lassen. Jeder, der das mit bloßen Händen zu tun versuchte, fiel angeblich tot um oder wurde auf der Stelle impotent. Die Wurzel ließ man am besten von einem Hund ausgraben. Einer abergläubischen Vorstellung zufolge stieß die Wurzel, sobald sie aus dem Boden kam, einen schrecklichen Schrei aus, der allein genügte, jedes lebende Wesen in Hörweite in den Wahnsinn zu treiben.

Als grausige Fußnote sei angefügt, daß in Europa ein Glaube verbreitet war, nach dem die Mandragora von Natur aus nur unter einem Galgen gedieh und dort aus dem Samen erwuchs, der von gehängten Verbrechern stammte.

Mareschal, Robert le *siehe* **Notingham, John de**

Martin, Susanna *siehe* **Salem, Hexen von**

Mather, Cotton 1662–1728. Gemeindepfarrer, der als der engagierteste Hexenjäger des kolonialen Amerika gilt. Er war der Sohn des angesehenen Puritanerführers Increase Mather, der selbst ein Buch mit lehrhaften Geschichten veröffentlichte, die die allgegenwärtige Gefahr des Hexenwesens hervorheben sollten. Cotton Mather spielte in der Tragödie der **Hexen von Salem**, des bekanntesten Hexenprozesses in der amerikanischen Geschichte, eine Schlüsselrolle.

Nach seiner Ausbildung an der Harvard University wurde der junge Cotton Mather zum Oberhaupt der berühmten North Church in Boston gemacht und trat in Neuengland bald als prominenter Independentenführer in Erscheinung. Er entwickelte die Vorbehalte, die sein Vater gegenüber dem Hexenwesen hegte, und gewann die Überzeugung, daß es für solche Verbrecher kein Pardon geben könne. Er erklärte: „Hexerei ist der schändlichste Hochverrat gegen die Majestät im Himmel. Eine Hexe darf man weder im Himmel noch auf Erden dulden." Um seine Gedanken zu diesem Thema zu verbreiten, veröffentlichte er 1689 seine Schrift *Memorable Providences Relating to Witchcrafts and Possessions*, in der er seinen Glauben an einen wirklich existierenden und aktiven Teufel deutlich machte und die Realität der Hexerei betonte.

Mather nahm Anteil an zahlreichen Fällen, in denen es um den Verdacht der Hexerei ging, und in denen er stets zu energischem Handeln gegen die Angeklagten drängte. Als man sich bezüglich der Ereignisse in Salem an ihn um Rat wandte, zögerte er nicht, jene zu unterstützen, die sich für eine gründliche Befragung der Verdächtigen und die Anwendung der ganzen Härte des Gesetzes aussprachen. „... wir können der Regierung nur demütig die schnelle und harte strafrechtliche Verfolgung jener, die sich verhaßt gemacht haben, entsprechend den in Gottes Gesetzen vorgegebenen Weisungen und den förderlichen Gesetzen der englischen Nation zur Aufdeckung von Hexereien empfehlen." Als die Richter die Begnadigung eines Angeklagten, des hochwürdigen George Burroghs, erwogen, soll Mather persönlich dafür gesorgt haben, daß die ursprünglich vorgesehene Hinrichtung stattfand.

Später, im Jahre 1693, als er sich aufgefordert fühlte, die Prozesse zu rechtfertigen, veröffentlichte Mather sein Werk *Wonders of the Invisible World*, das nach allem, was man hörte, in Neuengland nur weitere Ängste vor der Gegenwart der Hexen entfachte. Mather brachte hierin zugegebenermaßen auch Vorbehalte gegen die Anerkennung der sogenannten **Geisterbezeugung** in Hexenprozessen zum Ausdruck, doch in allen anderen Beziehungen unterstützte er die Hexenverfolgung in den Kolonien.

Im Gefolge der Tragödie von Salem gab es einen Umschwung in der öffentlichen Meinung, die sich nun von solch harten Reaktionen abwandte. Mather geriet zunehmend in die Isolation und wurde bei dem Versuch, das Amt des Rektors an der Harvard University zu erringen, wegen seiner Ansichten stillschweigend übergangen. Verbittert und unbeachtet hörte er bis an sein Lebensende nicht auf, die erbarmungslose Unterdrückung des Hexenwesens zu fordern.

Siehe auch **Goodwin-Kinder**; **Rule, Margaret**; **Short, Mercy**.

Mathers, Samuel Liddell 1854–1918. Britischer Okkultist, Anführer des Hermetic Order of the **Golden Dawn**. Mathers, ein Freimaurer und Rosenkreuzer, empfahl sich mit seiner Übersetzung eines verschollen geglaubten Manuskripts der **Kabbala** und der Kunst der Deutung der Tarotkarten, die er an einem Bücherstand auf der Straße entdeckt hatte, als führender Okkultist. Nachdem er dem Golden Dawn beigetreten war, drängte er die Gründer des Ordens bald aus ihrer Position und übernahm selbst die Leitung, wobei er behauptete, im Pariser Bois de Boulogne einigen übernatürlichen Wesen begegnet zu sein, die sich die Geheimen Oberhäupter genannt und ihm eine neue Satzung für den Orden anvertraut hätten.

Obwohl der Orden der Goldenen Morgenröte seinen Sitz in London hatte, siedelte Mathers 1892 nach Paris über, wo er sein Haus im Stil eines altägyptischen Tempels ausschmückte und dort zusammen mit seiner Ehefrau und verschiedenen Gästen bizarre „Ägyptische Messen" zelebrierte. Zu seinen Gefährten im Orden gehörte unter anderem der irische Dichter W. B. Yeats. Er arbeitete auch an verschiedenen Büchern über die Magie, von denen mehrere einen grundlegenden Einfluß auf die zeitgenössischen Okkultisten haben sollten. Die bedeutendste Veröffentlichung war seine Überset-

Mattsdotter, Magdalen

zung des Zauberbuches *Claviculae Salomonis*, das die Zeremonien und Prozeduren der rituellen Magie ausführlich beschrieb.

Schließlich geriet Mathers mit seinem früheren Schüler Aleister **Crowley** in Konflikt, der versuchte, seine Stelle an der Spitze der Golden-Dawn-Bewegung einzunehmen. Aus dem Orden ausgeschlossen, bearbeitete Mathers die Rituale, um sie in seinen *Rites of Isis* im Pariser Théâtre Bordinière öffentlich aufzuführen. Das Verhältnis zwischen Mathers und seinem Konkurrenten Crowley verschlechterte sich rasch, und beide führten einen lange währenden Psychokrieg gegeneinander, in dem einer dem anderen angeblich Dämonen schickte, die den jeweiligen Widersacher attackieren sollten. Crowley behauptete, **Beelzebub** und neunundvierzig Hilfsdämonen beschworen und ausgesandt zu haben, damit sie Mathers schadeten. Für Mathers' schließlichen (angeblich von einer Grippe verursachten) Tod machten manche Crowleys Schadenzaubereien verantwortlich.

Mattsdotter, Magdalen siehe **Mora, Hexen von**; **Schweden**

Mäusemacherinnen

Fall der Elsche Nebelings, einer dreiundsechzigjährigen deutschen Witwe, die 1694 in einer nicht genannten sächsischen Stadt als Hexe vor Gericht gestellt wurde. Dieser relativ späte Fall macht deutlich, wie am Ende des siebzehnten Jahrhunderts die Hysterie der vorangegangenen Jahrzehnte allmählich einer rationaleren Haltung gegenüber dem Hexenwesen wich. Die Anschuldigungen rührten hier von einem Zaubertrick her, den Elsche Nebelings ein zehnjähriges Mädchen mit Namen Althe Ahlers gelehrt hatte. Mit diesem Trick konnte Althe vor den Augen ihrer Schulkameraden aus ihrem scheinbar leeren Taschentuch eine lebendige Maus zaubern. Das Mädchen wurde wegen des Verdachts auf Hexerei sofort festgenommen, und nachdem die Herkunft des Tricks bekanntgeworden war, brachte man auch Elsche Nebelings vor Gericht. Die alte Frau und das Mädchen stritten ab, Hexen zu sein, doch die Verhandlung wurde fortgesetzt, und die Anklage forderte die Todesstrafe. Schließlich konsultierte der Richter die juristische Fakultät einer Universität und bat um eine Empfehlung, ob man bei den beiden Verdächtigen die Folter durch die **Daumenschrauben** und das **Aufziehen** anwenden und die Angeklagten auf das **Teufelsmal** untersuchen lassen sollte.

Zum Glück für die beiden Verhafteten, die schon lange genug im Kerker gesessen hatten, empfahlen die Universitätsgelehrten deren sofortige Freilassung. Aus diesem Fall ließ sich ein allmählicher Umschwung im Denken der Menschen erkennen, obgleich auch erwähnt werden sollte, daß in Deutschland bis weit ins achtzehnte Jahrhundert hinein ähnliche, aus ebenso absurden Gründen zustandegekommene Fälle nur allzu oft mit der Folterung und dem Tod der Verdächtigen endeten.

Meath, Petronilla de siehe **Kyteler, Alice**

Medici, Katharina von 1519–1589.

Regentin von Frankreich (1560–1563) für ihren minderjährigen zweiten Sohn Karl IX., die bis zu dessen Tod großen Einfluß auf das Land ausübte. Katharina, die in Frankreich sehr viel Macht besaß und die königliche Autorität stützte, wurde von vielen Feinden als Hexe bezeichnet. Der Überlieferung zufolge rief sie häufig die Mächte der Finsternis an und ließ **schwarze Messen** für sich abhalten.

Katharinas Beschäftigung mit der „alten Religion" betreffend, ging das Gerücht um, sie trage einen goldenen Talisman, der mit verschiedenen geheimnisvollen Symbolen, darunter auch mit Darstellungen der Göttin Venus und mit dem Namen des Dämons **Asmodi** versehen sei. Dieser Talisman wurde nach Katharinas Tod angeblich von deren Sohn Heinrich vernichtet. Allerdings existiert noch eine Zeichnung davon.

Als Herrscherin von Frankreich suchte Katharina zwischen den protestantischen Hugenotten und den Katholiken Frieden zu wahren, setzte sich aber auch mit viel Energie dafür ein, daß ihre drei Söhne Könige wurden. Als Karl, auf ihr Betreiben hin zum König von Polen gewählt, ernstlich erkrankte, gab es für Katharina kaum Zweifel, daß dafür eine Hexerei verantwortlich sei. So machte sie Cosmo Ruggieri, einen Astrologen, der sich damals gerade in Paris aufhielt, als Quelle des Übels aus.

In einem Brief an den Oberstaatsanwalt von Paris beschwerte sie sich darüber, daß Ruggieri ein Wachsbild von Karl angefertigt habe, um ihrem Sohn Schaden zuzufügen. Der Astrologe wurde verhaftet, doch der Zustand des jungen Königs verbesserte sich nicht. Wie Jean Bodin in seinem Werk *Démonomanie des sorciers* berichtete, befahl Katharina in ihrer Verzweiflung, eine schwarze Messe für Karl abzuhalten. Auf Anweisung der Königin habe man einem Jungen eine weiße Hostie zu essen gegeben und ihm dann die Kehle durchgeschnitten, um den Abendmahlskelch mit seinem Blut füllen zu können, das Karls Geschicke zum Besseren wenden sollte. Die Zeremonie blieb aber wirkungslos, denn Karl starb kurze Zeit darauf.

Mephistopheles Einer der führenden **Dämonen** der Hölle, mitunter dem **Teufel** selbst gleichgesetzt. Mephistopheles (oder Mephisto), dessen Name im Griechischen „der das Licht nicht liebt" bedeutet, hat seinen Ursprung in der mesopotamischen Religion und wird üblicherweise zur Hälfte als Tier und zur Hälfte als Mensch dargestellt. In Deutschland nennt man ihn auch den „Ritter mit dem Pferdefuß". Heute ist er vor allem aufgrund der Rolle bekannt, die die Dichter ihm im Faust-Mythos zugedacht haben, in dem er der Hauptfigur ein Leben des Vergnügens und des Wissens im Austausch gegen deren Seele bietet. Mephistopheles gehört zu jenen Dämonen, die ratsuchende zeitgenössische Okkultisten am häufigsten anrufen.

Messe der Toten *siehe* **Schwarze Messe**

Messe des Heiligen Geistes *siehe* **Schwarze Messe**

Messer *siehe* **Eisen**; **Hexenmesser**

Midia, Petronilla de *siehe* **Kyteler, Alice**

Minderjährige Kläger Eine große Zahl von Hexenprozessen, darunter auch einige der berüchtigsten Verfahren, beruhen fast ausschließlich auf den Aussagen von Kindern. Die Hexenpanik war so groß, daß man Zeugenaussagen, die in jedem anderen juristischen Zusammenhang von der Hand gewiesen worden wären, bereitwillig akzeptierte und sie benutzte, um die Schuld zahlloser Verdächtiger festzustellen, sobald von Hexerei die Rede war.

Die Motive der jugendlichen Kläger waren verschieden. Manchmal steckte offensichtlich nur wenig mehr als reine Kriminalität dahinter, manchmal war es beabsichtigte Böswilligkeit, mit der man an einem Nachbarn oder Familienmitglied Rache nehmen wollte, und mitunter war es eine Mischung aus Hysterie und Furcht, die zweifellos angeregt wurden, wenn die Minderjährigen Gespräche von Erwachsenen über andere zeitgenössische Fälle mithörten. Es fällt auf, daß die Aussagen vieler Kinder (und auch Erwachsener) oftmals genau das widerspiegelten, was kurz zuvor im Zusammenhang mit anderen Prozessen in überall erhältlichen Druckschriften oder Flugblättern veröffentlicht worden war. In einigen der bedauerlichsten Fälle war der Enthusiasmus, mit dem die Kinder bei ihren Aussagen ins Detail gingen, ohne Zweifel der Ermutigung und der Anteilnahme durch die Eltern geschuldet, die ihre eigenen Gründe dafür gehabt haben mögen, den Ruf eines Nachbarn oder Verwandten zu schädigen.

An manchen europäischen Gerichten – vor allem in den deutschen Staaten des sechzehnten und siebzehnten Jahrhunderts – wurden in der festen Absicht, das Hexenwesen auszurotten, Aussagen jeglicher Art, darunter auch die von kleinen Kindern, uneingeschränkt Glauben geschenkt. Sobald ein Kind sprechen konnte, so schien es, war es vor Gericht aussagefähig und konnte von den Richtern sogar als Zeuge gegen seine eigene Mutter gehört (wie es auch in einigen Fällen geschah) oder als Beklagter vernommen werden. In einigen Fällen, wie beispielsweise 1527 in Navarra in Frankreich, wurden absichtlich Kinder angeworben und von Dorf zu Dorf mitgenommen, um nach eigenem Belieben Hexen auszumachen.

In England (wo Aussagen von Personen unter vierzehn Jahren regelrecht gesetzwidrig waren) und anderswo sahen sich Kinder häufig genötigt, ihre Erzählungen stark auszuschmücken, um vor Gericht glaubhaft auftreten zu können. Die phantastischen Bezeugungen in Fällen wie dem des William Somers, des „Jungen von

Molland, Alice

Nottingham" (*siehe* **Darrel, John**), stellten die Leichtgläubigkeit der Richter auf eine harte Probe: Mitunter nahmen sie Abstand davon, all das, was man ihnen erzählt hatte, zu akzeptieren, doch allzu oft ließen sie Einfalt über besseres Wissen siegen. Die Raffinesse, mit der manche Kinder dämonische **Besessenheit** vortäuschten, machte es nur um so wahrscheinlicher, daß die ungeheuerlichsten Behauptungen Glauben fanden. William Perry, auch als **Junge von Bilson** bekannt, hätte die Obrigkeit fast von der Echtheit seiner Besessenheit überzeugt, als er blauen Urin ausschied (wobei nur durch heimliche Überwachung festgestellt wurde, daß er sein Laken mit Tinte getränkt hatte). Andere Kinder redeten der Obrigkeit ein, von **Dämonen** besessen oder Opfer eines Zauberers zu sein, indem sie auf Kommando Nadeln, Knöpfe und andere merkwürdige Gegenstände erbrachen.

Jakob I. stellte die falschen Aussagen von Kindern in mehreren denkwürdigen Fällen bloß und brachte damit der Richterschaft zu Bewußtsein, daß diese Art von Beweisen mit besonderer Sorgfalt geprüft werden mußte. Er verhinderte damit wahrscheinlich, daß noch mehr ähnlich gelagerte Fälle zum Tode unschuldiger Menschen führten. Die Statistik besagt allerdings, daß in der Mehrzahl der Fälle, bei denen man die Aussagen von Kindern anhörte, eben diese Kinder nicht mit dem erforderlichen Nachdruck ins Kreuzverhör genommen wurden und viele Betrüger unentdeckt blieben (obgleich manche ihren Schwindel später freiwillig eingestanden).

Es ist unmöglich, eine genaue Zahl der Menschen anzugeben, die unmittelbar durch die Aussagen von Kindern zu Tode kamen, doch allein die Hysterie, die im späten siebzehnten Jahrhundert über den Ort Salem in Massachusetts hereinbrach, forderte nicht weniger als zweiundzwanzig Leben (*siehe* **Salem, Hexen von**). Die Panik, die 1669 die schwedische Stadt Mora ergriff, und die hauptsächlich das Ergebnis von Anschuldigungen durch kleine Kinder war, führte zur Verhaftung von etwa dreihundert Personen und der Ausbreitung der Furcht, daß Hunderte von Kindern dem Dienst an Satan geweiht worden seien. Unter den Hingerichteten befanden sich fünfzehn Kinder; sechsunddreißig weitere im Alter zwischen neun und fünfzehn Jahren ließ man Spießruten laufen, und viele mehr wurden wegen strafbarer Handlungen mittels Hexerei öffentlich geschlagen (*siehe* **Mora, Hexen von**).

Ein letzter Musterfall, der 1675 im Norden Englands dokumentiert wurde, forderte nur zwei Menschenleben, zeigte jedoch die schrecklichen Konsequenzen, die sich aus den unglaublichsten Lügengeschichten von Kindern ergeben konnten. Die Tragödie begann, als die sechzehnjährige Mary Moor aus Clayton (Yorkshire) Susan Hinchcliffe und deren Tochter Anne bezichtigte, Martha Haigh, eine Nachbarin, durch Hexerei töten zu wollen. Auch Susan Hinchcliffes Ehemann Joseph wurde mit der Verschwörung in Zusammenhang gebracht. Als das Ehepaar zum Erscheinen vor dem nächsten Assisengericht verpflichtet wurde, entrüstete sich die Gemeinde und verfaßte eine Bittschrift, in der die Einwohner ihre Überzeugung ausdrückten, daß die Angeklagten unschuldig seien, und darauf hinwiesen, daß Mary Moor eine keineswegs glaubwürdige Zeugin sei. Die seelische Belastung war für Joseph Hinchcliffe jedoch zu stark, und er erhängte sich in einem Wald in der Nähe seines Hauses. Als seine Leiche vier Tage später gefunden wurde, war Susan Hinchcliffe aus Kummer und Angst ebenfalls gestorben. Das letzte, was sie auf dem Totenbett tat, war, ein Gebet für ihre Ankläger zu sprechen.

Siehe auch **Barton, Elizabeth**; **Bury St. Edmund, Hexen von**; **Darling, Thomas**; **Dr. Lambs Geliebte**; **Fairfax, Edward**; **Goodwin-Kinder**; **Gunter, Anne**; **Hartlay, Edmund**; **Jørgenssdatter, Siri**; **Junge von Burton**; **Junge von Leicester**; **Novizinnen von Lille**; **Pendle, Hexen von**; **Robinson, Edmund**; **Schwindlerin von Bargarran**; **St. Osyth, Hexen von**; **Warboys, Hexen von**.

Molland, Alice gest. 1684. Engländerin, die die letzte vermeintliche Hexe war, die in England hingerichtet wurde. Die in Exeter gehängte Alice Molland war jedoch nicht die letzte, die in England wegen Beschäftigung mit der Hexenkunst starb, da später andere Menschen auch der Lynchjustiz zum Opfer fielen oder inoffiziellen Hexenproben wie dem **Hexenkratzen**

oder dem **Schwemmen** unterworfen wurden. Darüber jedoch, daß sie das letzte offizielle Opfer war, herrscht allgemein Übereinstimmung, obgleich zwei wahrscheinlich fiktive Druckschriften existieren, die diese mehr als zweifelhafte „Ehre" zwei 1705 in Northhampton hingerichteten Frauen und zwei 1716 in Huntingdon gehängten Personen – einer Frau und einem Kind – zugestehen wollen. (Beide Fälle sind nicht weiter belegt.)

Siehe auch **Wenham, Jane**.

Montespan, Madame de *siehe* **Chambre-Ardente-Prozeß**

Mora, Hexen von Opfer einer Hexenpanik, die in der Mitte des siebzehnten Jahrhunderts in Mora in der mittelschwedischen Region Dalarna (Dalekarlien) ausbrach (*siehe* **Schweden**) und die skandinavischen Länder in Angst und Schrecken versetzte. Die Sache begann im Sommer 1669 mit einer Reihe beunruhigender Berichte, die besagten, daß viele Bewohner der Gemeinde aktiv mit der Hexenkunst beschäftigt seien. Als Antwort auf die öffentliche Bestürzung entsandten die Ratgeber des jungen Karl XI. eine königliche Kommission, die die Sache – ohne Folter oder Verhaftungen – untersuchen sollte. Die Befragung der Verdächtigen bestätigte die anfänglichen Befürchtungen, und der Versuch, die Beschuldigten durch Gebete zu erretten, hatte nur eine weitere Ausbreitung des Hexenwahns zur Folge. So erhob die Kommission offizielle Anklagen gegen etwa siebzig Erwachsene. Später gestanden dreiundzwanzig der Angeklagten freiwillig ihre Beschäftigung mit dem Okkulten ein und gaben an, sich an einem gewissen **Kreuzweg** regelmäßig mit dem **Teufel** getroffen zu haben (der sich Antecessoar genannt habe). Als Lohn für ihre Treue habe der Teufel ihnen die Fähigkeit verliehen, auf **Ziegenböcken** durch die Lüfte zu schweben und behexte Männer und Zaunspfähle an einem großen Haus auf einer Blocula genannten Wiese an **Hexensabbaten** teilnehmen zu lassen, wo sie ihren christlichen Glauben verleugnet hätten, vom Teufel getauft worden seien, an den Gelagen ihres dämonischen Meisters teilgenommen, getanzt, wahllos mit anderen gebuhlt und verschiedene **Maleficia** ausgeheckt hätten. Auch hätten sie – allerdings vergeblich – versucht, ein Haus zu bauen, in dem alle Hexen am Tag des Jüngsten Gerichts Zuflucht finden sollten.

Besonders schockierend für die Befrager war die Verwicklung von ungefähr dreihundert Kindern in diesen Fall. Den Geständnissen zufolge durften diese Kinder, die von den Erwachsenen zum Sabbat mitgenommen wurden, alles, was vor sich ging, vom Eingang her beobachten, während sich die Erwachsenen zum Festessen mit dem Teufel niederließen. Die Kinder, deren Aussagen den Skandal erst ans Licht gebracht hatten, wurden eingehend befragt, und man stellte fest, daß ihre Geständnisse mit denen der Eltern größtenteils übereinstimmten. Manche gaben an, sich auf diese Ausflüge gefreut zu haben, während andere beteuerten, gegen ihren Willen dahin geschleppt und gezwungen worden zu sein, sich in die Reihen der Teufelsanhänger aufnehmen zu lassen. Der Teufel selbst sei ihnen als rotbärtiger Mann mit einem grauen Mantel und einem hohen, mit leuchtendbuntem Stoff umschlungenen Hut erschienen. An den Füßen habe er einen roten und einen blauen Strumpf getragen. Nach dem Schmaus habe die Gesellschaft zur Harfenmusik des Teufels getanzt, ehe das Fest in eine Massenrauferei und eine Orgie ausgeartet sei. Man behauptete auch, daß manche Hexen eine Zeit nach solchen Zusammenkünften dem Teufel Kinder und ihren anderen Buhlen Kröten und Schlangen geboren hätten.

Überzeugt vom Ernst der Lage in Mora verhängte die königliche Kommission über fünfundachtzig Personen die Todesstrafe. Unter den Verurteilten befanden sich die dreiundzwanzig Erwachsenen, die ihre Verbrechen gestanden hatten, sowie fünfzehn Kinder. Die ersten beiden Massenhinrichtungen fanden am 25. August 1669 statt – kaum zwei Wochen, nachdem die Kommission das Verfahren eröffnet hatte. Die Verurteilten wurden enthauptet und dann zu Asche verbrannt. Sechsunddreißig Kinder im Alter von neun bis sechzehn Jahren mußten Spießruten laufen und wurden ein ganzes Jahr lang jede Woche einmal mit Rohrstöcken auf die Hände geschlagen. Zwanzig Kinder, die alle jünger als neun Jahre waren,

Morgan, Nanny

bekamen drei Sonntage hintereinander an der Kirchentür Schläge auf die Hände.

Die Hysterie, die die Bevölkerung von Mora erschütterte, breitete sich später auch über andere Gebiete Schwedens bis nach **Finnland** aus und führte in der Region um Uppsala und in Helsinki zu weiteren Untersuchungen, ehe sie 1675 Stockholm erreichte. Hier kam der Wahn nach der Hinrichtung von weiteren sechs Frauen endlich zum Ende, was hauptsächlich den Bemühungen eines jungen Arztes namens Urban Hjärne zu danken war, der die ganze Angelegenheit öffentlich zu einem Produkt von überhitzten Phantasien, Wahnsinn oder Bosheit erklärte. Der Tropfen, der das Faß dann zum Überlaufen brachte, war der Fall der Magdalen Mattsdotter, die von ihren eigenen Kindern und den Dienstmädchen der Hexerei angeklagt worden war. (Ihre Tochter versuchte sie sogar dann noch, als Magdalen Mattsdotter schon auf dem brennenden Scheiterhaufen stand, zu einem Geständnis zu überreden.) Kurz nach der Hinrichtung der Frau wurde bekannt, daß sich die Dienstmädchen die ganze Angelegenheit aus Eifersucht ausgedacht hatten, und so wurden auch sie zum Tode verurteilt, ehe die Vernunft die Oberhand gewann und allen weiteren Bezichtigungen und Anklagen ein Ende gesetzt wurde.

Die Gelehrten spekulieren seither, daß die Ursache der vom Gemeindepfarrer enthüllten Tragödie von Mora hauptsächlich Kinder waren, deren Phantasie die Druckschriften und Flugblätter beeinflußt hatten, in denen stets alle möglichen Fälle von Hexerei beschrieben wurden. In dieser Hinsicht ist der Fall mit dem bekannten Prozeß gegen die **Hexen von Salem** vergleichbar, der sich in der Hauptsache auf die Aussagen von Unmündigen gründete. Ein weiterer Faktor im Fall der Hexen von Mora kann der Einfluß der schwedischen lutherischen Kirche gewesen sein, die nach einer Säuberung von liberalen Elementen in den sechziger Jahren des siebzehnten Jahrhunderts ihre Macht zu festigen suchte.

Siehe auch **Jørgensdatter, Siri**.

Morgan, Nanny 1789–1857. Engländerin aus Westwood Common bei Much Wenlock (Shropshire), die von ihren Zeitgenossen für eine Hexe gehalten wurde. Als die Hexerei in England schon lange nicht mehr als Vergehen galt, war der Glaube an übernatürliche Aktivitäten in den ländlichen Gemeinden noch immer stark ausgeprägt. Viele sagten Nanny Morgan nach, sie besäße die Macht des **bösen Blikkes**. Die Nachbarn fürchteten ihren Einfluß und führten als Beweis für ihre Beschäftigung mit der Hexerei an, daß in ihrem Haus **Kröten** lebten und daß sie in dem Ruf stünde, eine Wahrsagerin zu sein. Die Fähigkeit des Wahrsagens hatte sie angeblich von den Zigeunern erlernt, mit denen sie nach der Verbüßung einer Gefängnisstrafe wegen Diebstahls als junges Mädchen eine Zeitlang umhergezogen war. Aus Furcht vor möglichen Folgen wagten es nur wenige Leute, Nanny Morgans Weg zu kreuzen, doch andere reisten viele Meilen weit, um sich in Angelegenheiten beraten zu lassen, die scheinbar nur mit dem recht spezialisierten Morganschen Wissen zu klären waren.

Die Umstände von Nanny Morgans Tod widerspiegelten ihren Ruf, den sie als Hexe hatte. Es wurde bekannt, daß ihr Mieter, ein Mann mit Namen William Davis, aus ihrem Haus ausziehen wollte, er jedoch fürchtete, ein Opfer der Magie der alten Frau zu werden, wenn er das täte. Er besprach sich mit anderen Bewohnern des Ortes, und sie rieten ihm zu dem Ritual des **Hexenkratzens**, was ihn, wie man ihm versicherte, von der Macht der Hexe befreien würde. Nicht lange danach sah man Davis das Haus der Frau in blutbefleckten Kleidern verlassen. Als man später den Körper der alten Frau fand, die an mehreren Stichwunden gestorben war, spürte man Davis rasch auf und klagte ihn des Mordes an. Davis gab das Verbrechen zu und erklärte, er habe die alte Frau nicht töten wollen, sondern lediglich versucht, sich mit ein wenig Blut von ihrem Einfluß freizumachen.

Als aufschlußreiches Anzeichen für den Ernst, mit dem man solche Dinge bis zum Ende des neunzehnten Jahrhunderts in den ländlichen Gebieten Englands betrachtete, sollte hier noch erwähnt werden, daß die Obrigkeit größte Schwierigkeiten hatte, jemanden zu finden, der bereit war, den Körper der alten Frau aufzubahren. Nanny Morgan wurde schließlich in den Kleidern beerdigt, die sie in der Stunde ihres gewaltsamen Todes getragen hatte.

Morton, Patrick *siehe* **Pittenweem, Hexen von**

Mother Shipton *siehe* **Shipton, Mother**

Murdock, Sarah *siehe* **Holt, Sir John**

Murray, Margaret Alice 1862–1963. Britische Ägyptologin, Archäologin, Anthropologin und Expertin auf dem Gebiet des Hexenwesens, die eine Theorie vorlegte, nach der das Hexenwesen nichts anderes als die Fortsetzung einer viel älteren heidnischen Religion sei (eine Idee, die in den letzten Jahrzehnten von vielen Hexen verkündet wurde). In ihrem 1921 veröffentlichten Buch *The Witch-Cult in Western Europe* entwickelte Margaret Murray ihre These weiter, indem sie Verbindungen zwischen Einzelheiten von Zeremonien, die in den Geständnissen von Hexen beschrieben worden waren, und vermuteten Details der Rituale alter Kulte herstellte. Sie behauptete, daß das Hexenwesen eine „alte" Religion sei, die die Christen einfach in den Untergrund getrieben hätten, und bezeichnete den **Teufel** als den Nachfolger des **Gehörnten Gottes** der vorchristlichen Ära. Demnach gab es keinen ketzerischen Vorsatz von seiten der Hexen, weil ihre Religion viel älter als das Christentum war und einer ganz anderen Tradition angehörte.

Margaret Murrays These zufolge wurde der alte Glaube durch ein kompliziertes System miteinander verbundener **Hexenzirkel** lebendig gehalten, die ihre eigenen Regeln und Rituale befolgten und für gewöhnlich aus dreizehn Mitgliedern bestanden, was in Wirklichkeit jedoch eine relativ neue Erfindung zu sein scheint. Die Zirkelteilnehmer stammten aus allen Gesellschaftsschichten – angefangen vom geringsten Bauern bis hin zu den Mitgliedern königlicher Familien. (Margaret Murray wagte sogar anzudeuten, daß Eduard III. den Order of the Garter [Hosenbandorden] als getarnten Hexenzirkel gegründet habe.) Um ihre Vorstellung von einem organisierten paneuropäischen Geheimkult zu unterstützen, hob sie die auffallende Ähnlichkeit der dokumentierten Hexengeständnisse hervor, die aus verschiedenen Teilen Europas und aus unterschiedlichen Jahrhunderten stammten. Sie ließ allerdings die Tatsache außer acht, daß die Fragen, die man den Hexen während der Folter vorlegte, oftmals einem Standardmuster folgten und daher mehr als wahrscheinlich ähnlich beantwortet werden mußten.

Dennoch überzeugte die Theorie eine ganze Reihe zeitgenössischer Gelehrter; heute wird sie von vielen neuzeitlichen Hexen unterstützt. Dennoch gibt es nach der geltenden Lehrmeinung keine Beweise, die die Herstellung einer solchen Verbindung rechtfertigen, hält die Theorie nach Auffassung der Gelehrten einer genauen Prüfung nicht stand. Bei den meisten Hexengeständnissen spielten die Zeremonien der vermeintlichen Hexenzirkel keine so große Rolle, was vermuten läßt, daß den Aktivitäten kein wirklicher „religiöser" Zweck zugrunde lag – vorausgesetzt, sie fanden überhaupt statt. In den Fällen, in denen halbreligiöse Riten abgehalten wurden, handelte es sich meist um einfache Parodien des christlichen Kults oder bestenfalls um eine verschwommene Wiederbelebung lokaler ländlicher Tänze oder Bräuche und nicht um Äußerungen eines entwickelten, jahrhundertealten Glaubens.

Murrell, James 1780–1860. Englischer Kräuterkundiger und Quacksalber aus Hadleigh (Essex), der für seine Beherrschung der okkulten Künste weithin bekannt war und als der vielleicht berühmteste aller „klugen Männer" galt. James Murrell war der siebente Sohn eines siebenten Sohnes, woraus man ableitete, daß ihm besondere Kräfte auf dem Gebiet der Prophetie und der Heilkunde beschieden seien. Nach Murrells Meinung über sich selbst war seine Macht so groß, daß er angeblich den **Teufel** persönlich beherrschte und gegen Hexerei immun war. In seiner Heimat Essex handelte er mit Kräutern, war er Tierarzt und Prophet, wurde er als weißer Hexenmeister (*siehe* **weiße Hexe**) häufig gebeten, Geister, Hexen und Dämonen zu exorzieren, verlorengegangene Besitztümer durch die Kunst der **Kristallomantie** aufzuspüren und die Sterne zu deuten. Besonders berühmt war er für seine Fertigkeit, **Hexenflaschen** als Mittel gegen böse Zauber herzustellen. Auch sollte er ein Amulett aus Kupfer besitzen, das immer dann seinen Glanz verlor, wenn jemand log. Um einen letzten Beweis für seine

Muttergöttin

einzigartigen Fähigkeiten zu liefern, soll er mit großer Genauigkeit die Stunde seines Todes vorausgesagt haben.

Muttergöttin *siehe* **Große Göttin**

Myrrhe Gummiharz, das zur Salben- und Parfümherstellung verwendet und meist mit der biblischen Weihnachtsgeschichte assoziiert wird. Myrrhe war eines der Geschenke, das die drei Weisen aus dem Morgenland nach Bethlehem brachten, um sie dem neugeborenen Jesus zu schenken. Sie war im Altertum ein wertvolles Handelsgut und wurde auch in späteren Jahrhunderten wegen ihrer magischen Eigenschaften verehrt. Wie andere starke Duftstoffe, so wurde auch Myrrhe mit dem Saturn in Verbindung gebracht. Die Okkultisten glaubten, daß diese Substanz, als Requisit der Schwarzkünstler benutzt, ein beträchtliches Potential berge. Daher verwendete sie Aleister **Crowley** auch in seinem „Weihrauch des Abramelin", mit dem er die Dämonen zu beschwören pflegte.

N

Nachtgespensterbann Eine Zauberformel, die man vor der Nachtruhe aufsagt, um sich in den Stunden der Dunkelheit vor **Nachtmahren**, Hexerei und anderem Bösen zu schützen. Der mittelalterliche englische Dichter Geoffrey Chaucer führte in einer seiner Canterbury-Erzählungen *The Miller's Prologue and Tale (Die Erzählung des Müllers)* einen Nachtgespenstbann an:

> Jesus Christ und heiliger Benedikt,
> Beschützt dies Haus vor jedem bösen Wicht
> (Übertragen aus dem Englischen von Martin Lehnert)

1619 zitierte der Dramatiker John Fletcher in einem seiner Stücke eine ähnliche Zauberformel für einen ungestörten Nachtschlaf:

> Heiliger Georg, heiliger Georg,
> Er geht um bei Tag, er geht um bei Nacht.

Francesco-Maria **Guazzo** riet den besorgten Schläfern 1626 in seinem maßgebenden Werk *Compendium maleficarum* zu sorgfältigeren Vorkehrungen und schlug Psalmen, Gebete, das Bekreuzigen, das Hersagen des Vaterunser und anderer heiliger Texte und nach Möglichkeit auch das Aufstellen heiliger Reliquien rund um die Bettstatt vor.

Nachtmahr Einem alten Aberglauben zufolge wurden die Nachtmahre von Dämonen, die aller Wahrscheinlichkeit nach im Auftrag der Hexen oder des **Teufels** persönlich handelten, zu den Schlafenden gebracht. Bösen Geistern, die man gewöhnlich als **Inkubi** oder **Sukkubi** bezeichnete, sagte man früher nach, sie würden sich – häufig in Gestalt von Geisterpferden – im Dunkel der Nacht in die Schlafgemächer stehlen und dann schwer auf den Schlafenden liegen, deren Atem unterdrücken und sie lähmen. Diese unirdischen Störenfriede machten sich ein Vergnügen daraus, ihre Opfer mit lebhaften und realistischen Visionen von Dämonen und ähnlichem zu erschrecken oder verführten sie mit erotischen Träumen. Mahrdämonen (die auch gewöhnliche Pferde attackierten) waren meist auf gruselige Träume spezialisiert, während Inkubi und Sukkubi bei unterdrückten sexuellen Wünschen aktiv wurden.

Die Zwangsvorstellung von diesen Dämonen war so stark, daß in der Zeit von 1627–1740 nicht weniger als sechzehn bedeutende Abhandlungen über dieses Thema geschrieben wurden. Deren Autoren stellten unter anderem fest, daß Nachtmahre mit größerer Wahrscheinlichkeit über die in Rückenlage Schlafenden herfielen, daß die Opfer stets die Empfindung erlebten, ein Gewicht drücke auf ihre Brust und daß noch weitere Symptome, darunter Herzklopfen, Aufschreien und große Angstgefühle beim Erwachen vorkämen. 1830 gab Robert Macnish in seinem Werk *The Philosophy of Sleep* die folgende Beschreibung eines Nachtmahrdämons: „Eine monströse Hexe hockt auf seiner Brust – stumm, bewegungslos und gehässig, eine Inkarnation des bösen Geistes –, deren unerträgliches Gewicht den Atem aus dem Körper preßt, und deren unablässiger, starrer tödlicher Blick ihn vor Schreck zu Stein werden läßt und seine Existenz unerträglich macht."

Als Gegenmittel wurde den Schläfern unter anderem empfohlen, ihre Strümpfe in Form eines Kreuzes am Bettende zu befestigen, in die Nähe ein Messer oder einen anderen metallenen Gegenstand zu legen, die Schuhe so unter das Bett zu stellen, daß die Spitzen nach außen zeigten, mit gekreuzten Händen zu schlafen und an allen vier Ecken der Schlafstatt Strohkreuze anzubringen. Es wurde auch angeregt, beim Aufstehen dreimal auszuspucken, um die noch zurückgebliebenen bösen Wirkungen der Nachtmahre zu vertreiben. Robert Bur-

Nachtschatten

ton empfahl 1621 in seiner *Anatomy of Melancholy* die Heirat als ein Mittel gegen schlechte Träume, womit er seine Übereinstimmung mit einer geistigen Richtung andeutete, die die Nachtmahre zum großen Teil unterdrückter Sexualität zuschreibt. (Daher rühren die vielen geschichtlich belegten Berichte über Nonnen und andere im Zölibat lebende Menschen, die von Nachtmahren geplagt wurden.)

Siehe auch **Nachtgespensterbann**.

Nachtschatten Der giftige Nachtschatten galt weit und breit als bei Hexen und Zauberern beliebter Rohstoff. Hexen nahmen angeblich kleine Mengen von der Tollkirsche ein, deren Früchte Belladonna enthalten, um so in die Zukunft blicken zu können. (Eine zu große Dosis konnte allerdings zu Wahnsinn oder sogar zum Tod führen.) Andere Hexen sollen den Nachtschatten für die Herstellung von **Flugsalbe** verwendet haben, die es ihnen ermöglichte, auf dem Luftweg zu ihren **Hexensabbaten** zu gelangen.

Umgekehrt besagte der Volksglaube aber, daß ein Zweig vom Waldnachtschatten, im Haus aufbewahrt oder am Körper eines Menschen getragen, böse Geister fernhielt. Auch das Vieh konnte mit der Pflanze angeblich vor Hexerei und Krankheit geschützt werden.

Nadelprobe Praxis, eine der Hexerei verdächtigte Person mehrmals mit einem spitzen Werkzeug zu stechen, um an deren Körper eine taube Stelle zu finden, die mit Sicherheit als das **Teufelsmal** identifiziert werden konnte. Dieses Teufelsmal, das angeblich alle Hexen aufwiesen, galt als absolut schmerzunempfindlich und konnte angeblich auch nicht bluten. So entwickelten die **Hexenriecher** in ganz Europa die „Wissenschaft" der Nadelprobe an den sorgfältig rasierten Körpern der verdächtigen Personen als eines der wichtigsten Mittel zur Erhärtung der Hexereivorwürfe. Die Entdeckung des Teufelsmals stellte in den Ländern, in denen die Anwendung der Folter untersagt war, einen besonders wichtigen Schuldbeweis dar. Doch auch anderswo gehörten solche Untersuchungen zur Routine. Dabei wurden furchterregend aussehende Nadeln, Ahlen oder Lanzetten in den nackten Körper des Verdächtigen gestoßen,

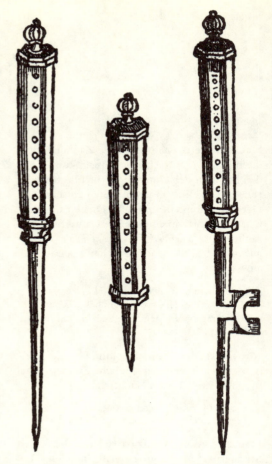

Werkzeuge für die Nadelprobe. Die Ahle auf der linken Seite ist mit einer einziehbaren Spitze versehen; in der Mitte ist das Instrument mit eingezogener Spitze zu sehen.

was mitunter stundenlang dauerte (besonders wenn das Opfer weiblich und hübsch anzuschauen war), bis man eine oder mehrere Stellen ausgemacht hatte, an denen die scharfe Spitze keine sichtbare Wirkung zeigte. Die Klinge des Werkzeugs stieß mitunter sogar bis auf die Knochen des Verdächtigen.

„Experten" auf dem Gebiet der Nadelprobe wie Matthew **Hopkins** und dessen Assistenten John Stearne und Mary Phillips wandten mitunter verschiedene Listen an, um zum gewünschten Ergebnis zu kommen. Eine beliebte Methode war die, den Verdächtigen mit der Ahlenspitze zu stechen und unmittelbar darauf das stumpfe Griffende nur ganz leicht auf eine andere Stelle des Körpers aufzusetzen. Der durch den Stich hervorgerufene Schmerz war so stark, daß viele Opfer den darauffolgenden, viel leichteren Druck gar nicht spüren konnten, und der Hexenriecher die Schuld des Verdächtigen somit als bestätigt erklärte. Von anderen Hexenriechern sagte man, sie würden Ahlen mit einziehbaren Spitzen benutzen. Es geschah nur sehr selten, daß diese „Experten" das Teufelsmal, nach dem sie so eifrig gesucht hatten, nicht ausfindig machen konnten. Doch selbst wenn dies der Fall war, wurde die verdächtige Person mit der Begründung, daß ihre Angelegenheit ein Sonderfall sei, den Folterknechten übergeben.

In vielen Gegenden holte man die Hexenstecher aus recht weit entfernten Orten herbei; ihre Tätigkeit und deren Ergebnis waren der erste Schritt zur strafrechtlichen Verfolgung einer vermeintlichen Hexe. Eine urkundlich belegte Darstellung der Art und Weise, in der man die Nadelprobe als Teil einer offiziellen Untersuchung durchführte, berichtet von einem gewissen schottischen „Experten", der im Jahre 1649 nach Newcastle upon Tyne gerufen wurde. Gegen eine Gebühr von zwanzig Schillingen je überführte Hexe plus Reisekosten plagte er im dortigen Rathaus dreißig Verdächtige mit der Ahle. Nach sorgfältiger Untersuchung erklärte er nicht weniger als siebenundzwanzig von ihnen zu Hexen. An dieser Stelle äußerte einer der Anwesenden, ein Oberstleutnant Hobson, Zweifel an den Methoden der Hexenriecher und forderte, eine der Frauen nochmals zu untersuchen. Er hatte beobachtet, daß diese Frau nach dem Einstechen der Spitze nicht blutete, weil durch die Angst und die Erniedrigung „all ihr Blut sich in einem Teil ihres Körpers konzentrierte". Als die Spitze zum zweitenmal eingestochen wurde, schoß aus der Wunde Blut hervor, und der Hexenriecher mußte seinem Kritiker zustimmen, daß die Frau keine Hexe sei.

Die Bemühungen des Oberstleutnants in diesem Fall reichten jedoch nicht aus, um das Leben von vierzehn Frauen und einem Mann zu retten, deren Schuld durch die Nadelprobe nachgewiesen worden war. Ob seines Erfolgs in Newcastle außer sich, erhöhte der namentlich nicht bekannte Hexenriecher seine Gebühr je überführte Hexe auf drei Pfund und zog eine Zeitlang durch Northumberland, bis ihn die Feindseligkeit der Bewohner zwang, seine Aktivitäten nach dem Norden zu verlagern. Berichten zufolge beendete er sein Leben in ganz angemessener Weise am Galgen – allerdings nicht bevor er nach eigenem Bekenntnis Beihilfe zur Hinrichtung von rund zweihundertzwanzig vermeintlichen Hexen geleistet hatte.

Trotz der Entdeckung vieler betrügerischer Hexenstecher blieb diese Praxis bis zum Ende des Hexenwahns in Gebrauch. 1712 wurde auch Jane **Wenham**, die letzte Person, gegen die man in England einen Hexenprozeß führte, einer Nadelprobe unterzogen, die allerdings erfolglos war, da bei ihr kein solches Mal gefunden wurde.

Siehe auch **Hexenkratzen**; **Hexenmal**.

Namen der Macht Die Namen Gottes und gewisser anderer göttlicher Wesen, denen man magische Eigenschaften zuschrieb, und die erfahrene Hexen oder Magier bei ihren **Zaubern** hersagten. Das Niederschreiben oder Zitieren von Namen der Macht bei der Vorbereitung eines **magischen Kreises** beispielsweise sollte böse Geister daran hindern, die Barriere zu durchdringen, die die Hexe oder der Zauberer mit den Kreislinien um sich errichtet hatte.

Die Namen selbst stammten aus einer ganzen Reihe historischer Quellen, vor allem aber aus der alten hebräischen und griechischen Überlieferung. Allerdings gibt es auch andere Namen der Macht, die sich nicht bis zu ihren Ursprüngen zurückverfolgen lassen. Die Theorie besagte, daß beim Anrufen eines Namens der Zauber, der mit dem genannten Geist verbunden war, zu der Hexe oder dem Zauberer geleitet wurde und da für das jeweils anstehende Vorhaben angezapft werden konnte. Zu den am häufigsten gebrauchten Namen gehörten Adonai, Alpha, Asmodi, Beroth, Craton, Delgaliel, Ehyeh, Eloa, Elohim, Emmanuel, Gabriel, Gomeh, Helim, Isis, Jehova, Mach, Noth, Omega, Raphael, Shaddai, Sibylla, Tetragrammaton, Uriel, Yod He Vau He und Zebaoth.

Napier, Barbara siehe **North Berwick, Hexen von**

Nekromantie

Nekromantie Praxis der Totenbeschwörung, mit der die Geister der Toten genötigt werden sollten, alle Fragen zu beantworten, die eine Hexe oder ein Zauberer ihnen stellten. Die Nekromantie galt als die gefährlichste und zweifelhafteste Handlung im Rahmen der schwarzen Magie. Dennoch hat die Möglichkeit, Tote zu beschwören, die Gelehrten der okkulten Wissenschaften jahrhundertelang fasziniert. Dem Vernehmen nach versuchten sich im Altertum viele Magier mit unterschiedlichem Erfolg an solchen Kunststücken. Die biblische Erzählung über die Totenbeschwörerin von En-Dor, die mit Hilfe ihrer Magie tote Seelen beschwor, lieferte ein Modell, das viele nachfolgende Erforscher des Okkulten inspirierte. Jahrhunderte später gehörten Zauberer wie Dr. John **Dee** und Edward **Kelly**, die hauptsächlich aus intellektuellem Streben Experimente auf okkultem Gebiet durchführten, zu den berühmtesten Praktikern der Nekromantie.

Die Motive anderer Magier waren eher prosaischer Natur: 1560 beispielsweise wurden zwei Geistliche für schuldig befunden, mit Hilfe dreier **magischer Kreise** Geister beschworen zu haben, um Näheres über das Versteck einer Truhe mit Gold in Erfahrung zu bringen. Einer der beiden wurde dafür exkommuniziert. Solche Fälle waren jedoch selten, und in England gab es das ganze siebzehnte Jahrhundert hindurch nicht einen einzigen Prozeß wegen Nekromantie; entweder waren die Rituale für eine durchschnittliche, ungebildete Hexe zu kompliziert oder die damit verbundenen Gefahren zu groß. Jene, die es versuchten, wurden von „Experten" auf diesem Gebiet gewarnt, anstelle der echten Leichen nicht etwa den Teufel persönlich zu beschwören, der sich tarnte, um sie zu täuschen.

Wegen der Risiken, die die Totenbeschwörung barg, wagten sich im allgemeinen nur die erfahrensten Zauberer an diese Art Magie heran, wobei sie ihr eigenes Leben vor den Dämonen, die sie vielleicht herbeiriefen, sorgfältig schützten, indem sie magische Kreise zogen und andere Vorkehrungen trafen. Man sagte, daß nur diejenigen vielleicht mit einem Erfolg rechnen könnten, die einen **Pakt mit dem Teufel** geschlossen hätten. Eine weitere notwendige Maßnahme war beispielsweise auch das Verbrennen gewisser Arten von Räucherwerk, dessen starker Geruch böse Geister fernhalten sollte. Auch eine sorgfältige Beobachtung der Positionen der Planeten und des Mondes war erforderlich, wenn der Magier den genauen Zeitpunkt und Ort in Erfahrung bringen mußte, an dem er das Meisterstück versuchen konnte.

In ein gebrauchtes Totenhemd oder einen speziellen, mit mystischen Symbolen versehenen Mantel gehüllt, sagte der Magier **Namen der Macht** her und führte dann ein langes und kompliziertes Ritual aus, bis der Moment kam, in dem er eine Leiche erscheinen lassen konnte. Manche Magier läuteten an bestimmten Stellen der Zeremonie **Glocken**, die ihnen die Macht verleihen sollten, Tote nach der Beerdigung für die Dauer von sieben Tagen zu wecken. Einige Quellen forderten, der Zauberer müsse neun Tage lang sexuell enthaltsam gelebt und eine strenge Diät aus Hundefleisch, ungesäuertem und ungesalzenem Schwarzbrot und unvergorenem Traubensaft eingehalten haben, bevor er versuchen konnte, die Toten zu beschwören. Am Ende der Zeremonie bettete der Zauberer die Leiche wieder zur Ruhe und trieb einen Pfahl durch ihr Herz, damit sie niemals wieder für eine Totenbeschwörung benutzt werden konnte.

Die Kunst der Nekromantie scheint noch immer ihre Anhänger und Praktiker zu haben. In bestimmten Abständen berichten die Zeitungen in Europa immer wieder von zerstörten Gräbern und verstreut umherliegenden Knochen, die stark vermuten lassen, daß auf den betroffenen Friedhöfen Zeremonien zur Beschwörung von Toten stattgefunden haben. Der sogenannte *culte des mortes*, der eng mit der Religion des Voodoo verbunden ist, findet sich bis auf den heutigen Tag besonders in Haiti. Seine Anhänger halten verschiedene Zeremonien ab, um Baron Samedi, einen grotesken Geist, zu beschwören, an den sie dann Fragen über die Zukunft richten können.

Newbury, Hexe von Namentlich nicht bekannte Frau, die 1643 in Newbury (Berkshire) unverzüglich hingerichtet wurde, nachdem sie in den Verdacht der Hexerei geraten war. Der Vorfall trug sich zu, als eine Gruppe Soldaten des Parlamentsheeres während des Bürgerkrieges durch Newbury zog und dort zufällig eine Frau erspähte, die scheinbar auf dem Wasser des Kennet lief. Als die Frau das Ufer erreichte, sah man, daß sie den Fluß auf einem kleinen Brett wie auf einem Floß überquert hatte. Dieses schlichte Beweisstück wurde von den Soldaten, die überzeugt waren, eine Hexe auf frischer Tat ertappt zu haben, jedoch ignoriert. Als die Frau auf die Fragen der Soldaten nicht zufriedenstellend antwortete, beschlossen die Männer, sie zu erschießen. Einer der Soldaten feuerte seine Waffe ab und traf die Frau in die Brust, doch die Kugel prallte zurück und hätte den Schützen um ein Haar im Gesicht getroffen. Die in einem zeitgenössischen Traktat erzählte Legende, nach der die Frau mit einem lauten, höhnischen Lachen die Kugeln in ihren Händen aufgefangen und dann gekaut habe, kann man wohl unberücksichtigt lassen.

Die Wunde war nicht tödlich, und als es auch einem anderen Mann nicht gelang, die vermeintliche Hexe mit einem Schwertstreich zu töten, erinnerten sich einige Anwesende daran, daß die Macht einer Hexe nur gebrochen werden könne, wenn man die Person verwundete (*siehe* **Hexenkratzen**). Einer setzte der Frau eine Pistole ans Ohr und drückte ab, „worauf sie sofort niedersank und starb".

Newton, Florence gest. 1661. Irische Bauersfrau mit dem Spitznamen „Hexe von Youghal", deren Fall 1661 bei den Assisen in Cork gerichtlich untersucht wurde. Der Prozeß wurde durch Joseph **Glanvills** Bericht bekannt, der auf den Erinnerungen des Richters persönlich basiert und daher einen Einblick in die Verfahrensweise bei solchen Prozessen gibt, wie sie im siebzehnten Jahrhundert in **Irland** üblich war.

Florence Newton wurde vor Sir William Ashton gebracht, wo man sie anklagte, durch Hexerei den Tod eines David Jones herbeigeführt und Mary Longdon, ein Dienstmädchen, behext zu haben. Wie bekannt wurde, hatte Mary Longdon den Zorn der Angeklagten erregt, als sie dieser zu Weihnachten ein Stück Pökelfleisch verweigert hatte, worauf die betrübte Frau gedroht hatte, daß dieser Geiz einst durch einen Schaden vergolten würde.

Einige Tage später trat Florence Newton auf Mary Longdon zu, die gerade Wäsche trug, und „küßte sie heftig". Von da an plagten das Mädchen Visionen von Florence Newton und einem „kleinen alten Mann in seidenen Kleidern", und Mary Longdon zeigte die üblichen Symptome dämonischer **Besessenheit**, die sich in übermenschlicher Kraft, Gedächtnisverlust und dem Erbrechen von Nadeln, Wolle, Stroh und anderen seltsamen Gegenständen äußerte. Auch gingen unerklärliche Steinregen nieder, wo immer sie entlangkam. Als es ihr gelang, einen dieser Steine aufzufangen, bemerkte sie, daß er mit einem durchgehenden Loch versehen war, und befestigte ihn sicher an ihrem Geldbeutel, da sie glaubte, das würde den Zauber brechen. Doch der Stein verschwand, obwohl sich der Knoten, mit dem er festgebunden war, nicht einmal gelockert hatte.

Zwar war der Prozeß gegen Florence Newton von dem Bemühen geprägt, die gesetzlichen Bestimmungen einzuhalten, und man setzte die Angeklagte auch nicht unter Druck, doch die Furcht vor der Hexerei gab noch immer den Ausschlag in dieser Sache. Nach einer ersten Anhörung wurde die „Hexe von Youghal" ins Gefängnis gesteckt, wo man versuchte, ihre Schuld mit Hilfe der **Nadelprobe** nachzuweisen. Zuerst konnte niemand die Haut der Gefangenen auch nur durchstechen. Als man ihr schließlich an einer Hand eine Schnittwunde beibrachte, zeigte sich zur Zufriedenheit der Anwesenden kein Blut; eine zweite Wunde an der anderen Hand blutete allerdings.

Glanvills Bericht über diesen Fall endet vor der Urteilsverkündung, doch Florence Newton wurde mit Sicherheit schuldig gesprochen und auf Anweisung des Gerichts wahrscheinlich exekutiert.

Nonnen von Aix-en-Provence Eine Gruppe von Nonnen, die 1611 in Aix-la-Provence in **Frankreich** im Mittelpunkt eines sensationellen Hexenprozesses standen. Der Fall drehte sich um Schwester Madeleine de Demandolx de la Palud, eine Nonne, die bereits länger an Depressionen litt. Sie kam aus gutem Hause und wurde 1605 im Alter von neun Jahren in ein Kloster der Ursulinerinnen aufgenommen, wegen ihrer nervlichen Labilität jedoch später zu

Nonnen von Aix-en-Provence

ihrer Familie zurückgeschickt. Im Alter von dreizehn Jahren geriet sie unter den Einfluß von Pater Louis Gaufridi, eines ansehnlichen dreiundvierzigjährigen Priesters aus Marseille, der ein Freund der Familie war, und der bald eine Menge Zeit mit ihr allein verbrachte. Es stellte sich heraus, daß Madeleine in den Priester verliebt war, und nach einem Besuch, der anderthalb Stunden gedauert hatte, begannen Gerüchte über das Paar umzugehen.

Gaufridi wurde von seinen Vorgesetzten vor weiteren Treffen gewarnt, und Madeleine wurde 1607 als Novizin ins Ursulinerinnenkloster nach Marseille geschickt. Hier beichtete sie der Mutter Oberin, daß sie in der Tat eine Affäre mit einem Priester gehabt hatte, doch unternahm man in diesem Stadium der Angelegenheit nichts weiter, außer Madeleine in das Kloster bei Aix-en-Provence zu versetzen, wo es für das Paar schwieriger wäre, sich zu treffen.

Die erzwungene Trennung scheint für Madeleine zu schwer gewesen zu sein. Sie begann unter Anfällen zu leiden und schockierte ihre Obrigkeit im Kloster, als sie zu Weihnachten 1609 während der Beichte ein Kruzifix ergriff und zerstörte. Sie klagte auch darüber, von **Dämonen** gepeinigt zu werden und erklärte, Gaufridi habe sie mittels einer **Zauberformel** behext, die in einer Walnuß versteckt sei. Man entschied, daß sie tatsächlich besessen sei und versuchte es, wenngleich erfolglos, mit einer Teufelsaustreibung (*siehe* **Exorzismus**). In einem Klima zunehmender Hysterie im Kloster wurden nun drei weitere Nonnen von ähnlichen Anfällen heimgesucht.

Bei seiner Befragung bestritt Gaufridi jegliche Unkeuschheit mit Madeleine, doch ihre Aussagen über sein Verhalten wurden mit der Zeit immer detaillierter. Sie behauptete, er habe sie zum erstenmal verführt, als sie dreizehn Jahre alt gewesen sei (später revidierte sie diese Angabe und sagte, sie sei neun gewesen) und habe dann auch weiterhin sexuell mit ihr verkehrt. Madeleines Behauptungen zufolge glaubte er auch nicht an Gott und hatte ihr einen Kobold (*siehe* **Hausgeist**) in Gestalt eines grünen Teufels geschenkt.

Nun zeigten sich bei fünf weiteren Nonnen Symptome von Hysterie, was als Ergebnis dämonischer **Besessenheit** interpretiert wurde, unter der Louise Capeau (oder Capelle) am schlimmsten zu leiden schien. Madeleine und Louise wurden nun vor Sebastian Michaelis, den Großinquisitor von Avignon, gebracht, der 1582 die Aufsicht über die Verbrennung von achtzehn Hexen geführt hatte. Eine weitere Teufelsaustreibung brachte keine Besserung, obgleich die Mädchen ihren Befragern zusätzliche Einzelheiten über die Geister berichteten, von denen sie besessen waren. Nach Louises Angaben herrschten 6666 Teufel, darunter auch der mächtige **Beelzebub**, über Madeleine, und Gaufridi war die unmittelbare Ursache dieser Behexung. Louise selbst war von drei mächtigen Teufeln mit Namen Grésil, Sonnillon und Vérin besessen.

Pater Michaelis unternahm als nächstes den phantasiereichen Schritt, Gaufridi selbst zur Teufelsaustreibung bei den Mädchen aufzufordern. Der Priester war jedoch unerfahren in solcherart Prozeduren, und die Mädchen verhöhnten ihn nur. Man warf ihn in den Kerker, doch Michaelis appellierte an den Papst, die Mädchen für ihren Unfug zu tadeln, und Madeleine wurde nun unter strenge Aufsicht gestellt. Ihr Zustand verschlechterte sich: Sie sprach von Visionen, sang unzüchtige Liebeslieder, störte die Gottesdienste und wieherte wie ein Pferd. Sie erzählte auch schockierende Geschichten über Sabbate, die sie mit Einzelheiten über Sodomie und Kannibalismus ergänzte.

Als Antwort auf das Interesse, das die Affäre in ganz Frankreich hervorrief, wurde der Fall im Februar 1611 vor den Zivilgerichtshof in Aix-en-Provence gebracht. Der Prozeß rief Aufsehen hervor. Madeleines unberechenbares Verhalten vor Gericht, das völlig unerwartet von der an Gaufridi gerichteten Bitte um Vergebung zu heftigen Verdammungen seiner sexuellen Perversionen und seines Kannibalismus wechselte und von Zeit zu Zeit von unkontrollierten Anfällen sinnlicher Begierde unterbrochen wurde, machte einen tiefen Eindruck auf die Anwesenden. Zweimal, so wird berichtet, habe Madeleine versucht, sich umzubringen.

Gaufridi, geschwächt von dem monatelangen Aufenthalt in einem von Ratten wimmelnden Kerker, wurde auf das **Teufelsmal** untersucht, was man auch ganz richtig fand. Unter der Folter bekannte er alles, was die Anklage ihm vorwarf, und gab zu, einen Bund mit dem Satan (*siehe* **Pakt mit dem Teufel**) geschlossen zu haben, der ordnungsgemäß mit seinem Blut unterzeichnet sei, um sexuellen Verkehr mit jeder Frau, die er begehrte, haben zu können (über tausend, so behauptete er, hätten auf diese Weise seiner Wollust nachgegeben). Madeleine, erklärte er, sei von ihm besonders besessen gewesen und habe sich ihm beim Sabbat und auch sonst hingegeben. Vor Gericht widerrief er diese Geständnisse verzweifelt, doch ein Schuldspruch war unvermeidlich, und Gaufridi wurde zum Tode verurteilt. Das Gericht gab Anweisungen, ihn auf einem Scheiterhaufen aus Strauchwerk anstelle von Holzkloben zu verbrennen, damit seine Qualen verlängert würden. Am Tag der Hinrichtung wurde Gaufridi wiederholt der Folter durch **Aufziehen** und dessen verschärfte Form unterworfen, bis seine Glieder furchtbar verrenkt waren; man hoffte, er werde die Namen seiner Komplizen nennen. Dann wurde er fünf Stunden lang auf einer Faschine durch die Straßen gezogen, ehe man ihn erdrosselte (eine unerwartete Gnade in Anbetracht des ursprünglichen Urteils: *siehe* **Hexenverbrennung**) und seinen Körper verbrannte.

Gaufridis Tod schien Madeleine sofort von ihren Teufeln zu erlösen; Louise Capeau hingegen ließ kein Zeichen der Besserung erkennen und verblieb für den Rest ihres Lebens in ihrem qualvollen Zustand. Louise hörte auch nicht auf, andere der Hexerei zu bezichtigen: Einige Wochen nach Gaufridis Hinrichtung wurde aufgrund ihres Zeugnisses ein blindes Mädchen verbrannt. Das Unheil, das Madeleine angerichtet hatte, wurde ihr dreißig Jahre später, im Jahre 1642, vergolten, als sie selbst beschuldigt wurde, eine Hexe zu sein. Eine weitere Anklage wegen Hexerei erfolgte 1652, und nachdem man bei ihr das Teufelsmal gefunden hatte, wurde sie verurteilt und lebenslang eingekerkert. Sie starb 1670 im Alter von siebenundsiebzig Jahren, kurz nachdem man sie in die Obhut einer Verwandten entlassen hatte.

Nonnen von Auxonne Ein Fall von Besessenheit in großem Maßstab, der 1660 in Auxonne (**Frankreich**) zu einer weithin bekannt gewordenen Untersuchung von Hexerei führte.

In diesem Fall kamen Verdächtigungen um die Gestalt Pater Nouvelets auf. In den jungen Beichtvater eines Ursulinerinnenklosters hatten sich acht der dortigen Nonnen anscheinend verliebt (obwohl er dem Vernehmen nach kein gutaussehender Mann war). Die erotischen Träume, über die die nach körperlicher Liebe verlangenden Nonnen klagten, wurden als das Werk von **Dämonen** betrachtet, und man nahm automatisch an, daß Pater Nouvelet hierbei selbst die Hand im Spiele gehabt haben müsse. Der Geistliche verstand es, die Drohung, die sich durch solches Denken ergab, von sich abzulenken; er behauptete, selbst behext worden zu sein, und der Verdacht fiel statt dessen auf zwei ortsansässige Bauersfrauen. Die beiden Verdächtigen wurden also vor Gericht gebracht, doch es gab keine Beweise gegen sie. So verurteilte man sie lediglich zur Verbannung. (Auf ihrem Weg vom Gericht wurden sie von einem aufgebrachten Mob gehetzt und zu Tode gebracht.)

Pater Nouvelet hatte inzwischen zu etwas unkonventionellen Mitteln gegriffen, um die Teufel, von denen seine acht Belastungszeuginnen angeblich besessen waren, auszutreiben: Er legte sich in ein Bett mit ihnen und ließ sie während spezieller Gottesdienste zum Zwecke des **Exorzismus** sexuell provozierende Körperhaltungen einnehmen. Die Mutter Oberin, Schwester St. Colombe (Barbara Buvée), brachte ihre Abneigung gegen solche Methoden zum Ausdruck. Damit zog sie sich jedoch nur die Feindschaft ihrer Nonnen zu, die behaupteten, sie sei eine Hexe und Lesbe und die wirkliche Quelle ihrer Besessenheit. Die Mutter Oberin war bei der Obrigkeit ohnehin schon nicht beliebt, und so fand sie sich jetzt wieder, wie sie in Ketten gelegt als vermeintliche Hexe auf ihren Prozeß wartete.

Der Prozeß gegen Barbara Buvée begann am 5. Januar 1661 in Dijon. Ganz Frankreich weidete sich an den vorgebrachten Beweisen, von denen viele die körperlichen Intimitäten zwischen Barbara Buvée und den anderen Nonnen betrafen. Eine Nonne, Schwester Gabrielle de Malo, erwähnte „gegenseitige Berührungen"; eine andere beschrieb, wie die Mutter Oberin sie geküßt und ihre Brüste gestreichelt habe. Andere berichteten von Visionen, bei denen die

Nonnen von Cambrai

Mutter Oberin obszöne Handlungen begangen habe. Die Richter jedoch sahen keinen Grund zu der Annahme, daß ein Verbrechen begangen worden sei, und die angeklagte Frau, unterstützt von den Aussagen mehrerer Ärzte (die an der Echtheit der **Besessenheit** zweifelten), wurde freigesprochen. Dies spiegelte die tolerantere und skeptischere Atmosphäre wider, die unmittelbar nach der Hexenmanie des frühen siebzehnten Jahrhunderts für einen Großteil der europäischen Gesellschaft charakteristisch war. Barbara Buvée siedelte in ein anderes Kloster über, und die Hysterie, die die Nonnen in Auxonne bedroht hatte, geriet schließlich in Vergessenheit.

Nonnen von Cambrai Bei diesem frühen, aus dem Jahr 1491 stammenden Beispiel für das Phänomen der hysterischen **Besessenheit** geht es um die Nonnen des Klosters von Cambrai (**Frankreich**). Dabei handelt es sich vielleicht um den ersten dokumentierten Ausbruch einer solchen Hysterie. Es begann damit, daß eine Nonne mehrere Anfälle erlitt, als deren Ursache man schnell Hexerei vermutete. Die Nonne, die im Mittelpunkt des Falles stand, benannte andere aus ihrer Umgebung als Hexen, und auch diese begannen Anzeichen dämonischer Besessenheit zu zeigen, wobei sie wie Hunde bellten, die Zukunft voraussagten und angeblich Glanzstücke übermenschlicher Kraft vorführten. Letzten Endes wurde die Nonne, die die ganze Psychose angefacht hatte, selbst als Hexe angeklagt, und damit schloß sich der Kreis von Klagen und Gegenklagen, was in vielen späteren Fällen nachgeahmt werden sollte.

Es mag vielleicht von Bedeutung sein, daß der Fall der Nonnen von Cambrai, der zum Modell für viele künftige Beispiele wurde, fast unmittelbar auf den Erlaß der päpstlichen Bulle durch **Innozenz VII.** folgte, die die klerikale Obrigkeit überall zur Wachsamkeit gegenüber der allgegenwärtigen und in der Tat wachsenden Bedrohung durch das Hexenwesen aufrufen sollte.

Nonnen von Loudun Ein Fall von dämonischer **Besessenheit**, der 1634 in Loudun (Frankreich) für Aufregung sorgte. Die Geschichte der Nonnen von Loudun drehte sich um einen gutaussehenden und etwas zügellosen jungen Priester mit Namen Urbain Grandier, dessen Zauber im Ursulinerinnenkloster der Stadt ein Chaos verursacht hatten, und den man letzten Endes als Hexenmeister identifizierte. Ehe dieser Skandal in Loudun ruchbar wurde, war er bereits wegen seines nicht gerade zölibatären Lebenswandels und seiner kritischen Bemerkungen über den allmächtigen Kardinal Richelieu bei der Obrigkeit in Schwierigkeiten geraten. Den Zorn seiner Vorgesetzten hatte er sich insbesondere durch seine Liebschaften mit einer ganzen Reihe junger Frauen zugezogen. Als 1630 der Erzbischof Behauptungen nachgegangen war, denen zufolge Grandier mit Philippa Trincant, der Tochter des öffentlichen Anklagevertreters in Loudun, ein Kind hatte, konnte der Priester nur mit knapper Not sein Amt behalten. Der Vater der Kindsmutter hatte Grandier wegen Unmoral vor Gericht gebracht, der Angeklagte war schuldig gesprochen worden, doch der Erzbischof Sourdis von Bordeaux wurde überredet, den Geistlichen auf freien Fuß zu setzen und zu seinen Pflichten zurückkehren zu lassen. Mit seinen Eskapaden hatte sich Grandier viele Feinde gemacht, die entschlossen waren, sich an ihm zu rächen.

Die entscheidende Person in dieser letzten Affäre war die Mutter Oberin in Loudon, Schwester Jeanne des Anges, die bereits im Alter von fünfundzwanzig Jahren zum Oberhaupt des Klosters gewählt worden war, da sie aus einer wohlhabenden Familie kam. Als sie erst die Herrschaft über das Kloster hatte, ließ sie ihre unterdrückte Sexualität an ihren Mitschwestern aus und befahl den Nonnen (die über ihre Wahl verärgert waren), sie, die Oberin, auszupeitschen. Geistig zerrüttet und hysterisch, sah sie in dem jungen Urbain Grandier den eigentlichen Kern der fleischlichen Sünde und stimmte bereitwillig zu, ihre Rolle in einer Verschwörung zu spielen, die ihn ins Verderben stürzen sollte.

Um den Namen des Priesters zu beflecken, täuschten Schwester Jeanne und einige andere Nonnen dämonische Besessenheit und Anfälle vor, bei denen sie seltsame und mitunter unanständige Körperhaltungen einnahmen. Sie schnatterten in unbekannten Sprachen, zogen Grimassen und beschuldigten Grandier, die

Nonnen von Loudun

Die Hinrichtung des Paters Urbain Grandier, der 1634 auf dem Platz vor der Kirche St. Croix verbrannt wurde.

Ursache ihrer Pein zu sein. Zudem behaupteten die Nonnen, er habe die **Dämonen** Asmodi und Zabulon beschworen, ihm zu helfen. Die Vorwürfe brachten die Bevölkerung von Loudun auf, und Grandier war gezwungen, sich ein weiteres Mal unter den Schutz des Erzbischofs Sourdis von Bordeaux zu begeben. Der Erzbischof ließ die Nonnen von seinem Arzt untersuchen, der erklärte, die Besessenheit sei vorgetäuscht. Auf Befehl des Erzbischofs wurden alle Versuche der Teufelsaustreibung (*siehe* **Exorzismus**) eingestellt und die Frauen in ihre Zellen eingeschlossen, was eine zeitweilige Beruhigung in diesen Angelegenheiten brachte.

Zu Urbain Grandiers Unglück sah Kardinal Richelieu (der zufällig mit einer der Nonnen im Kloster verwandt war) nun die Gelegenheit gekommen, aus einer öffentlichen Teufelsaustreibung bei den Nonnen politisches Kapital zu schlagen und den Hexenwahn nochmals anzufachen. Wenn es ihm gelang, eine Entladung der öffentlichen Unruhe zu provozieren, dann wäre der Weg für eine Aufhebung des Edikts von Nantes bereitet, das allen Religionen eine örtlich beschränkte Kultfreiheit gewährte. Die Exorzismen wiegelten neue Schützlinge gegen Grandier auf, und der Priester selbst wurde aufgefordert, im Kloster einen Gottesdienst zur Teufelsaustreibung abzuhalten, um die Frauen von seinem Einfluß zu befreien. Wie vorauszusehen war, hatte er keinen Erfolg, und die Nonnen erweiterten ihre anfänglichen Beschuldigungen und warfen Grandier vor, er habe seine Macht benutzt, um sie in schamlosester Weise zu verführen. Schwester Jeanne behauptete gesehen zu haben, wie er einen Zauber ausgeführt habe, der sie nun quäle, indem er einen Rosenstrauß über die Klostermauer geworfen habe.

Auf die Aussage der Mutter Oberin hin wurde Grandier verhaftet, auf die Burg von Angers gebracht und dort auf das **Teufelsmal** untersucht. Die noch vorhandenen Berichte lassen erkennen, daß man den Gefangenen zunächst mit der Spitze einer Lanzette stach und dann an anderer Stelle ganz sacht mit dem stumpfen Ende des Instruments berührte – so leicht, daß Grandier, der noch vom Schmerz des ersten Einstiches wie betäubt war, diese zweite Berührung kaum spüren konnte. Auf diese Weise fand man vier Teufelsmale, und der Gefangene wurde den Folterknechten übergeben.

Bei dem höchst regelwidrigen Prozeß gegen Grandier, bei dem Richelieus Lakaien den Vorsitz führten, brach Verwirrung aus, als den Gerichtsbeamten Grandiers vermeintlicher Pakt mit dem Teufel, unterzeichnet mit dem Blut des Angeklagten (*siehe* **Pakt mit dem Teufel**), zur Prüfung vorgelegt wurde. Dazu wurde die unwahrscheinliche Geschichte vorgebracht, der von Satan, Beelzebub, Luzifer, Elimi, Leviathan und Astaroth gegengezeichnete und in verräterischer Weise von rechts nach links geschriebene Vertrag entgegen den sonstigen Gepflogenheiten sei vom Dämon Asmodi aus den Akten des Teufels entwendet worden.

Grandiers Verteidigung ignorierte man, und die potentiellen Entlastungszeugen wurden gewarnt, daß sie im Falle ihres Erscheinens vor Gericht unter den Verdacht gerieten, selbst mit der Hexerei zu tun zu haben. Einige Nonnen versuchten, sich Gehör zu verschaffen, da sie nun vielleicht begriffen, welche Konsequenzen ihre Aussagen für den jungen Mann haben könnten. Das Gericht jedoch weigerte sich, e-

Nonnen von Louviers

nen Widerruf zu unterstützen, da dies nichts als ein Trick des Teufels sei, mit dem dieser seinen Diener retten wolle. Man versprach den Nonnen auch eine Pension aus der Kasse des Kardinals, wenn sie vor Gericht im Sinne der Anklage aufträten. Selbst der melodramatische Auftritt der Mutter Oberin mit einer Schlinge um den Hals, die drohte, sich zu erhängen, wenn man sie nicht anhöre, beeinflußte das Gericht nicht.

Das Todesurteil war unausweichlich, und zur Befriedigung seiner Feinde wurde der junge Priester zum Verbrennen auf dem Scheiterhaufen vor der Heilig-Kreuz-Kirche verurteilt. Vor der Hinrichtung wurde Grandier grausamsten Folterungen unterworfen, damit er die Namen seiner Komplizen preisgebe. Augenzeugen berichteten, der Verurteilte sei so schwer mißhandelt worden, daß das Mark aus den zerschlagenen Knochen hervorgetreten sei. Grandier nannte nicht einen Namen. Als Vergeltung für seine Unbeugsamkeit sorgten die Kapuzinermönche, die das Verhör geleitet hatten, dafür, daß das Seil, mit dem Grandier vor dem Verbrennen erdrosselt werden sollte, so befestigt war, daß es sich nicht gänzlich festziehen ließ, so daß das Opfer noch lebte, als man es den Flammen übergab. Als der Gefangene, schon auf dem Scheiterhaufen stehend, den Versuch machte, öffentlich ein letztes Mal seine Schuld zu verneinen, übergossen ihn die Mönche, die die Verbrennung überwachten, mit Weihwasser, um zu verhindern, daß seine Worte gehört würden.

Die scheinbare dämonische Besessenheit der Nonnen fand mit Grandiers Tod jedoch kein Ende. Die andauernden Krämpfe und Verrenkungen, die sich bei den Nonnen zeigten, forderten Stellungnahmen heraus und fachten die Kritik an Kardinal Richelieu und der Regierung an. Im Umkreis von vielen Kilometern machten sich die Leute auf, um die von Dämonen besessenen Klosterschwestern zu sehen. In einem zeitgenössischen Bericht darüber ist zu lesen:

> Sie warfen sich zurück, bis ihre Köpfe die Füße berührten, und liefen in dieser Stellung lange Zeit und mit erstaunlicher Geschwindigkeit. Sie stießen so laute und schreckliche Schreie aus, wie man sie nie zuvor gehört hat. Sie gebrauchten so unanständige Ausdrücke, daß die verdorbensten Männer sich schämten, während ihre Handlungen, bei denen sie sich selbst zur Schau stellten und die Anwesenden zu Obszönitäten aufforderten, die die Bewohnerinnen selbst des verrufensten Bordells im Lande erstaunt hätten.

Bezeichnenderweise wurden die Anfälle seltener, als Richelieu die Pension aufkündigte, die man den Nonnen für den Fall versprochen hatte, daß sie vor Gericht die Anklage gegen Grandier unterstützten. Schwester Jeanne selbst fühlte sich nach wiederholten Exorzismusversuchen und einem Besuch am Grabmal des heiligen Franz von Sales in Italien im Jahre 1638 schließlich von ihren Dämonen erleichtert.

Nun herrschte bei allen Autoritäten Einigkeit darüber, daß Grandier ein unschuldiges Opfer war, dessen Tod eine politische Dimension hatte. Über die Motive der Mutter Oberin sind die Experten jedoch geteilter Meinung. Manche vertreten die Auffassung, die Frau sei Epileptikerin gewesen; andere meinen, sie sei schizophren oder einfach eine Betrügerin und lediglich daran interessiert gewesen, die öffentliche Aufmerksamkeit auf sich zu lenken. Sie erlangte den Status einer Berühmtheit, nachdem die Aufregung über die Angelegenheit verklungen war. Sie wurde bekannt für ihre seherischen Fähigkeiten, für ihre Kraft zu heilen und für die Körpermale, die als die Namen von Jesus, Maria, Joseph und Franz von Sales auf ihrer linken Hand erschienen. Man brachte sie sogar vor Kardinal Richelieu, wo sie diese letzte, als „bewundernswert" beurteilte Gabe demonstrierte. Jeanne des Anges starb am 29. Januar 1665 in Loudun.

Nonnen von Louviers *siehe* **Bavent, Madeleine**

North Berwick, Hexen von Vermeintlicher Zirkel schottischer Hexen (*siehe* **Hexenzirkel**), die einer Reihe von Verbrechen, unter anderem auch des Mordversuchs an Jakob VI. (dem späteren **Jakob I.**), angeklagt waren und deshalb von 1590 bis 1592 vor Gericht standen. Ihr Verfahren wurde zu einem der bekanntesten schottischen Hexenprozesse; es signalisierte den Beginn des Hexenwahns auf den britischen Inseln.

North Berwick, Hexen von

Die Verdächtigen wurden schlimmsten Folterungen unterworfen, und der Prozeß endete mit einer Massenhinrichtung; Francis Stewart, Graf von Bothwell, der Cousin des Königs und einer der mächtigsten Männer des Landes, floh außer Landes.

Es begann 1590 auf ganz gewöhnliche Art damit, daß David Seaton, der Hilfsrichter von Tranent bei Edinburgh, wegen des nächtlichen Kommens und Gehens seines Dienstmädchens Gilly Duncan argwöhnisch wurde. Das Mädchen hatte kurze Zeit zuvor ihr Können als Heilerin gezeigt, und Seaton folgerte, daß diese neuentdeckten Gaben nur satanischen Ursprungs sein konnten. Also ließ er kraft seines Amtes Gilly Duncan in seinem eigenen Haus foltern; man riß ihren Kopf an einem Seil hin und her, quetschte ihre Finger mit den „Pilliwinks" – den Daumenschrauben – und untersuchte sie sorgfältig nach dem **Teufelsmal**, was auch an ihrer Kehle gefunden wurde. Unter den Qualen und Erniedrigungen gestand das Dienstmädchen seine Verbindung mit dem Teufel ein und wurde darauf vor die Obrigkeit gebracht, um dort ein formales Geständnis abzulegen.

Vielleicht glaubte Gilly Duncan, sie könne durch die Zusammenarbeit mit dem Gericht ihr Leben retten. Sie lieferte eine lange Aufzählung von „Komplizen" aus der Umgebung von Edinburgh. Vier der Genannten wurden vor Gericht gebracht: Dr. John **Fian**, ein angesehener Schulmeister aus Saltpans, den die Angeklagte als Sekretär des Hexenzirkels bezeichnete; Agnes Sampson, eine ältere Hebamme; die in aristokratischen Kreisen verkehrende vornehme Euphemia (oder Effie) Maclean und Barbara Napier. Wegen der hohen gesellschaftlichen Stellung einiger Angeklagter erregte der Fall allmählich große Aufmerksamkeit in der Stadt, und Jakob I. übernahm bei Agnes Sampson und einigen anderen Angeklagten persönlich die Rolle des Befragers.

Agnes Sampson verneinte standhaft jegliche Schuld, doch die unzufriedenen Befrager ließen sie kahlscheren und untersuchten sie gründlich und erfolgreich nach dem Teufelsmal. Überzeugt, daß man eine Hexe in Gewahrsam hatte, ließ das Gericht der Frau einen **Hexenzaum** anlegen und gab die Anweisung, sie nicht zum Schlafen kommen zu lassen, bis sie gestanden habe. Nach der peinigenden Behandlung mit dem Seil, die auch Gilly Duncan hatte über sich ergehen lassen müssen, war die Frau am Ende ihrer Kräfte und bekannte sich in allen dreiundfünfzig Anklagepunkten schuldig. Sie gestand unter anderem, mit **Zauberformeln** Krankheiten verursacht und verschiedene ma-

Mitglieder des Hexenzirkels von North Berwick lauschen dem Teufel, der von einer Kanzel predigt, lassen ihren Kessel kochen, um einen Sturm heraufzubeschwören (wie im Hintergrund dargestellt) und kosten in einem Keller den Wein. Ein Holzschnitt aus dem Jahre 1591.

North Berwick, Hexen von

gische Pulver verabreicht zu haben, einen **Hausgeist** in Gestalt eines Hundes zu besitzen, der Elva heiße und in einem Brunnen wohne.

Auf die Veranlassung der Befrager, die Agnes Sampson die nochmalige Folterung androhten, wenn sie kein volles Geständnis ablege, fuhr die Frau – als „würdevoll und gesetzt in ihren Antworten" geschildert – mit einer Beschreibung fort, wie sie zu **Halloween** an einem Sabbat mit einigen neunzig Hexen (*siehe* **Hexensabbat**) teilgenommen habe, und wie die ganze Gesellschaft, nachdem jede ihr Maß Wein getrunken habe, in Sieben sitzend nach North Berwick gesegelt sei. Dort hätten sie – stets entgegen dem Uhrzeigersinn (*siehe* **Umkehrung**) – zu der Musik getanzt, die Gilly Duncan auf einer Harfe gespielt habe. Sie sagte auch den Text des Liedes auf, das sie beim Tanzen gesungen hatten:

> Frau, geh du voran, Frau, geh du.
> Wenn du nicht vorangehst, Frau, dann laß mich.
> Ringelreih'n verkehrt herum
> Wir fassen uns zum verkehrten Reigen
> Frauen, Burschen, altes Weib und Königin
> Gehen wir im Kreis herum!
> Frau, geh du voran, Frau, geh du.
> Wenn du nicht vorangehst, Frau, dann laß mich.
> Ringelreih'n verkehrt herum.
> Wir springen geschmeidig im verkehrten Reigen
> Mit geschürzten Röcken und fliegendem Haar
> Dreimal drei.
> Frau, geh du voran, Frau, geh du.
> Wenn du nicht vorangehst, Frau, dann laß mich.
> Ringelreih'n verkehrt herum
> Wir wirbeln und kreischen im verkehrten Reigen
> Und der Teufel nimmt die Hinterste
> Wer sie auch sei!

Dann hätten sie in der Kirche zu North Berwick beim flackernden Licht schwarzer Kerzen dem Teufel Treue und Gehorsam bestätigt und zum Zeichen ihrer Ergebenheit dessen Hinterteil geküßt (*siehe* **Kuß**). Der Teufel sei ihnen in Gestalt eines Mannes mit schwarzer Robe und schwarzer Kappe erschienen und habe behaarte Hände mit Krallen gehabt. Später hätten sie einen Plan ausgeheckt, wie sie den König durch einen Sturm töten könnten, wenn er auf der Reise nach Dänemark sei, um seine Braut heimzuholen.

Jakob war von dieser Erzählung nur mäßig beeindruckt (er ließ Gilly Duncan sogar die Melodie vorspielen, die sie angeblich auf dem Sabbat gespielt hatte), doch da flüsterte ihm Agnes Sampson genau die Worte zu, die er in der Hochzeitsnacht mit seiner Braut gewechselt hatte, und die außer dem Brautpaar eigentlich niemand kennen konnte. Ob dies nun wirklich geschehen war, oder ob der König diese Geschichte, an die er sich angeblich erinnerte, nur erfunden hatte, um den Fall voranzubringen und den so enthüllten Verrat als Warnung für andere gebührend bestrafen zu können – der König zeigte sich äußerst überrascht und ließ seine vorherigen Zweifel fallen.

Agnes Sampsons Geständnis brachte eine erstaunliche Enthüllung nach der anderen. Der Hexenzirkel, so behauptete sie, habe ein weiteres Mal versucht, den König anzugreifen und dazu Gift von einer schwarzen **Kröte** genommen und sich – allerdings vergeblich – bemüht, ein Stück von der königlichen Garderobe zu beschaffen, um es mit dem Gift bestreichen zu können. Als nächstes hätten die Hexen eine mit Jakobs Namen bezeichnete Wachsfigur im Feuer schmelzen lassen und aus Stücken von einem Leichentuch und einer Leiche Zauberpulver hergestellt. Als sich die Gelegenheit geboten habe, den König auf hoher See mit seinem Schiff im Sturm untergehen zu lassen, hätten die Hexen eine **Katze** getauft, die Gliedmaßen eines Toten an deren Pfoten gebunden und das arme Tier dann ins Meer geworfen. Beim ersten Mal sei es dem Tier gelungen, sich zu befreien und an Land zu schwimmen, doch beim zweiten Versuch sei es ertrunken, und darauf habe ein schwerer Sturm begonnen. (In dem Unwetter ging ein Schiff unter; das Schiff des Königs kam mit knapper Not davon.)

Die unglaublichen Geschichten, die Agnes Sampson und die anderen Angeklagten erzählten, beanspruchten die Leichtgläubigkeit des Gerichtes über Gebühr, und die Geschworenen entschieden, die Anklagen fallenzulassen. Der König jedoch geriet darüber in Zorn, und das Gericht wurde hastig wieder zusammengerufen, um die Angeklagten für schuldig zu erklären. Jene Geschworenen, die sich für einen Freispruch entschieden hatten, wurden wegen dieses Irrtums selbst vor Gericht gestellt.

Barbara Napier, die eine Verwandte des Gutsherrn von Carschoggill war, machte geltend, daß sie schwanger sei, und wurde zum Ärger des Königs auf freien Fuß gesetzt. Effie Maclean jedoch mußte sechs Rechtsanwälte bemühen, die ihre Unschuld nachweisen sollten. Zu ihrem Unglück war der König wegen ihrer Verbindung zu dem möglichen Thronerben Francis Graf von Bothwell, der Gerüchten zufolge als eigentlicher Anstifter der Verschwörungen gegen Jakob galt, entschlossen, sie trotz ihres hohen Standes, den sie als Lord Cliftonhalls Tochter innehatte, hinrichten zu lassen.

Auf Beschluß des Gerichts wurden John Fian, Agnes Sampson und Effie Maclean zu Tode gebracht. Effie Maclean versagte man die Gnade, erdrosselt zu werden, ehe sie den Flammen übergeben wurde, und so kam sie auf dem Scheiterhaufen ums Leben. Margaret Thomson, eine weitere Verdächtige, starb unter der Folter.

Der Graf von Bothwell wurde eine Zeitlang auf der Burg von Edinburgh gefangengehalten, entging jedoch der Todesstrafe, da er Vorsorge getroffen und eine große Zahl bewaffneter Anhänger in die Stadt hatte kommen lassen. Er verließ Schottland schließlich, nachdem er vergebens versucht hatte, Jakob aus seiner Machtposition zu drängen, und verbrachte den Rest seines Lebens im Exil. Dort stand er bis zu seinem Tod in dem Ruf, ein starkes Interesse für die okkulten Wissenschaften zu hegen.

Tief betroffen von dem, was er während der Geständnisse der Hexen von North Berwick vernommen hatte, griff Jakob in seiner sehr bedeutenden Abhandlung mit dem Titel *Dämonologie*, die erstmals 1597 erschien, zweifellos auch auf diese Erfahrung zurück.

Norwegen Wie in den anderen Ländern Skandinaviens (*siehe* **Schweden** und **Finnland**) war die Geschichte des Hexenwahns auch in Norwegen (und Dänemark, mit dem es mehrere Jahrhunderte lang verbunden war) lediglich von isolierten Ausbrüchen der Hysterie und Verfolgung gekennzeichnet. Der Glaube an die Hexerei hielt sich jedoch lange und ähnelte in seinen Einzelheiten den Vorstellungen, die auch anderswo in Europa vorherrschten.

Die überlieferte Kunde von den Hexen Norwegens rückte statt der Teufelsbündnisse (*siehe* **Pakt mit dem Teufel**) eher die Übeltaten in den Vordergrund und machten die Hexen für Schiffsunglücke, Morde und eine ganze Reihe weniger schwerwiegender Verbrechen verantwortlich. Man glaubte, die Hexen würden sich zu Weihnachten und in der **Johannisnacht** an gewissen Orten – beispielsweise auf dem Gipfel eines Berges bei Bergen oder am Vulkan Hekla auf Island – in großer Zahl zu **Hexensabbaten** versammeln. Weit und breit waren Gerüchte im Umlauf, daß sie die Macht besäßen, durch die Lüfte zu fliegen, und daß sie sich bei ihren Hexensabbaten mit Essen und Trinken, Tanzen und Buhlerei vergnügten.

Der erste dokumentierte norwegische Hexenprozeß fand 1592 in Bergen statt; er endete mit der Hinrichtung von Oluf Gurdal. 1594 wurden in Bergen zwei weitere Hexen auf den Scheiterhaufen gebracht und eine andere verbannt, doch dann hörte man erst 1622 wieder von einem Fall angeblicher Hexerei. Damals erhängte sich die Angeklagte, die man als Synneve identifiziert hatte, noch vor Beginn des Prozesses in der Gefängniszelle.

Das Geständnis von Karen Thorsdatter aus dem Jahre 1650 brachte Einzelheiten über die verborgenen Aktivitäten der norwegischen Hexen zutage. Sie bestätigte, auf behexten Tieren zu den Sabbaten geflogen und den Tod von Verwaltungsbeamten geplant zu haben. Karen Thorsdatter und Bodil Kvams, eine weitere verdächtige und überführte Person, wurden in Kristiansand verbrannt.

1670 fanden in Kopenhagen der Prozeß gegen Ole und Lisbet **Nypen** sowie ein Verfahren gegen Karen Snedkers statt. Letztere war angeklagt, gegen Niels Pedersen, ein Ratsmitglied, Magie angewendet zu haben. Pedersen litt an verschiedenen Krankheiten, seit Karen Snedkers seine Kleidung angeblich mit Salz bestreut hatte. Auch den Stadtschreiber Johan Worm sollte sie behext haben, der daraufhin krank geworden sei. Sie bekannte ihre Verbrechen und gab auch zu, versucht zu haben, ein Schiff mit Pedersen an Bord zu versenken, was nur mißlungen sei, weil Pedersen eine Bibel in den Händen gehalten habe. Ihr Geständnis enthielt auch mehrere Namen angeblicher Hexen, und der Prozeß endete damit, daß Karen Snedkers und sechs weitere Personen bei lebendigem Leibe verbrannt wurden.

Die letzte dokumentarisch belegte Hinrichtung einer verurteilten Hexe in Norwegen fand 1680 nach einem Prozeß in Sondmore statt, bei dem ein Mann mit Namen Ingebrigt für schuldig befunden worden war, Vieh vergiftet und an Hexensabbaten teilgenommen zu haben. Der letzte Prozeß wegen Hexerei fand vier Jahre darauf in Jaederen statt; über seinen Ausgang ist allerdings nichts bekannt.

Notingham, John de gest. 1325. Englischer Zauberer, der die zentrale Figur in einem Bildzauberkomplott (*siehe* **Bildzauber**) zur Ermordung Eduards II., dessen Günstling Hugh le Despenser und anderer Personen war. John de Notingham lebte in Coventry und stand zusammen mit seinem Mieter Robert le Mareschal in dem Ruf, sich in den okkulten Wissenschaften auszukennen. 1323 wandte sich eine Gruppe von siebenundzwanzig Bürgern an die beiden Männer. Sie baten die Magier, gegen Geld und andere Zuwendungen den König, Hugh Despenser, dessen Vater (den Grafen von Winchester) sowie den Prior von Coventry, der den Bürgern Unrecht zugefügt hatte, mittels Zauberei zu töten. Oberdrein wünschten sie den Tod des Seneschalls und des Kellermeisters der Priorei von Coventry.

Der Handel wurde abgeschlossen, und die zwei Magier zogen sich in ein abseits gelegenes Haus am Stadtrand zurück, wo sie sich daran machten, von ihren künftigen Opfern Wachsebenbilder zu formen. Die sechs Bilder waren im April 1324 fertig, doch man entschied sich, vor dem eigentlichen Anschlag einen Versuch zu machen. Die beiden Männer formten also eine siebente Figur, die einen Nachbarn mit Namen Richard de Sowe darstellte (mit dem es keine besonderen Streitereien gab). Als alles bereit war, wies John de Notingham am 27. April um Mitternacht Robert le Mareschal an, ein Stück Blei in den Kopf der siebenten Figur zu stoßen. Am darauffolgenden Morgen begab sich Robert le Mareschal zu Richard de Sowes Haus, um zu erkunden, ob der Zauber etwas bewirkt habe. Zu seiner Befriedigung stellte er fest, daß der Nachbar über Nacht den Verstand verloren hatte, niemanden mehr erkannte und wiederholt das Wort „Marter!" herausschrie. Dieser Zustand hielt während der folgenden Wochen an, bis die Zauberer das Bleistück schließlich nahmen und in das Herz der Wachsfigur stießen. Einige Tage darauf starb Richard de Sowe.

Überzeugt davon, daß der Tod ihres Nachbarn eine direkte Folge ihrer Magie sei, bereiteten sich John de Notingham und Robert le Mareschal darauf vor, die Operation an den verbliebenen sechs Wachsfiguren zu wiederholen. Zu diesem kritischen Zeitpunkt ließen Robert le Mareschal die Nerven im Stich. Verunsichert durch die Nachforschungen über Richard de Sowes rätselhaften Tod, legte er als Gegenleistung für die Zusicherung der Straffreiheit für seine Person ein freiwilliges Geständnis ab. Alle an der Sache beteiligten Personen wurden verhaftet, und der Fall kam 1325 vor Gericht. John de Notingham starb im Gefängnis; die siebenundzwanzig Bürger wurden für ihren Anteil am Komplott aus undurchsichtigen Gründen freigesprochen. Über das Schicksal Robert le Mareschals ist nichts bekannt.

Nouvelet, Pater *siehe* **Nonnen von Auxonne**

Novizinnen von Lille Ein Fall scheinbarer dämonischer **Besessenheit**, der 1658 in einem Kloster im nordfranzösischen Lille große Unruhe hervorrief. Im Mittelpunkt dieser Angelegenheit stand Antoinette Bourignon, die um 1653 in der Stadt ein Waisenhaus gegründet hatte und die meisten seiner Bewohner später als Neulinge in ihr 1658 gegründetes Kloster aufnahm. Obwohl sie Ordnung und Disziplin in ihrem Kloster hielt, war Antoinette Bourignon sehr leichtgläubig und erkannte nicht, daß ihre Schützlinge diese Schwäche eines Tages ausnutzen würden. Um einer Bestrafung zu entgehen, beschuldigten sie bei kleineren Fehltritten für gewöhnlich den Teufel, ihrem schlechten Betragen Vorschub geleistet zu haben. Ein Pfarrer, der hinzugezogen wurde, um die Erzählungen der Mädchen zu prüfen, kam rasch zu dem Schluß, daß alle zweiunddreißig Novizinnen von Teufeln besessen seien. Die Mädchen bezeugten, der Teufel käme in vielerlei Gestalt täglich zu ihnen, mißbrauche sie sexuell und habe sie überredet, mit ihm zu **He-**

xensabbaten zu fliegen, wo sie getanzt, geschmaust und gebuhlt hätten.

Antoinette Bourignon zeigte sich bestürzt und verwirrt darüber, daß sie „zweiunddreißig Geschöpfe, die erklären, daß sie alle ihre Seelen dem Teufel gegeben hätten" in ihrem Hause beherberge. Sie zog in Betracht, ihre Zöglinge nach Hause zu schicken, doch eingedenk des Unglücks, in das der Teufel sie dann treiben würde, änderte sie ihre Meinung. Ungewöhnlicherweise dachte niemand daran, sie selbst der Behexung ihrer Schützlinge zu bezichtigen, wie es in vielen Parallelfällen geschah. Statt dessen wurde der Vorfall weit und breit bekannt, und Antoinette Bourignon galt bald als Autorität, wenn es um ähnliche Erscheinungen von dämonischer Besessenheit ging. Ihre Gedanken über Religion und Mystizismus schrieb sie in Büchern wie *La parole de Dieu (Das Wort Gottes)* und *La vie extérieure (Mystizismus für den Laien)*. Man schrieb ihr auch zu, Wissen durch übernatürliche Mittel erworben zu haben.

Nutter, Alice siehe **Pendle, Hexen von**

Nypen, Ole und Lisbet Norwegisches Ehepaar, dessen Prozeß in Leinstrand (Trondheim) 1670 eines der wenigen Beispiele für den Hexenwahn in den skandinavischen Ländern war. Da die **Inquisition** nie bis Norwegen vorgedrungen war, gab es keine Geschichte der Hexenverfolgung an sich, doch es fanden einige Prozesse statt, die sich auf Schadensanzeigen gegen Personen gründeten, die in ihrer Umgebung in dem Ruf standen, über okkultes Wissen zu verfügen. Es gab keine **Hexenriecher**, und die Beamten zogen keinen Gewinn aus der Verurteilung vermeintlicher Hexen, so wie es anderswo in Europa der Fall war.

Der Fall von Ole und Lisbet Nypen nahm 1667 seinen Anfang, als ein Mann mit Namen Erik Kveneld Ole Nypen im Beisein einer Taufgesellschaft denunzierte, ein Hexenmeister zu sein. Kveneld machte Ole und Lisbet Nypen für den Rheumatismus in seinen Händen verantwortlich, worauf es eine unziemliche Rauferei gab.

Drei Jahre später strengte Ole Nypen gegen Kveneld einen Prozeß wegen Verleumdung an, doch das Interesse wurde bald vom eigentlichen Anlaß weg auf die Nypens und deren angebliche Beschäftigung mit der Hexerei gelenkt. Unter Zwang gestand Lisbet Nypen ein, zum Kurieren von Krankheiten **Zauberformeln** und **Salz** angewendet zu haben, obwohl sie zu ihrer Verteidigung dann angab, es seien ihre Gebete gewesen, die die Heilung bewirkt hätten. Erik Kveneld indessen beschuldigte die Nypens, sie hätten ihm Frauenbrüste wachsen lassen. Auch seine Ehefrau sei ein Opfer der Zaubereien geworden, denn ihre Augenbrauen wären so stark gewachsen, daß sie nichts mehr sehen könne, und ihre Ohren hätten sich so vergrößert, daß sie ihr bis auf die Schultern reichten.

Die Nypens wurden 1670 wegen des Verdachts der Hexerei vor die Obrigkeit gebracht. Dort sagten zahlreiche Zeugen aus, das Ehepaar stünde in dem Ruf, Hexe und Hexenmeister zu sein (obwohl nur wenig neue Beweise erbracht wurden). Das angeklagte Paar verwahrte sich unbeirrt gegen diesen Ruf, und beide wiederholten, niemals einen **Pakt mit dem Teufel** geschlossen und nie jemandem Schaden zugefügt zu haben.

Eine dritte Vernehmung brachte Lisbet Nypen mit der Verkrüppelung eines jungen Mädchens in Zusammenhang: Sie habe dieses Mädchen angeblich mit Kari Oxstad verwechselt, von der sie argwöhnte, sie habe die Nypenschen Töchter verleumdet.

In dem folgenden Verfahren wurden die Nypens angeklagt, den Namen Gottes mißbraucht zu haben, ihre Nachbarn geschädigt und Menschen geheilt zu haben, indem sie deren Dämonen auf Feinde oder Tiere übertragen hätten und allgemein einen schlechten Ruf zu besitzen.

Die Geschichte berichtet nichts darüber, ob das Ehepaar gefoltert wurde, doch sie sagt, daß man das Paar für schuldig befand. Beide kamen auf den Scheiterhaufen; Ole wurde zuvor enthauptet.

O

Obszöner Kuß *siehe* **Kuß**

Ogg, Isobel und Margaret *siehe* **Aberdeen, Hexen von**

Orgien *siehe* **Hexensabbat**

Osborne, John und Ruth Betagtes englisches Ehepaar, das 1751 – rund neununddreißig Jahre nach dem letzten offiziellen Hexenurteil in England – in Hertfordshire der Hexerei beschuldigt und getötet wurde. Ein Bauer mit Namen Butterfield, der auch eine Schankwirtschaft betrieb, verdächtigte die in einem Armenhaus in Tring lebenden Osbornes, seinen Kälbern eine Krankheit angehext zu haben. Seinen Worten zufolge hatten sie ihm dieses Unheil aus Rache geschickt, weil er sich an einem schon lange zurückliegenden Tag des Jahres 1745 geweigert hatte, Ruth Osborne etwas Buttermilch zu geben. Sie hätten ihn auch unter Anfällen leiden lassen, und eine **weiße Hexe** aus Northampton habe ihm bestätigt, daß seine Schwierigkeiten tatsächlich auf Hexerei zurückzuführen seien.

Butterfields Klagen stießen bei den Nachbarn, die in seiner Schenke in Gublecot verkehrten, auf offene Ohren. Man beschloß, das verdächtige Ehepaar zur Klärung der Schuldfrage dem Hexenschwemmen zu unterwerfen. Butterfield war anscheinend von seinem Recht überzeugt, zusammen mit den anderen diese Hexenprobe durchführen zu dürfen, wenn das Vorhaben nur öffentlich angekündigt würde. Also ließen Butterfield und seine Freunde die Nachricht von dem geplanten **Schwemmen** von öffentlichen Ausrufern in mehreren Städten verkünden. Niemand trat dieser Absicht entgegen, obwohl Angestellte der Pfarrei in Tring versuchten, die Osbornes zu schützen. Als der Tag des Gottesurteils kam, holten sie die Osbornes aus dem Armenhaus und versteckten sie in der Kirche. Der Pöbel, fest entschlossen, das Ehepaar aufzuspüren, durchsuchte das Armenhaus und drohte, dessen Leiter umzubringen, wenn die Osbornes nicht herbeigeschafft würden. Die Kirchenleute gaben nach und lieferten der wütenden Menge das Paar aus.

Angeführt von Butterfield, schleppte der Mob die beiden über Siebzigjährigen drei Kilometer weit zum Teich in Long Marston. Man riß den Alten die Kleider vom Leib und band ihnen nach alter Art Daumen und große Zehen kreuzweise zusammen, ehe man sie ins Wasser warf. Ruth Osborne gelang es, sich über Wasser zu halten, doch ein Schornsteinfeger mit Namen Thomas Colley drückte sie mit einem kräftigen Stecken dreimal unter die Wasseroberfläche. Dann zerrte man die alte Frau, deren Gesicht nun voller Schlamm war, ans Ufer. Als die Menge entdeckte, daß Ruth Osborne tot war, fiel sie mit Schlägen und Tritten aufgebracht über die Leiche her. John Osborne war am Leben geblieben, doch an den Verletzungen, die man ihm zugefügt hatte, starb auch er einige Tage später. Als alles vorüber war, ging Thomas Colley herum, um „Geld für die Mühe einzusammeln, die ihn der Zeitvertreib gekostet hatte".

Die Kunde von dem brutalen Schwemmen in Long Marston drang rasch bis zum Gericht vor, und es wurden dreißig Personen zum Verhör gebracht. Drei von ihnen wurden von den Hertforder Assisen sofort wegen Mordes verurteilt. Thomas Colley wurde zur Warnung für andere, die vielleicht einmal ähnliche Aktionen gegen vermeintliche Hexen planen könnten, in Ketten gelegt, gehängt. Am Tage von Colleys Hinrichtung versammelte sich eine große Volksmenge, aus der vielfach Kritik an der Ungerechtigkeit zu hören war, einen Mann dafür zu hängen, daß er die Gemeinde von einer bekannten Hexe befreit habe.

osculum infame *siehe* **Kuß**

Österreich Gemeinsam mit den Staaten **Deutschlands** hatte Österreich schwer unter dem Hexenwahn des sechzehnten und siebzehnten Jahrhunderts zu leiden. Hier erreichte die Hexenverfolgung ihren Höhepunkt während der Herrschaft (1576–1612) Kaiser Rudolfs II., der stark von seinen hexenhassenden jesuitischen Beratern beeinflußt war, und sie flammte nochmals gegen Ende des siebzehnten Jahrhunderts auf, als in der Steiermark und in Tirol viele vermeintliche Hexen hingerichtet wurden.

Die Hexenpanik gewann in Österreich mit einigen wenigen Fällen vor 1570 zunächst nur langsam an Wirkung. Unter Kaiser Maximilian II., der von 1564–1576 herrschte, gingen die Urteile, die man über die Hexen verhängte, nur selten über eine Geldbuße hinaus. Schwerere Strafen wurden mit dem Erlaß der **constitutio criminalis carolina**, der Peinlichen Gerichtsordnung, verhängt, die in Fällen von **Häresie** oder Schadenszauber die Todesstrafe durch Verbrennen forderte, doch die österreichischen Gerichte ignorierten die Carolina im allgemeinen.

Rudolf II., überzeugt davon, selbst das Opfer von Hexenkomplotten zu sein, sorgte dafür, daß sich das geistige Klima nach seinem Machtantritt im Jahre 1576 spürbar veränderte. Jene, die man unter Maximilian II. als Wahnsinnige abgetan hätte, wurden nun vor die Gerichte gezerrt und zum Tod auf dem Scheiterhaufen verurteilt. Gesetzesänderungen machten es nun einfacher, bei Anklagen wegen Hexerei Verurteilungen zu garantieren, und während der folgenden einhundertfünfzig Jahre richtete man Verdächtige schon wegen einiger verdächtiger Gegenstände hin – Knochen, Salbentiegel und ähnliches –, die man unter ihren Habseligkeiten gefunden hatte, und die als Beweismittel ausreichten. Anderen wurde aufgrund von Anschuldigungen durch Kinder, oder weil sie selbst Kinder bekannter Hexen waren, der Prozeß gemacht.

Den Verdächtigen, die in den deutschsprachigen Gebieten von Tirol vor Gericht standen, wurde jegliche Kenntnisnahme der gegen sie erhobenen Anklagepunkte verweigert. Widerriefen sie ihre anfänglichen Geständnisse, dann übergab das Gericht sie automatisch wieder dem Folterknecht. Der normale gesetzliche Schutz, der die Unschuldigen bewahren sollte, wurde mit Blick auf die außergewöhnliche Natur des Verbrechens in der Regel aufgehoben. Lediglich Personen, die jünger als sieben Jahre alt waren, konnten vor der Strafe des Gesetzes sicher sein.

In Salzburg forderte eine Hexenpsychose in den Jahren 1677–1681 einhundert Menschenleben; die Verurteilten, die man durch Folter zu Geständnissen gepreßt hatte, wurden enthauptet, stranguliert oder verbrannt. Der Erlaß neuer strenger Hexengesetze unter Kaiser Joseph I. im Jahre 1707 führte zu einem weiteren Aufflammen des Hexenwahns, und obgleich es nur wenig mehr Fälle gab, dauerte es bis 1776, ehe das gesetzlich erlaubte Foltern vermeintlicher Hexen verboten wurde. Die übrigen Hexengesetze wurden 1787 abgeschafft.

Overbury, Sir Thomas 1581–1613. Englischer Höfling und Dichter, dessen Ermordung im Tower von London vielfach einer Hexerei zugeschrieben wurde. Die Umstände des Todes von Sir Thomas Overbury, der ein prominentes Mitglied des Hofes von Jakob I. gewesen war, bildeten den abschließenden Höhepunkt eines Lebens voller Skandale und Intrigen. Sie wurden 1616 in einem Prozeß aufgedeckt.

Die Ereignisse, die schließlich zu Sir Overburys Ermordung führten, nahmen ihren Anfang, als Overbury versuchte, die Hochzeit des königlichen Günstlings Robert Carr (des späteren Grafen von Somerset) mit Frances Howard, der schönen und frühreifen Tochter des Grafen von Suffolk, zu verhindern. Durch eine 1606 arrangierte Verheiratung der Dreizehnjährigen war Frances Howard bereits die Frau Robert Devereux', des Grafen von Essex, geworden, doch der Graf kam erst 1606, um seine Braut heimzuführen. Zu dieser Zeit hatte sich das junge Mädchen bereits in Carr verliebt. Angesichts der Notwendigkeit, den Grafen von Essex loszuwerden und ihres gleichermaßen

Overbury, Sir Thomas

drängenden Wunsches, die Liebe Robert Carrs zu erringen, wandte sich Frances Howard an ihre Freunde Anne Turner und Dr. Simon Forman, die beide für ihr Können auf dem Gebiet der Magie bekannt waren. Von ihnen erhielt sie einen **Liebestrank**, mit dem sie das Herz des königlichen Günstlings erobern wollte, sowie einen Zaubertrank, der den Grafen von Essex impotent machen sollte (einigen Berichten zufolge wurde dafür ein Wachsbild benutzt). Carr verliebte sich leidenschaftlich in Frances Howard, was angeblich auf die Wirkung des Tranks zurückzuführen war, und der Graf von Essex, der die Ehe mit Frances nicht vollziehen konnte, stellte es seiner Gemahlin frei, ihre Verbindung annullieren zu lassen.

Nun, da sie ihren Liebhaber ehelichen konnte, erlebte Frances einen Rückschlag, denn Sir Overbury, der Spekulationen zufolge eine homosexuelle Zuneigung zu Carr empfand und diesen durch Erpressung dazu zwingen wollte, ihre Hand abzulehnen, stellte sich dagegen. Wütend darüber, nutzte Frances Howard ihren Einfluß, um Overbury nach Übersee versetzen zu lassen, doch dieser lehnte den Posten ab, worauf er wegen Ungehorsams gegenüber dem König im Londoner Tower eingesperrt wurde. Damals wandte sich Frances Howard angeblich nochmals an Anne Turner, um sich von ihr ein Gift zu beschaffen, das sie dem im Tower gefangengehaltenen Overbury heimlich von einem Diener verabreichen ließ. Das Gift verursachte eine schwere Erkrankung, wirkte aber wahrscheinlich nur deshalb nicht tödlich, weil die Ärzte Overbury regelmäßig Abführmittel gaben. Um den Mann ein für allemal aus der Welt zu schaffen, überredete Frances Howard einen der Doktoren, der nächsten Dosis Gift beizumischen, an dem Overbury dann auch wirklich starb.

Overburys Tod im Tower kam zwar unerwartet, doch an einen Mord dachte zunächst niemand. Als aber der Arzt, der das tödliche Gift verabreicht hatte, erkrankte und seinen Tod nahen sah, legte er ein volles Geständnis ab. Der Fall wurde daraufhin untersucht, und man fand den Briefwechsel zwischen Frances Howard und Anne Turner. Als Beweis für die Anwendung von Hexerei wurden bei der Durchsuchung des Hauses von Dr. Forman in Lambeth auch Wachsfiguren entdeckt.

1616 wurden neben anderen Frances Howard, der Graf von Somerset (nun ihr Gemahl) und Anne Turner wegen Mordes an Sir Thomas Overbury vor Gericht gestellt. Anfangs leitete Sir Edmund Coke, der Vorsitzende des Obersten Gerichts von England, den Prozeß. Dann entschloß sich Jakob I., zusammen mit Francis Bacon, die Ereignisse in eigener Person zu überwachen. Die drei Hauptangeklagten wurden für schuldig befunden und zum Tode verurteilt. Doch nur Anne Turner, außerdem der Diener Sir Overburys und der Leutnant im Tower, der nichts unternommen hatte, um den Mord zu verhindern, wurden wirklich gehängt, da der König seinem einstigen Günstling und dessen Frau schließlich verzieh und beide unter der Bedingung, daß sie sich von ihrem Haus in Kent nie weiter als fünf Kilometer entfernten, ein ruhiges Leben im Verborgenen führen ließ. Dr. Simon Forman entging der Strafe; er war bereits 1611 eines natürlichen Todes gestorben.

P

Pakt mit dem Teufel Die Vorstellung, daß Hexen einen Pakt mit dem Teufel schlossen und ihm ihre Seele versprachen, damit er ihnen magische Kräfte verlieh, stand im Mittelpunkt der Hexenmythologie und war auch die Grundlage zahlloser Prozesse.

Die Idee vom Teufelspakt wurde im frühen dreizehnten Jahrhundert von der **Inquisition** eifrig verbreitet, denn das Glaubensgericht war daran interessiert, Hexerei als **Häresie** einordnen zu lassen und damit in ihren eigenen Wirkungs- und Einflußbereich zu bringen. Die Hexen, so wurde festgestellt, erhielten ihre Macht durch einen Handel mit dem Satan, dem Erzfeind Gottes; sie mußten sich dazu notwendigerweise von ihrem christlichen Glauben lossagen und waren deshalb Ketzer. Dazu wurde die Autorität der Bibel ins Feld geführt, in der es bei Jesaja (Kap. 28, Vers 15) heißt: „Ihr habt gesagt: Wir haben mit dem Tod ein Bündnis geschlossen, wir haben mit der Unterwelt einen Vertrag gemacht." Auch alte Erzählungen von Teufelsbündnissen, die etwa im neunten Jahrhundert von byzantinischen Quellen in die westliche Tradition übernommen worden waren, führte man als Beispiele für solche Verträge an, die es verdienten, der Häresie zugeordnet zu werden.

Ganz gleich, welche **Maleficia** eine Hexe mit ihren vom Satan verliehenen magischen Kräften begangen hatte – der Pakt selbst war in den Augen vieler katholischer und protestantischer Gerichte auf dem europäischen Kontinent das grundlegende Verbrechen. Vielleicht hatte eine Hexe damals Schaden durch Magie angerichtet, vielleicht war die Schädigung von Mensch und Tier durch Zauberei und Hexerei auch unmöglich; wenn eine Hexe aber solch einen Pakt mit dem Teufel besiegelt hatte oder einfach nur glaubte, das getan zu haben, dann war ihr Leben in der Regel verwirkt. Strengeren Ansichten zufolge tat es auch nichts zur Sache, ob die betreffende Person sich ausschließlich mit weißer Hexerei (*siehe* **weiße Hexe**) beschäftigte: Besaß sie dämonische Kräfte, dann mußte sie einen Handel mit dem Teufel eingegangen sein und war schuldig.

Während der Verhöre und unter der Folter wurden die Verdächtigen routinemäßig nach den näheren Umständen befragt, mit denen der Abschluß ihres vermeintlichen Teufelspakts einhergegangen sei. (Es gab einige Gerichte, die das Teufelsbündnis unabhängig von einem Bekenntnis voraussetzten, wenn die Beweise für die aus dem Pakt folgenden magischen Kräfte der Verdächtigen zwingend genug waren.) So konnte es nicht ausbleiben, daß Hunderte angeblicher Hexen und Hexenmeister ihren Häschern alle gewünschten Informationen lieferten und damit den Glauben vieler Menschen an die tatsächliche Existenz der Hexerei festigten.

Die Schilderungen über den Abschluß eines Teufelsbündnisses unterschieden sich von Region zu Region und von Jahrhundert zu Jahrhundert beträchtlich voneinander. Frühe Berichte über solche Verträge legen nahe, daß die Zeremonie eng an die konventionellen christlichen Rituale angelehnt war. In den Schilderungen aus späterer Zeit tauchten dann mehr fremdartige Elemente auf, die zweifellos von der erhitzten Phantasie jener erdacht waren, die man unter der Folter zu einem Geständnis gezwungen hatte. Johannes Nider beschrieb um 1435 in seinem *Formicarius*, wie ein Neuling, der in die Dienste des Teufels eintrat, aufgefordert wurde, seinen christlichen Glauben zu verleugnen, dem Satan zu huldigen und dann das Blut ermordeter Kinder zu trinken. Viele spätere Berichte fügten dieser relativ einfachen Verfahrensweise den rituellen **Kuß** hinzu, bei dem der Täufling seine Treue gegenüber dem Satan be-

Pakt mit dem Teufel

kundete, indem er seinen neuen Herrn „unter den Schwanz" küßte. Außerdem mußte der Neuling das Kreuz mit Füßen treten, seine Paten verleugnen, seinen Namen in das sogenannte „Buch des Todes" schreiben, sich vom Teufel den Kopf kratzen lassen, damit alle Spuren der einstigen christlichen Taufe ausgelöscht würden; schließlich erhielt er vom Teufel einen neuen Namen. Manchmal mußten die Hexenneulinge dem Hinkefuß angeblich auch eines ihrer Kleidungsstücke aushändigen, um damit kundzutun, daß sie sich von spirituellen und irdischen Dingen trennten, und ihm überdies die regelmäßige Opferung kleiner Kinder versprechen. Möglicherweise sollten sie auch schwören, die christlichen Sakramente abzulehnen und weder Weihwasser noch Kerzen zu benutzen, ihr Bündnis mit dem Teufel geheimzuhalten und andere zu überreden, sich ihrem neuen Herrn gleichfalls zu unterwefen. Der Überlieferung zufolge kennzeichnete der Teufel den Neuling meist, indem er dessen Körper an irgendeiner Stelle berührte (*siehe* **Teufelsmal**), und bestand hin und wieder auch auf dem Vollzug des rituellen Geschlechtsverkehrs, um den Pakt perfekt zu machen.

Dafür, daß sie sich dem Teufel als Sklaven verschrieben, wurden die Neulinge angeblich mit dessen Einwilligung belohnt, immer zur Stelle zu sein, um einen gewünschten Zauber wirken zu lassen – ganz gleich, ob es um das Streben nach irdischen Genüssen, nach Reichtum oder Macht oder um die Verwirklichung anderer Ambitionen ging. Die Hexenlehrlinge erhielten womöglich auch einen **Hausgeist** geschenkt, der ihnen in Zukunft dienen sollte.

Manchmal wurde der Pakt bei einem **Hexensabbat** in Anwesenheit aller Hexen und Hexenmeister, manchmal auch unter vier Augen abgeschlossen (was sich bei einem Prozeß schwieriger nachweisen ließ). Es kam auch vor, so behauptete man, daß der Neuling den Kontrakt indirekt durch eine andere Hexe abschloß. Oftmals wurde das Bündnis mit der Unterschrift auf einem Papier formalisiert, auf dem die Bedingungen des Handels zu lesen waren. Der Überlieferung zufolge mußte der Vertrag mit Blut geschrieben oder unterzeichnet sein, das aus der linken Hand (*siehe* **Links**) der neugewonnenen Hexe stammte. Das Papier behielt dann angeblich der Teufel. Allerdings ist mindestens ein Fall belegt, bei dem einem Gericht ein in lateinischer Sprache abgefaßter Kontrakt vorgelegt wurde. Das war 1634 beim Prozeß gegen den vermeintlichen Hexenmeister Urbain Grandier (*siehe* **Nonnen von Loudun**). Der erste, in Spiegelschrift verfaßte und von Satan, Beelzebub, Luzifer, Elimi, Leviathan und Astaroth unterzeichnete Teil des Vertrages lautete folgendermaßen:

> Wir, der allmächtige Luzifer, unterstützt von Satan, Beelzebub, Leviathan, Elimi, Astaroth und anderen, haben heute den Pakt mit Urbain Grandier, der auf unserer Seite ist, anerkannt. Und wir versprechen ihm die Liebe der Frauen, die Zierde der Jungfrauen, die Keuschheit der Nonnen, weltliche Ehren, Genüsse und Reichtümer. Er wird seine fleischlichen Gelüste jeden dritten Tag befriedigen können; trunkener Rausch wird ihm lieb sein. Er bietet uns einmal im Jahr einen mit seinem Blut gekennzeichneten Tribut; er tritt die heiligen Sakramente der Kirche mit Füßen, und er richtet seine Gebete an uns. Durch diesen Vertrag wird er zwanzig Jahre glücklich unter den Menschen auf Erden leben und schließlich zu uns kommen, um Gott zu verfluchen. Aufgesetzt beim Rat der Teufel in der Hölle.

Der zweite, mit Grandiers Unterschrift versehene Teil des Vertrages hatte folgenden Wortlaut:

> Mein Herr und Meister Luzifer, ich erkenne Euch als meinen Gott und Fürsten an und verspreche, Euch zu dienen und zu gehorchen, solange ich lebe. Und ich entsage dem anderen Gott sowie Jeso Christo, allen Heiligen, der apostolischen und römischen Kirche, allen Sakramenten und allen Gebeten und Bitten, mit denen die Gläubigen Fürsprache für mich einlegen. Und ich verspreche Euch, daß ich so viel Böses tun werde, wie ich nur kann, und daß ich jeden Anderen zum Bösen verlocke. Ich sage mich los von der Salbung, von der Taufe, von allen Werten Jesu Christi und seiner Heiligen. Und wenn ich versäume, Euch zu dienen und Euch anzubeten, und wenn ich Euch nicht dreimal täglich meine Hochachtung bezeige, dann gebe ich Euch mein Leben als das Eurige. Verfertigt in diesem Jahr und Tag.

War der Pakt erst unterzeichnet, dann bestand für die Hexe oder den Hexenmeister anscheinend nur eine geringe Chance (wie die Legende von Dr. Faustus zeigt), den Teufel zur freiwilligen Aufhebung des Vertrages zu überreden. Hoffen konnte man jedoch immer darauf. In einer seiner Geschichten erzählte der Puritaner Increase Mather im siebzehnten Jahrhundert, wie ein junger Mann, der einen Pakt mit dem Teufel unterschrieben hatte, um Geld für sein ausschweifendes Leben zu erlangen, seinen Sinn änderte und einige protestantische Geistliche inständig bat, für die Rückgabe des Vertrages zu beten. Da die Geistlichen gute Menschen waren, deren Gebete von Gott erhört wurden, erschien eine Wolke über der betenden Gruppe und daraus fiel besagter Vertrag, den der junge Mann einst mit seiner Unterschrift versehen hatte. Der auf diese Weise Erlöste packte das Papier geschwind und zerriß es.

Pan Griechischer Gott der Wälder und des Viehs; eine der heidnischen Gottheiten, die die Okkultisten des späten neunzehnten Jahrhunderts kultisch verehrten. Der flötespielende gehörnte, bocksfüßige Pan zeigte augenscheinlich mehr als nur eine entfernte Ähnlichkeit mit dem Teufel des traditionellen Hexenwesens. Obwohl sich keine direkte Verbindung zwischen dem Pankult der alten Griechen und dem Hexenwesen späterer Zeiten herstellen läßt, gab es eine natürliche Übereinstimmung zwischen den orgiastischen Festen und Opferungen aus klassischer Zeit und den **Hexensabbaten** der neueren Ära. Und so ist denkbar, daß der üblicherweise als Ziegenbock beschriebene Teufel, der auf dem Satansbild der frühen Christen aufbaut, sehr entfernt dem griechischen Vorbild nachgestaltet wurde. Viele Magier und Hexenmeister riefen Pan in ihren Zeremonien an; zu ihnen gehörte auch Aleister **Crowley**, der für seine Anhänger die Anweisung hinterlassen hatte, bei seinem Begräbnis, das 1947 in Brighton stattfand, seine „Hymne an Pan" zu rezitieren.

Pariser Hexenprozeß Erster weltlicher Hexenprozeß, der in Europa stattfand und von dem noch heute Dokumente erhalten sind. Dieser Prozeß aus dem Jahre 1390 war ungewöhnlich wegen der Sorgfalt, mit der das Pariser Parlament das Gesetz anwandte. Damals wurden zur Beurteilung des Falles viele Juristen eingeschaltet, und die strafrechtliche Verfolgung basierte hauptsächlich auf nachweisbaren Übeltaten (*siehe* **Maleficia**). Allerdings billigte man die Anwendung der Folter und machte damit die Versuche, den Geist des Gesetzes nüchtern und korrekt zu befolgen, nutzlos.

Angeklagt war die als „La Cordière" bekannte vierunddreißigjährige Jehenne de Brigue. Sie wurde beschuldigt, Zauberei angewendet zu haben, um den schwerkranken Jehan de Ruilly zu heilen, der nach Jehenne de Brigues Darstellung das Opfer eines Bannes geworden war, mit dem ihn seine Geliebte Gilette belegt hatte. Auf die Anklage hin stellte Jehenne in Abrede, eine Hexe zu sein, gab neben anderen Vergehen allerdings zu, Zauberformeln benutzt und sonntags das Beten des Vaterunser versäumt zu haben.

Später gestand Jehenne de Brigue ein, eine Hexe zu sein und Umgang mit dem Teufel gehabt zu haben, der sich Haussibut genannt habe. Als Lohn für Haussibuts Hilfe in Jehan de Ruillys Fall habe sie ihm etwas Hanfsamen und Asche aus ihrem Herd gegeben. Auf der Grundlage dieses Geständnisses wurde Jehenne de Brigue zum Tode durch Verbrennen verurteilt, doch die Vollstreckung des Urteils wurde verschoben, da man festgestellt hatte, daß sie schwanger war. Später wurde bekannt, daß dies ein Irrtum gewesen sei, doch gab es einen weiteren Aufschub, während das Pariser Parlament über eine Berufung verhandelte.

Nun drohte man Jehenne mit der Folter und band sie auf die **Leiter**. Die Gefangene erklärte sich zu einem ausführlicheren Geständnis bereit und erklärte, daß sich Ruillys Ehefrau Macette an sie gewandt habe, damit sie deren Mann behexe und Macette ungestört eine Affäre mit dem örtlichen Seelsorger haben könnte. Die zwei Frauen hätten dann einen Trank bereitet, der Ruilly den Tod bringen sollte.

Das Parlament ließ Macette de Ruilly verhaften und auf der Streckbank foltern, worauf die Frau Jehennes Geschichte bestätigte. Nach der Folter zogen beide Frauen ihre Geständnisse zurück, doch das Gericht beschloß, die Angeklagten auf den Scheiterhaufen zu bringen (obwohl ein Mord in Wirklichkeit gar nicht stattgefunden hatte). Nach weiteren Prüfungen des Falles, die ergaben, daß dieser tat-

Pearson, Margaret

sächlich unter die Zuständigkeit des Gerichts fiel, und nach der Entdeckung gewisser belastender Beweisstücke – einige Haare, Wachs, ein Stück von einer Hostie und anderes – bestätigte man das Urteil. Die beiden Frauen wurden am 19. August 1391 bei lebendigem Leib verbrannt.

Pearson, Margaret *siehe* **Pendle, Hexen von**

Pendle, Hexen von Ein **Hexenzirkel**, der angeblich im Pendle Forest in Lancashire aktiv war, und gegen den 1612 ein Massenprozeß geführt wurde, der einer der berüchtigtsten Ausbrüche des Hexenwahns in England war. Das nachreformatorische Lancashire, in dem eine mehrheitlich römisch-katholische Bevölkerung unter protestantischer Herrschaft lebte und jeder jedem mit Argwohn begegnete, war im frühen siebzehnten Jahrhundert Schauplatz heftiger religiöser Auseinandersetzungen. In dieser Atmosphäre des Mißtrauens war es unvermeidlich, daß Anklagen wegen Hexerei große Auswirkungen auf die Gemeinden hatten. Die aufkommende Hysterie brach sich schließlich Bahn, als zwei alte Frauen, die schon seit langem in dem Ruf gestanden hatten, rivalisierende Hexen zu sein, öffentlich angeklagt wurden.

In dem im Osten Lancashires gelegenen Pendle Forest lebten zwei miteinander konkurrierende Bauernfamilien, deren Oberhäupter zum einen die achtzigjährige blinde Bettlerin Elizabeth Sowthern, die man „Old Demdike" nannte und als die „widerwärtigste Hexe unter der Sonne" beschrieb, und zum anderen Anne Whittle, ein „vertrocknetes, entkräftetes und altersschwaches Geschöpf" mit dem Spitznamen „Old Chattox", waren. Mit ihrem wilden, unattraktiven Äußeren und bösartigen Wesen paßten die beiden Frauen genau zu dem Bild, das man sich im allgemeinen von einer Hexe machte. Man erzählte sich, daß viele mysteriöse Todesfälle in der Umgebung auf die tödlichen Gifte zurückzuführen seien, die die beiden Frauen als Oberhäupter eines in dem Wald aktiven Hexensabbats zusammenkochten. Beide scheinen aus ihrem Ruf Kapital geschlagen zu haben, um Einfluß auf ihre Nachbarn auszuüben und ihren einfachen Handel mit Kräutern und Heilmitteln zu fördern.

Die Ereignisse, die zu dem Prozeß führten, begannen um 1601, als die ehemals eng befreundeten Hexen in Streit gerieten. Die Entzweiung führte dazu, daß die Mitglieder der beiden Familien in eine lange und letzten Endes blutige Fehde verwickelt wurden. Zu dem Streit war es wegen des Diebstahls einiger leinener Kleidungsstücke und einer kleinen Menge Mehl aus dem Besitz von Alison Device, der Enkelin der Old Demdike, gekommen. Am darauffolgenden Sonntag behauptete Alison, ein vermißtes Band und eine Haube bei Anne Redfearne, der verheirateten Tochter der Old Chattox gesehen zu haben, und bald machten sich beide Familien gegenseitig heftige Vorwürfe. Alisons Vater John Device versuchte, Old Chattox, die wahrscheinlich die mächtigere von beiden Hexen war, davon abzuhalten, die ihr nachgesagten übernatürlichen Kräfte gegen seine Familie anzuwenden, und versprach ihr einen jährlichen Mehltribut. Das schien einen zeitweiligen Frieden bewirkt zu haben, der bis zu John Devices Tod einige Jahre lang anhielt.

Zu Beginn des Jahres 1612 führte die wiederbelebte Fehde zu zahlreichen Beschwerden über die beiden Familien, die Roger Nowell, dem örtlichen Friedensrichter, zu Ohren kamen. Er beschloß, dem Streit auf den Grund zu gehen. Nowell hatte wenig Mühe, Mitglieder beider Familien gegeneinander aussagen zu lassen; es folgte ein Vorwurf auf den andern, bis sich alle Beteiligten hoffnungslos kompromittiert hatten.

Es kam zutage, daß Elizabeth Sowthern vor vielen Jahren eine Hexe geworden war, nachdem sie an einem Steinbruch im Wald angeblich einen „Geist oder Teufel in Gestalt eines Jungen" getroffen und diesem für die Erfüllung all ihrer künftigen Wünsche ihre Seele versprochen hatte (*siehe* **Pakt mit dem Teufel**). Der Teufel, der sich Tibb genannt habe, sei ihr von Zeit zu Zeit abwechselnd in Gestalt eines braunen Hundes oder einer schwarzen Katze erschienen, um zu erkunden, ob sie irgendwelche neuen Aufgaben habe, die er für sie ausführen könne. Später habe sie auch ihren Sohn Christopher Howgate, ihre Tochter Elizabeth Device und Elizabeths Kinder James und Alison als Hexen anwerben lassen. Auch Anne Whittle, die ihre Seele einem „Ding wie ein Christenmensch"

Pendle, Hexen von

verkauft habe, sowie mehrere Nachbarn und Verwandte gehörten zu jenen, die in den Kreis der Hexen aufgenommen worden seien.

Nach der Befragung der Old Demdike, der Old Chattox und der Anne Redfearne kam Roger Nowell zu dem Schluß, daß man auf diesen Fall reagieren müsse. So wurden alle drei auf der Burg von Lancaster eingesperrt, wo sie auf ihren Prozeß bei den nächsten Assisen warten mußten. Bei ihnen war auch die elfjährige Alison Device, der man vorwarf, einen Hausierer mit Namen John Law behext zu haben. Es kam zutage, daß sie und Law eine heftige Auseinandersetzung gehabt hatten, nachdem der Hausierer sich geweigert hatte, dem Mädchen ein paar Nadeln zu geben. Das Wortgefecht gipfelte darin, daß Alison den Mann verfluchte, woraufhin dieser zusammengebrochen war und über starke Schmerzen in der Seite geklagt hatte (aus heutiger medizinischer Sicht hatte er einen Schlaganfall erlitten). Alison Device gab zu, den Hausierer verflucht zu haben und behauptete auch zu glauben, daß sie für dessen Krankheit und die dauerhaften Gebrechen, unter denen er seither leide, verantwortlich sei. Old Demdike indes bekannte sich freimütig dazu, eine Hexe zu sein.

Der aufsehenerregende Prozeß gegen nicht weniger als elf Angeklagte war der größte Massenprozeß gegen Hexen, der bisher in England stattgefunden hatte. (Gegen Jennet Preston, eine weitere Angeklagte, wurde in deren Heimatstadt York verhandelt.) Zum Gerichtsgebäude in Lancaster kamen große Menschenmengen, um den Prozeß zu verfolgen und einen Blick auf die Angeklagten zu erhaschen, deren Äußeres bereits für viele Gemüter die Schuldfrage klärte. Insbesondere Elizabeth Device mit ihrem entstellten Gesicht und ihren Augen, die gleichzeitig in verschiedene Richtungen blickten – ein sicheres Zeichen dafür, daß sie den **bösen Blick** besaß – schien die absolute Verkörperung einer Hexe zu sein.

Der Prozeß selbst entsprach den Erwartungen und war in vieler Hinsicht typisch für Hunderte ähnlicher Verfahren. Mehrere Anklagepunkte warfen den Verdächtigen Mord durch Hexerei vor. Old Demdike sollte mit Hilfe des Dämons, den sie Tibb nannte, das Kind eines Richard Baldwyn getötet haben, nachdem dieser gedroht habe, sie und ihre Enkelin Alison als Hexen exekutieren zu lassen. Old Chattox, die angeblich von einem **Hausgeist** in Gestalt einer gefleckten Hündin unterstützt und zu Übeltaten angestiftet wurde, legte man zur Last, mittels Zauberei einen ortsansässigen Landbesitzer mit Namen Robert Nutter getötet zu haben (ein Punkt, der auch gegen Anne Redfearne vorgebracht wurde). Old Chattox bemerkte vielleicht erst jetzt, in welcher Gefahr sie schwebte, und versuchte, die Verantwortung von sich zu weisen, indem sie hervorhob, daß es Old Demdike gewesen sei, die sie dem Teufel vorgestellt und Nutters Tod arrangiert habe. Alison Device indes weinte bitterlich, als der Hausierer in den Gerichtssaal geführt wurde, und bat ihn um Vergebung.

Weitere Anklagepunkte bezogen sich auf einen sensationellen Bericht, nach dem mehrere Mitglieder der beiden Familien nach den ersten Verhaftungen geplant hatten, die Festung von Lancaster zu sprengen, um ihre eingesperrten Angehörigen zu befreien. Nach Angaben des Gerichts hatten die Familien das Kriegsbeil zeitweise begraben und sich am Karfreitag am Malking Tower, der Wohnung von Elizabeth Device in Pendle, getroffen, um den Plan für einen Ausbruch festzulegen. Über einem reichlichen Mahl, bei dem auch ein von John Device „besorgter" Hammel verspeist wurde, heckte die Versammlung ein Komplott aus, das die Tötung der Gefängniswärter und die Befreiung der Gefangenen mit Hilfe von Schießpulver vorsah. (Vermutungen darüber, daß besagter Festschmaus vielleicht eine der sehr seltenen Gelegenheiten war, bei der englische Hexen einen echten **Hexensabbat** zelebrierten, schätzen die Bedeutung dessen, was wahrscheinlich ein gewöhnliches Mahl war, zu hoch ein: Es war kein Teufel anwesend, man hielt keine okkulten Zeremonien ab, und es fehlten die Tänze, die Orgien und anderes mehr.)

Von den achtzehn Frauen und zwei oder drei Männern, die an diesem Treffen teilgenommen hatten, waren sechzehn namentlich bekannt; allerdings konnten nur neun ausfindig gemacht und dem Gericht vorgeführt werden. Unter ihnen befand sich überraschenderweise auch die wohlhabende Alice Nutter aus Rough Lee, die Mutter des verstorbenen Robert Nutter, die

Pendle, Hexen von

angeklagt war, durch Hexerei einen Mann namens Henry Mitton ermordet zu haben. Ihre Teilnahme an der Zusammenkunft wurde von mehreren Angeklagten bestätigt, doch es gab absolut keinen konkreten Beweis gegen sie. (Einem Gerücht zufolge wurde ihre Anklage von jenen gefälscht, die mit Sicherheit von ihrer Hinrichtung profitieren würden; zudem hegte Roger Nowell seit einem Streit wegen einer Grundstücksgrenze Groll gegen sie.) Auf jeden Fall weigerte sie sich bis zuletzt, eine Verwicklung in diese Affäre zuzugeben.

Die anderen Angeklagten waren Jennet Preston, die geplant hatte, Thomas Lister aus Westby zu töten und aus Gisborne-in-Craven gekommen war, um sich dazu Hilfe zu erbitten, Elizabeth Device, James Device, Katherine Hewit, John und Jane Bulcock, Isabel Robey und Margaret Pearson. Katherine Hewit sollte Hexerei angewendet haben, um Anne Foulds, ein Kind aus Colne, zu töten, während die Bulcocks mit ihrer Zauberei eine Frau namens Jennet Deane in den Wahnsinn getrieben hatten. Isabel Robey hatte zwei Personen, die als Jane Wilkinson und Peter Chaddock identifiziert wurden, durch Hexerei körperliche Schmerzen bereitet. Insgesamt machte man die Angeklagten für sechzehn Todesfälle im Ort, für Schäden an Vieh und Eigentum und für andere, kleinere Vergehen verantwortlich.

Der Fall gründete sich hauptsächlich auf die Aussage der Elizabeth Device, ihres Sohnes James (eines einfachen, damals über zwanzig Jahre alten Arbeiters) und ihrer neunjährigen Tochter Jannet. Jannets Auftreten im Zeugenstand kam unerwartet und war zudem gesetzwidrig, da Aussagen von Kindern unter vierzehn Jahren nicht zulässig waren – eine Regel, die das Gericht außer acht ließ. Das Mädchen wurde in der Mitte des Raumes auf einen Tisch gestellt; sein folgendes Bekenntnis all dessen, was ihnen zur Last gelegt worden war, veranlaßte die Mutter, ein volles Geständnis abzulegen, das sie später allerdings widerrief. Den Aussagen von James und Jannet zufolge besaß ihre Mutter einen Hausgeist in Gestalt eines braunen Hundes, den man Ball rief, und sie hatte mit Hilfe des **Bildzaubers** und anderer magischer Mittel mindestens drei Todesfälle verursacht. James teilte dem Gericht mit, daß er selbst „einem Ding wie ein Hase" begegnet sei. Es habe ihn um etwas Kommunionsbrot gebeten, das zu stehlen ihn seine Großmutter gelehrt habe. Das Geschöpf sei verschwunden, als er das Kreuzzeichen gemacht habe. Allerdings wurde auch James beschuldigt, einen Hausgeist – einen Hund mit Namen Dandy – zu halten und dessen Kräfte benutzt zu haben, um den Mord an einem Fräulein Towneley aus Carre zu begehen.

Den Freispruch der Anne Redfearne vom Vorwurf des Mordes an Robert Nutter nahm die versammelte Menge mit wenig Begeisterung auf, beruhigte sich jedoch etwas, als die Angeklagte für schuldig befunden wurde, ihren Vater Christopher Nutter getötet zu haben, der auf dem Totenbett Hexerei für sein Hinscheiden verantwortlich gemacht hatte. Auf der Grundlage der Geständnisse und der Anschuldigungen, mit denen sich die Verdächtigen gegenseitig überhäuft hatten, wurden drei von ihnen zum Tode durch Erhängen verurteilt. Old Chattox machte keinen Versuch, ihre Schuld zu leugnen, bat aber das Gericht, ihre Tochter zu schonen. Alle anderen beteuerten vehement, daß die gegen sie erhobenen Anklagen falsch seien. Old Demdike war bereits im Gefängnis gestorben, ehe die Assisen eröffnet wurden.

Old Chattox, Anne Redfearne, Elizabeth Device, James Device, Alison Device, Alice Nutter, John und Jane Bulcock, Katherine Hewit und Isabel Robey starben am 20. August 1612 in Lancaster am Galgen. Zu dieser Zeit war Jennet Preston in York bereits wegen Mordes an Thomas Lister gehängt worden (*siehe* **Bahrprobe**). Margaret Pearson, die für schuldig befunden worden war, ein Pferd zu Tode gehext zu haben, wurde zu einer einjährigen Gefängnisstrafe verurteilt und mußte viermal am Pranger stehen – je einmal in Clitheroe, Padiham, Whalley und Lancaster.

Die sensationellen Einzelheiten des Falles wurden im darauffolgenden Jahr in einem Volksbuch mit dem Titel *The Wonderful Discovery of Witches in the County of Lancaster* (*Die wundersame Entdeckung der Hexen in der Grafschaft Lancashire*) veröffentlicht, das von Thomas Potts, dem Gerichtsschreiber, verfaßt und von Sir Edward Bromley, Richter in diesem Prozeß, als genau und zutreffend beglaubigt worden war. Dadurch machte man den Fall in ganz Nordengland bekannt; seine Wirkung sollte sich später in vielen anderen Prozessen zeigen.

Die Grafschaft Lancashire wurde 1634 ein weiteres Mal von einem Massenprozeß gegen vermeintliche Hexen aus dem Pendle Forest erschüttert, als ein Junge Anschuldigungen gegen mehrere Frauen vorbrachte, unter denen auch die inzwischen erwachsene Jannet Device war. Diesmal allerdings gestand der Junge schließlich, die Vorwürfe erfunden zu haben, und jene, die den Arrest überlebt hatten, wurden freigelassen (*siehe* **Robinson, Edmund**).
Siehe auch **Salmesbury, Hexen von**.

Pentagramm Fünfzackiger Stern, dem die Überlieferung magische Kräfte nachsagte. Sowohl die alten Griechen als auch die mittelalterlichen Astrologen gingen davon aus, daß dem Pentagramm eine Reihe übernatürlicher Eigenschaften innewohnten, und so wurde diese Figur mit dem Gewerbe der Magie und der Hexerei identifiziert.

Die Ansicht, daß das Pentagramm einen wirksamen Schutz gegen Hexerei und das Böse bot, war weit verbreitet, und so ritzte man dieses Muster früher häufig in Türen und Eingänge oder malte es einfach darauf, um damit Hexen abzuschrecken. Auch beim Ziehen eines **magischen Kreises** griff man darauf zurück, denn die Zauberer glaubten, es eigne sich als Hilfs- und Übertragungsmittel für den Kontakt mit der Welt der Geister.

Die Vorbereitung eines Pentagramms für den Gebrauch im magischen Kreis war nicht einfach. Das oftmals in Metall geprägte und mit gewissen Symbolen und magischen Mustern oder Worten geschmückte Pentagramm mußte vor der Benutzung in der rituellen Magie speziell geweiht werden. Dazu ließ der Magier entweder seinen Atem über den Stern strömen oder besprengte das Pentagramm mit **Weihwasser**, Öl, Absonderungen der Genitalien oder mit **Blut**. Dann mußte das Pentagramm mit Weihrauch, zerkleinerten Schamhaaren oder der Asche von Menschenknochen getrocknet werden. Nachdem es vierundzwanzig Stunden in einem abgedunkelten Raum luft- und wasserdicht verschlossen gehalten worden war, galt das Pentagramm als „geladen" und war zum Gebrauch bereit.

Perkins, William 1555–1602. Englischer Dämonologe, dessen *Discourse of the Damned Art of Witchcraft* aus dem Jahre 1608 mit der *Dämonologie* **Jakobs I.** zu den maßgeblichsten Texten über das Hexenwesen gehörte, die im frühen siebzehnten Jahrhundert in England veröffentlicht wurden. Perkins war puritanischer Prediger und ein Opponent der katholischen Kirche; zum Thema Hexenwesen machte er sich eine extreme evangelische Position zu eigen. Seine Argumente stützten sich auf die Autorität der Bibel, und er tadelte jene, die eine tatsächliche Existenz der Hexerei in Abrede stellten, er unterstützte die Todesstrafe für überführte Hexen und wies die Wunder, die die „papistische Kirche" für sich in Anspruch nahm, als Täuschungen zurück. Wie andere Dämonologen seiner Zeit, hatte auch er besondere Gehässigkeit für jene parat, die sich damit zu verteidigen suchten, daß sie **weiße Hexen** seien – in Perkins' Augen mußte Hexerei aller Arten mit gleicher Härte unterdrückt werden. Er führte sogar an, daß weiße Hexen die schlimmsten seien, weil sie versuchten, die diabolischen Quellen ihrer Macht zu verhüllen.

Die eingangs erwähnte Schrift Perkins' wurde 1610 in Deutschland publiziert und hatte einen weitreichenden Einfluß auf das zeitgenössische Denken zum Thema Hexenwesen. Etwa neunzig Jahre später empfahl der Dämonologe Cotton **Mather** aus Neuengland dieses Buch noch immer als eine wichtige Quelle.

Perry, William *siehe* **Junge von Bilson**

Peterson, Joan Selbsterklärte **weiße Hexe**, die vor Gericht gestellt und wegen Hexerei am 12. April 1652 in London hingerichtet wurde. Charakteristisch für ihren Fall war die schändliche Art und Weise, in der Beweise manipuliert oder nicht anerkannt wurden, um einen Schuldspruch zu erwirken. Zeugen, die zu Joan Petersons Gunsten aussagen wollten, wurden davon abgeschreckt und blieben deshalb der Verhandlung fern, andere bestach man, damit sie nicht ihre Stimme für die Angeklagte erhoben, der viele die Fähigkeit zuschrieben,

Petronilla de Midia

Kopfschmerzen heilen, Kühe „enthexen" und andere nützliche Dinge bewirken zu können.

Der Bericht des Anklagevertreters über Joan Petersons Aktivitäten ließ jedoch darauf schließen, daß die Magie der Verdächtigen viel mehr schädlich gewesen sei. Nach Aussage ihrer Feinde hatte sie angeblich ein Kind mit einem Zauber belegt und einen Hausgeist in der ungewöhnlichen Tarngestalt eines Eichhörnchens gehalten. Die Richter bezogen Sir John Danvers, einen Vertrauten Oliver Cromwells, in die Urteilsfindung ein, der die Angeklagte – aus ungeklärten Gründen – für schuldig befand. Joan Peterson wurde in Tyburn gehängt.

Petronilla de Midia siehe **Kyteler, Alice**

Pferdezauber Das Behexen von Pferden durch gewisse Zauber und Zauberformeln, das jahrhundertelang vielen vermeintlichen Hexen zur Last gelegt wurde. Angesichts des wirtschaftlichen Wertes eines Pferdes konnten Krankheit oder anderes Unheil, das dem Tier zu schaffen machte, den Lebensunterhalt des Eigentümers einst ernsthaft gefährden. Pferdebesitzer reagierten daher besonders empfindlich, wenn sie argwöhnten, daß schwarze Magie gegen ihre Tiere im Spiel war. In Europa schützte man vorzeiten die Ställe mit zuverlässigen Zaubermitteln wie beispielsweise Hufeisen und Ebereschenzweigen (siehe **Eberesche**), die Hexereien abwehren sollten. Auch hängte man den Tieren **Hexensteine** um oder legte ihnen messingglänzendes Geschirr an. (Der Glanz des Metalls sollte jeden bösen Geist, der sich näherte, verwirren.) In die Pferdeschwänze flocht man Bänder ein, um alle Dämonen in unmittelbarer Nähe mit den komplizierten Knoten (siehe **Knotenzauber**) zu lähmen.

In manchen Teilen Europas behauptete man, die Hexen nähmen die Gestalt von Pferden an, um so zu ihren **Hexenzirkeln** zu fliegen. Anderswo „liehen" sie sich die Pferde anderer Leute, um zu ihren Zusammenkünften zu reiten, und am Morgen fanden die Eigentümer ihre Tiere schweißgebadet und erschöpft im Stall stehen und erkannten daran, daß sie von einer Hexe geritten worden waren. Es hieß auch, Hexen könnten ganze Pferdegespanne aufhalten und sie wie angewurzelt stehen lassen, solange sie nur wollten. Der Zauber sollte allerdings unwirksam sein, wenn der Kutscher eine Peitsche aus Ebereschenholz bei sich hatte.

Es gibt Berichte von zahlreichen Prozessen, in denen man den Angeklagten vorwarf, den **bösen Blick** auf die Pferde ihrer Nachbarn gerichtet zu haben. 1578 beispielsweise wurde Margery Stanton aus Wimbish (Essex) bezichtigt, sie habe mit Hilfe von Zauberei einen weißen Wallach und eine Kuh getötet. Einen ähnlichen Vorwurf erhob man 1610 gegen Katherine Lawrett aus Colne Wake (Essex), die durch Anwendung „gewisser böser und teuflischer Künste" den Tod eines Pferdes verursacht haben sollte. Daß der Glaube an solche Dinge nur langsam stirbt, macht ein Beispiel aus der Mitte des neunzehnten Jahrhunderts deutlich. Damals brachte Priss Morris aus Cleobury North (Shropshire) die Bauern und andere Bewohner des Ortes gegen sich auf, da sie angeblich deren Pferde stocksteif stehen ließ, bis man die Frau nach vielen Schwierigkeiten überredet hatte, die Worte zu sprechen: „Gott segne euch und eure Pferde", woraufhin die Tiere augenblicklich ihre Beweglichkeit zurückerlangten. Noch später, gegen Ende des neunzehnten Jahrhunderts, sagte man Anne Blackmore aus Withypool (Somerset) nach, sie besitze die Macht, Pferde unter ihren Reitern unbändig ausschlagen und sich aufbäumen zu lassen, wenn diese Reiter ihr Unrecht zugefügt hatten.

Philips, Mary um 1675–1705. Englische Bauersfrau, die nach der Verhandlung ihres Falles bei den Assisen in Northampton als vermeintliche Hexe hingerichtet wurde. Die Geschichte der Mary Pilips ist typisch für Hunderte von Prozessen auf den Britischen Inseln, die mit dem gewaltsamen Tod der angeblich überführten Hexen endeten. Ihre Hinrichtung war aber auch eine der letzten vor der endgültigen Abschaffung der Hexengesetze. Der Prozeß gegen sie trug von Anfang an den Charakter eines Indizienprozesses, und es war mehr ihrem Ruf als ihren Taten geschuldet, daß man sie schließlich hängte.

Mary Philips wurde in Oundle (Northamptonshire) in eine arme Familie hineingeboren; als junge Frau schlug sie sich in einem kleinen Haus, das sie mit ihrer Freundin Elinor Shaw teilte, mühsam mit der Herstellung von Strümpfen durch. Beide Frauen standen in dem Ruf, einen unmoralischen Lebenswandel zu führen, und die Kinder, ermuntert von ihren Eltern, folgten ihnen auf der Straße und schimpften sie Huren. Sie waren die Außenseiter der Gemeinschaft und galten bei vielen Einwohnern der Stadt als Hexen, die den Tod mehrerer Personen herbeigeführt hatten.

1705 nahm der Klatsch Formen an; es gingen Beschwerden an die Obrigkeit, und die beiden Frauen wurden vor das Gericht nach Northampton gebracht. Dort überredete man die beiden Frauen zu dem Geständnis, daß sie Hexen seien, und sie berichteten ausführlich, wie ein großer dunkler Mann sie in den örtlichen **Hexenzirkel** eingeführt, sie in die Spitze des Mittelfingers gestochen und durch diese Art Taufe in die Reihen der Teufelsverehrer aufgenommen habe.

Ob Mary Philips wirklich daran glaubte, eine Hexe zu sein, ist nicht festzustellen, doch sie nutzte ihre kurzzeitige Berühmtheit, indem sie die Zuhörer mit dem Bericht über ihr Leben als Hexe schockierte. Als sie auf einem Karren zum Galgen von Northampton gebracht wurde, forderte sie der Priester zu einem Zeichen der Reue auf, doch sie lachte nur und rief den Namen des Teufels. Ehe sie weitere Gotteslästerungen aussprechen konnte, wurden sie und Elinor Shaw in aller Eile gehängt.

Phillips, Mary *siehe* **Hopkins, Matthew**

Pickering, Elizabeth *siehe* **Forster, Anne**

Pierson, Allison *siehe* **Schottland**

Pittenweem, Hexen von Eine Handvoll Männer und Frauen aus der kleinen schottischen Fischerstadt Pittenweem in Fife, von denen einige schlimme Mißhandlungen oder sogar den Tod erleiden mußten, nachdem man sie beschuldigt hatte, als Hexen Verbrechen verübt zu haben. Dieser Fall aus dem frühen achtzehnten Jahrhundert drehte sich um einen sechzehnjährigen Schmiedelehrling mit Namen Patrick Morton, der 1704 behauptete, daß für seine „Schwäche in den Gliedmaßen", Krämpfe und andere körperliche Leiden, die ihn befallen hätten, auf die schädliche Magie der Beatrix Laing, der Ehefrau des früheren Stadtkämmerers von Pittenweem, zurückzuführen sei. Morton hatte angeblich den Zorn der Frau erregt, als er sich aus Zeitnot einmal weigerte, ein paar Nägel für sie zu machen. Beatrix hatte ihm Rache geschworen und, unterstützt von der Frau des Nicholas Lawson – ihrer Komplizin – und anderen, heiße Kohlen ins Wasser geworfen, um ihm Unheil zu bringen. Er konnte sogar jedem die Stellen an seinem Arm zeigen, wo ihn die Hexen seinen Behauptungen zufolge gekniffen hatten.

Als Morton seine Anschuldigungen vor dem Ortsgeistlichen Patrick Cowper wiederholte, der seine Gemeinde schon öfter vor den Gefahren des Hexenwesens gewarnt hatte, fügte er obendrein hinzu, daß der **Satan** persönlich an seiner Bettstatt erschienen sei und ihn habe überreden wollen, Jesum Christum zu verleugnen und in seine eigenen Reihen einzutreten. Später hörte der Kronrat von diesem Fall und befahl, die beiden Angeschuldigten einzusperren. Beatrix Laing wurde auf das **Teufelsmal** untersucht und fünf Tage und Nächte hindurch mit **Schlafentzug** gepeinigt, worauf sie ein volles Geständnis ablegte, in dem sie ihre Hexengefährtinnen Frau Lawson, Janet Cornfoot und Isobel Adam benannte. Als sie sich von den Mißhandlungen erholt hatte, widerrief Beatrix Laing ihr Geständnis. Sie wurde in den Stock geschlossen, ehe man sie in eine dunkle Kerkerzelle sperrte, wo sie etwa fünf Monate ohne Licht und menschlichen Kontakt zubringen mußte.

Schließlich wurde Beatrix Laing durch Vermittlung aufgeklärter Autoritäten gegen Zahlung einer geringen Geldbuße freigelassen. Doch wegen des Rufes, der ihr nun anhaftete, duldete man sie nicht länger zu Hause. So war sie dazu verurteilt, von Ort zu Ort zu wandern und schließlich einsam in St. Andrews zu sterben.

Beatrix Laings angebliche Komplizin Isobel Adam gestand, sie habe gegenüber einem „kleinen schwarzen Mann mit einem Hut und schwarzen Kleidern", der ihr bei Beatrix Laings Haus erschienen sei und „Reichtümer, soviel sie sich nur wünsche" versprochen habe, ihr

Pole, Arthur und Edmund

Taufgelübde verleugnet. Sie habe zusammen mit anderen Hexen auch geplant, einen Mann mit Namen Alexander Macgregor zu erdrosseln. Ihr erlaubte das Gericht jedoch, sich durch Zahlung einer Geldstrafe freizukaufen – was ein höchst regelwidriges Vorkommnis war. Ganz anders erging es Thomas Brown, einer der von Isobel Adam angegebenen Personen, der nicht lange nach seiner Verhaftung im Gefängnis verhungerte.

Janet Cornfoot wurde unter der Folter zu einem Geständnis gezwungen, widerrief jedoch und wurde in einem Turm eingeschlossen, damit sie ihre Mitgefangenen nicht beeinflussen konnte, ihre Geständnisse ebenfalls zurückzunehmen. Sie entkam, doch der Geistliche Patrick Cowper verweigerte ihr seinen Schutz, als sie sich irrigerweise an ihn um Hilfe wandte. So mußte sie sich anderswo versteckt halten. Am 30. Januar 1705 spürte eine aufgebrachte Menge die vermeintliche Hexe auf, schlug sie, band sie mit einem Seil, das zwischen einen festen Halt auf dem Land und einem am Ufer liegenden Schiff gespannt wurde, und warf mit Steinen nach ihr. Dann schlug die Menge sie wieder, warf eine Tür auf sie, auf die schwere Steine gehäuft wurden, bis jegliches Leben aus der Frau gewichen war. Um sicherzugehen, daß die angebliche Hexe auch wirklich tot sei, trieb man ein Pferd mit angespanntem Schlitten mehrmals über ihren leblosen Körper hinweg. Patrick Cowper verweigerte Janet Cornfoot ein christliches Begräbnis. Gegen die Anführer des Mobs, der Janet Cornfoot zu Tode gehetzt hatte, wurde von seiten des Gesetzes nichts unternommen.

Die Bloßstellung Patrick Mortons als Schwindler brachte die Obrigkeit in große Verlegenheit und beschämte die offiziellen Vertreter Pittenweems. Seine Aussage hatte sich Morton anscheinend in Anlehnung an den einige Jahre zurückliegenden Fall der Christine Shaw ausgedacht (*siehe* **Schwindlerin von Bargarran**), nachdem Patrick Cowper Einzelheiten darüber aus Flugschriften vorgelesen hatte, die damals weit verbreitet waren.

Für Thomas George Stevenson stand nahezu zweifelsfrei fest, wer in diesem Fall wirklich die Verantwortung trug. Er schrieb 1871:

In Orten, in denen der Geistliche voll von heiligem Eifer gegen den Teufel und dessen Abgesandte war (wie es in Pittenweem der Fall war), wurde die Gemeinde zu einer idealen Stätte für das Heranziehen von Hexen; und sie trug so reiche Früchte, daß es schien, es könne nichts anderes gedeihen. Doch in Orte, in denen der Geistliche etwas Humanität und ein wenig gesunden Menschenverstand besaß, setzte der Teufel nur selten seinen Fuß in dessen Territorium, war vom Hexenwesen nichts zu finden.

Pole, Arthur und Edmund *siehe* **Prestall, John**

Poltergeist *siehe* **Geist**

Potenzzauber Der Gebrauch von Zauberei, um eine Person impotent zu machen. Die Wirkung ließ sich durch zwei Mittel erreichen: Erstens durch das Nestelknüpfen (*siehe* **Knotenzauber**) und zweitens durch Tränke. Solcher Zauber war in klassischen Zeiten sehr gefürchtet, und seine Manifestation als **Maleficium** der europäischen Hexen im sechzehnten und siebzehnten Jahrhundert war nichts anderes als die Fortsetzung einer sehr alten Tradition. Zu den Autoritäten, die den Glauben an die Macht des Potenzzaubers förderten, gehörte kein Geringerer als Thomas von **Aquino**, der bereitwillig die Vorstellung anerkannte, eine Person könne durch Hexerei die „fleischliche Vereinigung verhindern". Spätere Kenner der Materie stimmten diesem Gedanken zu und bezeichneten den Teufel als Verantwortlichen für solche Mißlichkeiten, fügten jedoch hinzu, daß Gott selbst ihm diese Macht verliehen habe, und daß das einzige Mittel die Zuflucht zu Abstinenz und Gebet sei.

Francesco-Maria **Guazzo** schrieb 1608, es gebe sieben Möglichkeiten, das Liebesleben eines Menschen durch Potenzzauber zu stören. Erstens könne man die Partner zum Haß gegeneinander anstacheln. Zweitens könne man sie durch irgend etwas physisch voneinander trennen. Drittens könne der Samenerguß verhindert werden. Viertens könne man den Samen unfruchtbar machen. Fünftens könne man den Mann der Fähigkeit berauben, sein Glied anschwellen zu lassen. Sechstens ließe sich bei einer Frau durch Tränke die Empfängnis verhindern und schließlich könne man die Geschlechtsteile beider Partner sich verkleinern oder verschließen lassen.

Sollte der Knotenzauber (im Französischen *aiguillette* oder im Italienischen *ghirlanda delle streghe*) angewendet werden, dann mußte die damit beauftragte Hexe lediglich Knoten in ein Stück Schnur oder Lederband knüpfen und das Ganze vor dem Opfer versteckt halten. Der Zauber ließ sich nur brechen, wenn die Knoten gefunden und gelöst wurden. Einer Untersuchung dieses Zaubermittels zufolge, die Jean **Bodin** im Jahre 1597 anstellen ließ, gab es über fünfzig Möglichkeiten, die Knoten zu binden, wobei jede eine besondere Wirkung auf die sexuelle Potenz eines Menschen haben sollte.

Anzeichen, die darauf hinwiesen, daß ein Mensch unter der Wirkung des Potenzzaubers litt, waren unter anderem Schwellungen am Körper, und zwar jeweils eine für jedes nicht gezeugte Kind. Auch deutliche Veränderungen der Genitalien wurden als Hinweis darauf angesehen. (In einem außergewöhnlichen Fall, der sich 1590 in Schottland zutrug, waren zwei Hexen angeklagt, die Geschlechtsorgane gewisser Männer gegen die Genitalien anderer ausgetauscht zu haben.)

Reginald **Scot**, der versuchte, die Absurdität des Hexenmythos aufzuzeigen, erzählte eine Anekdote, um den lächerlichen Charakter eines solchen Zaubers zu verdeutlichen: Ein junger Mann hatte nach dem Koitus entdeckt, daß seine Genitalien gänzlich verschwunden waren, was wahrscheinlich nur auf einen bösen Zauber zurückgeführt werden konnte. In seiner Verzweiflung wandte er sich an eine **weiße Hexe**, die ihm sagte, er könne das Fehlende durch einige Dinge ersetzen, die in einem Nest im Wipfel eines gewissen Baumes lägen:

> Sie brachte ihn zu einem Baum, wo sie ihm das Nest zeigte, und hieß ihn, hinaufzusteigen und das Nest zu nehmen. In der Spitze des Baumes nahm er ein riesig großes Teil aus dem Nest, zeigte es ihr und bat, ob er dasselbe nicht haben könne. Nein, sprach sie, das ist das Instrument unseres Gemeindepriesters, doch nimm irgendein anderes, das dir gefällt. Es ist bestätigt, daß manche zwanzig, und manche dreißig in einem Nest gefunden haben, wo sie wie an einer Krippe mit Futter ernährt wurden ... Dies sind keine Scherze, denn sie wurden von denjenigen aufgeschrieben, die Richter über Leben und Tod jener Personen waren und sind.

Anschuldigungen, nach denen eine Person durch Knotenzauber jemandem Schaden zugefügt hatte, waren in den historisch überlieferten Hexenprozessen nicht ungewöhnlich, doch der Dämonologe Domenic de Soto beispielsweise bezweifelte, daß ein solcher Zauber in Wirklichkeit häufig angewandt würde – und sei es auch nur, weil der **Teufel** Freude daran habe, die Menschen zu außerehelichem Verkehr zu verleiten, und wahrscheinlich keine solche Beschränkung seines Werkes hinnehmen würde. In „bewiesenen" Fällen von Potenzzauber konnten die Ehen geschieden werden, und so ist es höchst wahrscheinlich, daß sich viele unzufriedene Männer und Frauen aus einem unglücklichen Lebensbund herauswanden, indem sie übernatürliche Störungen für ihre persönlichen Probleme verantwortlich machten.

Siehe auch **Liebestrank**.

Potter, Thomas *siehe* **Hell-Fire Club**

Prelati, Francesco *siehe* **Rais, Gilles de**

Prentice, Joan *siehe* **Chelmsford, Hexen von**

Prestall, John Englischer Zauberkünstler und Alchimist, der unter dem Verdacht stand, in mindestens ein Komplott verwickelt gewesen zu sein, das die Ermordung Elizabeths I. durch Hexerei vorsah. John Prestall gehörte zu den berühmtesten Zauberern seiner Zeit. Er verschwor sich, wie behauptet wurde, mit Arthur und Edmund Pole (zwei Verwandte von ihm) und Anthony Fortescue, um Elizabeth I. zu töten und Maria Stuart auf den englischen Thron zu bringen. Sein Komplize in dieser Angelegenheit war Edward Cosyn, ein weiterer berühmter Zauberer, mit dem zusammen John Prestall **Dämonen** beschworen haben soll, um deren Rat über die beste Möglichkeit für einen Mord an der Königin zu hören.

Das Komplott wurde 1562 entdeckt und die Verschwörer wegen Verrats vor Gericht gebracht. (Die Anklage lautete jedoch nicht auf

Queensberry, Marquis von

Hexerei, da das Gesetz, das solche Aktivitäten verbot, 1547 aufgehoben und bis 1563 kein neues erlassen worden war.) Zu ihrer Verteidigung brachten die Männer vor, niemals eine Kampagne gegen Elizabeth initiiert zu haben, da ihre übernatürlichen Informanten glaubten, daß sie ohnehin bald sterben würde, bekannten sich aber auch zu ihrer Untertanentreue gegenüber Maria Stuart. Bemerkenswerterweise entgingen Prestall und die anderen der Todesstrafe und wurden statt dessen im Tower zu London eingesperrt, wo Prestall bis 1567 blieb. Er wurde schließlich entlassen, nachdem er versprochen hatte, sein alchimistisches Können einzusetzen, um im Auftrag der Krone Silber in Gold umzuwandeln.

John Prestall schien jedoch aus seiner Beteiligung am Komplott von 1562 nichts gelernt zu haben. 1571 wurde er ein zweites Mal wegen Verrats vor Gericht gestellt und nun zum Tode verurteilt. Elizabeth jedoch ließ das Strafmaß noch einmal in eine Gefangenschaft im Londoner Tower umwandeln. Dem letzten, aus den neunziger Jahren des sechzehnten Jahrhunderts stammenden Bericht über Prestall zufolge praktizierte der Zauberer als freier Mann in London noch immer seine Magie.

Preston, Jennet *siehe* **Pendle, Hexen von**

Prophezeiung *siehe* **Divination**

Puppe *siehe* **Bildzauber**

Putnam, Ann *siehe* **Salem, Hexen von**

Q

Quedlinburg *siehe* **Deutschland**

Queensberry, Marquis von *siehe* **Hell-Fire Club**

R

Rabe Genau wie andere schwarzgefiederte Vögel, so galt auch der Rabe als ein Geschöpf, das schlechte Vorahnungen verkörperte, und wurde häufig zusammen mit Hexen dargestellt, die dabei waren, ihre bösen Zaubereien auszuführen. Einem alten Aberglauben zufolge flog der Teufel gern als Rabe getarnt über das Land hin und brachte auf seinen Schwingen Krankheiten mit. Deshalb war das Unglück beim Auftauchen eines solchen Vogels besonders groß, wenn jemand im Hause krank war, denn das hieß, daß der Patient sterben würde.

Rais, Gilles de 1404–1440. Französischer Soldat und Aristokrat, der während der Herrschaft Karls VII. wegen seiner Beschäftigung mit der schwarzen Magie einen schlechten Ruf hatte. Gilles de Laval, Baron von Rais, der auf der Höhe seiner Macht der reichste Adlige in Europa war, diente als Marschall von Frankreich und kämpfte zusammen mit Johanna von Orléans an verschiedenen Orten, ehe er 1432 aus dem Militärdienst ausschied und sich auf seinem Besitz in Tiffauges in der Bretagne niederließ. Obgleich man ihn auch als Kenner der Musik und des Theaters bewunderte, festigte er in der Folgezeit seinen Ruf als Alchimist. Er lud berühmte Scharlatane auf sein Schloß ein, und über die geheimnisvollen Zeremonien, die diese Männer angeblich abhielten, begannen dunkle Gerüchte umzugehen, die von Kindesopferungen und anderen Übel sprachen – Gerüchte, die wahrscheinlich von der Kirche und der **Inquisition** angeheizt wurden, die den Reichtum des Aristokraten erben würden, wenn sich Gründe für eine Konfiszierung fänden.

Gilles Verderben begann schließlich 1440, als er auf Weisung des Bischofs von Nantes, Jean de Malestroit, wegen einer relativ unbedeutenden Anschuldigung verhaftet wurde. Jean le Ferron, der Bruder des bretonischen Schatzmeisters, war auf Befehl Gilles geschlagen und eingesperrt worden. Die Tatsache, daß der Geschädigte ein Geistlicher war, lieferte dem Bischof jedoch den Vorwand, den er brauchte, um den insgeheim schon geplanten Prozeß zu eröffnen. Zur gleichen Zeit begann eine entsprechende Aktion beim Zivilgerichtshof. Die Vorwürfe häuften sich schnell, und so stand der Adlige, dem man zuvor nur die Mißhandlung des Jean le Ferron vorgeworfen hatte, unter der Anklage, bei seinen okkulten Handlungen mehr als einhundertvierzig Kinder ermordet zu haben.

Die gegen Gilles vorgebrachten Beweise stellten ihn als ein pervertiertes Ungeheuer dar, das alle Arten von Obszönitäten und Grausamkeiten an seinen Opfern begangen hatte, ehe sie starben. Neben dem Kindesmord verdächtigte man Gilles der **Häresie**, der Abtrünnigkeit vom rechten Glauben, der Dämonenbeschwörung (*siehe* **Dämonen**), der Sodomie, der Kirchenschändung und des Besitzes verschiedener verbotener Bücher über die schwarzen Künste. Der formalen Anklage zufolge „betete er Geister an und brachte ihnen Opfer dar, beschwor sie und brachte andere dazu, sie zu beschwören, wollte einen Pakt mit besagten bösen Geistern schließen und mit deren Hilfe Wissen, Macht und Reichtümer haben und erlangen". Die Anklage bezüglich der Kinder war über alle Maßen entsetzlich; sie warf dem Verhafteten vor, er habe eine große Zahl Jungen und Mädchen „unmenschlich abgeschlachtet, getötet, zerstückelt, verbrannt und anderweitig gequält" und „mit kleinen Jungen gewissenlos die Sünde der Sodomie begangen und widernatürlichen Gelüsten nach kleinen Mädchen nachgegeben, wobei er die natürliche Art und Weise der Kopulation verschmähte, während die unschuldigen Jungen und Mädchen lebendig oder manchmal tot waren oder gar im Todeskampf lagen".

Gilles war in seinen Exzessen angeblich von Francesco Prelati, einem Geistlichen und Magier aus Florenz, unterstützt und angestiftet worden. Prelati sollte einen Dämon namens Baron beschworen haben, der den beiden Männern angeblich versprach, ihnen das Geheimnis des Goldmachens zu enthüllen, wenn sie ihm zu Ehren scheußliche Riten und Zeremonien abhielten. Dieses Versprechen reizte Gilles, dessen extravaganter Lebensstil seinen einst riesigen Reichtum merklich verringert hatte. Auf Anweisung des Dämons ließ Gilles seine Beauftragten – Gilles de Sillé, einen Cousin von ihm, einen verarmten Aristokrat mit Namen Roger de Briqueville, Etienette Blanchu und eine Frau mit dem Spitznamen „La Meffraye" – angeblich eine Unzahl Kinder entführen. Die Kinder wurden dann sexuell mißbraucht, sadistisch verstümmelt und schließlich ermordet, wobei man ihnen in den meisten Fällen die Kehle durchschnitt.

Der angeklagte Aristokrat begegnete den Richtern, vor denen er nun stand, zunächst mit Verachtung, doch sein Selbstvertrauen wurde erschüttert, als seine Gefährten Prelati, La Meffraye und die Blanchu unter der Folter dazu gezwungen wurden, ausführlich über die Vorgänge auf Schloß Tiffauges zu berichten. Gilles selbst legte später unter der Folter ein umfassendes Geständnis seiner Verbrechen ab, wobei er die Taten bedauerte und die Eltern seiner Opfer um Vergebung bat. Das Grauen der Verbrechen, die er vor Gericht schilderte, war so groß, daß die Richter befahlen, das Kruzifix an der Wand des Gerichtssaales zu verhängen. Die Komplizen des Aristokraten bezeugten, daß Gilles in ihrer Gegenwart die Köpfe der Kinder abgetrennt und sie, seine Mittäter, dann gefragt habe, welchen sie für den schönsten hielten.

Der Bischof von Nantes drückte seine Hoffnung aus, daß der Gefangene durch Gebete erlöst werden könne, doch die Todesstrafe für ihn war unumgänglich. Zusammen mit zwei seiner Komplizen wurde der Verurteilte am 29. Oktober 1440 erdrosselt, während ein Chor Gebete für seine Erlösung sang. Die drei Hingerichteten wurden dann auf einen Scheiterhaufen gelegt, doch Gilles Verwandte erhielten die Erlaubnis, die Leiche mitzunehmen, noch ehe die Flammen sie erreicht hatten, und die sterblichen Überreste Gilles de Rais' wurden in einer nahen Kirche beerdigt. Als Belohnung für ihre Aussagen wurden Prelati, die Blanchu und La Meffraye nach einer kurzen Gefängnisstrafe freigelassen.

Wieviel von der Geschichte Gilles de Rais' den Tatsachen entsprach und wieviel davon der Legende zugeschrieben werden muß, ist umstritten. Die höchst vorschriftswidrige Durchführung des Prozesses, bei dem als Beweismaterial viel Klatsch und Tratsch, nicht aber die Aussagen der Diener des Aristokraten zugelassen wurden, deutet darauf hin, daß die meisten, wenn nicht gar alle gegen Gilles vorgebrachten Anklagepunkte Erfindungen jener waren, die sich den Reichtum des Mannes aneignen wollten. Ungeachtet dessen, ob es gerechtfertigt ist, wird die Hauptfigur Gilles de Rais seitdem häufig mit der in der Volksphantasie existierenden mörderischen Gestalt des Ritters Blaubart, einer Schöpfung alter bretonischer Legenden, verwechselt.

Randolf, John *siehe* **Johanna von Navarra**

Redfearne, Anne *siehe* **Pendle, Hexen von**

Remy, Nicolas um 1530–1612. Französischer Richter und Dämonologe, der in den achtziger Jahren des sechzehnten Jahrhunderts in Lothringen (*siehe* **Frankreich**) den Vorsitz über zahllose Hexenprozesse führte und mehr als neunhundert Hexen in den Tod schickte. Remy wurde in einer in Charmes (Lothringen) ansässigen Rechtsanwaltsfamilie geboren. Er wohnte bereits als Kind verschiedenen Hexenprozessen bei und entwickelte rasch extreme Ansichten zu diesem Thema. 1582 brachte er eine Anklage gegen eine Bettlerin vor, die er für den Tod seines Sohnes verantwortlich machte. Die Frau hatte sich seinen Behauptungen zufolge mit dem Tod des Kindes dafür gerächt, daß er ihr einige Tage zuvor ein Almosen verweigert hatte. Als Rechtsanwalt diente er 1576 bis 1591 als einer der Profose von Nancy und wurde dann zum Justizminister von Lothringen ernannt. In dieser Funktion konnte er dafür sorgen, daß die strafrechtliche Verfolgung von

Hexen mit unverminderter Grausamkeit fortgesetzt wurde.

1595 schrieb Remy in seinem höchst einflußreichen Buch *Demonolatreiae* seine Schlußfolgerungen nieder, die er aus seinen in den Hexenprozessen gesammelten Erfahrungen gezogen hatte. Wie seine Schriften und seine Entscheidungen bei Gericht zeigten, war er fest von der tatsächlichen Existenz der Hexerei überzeugt und argumentierte, daß „alles nicht Normale auf den Teufel zurückzuführen ist". Hexerei war in seinen Augen viel schlimmer als andere Verbrechen und der Tod die einzig angemessene Bestrafung.

Eines der von Remy unterzeichneten Todesurteile lautete folgendermaßen:

> Der unterzeichnete Justizminister von Lothringen, der beim Verhör und der Folterung des George de Haut aus Claingotte, welcher der Hexerei angeklagt und in Saint-Dié gefangengehalten wird, durch den Profos und die Justizbeamten von Saint-Dié zugegen war, wovon er unterrichtet wurde, um Einzelheiten über die Tatsache, die Vernehmung etc. herauszufinden, und der den Aussagen, dem Verlesen der eidlichen mündlichen Zeugenaussagen, den Gegenüberstellungen beiwohnte und das ausgefertigte Protokoll der Folter las, ist der Ansicht, daß diese Person vorschriftsmäßig zur Anklage vernommen und beurteilt und verurteilt wurde, lebendig verbrannt zu werden, daß er [der Verurteilte] an dem Ort, der für solche Hinrichtungen festgelegt ist, an einen ausdrücklich für diesen Zweck aufgestellten Pfahl gebunden werde, damit er wenigstens die Flammen spürt, bevor er erstickt, daß sein Besitz für verwirkt und beschlagnahmt erklärt wird, wobei zuerst die Kosten für den Prozeß abgezogen werden. Ausgefertigt am 4. Mai 1596.

Besonders unversöhnlich zeigte sich Remy bei Kindern, die in das Verbrechen der Hexerei verwickelt waren. In dem Glauben, daß selbst die ganz Kleinen unter ihnen in der Lage seien, Zaubereien zu vollführen, verdammte er die Kinder verurteilter Hexen regelmäßig zu Prügel, die sie am Schauplatz der Hinrichtung ihrer Eltern erhielten. In seinem Buch bekannte er, daß diese Strafe seiner Meinung nach kaum hart genug war, und trat dafür ein, solche Verbrecher „aus dem Bereich der menschlichen Schöpfung zu verbannen". Er bezweifelte jedoch, daß Hexen durch Magie ihre Gestalt ändern konnten oder wirklich an den von ihnen geschilderten **Hexensabbaten** teilgenommen hatten; er machte vielmehr geltend, daß sie vom Teufel zu solchen Täuschungen verleitet worden seien. Dennoch waren sie auf diese eine oder jene Art schuldig, denn sie hatten Umgang mit dem Teufel und mußten als Angehörige der Armee des Bösen, die die christliche Zivilisation bedrohte, zur Strecke gebracht und getötet werden.

Remys Buch wurde viele Male nachgedruckt; zusammen mit den Schriften von Jean **Bodin** ersetzte sein Werk wirkungsvoll den betagten **Malleus maleficarum**, die am meisten beachtete Quelle zum Thema Hexenwesen und Hexenjagd.

Renata, Schwester Maria gest. 1749. Deutsche Nonne, die eines der letzten Opfer des Hexenwahns in Deutschland werden sollte. Die neunundsechzigjährige Schwester Maria Renata Sänger von Mossau hatte dem Kloster Unterzell bei Würzburg bereits mehr als fünfzig Jahre – zuletzt als Subpriorin – gedient, als sie von einigen Nonnen der Hexerei bezichtigt wurde.

Die Sache begann 1745, als Schwester Maria Einspruch gegen die Aufnahme der an Krämpfen und Halluzinationen leidenden Cecilia Pistorini in den Kreis der Nonnen erhob. Trotz dieser Bedenken wurde Cecilia Pistorini als Nonne bestätigt, doch die anderen Klosterschwestern begannen nun unverkennbare Symptome dämonischer **Besessenheit** zu zeigen; sie weinten während der Gottesdienste, wurden von Krämpfen befallen und hatten Schaum vor dem Mund. Eine der Nonnen klagte auf dem Totenbett Schwester Maria an, sie behext zu haben. Die Kunde von dieser Angelegenheit drang über die Mauern des Klosters hinaus, und es wurde eine Untersuchung eingeleitet. Pater Oswald Loschert, Abt des Klosters Oberzell, stellte Beweismaterial gegen Schwester Maria zusammen und stellte fest, daß der Teufel schon einen Anspruch auf sie gehabt habe, als sie „noch im Mutterleib" lag, und daß sie „seine Sklavin und ein verfluchtes Ding" sei.

Gebete und Teufelsaustreibungen verschlimmerten den Zustand der betroffenen Nonnen nur noch. Pater Loschert hielt Schwester Marias Schuld für erwiesen und nannte sie eine „widerliche Hexe, die ihre Zaubereien unter der frommen Tracht verbirgt". Schwester Maria beteuerte ihre Unschuld, wurde aber unter strenger Haft gehalten. Bei einer Durchsuchung ihrer Zelle fand man verschiedene verdächtige Kräuter und Salben sowie ein gelbes Gewand, das sie angeblich bei ihren **Hexensabbaten** trug. Aufgrund dieser Beweisstücke und mit Unterstützung der Universität Würzburg wurde Schwester Maria zu einem Schuldgeständnis gezwungen.

Ihrer eigenen Aussage zufolge war Schwester Maria von einem Grenadier, den sie in Wien getroffen hatte, in die Hexenkunst eingeführt worden. Dieser Grenadier habe ihr die Grundlagen der schwarzen Magie beigebracht und sie dann nach Prag mitgenommen, wo sie **Satan** persönlich habe kennenlernen sollen. Sie habe ihren christlichen Glauben verleugnet und im Alter von vierzehn Jahren einen **Pakt mit dem Teufel** geschlossen, der ihr den Namen Ema gegeben habe. Später habe sie mit verschiedenen **Dämonen** Geschlechtsverkehr gehabt, ehe sie das Studium der Hexenkunst ernstlich in Angriff genommen habe. Mit neunzehn Jahren sei sie auf Satans ausdrückliche Weisung ins Kloster eingetreten – ein Schritt, der Teil eines Komplotts zu dessen Zerstörung gewesen sei –, und er habe sie in ihrer Zelle weiterhin jeden Montag besucht, um mit ihr zu buhlen, wobei er ihr „schreckliche und stärkste Pein" bereitet habe. Sie habe auch die Bestimmung ausgenutzt, nach der jede Nonne eine **Katze** besitzen durfte (um die Schädlinge nicht überhandnehmen zu lassen), indem sie **Hausgeister** in Gestalt von Katzen gehalten habe, die allerdings sprechen konnten.

Schwester Maria gestand unter anderem ein, fast jede Nacht auf einem Besen und angetan mit dem gelben Kleid, das ihre Befrager gefunden hatten, zu den Hexensabbaten nach Würzburg geflogen zu sein. Zu ihren Verbrechen habe gehört, daß sie gewissen Feinden Krankheiten gebracht, sechs Nonnen von Teufeln besessen gemacht und die Hostie nicht weniger als siebenmal geschändet zu haben, die sie mit Nägeln durchstochen habe, worauf aus den Einstichstellen klares Wasser geflossen sei. Bezüglich des zuletzt genannten Vergehens mußte sie den Befragern schildern, wie sie die Hostie unbemerkt habe stehlen können, und sie beschrieb, wie sie sich eine Schnittwunde beigebracht und die Hostie darin verborgen hatte; sie konnte sogar die Narben davon zeigen. Aufgefordert von ihren Befragern, gab Schwester Maria einen ausführlichen Bericht über die Hexensabbate, an denen sie angeblich teilgenommen hatte. Sie habe sich, so erzählte sie, in einem tiefen Wald oder auf einer großen Wiese mit anderen Hexen getroffen, wo sie zusammen dem Teufel gehuldigt, geschmaust und getanzt hätten.

Trotz des Umstandes, daß der Hexenwahn in den deutschen Staaten in den vierziger Jahren des achtzehnten Jahrhunderts schließlich nachgelassen hatte, war Schwester Marias Geständnis mehr als hinreichend, und man befand sie in dreizehn Anklagepunkten bezüglich Zauberei, **Häresie** und des Abfalls vom rechten Glauben für schuldig. Sie wurde aus dem Orden entlassen und zum Tode verurteilt. Am 17. Juni 1749 wurde die Verurteilte nach Marienberg gebracht und vom Scharfrichter enthauptet. Ihre Leiche verbrannte man auf einem Scheiterhaufen aus Teerfässern und Holz zu Asche, während einer der Jesuitenpriester, die sie zur Hinrichtung begleitet hatten, eine Predigt vortrug, in der er Schwester Marias Verbrechen aufzählte.

Einhundert Jahre zuvor hätte die Entdeckung Schwester Maria Renatas zweifellos zu weiteren Prozessen und einem mächtigen Auflodern der Hexenpanik geführt. Zu diesem späten Zeitpunkt entfachte die Nachricht von der Hinrichtung statt dessen einen bemerkenswerten Meinungsstreit, und es gab keine weiteren Denunziationen und Verhaftungen.

Reynie, Nicholas de la *siehe* **Chambre-Ardente-Prozeß**

Ringelblume Gartenblume, die wie andere Blumen mit gelben Blütenkörbchen einst als wirksames Abschreckungsmittel gegen Hexen galt. In der Hexenkunst wurde dieser Pflanze verschiedentlich aphrodisische Wirkung und eine Schutzfunktion gegen Unglück und Übel zugeschrieben. In der Volksmedizin wurde die Blume zur Schmerzlinderung bei Wespen- und Bienenstichen verwendet, indem man sie an der Einstichstelle auf die Haut rieb. In pulverisierter Form diente sie zur Behandlung von Wechselfieber. Das Einatmen des Ringelblumenduftes sollte gegen Kopfschmerzen und Depressionen helfen.

Ritchie, Isobel siehe **Aberdeen, Hexen von**

Robert of Bristol siehe **Kyteler, Alice**

Robey, Isabel siehe **Pendle, Hexen von**

Robin siehe **Somerset, Hexen von**

Robinson, Edmund geb. 1624. Junger Engländer, dessen detaillierte Anschuldigungen 1634, rund zwanzig Jahre nach dem Prozeß gegen die ursprünglichen **Hexen von Pendle**, zu einem zweiten Ausbruch des Hexenwahns in der Gegend um den Pendle Forest (Lancashire) führten. Der erste Fall von Pendle hatte sich hauptsächlich auf die Aussage eines Mädchens gestützt, das damals noch lange nicht das vierzehnte Lebensjahr erreicht hatte – das Mindestalter, das eine noch nicht volljährige Person haben mußte, um vor Gericht aussagen zu dürfen. Auch bei diesem neuen Fall stammten die Bezichtigungen von einem Minderjährigen, dem zehnjährigen Edmund Robinson. Diesmal allerdings zeigte sich der Richter der Assisen von Lancaster strenger, als es um die Anerkennung der Aussage eines Zeugen ging, der ja noch ein Kind war.

Edmund Robinson war der Sohn eines Maurers, der im Pendle Forest lebte und arbeitete. Er war daher mit den berüchtigten Ereignissen, die einige Jahre vor seiner Geburt die ganze Grafschaft Lancashire erschüttert hatten, zweifellos sehr gut vertraut. Welcher Einfall auch immer dahinterstecken mochte – der Junge überraschte die Ortsansässigen, als er über verschiedene Nachbarn seltsame Geschichten zu erzählen begann, die stark darauf hindeuteten, daß okkulte Aktivitäten im Spiel waren. Seinen Behauptungen zufolge hatte er im Jahre 1633 zum Allerheiligenfest zwei Windhunde getroffen und diese zu überreden versucht, einen Hasen zu jagen. Die Hunde hätten sich geweigert, so erzählte er weiter, ihm zu gehorchen, und er habe sie geschlagen, worauf sich die beiden Geschöpfe mit einemmal in zwei menschliche Wesen verwandelt hätten. Eines davon sei ein kleiner Junge gewesen, den er nicht gekannt habe, doch das andere Wesen habe er als eine Frau namens Frances Dicconson identifiziert. Sie habe versucht, mit einem Schilling sein Schweigen zu erkaufen, doch er, Edmund, habe das Geld abgelehnt. Die Frau habe dann den unbekannten kleinen Jungen in ein weißes Pferd verwandelt und Edmund veranlaßt, darauf zu einem **Hexensabbat** an einer Scheune in Hoarstones zu reiten.

Ermuntert von Richard Shuttleworth und John Starkie, zwei beklagenswert leichtgläubigen Richtern, vor denen Edmund Robinson seine Geschichte wiederholte, lieferte der Junge eine ausführliche Beschreibung des Hexensabbats, dessen Zeuge er angeblich geworden war. Bei dieser Zusammenkunft seien über sechzig Männer und Frauen gewesen; zu ihnen gehörte ironischerweise auch Jannet Device, die als Kind mit ihrer Aussage in dem Fall von 1612 mehrere vermeintliche Hexen an den Galgen gebracht hatte. Über dem Feuer sei Fleisch gekocht worden, man habe ihn eingeladen, von den Speisen und Getränken zu kosten, doch habe er das Angebot nach einer kleinen Kostprobe dankend abgelehnt. Die Versammelten hätten noch mehr Speisen herangeschafft, indem sie an sechs von der Decke herabhängenden Seilen gezogen hätten. Durch magisches „Melken" der Seile seien warmes Fleisch, Milch und Butter von oben gekommen. Drei der Frauen hätten unterdessen Dornen in drei Bildnisse gespießt, womit sie offensichtlich die dargestellten Personen hätten schädigen wollen. Dann sei er, außer sich vor Entsetzen, nach Hause gerannt:

> ... sah er sechs von ihnen niederknien und alle sechs an sechs verschiedenen Seilen ziehen, die oben an der Scheune angehängt oder angebunden waren. Alsbald kamen vor den Augen des Anzeigeerstatters dampfendes Fleisch, Butter in Stücken und Milch herab, als flögen sie von besagten Seilen ... Und während des mehrmaligen Ziehens machten sie die ganze Zeit solch garstige Gesichter, die den Anzeigeerstatter so grausten, daß er froh war, hinaus und nach Hause zu gelangen.

Die Richter, die sich noch gut an den Vorfall von 1612 erinnerten, ließen über dreißig Personen verhaften und übergaben siebzehn von ihnen den Lenten-Assisen in Lancaster, wo ihnen der Prozeß gemacht werden sollte. Mit einer Ausnahme beteuerten sie alle entschieden ihre Unschuld bezüglich der Anklage; nur Margaret Johnson brach zusammen und gestand, daß sie tatsächlich eine Hexe sei. Unter Zwang vonseiten des Gerichts erklärte sie, wie sie ihre Seele an den Teufel, einen schwarzgekleideten Mann namens Mamilion, als Lohn dafür verkauft habe, daß all ihre Wünsche in Erfüllung gehen würden (*siehe* **Pakt mit dem Teufel**). Sie bestätigte, daß am fraglichen Tag in Hoarstones ein Hexensabbat stattgefunden habe, bei dem sie allerdings nicht dabeigewesen sei.

Margaret Johnsons Geständnis und dazu die Erinnerungen an das Jahr 1612 beeindruckten die Geschworenen tief, und die Angeklagte wurde für schuldig erklärt. Was die anderen Verhafteten betraf, so war sich der Richter nicht sicher, denn die Zusammenfassung der Aussage gegen die angeklagte Mary Spencer beispielsweise ergab lediglich, daß die Frau einen Eimer am Hügel hangabwärts hatte rollen lassen, vor ihm hergerannt war und gerufen hatte, er solle ihr folgen. Wegen seiner Zweifel an Edmund Robinsons Aussage verwies er die Angelegenheit an König und Kronrat. John Bridgeman, der Bischof von Chester, wurde gebeten, einige der Inhaftierten zu befragen; nach dem Verhör stimmte er dem Richter zu, daß die Anschuldigungen das Produkt von Robinsons Phantasie sein mußten. Vier der Angeklagten – Frances Dicconson, Jennet Hargreaves, Margaret Johnson und Mary Spencer – brachte man nach London, wo sie von Dr. Harvey, dem königlichen Arzt bei Karl I., und anderen genauer befragt wurden. Diese Autoritäten schenkten den **Hexenmalen**, die angeblich an den Körpern der Angeklagten gefunden worden waren, keine weitere Beachtung, und entschieden ebenfalls, daß hier Betrug im Spiele war. Karl I. persönlich verhörte Edmund Robinson und die vier Verdächtigen und kam schnell zu dem Schluß, daß die Geschichte des Jungen erlogen war.

Edmund Robinson gab schließlich seinen Betrug zu und bestätigte, daß er die Anschuldigungen auf der Grundlage dessen erfunden habe, was er über den Prozeß von 1612 wußte. Zur Zeit des angeblichen Hexensabbats habe er Pflaumen gepflückt. Sein einziges Motiv sei der Wunsch gewesen, Unheil zu stiften. Andere jedoch argwöhnten, daß ihn irgendwelche Feinde der Angeklagten dazu angestiftet hatten und wiesen darauf hin, daß Edmund Robinsons Vater mit Frances Dicconson wegen des Verkaufs einer Kuh im Streit lag. Wie andere **minderjährige Kläger**, mag vielleicht auch der Junge von der Gelegenheit, ein wenig lokale Berühmtheit zu genießen, verlockt worden sein: Es schien ihn auch wirklich zu befriedigen, von einer Pfarrgemeinde nach der anderen gebeten zu werden, die Hexen zu identifizieren, die angeblich an dem berüchtigten Sabbat teilgenommen hatten (und für jede angegebene Verdächtige eine Belohnung zu kassieren), was mit der Entdeckung der Täuschung allerdings ein Ende hatte.

Was immer die Gründe für Edmund Robinsons Falschaussage gewesen sein mögen – die Folgen, die sich daraus ergaben, waren bedauerlich. Obwohl die Angeklagten als unbescholten freigelassen wurden, überlebten nicht alle diesen Vorfall. Drei der als Hexen bezichtigten Personen – ein Mann und zwei Frauen – starben im Gefängnis, bevor der Fall aufgeklärt wurde.

Über Edmund Robinsons weiteres Leben nach der Aufdeckung des Schwindels ist nichts bekannt.

Siehe auch **Webster, John**.

Rogie, Helen *siehe* **Aberdeen, Hexen von**

Rosmarin Wie viele andere Kräuter, so sagte man auch dem Rosmarin eine ganze Reihe übernatürlicher Eigenschaften nach, darunter auch die Fähigkeit, den **bösen Blick** abzuwehren. Dem Hexenwissen zufolge wurde Rosmarin verabreicht, um Wahnsinn zu heilen, vor Übelkeit und **Nachtmahren** zu schützen und Unwetter zu verhüten. Viele Leute befestigten an der Eingangstür ihres Hauses einen Rosmarinzweig oder trugen ihn bei sich, um Hexen und Krankheiten fernzuhalten.

Rosmarin wurde gewöhnlich in **Liebestränken** und für **Zauber** verwendet, die für die **Divination** von Belang waren. Schlief man beispielsweise zu **Halloween** mit einem Sixpencestück und einem Rosmarinzweig unter dem Kopfkissen, dann sollte man im Traum seinen zukünftigen Partner sehen können. Rosmarin im Knopfloch förderte angeblich das Erinnerungsvermögen und sollte der betreffenden Person im allgemeinen Glück bringen.

Ross, Balthasar *siehe* **Hexenriecher**

Rule, Margaret geb. 1674. Frau aus Neuengland, deren scheinbare dämonische **Besessenheit** (*siehe auch* **Dämonen**) Gegenstand einer Untersuchung durch den puritanischen Dämonologen Cotton **Mather** wurde. Überzeugt von der tatsächlichen Existenz der Hexerei, zeigte sich Mather tief beeindruckt, als die siebzehnjährige Margaret Rule 1693 in seiner North Church in Boston einen Schreikrampf erlitt. Er reagierte rasch, indem er einen kurzen Bericht über ihren Zustand veröffentlichte, womit er im Gefolge des sensationellen Prozesses gegen die **Hexen von Salem**, der einige Monate zuvor stattgefunden hatte, in der Bostoner Gemeinde offensichtlich Sympathie für seinen Kreuzzug gegen das Hexenwesen gewinnen wollte.

Auf Mathers Bitte hin nannte das Mädchen die Hexen, die für seine Qualen verantwortlich sein sollten. Zur sichtlichen Zufriedenheit des Predigers waren mehrere von ihnen bereits gerüchteweise als Hexen bekannt – in seinen Augen eine weitere Bestätigung, daß die christliche Gesellschaft in Neuengland wirklich durch das Hexenwesen bedroht war. Das Mädchen hatte Anfälle und aß tagelang nichts, und auf seiner Haut bildeten sich Blutergüsse, die von unsichtbaren Angreifern herrührten. Die Dämonen waren angeblich auch für den Diebstahl von Predigtunterlagen verantwortlich, die Mather vorbereitet hatte (und die später auf der Straße lagen), und sollten die Ursache dafür sein, daß das Mädchen in seinem Schlafgemach zur Decke schweben konnte. Von Mather ermuntert, schilderte Margaret Rule die Besuche, die ihr schwarze und weiße Geister im Kampf um ihre Seele abgestattet hatten.

Mathers Bereitschaft zu akzeptieren, daß sich Margaret Rules Symptome nur durch dämonische Besessenheit erklären ließen, wurde indes nicht überall geteilt. Robert Calef, der mit Mather auch über den Fall von Salem uneins war, verspottete ihn für eine solche Schlußfolgerung. Er erhielt von dem Prediger daraufhin eine wütende Antwort sowie Drohungen, ihn wegen Verleumdung anzuzeigen, die Mather jedoch nicht wahrmachte. Mather versuchte, Calefs Ansichten als einen von Satan persönlich inspirierten „abscheulichen Haufen Lügen" zurückzuweisen.

Nach einigen Monaten hörten Margaret Rules Anfälle auf, was Mather als Beweis dafür nahm, daß seine Gebete für das Mädchen die gewünschte Wirkung gehabt hätten.

S

Salazar y Frias, Alonzo de Spanischer Inquisitor, dessen Schlußfolgerungen aus einer Untersuchung des Massenprozesses gegen die **baskischen Hexen** 1611 das faktische Ende des Hexenwahns in Spanien verkündeten. Salazar hatte als hoher Beamter der spanischen **Inquisition** geholfen, Belegmaterial für ein Gutachten der Inquisition über einen Massenprozeß zusammenzustellen, der im November 1610 vor dem weltlichen Gerichtshof in Logrono (Navarra) stattgefunden hatte. Bei diesem Prozeß drohten die Aktivitäten der weltlichen Obrigkeit auf das einst der Inquisition vorbehaltene Territorium überzugreifen, und Salazar sowie zwei weitere Inquisitoren wurden beauftragt, die Anklagepunkte zu prüfen. Wie die staatliche Obrigkeit, so war auch das Tribunal der Ansicht – und setzte sich damit über den Einspruch Salazars hinweg –, daß das Hexenwesen in der fraglichen Region grassiere und etwa zweihundertachtzig Erwachsene und Kinder aktiv in den Teufelskult verwickelt seien. Man argwöhnte, daß in dieser Gegend nicht weniger als zwanzig große **Hexenzirkel** (oder *aquelarres*) aktiv seien.

Im Ergebnis dieser ersten, ziemlich übereilten Untersuchung ordnete die Inquisition eine Massenverbrennung der Angeklagten an, mit der das Hexenwesen, das angeblich den gesamten Bezirk bedrohte, ausgelöscht werden sollte, doch die ganze Angelegenheit verlief enttäuschend. Obwohl man darauf gehofft hatte, nahm König Philipp III. an diesem Ereignis nicht teil; auch widerriefen die meisten Angeklagten ihr Geständnis und entgingen damit dem Feuertod. Am Ende kamen nur sechs Hexen auf den Scheiterhaufen. Die örtlichen Richter wurden im Gefolge dieses Fiaskos verhaftet, und die Inquisition leugnete die Schlußfolgerungen ihrer eigenen Beamten ab.

Im März 1611 wurde das Gnadenedikt erlassen, das vermeintlichen Hexen die Strafe ersparte, wenn sie innerhalb einer gewissen Zeit ein umfassendes Geständnis ablegten. Salazar, der den ursprünglichen Erkenntnissen des Inquisitionstribunals widersprochen hatte, erhielt den Auftrag, die Anwendung des Edikts in der Region Logrono zu prüfen und nahm eine intensive kritische Betrachtung des Beweismaterials in Angriff, das zusammengetragen worden war. Bei der Befragung von nicht weniger als tausendachthundertzwei Hexen (von denen zwei Drittel Kinder waren) hörte er zahlreiche Widerrufe, die unter dem Schutz des neuen Edikts erfolgten, und entdeckte viele widersprüchliche Beweise, die die ursprünglichen Anklagen ins Wanken brachten. Frauen, die angeblich an **Hexensabbaten** teilgenommen hatten, besaßen Alibis, die belegten, daß sie zur fraglichen Zeit anderswo gewesen waren; Mädchen, die behauptet hatten, von **Dämonen** verführt worden zu sein, erwiesen sich als Jungfrauen; nicht eine der Befragten konnte sagen, wo die vermeintlichen Hexensabbate stattgefunden hatten; vom Teufel gelieferte Zaubersalben entpuppten sich als ganz harmlos und wirkungslos.

Salazar tadelte auch die Anwendung der Folter zur Erpressung von Geständnissen und verwies auf das nahezu völlige Fehlen an belastendem Beweismaterial. In seinem umfangreichen Bericht über den Prozeß mußte er die Schlußfolgerung ziehen: „Ich habe nicht einmal Andeutungen gefunden, aus denen sich ableiten ließe, daß es auch nur einen einzigen Fall von Hexerei wirklich gegeben hat, seien es nun die Reise zu den *aquelarres* oder die Teilnahme daran, das Zufügen von Schäden oder andere vorgebrachte Tatsachen."

Die Inquisition stellte sich auf Salazars Seite, und alle weiteren Nachforschungen nach Hexen in Logrono wurden eingestellt. 1614 erließ man neue Anweisungen für Inquisitoren, die Fälle von Hexerei zu untersuchen hatten, und von dieser Zeit an konnte man nur noch mit Anschuldigungen vor ein Gericht treten, die sich auf wesentliche und wahrnehmbare Beweismittel stützten. In beschränktem Umfang wurden auch Schritte unternommen, um die Familien der 1610 in Logrono Hingerichteten zu entschädigen.

Ohne Salazars furchtlosen Bericht wäre der Prozeß von Logrono wohl überall von jenen als zuverlässige Quelle zitiert worden, die die Existenz eines gewaltigen Netzes von Hexenzirkeln hervorhoben, das sich angeblich über das gesamte baskische Gebiet erstreckte und über Generationen hinweg Bestand hatte. Vom äußeren Anschein her betrachtet, belegten die beim Prozeß vorgebrachten Beweise, daß die Praktiker der schwarzen Künste in einer Rangordnung organisiert waren und ihre eigene komplizierte Hierarchie besaßen, was den Eindruck verstärkte, daß das Christentum mit einer ernsthaften und fest etablierten Bedrohung konfrontiert sei. Durch Salazars Bemühungen jedoch wurde der Hexenwahn in Spanien unvermittelt und nahezu völlig beendet. In den Folgejahren gab es nur noch vereinzelte Fälle, und nach 1611 fanden in Spanien nirgendwo mehr Hinrichtungen wegen vermeintlicher Hexerei statt. Leider erreichten Salazars Gedanken über das Hexenwesen im übrigen Europa kein Massenpublikum. Statt dessen war es das Werk Pierre de **Lancres**, eines Zeitgenossen von Salazar, der sich dem Hexenmythos verschrieben hatte, das weiter verbreitet und mehr gelesen wurde.

Salem, Hexen von Opfer einer berüchtigten Hexenjagd, die gegen Ende des siebzehnten Jahrhunderts die Gesellschaft Neuenglands schockierte, viele Menschenleben kostete und später als eine der erschütterndsten Episoden in der Geschichte des kolonialen Amerika in die Geschichte einging. Den Prozessen waren Vorfälle vorausgegangen, die sich zu Beginn der neunziger Jahre des siebzehnten Jahrhunderts in dem Dorf Salem im ländlichen Massachusetts zugetragen hatten. Die Prozesse selbst wirkten nachhaltig auf das amerikanische Bewußtsein; sie stellten den schlimmsten Ausbruch des Hexenwahns westlich des Atlantik dar.

Die Tragödie der Hexen von Salem begann 1692, als bei acht Mädchen im Alter von elf bis zwanzig Jahren Anzeichen dämonischer **Besessenheit** auftraten. Wie es scheint, waren die Mädchen stark von der Lektüre sensationeller Druckschriften über das Hexenwesen beeindruckt und mögen darüber hinaus wohl auch durch die haarsträubenden Geschichten beeinflußt worden sein, die sie von Tituba, der von den westindischen Inseln stammenden Sklavin des Ortsgeistlichen Black gehört hatten. Die ersten Opfer der Hysterie waren die elfjährige Abigail Williams und deren Kusine Elizabeth Parris, die neunjährige Tochter des Geistlichen Samuel Parris. Die Mädchen erlitten Anfälle, schrien und krümmten sich am Boden, als glaubten sie, in Tiere verwandelt worden zu sein. Verwandte und Nachbarn waren von dem gottlosen Verhalten der Mädchen verblüfft; sie warfen die Bibel durch den Raum, störten die Gottesdienste und zeigten ihren Eltern gegenüber einen zügellosen Ungehorsam. Den schockierten Erwachsenen, die Zeugen des Geschehens waren oder davon gehört hatten, kam auch sogleich das Wort „Hexerei" über die Lippen.

Die Hysterie sprang rasch auf andere Mädchen im Dorf über, die nun ähnliche Symptome zeigten, in unenträtselbaren Sprachen schnatterten und Anfälle bekamen. Unter ihnen fielen sieben auf – die achtzehnjährige Elizabeth Booth, die siebzehnjährige Elizabeth Hubbard, die neunzehnjährige Mercy Lewis, die zwölfjährige Ann Putnam (die mit einer Ausnahme in allen Prozessen aussagte), die achtzehnjährige Susan Sheldon, die sechzehnjährige Mary Walcott und die zwanzigjährige Mary Warren. Ebenfalls betroffen waren die zwölfjährige Phoebe Chandler, die zwanzigjährige Sarah Churchill, die ebenfalls zwanzigjährige Margaret Reddington, die sechzehnjährige Martha Sprague, die neunzehnjährige Sarah Trask und die sechsunddreißigjährige Sarah Bibber. Bei Mary Warren, die als Dienstmädchen im Haushalt von John und Elizabeth Proctor arbeitete, stellte sich eine zeitweilige, doch deutliche Linderung der Symptome ein, als ihr Dienstherr John Proctor drohte, sie durchzuprügeln, wenn sie noch einen Anfall bekäme, doch wenn er das Haus verlassen hatte, begannen die Anfälle von neuem.

Salem, Hexen von

Angesichts dieser Hysteriewelle im Dorf kamen die Geistlichen und der ortsansässige Arzt Dr. Griggs, der keine medizinische Erklärung für die Anfälle finden konnte, überein, daß die Ursache für das ungewöhnliche Verhalten der Mädchen Hexerei sein mußte. Die jungen Damen wurden befragt und gebeten, die Hexen zu nennen, die für ihren Zustand verantwortlich seien. Vielleicht erkannten die Mädchen, daß sie auf diese Weise einer Bestrafung für ihre überall bekanntgemachten Vergehen entkommen konnten und gaben die Namen mehrerer Frauen an, die alle auf die eine oder andere Art Anhaltspunkte für den Verdacht der Hexerei lieferten. Als eine ihrer Peinigerinnen benannten die Mädchen Tituba, die Sklavin der Familie Parris; gegen sie wurde von Mary Sibley zusätzliches Belastungsmaterial erbracht, die Titubas Ehemann John Indian gebeten hatte, einen „Hexenkuchen" (mit einem aromatisierten Gerstengetränk und Kinderurin) zu machen, den sie an einen Hund verfüttern wolle, um sich so von ihrem Fieber zu kurieren. Die anderen angeblichen Hexen waren Sarah Good, eine Bettlerin, die eine Schwäche für das Pfeiferauchen hatte, Sarah Osborne, eine verkrüppelte Frau, die dreimal verheiratet gewesen war, und Martha Cory, die mit ihrem Sohn, einem Halbblut, außerhalb der ehrbaren Gesellschaft stand.

Die vier Frauen wurden im Februar 1692 vorbereitend verhört, wobei sie jegliche Beschäftigung mit der Hexenkunst in Abrede stellten. Die Richter jedoch waren mehr vom Verhalten der jugendlichen Klägerinnen beeindruckt, die ihre Vorwürfe wiederholten und obendrein behaupteten, sie seien von den Verdächtigen sogar jetzt, wo sie vor ihnen stünden, ungesehen geschlagen, gekniffen und anderweitig mißhandelt worden. Mitunter agierten sie gemeinsam, wobei eines der Mädchen einen Anfall erlitt, nachdem ein anderes gesagt hatte, es könne sehen, daß die Angeklagten, unsichtbar für alle anderen Anwesenden, in ihrer Geistergestalt auf sie zukämen. Zusätzlich zu den ursprünglichen Anschuldigungen erhoben die Mädchen – anscheinend auf Veranlassung von Ann Putnams Mutter – weitere Anklagen, bis einhundertfünfzig Personen aller Klassen und gesellschaftlicher Herkunft in den Fall hineingezogen waren. Die Bezichtigungen waren meist ähnlicher Natur – die genannte Person hatte die Klägerin angeblich gepeinigt, indem sie ihre „Erscheinung" ausgesandt habe, um das Mädchen zu zwicken, zu würgen und anderweitig zu quälen.

Nicht alle Angeklagten kamen aus dem Dorf Salem; einige stammten aus Nachbargemeinden wie Salem Farms und Topsfield, mit denen die Leute aus Salem seit langem im Streit lagen. Ann Pudeator und Mary Parker kamen aus dem weiter entfernten Andover; sie gehörten zu den vierzig Personen aus der Stadt, die wegen Hexerei angeklagt wurden, nachdem man sie einer „Berührungsprobe" unterzogen hatte. Bei dieser Probe mußten die angeblichen Hexen Ann Putnam oder Mary Walcott während eines Anfalles berühren. Beruhigten sich die Mädchen bei der Berührung, dann waren die Verdächtigen ganz gewiß schuldig. Als eine Frau Cary aus Charlestown erfuhr, daß man sie der Hexerei beschuldigte, kam sie freiwillig nach Salem, um sich zu der Menge im Gericht zu gesellen. Erst als die Mädchen schließlich wußten, wer sie war, bekamen sie ihre üblichen Anfälle. (Frau Cary wurde festgenommen, doch später wieder freigelassen.)

Vor den Anschuldigungen der Mädchen war niemand sicher. Als Richter Dudley Bradstreet aus Andover sich weigerte, weitere Haftbefehle zu unterschreiben, wurde er selbst der Hexerei bezichtigt und floh, bevor er wegen Mordes an neun Personen vor Gericht gestellt werden konnte. Sein Bruder John war ebenfalls angeklagt; ihm warf man vor, einen Hund mittels Hexerei zum Verüben eines Verbrechens angestiftet zu haben. Der Hund kam vor Gericht und wurde gehängt. Als man die Mädchen nach Boston brachte, gehörte zu ihren Opfern dort Hauptmann John Alden, dem seine Taten in den Indianerkriegen einst den Ruf eines Helden gebracht hatten. Bei seinem Erscheinen fielen die Mädchen in Ohnmacht, erholten sich aber bei der „Berührungsprobe" schnell wieder. John Alden wurde ins Bostoner Gefängnis geworfen, von wo ihm vier Monate später jedoch die Flucht gelang.

Bei allen Mißlichkeiten ihrer Lage hatten die Angeklagten dennoch Verbündete. So wurde beispielsweise der Versuch unternommen, Sarah Bibber als Zeugin in Mißkredit zu bringen, in-

Salem, Hexen von

dem mehrere Personen ihren „aufsässigen, aufrührerischen Geist" bezeugten und behaupteten, sie habe ihre angeblich von unsichtbaren Geistern stammenden Wunden vorgetäuscht und sich statt dessen selbst mit Nadeln zerkratzt, die in ihrer Kleidung verborgen gewesen seien. John Willard, ein Bauer und Polizist aus Salem, der die ersten Verdächtigen verhaftet hatte, erkannte klar, daß die wahren Schurken des Stückes die acht „Hexenschlampen" seien, die sich die meisten Anschuldigungen nur ausgedacht hätten, und er legte nahe, daß, wenn jemand gehängt werden müßte, *sie* diejenigen seien, die an den Galgen gehörten. Dieser Ausbruch mußte Unannehmlichkeiten nach sich ziehen, und so floh Willard aus dem Dorf. Er wurde zehn Tage später ergriffen und darauf von den Mädchen und Frau Putnam sieben verschiedener Verbrechen beschuldigt. Willard wurde am 19. August 1692 gehängt.

Trotz der Bemühungen war das Gericht geneigt, die Anklagepunkte ohne jegliche Zweifel zu akzeptieren, und die von den Mädchen Beschuldigten wurden festgenommen und ins Gefängnis geworfen, wo sie auf ihren Prozeß warteten. Jeder, der die Anklagen in Frage stellte, lief Gefahr, selbst wegen Hexerei angeklagt zu werden.

Einige der Angeklagten gehörten zu den geachtetsten Bürgern ihres Distrikts, darunter auch John Proctor, der sich entschieden weigerte, an die Existenz von Hexerei zu glauben und sich damit die Feindschaft des Gerichts zuzog; Martha Cory, die eine fromme Kirchgängerin war, und der hochwürdige George Burroughs, der von 1680 bis 1682 Pfarrer in Salem gewesen war. Burroughs, so wurde behauptet, habe den Vorsitz über gotteslästerliche Parodien des puritanischen Abendmahlgottesdienstes geführt, anderen Hexen „Brot und Wein so rot wie Blut" angeboten und seine beiden Ehefrauen durch Hexerei umgebracht. (Sein wahres Verbrechen war wahrscheinlich gewesen, sich die Familie Putnam zum Feind zu machen, bei der er einst zur Untermiete gewohnt hatte.) Mercy Lewis beschrieb, wie George Burroughs Geist ihr alles versprochen habe, was sie sich wünsche, wenn sie sich beim Teufel einfach in das Buch der Namen einschriebe (das der Geistliche angeblich in seinem Studierzimmer aufbewahrte). Abigail Hobbs hingegen sagte aus, daß er ihr in persona erschienen sei, um ihr Puppen zu bringen, in die sie habe Nadeln stecken können. Während der Prozesse zeigten die Mädchen Bißspuren vor, die von George Burroughs Geist herrühren sollten und, was eine gewaltsame Untersuchung des Gebisses des Geistlichen angeblich zutage brachte, auch mit den Zähnen des Pfarrers übereinstimmten. Burroughs weigerte sich kategorisch, die Möglichkeit solcher Magie anzuerkennen und stellte fest: „Es gibt weder noch gab es jemals Hexen, die einen Vertrag mit dem Teufel gemacht haben und einen Dämon aussenden können, der andere Menschen von weitem peinigt."

Andere Angeklagte standen bereits in einem zweifelhaften Ruf, so wie es bei Bridget Bishop und Susanna Martin der Fall war, denn die beiden betagten Frauen hatte man schon lange der Hexerei verdächtigt. Bridget Bishop hatte 1680 wegen Hexerei vor Gericht gestanden, wo man sie anklagte, ihren ersten Ehemann durch Zauberei umgebracht zu haben, sie hauptsächlich aufgrund der entlastenden Aussage des Ortspfarrers aber freisprach.

Als die möglichen Konsequenzen der Anschuldigungen offenbar wurden, deutete sich bei den Mädchen der Wunsch an, ihre unsinnigen Klagen zurückzuziehen, doch nur zwei von ihnen – die Dienstmädchen Sarah Churchill und Mary Warren – gaben auch wirklich zu, das Gericht getäuscht zu haben. Sarah Churchill entschloß sich zu gestehen, als ihr Dienstherr George Jacobs verhaftet und verhört wurde, während Mary Warren erst reiflich überlegte, als John und Mary Proctor ins Gefängnis kamen, die Obrigkeit nach deren Eigentum griff und Mary, die im Hause nichts zu essen vorfand, die Sorge für die fünf Kinder des Ehepaares überließ. Dann änderte Sarah Churchill ihren Sinn, da sie fürchtete, das Gericht würde ihr Geständnis ignorieren, und bekräftigte ihre ursprünglichen Bezichtigungen. Mary Warren hingegen wurde von den anderen Mädchen bedroht, die offensichtlich besorgt waren, daß ihr Betrug entdeckt werden könnte, und von Ann Putnam, Mercy Lewis, Mary Walcott und Abigail Williams schließlich selbst beschuldigt, eine Hexe zu sein. Unter dem Druck, den die Mädchen und auch die Richter auf sie ausüb-

Salem, Hexen von

ten, fügte sie sich und bestätigte, sich ins Buch des Teufels eingetragen zu haben und von John Proctors Geist gepeinigt worden zu sein.

Die Mädchen, die sich nun verpflichtet sahen, an ihren Vorwürfen bis zum Schluß festzuhalten, blieben bei ihren Anschuldigungen und verfolgten ihre Opfer vor Gericht mit gewollter und unmenschlicher Grausamkeit. Fünfundfünfzig von einhundertfünfzig Angeklagten, darunter auch Tituba, ließen sich durch die Hinweise, daß geständige Hexen vom Gericht begnadigt würden, zu einem umfassenden Geständnis überreden. Sie alle entgingen der Todesstrafe; Samuel Wardwell, der ebenfalls gestand, später aber widerrief, wurde gehängt. Um die, die gestanden hatten, kümmerten sich die Mädchen im allgemeinen nicht mehr, sondern konzentrierten sich darauf, belastende Beweise gegen jene zu liefern, die gegen ihre Anschuldigungen noch immer öffentlich Widerstand leisteten.

Der Inhalt der meisten Geständnisse entsprach zum großen Teil den Vorstellungen, die man im siebzehnten Jahrhundert in Neuengland von den Gepflogenheiten des Hexenwesen hatte. Frau Forster beispielsweise behauptete, sie habe mehrmals den Teufel in Gestalt eines Vogels gesehen, und sie sei auf dem Besen geflogen, wie es bereits aus alten Legenden bekannt war, und wie es ihre Befrager festhielten:

> Sie und Martha Carrier ritten beide auf einem Besen oder einem Pfahl, wenn sie sich auf den Weg zum Hexentreffen in Salem machten; der Besen zerbrach, als sie in die Lüfte und bis über die Baumwipfel getragen wurden, und sie fielen herunter. Doch sie hängte sich schnell an Mütterchen Carriers Hals, und sie waren alsbald in dem Dorf, wo ihr Bein dann stark schmerzte.

Das Gericht hörte die Anschuldigungen der Mädchen, trug jedoch auch von erwachsenen Zeugen Beweise für wirkliche **Maleficia** zusammen, bis es gegen die meisten Angeklagten genügend belastendes Material besaß. Über Bridget Bishop, bei der bereits viele Nachbarn argwöhnten, daß sie eine Hexe sei, wurde kurz und bündig entschieden. Sie gehörte zu den ersten, die gehängt wurden. Die einundsiebzigjährige körperbehinderte Rebecca Nurse stand unter dem Verdacht, durch Hexerei den Tod von Benjamin Holton herbeigeführt zu haben, nachdem sie mit dem Mann in Streit geraten war, weil seine Schweine auf ihrem Acker gewesen waren. Doch wie in anderen Fällen war es auch hier unmöglich, eine wirkliche Verbindung zwischen der Auseinandersetzung und Holtons späterem Tod herzustellen, der nach heftigen Anfällen und Schmerzen eingetreten war.

Die Mädchen waren darum bemüht, die Schuld der von ihnen bezichtigten Personen zu bekräftigen. Wann immer eine angebliche Hexe in ihre Nähe gebracht wurde, erlitten sie Anfälle und klagten, sie würden vom unsichtbaren Selbst der Verdächtigen gequält. Ihre Krampfanfälle wurden von den Richtern auch prompt als belastender Beweis akzeptiert; überhaupt ließen sich die Richter sehr leicht von Ann Putnam und deren Freundinnen beeinflussen und hatten keine Bedenken, solche bizarre **Geisterbezeugungen** zu akzeptieren. Sie selbst schienen sich aufgrund des einzigartigen Charakters der vermeintlichen Verbrechen von den üblichen gesetzlichen Beschränkungen befreit zu fühlen. War jemand der Hexerei angeklagt, dann galt er von vornherein fast mit Sicherheit als schuldig; wenn er seine Geistererscheinung ausschicken konnte, um andere zu quälen, dann mußte er einen **Pakt mit dem Teufel** geschlossen haben. In ihrer Entschlossenheit, Schuldsprüche zu fällen, hörten die Richter auch die Aussagen von siebenjährigen Kindern, verweigerten den Angeklagten einen Rechtsbeistand und formulierten ihre Fragen so, daß die Antworten leicht gegen die Beschuldigten sprechen konnten. Sie ignorierten alle gesetzlichen Voraussetzungen, und als die Geschworenen Rebecca Nurse freisprachen, verwarfen sie den Entscheid einfach. So wurde am 19. Juli 1692 neben Sarah Good, Susanna Martin und drei weiteren Verurteilten auch Rebecca Nurse gehängt.

Von den Angeklagten wurden einunddreißig zum Tode verurteilt und neunzehn tatsächlich gehängt: Bridget Bishop, George Burroughs (dem überdies das Priesteramt entzogen worden war), Martha Carrier, Martha Cory, Mary Esty, Sarah Good, Elizabeth How, George Jacobs, Susanna Martin, Rebecca Nurse, Alice Parker, Mary Parker, John Proctor, Ann Pudeator, Wil-

Salem, Hexen von

mot Reed, Margaret Scott, Samuel Wardwell, Sarah Wilds und John Willard. Ebenfalls verurteilt wurden Mary Bradbury, der die Flucht gelang, und Sarah Cloyce, Rebecca Eames, Dorcas Hoar, Abigail Hobbs und Mary Lacy, die alle ihre Begnadigung erwirkten. Abigail Faulkner und Elizabeth Proctor wurden zwar für schuldig befunden, von der Urteilsvollstreckung jedoch verschont, da sie schwanger waren; beide Frauen wurden schließlich begnadigt. Ann Foster und Sarah Osborne starben im Gefängnis, Giles Cory wurde zu Tode gepreßt. Tituba, die Sklavin, die man als eine der ersten Verdächtigen verhaftet hatte, erhielt anstelle des Todesurteils eine Gefängnisstrafe von unbestimmter Dauer, da sie gleich zu Anfang ein freiwilliges und umfassendes Geständnis abgelegt hatte. Sie mußte den Haushalt der Familie Parris letzten Endes verlassen und wurde später verkauft, damit die Prozeßkosten beglichen werden konnten. Auf diejenigen, die man freiließ, wartete weitere Schmach: Sie hatten die Kosten für ihre Begnadigung zu tragen und die Gefängniswärter für die Betreuung während ihrer Haftzeit zu entlohnen.

Als der hochwürdige George Burroughs vor seiner Hinrichtung fehlerlos das **Vaterunser** sprach, verbreitete sich unter der Zuschauermenge, die ihn sterben sehen wollte, große Bestürzung, denn eine Hexe oder ein Hexenmeister galt gemeinhin als unfähig, das Gebet ohne einen Fehler aufzusagen. Nur das hartnäckige Zureden Cotton **Mathers**, der der Exekution beiwohnte, überzeugte die Menge davon, daß Burroughs wirklich ein Hexenmeister sei und so, wie es das Gericht befohlen habe, gehängt werden müsse. Das Urteil wurde vollstreckt, und die Leiche des ehemaligen Pfarrers von Salem auf dem Gallows Hill des Dorfes verbrannt.

Der Tod des achtzigjährigen Giles Cory war eine der scheußlichsten Grausamkeiten, die es bei diesem Ausbruch des Hexenwahns in Salem gab. Da er sich weigerte, sich zu seinen Anklagepunkten zu äußern, und somit der Prozeß gegen ihn nicht eröffnet werden konnte, mußte er zwei Tage lang nackt, ohne Nahrung und mit schweren Gewichten auf der Brust auf einem Feld in der Nähe des Dorfgefängnisses liegen, bis er seinen Sinn geändert hatte. Der alte Mann, dem offenbar die Hoffnungslosigkeit seines Falles bewußt war, weigerte sich noch immer, mit dem Gericht zu kooperieren und starb schließlich, als die immer schwerer drückende Last für seinen Körper zu viel wurde. Er ging damit als der wahrscheinlich einzige Mensch in die Geschichte Amerikas ein, der zu Tode gepreßt wurde. Natürlich war diese Art der Behandlung nach den Bestimmungen eines Gesetzes von 1641 unzulässig, das alle „unmenschlichen, barbarischen oder grausamen" Strafen verbot. Robert Calef, ein Händler aus Boston, der den Vorfall aufzeichnete, berichtete, wie „beim Druck der Gewichte seine Zunge aus dem Mund gepreßt wurde und der Polizist sie mit seinem Stock wieder hineinzwang". Als die Richter am folgenden Tag Zeichen des Bedauerns bezüglich der Art, in der Cory zu Tode gebracht worden war, erkennen ließen, suchte Ann Putnams Vater ihre Entschlossenheit wieder zu stärken, indem er dem Gericht auseinandersetzte, wie seine Tochter in der vergangenen Nacht von Hexen und der Erscheinung eines Mannes, den Cory sechzehn Jahre zuvor erschlagen hatte, belästigt worden sei. Der Geist habe behauptet, unter Corys Füßen zu Tode gedrückt worden zu sein und habe hinzugefügt: „Ihm muß das gleiche widerfahren, was er mir angetan hat."

Das Resultat des Salemer Hexenprozesses führte zu einer großen Debatte in der Gesellschaft Neuenglands. Die Bereitschaft des Gerichts, mit der es die ungewöhnlichen Anschuldigungen junger Mädchen akzeptiert hatte, und der Eifer, mit dem die unwahrscheinlichsten Geisterbezeugungen anerkannt worden waren, beunruhigten viele Beobachter. Selbst bekannte Puritanerführer wie Increase Mather brachten ihre Zweifel an solchen Zeugnissen zum Ausdruck. Mather erklärte seiner Gemeinde: „Es wäre besser, zehn vermeintliche Hexen entkämen, als daß ein ehrlicher Mensch verurteilt wird ... Ich ließe lieber eine Hexe als ehrliche Frau gelten, als eine ehrliche Frau als Hexe zu richten."

Thomas Brattle, ein geachteter und einflußreicher Bostoner Bürger, veröffentlichte einen Brief, in dem er eine ganze Reihe von Kritiken an der Art und Weise der Prozeßführung anbrachte: Er stellte die Zuverlässigkeit von Zeugen in Frage, die angeblich unter Satans Einfluß

Salem, Hexen von

standen, und tadelte die Richter für ihre unbefriedigende und widersprüchliche Einstellung zu dem Fall. Cotton Mather und seine hexenjagenden Gefährten antworteten darauf, indem sie 1693 das Buch *The Wonders of Invisible World* veröffentlichten, das die Richter der Hexenprozesse in Salem verteidigen sollte und doch nur die Blindheit seiner Verfasser zeigte, mit der sie die Hexerei als etwas tatsächlich Existierendes akzeptierten. Diese Publikation provozierte 1700 als Gegenreaktion ein Buch mit dem Titel *More Wonders of the Invisible World*, das wiederum ätzende Kommentare zu den Prozessen enthielt. Mathers Lager reagierte 1701 mit *Some Few Remarks upon a Scandalous Book*, und Calef wurde aus Boston vertrieben. Doch zu diesem Zeitpunkt war die Debatte schon lange von den Ereignissen überholt worden.

So schnell, wie die Hysterie in Salem die Kolonie überschwemmt hatte, änderte die Bevölkerung ihre kollektive Meinung über die ganze Angelegenheit. Die Anerkennung von Geisterbezeugungen, die in den Salemer Prozessen von 1692 eine so entscheidende Rolle gespielt hatte, wurde zu Beginn des Jahres 1693 als Verfahrensweise offiziell in Zweifel gezogen, und von den zweiundfünfzig Verdächtigen, die noch auf ihren Prozeß warteten, wurden nur drei zum Tode verurteilt; über fünf andere, darunter auch Elizabeth Proctor, hatte man bereits im Jahr zuvor das Urteil gesprochen. Als Antwort auf das wachsende öffentliche Unbehagen und auf die gegen seine Frau gerichtete Anklage überstimmte Sir William Phips, der Gouverneur von Neuengland, das Gericht und sprach alle acht Verurteilten frei. Der wachsende Widerstand der öffentlichen Meinung gegen die Verfolgungen verhinderte weitere Aktionen gegen angebliche Hexen in der Region, und nach dem Fall in Salem gab es in Amerika keine Hinrichtungen verurteilter Hexen mehr.

1696, als die Hysterie fast vorüber war, legten die Geschworenen ein öffentliches „Eingeständnis von Fehlern" ab. Darin baten sie die noch lebenden Verwandten der Opfer um Vergebung und bekannten, sich von den damals vorgebrachten Anschuldigungen geblendet haben zu lassen:

> Wir bekennen, daß wir nicht in der Lage waren, die mysteriösen Täuschungen der Mächte der Finsternis und des Fürsten der Lüfte zu verstehen noch ihnen zu widerstehen; doch ließen wir uns in dem Wunsch nach Wissen und besseren Auskünften von anderen dazu bewegen, solch Zeugnis gegen die Angeklagten aufzugreifen, von dem wir nun bei weiterer Betrachtung und besserer Kenntnis zu Recht fürchten, daß es nicht ausreichte, um das Leben eines Menschen anzutasten.

Als Geste der Reue wurde am 15. Januar 1697 überall in der Kolonie ein Fastentag eingehalten. Cotton Mather und all jene, die sich stark für die strafrechtliche Verfolgung eingesetzt hatten, sahen sich nun zur Seite gedrängt und unbeachtet, da die Allgemeinheit in Zweifel zog, daß es hier überhaupt irgendwelche Hexerei gegeben habe. Die Zulassung von Geisterbezeugungen als Beweismittel wurde später verboten, und in den folgenden Jahren korrigierte man die gerichtlichen Entscheidungen, um die Verurteilten von ihrer vermeintlichen Schuld freizusprechen. Viele Hinterbliebene und Nachkommen der Hingerichteten erhielten 1711 einen – wenn auch kärglichen – finanziellen Ausgleich. Die letzten unrechtmäßigen Salemer Hexenurteile wurden 1957 aufgehoben.

Die Mädchen, deren Anschuldigungen direkt zum Tod so vieler Menschen aus ihrer näheren Umgebung geführt hatten, gingen straffrei aus. Dem Anschein nach ließen sie in ihrem späteren Leben nur wenige Anzeichen der Reue erkennen. Lediglich Ann Putnam wagte es je, eine Art Geständnis abzulegen. Sie verlas es ganze vierzehn Jahre nach den Prozessen in der Kirche von Salem. Obwohl sie darauf bestand, daß damals in der Gemeinde Hexerei am Werk gewesen sei, bekannte sie demütig, von Satan getäuscht worden zu sein:

> … es war eine große Verblendung Satans, die mich in dieser schlimmen Zeit getäuscht hat, und ich fürchte zu Recht, daß ich dadurch mit anderen, zwar unwissentlich und unabsichtlich, so doch wesentlich dazu beigetragen habe, über mich und dieses Land die Sünde unschuldig vergossenen Blutes zu bringen; doch was ich gegen eine Person gesagt oder getan habe, so kann ich wahrhaftig und aufrichtig vor Gott und den Menschen sagen, habe ich nicht aus Ärger, Tücke oder bösem Willen gesagt oder getan, denn ich empfand nichts dergleichen gegen einen von ihnen, aber was ich, vom Satan getäuscht, getan habe, geschah unwissentlich.

Experten, die diesen Fall von Hexenwahn einer Überprüfung unterzogen, fanden eine ganze Reihe von Umständen, die zu der Tragödie mit beigetragen hatten. Dazu gehörte das unruhige politische Klima zu Anfang der neunziger Jahre des siebzehnten Jahrhunderts, einer Zeit, in der sich die amerikanischen Kolonisten durch die hohen Steuern, die die Regierung ihnen auferlegt hatte, zunehmend benachteiligt fühlten und die Möglichkeit einer größeren Unabhängigkeit von England erörtert wurde. Überdies waren die örtlichen Richter damals erst kürzlich als Sieger aus einem Machtkampf gegen die regionale Obrigkeit hervorgegangen und zeigten sich nur zu willig, Anschuldigungen wegen Hexerei als ein Mittel zur Behauptung ihrer Rolle aufzugreifen. Die Spannungen im Land erhöhten sich durch den Krieg mit Frankreich und die Kampagnen, die die indianischen Ureinwohner gegen die Kolonisten unternahmen. Zu dem besonders harten Winter des Jahres 1691 kamen verschärfende Faktoren wie eine Pockenepidemie und Piratenüberfälle, denen man entgegentreten mußte, und so war die gesamte Bevölkerung wahrscheinlich gern bereit, die Hexen als brauchbare Sündenböcke zu akzeptieren, denen sie die Verantwortung für ihre vielen Schwierigkeiten aufbürden konnten. Bis 1691 hatte es in der Region bereits mehrere unbedeutendere Vorkommnisse von Hexenpanik gegeben, die sich insbesondere aus dem Fall der **Goodwin-Kinder** aus dem Jahre 1688 (den die Mädchen von Salem zweifellos kannten) ergeben hatten – nun war die Zeit für einen großen Ausbruch des Hexenwahns reif. In dem nach strengen puritanischen Prinzipien regierten Neuengland zweifelten nur wenige Menschen an der Existenz des Übernatürlichen. So war es relativ einfach, die Gemeinden in der Region zu überzeugen, daß mitten unter ihnen Satan und seine Heerscharen mit dem erklärten Ziel tätig seien, die Regierung zu stürzen.

Die traurige Berühmtheit, die dem Dorf Salem nach den Prozessen und den späteren Untersuchungen der Angelegenheit anhing, ist so groß, daß der Name des Ortes auch dreihundert Jahre später noch die Vorstellung vom Hexenwahn heraufbeschwört. Der Skandal von Salem läßt sich nicht einfach dem Vergessen überantworten; er regt weiter Diskussionen und Deutungsversuche an, wie beispielsweise Arthur Millers berühmtes Stück *The Crucible* aus dem Jahre 1953 zeigt, das die Hexenjagd mit dem McCarthysmus vergleicht.

Siehe auch **Short, Mercy**.

Salmesbury, Hexen von Drei Engländerinnen, die auf die Anschuldigungen einer Minderjährigen hin 1612 verhaftet und wegen Hexerei in Lancaster vor Gericht gebracht wurden. Um ihrem Groll gegen ihre Großmutter, ihre Tante und eine Jane Southworth Luft zu machen, beschuldigte die vierzehnjährige Grace Sowerbutts sie der Hexerei. Sie gab an, die drei Frauen seien erfahren darin, sich in **schwarze Hunde** zu verwandeln, wozu sie eine Salbe benutzten, die als wichtige Zutat die Knochen des Jungen Thomas Walshman enthielte, den sie ermordet hätten. Darüber hinaus warf sie den Frauen vor, das Fleisch des Jungen verspeist zu haben, und behauptete, zu dem Schmaus eingeladen worden zu sein. Sie habe allerdings abgelehnt und sei statt dessen zum Gericht gegangen.

Der Fall wurde vor den gleichen Assisen gehört, die sich auch mit den **Hexen von Pendle** beschäftigt hatten, doch im vorliegenden Fall war die Gerichtsversammlung von den Aussagen nicht überzeugt und wies die Klage ab. Grace Sowerbutts konnte ihre Geschichte nicht aufrechthalten und bekannte, von einem römisch-katholischen Priester zu den Bezichtigungen angestiftet worden zu sein. Es wurde bekannt, daß die Anklagen aus einer Familienfehde herrührten, zu der es gekommen war, weil die drei Frauen den protestantischen Glauben angenommen hatten.

Salz Einem alten Aberglauben zufolge besaß das Salz als Schutz gegen Hexen und böse Geister große Kraft, denn die verabscheuten es, weil es bei den Menschen als heilig galt. Die für das organische Leben wichtige Substanz erschien mit ihren Eigenschaften, Speisen zu konservieren und durch Eindampfen von salzhaltigem Wasser zu entstehen, früheren Generationen als etwas Magisches und wurde in alten Zeiten sehr geschätzt. Manche Kulturen verwendeten Salz bei Opferungen für ihre Götter, zur Bestätigung wichtiger Verträge oder zur Feier anderer sozialer Abmachungen.

Eine besondere Bedeutung hatte das Salz in der christlichen Mythologie: In der Bibel wird Lots Weib in eine Salzsäule verwandelt, als es auf die sündige Stadt Sodom zurückblickt. Auch in so wichtigen religiösen Zeremonien wie der Taufe oder dem **Exorzismus** spielte das Salz eine Rolle.

Nahezu als Gotteslästerung wurde das Verschütten von Salz angesehen, denn das verschüttete Salz sollte Dämonen anlocken können. Warf man aber eine Prise davon über die linke Schulter, dann sollte das den Teufel vertreiben, wenn er erschien, um einem Menschen Böses einzuflüstern. Die Abscheu des Teufels vor diesem Stoff und dessen schützenden Eigenschaften war so groß, daß die bei den **Hexensabbaten** servierten Speisen angeblich völlig salzlos zubereitet waren. Man erzählte sich häufig die Geschichte von einem Mann, der als Gast an einem solchen Schmaus teilnahm und dabei bat, man möge ihm etwas Salz bringen, woraufhin die ganze Gesellschaft augenblicklich verschwunden sei. Deshalb gehörte auch bei Zaubereien, mit denen Dämonen oder Teufel beschworen werden sollten, niemals Salz zu dem notwendigen Beiwerk.

Wegen seiner vermeintlichen Wirkung gegen böse Geister und verderbliche Einflüsse wurde Salz zu Hilfe genommen, wenn man einen Menschen für anfällig gegenüber solchen Erscheinungen hielt. So wurde als sicherer Schutz vor Hexerei beispielsweise empfohlen, Neugeborene in Salzwasser zu baden oder ihnen ein wenig Salz zu verabreichen; Gebärende, die in den Wehen lagen, ließ man mitunter Salz in der Hand halten, da das einer Überlieferung zufolge von großem Nutzen sein sollte, wenn die Kräfte der Frau nachließen. Argwöhnte jemand das Wirken einer Hexerei, dann konnte er an neun Morgen hintereinander jeweils eine Handvoll Salz ins Feuer werfen, damit der Zauber gebrochen würde. Die Melkerinnen streuten eine Prise Salz in Milcheimer und Butterfässer, damit keine Hexe Milch und Butter verderben konnte. Um festzustellen, ob eine bestimmte Person eine Hexe war, rieten amerikanische Hexenschauer, etwas Salz unter den Stuhl der Verdächtigen zu legen. Handelte es sich wirklich um eine Hexe, dann würde das Salz schmelzen.

Sprach eine Hexe einen Fluch gegen jemanden aus, der sie erzürnt hatte, dann war eine Möglichkeit, sich davor zu schützen, ihr eine Handvoll Salz hinterherzuwerfen, was alle Wirkungen einer Verwünschung aufhob. Starb ein Mensch, dann stellte man ihm eine kleine Schale mit einem Gemisch aus Salz und etwas Erde auf die Brust, um ihn vor den bösen Geistern zu schützen, die die Anwesenheit des Todes angelockt hatte.

Sampson, Agnes *siehe* **North Berwick, Hexen von**

Samuel, Alice, John und Agnes *siehe* **Warboys, Hexen von**

Sanders, Alex *siehe* **Wicca**

Sandwich, John Montagu, Vierter Graf von *siehe* **Hell-Fire Club**

Satan Einer der Namen, mit denen der **Teufel** in der Hexenmythologie und in den Hexenprozessen bezeichnet wurde. Im Hebräischen bedeutete der Name „Satan" ursprünglich nichts weiter als „Gegner". Der biblische Satan war mit **Luzifer**, dem Fürsten der Unterwelt und Erzfeind des Christengottes, identisch. Nach Auffassung mancher Dämonologen hatte Gott ihm erlaubt, seine bösen Kräfte walten zu lassen, um auf diese Weise die Menschheit zu prüfen. Andere wiederum stellten ihn als Rivalen Gottes dar, der über eigene Macht verfügte. Peter **Binsfeld** übertrug ihm 1589 eine spezifischere Rolle und machte ihn zum Dämon des Zorns.

Siehe auch **Satanismus**.

Satanismus Verehrung **Satans**, des Fürsten der Unterwelt und des personifizierten Bösen, an Gottes Stelle. Zum Hexenwesen gehörte notwendigerweise die Untertanentreue gegenüber dem Teufel und der Dienst an ihrem diabolischen Herrn. Allein dafür wurden viele Verdächtige zu Tode gebracht, obwohl dieser „religiöse" Aspekt unterschiedlich stark in den Vordergrund gerückt wurde. Eine strenge Gesetzgebung forderte mitunter zwar auch den Nachweis wirklich begangener **Maleficia**, doch der **Pakt mit dem Teufel** stellte immer einen wichtigen Faktor dar.

Der Begriff „Satanismus" kam erst im späten neunzehnten bzw. frühen zwanzigsten Jahrhundert auf, als verschiedene Okkultisten versuchten, ein bewußt religiöses Element mit eigener geistiger Grundlage und Berechtigung in die alten Vorstellungen von schwarzer Magie hineinzubringen, wie es sich für einen anspruchsvollen „modernen" Kult geziemte, der angeblich heidnischen Ursprungs war. Vor dem neunzehnten Jahrhundert war der Teufelskult seinem Wesen nach einfach nur antichristlich. Diese grundlegende Voraussetzung hatten die Theoretiker vervollkommnet, so daß sich der Satanismus zu etwas entwickelte, das mehr als nur eine direkte Negation der christlichen Prinzipien war und eine selbständige Religion darstellte, bei der es um die uneingeschränkte Umkehrung konventioneller Werte ging. Man entwickelte die Vorstellung von **Luzifer** als dem „Herrn des Lichts", der zu einer rein göttlichen Figur wurde, die die „Tugenden" Stolz, Herrschaft, Leidenschaft, Vergnügen und den uneingeschränkten Genuß von Sex, Macht, Geld und anderem irdischen Zeitvertreib verkörperte. Die sieben Todsünden und die Umkehrung und Entstellung wurden zu ehrbaren Bestrebungen; Keuschheit wurde vom Satanismus als eine unentschuldbare Verleugnung des Selbst abgelehnt.

Die praktizierenden Satanisten, zu denen auch Aleister **Crowley** gehörte, verwiesen auf einen Bibeltext (Evangelium des Johannes 8,44), in dem Christus den Teufel und nicht Gott als Vater der Nachkommen Abrahams bezeichnet, und zitierten abermals die Bibel, um ihre Behauptung zu stützen, der Teufel sei „Herrscher dieser Welt" (ebd. 12, 31) und „Gott dieser Weltzeit" (Der zweite Brief an die Korinther 4, 4). Auch wurde der moderne Satanismus mit den antiken gnostischen Sekten verglichen, die Gott ablehnten, weil Er die Welt geschaffen habe und die Welt augenfällig schlecht sei, woraus folge, daß auch Gott schlecht sein müsse. Gott habe beispielsweise Adam und Eva die wahre Kenntnis der Welt verweigert, und es sei nur dem Eingreifen der Schlange zu danken, daß sie das tatsächliche Wesen ihrer Umwelt erkannt hätten. Daraus folge, daß alle Gesetze Gottes einschließlich der Zehn Gebote schlecht seien, und daß der rechte Weg sei, entweder die völlige Selbstverleugnung zu praktizieren und so vor dem Verderben durch Gottes böse Welt zu fliehen oder eher positiv zu agieren und Seine moralischen Gesetze abzulehnen.

Die Katharer und andere häretische Sekten wie die Luziferaner, die Waldenser oder die **Tempelritter** machten sich von der offiziellen Anschauung abweichende Standpunkte zu Redlichkeit und Güte des Christengottes zu eigen und wurden deshalb verfolgt (*siehe* **Häresie**). Während des Hexenwahns, der vom vierzehnten bis in das siebzehnte Jahrhundert hinein anhielt, wurde der Satansglaube durch Beschreibungen angeblicher Hexensabbate und anderer Phänomene des Hexenwesens bekanntgemacht, doch unternahm es außer den christlichen Dämonologen kaum jemand, solches Denken in konventionelle Formen zu kleiden. Bemerkenswert war jedoch, daß die Vergehen, derer sich einst die Ketzer schuldig gemacht hatten, immer wieder gegen diese neue Art von Hexen vorgebracht wurden. Wie ihren ketzerischen Vorgängern, so legte man auch den Hexen routinemäßig die Schändung der Hostie, die Verleugnung Jesu Christi, die Verehrung des Teufels in Tiergestalt mit dem obszönen **Kuß** sowie Kannibalismus, Mord, Promiskuität und andere Verbrechen zur Last.

Für Menschen wie Aleister Crowley, die die Vorzüge eines von den Fesseln der etablierten Kirche befreiten Individualismus priesen, bedeutete das Wiedererstehen des Satanismus im Sinne der Auflehnung gegen die traditionellen bürgerlichen Werte im Westeuropa des frühen zwanzigsten Jahrhunderts eine neue Möglichkeit. Um diese neu definierte „Religion" zu verbreiten, wurden überall in der westlichen Welt zahlreiche satanische „Kirchen" aufgebaut. Zu den berühmtesten gehörte die 1966 von Anton Szandor LaVey gegründete Church of Satan in San Francisco, zu der so berühmte Mitglieder wie der Filmstar Jayne Mansfield gehörten. Kirchen- und Friedhofsschändungen, die es in den letzten Jahren gelegentlich gab, zeugen vom fortgesetzten Einfluß des satanischen Ideals auf das antichristlich eingestellte Denken.

Der Lehre des Satanismus zufolge wird Satan

Schädel

den Christengott schließlich stürzen und seinen rechtmäßigen Platz als Beherrscher des Universums einnehmen. Unter seiner Regierung sollen die Menschen dann die Freiheit haben, sich dem Streben nach Macht und weltlichen Genüssen zu widmen. Und so lautet Aleister Crowleys berüchtigter Spruch für seine Jünger:

> Es gibt keine Gnade, es gibt keine Schuld,
> Dies ist das Gesetz: Tu, was du willst.

Siehe auch **Schwarze Messe**.

Schädel In den herkömmlichen Beschreibungen von Hexen und Zauberern war stets auch von Menschenschädeln die Rede, was den weithin verbreiteten Glauben widerspiegelt, daß der Schädel, der traditionelle Sitz der Seele, selbst magische Kraft besitze. Ein solches Requisit zu besitzen, war der Wunsch eines jeden anspruchsvollen Zauberers, denn der Schädel galt als ein Brennpunkt übernatürlicher Kräfte und sollte damit die Wirkung und die Erfolgsaussichten eines Zaubers, der in seiner unmittelbaren Nähe ausgeführt wurde, verstärken.

In der Volksmedizin fanden Splitter von Menschenschädeln vielfältige Verwendung, und auch viele mit der Hexenkunst assoziierte Mittel enthielten pulverisierte Schädelstücke. Ein solches Pulver sollte, über das Essen gestreut, Epilepsie heilen, während ein wenig Moos, das sich mitunter an alten Schädeln fand und das wie Schnupftabak angewendet wurde, angeblich Kopfschmerzen kurierte.

Hexen, so erzählte man sich, benutzten die Schädel auch zu bösen Zwecken. Als Kochgefäß für ihre Gebräue aus Spinnen, schwarzen Würmern, Kräutern, Schlangenfleisch, dem Hirn ungetaufter Kinder und den Haaren und Nägeln von Leichen benutzte die irische Hexe Alice **Kyteler** angeblich den Schädel eines enthaupteten Kriminellen. Old Chattox indes, eine der **Hexen von Pendle**, sollte auf dem Friedhof von Pendle drei Schädel ausgegraben, diesen einige Zähne entnommen und zusammen mit den Tonbildern ihrer Feinde (*siehe* **Bildzauber**) vergraben haben, um letzteren damit den Tod zu bringen. Sollten bei einer Zauberei Zähne von einem alten Schädel verwendet werden, dann mußte die Hexe sie der Überlieferung zufolge vorher aus den Zahnhöhlen „herausbeißen".

Schadenzauber Fluch oder böser Zauber, mit dem einer Person, deren Viehbestand oder sonstigem Besitz Schaden zugefügt werden soll. Wollte man sich einst für erlittene Unbill rächen, dann suchte man eine Hexe auf, damit sie gegen den Feind einen Schadenzauber ausübe. Die Opfer eines solchen Zaubers konnten dann einen „Hexendoktor" konsultieren, der darauf spezialisiert war, Flüche und die Wirkung des **bösen Blickes** aufzuheben. Übliche Vorsichtsmaßnahmen gegen solchen Schadenzauber waren das Tragen von **Amuletten**, die mit gewissen mystischen Symbolen versehen waren, und das Schützen der Zugänge zum Haus mit bestimmten Figuren und Mustern.

Siehe auch **Maleficia**.

Schafgarbe Kraut, das einst wegen seiner angeblichen magischen Eigenschaften, darunter auch der Fähigkeit, Hexen abzuschrecken, hoch geschätzt wurde. Der christlichen Legende zufolge war Schafgarbe das erste Kraut, das Jesus als Kind in seinen Händen gehalten hatte; das ist vielleicht auch der Grund dafür, daß diese Pflanze weithin als Schutz vor dem Bösen angesehen wurde. Danach galt jeder, der ein kleines Stück davon bei sich trug, auch vor Hexerei als sicher.

Die Hexentradition behauptete, daß jeder, der mit einem Stengel Schafgarbe unter dem Kopfkissen schlief, im Traum seinen künftigen Partner in Liebesdingen zu sehen bekäme, vorausgesetzt, man sprach vor dem Einschlafen die folgenden Zeilen:

> Gute Nacht, schöne Schafgarbe,
> Dreimal Gut' Nacht für dich,
> Ich hoffe, noch vor dem Morgengrau'n
> Werd ich meinen Liebsten schau'n.

Am zauberkräftigsten sollte Schafgarbe sein, die man vom Grab eines jungen Mannes gepflückt hatte. Mit ihren Eigenschaften half sie angeblich auch, Nasenbluten zu stillen und Magenverstimmungen zu lindern.

Scheren Da sie aus Metall bestanden, das man lange Zeit für zauberkräftig hielt, und darüber hinaus die Fähigkeit hatten zu schneiden, wurden Scheren einst als wirksamer **Schutz vor Hexenzauber** und anderen Übeln angesehen.

In ländlichen Gegenden war es vorzeiten durchaus üblich, unter der Türmatte oder unter der Schwelle des Hauseinganges eine Schere zu verstecken, denn die Überlieferung besagte, daß keine Hexe in der Lage sei, über diese Schere hinweg ins Haus zu gelangen. Man legte sie gewöhnlich geöffnet hin, so daß die Scherenhälften ein Kreuz bildeten.

Schierling Giftige Pflanze, die wegen ihrer Eigenschaften weit und breit mit dem **Teufel** und dem Hexenhandwerk in Verbindung gebracht wurde. Schierling war jahrhundertelang ein charakteristischer Bestandteil vieler Gebräue und Zaubertränke, die die Hexen dem Vernehmen nach zusammenkochten. Die Pflanze diente aber nicht nur als Gift, sondern wurde auch geschätzt, weil sie scheinbar **Dämonen** herbeirufen, Zwietracht unter Liebenden säen, Menschen in den Wahnsinn treiben und das Vieh unfruchtbar machen konnte. Schierling wurde oft auch als eine der wichtigsten Zutaten für die geheimnisvolle **Flugsalbe** genannt, mit der sich die Hexen angeblich bestrichen, ehe sie sich auf ihren Besen in die Lüfte erhoben.

Schlafentzug Eine Form des Zwangs, den man auf Personen ausübte, die der Hexerei verdächtigt wurden, um sie zu einem Geständnis zu zwingen. Um einen Verdächtigen am Einschlafen zu hindern, legte man ihm einen eisernen Zaum an, der dann mit einer Kette an der Wand befestigt wurde, die so kurz war, daß der Gefangene sich nicht hinlegen konnte (*siehe* **Hexenzaum**). Ließ der Verdächtige erkennen, daß er einschlief, griffen seine Bewacher ein, um ihn daran zu hindern. Mitunter zwang man das Opfer auch, gefesselt bis zu vierundzwanzig Stunden lang im Schneidersitz auf einem Stuhl oder Tisch zu verharren. Bischof Francis **Hutchinson** gehörte zu jenen, die diese Praxis verurteilten; er schrieb 1720 in seinem *Historical Essay Concerning Witchcraft*:

> Stellt euch doch nur eine arme alte Kreatur mit all der Schwäche und Gebrechlichkeit des Alters vor, wie ein Narr mitten in einem Raum, mit dem Pöbel aus zehn Städten rund um ihr Haus; ihre Beine gekreuzt, so daß das ganze Gewicht ihres Körpers auf dem Gesäß lastet. Dadurch, daß nach einigen Stunden der Blutkreislauf fast zum Stillstand kommt, wird das Sitzen so qualvoll wie das hölzerne Pferd. Dann muß sie in ihrer Pein ohne Schlaf und Nahrung vierundzwanzig Stunden ausharren, und da das der Hexenjäger gottlose Weise der Prüfung war, wunderte es nicht, wenn die Gequälten, ihres Lebens überdrüssig, alle Geschichten eingestanden, die ihren Peinigern gefielen, und oftmals nicht wußten, was sie da gestanden.

Zur Methode des Schlafentzugs griffen häufig die englischen Hexenriecher, denen das Gesetz die Anwendung einer offeneren **Folter** verbot. Matthew **Hopkins** benutzte sie als ein höchst wirksames Druckmittel, das die Verdächtigen zu einem Geständnis treiben sollte, behauptete allerdings, auf die Beschwerden der Richter hin im weiteren Verlauf seines Feldzuges damit aufgehört zu haben. Der Schlafentzug wurde jedoch auch in Ländern angewendet, in denen härtere Methoden erlaubt waren, so wie es beispielsweise in **Deutschland** der Fall war. Ein Vorteil für die Peiniger bestand darin, daß der Schlafentzug bei den Opfern keine Spuren körperlicher Mißhandlung hinterließ; auch konnte er endlos ausgedehnt werden.

Die Methode des Schlafentzugs wurde bis zum Ende der Hexenpanik immer wieder angewendet. Eines der letzten Beispiele dafür gab es 1693 in England. Das Opfer war die alte Witwe Chambers aus Beccles (Suffolk), deren Fall jedoch nie vor Gericht kam, weil sie im Gefängnis starb.

Siehe auch **Hexenspaziergang**.

Schornstein Alten Überlieferungen zufolge machten sich die Hexen, auf **Besen** oder anderen Fluggeräten sitzend, stets durch den Schornstein auf den Weg zu ihren **Hexenzirkeln**. Unklar ist, wie diese Vorstellung entstand, doch könnte es hier eine Verbindung zu dem altertümlichen Brauch geben, einen Besen an den Schornstein zu stellen, um die Abwesenheit der Hausfrau anzuzeigen.

Der Herd ist stets als das spirituelle Zentrum des Heimes verehrt worden. Diese Verehrung hing ursprünglich mit seiner Verbindung zum Feuer zusammen, das lange Zeit als heilig betrachtet wurde. Um zu verhindern, daß Hexen und andere böse Geister durch den Schornstein in ein Haus gelangten, schützte man den Herd in früheren Zeiten häufig, indem man die

Schottland

Schüreisen so legte, daß sie ein Kreuz bildeten, oder indem man in die Herdsteine Kreise oder andere Muster einritzte. Auch alte (seit undenklichen Zeiten als glückerhaltend betrachtete) Schuhe konnte man im Schornstein oder unter dem Fundament des Hauses plazieren, um Hexen fernzuhalten. Empfohlen wurde das regelmäßige Kehren des Schornsteins: Man glaubte, daß der Besen jede Hexe verjagen würde, die in den Nischen des Schornsteinschachts auf der Lauer liegen konnte.

Siehe auch **Zauberformel**.

Schottland Die Geschichte des schottischen Hexenwesens war in ihrer Grausamkeit, mit der die Verdächtigen gefoltert und zu Tode gebracht wurden, von den übrigen europäischen Ländern – mit Ausnahme **Deutschlands** – unübertroffen. Die Hexen Schottlands wurden zwar nie von der **Inquisition** verhört, doch dafür spielte die presbyterianische Kirche eine führende Rolle in der strafrechtlichen Verfolgung der Verdächtigen überall im Lande. Wer einmal unter Anklage stand, hatte nur geringe Chancen freigespochen zu werden, denn die weltlichen Gerichte – oftmals in geheimem Einverständnis mit der Kirche – zeigten sich den Verdächtigen gegenüber voreingenommen.

Der Glaube an die Macht der Hexerei war in allen Klassen und Schichten der Gesellschaft bis hin zum königlichen Hof verbreitet. Es gingen Gerüchte, die Hexen hätten Umgang mit **Feen** (oder Goblins, Brownies, Spunkies, Kelpies und Moulachs), die man seit jeher wegen ihrer übernatürlichen Fähigkeiten fürchtete, und gäben ihr Zauberwissen von einer Hexengeneration an die nächste weiter. Mit der Zeit wurden Anklagen wegen des **Pakts mit dem Teufel** zur Norm, wobei der **Satan** unter Namen wie Auld Clootie, Auld Chiel, Auld Harry, Auld Sandy, Plotcock, Höllenfürst, Großer Gestreifter und *Muc Mhor Dhubh* (Großes Schwarzes Schwein) bekannt wurde.

Genau wie in England, so war auch in Schottland das Urbild der Hexe eine verwahrloste alte Frau, die häufig abgeschieden von der übrigen Gesellschaft lebte und für ihre abstoßende Art, ihr bösartiges Naturell und ihren Ruf als Übeltäterin verabscheut wurde. Sie hielt einen oder mehrere **Hausgeister** in Gestalt von Haustieren und ließ sich ohne weiteres mit Hilfe der **Nadelprobe** identifizieren, die die **Teufelsmale** zutage brachte, die angeblich jede Hexe an sich hatte. Die typischen **Maleficia**, die man mit schottischen Hexen assoziierte, reichten vom Verderben der Milch und dem Behexen der Kühe bis hin zum Versenken von Schiffen und Mord mit Hilfe von Hexerei. Behauptungen, die Hexen könnten sich in **Hasen** oder andere Tiere verwandeln, waren alltäglich (*siehe* **Verwandlung**). Dem Aberglauben zufolge waren die wichtigsten Daten im Hexenkalender der Vorabend von **Lichtmeß** (1. Februar), das Frühlingsäquinoktium (20. März), die **Walpurgisnacht** (30. April), die Sommersonnenwende (21. Juni), der englische Lammas-Tag (31. August), das Herbstäquinoktium (20. September), **Halloween** (31. Oktober) und die Wintersonnenwende (20. Dezember).

Der Hexenwahn entwickelte sich nördlich des Grenzgebiets zwischen England und Schottland relativ langsam. Vor der Reformation fanden nur wenige Prozesse statt, und es gab nicht einen Fall, bei dem eine Hexe auf dem Scheiterhaufen endete. (Kenneth II. erwähnte allerdings bereits 860 n. Chr. die Todesstrafe, zu der jeder verurteilt wurde, der der Geisterbeschwörung überführt worden war.) Ein hoher Prozentsatz unter den Opfern war von vornehmer Herkunft, was nahelegte, daß sich hinter den Anschuldigungen auch andere Motive wie etwa Eifersucht oder finanzieller Gewinn verbargen.

Ein Adliger, der in diesen frühen Jahren mit dem Verdacht auf Hexerei konfrontiert wurde, war William De Soulis, Lord Liddesdale, der in dem Ruf stand, ein Schüler des Hexenmeisters Michael **Scott** gewesen zu sein. Er lebte im frühen vierzehnten Jahrhundert auf Hermitage Castle in der Grafschaft Roxburghshire und beschäftigte sich dort mit der Magie. Wegen der Übeltaten, die er mit Hilfe seiner Zauberei begangen haben sollte, wurde er einer Legende zufolge in einem Kessel mit geschmolzenem Blei zu Tode gebracht. (In Wirklichkeit wurde er zu lebenslänglicher Haft auf Dumbarton Castle verurteilt.) Andere Fälle, in denen man Personen, die des Verrats verdächtigt wurden, Mord durch Hexerei vorwarf, scheinen hauptsächlich auf politischen Erwägungen beruht zu haben, so wie es mit dem Grafen von Mar 1479 geschah, den man der Teilnahme an einem Mordkomplott gegen seinen Bruder Jakob III. anklagte. Janet Douglas, Lady Glamis, war ein weiteres Mitglied des Adels, das auf dem Scheiterhaufen starb. Sie wurde wegen der Anwendung von Zauberformeln gegen Jakob V. im Jahre 1537 auf dem Castlehill in Edinburgh hingerichtet.

Das gesellschaftliche Klima änderte sich spürbar, als Maria Stuart den Thron bestieg und 1563 strengere Gesetze gegen das Hexenwesen erließ. Die Zahl der Prozesse und Hexenverbrennungen stieg, wobei man die Angeklagten in diesen frühen Fällen meist für schuldig befand, bei ihren Zaubereien Umgang mit den Feen gehabt zu haben; Verurteilungen, die sich auf das Teufelsbündnis oder auf **Geisterbezeugungen** stützten und die es in anderen europäischen Ländern gab, spielten in Schottland damals keine Rolle. In den achtziger Jahren des sechzehnten Jahrhunderts jedoch stellte der Pakt mit dem Teufel im Einklang mit dem, was George **Gifford** 1587 in seinem *Discourse of the Subtle Practices of Devils by Witchcraft* schrieb, ein wichtiges Element und die Grundlage vieler Anklagen dar: „Eine Hexe nach Gottes Wort soll den Tod erleiden, nicht weil sie Menschen getötet hat – denn das kann sie nicht, wenn sie nicht eine jener Hexen ist, die mit Gift töten, das sie entweder vom Teufel empfangen oder seine Herstellung von ihm gelernt haben –, sondern weil sie sich mit Teufeln abgibt."

Zu den bekanntesten Prozessen aus dieser ersten Zeit gehörte das Verfahren gegen Bessie Dunlop aus Lyne (Ayrshire), die 1576 wegen der Verbindung zu Feen und der Mitgliedschaft in einem **Hexenzirkel** verbrannt wurde. (In diesem Prozeß wurde in Schottland erstmals ein Hexenzirkel erwähnt.) Nahezu der gleichen Vergehen war auch Allison Peirson aus Byre Hills (Fifeshire) in einem anderen, ebenfalls weithin bekanntgewordenen Fall angeklagt. Sie starb 1588 auf dem Scheiterhaufen.

Der Prozeß gegen die **Hexen von North Berwick**, der 1590 unter dem Vorsitz des abergläubischen **Jakob VI.** (des späteren **Jakob I.** von England) stattfand, signalisierte den wirklichen Beginn des Hexenwahns in Schottland. Mit seiner *Dämonologie* aus dem Jahre 1597 sorgte der König für eine weite Verbreitung seiner Gedanken über das Hexenwesen und verlieh den Hexenjagden, die damals begannen, königliche Autorität, wenngleich er seine Vorstellungen über dieses Thema später auch gemäßigt zu haben scheint. Jakobs Schriften, die von dessen Verbindungen zu Intellektuellen vom europäischen Kontinent geprägt waren, lieferten ein Modell für die Hexenprozesse der folgenden Jahrhunderte und paßten die schottische Auffassung zur Unterdrückung des Hexenwesens dem in anderen Ländern Europas vorherrschenden Denken an.

Der erste große Ausbruch der Hexenpanik in Schottland hielt bis 1597 an. In jenem Jahr fand der Prozeß gegen die **Hexen von Aberdeen** statt. Zu weiteren Ausbrüchen, die sämtlich von erneuten Aufrufen der presbyterianischen Kirche angeregt worden waren, die Hexen zur Strecke zu bringen und zu vernichten, kam es in den Jahren 1640–1644 und 1660–1663. Die Verdächtigen wurden gewöhnlich vor Sonderkommissionen gebracht, die vom Kronrat eingesetzt waren und aus acht Angehörigen des ortsansässigen niederen Adels bestanden. Hielt man einen Fall für schwerwiegend genug, dann wurde er vor einem Assisengericht aus fünfzehn Geschworenen aus der jeweiligen Gegend und einem der Kommissare als Richter verhandelt. Die Klagen wurden häufig von presbyterianischen Geistlichen eingereicht, die durch die Laien, die in ihrem Auftrag unter den Gemeindegliedern Verdächtige ausfindig machten, in ihren Pfarrbezirken eine enorme Macht genossen. In vielen Kirchen gab es einen Kasten, in den Denunzianten schriftliche Anschuldigungen gegen ihre Nachbarn einwerfen konnten. In anderen Fällen rührten die Anklagen aus den Aktivitäten professioneller Hexenjäger oder „Hexenstecher" her; zu den gefürchtetsten unter diesen Männern gehörten John Balfour aus Corhouse sowie John Dick und John Kinaird aus Tranent.

Im Gegensatz zu anderen Ländern durften in Schottland die der Hexerei Angeklagten einen Rechtsbeistand in Anspruch nehmen, sofern sie sich das leisten konnten. Im Falle einer Verurteilung mußten sie für ihre Folterung, den Prozeß und die Hinrichtung zahlen. Besaßen sie nichts, dann wurden die Kosten vom Stadtrat und der Kirche übernommen.

Schottland

Die schottischen Gerichte legten weniger Wert auf Geständnisse, als es in Deutschland und in anderen Ländern üblich war; häufig sahen sie schon die Tatsache, daß die verdächtige Person als Hexe verrufen war, als unumstößlichen Schuldbeweis an. Dennoch kam es zu einer ausgedehnten Anwendung der barbarischen Folter, bei der die Gefangenen einer Reihe von Mißhandlungen ausgesetzt wurden, die von Einzelhaft und **Schlafentzug** bis zu Prügel, dem gewaltsamen Hin- und Herreißen des Kopfes mit Seilen, zum Pressen und zum Ansetzen der Daumenschrauben, die in Schottland „Pilliwinks" hießen, der **spanischen Stiefel** oder der sogenannten „Caspie claws" zum Zerquetschen der Arme reichten. Eine ausschließlich in Schottland angewendete Foltermethode bestand darin, den Gefangenen ein mit Essig getränktes härenes Hemd überzuziehen, das die Haut vom Körper ablöste. Die Verdächtigen konnten an den Daumen aufgehängt, mit Fackeln gebrannt oder grausam ausgepeitscht werden. Verurteilte Hexen mußten meist den Feuertod erleiden.

Abgesehen von den drei „Schicksalsschwestern" in Shakespeares *Macbeth* war die bekannteste schottische Hexe zweifellos Isobel **Gowdie**, deren Geständnis im Jahre 1662 einen gründlichen Einblick in die realen oder eingebildeten Aktivitäten und Täuschungen der archetypischen Hexe auf dem Höhepunkt des Hexenwahns gab. Isobel Gowdie suggerierte mit ihrer Aussage mehr als andere Verdächtige, daß die schottischen Hexen in der Tat Hexenzirkel bildeten und genau wie anderswo in Europa **Hexensabbate** abhielten, durch die Lüfte flogen und sich in verschiedene Tiere verwandelten. (Allerdings wurde lange darüber diskutiert, inwieweit ihr Geständnis eine bloße Erfindung war.) Wie die Wahrheit in dieser Angelegenheit auch aussah – das Geständnis, das Isobel ohne Anwendung der Folter ablegte, hinterließ eine tiefe Wirkung und trug zweifellos dazu bei, daß der Hexenwahn in Schottland nicht so bald abflaute. Dem heutigen Leser hingegen mag möglicherweise der naheliegende Gedanke kommen, daß Isobel Gowdie einfach wahnsinnig war. Das gleiche traf wahrscheinlich auch auf Major Thomas **Weir** zu, der acht Jahre später ein verblüffendes Geständnis über Perversionen und Verirrungen ablegte.

Nach 1700 flauten die Hexenjagden in Schottland ab. Der letzte Prozeß fand im Juni 1727 in Dornoch (Sutherland) statt. Er endete damit, daß Jane Horne in einem brennenden Pechfaß zu Tode gebracht wurde. Ihre Tochter, die ebenfalls unter Anklage gestanden hatte, sprach das Gericht frei. Jane Horne hatte man vorgeworfen, ihre Tochter in ein fliegendes Pferd verwandelt zu haben, auf ihr geritten zu sein und sie vom Teufel beschlagen lassen zu haben, wovon sie auf Dauer lahm geworden sei. Das Hexengesetz von 1604, unter dem die meisten strafrechtlichen Verfolgungen schottischer Hexen stattfanden, wurde 1736 schließlich außer Kraft gesetzt (obwohl die Mitglieder des Associated Presbytery 1773, rund vierzig Jahre später, ihren fortgesetzten Glauben an die Hexerei erklärten).

Mit Hexerei hatten die Gerichte jedoch noch länger zu tun. Noch 1883 mußte sich das Gericht in Inverness mit einem Fall von **Bildzauber** befassen. Eine Frau war beschuldigt worden, eine zehn Zentimeter große Tonpuppe mit grünem Faden umwickelt und mit Nadeln bestückt zu haben, da sie hoffte, damit einer ihrer Feindinnen Schaden bringen zu können. 1947 wurde beim Schottischen Landgericht in Stornoway das Testament eines verstorbenen Mannes angefochten, weil der Erblasser an Hexerei geglaubt und diese gegen seinen Nachbarn angewendet habe, um dessen Vieh lahm zu machen. Der Fall wurde abgewiesen.

Wie in anderen Ländern, so ist es auch in Schottland nahezu unmöglich, genaue Angaben über die Zahl derer zu machen, die in der Zeit des Hexenwahns hingerichtet wurden. Die Häufigkeit der Hinrichtungen variierte stark: In den Jahren 1651–1660, als Oliver Cromwell über Schottland herrschte, wurde nicht eine Person wegen Hexerei exekutiert, während im Jahre 1661 in einem einzigen Monat insgesamt einhundertzwanzig Verurteilte hingerichtet wurden. Der Gesamtzahl derer, die in der Zeit zwischen 1563 und 1603 als Hexen ihr Leben lassen mußten, wurde auf siebzehntausend geschätzt. Eine andere, wahrscheinlicher klingende Auskunft, die sich aus der Überprüfung zeitgenössischer Dokumente ergab, nennt viertausendvierhundert Opfer, die in den Jahren 1510–1727 verbrannt wurden.

Siehe auch **Barclay, Margaret**; **Grierson, Isobel**; **Haldane, Isobel**; **Pittenweem, Hexen von**; **Schwindlerin von Bargarran**; **Teufel von Glenluce**.

Schüler, Johann Deutscher Müller, der zusammen mit seiner Frau wegen des Verdachts auf Hexerei verhaftet und gefoltert wurde, und gegen den man einen der schlimmsten Prozesse in der Geschichte des Hexenwahns in **Deutschland** führte. Schüler war ein reicher und angesehener Bürger der Stadt Lindheim in Hessen-Darmstadt, die von dem unbarmherzigen Oberschultheißen und vormaligen Amtmann Georg Ludwig Geiss beherrscht wurde. Dieser Mann war zu der zynischen Erkenntnis gekommen, daß die Hexenjagd durch die Konfiszierung des Eigentums verurteilter Hexen für ihn bedeutende Gewinne abwerfen könne, und so begann er, die Ängste der Bürger vor übernatürlichen Angriffen und Beeinträchtigungen zu schüren.

Zusammen mit vier stadtbekannten Schurken, die er zu seinen Helfern ernannt hatte, startete Geiss einen systematischen Feldzug mit dem Ziel, möglichst viele Verdächtige verhaften, vor Gericht bringen und hinrichten zu lassen. Das ganze Verfahren wurde so schnell wie möglich und mit größter Grausamkeit durchgeführt. So ließ er viele der Opfer, darunter auch Kinder, fesseln und vier bis fünf Meter über dem Fußboden des Lindheimer Hexenturmes festbinden, wo sie langsam über einem Feuer geröstet wurden.

Geiss' Hexenjagd nahm durch ein Geständnis, das er einer Lindheimer Hebamme abgezwungen hatte, einen schrecklichen Fortgang. Frau Schüler hatte im Jahr zuvor ein totes Kind geboren, und Geiss brachte die Hebamme durch die Folter zu dem Bekenntnis, daß das Kind von sechs anderen Personen durch Hexerei getötet worden sei. Die sechs Verdächtigen wurden sogleich verhaftet und gefoltert, bis sie zugaben, die Kinderleiche in kleine Stücke geschnitten und diese zur Herstellung einer Zaubersalbe verwendet zu haben. Die Schülers widersprachen dieser Darstellung und ließen zum Beweis das Grab ihres Kindes öffnen, in dem man dessen sterbliche Überreste unversehrt vorfand. Geiss jedoch hielt diese entlastende Entdeckung zurück und ließ die Hebamme und deren sechs Gefährten bei lebendigem Leib verbrennen. Schüler drohte er mit der Folter, falls er die Wahrheit verlauten ließe.

Nun wandte Geiss seine Aufmerksamkeit einer alten Frau mit Namen Margareth Becker zu, die als Hexe benannt worden war. Dafür, daß man ihr die Folter erspare und ein christliches Begräbnis nach ihrer Hinrichtung erlaube, lieferte die Verhaftete dem Richter ein ausführliches Geständnis, in dem sie Anschuldigungen gegen Frau Schüler und weitere dreizehn Personen vorbrachte. Es war bekannt, daß Geiss am Besitz der Schülers interessiert war, und so wurde Frau Schüler festgenommen. Eine alte Narbe, die man an ihr fand, wurde als **Teufelsmal** identifiziert, womit das Schicksal der Verhafteten besiegelt war. Johann Schüler gelang die Flucht nach Würzburg; dort ersuchte er die Obrigkeit um Vermittlung, damit seine Frau gerettet werde. Frau Schüler wurde inzwischen durch die Folter zu einem Geständnis gezwungen.

Bei seiner Rückkehr nach Lindheim wurde Johann Schüler ergriffen und ins Gefängnis geworfen und mit äußerster Grausamkeit gefoltert, bis er ein umfassendes Geständnis ablegte. Er widerrief zweimal und wurde jedesmal wieder in die Folterkammer zurückgeschickt. Die Nachricht von den Mißhandlungen drang jedoch an die Öffentlichkeit, und die empörte Lindheimer Einwohnerschaft begann zu rebellieren, was Schüler und anderen die Gelegenheit zur Flucht gab. Als die entflohenen Gefangenen ihre Verletzungen vor dem Obersten kaiserlichen Gerichtshof in Speyer vorwiesen, herrschte allenthalben Empörung. Geiss setzte sich jedoch über den Volkszorn hinweg und ließ Frau Schüler am 23. Februar 1664 bei lebendigem Leibe verbrennen.

Geiss, der mit seinen Hexenjagden ein Vermögen angehäuft hatte, wurde kurz nach den geschilderten Ereignissen auf Betreiben des Obersten Gerichtshofes aus seinem Amt entlassen. Allerdings wurde darüber hinaus nichts gegen ihn unternommen (vielleicht deshalb, weil ein Teil der Einnahmen aus seinen Aktivitäten an seine Vorgesetzten geflossen war). Geiss war für den Tod von insgesamt etwa dreißig Menschen verantwortlich.

Schultheis, Heinrich von

Schultheis, Heinrich von Ein deutscher Hexenrichter und Dämonologe, der entschieden für die Ausrottung aller angeblichen Hexen eintrat. In der schlimmsten Zeit des Hexenwahns in **Deutschland** wandte Schultheis als Sekretär einer Reihe von hexenjagenden Bischöfen im Rheinland seine detaillierten juristischen Kenntnisse auf die strafrechtliche Verfolgung von Hexen an. Er rechtfertigte seinen Standpunkt in einem 1634 erschienenen Buch mit dem Titel *Eine außführliche Instruction Wie in Inquisition Sachen des grewlichen Lasters der Zauberey ohn gefahr der Unschueldigen zu procediren*, das Jahrhunderte später als „die grausigste aller grausigen Schriften der Hexenverfolgung" bezeichnet wurde.

In seinem Buch sanktionierte Schultheis die härtesten Maßnahmen gegen Personen, die der Hexerei verdächtig waren, darunter auch die Anwendung der **Folter** und die Vernachlässigung des üblichen gesetzlichen Schutzes der Angeklagten. Beweise, die in anderen Prozessen als unakzeptabel galten, so argumentierte er, sollten in Anbetracht der Schwere der Vergehen in Hexenprozessen zugelassen werden. Waren die dem Gericht vorgelegten Beweise widersprüchlich oder unglaubwürdig, dann war dies seiner Auffassung nach kein Grund, die Klage abzuweisen, denn der Teufel sei schlau und versuche durch diese Mittel Gottes Richter und Hexenjäger zu verwirren. Er erklärte, daß Gott nichts gegen die Folterung von Hexen einzuwenden habe:

> Ich betrachte Eure Folterung mit der gleichen, genau gesagt sogar mit größerer Gleichgültigkeit als das Wegbiegen dieses Halmes, der mir im Weg steht, mit meinem Gehstock; denn indem ich das tue, verdiene ich nichts. Aber wenn ich Euch foltern lasse und Euch durch die harten Mittel, die das Gesetz bietet, zu einem Geständnis bringe, dann vollbringe ich ein gottgefälliges Werk, und es bringt mir Nutzen.

Jene, die seinen strengen Ansichten über das Hexenwesen entgegentraten, warnte er mit unheildrohenden Worten: „Wer der Ausrottung der Hexen mit einem einzigen Wort widerspricht, kann nicht erwarten, unversehrt zu bleiben."

Schutz vor Hexenzauber Die in der nachmittelalterlichen Zeit fast universale Furcht vor Hexen und ihrer Magie ließ ein außerordentliches Bedürfnis nach Sicherheit vor der vermeintlichen Bedrohung entstehen. Sie führte zur Entwicklung einer ganzen Mythologie von Gegenmaßnahmen, die arglose, unschuldige Menschen, ihr Vieh und ihre Häuser vor Schaden schützen sollten.

Manche Menschen hatten das Glück, gegen die Auswirkungen von Hexereien gefeit zu sein. Zu ihnen gehörten jene, die an Sonntagen oder am ersten Weihnachtsfeiertag geboren waren. Ein „Glockenkind" (ein Mensch, der während des Geläuts der Kirchenglocken zur dritten, sechsten, neunten oder zwölften Stunde geboren war) galt ebenfalls als sicher vor Zauber und Bann. In manchen Gegenden hielt man alle Erstgeborenen für immun gegen Hexerei. In Schottland verabreichten Hebammen den neugeborenen Kindern als erstes Getränk einst Eschensaft, da sie glaubten, er würde ihnen ein Leben lang Schutz vor Hexerei gewähren.

Die Mehrheit hielt es für nötig, über eine untadelige, gottesfürchtige Lebensweise hinaus bestimmte Schritte zu unternehmen. Viele Menschen trugen **Amulette**, andere wiederum schützten ihre Häuser vor dem Bösen, indem sie Türen und Fenster mit Girlanden aus den Zweigen magischer Pflanzen, mit Kreidemustern oder einer Menge Gegenstände (darunter auch Hufeisen) schmückten, von denen sie glaubten, daß sie das Eindringen des Bösen verhinderten. Eine geöffnete und unter der Fußmatte versteckte Schere beispielsweise galt weit und breit als wirksame Barriere gegen jede Hexe, die versuchte, in das Haus hineinzugelangen. Andere, im Schlafgemach plazierte Gegenstände sollten verhindern, daß die Schlafenden von bösen Geistern oder **Nachtmahren** heimgesucht wurden.

Daneben gab es noch andere vermeintliche Schutzmaßnahmen: Man legte ein mit Dornen oder Nadeln bestücktes Bullenherz in den Schornstein, verbrannte das Herz einer Taube oder eines Schafs im Kamin, lehnte den Schürhaken aufrecht so ans Kamingitter, daß beides zusammen ein Kreuz bildete, bekreuzigte sich oder machte das Kreuzzeichen über dem Essen, wusch seine Hände in Urin oder Tau, schlug Nägel in die Schlafstatt einer Frau, die in den Wehen lag oder in die Wände seines Hauses (vorzugsweise in Form eines Kreuzes), zog sich den linken Strumpf mit der Innenseite nach außen an, gab der Milch etwas Salz zu, rieb das Euter einer Kuh mit „Passionsgras" ein, um zu verhindern, daß eine als Tier getarnte Hexe die Kuh heimlich molk, band rote Fäden oder Bänder an die Kuhhörner oder ins Haar der Kinder, machte das *Fica*-Zeichen, indem man den Daumen fest zwischen Zeige- und Mittelfinger hielt, spie aus und verlieh niemals Nadeln an Personen, die man für Hexen hielt.

In einer ernsten Notlage konnte sich eine arglose, unschuldige Person auch mit ihrer Phantasie schützen. Im Jahre 1750 beispielsweise wurde Andrew Forrester aus Knocksheen dabei entdeckt, wie er die Zusammenkunft eines **Hexenzirkels** in Waterside Hill in Galloway beobachtete. Er nahm sein Schwert, zog damit im Gras eine Linie zwischen sich und den Hexen, die ihn bedrohten, und sprach die Worte: „Ich ziehe diese Linie im Namen Gottes, des Allmächtigen; möge nichts Böses sie je übertreten." Die Hexen waren nicht in der Lage, die „Barriere" zu überschreiten, und Forrester ergriff die Flucht (wobei es einer Hexe allerdings gelang, seinem Pferd den Schwanz abzureißen).

Zu den vielen Pflanzen und Bäumen, denen man schützende Eigenschaften nachsagte, gehörten **Beifuß**, **Engelwurz**, die **Eiche**, **Farn**, der **Haselstrauch**, **Holunder**, **Knoblauch**, **Kürbis**, die **Lilie**, **Lorbeer**, **Rosmarin**, die **Eberesche**, **Steinkraut**, **Stroh** und der Dornenstrauch. Auch die bescheidene Dachwurz, die man gewöhnlich auf Strohdächer pflanzte, um Hexen fernzuhalten und das Haus vor Feuer zu schützen, sowie die blauschwarzen Beeren der Parisstaude (Einbeere) mit ihrem ungewöhnlichen Kreuzmuster wurden gegen Hexen verwendet. Eine am Hals getragene Kette aus Bittersüß oder Waldnachtschatten (*siehe* **Nachtschatten**) sollte die betreffende Person von den Auswirkungen des **bösen Blickes** und von einer Reihe verschiedener Krankheiten befreien. Blumen mit gelben Blütenkörbchen wie beispielsweise **Ringelblumen** und auch dem Seetang schrieb man häufig ähnliche Eigenschaften zu.

Glaubte jemand, daß ein Zauber oder Bann bereits gegen ihn wirkte, dann konnte er zum Haus der vermeintlichen Hexe und Verursacherin gehen und dort etwas Dachstroh stehlen. Das mußte dann verbrannt werden, damit der Zauber gelöst wurde. Wurde man von einer Hexe verfolgt, war es einem populären Aberglauben zufolge das beste, einen Wasserlauf zu überqueren, den angeblich keine Hexe, die jemandem auf den Fersen war, überwinden konnte.

Siehe auch **Butterzauber**; **Magischer Kreis**; **Silber**; **Wasser**.

Schwägel, Anna Maria gest. 1775. Bayrische Dienstmagd, die die letzte offiziell hingerichtete Hexe in **Deutschland** war. Ihre Tragödie begann, als ein Kutscher der über dreißigjährigen Frau unter der Bedingung, daß sie vom katholischen zum lutherischen Glauben übergehe, die Ehe versprach. Sie entsagte ihrem Glauben, wurde von dem Kutscher verführt und dann verlassen. Tief betroffen von diesem Verrat, suchte sie Trost durch ein Gespräch mit einem Augustinermönch, wobei sie feststellte, daß auch er zum protestantischen Glauben übergetreten war. Schließlich wurde die Frau in das Zuchtschloß Laneggen bei Kempten eingesperrt, wo sie Mißhandlungen und einem unbarmherzigen Verhör durch die Aufseherin Anna Maria Kuhstaller ausgesetzt war.

Unter dem Druck, den die Kuhstaller auf sie ausübte, gestand Anna Maria Schwägel, daß der Kutscher der **Teufel** persönlich gewesen sein müsse, woraufhin sie von der Obrigkeit verhaftet und ins Gefängnis gebracht wurde. Obgleich man keine Folter gegen sie anwendete, bestätigte die seelisch zerrüttete und gegen ihre Befrager wehrlose Frau vor Gericht, daß sie einen **Pakt mit dem Teufel** geschlossen und mit dem Verführer Geschlechtsverkehr gehabt hätte. Anna Maria Schwägel wurde am 11. April 1775 in Kempten als Hexe enthauptet.

Schwarze Assisen *siehe* **Kerzenzauber**

Schwarze Messe Eine Parodie auf die katholische Messe, häufig als das zentrale Ereignis des **Hexensabbats** im europäischen Hexenwesen beschrieben. Volkstümlichen Vorstellungen zufolge wurden solche Messen zu Ehren (und sogar in Gegenwart) des **Satans** gefeiert, wobei in bewußter Widerlegung des christlichen Zere-

Schwarze Messe

moniells eine nackte Frau als Altar für die rituelle Schändung der heiligen Hostie diente. In Wirklichkeit aber gab es in der gesamten Geschichte rund um den Globus nicht eine einzige dieser Zeremonien, die von Hexen abgehalten wurde, sondern vielmehr einen Wirrwarr von Riten irreligiöser Natur, die der schwarzen Messe ähnelten und daneben auch ganz andere Züge trugen.

Obwohl die schwarze Messe der Volksmythologie mit ihrem blasphemischen, antichristlichen Charakter und stark ausgeprägten sexuellen Inhalt eigentlich eine relativ neue Erfindung ist, der populäre Bücher und Filme noch Vorschub leisten, lassen sich ihre Wurzeln über tausend Jahre zurückverfolgen. Es gibt nur wenige erhaltene Aufzeichnungen von Geständnissen, in denen beschrieben ist, wie man vor dem neunzehnten Jahrhundert schwarze Messen feierte. Der Begriff selbst wurde erst gegen Ende des Jahrhunderts benutzt. Viele „erklärte" Hexen gaben jedoch zu verstehen, daß die angeblichen **Hexenzirkel**, denen sie angehörten, bei ihren Treffen abgewandelte Versionen christlicher Rituale praktizierten und zweifellos der einen oder anderen Art sexueller Verderbtheit frönten. Ob diese Ereignisse wirklich stattfanden, ist sehr fraglich, da die Geständnisse auf der Basis von Suggestivfragen zustandekamen, mit denen man die Verdächtigen oftmals nach längerer Folter konfrontierte. Daß die wirklichen Erfinder der schwarzen Messe die Befrager selbst waren, die solche Ideen entwickelten, um ihre eigenen Taten zu rechtfertigen und davon zu profitieren, ist hinreichend bewiesen worden.

Bereits im siebenten Jahrhundert verdammte der Kirchenrat von Toledo den Brauch einer mysteriösen, halbreligiösen Zeremonie, die man „Messe der Toten" nannte, und die abgehalten wurde, um den Tod eines benannten Opfers mittels Magie herbeizuführen. Dazu gehörte im wesentlichen das Lesen einer Totenmesse, in die der Name des noch lebenden Feindes eingefügt wurde, der dann im Verlaufe einiger Tage ganz gewiß sterben würde. Unterdessen hielten in der Gascogne in Südwestfrankreich Berichten zufolge Geistliche „La Messe de St. Secaire" ab, in der sie durch Magie den Tod eines Feindes bewirkten. Während der Zeremonien hatte der Priester geschlechtlichen Verkehr mit einer Frau, die dann als Altar diente, während der Geistliche eine schwarze dreieckige Hostie weihte und Wasser aus einer Quelle segnete, in der ein Kind ertränkt worden war. Ähnliche Messen wurden auch anderswo abgehalten, um die Liebe einer bestimmten Person zu gewinnen, um einen geliebten Menschen zur Rückkehr zu veranlassen und eine Vielzahl anderer Wünsche zu erfüllen. Die seltsame, ebenfalls in der Gascogne zelebrierte „Messe des Heiligen Geistes" glich dem christlichen Original nahezu aufs Wort – mit der Ausnahme, daß sie Gott angeblich dazu nötigte, jeden Wunsch, den man äußerte, zu erfüllen.

Es kam vor, daß bei manchen Zeremonien die führende Hexe den Teilnehmern einen Kelch mit Wasser anstelle des beim Abendmahl üblichen Weins reichte, eine von Fäulnis schwarze Rübe oder gar einen alten schwarzen Stiefel anstelle der christlichen Hostie segnete. Auch mögen Gebete an den Teufel gerichtet worden sein, seine „Gemeinde" zu beschützen; dies ist in den Augen einiger Soziologen von Bedeutung, die geneigt sind, solche Appelle als Ausdruck des politischen Protestes gegen eine tyrannische herrschende Klasse zu interpretieren. Diese Auslegung jedoch erklärt kaum die bekannte Geschichte von der schwarzen Messe, die 1580 auf Anweisung der Königin Katharina von **Medici**, der mächtigsten Frau in Frankreich, gefeiert wurde. Dem Bericht in Jean Bodins Schrift *De la démonomanie des sorciers* zufolge gab ein Geistlicher einem kleinen Jungen eine Hostie, worauf diesem die Kehle durchgeschnitten wurde; sein Blut sollte in einer schwarzen Messe verwendet werden, um die Gesundheit des Sohnes der Königin wiederherzustellen.

Francesco-Maria **Guazzo** gab die Beschreibung einer jungen Hexe über eine schwarze Messe wieder, die 1594 in Aquitaine in Südwestfrankreich gefeiert worden war:

> Sie führten auch eine Karikatur der Messe auf, die von jemandem zelebriert wurde, der in einen schwarzen Chorrock ohne eingewebtes Kreuz gekleidet war. Während des heiligen Opfers und der Erhebung der Hostie hob er ein Stück oder eine Scheibe von einer schwarzfleckigen Rübe in die Höhe, worauf sie alle einstimmig herausschrien: „Meister, hilf uns!" Der Kelch enthielt Wasser statt

Wein, und ihr Weihwasser stellten sie folgendermaßen her: Die Ziege pißte in ein Loch im Boden, und dieses unverdünnte Wasser sprengte der Zelebrant mit einem schwarzen Aspergill über alle hin.

Bei anderen Gelegenheiten sollen Hexen orthodoxe christliche Zeremonien ausprobiert haben, ehe sie zu schwarzen Messen gingen, um ihre Ziele zu erreichen. In der zweiten Hälfte des siebzehnten Jahrhunderts fand in Frankreich ein außergewöhnlicher Prozeß (siehe **Chambre-Ardente-Prozeß**) statt, in den einige der höchsten Aristokraten Frankreichs verwickelt waren. In diesem Prozeß wurde 1680 eine als „La Voisin" identifizierte Französin beschuldigt, eine traditionelle Messe zelebriert, dann aber, als diese Messe nicht half, eine weitere Zeremonie von mehr obszöner, okkulter Natur abgehalten zu haben: Dabei sei eine nackte Frau als Altar benutzt und den Zelebrierenden das Blut eines geopferten Kindes und eine aus Blut und Mehl bereitete Hostie gereicht worden.

Andere Hexen richteten es offenbar so ein, daß sie die Instrumente für ihre Zaubereien bei christlichen Messen heimlich segnen ließen, um ihnen so größere Wirkung zu verleihen. Für gewöhnlich legten sie die besagten Utensilien dazu unter die Altardecke oder näherten sich einem Mitglied des Klerus, von dem sie wußten, daß er ein praktizierender Hexer war.

In den von angeblichen Hexen erpreßten Geständnissen war meist auch von der Schändung der geweihten Hostie die Rede. Von manchen Hexen behauptete man, sie hätten die Hostie aus der Kirche gestohlen, um sie bei ihren eigenen Zeremonien zu entweihen, indem sie beispielsweise darauf urinierten. Solche Anklagen riefen wahrscheinlich selbst in jenen Menschen Abscheu hervor, die an der Realität der Hexerei zweifelten, und lieferten weitere Munition für das Arsenal der Hexenjäger, die für eine strengere Verfolgung solcher „Feinde" der christlichen Gesellschaft eintraten. Auch verstümmelte christliche Gebete mögen in absichtlich unsinniger Art und Weise gesprochen worden sein. So wurden die Worte *„Hoc est corpus"* aus der traditionellen Messe zu „Hokuspokus", einer Redensart, die später in den täglichen Sprachgebrauch einging und jegliche Form von Geschwafel und Unfug bezeichnete.

Die aus der Zeit vor dem neunzehnten Jahrhundert stammenden bruchstückhaften Berichte über schwarze Messen legen nahe, daß die rituelle Anprangerung Jesu Christi und der Kirche für die europäischen Hexen in der nachmittelalterlichen Zeit nur untergeordnete Bedeutung hatte. Mit der Entwicklung des **Satanismus** von den neunziger Jahren des neunzehnten Jahrhunderts an, wurde jedoch ein sorgfältiger ausgearbeitetes und vorsätzlich antichristliches Konzept solcher Rituale geschaffen. Der vorrangige Zweck der schwarzen Messe sollte nun die Verehrung Satans und all dessen sein, was gegen das Christentum gerichtet war – eine Zelebrierung des Triumphes des Fleisches über den Geist. Die christlichen Zeremonien wurden nun bewußt auf den Kopf gestellt, Gebete rückwärts hergesagt, Kreuze von oben nach unten gedreht und alle Handlungen sorgfältig in ihr Gegenteil verkehrt. Nackte Frauen als Altäre und die gotteslästerliche Weihung schwarzer Hostien sind inzwischen zu unentbehrlichen Elementen der neu bestimmten, modernen Konvention geworden.

Schwarzer Hund Gespenstischer **Hund**, der in zahlreichen englischen Sagen und Volksmärchen beschrieben wird, und in dessen Gestalt nach altem Glauben der **Teufel** auf der Erde umherstreifen sollte. Verschiedenen überlieferten Geständnissen vermeintlicher Hexen zufolge, trat der Teufel bei **Hexensabbaten** als ein schwarzer Hund auf, der oftmals riesige glühende Augen hatte. Manche Hexen gestanden auch wirklich, mit dem Teufel in dieser Gestalt Geschlechtsverkehr gehabt zu haben. Der „Hund" ging allerdings häufig auf seinen Hinterbeinen und schien die Hände eines Menschen zu haben.

Schwarzes Buch siehe **Zauberbuch**

Schweden Genau wie die anderen Länder Skandinaviens schien auch Schweden lange Zeit gegen den Hexenwahn unempfänglich zu sein. Die späteren Ereignisse sollten aber beweisen, daß sich auch hier die Volksphantasie leicht in eine Atmosphäre der Furcht und des Aberglaubens lenken ließ. Unter der Herrschaft von Königin Christine waren Hexenprozesse in der

Schwein

Zeit des Dreißigjährigen Krieges von 1618-1648 verboten. In der zweiten Hälfte des siebzehnten Jahrhunderts jedoch erlebte das Land einen Ausbruch von Hexenwahn, der der Hysterie und den Verfolgungen im übrigen Europa an Grausamkeit durchaus gleichkam.

Auslöser für dieses späte Auftreten des Wahns war der berüchtigte Prozeß gegen die **Hexen von Mora**, der 1669 stattfand. Die Anschuldigungen, die sich in dieser einen Region so rasch häuften, hatten ähnliche Ausbrüche in den benachbarten Städten und Dörfern zur Folge und veranlaßten die Einsetzung von Sonderkommissionen in Uppsala und Helsinki, um all jene auszurotten, die des Umgangs mit dem Teufel verdächtig waren. In den Gemeinden Thorsaker, Ytterlannas und Dahl ließ eine königliche Kommisson in der Zeit von 1674 bis 1675 einundsiebzig Menschen wegen Hexerei hinrichten, und ein Jahr später wurde Stockholm selbst von Massenanklagen erschüttert. Damals richtete man sechs Frauen hin und kerkerte eine große Zahl von Verdächtigen ein. Die kirchliche Obrigkeit indes schärfte ihren Gemeinden ein, um Erlösung zu beten und zu fasten, was die in die Stadt eindringende Hysterie nur noch verstärkte.

Es war schließlich das tragische Ende der Magdalen Mattsdotter, das die Menschen wieder zur Vernunft brachte. Magdalen Mattsdotter war aufgrund der Aussagen ihrer Dienstmägde und ihrer eigenen Kinder als Hexe verurteilt worden. Schon auf dem Scheiterhaufen stehend, wurde sie von ihrer jüngeren Tochter aufgefordert zu gestehen, ehe es zu spät sei. Nach ihrem Tod entdeckte man, daß die Anschuldigungen gegen sie aus Eifersucht und Bosheit erfunden worden waren. Karl XI., der die Einsetzung der königlichen Kommission gebilligt hatte, ließ sich von der Notwendigkeit eines harten Vorgehens überzeugen, verbot weitere Hexenprozesse und setzte damit dem Hexenwahn ein jähes Ende.

1779 wurde die Todesstrafe für Hexerei in Schweden schließlich abgeschafft.

Schwein siehe **Eber**

Schwemmen Gottesurteil, bei dem eine an Händen und Füßen gebundene verdächtige Person in einen Teich oder einen Fluß geworfen wurde, um zu sehen, ob sie an der Wasseroberfläche blieb, also schuldig war, oder unterging, was zwar als Zeichen ihrer Unschuld galt, sie aber in die Gefahr brachte zu ertrinken. Das Schwemmen als Hexenprobe stellte keinen anerkannten Bestandteil des gesetzlich zulässigen Verhörs dar, doch es war als inoffizielle Prüfung bekannt, die man vornahm, ehe die vermeintlichen Opfer einer Hexerei und deren Freunde, Verwandten oder Nachbarn darangingen, ihren Verdacht einem Gericht mitzuteilen. Gelegentlich billigte die örtliche Obrigkeit solche Ordale, doch häufiger war die treibende Kraft bei dieser Hexenprobe ein aufgebrachter Mob, der zu solchem Handeln manchmal noch von einem durchreisenden **Hexenriecher** ermuntert wurde.

Hatte man die verdächtige Person ergriffen, dann nahm die übliche Prozedur ihren Lauf: Man band ihren rechten Daumen an die linke große Zehe und den linken Daumen an die rechte große Zehe und ließ die angebliche Hexe ins Wasser hinab oder warf sie einfach hinein, um sie an Seilen, die um ihre Taille gelegt waren, von einem Ufer an das andere zu ziehen. Diese Prozedur, die man üblicherweise dreimal wiederholte, ging für die Opfer nur selten ohne weitere Mißhandlungen ab, obwohl diese oftmals betagt, gebrechlich oder geistig gestört waren und man erwarten mußte, daß sie an den zugefügten Verletzungen oder einfach an dem Schock sterben würden, so wie es beispielsweise 1699 im Fall der Witwe Comon, der sogenannten **Hexe von Cogeshall**, geschah.

Der alte Brauch des Schwemmens von Personen, die man eines Verbrechens verdächtigte, wurde zuerst in Babylon und später dann im vorchristlichen Europa als Zaubererprobe angewendet. Im angelsächsischen England war das Schwemmen als gesetzlich zulässiger Test zur Klärung der Schuldfrage anerkannt, weil man davon ausging, daß Gott sicherlich eingreifen würde, um die Unschuldigen vor weiterer Bestrafung zu bewahren und die Schuldigen zu entlarven. Damit das Ordal auch Gottes Gefallen fand, beteten und fasteten die Vertreter der Obrigkeit vor der Hexenprobe, waren die kirchlichen wie auch die weltlichen Autoritäten während des eigentlichen Rituals zugegen. Fand die Probe nicht vorschriftsmäßig, das heißt ohne Genehmigung der Kirche und des Gesetzes, statt, dann wurden die Verantwortlichen mit schweren Geldstrafen belegt.

Auf den Druck der Kirche hin verbot Heinrich III. im Jahre 1219 das Gottesurteil als gesetzlich zulässigen Test, doch das Schwemmen beeinflußte den Volksglauben noch Jahrhunderte später. Es wurde im England der Nachreformation wieder aufgenommen, wobei man nicht unbedingt auf der Gegenwart eines Geistlichen bestand. In seiner klassischen *Dämonologie* von 1597 unterstützte Jakob I. diese Methode. Nach seiner Ansicht wurden Hexen, die das geheiligte Wasser der Taufe verleugnet hatten, nie von dem Wasser, in das man sie beim Schwemmen warf, aufgenommen, so daß sich die Schuldfrage also mit Hilfe dieser Hexenprobe klären ließ.

Die englische Gesetzgebung verbot den Hexenriechern und deren Mitarbeitern zwar die Anwendung der Folter, doch es geschah nicht selten, daß sich die örtliche Justiz bezüglich des Schwemmens nachsichtig zeigte, und diese Probe in vielen Fällen als einen brauchbaren ersten Schritt zu einer möglichen strafrechtlichen Verfolgung durchgehen ließ. Das früheste Beispiel für die Anwendung des Schwemmens als Beweismittel in einem Hexenprozeß stammt aus dem Jahre 1612. Damals wurde ein solches Zeugnis in Northampton beim Prozeß gegen Arthur Bill und dessen Eltern als beweiskräftig akzeptiert. Fanatische Hexenjäger wie Matthew **Hopkins** unterwarfen ihre Opfer routinemäßig dem Schwemmen, um Belastungsmaterial gegen sie zusammenzutragen, wobei sie ihre Opfer in aller Öffentlichkeit mehr als einmal ins Wasser eintauchen ließen, um ihren Verdacht zu bestätigen. (Hopkins beteuerte allerdings, die Resultate des Schwemmens vor Gericht nicht als Beweis angeführt zu haben.) Wie der Fall des achtzigjährigen John Lowes zeigte, der 1645 auf Hopkins' Anweisung geschwemmt worden war, konnten weder Alter noch Gebrechlichkeit einen Verdächtigen vor solcher Mißhandlung bewahren. Dieser Praxis bediente man sich selbst dann noch, nachdem sie im gleichen Jahr von einer parlamentarischen Kommission ausdrücklich untersagt worden war. In Frankreich wurde das Schwemmen als gesetzlich zulässige Hexenprobe 1601 und nochmals 1641 verboten; etwa zur gleichen Zeit scheint man es auch in Deutschland für ungesetzlich erklärt zu haben.

Hatte man einen Verdächtigen ins Wasser geworfen, um ihn der Hexenprobe zu unterziehen, dann betete dieser, daß Gott ihn im Wasser versinken lassen möge, und hoffte verzweifelt darauf, dann auch rechtzeitig ans Ufer gezogen zu werden, um nicht ertrinken zu müssen. Jane Clarke und deren Kinder beispielsweise, die 1717 in Great Wigston bei Leicester geschwemmt wurden, bemühten sich nach Kräften, trieben dem Vernehmen nach jedoch auf dem Wasser „wie ein Stück Kork, ein Stück Papier oder ein leeres Faß, obwohl sie alles taten, um unterzugehen". Glücklicherweise kam dieser Fall nie vor Gericht. Andere Beispiele waren der tragische Fall von John und Ruth **Osborne**, die noch 1751 in Hertfordshire zu Tode geschwemmt wurden, sowie der Fall des alten **Dummy**, den eine aufgehetzte Menge 1863 in Sible Hedingham, einem Dorf in der Grafschaft Essex, dieser erniedrigenden Prozedur unterwarf.

1785 unterzog sich Sarah Bradshaw aus Mear's Ashby (Northamptonshire) freiwillig dem Hexenschwemmen, um sich von den Verdächtigungen ihrer Mitbewohner, sie beschäftige sich mit okkulten Dingen, zu befreien (*siehe auch* **Sherwood, Grace**). Als sie im Wasser versank und vor dem Ertrinken gerettet werden mußte, sahen sich die versammelten Zuschauer gezwungen, ihre Unschuld anzuerkennen. 1825, vier Jahrzehnte später, ließ sich auch Isaac Stebbings aus Wickham-Skeith schwemmen, um so vom Verdacht der Hexerei loszukommen. In seinem Fall war Argwohn aufgekommen, weil er gerade dann im Eingang eines Nachbarhauses erschienen war, als ein **Zauber** praktiziert wurde, mit dessen Hilfe die Hexe identifiziert werden sollte, die angeblich für verschiedene Unglücksfälle verantwortlich war, die sich kurz zuvor ereignet hatten. Stebbings' Erklärung, er sei gekommen, um der Familie ein paar Fische zu verkaufen, wurde nicht akzeptiert. Statt dessen schwemmte man ihn vor einer großen Zuschauermenge zweimal im Grimmer Pond. Alle Versuche des Opfers, unter die Wasseroberfläche zu tauchen, waren vergeblich, und selbst die Männer, die dabei nachhalfen, konnten nicht

Schwert

verhindern, daß er sofort wieder nach oben kam. Man vereinbarte einen zweiten Versuch, doch zu Stebbings Enttäuschung erfuhr die Obrigkeit von dem Plan und ließ einem nochmaligen Schwemmen Einhalt gebieten.

Noch 1880 mußte gegen Charles und Peter Brewster ein Verfahren eröffnet werden, weil sie versucht hatten, Sarah Sharpe aus High Easter zu schwemmen. Sarah Sharpe war nach Ansicht der beiden Männer eine Hexe, die das Brewstersche Haus mit Zaubern belegt hatte, worauf das Vieh eingegangen und ein Poltergeist erschienen sei. Die Angeklagten wurden verpflichtet, sechs Monate lang die öffentliche Sicherheit zu wahren, und von der Angelegenheit hörte niemand mehr etwas.

Schwert Geübte Praktiker der Magie verwendeten anstelle von **Zauberstäben** mitunter Schwerter, wenn sie einen **Zauber** vorbereiteten. Das Schwert, dessen Schneide glatt oder mit mystischen Symbolen verziert ist, findet man auch heute noch als fakultatives Requisit moderner Hexen. Es wurde bei verschiedenen halbreligiösen Zeremonien auf den Altar gelegt. Einst benutzte man das Schwert auch in der **Kristallomantie** als Alternative zum **Spiegel** oder zur Kristallkugel. Manche Zauberer vertrauten auf die Kraft ihrer eigens dafür gesegneten Schwerter, wenn sie sich vor besonders feindseligen Geistern schützen wollten, die sie mit ihrer Magie beschworen hatten.

Schwindlerin von Bargarran Christine (oder Christian) Shaw, ein elfjähriges Mädchen, dessen Behauptungen im Jahre 1697 in Renfrewshire (Schottland) zu einem Prozeß gegen einundzwanzig angebliche Hexen führte. Der Fall baute auf dem höchst unzuverlässigen Zeugnis von Kindern auf und wurde deshalb häufig als schottisches Pendant zu dem Gerichtsverfahren von 1593 in England gegen die **Hexen von Warboys** betrachtet. Er enthüllte, wie die Menschen nördlich des englisch-schottischen Grenzgebiets noch in dieser relativ späten Zeit unter dem Bann des Hexenwahns standen.

Christine Shaw war die Tochter eines vornehmen Mannes aus Bargarran bei Paisley. Sie stiftete eine furchtbare Folge von Geschehnissen an, als sie im August 1696 unter Anfällen zu leiden begann, als deren Ursache sie schnell Katherine Campbell und Agnes Naismith, zwei ortsansässige Frauen (mit denen sie sich kürzlich gezankt hatte) anzugeben wußte. Sie klagte darüber, daß die beiden Frauen sie in Gestalt von Geistern peinigten, und Zeugen berichteten, daß das Mädchen in Zeiten, da es bettlägerig sei, häufig Nadeln, Tierhaare, Knochen, Federn, Eierschalen und andere Dinge erbreche. Einige sagten, sie hätten das Mädchen im Verlaufe seiner Anfälle sogar um das Haus herumfliegen sehen.

Die Ärzte fanden keine medizinische Ursache für Christines Hysterie, und 1697 genehmigte der Staatsrat eine Untersuchung ihrer Anschuldigungen. Bis dahin schlossen die Bezichtigungen bereits weitere sieben Personen ein, darunter die hochgeborene Margaret Lang und deren Tochter Martha Semple, die geneigt waren, die ganze Angelegenheit mit Geringschätzung zu betrachten. Doch einige der Opfer nahmen die Unterstellungen ernst; sie reagierten in ihrer Verzweiflung darauf, indem sie andere Hexen aus dieser Gegend angaben, und so wuchs die Liste der Verdächtigen auf einundzwanzig Personen an.

Um die Klägerin kümmerten sich ständig Geistliche, die wenig taten, um Christine von ihren Wahnvorstellungen abzubringen, und in ihrem Namen sogar einen Fastentag einhielten. Nun wurde das Mädchen in seinen Beschuldigungen von den drei Enkelkindern einer der Belasteten, Jean Fulton, unterstützt. Diese Kinder beklagten sich darüber, daß sie gezwungen worden seien, an **Hexensabbaten** teilzunehmen und an Zaubern mitzuwirken, die den Tod eines Geistlichen, zweier anderer Kinder und zweier Passagiere auf einem Fährboot, das durch Magie gekentert sei, herbeiführen sollten.

Der Fall, in den nun sechsundzwanzig Beklagte verwickelt waren, kam am 13. April 1697 vor eine offizielle Kommission. Nachdem die verschiedenen Geständnisse gehört worden waren, wies man die Geschworenen darauf hin, daß sie mit einem Freispruch der Angeklagten, von denen einige das **Teufelsmal** aufwiesen, zu Mitschuldigen an deren Verbrechen würden. So war es kein Wunder, daß die Geschworenen drei Männer, darunter auch den vierzehnjährigen James Lindsay, und vier der

Frauen – Katherine Campbell, Agnes Naismith, Margaret Lang und deren Tochter – schuldig sprachen. Die somit verurteilten sieben „Hexen von Paisley" wurden am 10. Juni 1697 in Paisley gehängt und dann verbrannt (wobei einige von ihnen noch lebten). Auf den Ort der Greueltat weist noch heute ein Hufeisen in Gallo Green in der George Street hin.

Christine Shaw schien mit dem Tod ihrer angeblichen Peiniger von den Anfällen geheilt gewesen zu sein. Sie heiratete später einen Geistlichen und erwarb sich in ihrem Ort Ruhm, indem sie Maschinen zur Herstellung von feinem Nähgarn nach Paisley brachte und die Stadt zu einem Zentrum des Leinengarnhandels machte.

Im Jahre 1839 berichteten zwei Schriftsteller, die das seit Christines Zeit unverändert gebliebene Shaw-Haus besucht hatten, daß sie nahe an deren Bett ein kleines verstecktes Loch entdeckt hätten. Dadurch konnte ihr ein Komplize die Nadeln und all die anderen Dinge, die Christine damals angeblich erbrach, ohne weiteres zugesteckt haben.

Scot, Reginald 1538 – 1599. Englischer Autor, dessen berühmtes, 1584 erschienenes Buch *Discoverie of Witchcraft* die Absurditäten des Hexenwahns aufzuzeigen versuchte, der damals Europa bedrohte. Für Scot, einen Landjunker aus Kent, der an der Universität Oxford studiert hatte, war die Mythologie vom **Hexensabbat**, von der **Flugsalbe** und ähnlichen Dingen augenfälliger Unsinn, den die **Inquisition** erfunden hatte:

> Und weil es sich der Welt vielleicht zeigen wird, welch tückische und unehrliche Behandlung, welch außergewöhnliche und unerträgliche Tyrannei, welch grober und törichter Unsinn, welch abscheuliche und unzivilisierte Unhöflichkeit, welch absonderliche und gehässige Bosheit, welch barbarische Grausamkeit ... welch scheußliche und teuflische Erfindungen und welch offenkundige Schurkerei gegen diese alten Frauen gerichtet wird, werde ich zur ewigen, unentschuldbaren und offenkundigen Schande aller Hexenjäger über das ganze System der Inquisition berichten.

Scot erkannte zwar die Möglichkeit übernatürlicher Phänomene und die Existenz böser Geister an, doch behauptete er, daß viele allgemeine Glaubensvorstellungen darüber entweder das Produkt einer Täuschung oder der menschlichen Phantasie seien. Wenn eine Hexe von sich sage, sie könne fliegen, dann hätten berauschende Salben oder Tränke diese Illusion in ihr erzeugt. Die Vermutung, daß Hexen ihre Feinde durch Gift töten könnten, hielt Scot für plausibel (und urteilte, daß Frauen „von Natur aus eher dazu neigten als Männer"), doch er widersprach der Vorstellung, daß sie zu diesem Zweck vielleicht auch offenkundig magische Mittel anwendeten. Daß gewisse Steine und magische Gegenstände Krankheiten heilen könnten, ließ er gelten, doch seiner Ansicht nach beruhten viele Hexenkunststücke auf Betrug oder Taschenspielertricks.

Scots ausgesprochen skeptisches Buch, zu dem er möglicherweise durch den Prozeß gegen die **Hexen von St. Osyth** aus dem Jahre 1582 angeregt worden war, zeigte große Wirkung und galt später als die wichtigste englische Publikation gegen den Trug, den die vermeintliche Hexerei darstellte; zum Zeitpunkt ihres Erscheinens rief es jedoch auch heftigen Widerspruch hervor. Zu seinen bedeutendsten Gegnern gehörte **Jakob I.**, der von Scots Buch erzürnt war und alle Exemplare, die er auftreiben konnte, vom Henker verbrennen ließ. Als Antwort schrieb der König 1597 seine eigene *Dämonologie*, die die Hexenjagden befürwortete und für jene, die die vermeintlichen Hexen überall auf den Britischen Inseln zu verfolgen trachteten, zur wichtigsten Autorität wurde.

William Shakespeare, so glaubt man, zog einst Reginald Scots Buch zu Rate, als er an seinem Stück *Macbeth* schrieb und dazu Informationen über das Hexenwesen brauchte; auch Thomas Middleton, der Autor des Bühnenstückes *The Witch*, soll das Werk konsultiert haben.

Scott, Michael um 1160 – 1238. Schottischer Hexenmeister, der wegen seiner sagenhaften Fähigkeiten als Zauberer und Okkultist noch immer unvergessen ist. Michael Scott, der aus dem schottischen Balweary bei Kirkcaldy (Fife) stammte, war berühmt für sein Wissen: Er studierte in Oxford Arabisch, Astronomie und Chemie, in Paris Mathematik und Theologie und im italienischen Padua die okkulten Wissenschaften. Er genoß einen internationalen

Selwyn, George

Ruf, was ihm die Erwähnung in Dantes *Hölle*, einem der drei Hauptteile der *Göttlichen Komödie*, und in der Poesie Sir Walter Scotts einbrachte, der ihm den Namen „der wundersame Michael Scott, ein Hexenmeister von gar schrecklichem Ruhm" gab.

Obwohl von seiner Laufbahn heute nur relativ wenig bekannt ist, verbindet sich mit Michael Scotts Namen noch immer die Erinnerung an verschiedene legendäre Meisterstücke. Er lehrte beispielsweise die Hexen von Glenluce, Sand zu flechten (ein Trick, den sie, nach den seltsamen seilähnlichen Mustern zu urteilen, den der Sand in der Luce Bay von Natur aus formt, noch immer anwenden), wurde einst von einem Rivalen in einen Hasen verwandelt (und in dieser Gestalt von seinen eigenen Hunden verfolgt) und spaltete mit Hilfe seiner Magie die Eildon Hills in zwei Teile. Es wird vermutet, daß Michael Scott in der Zisterzienserabtei von Melrose begraben liegt.

Selwyn, George *siehe* **Hell-Fire Club**

Shandy Dann *siehe* **Hexenverbrennung**

Sharpe, Sarah *siehe* **Schwemmen**

Shaw, Christine *siehe* **Schwindlerin von Bargarran**

Shaw, Elinor *siehe* **Philips, Mary**

Sherwood, Grace Angebliche Hexe, die im Mittelpunkt einiger Hexenprozesse stand, die zu den letzten ihrer Art im kolonialen Amerika gehörten. 1698 wurden Grace Sherwood und ihr Ehemann in dem abgelegenen Princess Anne County (Virginia) von ihren Nachbarn bezichtigt, Hexen zu sein; diese legten Grace Sherwood zur Last, ihre Schweine behext zu haben. Die Sherwoods reichten bei Gericht eine Beschwerde über ihre Nachbarn John und Jane Gisburne ein, verloren aber den Prozeß. Zu einem ähnlichen Verfahren kam es, als Antony und Elizabeth Barnes, zwei andere Nachbarn, behaupteten, Grace Sherwood pflege ihr Haus in Gestalt einer schwarzen **Katze** durch das Schlüsselloch zu verlassen. Die Sherwoods verloren auch diesen Prozeß.

Zu einem dritten Verfahren kam es 1705, da Grace Sherwood Luke Hill und dessen Ehefrau wegen übler Nachrede verklagt hatte. Ihre Gegner wurden zu Schadenersatz verurteilt, doch ein Jahr darauf verklagte Luke Hill Frau Sherwood „wegen des Verdachts, eine Hexe zu sein". Trotz der Tatsache, daß der Prozeß gegen die **Hexen von Salem**, der etwa dreizehn Jahre zuvor stattgefunden hatte, den Hexenwahn in Amerika zum Stillstand gebracht hatte, kam das Gericht zu dem Schluß, daß man auf diesen Fall reagieren müsse, und ließ Grace Sherwood auf **Hexenmale** untersuchen. Man identifizierte zwei verdächtig aussehende Warzen als die Stellen, an denen sie angeblich ihre **Hausgeister** nährte. Darüber hinaus wurde das Sherwoodsche Haus nach Wachsbildern durchsucht. Als das Gericht eine weitere Suche nach Hexenmalen anordnete, verweigerten die weiblichen Geschworenen die Zusammenarbeit. Sie wurden wegen Mißachtung des Gerichts angeklagt und durch andere Geschworene ersetzt.

Als nächstes suchte Grace Sherwood ihren Namen mit einer freiwilligen Wasserprobe (*siehe* **Schwemmen**) von jeglichem Verdacht zu befreien. Sie wurde also geschwemmt und blieb dabei an der Oberfläche. Eine weitere Untersuchung ihres Körpers bestätigte das Vorhandensein der bereits früher entdeckten Hexenmale. In früherer Zeit wäre die Lage für Grace Sherwood nun hoffnungslos gewesen, doch das öffentliche Verlangen nach Hexenprozessen und Hinrichtungen war vergangen, und obwohl Grace Sherwood in Eisen gelegt im örtlichen Gefängnis bleiben mußte, wurde der Fall nicht weiterverfolgt.

Shipton, Mother 1488 – um 1560. Englische Wahrsagerin, die für ihr Können als Prophetin und Hexe weithin bekannt war. Mother Shipton, die Tochter von Agatha Southeil, hieß eigentlich Ursula Southeil (oder Sontheil) und war eine sechzehnjährige verarmte Waise aus Knaresborough (Yorkshire). Die Mutter war dem Vernehmen nach von dem als stattlicher junger Mann getarnten **Teufel** verführt worden und hatte später während eines schrecklichen Unwetters in einer Höhle am Ufer des Nidd, der durch die Stadt fließt, ein Kind zur

Welt gebracht. Vom Teufel hatte Agatha Southeil angeblich magische Kräfte erhalten, mit deren Hilfe sie das Vieh der Bauern attackierte und sich an ihren Feinden in der Stadt rächte. Allerdings starb sie dann bei der Geburt ihres Kindes, und ihre Tochter mußte auf Gemeindekosten aufgezogen werden.

Ursula Southeil litt an verschiedenen Mißbildungen (man glaubt, sie sei bucklig gewesen), und schon als Kind war sie wegen der Kräfte, die man ihr zuschrieb, eine gefürchtete Person. Es waren viele Geschichten über seltsame Begebenheiten im Umlauf, die sich in ihrer unmittelbaren Nähe ereignet haben sollten, und bei denen Häuser von unsichtbarer Hand geplündert wurden und in regelmäßigen Abständen ein mysteriöser **schwarzer Hund** in ihrer Nähe erschienen sei, als ob er sich vergewissern wollte, daß mit ihr auch alles in Ordnung sei. Jeder, der sie wegen ihrer Mißbildungen verhöhnte, wurde mit einem Unglück oder einer Demütigung bestraft, was angeblich alles auf Ursulas Befehl geschah.

Als junge Frau festigte Ursula Southeil ihren Ruf als Wahrsagerin, wobei sie zahlreiche Voraussagen in Form von Rätseln und Reimen lieferte. Als ihr Ruhm größer wurde, versammelten sich Neugierige von weit her, um ihre Worte zu hören und sie über ihre eigenen Zukunftsaussichten zu befragen. Das war allerdings nicht ungefährlich, denn viele glaubten, daß Ursula Southeil jeden bestrafe, der mit unlauteren Absichten zu ihr käme. Als nämlich einst ein junger Mann, der mit Ungeduld auf sein Erbteil wartete, an sie mit der Frage herantrat, wann wohl sein Vater stürbe, blieb sie die Antwort schuldig; der junge Mann starb kurz darauf selbst und wurde in dem Grab beerdigt, das er für seinen Vater vorgesehen hatte.

1512 heiratete Ursula Toby Shipton, einen Zimmermann. Die Bürger von Knaresborough spekulierten, daß die mißgebildete Frau ihren Ehemann mit einem **Liebestrank** erobert haben müsse. Der Name Mother Shipton wurde nun zu einem geläufigen Begriff, doch sie blieb vor einer Verfolgung als Hexe sicher – wenn auch nur deshalb, weil sie in einer Zeit lebte, als der Hexenwahn in England noch nicht wirklich Fuß gefaßt hatte. Sie starb – wie sie selbst vorausgesagt hatte – im Alter von siebzig Jahren und wurde außerhalb von York in ungeweihter Erde begraben. Ihr Ruhm jedoch lebte fort und wurde durch die Veröffentlichung ihrer Weissagungen im Jahre 1641 noch vermehrt.

Mother Shipton soll unter anderem den Tod von Kardinal Wolsey sowie Einzelheiten über den Tod künftiger englischer Könige und Königinnen vorausgesagt, vor der großen Pestepidemie und dem großen Brand von London gewarnt und verschiedene Kriege und andere Ereignisse von nationaler Bedeutung wie die Erfindung des Automobils und den Bau des Kristallpalastes in London prophezeit haben. Einer ihrer Sprüche schien auch die Entwicklung des modernen Nachrichtenwesens vorwegzunehmen:

Rund um die Welt werden
Im Nu die Gedanken fliegen.

Einige Weissagungen trafen glücklicherweise nicht ein:

Diese Welt wird ein Ende haben
Im Jahre achtzehnhunderteinundachtzig.

Die Höhle in Knaresborough, in der Mother Shipton zur Welt kam, ist inzwischen schon lange eine bedeutende Touristenattraktion. Mother Shipton selbst zählt, obwohl sie eigentlich eher eine Wahrsagerin als eine Hexe war, heute zu den berühmtesten Gestalten in der Geschichte des englischen Hexenwesens. Es gibt auf den Britischen Inseln sogar einen Nachtfalter, den man Mother Shipton nennt, da die charakteristische Zeichnung seiner Flügel an das Urbild eines Hexengesichts erinnert.

Shore, Jane siehe **Woodville, Elizabeth**

Short, Mercy Dienstmädchen aus Neuengland, dessen augenscheinliche dämonische **Besessenheit** das Interesse Cotton **Mathers**, des angesehensten Hexenexperten im kolonialen Amerika, erregte. Als Mercy Short, die bei einer Bostoner Familie als Dienstmädchen arbeitete, unter starken Anfällen zu leiden begann, bei denen sie nur mit Hilfe mehrerer kräftiger Männer niedergehalten werden konnte, diagnostizierte man bei ihr Besessenheit. Augenzeugen berichteten, daß sie wilde Schreie ausstoße und sogar völlig Fremden gegenüber ein ganz und gar hemmungsloses Verhalten an den Tag lege. Sie verschluckte Nadeln, neigte den Behauptungen der Zeugen zufolge zu schweren Depressionen und nahm tagelang keine Nahrung zu sich.

Bei einer Befragung sprach Mercy Short von Visionen des **Teufels**, was Mather als überzeugenden Beweis dafür ansah, daß sie von **Dämonen** besessen sei. Er schrieb eine Monographie über diesen Fall und verfolgte die Ursache des Unheils bis auf Sarah Good, eine der **Hexen von Salem**, zurück, die als Gefangene im Bostoner Kerker einst von Mercy Short verspottet worden sein sollte. Es gelang Mather allerdings nicht, genügend Beweismaterial für einen auf der Aussage des Mädchens aufbauenden Prozeß zusammenzutragen.

Silber In der Hexenmythologie stellte Silber eines der zauberkräftigsten Edelmetalle dar. Das mit dem Mond assoziierte Silber wurde in okkulten Zeremonien auf vielfältige Weise verwendet. Man schätzte es vor allem, weil es als rein und unempfindlich gegenüber magischen Einflüssen galt und sich daher vorzüglich in Verbindung mit Figuren oder Gegenständen gebrauchen ließ, denen man magische Eigenschaften nachsagte. Gutbetuchte Magier bevorzugten Münzen und Gerätschaften aus Silber, weil diesen keine verderblichen Einflüsse anhafteten, doch daß auch eine eher unbemittelte Hexe Zugang zu solchen Kostbarkeiten haben sollte, war wohl eher unwahrscheinlich.

Da bei Silber jeglicher Zauber versagte, glaubten die Menschen, daß eine silberne Gewehrkugel das einzige Mittel sei, eine Hexe oder einen Werwolf zu töten; herkömmliche Kugeln konnten angeblich durch **Zauber** abgewehrt werden. Diese Überlieferung hat sich bis auf den heutigen Tag im Vampirmythos erhalten.

Skandinavien siehe **Finnland**; **Norwegen**; **Schweden**

Somers, William siehe **Darrell, John**

Somerset, Hexen von Mitglieder zweier vermeintlicher **Hexenzirkel**, die im Verlaufe offizieller Untersuchungen im Jahre 1664 entdeckt wurden. In den Annalen des englischen Hexenwesens spielen sie eine besondere Rolle, da hier einer der sehr seltenen Fälle vorlag, in denen Angeklagte die Mitgliedschaft in einem organisierten Hexenzirkel zugaben. Den zusammengetragenen Anschuldigungen zufolge waren in den sechziger Jahren des siebzehnten Jahrhunderts in der Gegend um Somerset zwei große Hexenzirkel aktiv – einer in Wincanton, der andere in Brewham. Über beide führte angeblich der **Teufel** den Vorsitz, der auf den Namen Robin hörte und von seinen Untergebenen als zwar kleiner, aber gutaussehender schwarzgekleideter Mann mit tiefer Stimme beschrieben wurde.

Den Nachforschungen im Falle des Wincantoner Zirkels folgten Anklagen gegen sechs Frauen und acht Männer mit Anne Bishop an der Spitze, die sämtlich der Hexerei bezichtigt wurden. Weitere Mitglieder des Hexenzirkels waren Elizabeth Styl und Alice Duke. Zum Kreis der Hexen von Brewham gehörten zehn Frauen und ein Mann: Henry Walter, Margaret Agar, vier Frauen mit dem Familiennamen Green und drei mit dem Namen Waberton. Die Identität des Mannes in Schwarz, der möglicherweise zum örtlichen Landadel gehörte, wurde niemals geklärt.

Den Angaben der Zirkelmitglieder zufolge wurden bei den **Hexensabbaten** mit dem Mann in Schwarz, der für Essen und Trinken sorgte, nach Einbruch der Dunkelheit unter freiem Himmel Gelage abgehalten. Die Angeklagten behaupteten verschiedentlich, daran „leibhaftig" oder nur im Geiste teilgenommen zu haben. Sie hätten zur Musik des Mannes getanzt und Anschläge gegen ihre Feinde geplant, indem sie Nadeln oder Dornen in Wachsbilder gestoßen hätten. Diese Wachspuppen seien vom Teufel formal getauft und nach den Opfern des Bildzaubers benannt worden, wobei der Hinkefuß selbst sowie zwei Hexen Pate gestanden hätten. Durch einen solchen Zauber der Brewhamer Gruppe sei ein Mann mit Namen Dick Green gestorben.

Alice Duke schilderte, wie sie von Anne Bishop in den Hexenzirkel eingeführt worden war. Sie seien zusammen dreimal rückwärts um die Dorfkirche gegangen. Beim ersten Kreis sei der

Mann in Schwarz erschienen; bei der zweiten Umrundung habe sich eine große schwarze **Kröte** auf sie gestürzt; beim drittenmal sei ein rattenähnliches Geschöpf hinter ihnen her gerannt. Dann habe der Mann in Schwarz mit Anne Bishop gesprochen, und kurz darauf sei sie, Alice Duke, in den Hexenzirkel aufgenommen worden, indem der Teufel ihr in den vierten Finger der rechten Hand gestochen habe, um sie so mit seinem **Teufelsmal** zu versehen. Auch Elizabeth Style konnte sich gut an ihre Einführung in den Zirkel (*siehe* **Initiation**) erinnern und erzählte, daß sie ihre Seele für Geld und zwölf vergnügliche und genußreiche Jahre auf Erden verkauft und darüber mit ihrem Blut einen Vertrag unterzeichnet habe (*siehe* **Pakt mit dem Teufel**). Danach habe ihr der Teufel ein Sixpencestück gegeben und sei verschwunden.

Von besonderem Interesse waren die Aussagen der Angeklagten über die **Flugsalbe**, die sie benutzt hatten, um durch die Lüfte zu ihren Zusammenkünften schweben zu können. Nach Elizabeth Styles Angaben hatten sie und die anderen Hexen ihre Stirnen und Handgelenke mit einem derb riechenden Fett bestrichen, das angeblich von den Geistern stammte, hätten sie nach dem Hersagen bestimmter Worte fliegen können, wohin sie wollten. Wenn dann die Zeit gekommen sei, zum Sabbat zu fliegen, hätten sie nach der gleichen Prozedur die Worte „Rentum tormentum" gesprochen. Anne Bishop indes beschrieb, wie sie ihre Stirn mit einer in Öl getauchten Feder bestrichen und danach zum Sabbat getragen worden sei. Nahte der Abschied, dann hätten sie gerufen „Einen Träger! Fröhliches Treffen, fröhlicher Abschied" und ihre Zauberformel „Rentum tormentum" wiederholt, worauf sie schnell nach Hause zurückgekehrt seien.

Die meisten Hexen wurden beschuldigt, **Hausgeister** zu halten. Alice Duke beispielsweise besaß eine **Katze**, die sie angeblich an ihrer rechten Brust nährte, während Christian Green einen **Igel** als Kobold hielt. Elizabeth Style indes behauptete, daß der Teufel bei ihr in Gestalt eines **schwarzen Hundes** erscheine und ihre Wünsche erfülle.

Der Prozeß gegen die Hexen von Somerset wurde vom örtlichen Richter Robert Hunt mit beträchtlichem Eifer geführt, bis seine Vorgesetzten als Reaktion auf die veränderten Ansichten zum Thema Hexenwesen ihn zwangen, von weiteren Untersuchungen abzusehen. Joseph Granvill, ein ehemaliger Vikar aus Frome, dessen Bericht über den Prozeß 1681 unter dem Titel *Sadducismus Triumphatus* erschien, beklagte sich bitter über diese Einmischung und behauptete, daß in diesem Land noch viel mehr Hexenzirkel aufzuspüren seien.

Siehe auch **Cox, Mrs. Julian**.

Somerset, Robert Carr, Graf von *siehe* **Overbury, Sir Thomas**

Southwell, Thomas *siehe* **Cobham, Eleanor, Herzogin von Gloucester**

Sowthern, Elizabeth *siehe* **Pendle, Hexen von**

Spanien *siehe* **Baskische Hexen**

Spanische Stiefel Folterinstrument (*siehe* **Folter**), das besonders in Fällen von Hexerei und Verrat angewendet wurde. Die spanischen Stiefel bestanden aus zwei Schraubstöcken, die so geformt waren, daß sie die Unterschenkel des Opfers umschlossen; eine einfachere Form bestand aus vier starken Holzstücken, die längs so zusammengebunden waren, daß oben und unten eine Öffnung blieb. Diese Hölzer konnten von Hand oder durch Keile, die man mit Hammerschlägen einschlug, grausam zusammengepreßt werden, um damit die Knochen und das Fleisch des Angeklagten zu zermalmen, was qualvolle Schmerzen verursachte. Es gibt Berichte darüber, daß die spanischen Stiefel in vielen Ländern, darunter in Schottland (*siehe* **Fian, John**), Deutschland und Frankreich (*siehe* **Chambre-Ardente-Prozeß**) angewendet wurden.

Spee, Friedrich von 1591–1635. Deutscher Jesuitenpater, der auf dem Höhepunkt des Hexenwahns einer der vornehmsten Gegner der Verfolgungen war, die in der ersten Hälfte des siebzehnten Jahrhunderts in Europa wüteten. Spee, der am Kölner Jesuitenkolleg studiert hatte und 1627 zum Professor für Moraltheologie ernannt wurde, war Zeuge vieler Prozesse

Spiegel

in Würzburg, wo er Beichtvater ungezählter angeblicher Hexen war, die unter Anklage standen (*siehe* **Würzburg, Hexen von**). Seine Beobachtungen, die er bei diesen Prozessen machte, veranlaßten ihn zu der Schlußfolgerung, daß die meisten Verdächtigen in den Anklagepunkten, die man gegen sie vorbrachte, völlig unschuldig waren. Man sagte, die Schrecken seiner Erlebnisse und Erfahrungen hätten sein Haar vor der Zeit ergrauen lassen.

Spee zweifelte nicht an der Möglichkeit, Menschen mit einem **Zauber** zu belegen, und hielt es für wahrscheinlich, daß eine kleine Minderheit übelwollender Hexen dies auch praktizierte. Er weigerte sich jedoch zu akzeptieren, daß sich die Mehrheit der Verdächtigen, denen er begegnet war, solcher Verbrechen schuldig gemacht habe. Er verfocht die Ansicht, daß die Zahl der wirklichen Hexen sehr klein sei und stellte damit den ganzen Prozeß der Hexenjagd, der sich mit den Massendenunziationen entwickelte, in Frage.

Spee brachte seine Skepsis in der 1631 anonym erschienenen *Cautio Criminalis* in glänzender Weise zum Ausdruck. In diesem Werk griff er neben einer Menge anderer Übelstände die Anerkennung von mangelhaft belegten Hexereibezichtigungen und die sinnlose Anwendung der **Folter** bei den Inhaftierten an. Aus seiner Sicht warf die strafrechtliche Verfolgung der Hexen ein sehr schlechtes Licht auf die Kirche, die erkennen sollte, daß die meisten Anschuldigungen aus Aberglauben, Neid und kleinlicher Bosheit geboren seien, was aber kaum den Aufgabenbereich der Männer Gottes betreffe. Er stellte in Abrede, daß die zivilisierte Welt von einem Hexenheer bedrängt werde und behauptete, daß es die Richter selbst seien, die mit ihrer Leichtgläubigkeit und ihrem fanatischen Glaubenseifer die Zahl der Hexen so hätten anwachsen lassen. Seine Kritik war offen und unversöhnlich. Sie richtete sich gegen jeden, der – mit welchem Motiv auch immer – in die Hexenverfolgung verwickelt war und forderte die naiven Eiferer, die die Hexenjagden begünstigten, auf zu erkennen, daß die Prozesse immer zahlreicher würden, da die Gefolterten immer einige Personen besagen müßten, bis die Anschuldigungen eines Tages endlich auch die Verfolger treffen und alle verbrannt würden.

Spees Angriff, der von einer Minderheit aus dem katholischen und protestantischen Lager begrüßt wurde, brachte dessen kirchliche Vorgesetzten in Verlegenheit, die versuchten, ihn an der öffentlichen Verbreitung seiner Ansichten zu hindern. Um die Bedrohung, die Friedrich von Spee darstellte, abzuwenden, schickte man ihn als Beichtvater zu den Pestkranken nach Trier, wo er selbst von der Krankheit angesteckt wurde und starb. Spees *Cautio Criminalis* wurde später in sechzehn Sprachen übersetzt. Ihre Veröffentlichung in Deutschland scheint den Fürstbischof Philipp von Schönborn und den Bischof von Braunschweig von der Inszenierung weiterer Hexenprozesse abgebracht zu haben.

Spiegel Die die Seele verkörpernde Reflexion wurde stets als etwas Magisches betrachtet, weshalb der Spiegel auch zu den wichtigsten Requisiten der traditionellen Hexe gehörte. In der Vergangenheit sollen viele Magier, unter ihnen auch der berühmte Dr. John **Dee**, Zauberspiegel besessen haben, mit deren Hilfe sie angeblich in die Zukunft sehen konnten (*siehe* **Kristallomantie**). Einer anderen Überlieferung zufolge hatten die Hexen eine bestimmte Vorliebe für Spiegel, die an nur drei Seiten gerahmt waren, und die ihnen die Fähigkeit verliehen, über große Entfernungen zu sehen.

Paradoxerweise sollten Spiegel auch die Eigenschaft besitzen, Hexen abzuschrecken. Einst kauften Menschen, die sich vor Hexerei fürchteten, kleine **Hexenkugeln** aus reflektierendem Glas, denen man nachsagte, sie könnten den **bösen Blick** abwehren. Im siebzehnten Jahrhundert war deshalb die Mode verbreitet, kleine Spiegel im Hut zu tragen.

Sprenger, Jakob *siehe* **Malleus maleficarum**

Starkie, Nicholas *siehe* **Darrell, John**; **Hartlay, Edmund**

Stearne, John *siehe* **Hopkins, Matthew**

Stebbings, Issac *siehe* **Schwemmen**

Steinkraut Blütenpflanze, die häufig zwischen Steinen oder an Mauern zu finden ist und einst in dem Ruf stand, Hexen und anderes Übel abwehren zu können. Oftmals hatten die Menschen diese Pflanze auch im Haus, um damit die Hexen am Eindringen in das Gebäude zu hindern und die Bewohner vor Feuer und Blitzeinschlägen zu schützen. In der Hexenkunst wurden Steinkrautextrakte für die Behandlung von Geschwüren, Hämorrhoiden, Augenleiden, Skrofulose und Schüttelfrost empfohlen.

stigmata diaboli *siehe* **Teufelsmal**

St. Osyth, Hexen von Vierzehn Frauen, gegen die 1582 in Chelmsford ein berüchtigter Massenprozeß geführte wurde. Das Dorf St. Osyth in der Nähe von Brightlingsea (Essex) litt in der Zeit des Hexenwahns, der im späten fünfzehnten und noch einmal im siebzehnten Jahrhundert über den Osten **Englands** hereinbrach, mehr als andere Ortschaften in Essex und Ostanglien. Dokumente von dem Chelmsforder Prozeß aus dem Jahre 1582 belegen, daß damals vierzehn Frauen aus St. Osyth wegen Hexerei angeklagt waren. Zehn davon beschuldigte man, jemanden zu Tode gehext zu haben, was die Todesstrafe nach sich zog.

Der Prozeß, bei dem der Richter Bryan Darcy den Vorsitz führte, scheint seinen Ursprung in einer Reihe von Racheaktionen im Dorf gehabt zu haben, die sich aus banalen Streitereien ergeben hatten und eskaliert waren. Im Mittelpunkt der Angelegenheit stand Ursula Kempe, eine verarmte Dorfbewohnerin, die ihre Dienste als Hebamme und Kindermädchen anbot und in dem Ruf stand, Menschen, die fürchteten, unter dem Einfluß eines Schadenzaubers zu stehen, „enthexen" zu können.

Zeugen bestätigten, daß Mutter Kempe den kleinen Davy Thorlowe von seiner Krankheit durch Zaubersprüche geheilt, doch dann Anstoß daran genommen habe, daß Grace Thorlowe, die Mutter des Jungen, es abgelehnt hatte, sie als Kindermädchen für ihre kleine Tochter zu beschäftigen. Als das Baby bald darauf aus seinem Kinderbettchen fiel und sich dabei den Hals brach, fiel der Verdacht sofort auf Ursula Kempe, obwohl niemand sie öffentlich beschuldigte. Die Gerüchte ignorierend, ließ sich Grace Thorlowe von der Frau eine Behandlung ihrer Arthritis vorschlagen. Ursula Kempe empfahl eine Methode, die sie von einer alten „weisen Frau" kannte, und die Frau Thorlowe später vor Gericht folgendermaßen beschrieb:

> Nimm den Kot und die Leiche eines Igels, tu sie zusammen und halte sie in der linken Hand; nimm in die andere Hand ein Messer und stich damit dreimal in die Medizin und wirf dieselbe dann ins Feuer; nimm besagtes Messer und mache damit drei Schnitte unter den Tisch und laß das Messer dort stecken. Nimm danach drei Salbeiblätter und genauso viel Johanniskraut, lege sie in Bier und trink es abends als letztes und morgens als erstes; und das Einnehmen [der Medizin] hat die Lahmheit gelindert.

Die Patientin indes weigerte sich, Ursula Kempe die Gebühr von zwölf Pennies zu zahlen, worauf sich ihr Zustand wieder verschlechterte.

Zu diesem Zeitpunkt entschloß sich Grace Thorlowe, bei der Obrigkeit eine Beschwerde einzureichen, und man kam überein, die Sache bei der nächsten Grafschaftsgerichtssitzung vorzutragen. Bei dem folgenden Prozeß gegen Ursula Kempe überredete der Richter Bryan Darcy den achtjährigen unehelichen Sohn der Angeklagten, Thomas Rabbet, über die Aktivitäten seiner Mutter als Hexe zu erzählen, und versprach dann der Frau, Milde walten zu lassen, wenn sie ihre Schuld eingestünde. Mutter Kempe nahm die Gelegenheit wahr und bestätigte „in Tränen ausbrechend" den Bericht ihres Sohnes.

Ihren eigenen Angaben zufolge hielt Ursula Kempe vier **Hausgeister** in Gestalt zweier Kater (eines grauen, der auf den Namen Titty hörte, und eines schwarzen, den sie Jack nannte), einer **Kröte** namens Pigin und eines weißen Lammes mit Namen Tyffin (was der Überlieferung widersprach, daß sich Hausgeister nicht als Lämmer materialisieren konnten). Diese Kobolde habe sie mit Weißbrot oder Kuchen und mit Bier sowie einigen Tropfen von ihrem **Blut** gefüttert, das sie bei Nacht aus ihrem Körper gesaugt hätten. Der schwarze Kater Jack habe den Tod von Ursula Kempes Schwägerin verursacht, während das Lamm das Kind der Thorlowes aus dem Bett geworfen habe. Die Angeklagte ergab sich dem Gericht auf Gnade und Ungnade und ergänzte ihr Geständnis, indem sie eine Anzahl anderer Frauen aus St. Osyth nannte, die wie sie selbst auch Hexen seien. Hier sollte erwähnt

St. Osyth, Hexen von

werden, daß Ursula Kempe oder jemand anders an keiner Stelle behauptete, diese Frauen hätten gemeinsam als organisierter **Hexenzirkel** gehandelt. Ursula Kempe wußte ihren Angaben zufolge von den Aktivitäten ihrer Nachbarinnen nur, weil sie heimlich in deren Fenster geschaut habe und die Geheimnisse der Frauen von ihrem Lamm erfahren habe.

Als die Frauen – Elizabeth Bennet, Alice Newman und deren Schwester Margery Sammon – vor Richter Darcy gebracht wurden, folgten sie Ursula Kempes Beispiel und berichteten nicht nur ausführlich von ihren Hausgeistern, sondern wiederholten die Vorwürfe gegeneinander und benannten noch mehr Komplizen. Alice Hunt bestätigte, daß ihre Schwester eine Hexe sei und zog dann Joan Pechey in den Fall hinein, während Margery Sammon mit gleicher Münze zahlte und ihre Schwester sowie auch Joan Pechey bezichtigte, Hexen zu sein. Alice Newman wiederum belegte in Einzelheiten Elizabeth Bennets Schuld. Ebenfalls in den Prozeß verwickelt wurden Agnes Glascock und Cicely Celles, denen man vorwarf, jemanden durch Hexerei zu Tode gebracht zu haben; Joan Turner, die angeblich den **bösen Blick** gegen jemanden gerichtet hatte; Elizabeth Ewstace, die den Tieren eines Nachbarn Schaden zugefügt hatte; Annis Herd (oder Heard); Alice Manfield und Margaret Grevell, die beide wegen relativ geringfügiger Vergehen vor Gericht standen.

Am Ende saßen vierzehn Frauen – hauptsächlich von unterprivilegiertem und verrufenem gesellschaftlichen Stand – auf der Anklagebank. Die Vorwürfe gegen sie reichten von der Schädigung von Eigentum und Vieh bis zum Tothexen von vierundzwanzig Menschen. Die weniger schwerwiegenden Anklagepunkte lauteten auf das Verderben von Bier, auf Butterzauber und das gewaltsame Anhalten von Wagen und Fuhrwerken. Darüber hinaus standen faktisch alle Angeklagten unter dem Verdacht, Hausgeister zu halten.

Als das sensationelle Verfahren schließlich zum Ende kam, waren zwei der Verdächtigen, darunter auch Margery Sammon, gar nicht angeklagt worden; zwei Angeklagte wurden entlastet, mußten jedoch, da man sie verdächtigte, mehrere Verbrechen begangen zu haben, im Gefängnis bleiben; vier freigesprochen, vier (darunter auch Alice Newman, die wegen Mordes an ihrem Ehemann und vier weiteren Personen angeklagt war) für schuldig erklärt, doch begnadigt, und zwei (Ursula Kempe und Elizabeth Bennet) zum Tode durch Erhängen verurteilt.

Elizabeth Bennet, die gestanden hatte, zwei Hausgeister zu besitzen – ein hundeähnliches Geschöpf mit Namen Suckin (*siehe* **Hund**) und ein löwenähnliches Wesen, das sie Lierd nannte – wurde hingerichtet, weil sie einen Bauern mit Namen William Byet und dessen Frau sowie zwei weitere Personen getötet hatte. (Den Bauern, so warf man ihr vor, habe sie ermordet, nachdem er sich geweigert habe, ihr Milch zu verkaufen und sie eine alte Hure genannt und andere unanständige Reden gegen sie geführt habe.) Ursula Kempe kam ungeachtet der Zusicherungen des Gerichts an den Galgen, nachdem sie gestanden hatte, in den Jahren 1580–1582 drei Menschen durch Hexerei umgebracht zu haben.

Zu den Glücklichen, die freigesprochen worden waren, gehörte auch Annis Herd, der man zur Last gelegt hatte, den Tod der Frau des Pfarrers Richard Harrison herbeigeführt zu haben. So wie der Ärger in mehreren anderen Fällen von einem einfachen Streit herrührte, ging es auch hier anfangs um einige fehlende Entenküken, die einem Gerücht zufolge Annis Herd gestohlen hatte. Harrisons Frau, offenbar von höchst reizbarem Wesen, zog über die vermeintliche Diebin her und kam später zu dem Schluß, daß das ursprüngliche Verbrechen durch einen Zauber gegen sie selbst verschlimmert worden sei. Bei der Pfarrersfrau machte sich ein allmählicher körperlicher Verfall bemerkbar, und sie starb schließlich trotz der Drohung ihres Mannes, Annis Herd alle Knochen zu brechen, wenn diese den Zauber nicht aufheben würde. Auf dem Totenbett machte die Frau deutlich, wem sie die Schuld an ihrem Zustand gab, und klagte im Sterben: „O Annis Herd, Annis Herd, sie hat mich zerstört."

Der Prozeß von St. Osyth, der in der Zeit zwischen dem berüchtigten Verfahren gegen die **Hexen von Chelmsford** im Jahre 1566 und dem Prozeß von 1593 gegen die **Hexen von Warboys** stattfand, markierte ein wichtiges Stadium in der Entwicklung der Hexenjagdmanie, die viele Jahre lang Ostengland beherrschte. Die Anerkennung dubioser Zeugenaussagen, insbesondere von Kindern, die noch lange nicht das Alter erreicht hatten, in dem Aussagen vor Gericht zulässig waren, schuf einen zweifelhaften Präzedenzfall für viele künftige Prozesse (u. a. für das Verfahren gegen die **Hexen von Salem** hundert Jahre darauf). Wallace Notestein schrieb dazu 1911 in seinem Geschichtswerk *History of Witchcraft in England from 1558 to 1718*: „Die Verwendung von Beweismaterial in diesem Prozeß könnte zu der Annahme verführen, daß es in England noch keine Beweisregeln gab. Die Aussagen von sechs- bis neunjährigen Kindern wurden begierig angehört ... es war nichts ausgeschlossen."

Der Schatten, den der Prozeß auf St. Osyth geworfen hatte, lag viele Jahre über dem Ort; den Hexenjagden des Matthew **Hopkins** fielen in den vierziger Jahren des siebzehnten Jahrhunderts weitere vermeintliche Hexen aus diesem Dorf zum Opfer. Eine andere bemerkenswerte Nebenerscheinung des Prozesses war 1584 die Veröffentlichung von Reginald Scots *Discoverie of Witchcraft*. Dieses Werk trug viel dazu bei, einer weiteren Verbreitung des Hexenwahns entgegenzuwirken, indem es die Schwachpunkte des Glaubens an die tatsächliche Existenz von Hexerei aufzeigte.

1921 wurden in St. Osyth beim Pflügen eines Ackers zwei weibliche Skelette ans Tageslicht gebracht. Die Gerippe waren an Knien und Ellbogen von eisernen Nieten durchbohrt, womit man offenbar einst verhindern wollte, daß die beiden Toten wieder auferstehen. Sie wurden unter Vorbehalt als die sterblichen Überreste von Ursula Kempe und Elizabeth Bennet identifiziert, könnten jedoch auch die Gebeine zweier Hexen sein, die während der Hopkins-Ära umgebracht wurden. Sie sind heute in einem Museum in Cornwall aufbewahrt.

Strachan, Isobel *siehe* **Aberdeen, Hexen von**

Streckbank *siehe* **Leiter**

Stroh Im ländlichen Aberglauben galt Stroh, das die Fruchtbarkeit verkörperte, im allgemeinen als glückbringend, konnte jedoch von Hexen auch zu schändlichen Zwecken verwendet werden. Der Überlieferung zufolge konnte eine Hexe, die sich etwas Stroh von der Schlafstatt einer bestimmten Person beschaffte, magischen Einfluß auf diese Person ausüben. Halme vom Bettstroh wurden beim **Bildzauber** eingesetzt, um einem Opfer Schaden zu bringen, oder um in Liebesangelegenheiten dessen Gefühle in eine bestimmte Richtung zu lenken. Zu den zahlreichen anderen Vorstellungen, die die Menschen einst mit dem Stroh verbanden, gehörten auch die, daß man den **Teufel** mit einem Strohhalm in zwei Hälften schneiden könne, und daß eine mit Stroh geschmückte Kuh vor den Angriffen böser Geister geschützt sei.

Sturmzauber *siehe* **Knotenzauber**; **Wetterzauber**

Style, Elizabeth *siehe* **Somerset, Hexen von**

Sukkubus Dämon, der das weibliche Äquivalent des Inkubus darstellte und der sterbliche Männer im Schlaf verführte. Den frühesten Legenden über Sukkubi zufolge waren diese Wesen in ihrer Erscheinung halb Mensch und halb Dämon. Durch die Verführung Sterblicher wurden sie schwanger und gebaren Ungeheuer. Allerdings sollten nicht alle Abkömmlinge aus einer solchen Verbindung **Dämonen** sein: Über viele bemerkenswerte Männer in der Geschichte, darunter auch über Alexander den Großen und Merlin, ging das Gerücht, sie seien das Produkt einer Liaison zwischen Mensch und Dämon. Jeder, den man für schuldig befand, ein intimes Verhältnis mit einem Sukkubus zu haben, hatte die Sünde der Sodomie auf sich geladen und war zu einer Ewigkeit im Feuer der Hölle verdammt.

Sukkubi waren nach Auffassung der Dämonologen in einer eigenen Hierarchie organisiert, an deren Spitze die Fürstin Nahemal (auch **Lilith** genannt), die Königin aller Sukkubi, stand. Der Überlieferung zufolge materialisierten sich Sukkubi meist in Gestalt sehr schöner Frauen oder nahmen sogar die Gestalt von Ehefrauen oder Geliebten an, um den Männern, die von ihnen verführt wurden, Sperma zu „stehlen". Besonders anfällig gegen die Übergriffe der Sukkubi waren Mönche und andere im Zö-

Sukkubus

libat lebende Menschen – eine Vorstellung, die nahelegt, daß diese Dämonen erfunden wurden, um unerwünschte erotische Träume und **Nachtmahre** zu erklären. Mehrere frühe Heilige wie Antonius der Große wurden von Sukkubi gequält, die sie mit ihren lüsternen Gedanken in Versuchung führten und von ihrem frommen Weg abzubringen suchten. Der heilige Victorinus wurde auch wirklich von der Versuchung übermannt und tat sich mit einer Dämonin zusammen. Ebenso erging es im zehnten Jahrhundert dem späteren Papst Silvester II. als jungem Mann, als er von einem Sukkubus mit Namen Meridiana versucht wurde.

Viele Männer behaupteten, daß der Beischlaf mit einem Sukkubus alle Genüsse, die sie bei einer sterblichen Partnerin erlebt hätten, bei weitem übersteige. Ein Unternehmer aus dem fünfzehnten Jahrhundert hatte zur offensichtlichen Zufriedenheit der Kunden in seinem Bordell in Bologna angeblich nur Sukkubi angestellt. Dafür wurde er 1468 zum Tode verurteilt. Der Dämonologe Pico della Mirandola indes erzählte eine Geschichte über einen Mann, der vierzig Jahre lang intime Beziehungen zu einem Sukkubus gepflegt habe und sich nicht dazu habe durchringen können, sich von der Dämonin zu trennen. Der Umgang mit einem Sukkubus barg jedoch auch Risiken: Ein Einsiedler starb angeblich nach einem Monat des Zusammenseins mit einem solchen Wesen an Erschöpfung. Dennoch fanden andere ihre Erlebnisse mit Sukkubi als unbefriedigend. In Nicolas **Remys** *Demonolatreiae* aus dem Jahre 1595 beschrieb ein Mann den Beischlaf mit einem Sukkubus als „kalt und unangenehm" und beschwerte sich, daß er „sein Instrument in eine eiskalte Höhle gesteckt" habe.

T

Talisman *siehe* **Amulett**

Taufe *siehe* **Initiation**

Tempelritter Ritterorden, dessen vollständiger Name Arme Ritter Christi und des Tempels Salomos lautet, und den die **Inquisition** schließlich vernichtete, nachdem einige seiner Feinde die Ordensmitglieder der **Häresie**, der Beschäftigung mit dem Okkultismus und der Unmoral bezichtigt hatten. Der Templerorden wurde 1118 von neun französischen Rittern in Jerusalem gegründet. Er feierte die Ideen des Idealismus, der Ritterlichkeit und der religiösen Frömmigkeit. Anfangs war der Orden stolz auf die Armut und Selbstverleugnung seiner Mitglieder, die nichts als ihre Kleidung und ihre Waffen besaßen, ihr Haar schnitten und die Keuschheitsregel akzeptierten (die so weit ging, daß sie sogar davon absahen, ihre Mütter zu küssen). Ihr Großsiegel zeigte zwei Ritter auf einem Pferd – den typischen Stand der Dinge in der frühen Geschichte des Ordens, als sich nicht jeder Ritter ein Pferd leisten konnte.

Solche Frömmigkeit begeisterte viele Bewunderer, die mit Geschenken und Ländereien für die Tempelritter nicht geizten, bis der Orden zu einem der wohlhabendsten Unternehmen in ganz Europa aufgestiegen war. Zusammen mit den rivalisierenden Johannitern gehörten die Tempelritter schließlich zu den wichtigsten militärischen Orden, die an den Kreuzzügen teilnahmen. Die Macht, die die Organisation inzwischen ausübte, bescherte ihr indessen viele politische Feinde, und so bezichtigte Philipp IV. von Frankreich (der großes Interesse am Reichtum der Templer zeigte) den Orden schließlich verschiedener Vergehen. 1312 wurden die Ritter auf Geheiß Papst Klemens' V. von der Inquisition unbarmherzig verfolgt.

Die Anklagepunkte, die den zweihunderteinunddreißig Rittern vor Gericht zur Last gelegt wurden, reichten von Gotteslästerung und Teufelsverehrung bis zu Sodomie und anderen widernatürlichen Verirrungen. Die Geheimnisse, die sich um ihre Zusammenkünfte rankten, die wilden Gerüchte, die über ihre bizarren Initiationsrituale ausgestreut wurden, und ähnliche Dinge trugen dazu bei, den öffentlichen Argwohn gegenüber den Tempelrittern zu fördern, und unter der Schirmherrschaft der Inquisition wurde die Destruktion des Ordens betrieben. Unter der Folter gaben die Ordensmitglieder zu, Christus verleugnet, auf das Kreuz gespieen oder uriniert zu haben, sich allen Arten sexueller Perversität mit Dämonen hingegeben sowie **Behemot** und anderen bösen Geistern gehuldigt zu haben.

Die geständigen Tempelritter ließ die Inquisition im allgemeinen am Leben, doch den Großmeister, der beteuerte, daß sich der Orden nie solcher Verbrechen schuldig gemacht habe, ließ sie am 18. März 1314 bei lebendigem Leib verbrennen. Im Sterben forderte er den Papst und Philipp IV. auf, vor Ablauf eines Jahres zusammen mit ihm vor Gott zu treten. Beide Männer starben innerhalb von zwölf Monaten nach der Hinrichtung.

Die Vernichtung des Ordens der Tempelritter war insofern bezeichnend für die Anfänge der Hexenverfolgung, als sie die Methoden und die Rechtfertigungsversuche vorwegnahm, derer sich die Inquisition bedienen sollte, als sie später ihren Feldzug gegen die Hexen startete. Es gab eine ausgeprägte Ähnlichkeit zwischen den Verbrechen der Tempelritter und denen der Zauberer und Hexen, die ihnen als Opfer folgen sollten. Die Inquisitoren hatten die Schuld an den Gebrechen der Gesellschaft erfolgreich auf den Orden abgewälzt und dabei den Wert eines Sündenbockes begriffen – eine Rolle, für die die angeblichen Hexen wie geschaffen waren.

Teufel

Teufel Beherrscher der Unterwelt und Fürst der **Dämonen**, der als Erzfeind Gottes und der Menschen gilt. Er wird auch **Luzifer** oder **Satan** genannt und in der Umgangssprache als der „Fürst der Finsternis" bezeichnet. Der Teufel wurde üblicherweise als der Förderer des Bösen in der Welt dargestellt, der mit Hilfe seiner Agenten, der Dämonen und Hexen, ein Komplott gegen die Menschheit plante und Anspruch auf deren Seelen erhob.

Der Bibel zufolge bestand die Rolle des Teufels darin, die Gläubigen mit verschiedenen Unglücksfällen heimzusuchen, damit sich die wahre Natur ihres Glaubens an Gott zeigte. Der Teufel war der übelwollende Ankläger, der auf der Erde umherstreifte und nach Gelegenheiten Ausschau hielt, im Namen Gottes Erscheinungen der Schwäche bloßzustellen. Später allerdings wurde er zu einer aufrichtig bösen Figur, die sich der Zerstörung des Menschen und dem Sturz Gottes widmete. Die Geschichte vom Fall des Engels Luzifer durch den Stolz auf seine Macht gab den Dämonologen die Möglichkeit, die Mythologie des Teufels zu entwickeln, der als Erzfeind über ein eigenes Königreich herrschte und die Seelen böser Menschen in seinen Besitz brachte, um sie für seine Zwecke zu verwenden. An anderer Stelle wird in der Bibel erklärt, wie es zweihundert Engel Gottes nach sterblichen Frauen gelüstete und sie zur Strafe in den „Tälern der Erde" – der Hölle – eingesperrt wurden. Diese entthronten Engel – die „Wächter" – bildeten dann den Kern der Kohorten des Teufels.

Die Autorität der Bibel reichte aus, um das mittelalterliche und das nachmittelalterliche Gemüt davon zu überzeugen, daß der Teufel eine wirkliche Kraft war, mit der man rechnen mußte. In den Kirchen ganz Europas fanden sich bildliche Darstellungen des Teufels, einer dunklen Gestalt, die häufig mit Hörnern und einem Schwanz versehen war, und die zweifelsohne viel dazu beigetragen haben, den Glauben an dessen Macht zu festigen. Johann **Weyer** hob 1563 in einer Schrift die Fähigkeit des Teufels hervor, Böses zu tun: „Satan besitzt großen Mut, unglaubliche Schlauheit, ein übermenschliches Wissen, den größten Scharfsinn, vollendete Umsicht, eine unvergleichliche Fähigkeit zur Verschleierung der verderbtesten Listen hinter einer trügerischen Tarnung und einen bösartigen und unendlichen Haß gegen die menschliche Rasse, unerbittlich und unheilbar."

Wenn es einen Gott gab, dann folgte daraus, daß es durch dieselbe Autorität auch einen Teufel gab. Die Leugnung der Existenz des Teufels kam daher in den Augen der strengeren kirchlichen Obrigkeit einer Leugnung Gottes gleich. Wenn der Teufel, die Quelle allen Übels, von Gott geschaffen war, dann konnte man alles Übel in der Welt letzten Endes Gott zuschreiben. Diese logische Weiterführung bereitete den frühen christlichen Gelehrten viele Schwierigkeiten.

Der Teufel, den zahllose Hexen über die Jahrhunderte hinweg in ihren Geständnissen schilderten, erschien entweder als „dunkler", ganz in Schwarz gekleideter Mann oder in Gestalt von Tieren, typischerweise als **Ziegenbock**, als **schwarzer Hund**, als **Wolf** oder seltener auch als Vogel oder Stier (denkbar als eine Nachahmung des Stiergottes des antiken Mithraismus). Die erste theologische Definition des Teufels, die im Jahre 447 n. Chr. von der Synode von Toledo bestätigt wurde, beschrieb dieses Wesen als „eine große schwarze monströse Erscheinung mit Hörnern auf dem Kopf, Pferdefüßen ... einem riesigen Phallus und mit einem schwefeligen Geruch". Alle Konfessionen waren sich einig darüber, daß er unzüchtig und in seinem Streben nach dem Bösen unermüdlich sei, doch eine beträchtliche Zahl von oftmals humorvollen Volkserzählungen zeigte den Teufel auch als begriffsstutziges Wesen, der sich von seinen ausersehenen Opfern gelegentlich überlisten ließ. Dieses konventionelle Bild vom Teufel entwickelte sich wahrscheinlich im dritten oder vierten Jahrhundert n. Chr., als die Einsiedler in den ägyptischen Wüstengegenden den biblischen Satan mit anderen, älteren und nun als heidnisch abgetanen Göttern, wie beispielsweise Pan mit seinen Klauenfüßen, verknüpften.

Für ihre unbedingte Treue (die sie mit dem rituellen obszönen **Kuß** ausdrückten) und als Gegengabe für ihre Seelen wurden die Hexen vom Teufel mit einem **Hausgeist** beschenkt, der ihnen nach ihrem Willen diente, und mit dem Versprechen bedacht, daß sie für den Rest ihres Lebens besondere Zauberkräfte besäßen. In der Vergangenheit waren abergläubische Menschen wirklich davon überzeugt, daß die Anhänger des Teufels tatsächlich über besondere Kräfte verfügten, daher höchst gefährlich waren und verdienten, vernichtet zu werden. Vernünftigere Beobachter, die es für unmöglich hielten, daß Hexen durch die Luft fliegen und ihre Pläne mit Hilfe der Magie verwirklichen konnten, meinten, daß der Teufel seine Anhänger nur glauben machte, sie besäßen übernatürliche Kräfte, was dem gesunden Menschenverstand zufolge aber nicht möglich war.

Die Mitglieder der Hexenzirkel erstatteten dem Teufel Bericht über ihre Schandtaten, wenn sie sich zu ihren Hexensabbaten trafen, und der Teufel erwies dann derjenigen Person, die ihren Nachbarn den größten Schaden zugefügt hatte, angeblich seine besondere Gunst. Den Worten einiger Hexen zufolge beteiligte sich der Teufel mitunter auch an der Herstellung von Wachsbildern, mit denen Feinde heimgesucht wurden, und gesellte sich zu dem lärmenden Trubel, der ein traditioneller Höhepunkt wichtiger Zusammenkünfte war.

Ihren Gipfelpunkt erreichte die Teufelsanbetung in Europa im fünfzehnten Jahrhundert, als Gilles de **Rais** und andere ihre eigenen Teufelskulte entwickelten, wobei sie ihrem dunklen Oberherrn manchmal mit Menschenopfern, Sexorgien und anderen ausgefallenen Handlungen huldigten. Die kirchliche Obrigkeit behauptete, der Teufel führe einen Feldzug gegen die christliche Welt, werbe für seine Sache Hexen und Zauberer an und drohe die Kirche zu stürzen. Da die Erinnerungen an die „Alte Religion" mit ihrem **Gehörnten Gott** langsam verblichen, wurde ihr Platz in der Vorstellungswelt des Volkes nun von der „zeitgemäßeren" Gestalt des Teufels und seinen Scharen eingenommen, denen man viele Eigenschaften der alten Götter zuschrieb.

Obwohl (trotz einer päpstlichen Erklärung aus dem Jahre 1972, daß der Teufel eine tatsächlich wirkende Kraft in der Welt von heute sei) der Glaube an einen wirklichen, ausdauernd bösen Teufel in der neueren Zeit zurückgegangen ist, praktizieren Okkultisten in aller Welt die Teufelsanbetung noch immer (*siehe* **Satanismus**). Die einhundertsechzig Kilometer lange Spur von „Teufelshufen", die man 1855 im südlichen Devonshire im Schnee entdeckt hatte, rief selbst noch in dieser Zeit bei der ländlichen Bevölkerung Bestürzung hervor und ließ Gerüchte aufkommen, daß „Old Nick", wie man den Teufel dort im Volksmund nennt, umginge.

Siehe auch **Dämonen und Dämonologie**; **Pakt mit dem Teufel**; **Teufelsmal**.

Teufel von Glenluce Scheinbarer Poltergeist, der von 1654–1656 bei einer Familie in Glenluce nahe Newton Stewart (Schottland) spukte, und dessen Auftreten viele Bewohner des Ortes der Hexerei zuschrieben. Die Störungen, die die Familie des Webers Gilbert Campbell in Unruhe versetzten, begannen, als dessen Sohn Thomas von der höheren Schule in Glasgow nach Hause geholt wurde. Thomas Campbell fürchtete offensichtlich, daß seine Schulzeit abgebrochen würde und er das Handwerk seines Vaters erlernen und fortführen müsse, was ihm nicht behagte. Der Dämon, der darauf im Hause erschien, fühlte augenscheinlich mit dem Jungen; er forderte, Thomas weiterhin in die Schule gehen zu lassen, und drohte den Eltern Rache an.

Blind für die offensichtliche Ursache der Vorfälle, die sich nur ereigneten, wenn Tom im Hause war, und bei denen Steine geworfen wurden, schauriges Pfeifen zu hören war, kleinere Fälle von Vandalismus und Brandstiftung vorkamen, schlossen der Weber und seine Frau aus den Ereignissen, daß Hexerei im Spiel sein mußte. Unterstützt wurden sie darin vom Pfarrer des Ortes und von einer Versammlung der Kirchenältesten, die extra einberufen worden war. Man erinnerte sich, daß ein Bettler mit Namen Andrew Agnew in dem Haus einmal vergeblich um ein Almosen gebeten und daraufhin verschiedene Drohungen gemurmelt hatte. Er mußte also die Ursache des Ärgers sein (obwohl der „Geist" in dem Haus die Schuld nicht Agnew, sondern ortsansässigen Hexen gegeben hatte). Der unglückliche Agnew wurde folglich verhaftet und verurteilt und in Dumfries wegen Gotteslästerung gehängt. Danach hörten die übernatürlichen Erscheinungen auf. 1685 wurde der Fall in die Sammlung der vermeintlich echten Vorfälle von Hexerei aufgenommen.

Teufelsmal

Teufelsmal Ein Mal am Körper eines Menschen, nach dem früher die Hexenriecher oder deren Vertreter suchten, und das als Beweis dafür galt, daß die verdächtige Person eine Hexe war. Der Überlieferung zufolge versah der **Teufel** jedes neue Mitglied eines **Hexenzirkels** mit seinem Zeichen, um den Neuling als einen der seinen identifizieren zu können. (Nach Francesco-Maria **Guazzos** Auffassung kennzeichnete er nur diejenigen, die er für unzuverlässig hielt.) Dabei berührte er einfach die Haut seines Jüngers mit dem Finger, der Zunge oder mit einer seiner Klauen, küßte die betreffende Stelle oder brannte das Mal mit einem heißen Eisen auf.

Jacques Fontaine, der im frühen siebzehnten Jahrhundert Arzt bei Heinrich IV. von Frankreich war, verbreitete sich über die Methoden des Satans, sein Zeichen anzubringen:

> Manche sagen, daß der Satan diese Male mit einem heißen Eisen und einer gewissen Salbe anbringt, die er in die Haut der Hexen reibt. Andere sagen, daß der Teufel die Hexen mit seinem Finger markiert, wenn er in menschlicher Gestalt oder als Geist erscheint. Wenn das Mal mit einem heißen Eisen angebracht worden wäre, dann müßte an der gezeichneten Körperstelle eine Narbe entstehen, doch die Hexen bezeugen, daß sie an dem Mal nie eine Narbe gesehen hätten ... Doch ist ein solcher Nachweis unnötig, da der Teufel, dem es nicht an Wissen über die Arzneien mangelt, und der die besten davon besitzt, jene Stelle nur auf ewig zu betäuben braucht. Was die Narbe betrifft, so ist der Teufel ein derart geschickter Arbeiter, daß er das heiße Eisen auf den Körper setzen kann, ohne daß eine Narbe davon zurückbleibt.

Das Teufelsmal war nicht immer ohne weiteres sichtbar, und der nackte, meist völlig kahlrasierte Körper einer vermeintlichen Hexe mußte daraufhin gründlich untersucht werden, was oftmals in der Öffentlichkeit stattfand. Es herrschte der weitverbreitete Glaube, daß das Teufelsmal oder *stigma diabolicum* schmerzunempfindlich sei, und daß man es am einfachsten fände, wenn man die verdächtige Person mit spitzen Nadeln oder Lanzetten steche, bis die Stelle ausgemacht war, an der der oder die Angeklagte nichts zu fühlen schien (*siehe* **Nadelprobe**).

Das Vorhandensein eines schmerzunempfindlichen Punktes, den man im Verlaufe einer solchen Untersuchung meist entdeckte, wurde als Schuldbeweis sehr ernstgenommen. Dabei scheint das, was die Hexenriecher fanden, in Wirklichkeit meist eine alte Narbe, eine Zyste, ein Hühnerauge, ein Leberfleck, eine Warze, ein Muttermal oder ein anderer natürlicher Makel gewesen zu sein. Mediziner, die den Hinweis wagten, daß es schwierig sei, zwischen einem Teufelsmal und natürlichen Schönheitsfehlern zu unterscheiden, wurden verspottet und wahrscheinlich als schlechte Ärzte entlassen.

Michael Dalton erörterte 1630 in seinem Werk *The Countrey Justice* das Auffinden des Teufelsmals und beschrieb es so:

> ... manchmal wie ein blauer oder roter Fleck, wie von einem Flohbiß; manchmal ist das Fleisch eingesunken und tiefliegend (was man alles eine Zeitlang verbergen und gar wegmachen kann, was aber in seiner alten Form wiederkommt). Und diese Teufelsmale sind unempfindlich und bluten nicht, wenn man hineinsticht, und befinden sich häufig an den geheimsten Stellen und erfordern daher eine ordentliche und gründliche Untersuchung.

Zu den Stellen, die besonders sorgfältig geprüft werden mußten, gehörten bei Frauen die Brüste und der Bereich zwischen den Beinen; Männer wurden vor allem an Achselhöhlen, am After und unter den Augenlidern untersucht. In England galten die Finger als bevorzugte Stellen für das Teufelsmal, und auf dem europäischen Kontinent war es die linke Schulter.

Andere Spezialisten auf dem Gebiet behaupteten, das Teufelsmal ließe sich auch an seiner Form erkennen. Eine Quelle aus dem sechzehnten Jahrhundert behauptete, daß das Mal „nicht immer die gleiche Form hat; manchmal ist es das Ebenbild eines Hasen, manchmal sieht es wie ein Krötenfuß aus, manchmal wie eine Spinne, ein junger Hund oder eine Haselmaus". Einer anderen Überlieferung zufolge zeigte sich das Mal meist in der Form eines Pferdefußes.

Die Vorstellung, daß die Entdeckung eines oder gar mehrerer Teufelsmale den schlüssigen physischen Beweis für die Schuld einer Hexe darstellte, war weit verbreitet. In der Mehrzahl der Hexenprozesse, die vom fünfzehnten bis in das späte siebzehnte Jahrhundert hinein in Europa stattfanden, spielten auch Beweismittel

dieser Art eine Rolle. Viele Tausende angeblicher Hexen starben wegen unbewiesener Anschuldigungen und wegen des Teufelsmals, das man an ihrem Körper als einzigen Beweis gegen sie fand.
Siehe auch **Hexenmal**.

Teufelsmesse *siehe* **Schwarze Messe**

Thomasius, Christian 1655–1728. Deutscher Rechtsgelehrter, der die Hexenverfolgung zunächst befürwortete, später jedoch einer ihrer erbittertsten Gegner wurde. Thomasius, der an der Universität Halle lehrte, die seine Kritiker die „Universität Hölle" nannten, war für seinen Nonkonformismus und seine liberalen Ansichten bekannt. Sein Interesse am Thema Hexenwesen wurde geweckt, als er an einer Überprüfung des Prozesses gegen eine Barbara Labarenzin durch die Universität teilnahm. Thomasius stellte sich anfangs gegen die öffentliche Meinung und befürwortete den Gebrauch der milden **Folter** gegen Angeklagte, doch nach dem Studium einiger Prozesse, darunter auch des Falles der **Hexen von Mora**, änderte er seine Ansicht und gelangte zu der Überzeugung, daß der Hexenmythos eine Wahnvorstellung sei, und wandte sich scharf dagegen. Die Kirche zwang ihn zuzugeben, daß die Hexen wirklich existierten, konnte ihn jedoch nicht davon überzeugen, daß eine Hexe je einen **Pakt mit dem Teufel** unterzeichnet hatte. Seine Schlußfolgerungen zum Thema Hexenwesen veröffentlichte Thomasius 1701 in seiner Schrift *De crimine magiae*, die weithin verbreitet war und den Aktivitäten der Hexenjäger entgegentrat.

Thomastag *siehe* **Hexensabbat**

Tier Der Anti-Christ, ein furchterregender Dämon, der der Bibel nach in der Hierarchie der Hölle an oberer Stelle steht. Nach der Vertreibung **Satans** aus dem Himmel erhob sich das Tier mit seinen zehn Hörnern und sieben Köpfen aus dem Meer und führte, gestützt auf die von Satan verliehene Macht, Krieg gegen die Heiligen. Nachdem es dreieinhalb Jahre über die Erde geherrscht hatte, kam es zum Endkampf zwischen den Kräften des Guten und denen des Bösen, und das Tier wurde in einen See aus brennendem Schwefel geworfen, um dort für alle Ewigkeit zu bleiben. Die Identität des Tiers ist ungeklärt, doch in der Bibel (Offenbarung des Johannes 13,18) wird ihm die Zahl sechshundertsechsundsechzig zugeschrieben, die vielleicht damit zusammenhängt, daß Jesus Christus am sechsten Tag der jüdischen Woche gekreuzigt wurde. Verschiedene Experten mutmaßen, daß das siebenköpfige Tier die Stadt Rom mit ihren sieben Hügeln darstellt, und daß die Zahl sechshundertsechsundsechzig als Zahlencode für den Namen des verhaßten Kaisers Nero ausgelegt werden kann.

Viele Hexen und Zauberer aus neuester Zeit haben behauptet, bei Zeremonien, die in **magischen Kreisen** abgehalten wurden, das Tier beschworen zu haben. Aleister **Crowley** gliederte das Tier in seine persönliche okkulte Philosophie ein, nahm die Zahl sechshundertsechsundsechzig als die seine an und nannte sich „The Great Beast".

Tituba *siehe* **Salem, Hexen von**

Todessalbe Giftige Salbe, mit der die Hexen früher angeblich ihre Opfer bestrichen, um sie so durch Zauberei zu ermorden. Hexen wurden solcher Verbrechen einst mit ziemlicher Regelmäßigkeit angeklagt. Die **Hexen von Berwick** beispielsweise gestanden ihren Versuch, ein Kleidungsstück von Jakob I. zu beschaffen, um es mit einer Salbe dieser Art zu bestreichen und so den Tod des Königs herbeizuführen. Die in den Pariser **Chambre-Ardente-Prozeß** verwickelten Personen waren in ähnlicher Weise angeklagt, Künste dieser Art praktiziert und Salben aus Arsenik, Schwefel, Vitriol, Fledermaus- und Krötenblut, Giftpflanzen, Sperma und Menstruationsblut hergestellt zu haben.

Für Todessalben gab es viele Rezepturen. Neben anderen Ingredienzien, die angeblich dafür verwendet wurden, enthielten sie auch Blätter und andere Teile solcher Pflanzen wie **Schierling** und **Nachtschatten**, Teile von giftigen Reptilien, Säugetieren und Fischen, Meßwein und Hostien, Knochen, Haare, Metalle, Steine und als berüchtigste Zutat das Fett gebratener Säuglinge. Es waren viele Erzählungen von Hexen im Umlauf, die frische Gräber aufbrachen – insbesondere die von

Tränke

Kindern und hingerichteten Verbrechern –, um sich die für ihre Zaubereien notwendigen Dinge zu beschaffen.

Dem Volksglauben nach konnte eine Todessalbe, die genau nach der Rezeptur bereitet war, massenhaft Krankheit und Tod bringen. 1545 beispielsweise brach über das kalvinistische Genf eine geheimnisvolle Krankheit herein, die viele Menschenleben forderte. Man argwöhnte, daß hier eine Todessalbe im Spiel gewesen sei, und zwang einem angeblichen Hexenmeister durch Folter das Geständnis ab, er habe den Fuß eines Gehenkten mit solch einer Salbe bestrichen und ihn dann gegen die Torriegel vieler Häuser der Stadt gerieben, damit die Krankheit sich ausbreite. Personen, die man dieses Verbrechens überführt hatte, erwartete die Todesstrafe: Vor dem Verbrennen wurden ihnen Haut und Fleisch mit Zangen vom Körper gerissen. Legten sie kein Geständnis ab, dann mauerte man sie ein und ließ sie sterben. In Mailand wurden 1630 viele vermeintliche Hexen auf ähnliche Weise gepeinigt und zu Tode gebracht, als man nach dem Ausbruch der Pest in der Stadt Zauberer und Hexen beschuldigt hatte, die Stadtmauern mit einer Todessalbe bestrichen zu haben. Es hat den Anschein, daß im letzten Fall die Verfolgung begann, nachdem der Gesundheitskommissar selbst dabei beobachtet worden war, wie er seine tintenbefleckten Hände an der Mauer abwischte. Er gehörte zu den ersten Opfern, die unter der Folter ein Geständnis ablegten und dann verbrannt wurden.

Tränke *siehe* **Flugsalbe; Liebestrank; Todessalbe; Zauber**

Trembles, Mary *siehe* **Exeter, Hexen von**

Trier, Hexen von Der Erzbistum Trier erlebte im späten siebzehnten Jahrhundert einige der schlimmsten Exzesse des Hexenwahns. Die Furcht vor der Hexenbedrohung breitete sich von Lothringen und Luxemburg nach Trier aus, das damals zum Heiligen Römischen Reich gehörte, und entwickelte sich von 1582 an zum umfassenden Hexenwahn. Diese Zeit war für die Bevölkerung des Erzbistums besonders schwer, da es neben anderen Problemen mehrere Mißernten gegeben hatte, die die Bereitschaft der Menschen geweckt hatten, jemanden als Sündenbock für all das Unheil zu akzeptieren.

Mit seinem Angriff auf den Zivilrichter Dietrich **Flade** gab der Fürsterzbischof Johann von Schönenberg das Zeichen zum Beginn einer großen Verfolgungskampagne in Trier. Er kritisierte den Richter wegen dessen Nachsicht in den Hexenprozessen, ließ ihn mit Hilfe des Statthalters Johann Zandt, des Notars Peter Ormsdorf und des Suffraganbischofs Peter **Binsfeld** aus seinem Amt entfernen und schließlich selbst als Hexenmeister hinrichten. Der Versuch des Paters Cornelius Loos, die skandalöse Mißachtung des Gesetzes in den nachfolgenden Hexenprozessen öffentlich zu machen, wurde von der Kirche skrupellos unterdrückt; man verbannte Loos nach Brüssel, und die Kampagne gegen die vermeintlichen Hexen wurde ungehindert fortgesetzt. Zwischen 1587 und 1594 waren in Trier etwa sechstausend Menschen in angebliche Hexenverbrechen verwickelt. Johan Linden, Stiftsherr von Sankt Simeon, schrieb, daß das ganze Land sich erhoben habe, um die Hexen zu vernichten, und daß nur sehr wenige Angeklagte **Folter** und Strafe entgangen seien. Er erwähnte auch, daß viele der Opfer zu den wohlhabendsten Bürgern gehört hätten und schloß daraus, daß man sie habe sterben lassen, um ihren Besitz konfiszieren zu können. Er beklagte, daß an der ganzen Hexenverfolgung Notare, Schreiber und Schankwirte reich geworden seien, der Scharfrichter wie ein Edelmann vom Hofe auf einem Vollblutpferd daherreite und in Gold und Silber gekleidet sei, und daß seine Frau mit den Adelsfrauen in der Pracht ihres Aufputzes wetteifere.

Als der Hexenwahn schließlich nachließ, hatte die Stadt einen regelrechten Wald aus Scheiterhaufen aufzuweisen, auf denen die als Hexen Verurteilten verbrannt worden waren. Der Mangel an Geld, mit dem weitere Prozesse hätten finanziert werden können, und die Kriegskosten sorgten schließlich für das Ende der Prozeßflut.

Trommler von Tedworth Poltergeist, der in einem Haus in Tedworth (heute Tidworth) in Wiltshire spukte, und dem man die Schuld an verschiedenen Aktivitäten von **Dämonen** gab. Zu der Zeit, als sich die Obrigkeit häufig nicht in der Lage sah, zwischen übernatürlichen Erscheinungen wie Geistern und den Übeltaten von Dämonen und Hexen zu unterscheiden, ließen die Ereignisse im Hause des Richters John Mompesson die Vermutung aufkommen, daß der Richter von Teufeln belästigt würde.

Die Sache begann, als Mompesson eine Trommel konfiszierte, die einem Vagabunden namens William Drury gehörte. Drury war ein ehemaliger Regimentstrommler, der nun mit seinen Tricks auf ländlichen Märkten auftrat. In der Folgezeit hörte man überall im Haus des Richters den Klang dieses Instruments, obwohl die Quelle der dumpfen Schläge nicht ausgemacht werden konnte. Nachdem man die Trommel des Vagabunden zerstört hatte, wurden diese Geräusche noch lauter. Zu Beginn des Jahres 1663 wurde Drury wegen des Diebstahls von Schweinen erneut verhaftet und zur Deportation verurteilt. Er floh vom Sträflingsschiff und besorgte sich eine neue Trommel. Mompesson ließ den Vagabunden nochmals festnehmen, und Drury wurde nun der Hexerei und des Schweinediebstahls angeklagt. Man behauptete, Drury habe während seines Gefängnisaufenthalts einem Besucher gegenüber zugegeben, daß er für die Belästigung und Unruhe verantwortlich sei, doch man konnte ihm keine Hexerei nachweisen. Für das andere Verbrechen jedoch wurde er nach Virginia deportiert.

Die Personen, die behaupteten, das Geräusch gehört zu haben, erklärten, der Unsichtbare scheine Antworten auf ihre Fragen getrommelt zu haben. Die zeitgenössischen Dämonologen sahen verschiedene andere Phänomene, die in diesem Haus aufgetreten sein sollten, als wichtig und als klaren Hinweis auf den dämonischen Ursprung der Störungen an. Sie zogen einleuchtende Schlüsse beispielsweise aus dem Schwefelgeruch, der angeblich das Haus durchdrang. In anderen Berichten war die Rede davon, daß von unsichtbarer Hand Kinder in die Luft gehoben und Möbel gerückt, Bibeln mit Asche bedeckt, Nachttöpfe über den Betten geleert, daß Blutstropfen gefunden und die Bettwäsche durcheinandergebracht worden sei. Gelegentlich war die Kakophonie so laut, daß das ganze Dorf darüber erwachte.

Die außergewöhnlichen Erscheinungen, die man dem „Trommler von Tedworth" zuschrieb, dauerten zwei Jahre an und hörten dann auf, ohne daß jemand die Wurzel des Übels entdeckt hätte. Karl II. begann der Fall zu interessieren, und er sandte ein Untersuchungskomitee, doch dessen Mitglieder konnten nichts Ungewöhnliches feststellen. Joseph **Glanvill**, der die Angelegenheit ebenfalls untersuchte, zeigte sich überzeugt davon, das die Phänomene echt waren. Er unterstrich die beeindruckenden Qualifikationen John Mompessons, der viele der Zwischenfälle in seinem Haus miterlebt hatte, und nannte ihn „eine diskrete, scharfsinnige und mannhafte Person". Glanvill betonte, daß so viele Menschen mit solcher Ehrlichkeit über unerklärliche Vorkommnisse in diesem Hause berichtet hätten, daß man vor allem unter dem Gesichtspunkt, daß die Familie Mompesson nichts an der Affäre verdiene, den Spuk nur als real betrachten könne.

Turner, Anne *siehe* **Overbury, Sir Thomas**

U

Umkehrung Dem Uhrzeigersinn oder dem Lauf der Sonne am Himmel entgegengesetzte Richtung, die häufig als die eigentlich richtige Bewegungsrichtung beim Beschwören des Teufels und beim Ausführen verschiedener Schadenzauber festgelegt war und eingehalten werden mußte. Eine Tätigkeit in ihrer Umkehrung zu verrichten, schloß eine bewußte Ablehnung der „normalen" christlichen Art und Weise ein und mußte also das Wohlwollen des Teufels und der bösen Geister auf sich lenken, was die Chancen für das Gelingen einer Zauberei erhöhte.

Den Hexen sagte man nach, sie würden ihre zauberkräftigen Gebräue gegen den Uhrzeigersinn umrühren, wenn damit eine Übeltat begangen werden sollte. **Magische Kreise** hingegen mußte man in der „richtigen" Richtung, also mit dem Lauf der Sonne, ziehen, um damit eine wirksame Sperre gegen böse Geister zu errichten. Hexen wählten üblicherweise eine gegen den Uhrzeigersinn gerichtete Route, wenn sie auf dem Weg von einem Ort zu einem anderen waren oder sich dem Teufel näherten. Viele Menschen behaupteten, daß eine Hexe Geister und Dämonen beschwören könne, indem sie einfach dreimal in der „falschen" Richtung um eine Kirche ginge. Den Aussagen von Teilnehmern und unabhängigen Zeugen von **Hexensabbaten** zufolge wurden Hexentänze stets gegen den Uhrzeigersinn aufgeführt. Ähnlich versuchte man sich den Konventionen der christlichen Welt zu widersetzen, indem man die Gebete rückwärts hersagte und die Symbole der Christenkirche umkehrte.

Unsichtbarkeit Viele Hexen behaupteten, sich unsichtbar machen zu können, was nach ihren Worten für gewöhnlich eine von ihrem **Hausgeist** oder vom **Teufel** persönlich verliehene Gabe war. Es existierten angeblich noch viele andere Möglichkeiten, unsichtbar zu werden. Eine von den englischen Hexen empfohlene Methode war die, den Speichel einer **Kröte** mit dem Saft einer Gänsedistel zu mischen und diese Flüssigkeit in Form eines Kreuzes auf die Haut aufzutragen. Trug man einen Achat oder das rechte Auge einer **Fledermaus** am Körper, oder tauschte man sein Hemd mit dem einer Leiche, dann sollte man ebenfalls unsichtbar werden.

Urban VIII., Papst *siehe* **Italien**

Urin Wegen seiner intimen Verbindung zum Körper wurde Urin häufig als bevorzugtes Ingrediens für die Alchimie und für verschiedene **Zauber** angeführt. Der Urin bewahrte angeblich seine übernatürliche Verbindung zum Körper und diente deshalb in der Magie dazu, Einfluß auf die jeweilige Zielperson zu gewinnen. Um das zu verhindern, riet der Aberglaube potentiellen Opfern, in ihren Urin zu spucken und die Flüssigkeit damit für jegliche Hexerei unbrauchbar zu machen, oder sich darin die Hände zu waschen. Damit weder Hexen noch böse Geister ins Haus eindringen konnten, sollte man die Türpfosten mit Urin besprengen und die Mitglieder der Familie mit einigen Tropfen davon benetzen, um auch sie vor dem Bösen zu schützen.

Argwöhnte jemand, daß eine Hexerei im Gange sei, dann war dem Aberglauben zufolge das beste Mittel dagegen, etwas Urin in den Teig für einen Kuchen zu mischen oder einige Fingernägel im Urin des Behexten zu kochen. In beiden Fällen mußte die Hexe dann angeblich ihre Identität enthüllen, indem sie plötzlich erkrankte. Der deutschen Hexentradition zufolge konnte ein Mädchen das Herz eines Mannes durch einen einfachen Trick gewinnen: Es brauchte nur in den Schuh des Auserwählten zu urinieren.

Siehe auch **Hexenflasche**.

V

Vaterunser Eine verdächtige Person das Vaterunser aufsagen zu lassen, war eine weithin anerkannte Hexenprobe. Im Volksglauben bestand die Ansicht, der Teufel würde dabei eingreifen, um zu verhindern, daß einer seiner Untergebenen das Gebet ohne einen verräterischen Fehler – sei es ein Zögern, ein Stottern oder einfach vergessene Worte – aufsagte. Der Test war zwar nicht rechtserheblich, wurde bei Gericht aber trotzdem recht häufig zur Unterstützung einer strafrechtlichen Verfolgung vorgebracht. Dabei war das typische Opfer von Hexereiklagen in vielen Teilen Europas – alt, ungebildet, ungesellig und vielleicht geistig zurückgeblieben – wahrscheinlich nicht in der Lage, das Gebet bis zum Schluß aufzusagen, ohne diesen oder jenen Fehler zu machen.

Zu den berühmtesten Beispielen, bei denen diese Probe vor Gericht stattfand, gehört der Prozeß von 1663 gegen Mrs. Julian Cox, eine der **Hexen von Somerset**. Vom Richter aufgefordert, gelang es ihr mehrere Male, das Gebet fehlerfrei aufzusagen, bis sie bei der Zeile „Und führe uns nicht in Versuchung" anlangte: Durch falsche Kenntnis, Gedankenlosigkeit oder weil sie an die Formulierung gewöhnt war, sagte sie die belastenden Worte „Und führe uns in Versuchung".

Vecchia, La *siehe* **Italien**

Vereinigte Staaten von Amerika Mit den ersten europäischen Siedlern, die einen reichen Aberglauben und die Hexentradition mitbrachten, kam auch der Hexenwahn nach Amerika, der sich jedoch hauptsächlich auf das ursprünglich von Engländern kolonisierte Neuengland beschränkte. Manche Gegenden bekamen den Wahn nie zu spüren, weil ein Großteil ihrer ersten europäischen Bewohner, wie es in New York der Fall war, aus Ländern wie beispielsweise Holland kamen, wo die Hexenpanik nie Fuß gefaßt hatte.

Im Bewußtsein der Gefahr erließen mehrere Pionierstaaten Gesetze, die eine ganze Reihe von Praktiken der Hexenkunst verboten und jedem, der einen **Pakt mit dem Teufel** schloß, im Falle seiner Entdeckung die Todesstrafe androhten. Die erste Hinrichtung wegen Hexerei fand am 26. Mai 1647 in Connecticut statt; damals wurde eine Frau mit Namen Alice Young gehängt (*siehe* **Connecticut, Hexen von**).

Durch die fünfziger Jahre des siebzehnten Jahrhunderts zog sich hauptsächlich in Neuengland ein stetiges Rinnsal von Hexenprozessen hin, und 1662 stand Connecticut ein weiteres Mal im Mittelpunkt des allgemeinen Interesses, als angeblich ein **Hexenzirkel** mit zwölf Mitgliedern entdeckt und in Hartford vor Gericht gebracht wurde. Im Ergebnis des Prozesses wurden mehrere Personen verurteilt und gehängt. 1671 sorgte Elizabeth Knap aus Groton (Long Island) für Unruhe, als sie ohne Anwendung der **Folter** gestand, mit dem Teufel gebuhlt zu haben. Auch sie wurde gehängt.

Nach einer längeren Pause, am Ende der achtziger Jahre des siebzehnten Jahrhunderts, als sich die Hysterie in Europa weitgehend beruhigt hatte, verstärkte sich in den östlichen Staaten die Furcht vor den Hexen plötzlich und bereitete nach einem weiteren angstschürenden Ereignis im Jahre 1688, dem Fall der **Goodwin-Kinder**, und unter dem Einfluß der zündenden Schriften des Cotton **Mather** und anderer Fanatiker die berüchtigtste Hexenjagd – den Prozeß gegen die **Hexen von Salem** vor, der 1692 stattfand. Die wilde Grausamkeit der Verfolgung in Salem und die Zahl der Opfer, die ihr Leben aufgrund der unwahrscheinlichsten Aussagen hysterischer Jugendlicher lassen mußten, erschütterte die Gesell-

Verwandlung

schaft des kolonialen Amerika und provozierte eine starke Reaktion der Gegner der Hexentheorie. Sogar noch vor dem Ende der Prozesse hatte sich die öffentliche Meinung spürbar gewandelt und ins Gegenteil verkehrt; innerhalb von einem oder zwei Jahren legte sich die Panik, und die Geschworenen der Salemer Prozesse sahen sich genötigt, sich öffentlich zu entschuldigen. Selbst Cotton Mather war gezwungen anzuerkennen, daß man in diesem Fall Fehler begangen habe.

Der Tragödie von Salem folgten in Amerika keine weiteren offiziellen Hinrichtungen wegen Hexerei. Damit beschränkte sich die Zahl der Menschen, die hier bei insgesamt etwa fünfzig Prozessen für dieses Vergehen zum Tode verurteilt und exekutiert wurden, auf sechsunddreißig. Eine Zeitlang gab es jedoch vereinzelte Ausbrüche der Hexenmanie. 1706 mußte sich Grace **Sherwood** aus Virginia an ein Gericht wenden, um ihren Ruf wiederherzustellen, nachdem sie von ihren Nachbarn bezichtigt worden war, eine Hexe zu sein. 1712 entgingen mehrere Menschen in einem Nachbarstaat nur knapp dem gewaltsamen Tod, weil eine aufgebrachte Menge glaubte, sie seien Mitglieder eines Hexenzirkels.

Mit dem Ende der Prozesse starb der Hexenglaube jedoch nicht völlig aus. Von Zeit zu Zeit trat in bestimmten Gegenden verschiedentlich der Glaube an Hexereien zutage – besonders in Missouri, Arkansas und Kansas, wo viele die Auswirkungen des **bösen Blickes** fürchteten und darauf achteten, daß das Vieh und die Häuser durch vielfältige alte **Zauberformeln** geschützt waren. Wie in Europa, so suchten auch hier die hexenfürchtenden Hofbesitzer ihre Häuser und Stallungen vor allem Übel zu bewahren, indem sie Hufeisen über die Türen nagelten, dieses oder jenes schützende **Amulett** trugen und andere Vorkehrungen trafen.

Der amerikanische Hexenglaube umfaßte viele Varianten der fest etablierten europäischen Vorstellungen über das Hexenwesen. Obwohl die amerikanischen Hexen scheinbar zu den gleichen Vergehen neigten wie ihre Brüder und Schwestern in Europa und zu **Hexensabbaten** flogen, als Haustiere getarnt durch die Gegend streiften, um das Vieh zu behexen und mit Hilfe des **Bildzaubers** Krankheiten hervorriefen, hatten sie doch ihre eigenen Versionen von den Hexenmethoden, die sie anwendeten. Einer der Zauber, die beispielsweise einem Feind den Tod bringen sollten, bestand darin, etwas Erde, die man um Mitternachtsstunde mit dem linken Zeigefinger von einem Grab aufgenommen haben mußte, mit dem Blut eines Raben oder eines anderen schwarzgefiederten Vogels zu vermischen, das Ganze in einen Stoffetzen zu wickeln, der zuvor mit einer Leiche in Berührung gekommen war, und dieses Päckchen unter der Türschwelle des Opfers zu vergraben, das dann mit Sicherheit innerhalb weniger Tage starb.

Geschichten von aktiven Hexenzirkeln in manchen hinterwäldlerischen Regionen Nordamerikas waren bis weit in die heutige Zeit hinein verbreitet, und die Menschen wandten sich viele Jahre lang noch immer um Rat an sogenannte Hexenbändiger, die im Falle einer Bedrohung durch Hexerei Gegenmaßnahmen empfahlen und angeblich auch in der Lage waren, die Hexe ausfindig zu machen, die für einen bestimmten Zauber verantwortlich war. Das Erbe der Hexenmythologie wurde noch in jüngerer Zeit vorgeführt: 1956 verbrannten aufgebrachte Dorfbewohner im mexikanischen Ojinaga eine Frau mit Namen Josephina Arista auf einem Scheiterhaufen, weil sie glaubten, sie sei eine Teufelsanbeterin und habe das Vieh behext.

Verwandlung Fähigkeit, die man über Jahrhunderte hinweg den Hexen in ganz Europa zuschrieb, die mit Hilfe der Magie angeblich ihre Körpergestalt ändern konnten und dabei meist die Gestalt eines Tieres annahmen. Die Beschreibungen, wie eine solche Metamorphose zu erreichen war, variierten von Land zu Land. In manchen Regionen genügte es, einfach eine Tierhaut überzuziehen, um dessen Eigenschaften anzunehmen; anderswo mußte eine Hexe ein kompliziertes Ritual befolgen und ihren Körper mit einer „Schmier", einer Zaubersalbe, bestreichen, um ihre Gestalt ändern zu können. In manchen Fällen trat die Fähigkeit zur Verwandlung völlig überraschend zutage, war sie das Ergebnis eines Zaubers oder Fluchs, der auf einer Familie lag. Keltische Sa-

Verwandlung

gen berichten beispielsweise, daß gewisse alte schottische und irische Familien von Robben, Wölfen oder anderen Tieren abstammten und ihre Nachkommen von Zeit zu Zeit diese Gestalt annehmen mußten.

In Übereinstimmung mit dem **Canon Episcopi** sah die mittelalterliche Kirche die Verwandlung als unmöglich an und wies sie zurück, da nur Gott allein solche Umwandlungen vornehmen könne. Jeder, der erklärte, seine Gestalt ändern zu können, mußte also unter Wahnvorstellungen leiden, die von Dämonen verursacht waren. Nicolas **Remy**, einer der angesehensten Dämonologen des sechzehnten Jahrhunderts, schrieb: „Der Dämon kann die Phantasie eines Menschen so verwirren, daß dieser glaubt verwandelt zu sein; und dann verhält sich der Mensch nicht wie ein Mensch, sondern wie das Tier, das zu sein er sich einbildet." Andere Autoritäten hingegen argumentierten, daß solche Metamorphosen mit dem Auftreten einer neuen, mächtigeren Hexensekte etwas relativ Alltägliches seien. Ob die Verwandlungen nun real oder eine Illusion waren – die Theorie wurde schließlich zu einem anerkannten Aspekt der Hexenmythologie.

Mitunter bestätigten Verdächtige von sich aus die von anderen vorgebrachten Behauptungen, sie könnten ihre Gestalt ändern und gaben dabei häufig an, dies mit Hilfe von Zaubersalben zu tun, die ihnen der Teufel gegeben habe. In der Gestalt eines Wolfes oder anderer Tiere hätten sie Vieh gerissen und Menschen angegriffen, um sich an deren Fleisch gütlich zu tun. In vielen anderen Fällen nähmen sie Tiergestalt an, um ihre Nachbarn auszuspionieren oder um einer Verfolgung zu entgehen. Bevorzugte Tarngestalten waren angeblich **Hasen** und **Katzen**, doch gab es auch Erzählungen, in denen sich Hexen in Bienen, Vögel und andere Geschöpfe verwandelten. Isobel **Gowdie** beispielsweise berichtete ihren Befragern, daß sie sich durch das dreimalige Wiederholen der folgenden Verse oft in einen Hasen verwandelt habe, um einer Gefangennahme zu entgehen:

> Ich werde in einen Hasen schlüpfen,
> Mit Jammern und Seufzen und großem Kummer;
> Ich gehe in des Teufels Namen
> Ach, obwohl ich wieder nach Hause komme.

Um in ihre menschliche Gestalt zurückzukehren, habe sie dreimal die folgenden Zeilen hergesagt:

> Hase, Hase, Gott schicke dir Schutz.
> Ich bin jetzt in eines Hasen Gestalt,
> Doch gleich werd' ich haben
> Frauengestalt.

Die **Zauberformel** für die Verwandlung in eine Katze habe gelautet:

> Ich werde in eine Katze hineinschlüpfen
> Mit Jammern und Seufzen und einer kleinen schwarzen Kugel.
> Ich gehe in des Teufels Namen
> Ach, obwohl ich wieder nach Hause komme.

Eine andere beliebte Tarngestalt war der **Hund**. 1612 behauptete die zwölfjährige Grace Sowerbutts vor einem Gericht in Lancaster, ihre Großmutter, ihre Tante und eine andere Frau hätten sich mit einer Salbe aus den Knochen eines ermordeten Kindes bestrichen und sich darauf in **schwarze Hunde** verwandelt. In diesem Fall wurde die Klage gegen die drei Frauen, die man die **Hexen von Salmesbury** nannte, abgewiesen, nachdem sich die Aussage des Mädchens als falsch erwiesen hatte.

Seltener, obgleich gelegentlich auch davon die Rede ging, waren Hexen, die in der Lage sein sollten, sich in unbelebte Dinge, insbesondere in Räder, zu verwandeln. Ein Beispiel für dieses Phänomen findet sich im Zusammenhang mit den **Hexen von Canewdon** in einer Überlieferung aus Essex. Darin ging es um einen Fuhrmann, der einst Pferde und Wagen trotz aller Versuche nicht von der Stelle bringen konnte. Als man ihm riet, statt der Pferde die Wagenräder zu peitschen, hatte er Erfolg, denn auf einen lauten Schrei hin erschien aus den Wagenrädern eine Hexe, deren Gesicht die Spur eines Peitschenhiebs zeigte.

Der Glaube an die Verwandlungskünste der Hexen hielt sich lange Zeit. Viele Geschichten über solche Metamorphosen schilderten, wie eine Hexe in ihrer angenommenen Gestalt nur mit knapper Not dem Tod entging, und wie sich die Verletzungen, die ihr dabei zugefügt worden waren, später an ihrem menschlichen Körper zeigten. Eine Hexe in Tiergestalt konnte angeblich nur mit einer Kugel aus **Silber** getö-

Vögel

tet werden. Noch 1718 behauptete man von Margaret Nin-Gilbert aus Caithness, sie habe einen Arm verloren, nachdem sie, in eine Katze verwandelt, mit einem Beil verwundet worden sei. Ähnliche Erzählungen waren noch über hundert Jahre danach im Umlauf.

Siehe auch **Cox, Mrs. Julian**; **Lykanthropie**.

Vögel *siehe* **Amsel**; **Krähe**; **Rabe**

Voisin, La *siehe* **Chambre-Ardente-Prozeß**

Volta, La *siehe* **Hexentanz**

Voss, Balthasar *siehe* **Hexenriecher**

W

Wachsbilder *siehe* **Bildzauber**

Wagstein Großer Findling, der so gelagert ist, daß er sich hin und her bewegen läßt. Solche Steine, die man überall in Europa findet, wurden seit jeher als beliebte Treffpunkte für **Hexenzirkel** angesehen. Im kornischen Sagenschatz heißt es, daß eine Person, die einen Wagstein um Mitternacht neunmal berührt, sofort in eine Hexe verwandelt wird.

Wahrsagen *siehe* **Divination**

Walnußbaum Obwohl mitunter behauptet wurde, daß manche **Hexenzirkel** bei schlechtem Wetter unter einem Walnußbaum zusammenkämen (was vielleicht mit seiner angeblich blitzabweisenden Wirkung zusammenhing), stand dieser Baum wie andere Arten auch in dem Ruf, Hexen abwehren zu können. Einem Aberglauben zufolge verlor eine Hexe augenblicklich ihre Bewegungsfähigkeit, wenn man unter ihren Stuhl ein paar Walnüsse legte.

Hexenkunst und Volksmedizin kannten viele Verwendungszwecke für die Walnuß. Im Altertum empfahl man gedämpfte Walnüsse zur Förderung der Fruchtbarkeit; in späteren Jahrhunderten hieß es, daß eine Person, die zu **Halloween** um die Mitternachtsstunde dreimal um einen Walnußbaum gehe, dann nach oben in das Astwerk schaue und um einige Walnüsse bitte, zwischen den Blättern das Gesicht der oder des Geliebten sehen könne. Als gefährlich galt es, unter einem Walnußbaum einzuschlafen, da die betreffende Person aus diesem Schlaf vielleicht nicht wieder erwachte.

Walpurgisnacht Der Abend des 30. April, der neben Halloween lange als eine Zeit im Jahr galt, in der das Böse herrschte. Deshalb wurde die Walpurgisnacht im Volksglauben auch als ein bevorzugter Zeitpunkt für **Hexensabbate** und Zaubereien angesehen. Der berühmteste Sabbat in der Walpurgisnacht war die alljährliche Zusammenkunft deutscher Hexen, die angeblich im Harz, auf dem Brocken, stattfand.

Walton, Charles 1871–1945. Englischer Landarbeiter, dessen Ermordung in der Nähe des Dorfes Lower Quinton (Warwickshire) anscheinend auf seinen Ruf als Hexer zurückzuführen war. Daß sich in bestimmten ländlichen Gegenden der Glaube an die Macht der Hexerei bis weit in die moderne Zeit hinein erhalten hat, wird mehr als deutlich durch den Fall Charles Walton, der trotz größter Bemühungen des bekannten Kriminalbeamten Robert Fabian von Scotland Yard nie aufgeklärt wurde.

Charles Walton, ein exzentrischer Charakter, war bekannt für sein sonderbares Wesen. Man sagte ihm unter anderem nach, er könne sich mit Vögeln unterhalten, könne Hunde und andere Tiere beeinflussen und würde in seinem Garten große Kreuzkröten (*siehe* **Kröte**) züchten. (Im Dorf wurde gemunkelt, er spanne die Kröten vor einen Miniaturpflug, um Feldfrüchte für den Teufel zu stehlen, wie es Isobel **Gowdie** drei Jahrhunderte zuvor in ihrem Geständnis angegeben hatte.) Der introvertierte und ein wenig einsiedlerische Walton sollte einst als ein Kind eine sehr beeindruckende Begegnung mit dem Phantom eines **schwarzen Hundes** gehabt haben, der ihm damals drei Nächte hintereinander auf dem nahen Meon Hill erschienen sei. Unmittelbar nach dem dritten Zusammentreffen sei Waltons Schwester gestorben. Dem Dorfklatsch war zu entnehmen, daß man Walton häufig bei den Rollright Stones, einem nahegelegenen Steinkreis, gesehen habe, wo die Hexen zu ihren **Hexenzirkeln** zusammenkämen, und wohin er gegangen sei, um sie bei ihren **Hexentänzen** zu beobachten.

Warboys, Hexen von

Walton wurde am 14. Februar 1945 ermordet. Seine Leiche fand man am Fuße einer Weide in einem Feld liegen, wo er gearbeitet hatte. Er war mit seiner Mistgabel getötet und damit regelrecht an den Boden genagelt worden. Jemand hatte ihm die Gabelzinken durch den Hals gestoßen, mit der Hippe ein Kreuz in Kehle und Brust gekerbt und das Messer dann tief in seinen Brustkasten gestochen.

Bei der offiziellen Untersuchung des Mordes stieß die Polizei im Dorf und in dessen Umgebung auf eine Mauer aus Schweigen, und bald wurden Andeutungen laut, daß Waltons Tod durch Hexerei herbeigeführt worden sei. Nach langen Befragungen war auch Fabian der Meinung, daß diesem Fall wahrscheinlich Hexerei zugrunde lag. Er hatte allerdings keinen hinreichenden Beweis, um irgendeine Person zu verdächtigen.

Einige Leute spekulierten, daß der Mord unbeabsichtigt geschehen sei, als jemand versucht habe, durch das Ritual des **Hexenkratzens** einen Zauber zu brechen, den seiner Ansicht nach Walton bewirkt habe. Andere wiederum zogen Vergleiche zu einem Mord mit auffallend ähnlichem Tathergang, der 1875 in dem Nachbardorf Long Compton geschehen war. Damals war eine als Hexe verdächtigte Frau mit Namen Ann Tenant von dem geistig zurückgebliebenen John Haywood getötet worden. In diesem zurückliegenden Fall hatte Haywood die „Hexe" ebenfalls mit einer Mistgabel an den Boden geheftet und dann mit einem Messer die Kehle seines Opfers in Form eines Kreuzes aufgeschnitten. Eine letzte Theorie bezog sich auf den heidnischen Brauch des Menschenopfers, bei dem man das Blut eines toten Menschen in den Boden laufen lassen mußte, um dessen Fruchtbarkeit zu steigern und die nächste Ernte zu sichern.

Warboys, Hexen von Alice, John und Agnes Samuel, drei angebliche Hexen, deren Prozeß 1593 in Huntingdon großes allgemeines Interesse erregte. Der Prozeß gegen die „Hexen von Warboys" war einer der wichtigsten in **England**; er wurde zur bekanntesten Episode des englischen Hexenwesens vor 1600 und lieferte das Modell für eine ganze Reihe ähnlicher Fälle. Einer der Gründe für das große Interesse an diesem Fall war der untypisch hohe gesellschaftliche Rang der in den Fall verwickelten Personen.

Der Anklage zufolge waren die Samuels für das Behexen der fünf Töchter des Robert Throckmorton, eines wohlhabenden Gutsherrn aus Warboys (Huntingdonshire), und für einen Mord durch Hexerei verantwortlich, begangen an Lady Cromwell, der Großmutter des Mannes, der einst als Lord-Protector über England herrschen sollte. Im Mittelpunkt des Falles stand die Hysterie der Throckmortonschen Töchter, die 1589 mit einer Reihe von (wahrscheinlich epileptischen) Anfällen bei der zehnjährigen Jane begann. Das Mädchen zweifelte nicht daran, daß die sechsundsiebzigjährige Alice Samuel, eine Nachbarin der Throckmortons, für ihr Leiden verantwortlich sei, die gerade im Haus vorbeigeschaut hatte, als Jane einen Anfall bekam. Die Behauptungen wurden von den vier Schwestern, die zwischen neun und fünfzehn Jahre alt waren, sogleich bestätigt. In der Folgezeit litten auch sie unter ähnlichen Krämpfen.

Eine Untersuchung, die ein speziell aus Cambridge herbeigeholter Arzt vornahm, brachte keine medizinische Ursache für den Zustand der Mädchen zutage, und so kam der Verdacht auf Hexerei auf. Robert Throckmorton und seine Ehefrau versuchten, diesen Gedanken zu verdrängen. Sie führten offenbar nichts Böses gegen Frau Samuel im Schilde und weigerten sich eine Zeitlang, weitere Schritte zu unternehmen. Als schließlich die Anzeichen von **Besessenheit** nicht verschwanden, ließen sich die Eltern zu einer Gegenüberstellung der Frau mit den Kindern überreden, nach der die Mädchen gar noch stärkere Anfälle erlitten und versuchten, ihre vermeintliche Peinigerin zu kratzen. Dann zeigten sich bei sieben Dienstmädchen und bei Mrs. John Pickering, der Tante der Throckmortonschen Töchter, ähnliche Symptome. Als die Anfälle bei den Mädchen nur noch in Abwesenheit von Frau Samuel auftraten, wurde die Frau angewiesen, in den Throckmortonschen Haushalt einzuziehen.

Die Kinder nahmen jede Gelegenheit wahr, um weitere Anschuldigungen gegen den Hausgast vorzubringen, wie zeitgenössische Berichte erkennen ließen:

Viele Male, da sie bei den Kindern saß und sich mit ihnen unterhielt, wenn sie am Kamin ihre Anfälle hatten, dann sagten sie zu ihr: Schaut, Mutter Samuel, seht Ihr nicht dieses Ding, das hier bei uns sitzt? Sie antwortete dann, nein, sie sähe es nicht. Ich wundere mich, sprachen sie wieder, daß Ihr es nicht seht. Schaut, wie es springt und auf und ab hüpft und spielt und mit drei Fingern hier- und dorthin zeigt, wenn es springt.

Als Lady Cromwell, die Ehefrau von Throckmortons Grundherrn Sir Henry Cromwell, das Haus besuchte, drang sie, um Frau Samuels vermeintlichen Einfluß auf die Kinder zunichte zu machen, auf die Frau ein, schnitt deren Haar ab und befahl es zu verbrennen, um jeglichen Zauber zu brechen, mit dem Frau Samuel die Kinder behext habe. Der Versuch schlug jedoch fehl, und kurz darauf erkrankte Lady Cromwell, nachdem sie einen Alptraum gehabt hatte, in dem sie ihren Behauptungen zufolge von Frau Samuel und deren **Katze** gepeinigt worden war. Als Lady Cromwell etwa fünfzehn Monate später starb, erinnerte man sich daran, daß Frau Samuel sich bei dem Angriff der alten Dame mit den rätselhaften Worten beklagt hatte: „Madam, warum tut Ihr mir das an? Ich habe Euch bisher kein Leid getan." Das erschien nun im nachhinein wie eine Drohung.

Um dem Unsinn ein Ende zu setzen, befahl Frau Samuel den Kindern gegen Ende des Jahres 1592, von ihren Anfällen abzulassen, woraufhin diese sofort aufhörten. Gänzlich verwirrt darüber, begann Frau Samuel an ihrer Unschuld zu zweifeln und gestand dem Gemeindepfarrer, sie müsse eine Hexe sein. Die Anfälle der Mädchen begannen erneut, als Frau Samuel ihr Geständnis später zurückzog und der Obrigkeit damit einen weiteren „Beweis" lieferte, daß sie in der Tat magischen Einfluß auf die Thockmortonschen Kinder habe.

Der Fall wurde zwei örtlichen Friedensrichtern vorgelegt, und Frau Samuel kam vor William Wickham, den Bischof von Lincoln. Unter dem Druck dieser hochgestellten Personen gab sie erneut ihre Schuld zu. Diesmal berichtete sie ausführlicher über ihre Aktivitäten als Hexe und beschrieb obendrein ihre drei **Hausgeister** Pluck, Catch und White, die ihr als Küken erschienen seien.

Alice Samuel wurde zusammen mit ihrem Ehemann und ihrer Tochter am 5. April 1593 wegen Hexerei vor die Huntingdoner Assisen gebracht. Bis zu diesem Zeitpunkt hatten die Throckmortonschen Kinder ihre ursprünglichen Anschuldigungen bereits vermehrt und behaupteten nun, daß die Angeklagten auch für Lady Cromwells Tod verantwortlich seien. Andere Bewohner des Ortes fügten weitere Vorwürfe hinzu und erzählten von ihrem kranken und eingegangenen Vieh. Der Prozeß gipfelte in einem Schuldspruch für die drei Angeklagten und in Alice Samuels Geständnis, Geschlechtsverkehr mit dem Teufel gehabt zu haben. Agnes Samuel weigerte sich, irgendeine Schuld zu bekennen und lehnte es ab, eine Schwangerschaft geltend zu machen, nur um ihrer mißlichen Lage zu entkommen: „Nein, das tue ich nicht. Man soll nie sagen, ich sei eine Hexe und dazu eine Hure gewesen."

Die drei Verurteilten wurden gehängt, und ihr Besitz im Wert von vierzig Pfund fiel an Henry Cromwell, der davon einen Fond für eine jährliche Predigt in Huntingdon gegen das Hexenwesen gründete. Die letzte wurde 1814 gehalten; damals nutzten die Geistlichen diese Gelegenheit allerdings meist nicht mehr, um vor der Hexerei zu warnen, sondern um den Glauben daran anzuprangern. Die Töchter der Familie Throckmorton wurden schließlich von ihren Anfällen erlöst und kehrten darauf anscheinend zu ihrem normalen Leben zurück.

Der Fall ist einer der bekanntesten Hexenprozesse in der englischen Geschichte. Er zeigt deutlich, in welchem Ausmaß die Furcht vor den Hexen das Denken und die Phantasie der Menschen in der Zeit um 1600 beeinflußte. Viele spätere Quellen beklagten die Leichtgläubigkeit des Gerichts, das die unsinnigen und belastenden Aussagen junger Mädchen akzeptiert hatte, die für deren Zeitgenossen allerdings nur eine Bestätigung ihrer eigenen innersten Ängste waren. Diese Situation bereitete den Weg für den Erlaß des Hexengesetzes im Jahre 1604, das für alle überführten und verurteilten Hexen die Todesstrafe forderte.

Waring, Paul *siehe* **Kelly, Edward**

Warze So manche Darstellung einer archetypischen Hexe, eines alten, häßlichen Weibes mit einer Hakennase und bösen Gesichtszügen, zeigt

Wasser

dieses Geschöpf mit einer großen Warze oder einem Leberfleck, die beide einst von Hexenriechern als klassische **Hexenmale** ausgemacht wurden. Zweifellos waren viele dieser „Saugwarzen" und andere verdächtige Auswüchse, die bei den peinlich genauen Untersuchungen angeblicher Hexen entdeckt wurden, in Wirklichkeit simple Warzen oder andere natürliche Makel. Um sich nicht dem Verdacht auszusetzen, eine Hexe zu sein, achtete man sorgfältig darauf, daß keine Warze den Körper verunzierte. Dorfhexen oder „weise Frauen" boten Behandlungen an, die einen von solchen Unvollkommenheiten befreien sollten. Die meisten Mittel gegen Warzen griffen auf Magie oder das Kräuterwissen zurück. Eine unkompliziertere Behandlungsmethode war beispielsweise das Waschen der Warzen mit **Weihwasser**, mit Wasser, das sich in einem ausgehöhlten Baumstubben gesammelt hatte, oder mit dem Blut von Katzen, Aalen, Maulwürfen oder Schweinen. Auch das Umschlingen der Warze mit einem Roßhaar oder einem Seidenfaden, das Reiben mit der Innenseite einer Saubohnenhülse, das neunmalige Anblasen im Licht des Vollmondes, das allmorgendliche Bespukken und das Grimassenschneiden um Mitternacht vor dem Spiegel, das drei Nächte hintereinander ausgeführt werden mußte, sollten das Hautgebilde verschwinden lassen.

Eine der absonderlichsten Methoden, die die belastenden Warzen angeblich verschwinden ließ, bestand darin, den Auswuchs heimlich an einem bekannten Ehebrecher zu reiben, der ein illegitimes Kind gezeugt hatte. Man hielt es auch für möglich, mit Hilfe der Magie unerwünschte Warzen auf andere zu übertragen, indem man sie entweder einem Freund „verkaufte" oder sie beim Vorüberziehen einer Trauerprozession auf die Leiche wünschte. Eine Warze ließ sich angeblich auf einen Feind übertragen, indem man ein Geldstück oder einen Kiesel daran rieb und dafür sorgte, daß Münze oder Stein in den Besitz der Zielperson gelangten.

Manche Mittel gegen Warzen waren ausgesprochen grausam: Man trug eine **Kröte** in einem Säckchen so lange am Hals, bis das Geschöpf tot war, rieb einen lebendigen Frosch oder eine Schnecke gegen die Warze und spießte das Tier danach auf einen Dorn.

Um zu vermeiden, daß man sich Warzen überhaupt erst zuzog und damit der Gefahr ausgesetzt war, als Hexe bezichtigt zu werden, warnte man die Menschen früher davor, Kröten mit bloßen Händen anzufassen. Auch wurde der etwas seltsame Ratschlag erteilt, die Hände nie in Wasser zu waschen, in dem zuvor Eier gekocht worden waren.

Wasser Eine der am weitesten verbreiteten Vorstellungen zum Hexenwesen war die, daß es einer Hexe verwehrt sei, fließende Gewässer zu überqueren. Der Ursprung dieses Aberglaubens liegt im Dunkeln, doch die Menschen waren lange Zeit davon überzeugt, daß fließendem Wasser übernatürliche Kräfte innewohnten, die eine magische, für böse Geister und Hexen unüberwindliche Barriere schaffen würden.

Es waren viele Geschichten im Umlauf, in denen Menschen von Hexen, Gespenstern oder Dämonen verfolgt wurden und sich nur durch das Überqueren einer Brücke oder mit einem Sprung über einen Bach retteten. Um diesen Aberglauben auszubauen, erzählte man sich, daß die Leichen von Selbstmördern, hingerichteten Verbrechern und Vampiren manchmal unter einem fließenden Gewässer begraben würden, um zu verhindern, daß ihr Geist umginge.

In der Hexenkunst wurde behauptet, daß die Anwendung von Wasser aus Bächen oder Flüssen mit starker Strömung **Warzen**, Ischias, Soor und eine ganze Reihe anderer Leiden heilen könne. Manchmal rieb man dazu auch Steine aus einem Bachbett gegen die Haut eines Patienten. Die Hexen standen auch in dem Ruf, Regen machen zu können, indem sie Zweige ins Wasser tauchten und dann in der Luft ausschüttelten.

Es galt einst als unheilbringend, kochendes Wasser in ein Schlafgemach zu bringen. Kochendes Wasser, so lautete die Erklärung, sei ein Greuel für den Teufel, der in jedem Haus Unheil anrichte, in dem dies mißachtet würde. Als unklug galt auch, nach Einbruch der Dunkelheit das im Laufe des Tages angefallene Abwasser aus dem Haus zu tragen und wegzuschütten, da Wasser im Haus half, böse Geister abzuwehren.

Siehe auch **Schwemmen**; **Weihwasser**.

Wasserprobe *siehe* **Folter**; **Schwemmen**

Webster, John 1610–1682. Englischer evangelischer Prediger und Arzt, der in einem bemerkenswerten Buch den Hexenwahn seiner Zeit kritisierte. Unter all seinen Büchern über eine Vielzahl von Themen war *The Displaying of Supposed Witchcraft* aus dem Jahr 1677 vielleicht das bedeutendste, weil es wesentlich dazu beitrug, das Ende der Hexenjagd in **England** zu beschleunigen. Webster, der behauptete, einige der in seinem Buch beschriebenen Hexenprozesse miterlebt zu haben, schrieb den Hexenglauben vor allem „der Schwermut und der Einbildungskraft" zu und widerlegte ausdrücklich die ganze Mythologie des **Pakts mit dem Teufel**, der **Hausgeister**, des **Verwandelns**, des **Wetterzaubers** und anderer **Zauber**. Er ließ die Möglichkeit gelten, daß es Menschen gäbe, die sich für Hexen hielten, und räumte ein, daß solche Personen sehr wohl versuchen könnten, ihren Nachbarn Schaden zuzufügen, doch er bestritt, daß sie dabei Zugang zu übernatürlichen Kräfte hätten: „Ich will hiermit weder das Sein der Hexen noch andere Eigenschaften in Abrede stellen, die sie haben mögen, und für die sie Hexen genannt werden; ebensowenig wie daraus folgt, daß ich das Sein eines Hundes oder dessen Eigenschaft zu bellen leugne, wenn ich bestreite, daß ein Hund die Fähigkeit hat zu brüllen (was nur für einen Löwen zutrifft)."

Webster engagierte sich unter anderem auch 1634 in dem bekannten Fall des Edmund **Robinson**. Es gelang ihm, Robinson zu befragen, als der Junge in Begleitung zweier Kumpane in Websters Kirche erschien, um die in der Gemeinde lebenden Hexen zu identifizieren. Dort hatte Robinson den Gottesdienst gestört, wodurch der Prediger von der Anwesenheit des Jungen überhaupt erst erfuhr:

> ... nach dem Gebet erkundigte ich mich, was geschehen sei, und die Leute erzählten mir, daß es der Junge sei, der Hexen ausfindig mache. Worauf ich zu dem Haus ging, wo er des Nachts bleiben sollte und wo ich ihn und zwei sehr unglaubwürdige Personen fand, die ihn dirigierten und sein Geschäft lenkten. Ich brachte meinen Wunsch zum Ausdruck, mit dem Jungen ein Gespräch unter vier Augen zu führen, was sie ganz und gar ablehnten. Dann zog ich den Jungen in Anwesenheit vieler Leute zu mir heran und sagte: „Mein guter Junge, sage mir aufrichtig und gewissenhaft, hast du solche seltsamen Dinge von der Zusammenkunft der Hexen gesehen oder gehört, von denen du erzählst, wie von vielen berichtet wird? Oder hat dich etwa eine Person gelehrt, solche Dinge zu sagen?" Doch die zwei Männer, die den Jungen nicht antworten ließen, rissen ihn von mir weg und sagten, er sei von zwei fähigen Friedensrichtern verhört worden, die ihm nie solch eine Frage gestellt hätten. Worauf ich ihnen antwortete: „Daher ist den angeklagten Personen um so mehr Unrecht geschehen."

Weide Der Weidenbaum war im Aberglauben mit Kummer und verlorener Liebe verbunden, doch er spielte auch im Hexenwesen eine gewisse Rolle. Obwohl viele Leute behaupteten, ins Haus gebrachte Weidenkätzchen oder das Verbrennen von Weidenholz im heimischen Herd würden Unglück bringen, herrschte doch Einvernehmen darüber, daß bestimmte Arten der Weide Hexen und den **bösen Blick** abwehren könnten. Besonders ängstlichen Menschen, die das Wirken der Hexen fürchteten, riet man, eine Salweidengerte bei sich zu tragen, die unempfindlich gegen Zauberei und damit ein gutes Abschreckungsmittel gegen das Böse sein sollte. Es galt jedoch als unklug, Kinder mit Weidenstöcken zu schlagen, da dies angeblich ihr Wachstum hemmte.

Zauberer und Hexen bevorzugten **Zauberstäbe** aus Weidenholz, da dieses Material den Erfolg und die Wirksamkeit von **Zaubern** unterstützte. In der Volksmedizin galten Weidenaufgüsse als wirksames Mittel gegen Schüttelfrost und Rheumatismus. (Unser Aspirin basiert auf Salicylsäure, deren Name von *Salix*, dem lateinischen Gattungsnamen für die Weide abgeleitet ist.) Manchmal ließ man Kinder, die an Rachitis oder anderen Krankheiten litten, durch eine Astgabel im Weidenbaum klettern, was eine Genesung bewirken sollte.

Weihwasser Das von Priestern gesegnete Wasser galt einst als sehr wirkungsvolles Abschreckungsmittel gegen Hexen. Auch Warzen sollten sich damit erfolgreich behandeln lassen. Der Glaube an die Kraft und Wirksamkeit des Weihwassers war so stark, daß man die Behälter mit abschließbaren Deckeln versehen mußte, um zu verhindern, daß die Gemeindeglieder in ihrem Eifer, sich von Hexen und anderen bösen Geistern zu befreien oder Warzen und sonstige Mängel auf ihrer Haut zu beseitigen, alles Wasser aufbrauchten.

Weihwasser, das zu den Ostergottesdiensten verwendet wurde, schätzte man besonders wegen seiner Kraft, Hexen und Dämonen fernzuhalten. Wasser, das vom Palmsonntag übriggeblieben war, sollte hingegen Unwetter verhindern. Einem Aberglauben zufolge eignete sich Weihwasser auch zum Aufspüren von Hexen, die sich möglicherweise in Katzen verwandelt hatten. Dazu setzte man die betreffende Katze in eine Schüssel, in der man vorher Weihwasser geholt hatte. Versuchte das Tier zu entkommen, dann war es zweifellos eine getarnte Hexe.

Siehe auch **Wasser**.

Weir, Major Thomas um 1600-1670. Schottischer Soldat und Evangelist, der wegen seines zunehmend exzentrischen Wesens der Hexerei verdächtigt und schließlich vor Gericht gebracht und wegen seiner vermeintlichen Verbrechen hingerichtet wurde. Die Angelegenheit ist insofern erhellend, als sie zeigt, wie ein offensichtlicher Fall von Wahnsinn als Beweis für teuflische Magie fehlgedeutet werden konnte.

Thomas Weir schien aus einer relativ gutsituierten Familie in Lanarkshire zu stammen. 1641 zeichnete er sich als Soldat des Parlamentsheeres bei der Unterdrückung der irischen Papisten aus. 1649 wurde er zum Kommandanten der Edinburgher Stadtwache ernannt. Als strenger Presbytianer, der mit seiner Schwester Jane Weir ein ruhiges Leben führte, wurde er wegen seines Gebetseifers bewundert, gehörte er zu den presbyterianischen Kirchenältesten in Edinburgh. Seine Zeitgenossen sprachen von ihm als jemandem, der „mehr Engel als Mensch" war; andere sollten ihn den „Engelsgleichen Thomas" genannt haben.

Mit dem Alter wurde Thomas Weirs Verhalten zunehmend sprunghaft und unberechenbar, und als Siebzigjähriger schließlich erschreckte er all jene, die ihn kannten, mit dem freiwilligen Geständnis, ein Hexer zu sein. Seine Aussage stieß zunächst nur auf Skepsis, und der Major wurde von Ärzten untersucht, die den Auftrag hatten, seine Zurechnungsfähigkeit zu prüfen. Die Ärzte kamen zu dem Schluß, daß Weir geistig gesund sei, und der Bürgermeister von Edinburgh hatte keine Wahl, als Weir und auch dessen Schwester verhaften zu lassen, die durch das Geständnis ihres Bruders in die Sache hineingezogen worden war. Weir hatte neben anderen Vergehen auch die Verbrechen der Unzucht, des Inzests und der Sodomie sowie zahlreiche Zaubereien und Hexereien zugegeben.

Obwohl jene, die die Verwicklung eines so bekannten Presbyterianers in das Teufelshandwerk in Verwirrung und Verlegenheit gestürzt hatte, alle Bemerkungen bezüglich Hexerei aus der Anklage gestrichen hatten, wurde das Geschwisterpaar am 9. April 1670 vor Gericht gebracht. Thomas Weir wurde nun des Inzests mit seiner Schwester und seiner Stieftochter, des Ehebruchs mit einem Dienstmädchen und der Sodomie mit Tieren angeklagt. Jane Weir legte man Inzest und Zauberei zur Last. Beim Verhör Jane Weirs, deren Geisteszustand noch fragwürdiger als der ihres Bruders war, gestand die Angeklagte, daß sie ihre Seele dem Teufel verkauft und einen **Hausgeist** gehalten habe, der ihr unter anderem die Fähigkeit verliehen habe, Garn drei- oder viermal so schnell zu spinnen wie andere Frauen. Zudem erklärte sie den entsetzten Befragern, daß ihr Bruder seine Zaubereien mit Hilfe des Stabes ins Werk gesetzt habe, den man immer bei ihm gesehen hatte.

Das Gericht befand beide Angeklagte des Inzests und der Sodomie für schuldig und verurteilte sie zum Tode. Thomas Weir wurde am 11. April 1670 auf dem Edinburgher Gallowhill erdrosselt und dann zu Asche verbrannt. Seine Schwester wurde einen Tag später auf dem Grassmarket gehängt.

Lange nach der Hinrichtung wurde Thomas Weir als eine der berühmtesten männlichen Hexen **Schottlands** angeführt. Über sein Haus am Head of the Bow, das lange Zeit unbewohnt gewesen war, gingen später seltsame Geschichten um, wie Robert Chambers 1825 in seinem Werk *Traditions of Edinburgh* berichtete:

> Sein Haus, von dem man zwar wußte, daß es von allem Menschlichen verlassen war, wurde mitun-

ter beobachtet, wie es um Mitternacht voller Licht war, und man hörte daraus seltsame Geräusche wie vom Tanzen, Heulen und, was das seltsamste von allem ist, vom Spinnen. Einige Leute sahen den Major gelegentlich um Mitternacht aus dem niedrigen Hausdurchgang herauskommen, wie er auf einem schwarzen Pferd ohne Kopf saß und in einem Wirbelwind aus Feuer davongaloppierte.

Schließlich wagte es ein Ehepaar, in das Haus einzuziehen, das inzwischen hundert Jahre leergestanden hatte; sie verließen es am nächsten Tag wieder und beschwerten sich, daß sie nachts geweckt worden seien und ein Geisterkalb gesehen hätten, das sie angestarrt habe. Nach weiteren fünfzig Jahren, in denen das Gebäude unbewohnt blieb, wurde das Haus schließlich abgerissen.

Weiser Mann/Weise Frau *siehe* **Weiße Hexe**

Weißdorn Genau wie andere bedornte Bäume, so hat auch der Weiß- oder Hagedorn einen etwas zweifelhaften Ruf und wird häufig mit dem Hexenwesen in Verbindung gebracht. Der Überlieferung nach soll die Dornenkrone auf der Stirn Jesu Christi aus Weißdornzweigen geflochten gewesen sein, was der Grund dafür war, daß man diesen Baum verwünschte. Seine Dornen wurden angeblich von den Hexen bei **Bildzaubern** oder bei anderen Ritualen der schwarzen Magie verwendet, wo sie in die Herzen von Schafen, Fledermäusen oder anderen Tieren hineingestochen wurden. Besonders zu **Halloween** sollte man vermeiden, sich unter einen Weißdornbaum zu setzen, da dieser angeblich Feen und andere übelwollende Geister anlockte. Ganz im Gegensatz dazu wurde der Baum mitunter aber auch als Abschreckungsmittel gegen Hexen empfohlen. Dahinter steckte die Vorstellung, daß sich eine Hexe beim Betreten eines mit blühendem Weißdorn geschmückten Hauses in den Dornen der Zweige verfangen müsse. (Allerdings war es für viele Menschen tabu, Weißdornblüten im Haus zu haben, da sie angeblich Unglück brachten.) Früher schmückte man auch die Betten kleiner Kinder mit Weißdorn, der vor bösen Geistern schützen sollte und nagelte Weißdornzweige über die Eingänge zu den Ställen, um das Vieh vor Schäden durch Hexen und anderem Übel zu schützen.

Weiße Hexe Hexe, die sich ihrer magischen Kräfte einzig und allein zu guten Zwecken bediente. Bereits Jahrhunderte vor der Entwicklung des Hexenwesens an sich spezialisierten sich die Kräuterkundigen und „weisen Männer" oder „weisen Frauen" in den Dörfern auf solche nützliche Magie, und die Grenzen zwischen Volksmagie dieser Art und der Hexenkunst selbst waren verschwommen. Obwohl Zauberei und Hexerei zu nützlichen Zwecken im Mittelalter von der Obrigkeit häufig geduldet wurden, machte man in der Zeit des nachmittelalterlichen Hexenwahns keine solchen Unterschiede mehr, denn um in den Besitz magischer Kräfte zu kommen, mußte eine Person einen **Pakt mit dem Teufel** geschlossen haben; eine sogenannte weiße Hexe war deshalb in den Augen vieler Gerichte genauso schuldig wie jemand, der seine übernatürlichen Kräfte für offenkundig schändliche Ziele eingesetzt hatte.

Die ersten gesetzlichen Schritte gegen die „weiße" Hexerei wurden bereits im zehnten Jahrhundert unternommen, als jedem, den die Obrigkeit einer solchen Aktivität überführt hatte, neben verschiedenen geringeren Strafen auch die Exkommunikation drohte. Im Laufe der folgenden fünf Jahrhunderte verhärteten sich die Meinungen über weiße Hexen (und die Praktiker der schwarzen Magie) allmählich. Einige Autoritäten kamen zu dem Schluß, daß sie sogar gefährlicher waren als der Hexentyp, dessen Bosheit sich offener zeigte, weil ihre Magie gut zu sein schien, obwohl sie doch aus der gleichen Quelle gespeist wurde wie die Magie der schwärzesten Sorte – von Satan persönlich. William **Perkins** schrieb 1608:

> Zwar waren die Hexen in vieler Hinsicht nützlich und taten keinem weh, sondern bewirkten viel Gutes, dennoch ist der Tod ihr Los, das ihnen Gott gerecht zuteil werden läßt, weil sie Gott, ihren König und Herrn, verleugnet und sich durch andere Gesetze dem Dienst an den Feinden Gottes und seiner Kirche verpflichtet haben: Sie sollen nicht leben.

Die Allgemeinheit jedoch betrachtete die weißen Hexen mit Sympathie; in Notzeiten wandten sie sich an sie und riskierten damit sogar ihr Leben. Manche Experten versuchten sogar, die „weiße" Hexerei theoretisch zu rechtfertigen.

Weiße Hexe

Nach Francesco-Maria **Guazzos** Ansicht beispielsweise kamen die Kräfte für solch nützliche Magie von Gott und nicht vom Teufel, und es bestand daher kein Anlaß, juristisch dagegen vorzugehen. (Viele weiße Hexen riefen bei ihren Zaubereien tatsächlich Gott an.) Häufiger jedoch betrachteten die Dämonologen Magie jeglicher Art mit scheelem Blick und sahen alle Zauberer und Praktiker der Magie – und auch jene, die sie um Rat fragten – als notwendigerweise böse an. So manche weiße Hexe, die beteuerte, die Magie nur zu guten Zwecken zu nutzen, endete am Galgen oder auf dem Scheiterhaufen, weil man sie bezichtigt hatte, ihre Magie für Übeltaten eingesetzt zu haben.

Obwohl viele behaupteten, die magischen Kräfte an ihre Nachkommen nicht einfach durch Geburt weitergeben zu können, waren weiße Hexen für ihre Betätigung doch meist „geboren" und nicht selbsternannt. Manche von ihnen behaupteten, ihre Fähigkeiten aus übernatürlichen Quellen erhalten zu haben. Ein Hexer aus Yorkshire erklärte 1653 in einem Gespräch mit John **Webster**, wie sich eines Nachts einige **Feen** seiner angenommen hätten, als er auf dem Nachhauseweg gewesen sei, voller Sorge darüber, wie er seine Familie ernähren solle. Die Feen hätten ihm ein weißes Pulver gegeben, mit dem er Kranke hätte heilen und damit seinen Lebensunterhalt verdienen können. Der Mann wurde aufgrund dieser Behauptungen als Hexer vor Gericht gestellt, doch da ihm niemand eine Übeltat nachweisen konnte, die er mit Hilfe seiner besonderen Fähigkeiten vollbracht hatte, wurde er freigesprochen.

Manche Leute, die keine ausgesprochenen Hexen waren, praktizierten nicht notwendigerweise ihre Magie, sondern waren „magisch" an sich. Zu ihnen gehörte jeder siebente Sohn eines siebenten Sohnes (der besondere Kräfte auf dem Gebiet der Heilkunde haben sollte), Frauen, die den gleichen Geburts- und späteren Familiennamen trugen sowie Menschen, deren Namen eine besondere, tiefere Bedeutung hatten. Auch Schmieden sagte man häufig besondere Kräfte nach; sie sollten das sehr geschätzte und ganz geheime „Wort des Pferdeflüsterers" kennen, das, wenn es ausgesprochen wurde, selbst die wildesten Pferde beruhigen sollte. Eine andere Kategorie von Heilern waren die „Besprecher", die sich in der Regel auf die Behandlung eines bestimmten Leidens spezialisierten. Diese Fähigkeiten wurden oftmals in einer Familie von Generation zu Generation weitergegeben, die für ihr Wissen um die Therapie bei Erkrankungen des Blutes, der Augen oder anderer Leiden in ihrer Umgebung mitunter großen Ruhm genoß.

Die eigentlichen weißen Hexen boten eine Vielzahl von Diensten an, die von Maßnahmen gegen Schadenzauber und dem Verkauf von **Liebestränken** bis hin zur Behandlung kranker Tiere und der Herstellung zauberkräftiger Heilmittel für körperliche Gebrechen reichten. Sie konnten Häuser vor Blitzeinschlägen schützen, verlorene oder gestohlene Besitztümer aufspüren, durch Regenzauber das Wachstum der Feldfrüchte fördern, Hexen, die auf dem Weg zu ihrem Sabbat waren (*siehe* **Hexensabbat**) vom „Hexenritt" auf dem Vieh der Bauern abhalten und neben tausenderlei anderen Dingen die Zukunft voraussagen, den Matrosen günstigen Wind verkaufen und Diebe entdecken. Mußten sie eine böse Hexe identifizieren, die jemanden mit einem bestimmten Zauber belegt hatte, dann weigerten sie sich in der Regel, den genauen Namen der Übeltäterin oder des Übeltäters zu nennen und zeigten dem Ratsuchenden statt dessen, wie er die Identität der Person enthüllen konnte; zu diesem Zweck riet die weiße Hexe meist, zu einer gewissen Zeit einen gewissen Ort aufzusuchen, um zu sehen, wer dort erschien. Manche weißen Hexen waren auch bereit, Zauber zu bewirken, die einer Person, welche den Ratsuchenden behext hatte, große Pein bereiten sollten. War durch Zauberei ein Tier verendet, dann konnte eine weiße Hexe empfehlen, das Herz dieses Tieres zu verbrennen, was den Schuldigen dann unwiderstehlich zum Feuer hinziehen und damit verraten sollte (*siehe auch* **Hexenflasche**).

Erfahrene weiße Hexen konnten auf ein großes Repertoire an Behandlungsmethoden für Krankheiten verweisen; sie wurden häufig um Rat gebeten, wenn herkömmliche Ärzte keine zufriedenstellende Therapie bieten konnten. In manchen Fällen versuchten sie, das Leiden auf eine andere Person, ein Tier oder einen Baum zu „transferieren". In anderen Fällen wiederum nutzten sie die Magie der „Assoziation" und verbanden die Krankheit symbolisch mit einer Bohnenhülse, einem Stück Fleisch oder etwas ähnlichem und befahlen, daß mit dem Verwesen des Gegenstandes auch die Krankheit schwinden solle. Bei einer dritten Methode spielte die Magie der Opferung eine Rolle. Hierbei wurde ein kleines Tier rituell getötet, um die Geister, die das Leiden überhaupt erst verursacht hatten, zu besänftigen.

Weiße Hexen behandelten **Warzen** durch „Besprechen" und behandelten neben solchen Gebrechen wie Rheumatismus (wobei sie Weidenrinde als Zutat zu ihrem Heilmittel bevorzugten), Kopfschmerzen und Impotenz auch schwerere Erkrankungen aller Art. Mitunter erlangten die weisen Männer oder Frauen durch diese ihre Fähigkeiten beträchtlichen Ruhm. Eine der bekanntesten unter ihnen war Bridget Bostock, zu deren Haus in Church Coppenhall (Cheshire) es um die Mitte des achtzehnten Jahrhunderts viele Patienten hinzog, wie 1748 im *Gentleman's Magazin* nachzulesen war:

> Sie kuriert Blindheit, Behinderungen aller Art, Rheuma, Skrofulose, hysterische Anfälle, Fallsucht, Atemnot, Wassersucht, Lähmungen, Lepra, Krebs und, um es kurz zu machen, fast alles außer der Franzosenkrankheit, mit der sie sich nicht befaßt, und die Mittel, die sie zum Heilen benutzt, sind nur das Bestreichen mit ihrem Speichel und das Beten für sie ... die Armen kommen in Scharen ... so viele feine Leute kommen jetzt zu ihr, daß mehrere arme Landleute ihr gutes Auskommen haben, indem sie deren Pferde halten. Kurz, Arme, Reiche, Krüppel, Blinde und Taube beten alle für sie und segnen sie, doch die Doktoren verfluchen sie.

Viele von den weißen Hexen empfohlene Kräuterheilmittel besaßen eine schlaffördernde oder narkotisierende Wirkung und gelten heute als Vorläufer der modernen Drogen. Als Zutaten verlangten die Rezepturen unter anderem **Mandragora**, **Fingerhut** (der Lieferant des Digitalis), Mohn (aus dem Opium gewonnen wird), den tödlichen **Nachtschatten** (dessen Beeren Belladonna liefern) und der Mutterkornpilz (der das Mutterkorn entstehen läßt). Belladonna und auch Mutterkorn verursachten wahrscheinlich Halluzinationen, wenn sie durch die Haut in den Körper aufgenommen wurden. Weniger wirksame Zutaten waren Ruß und Fett.

Die Anwendung des Kräuterwissens war nur eine von vielen Formen, auf die eine weiße Hexe zum Nutzen ihrer Klienten zurückgreifen konnte. Auch die Methoden variierten von einer Region zur anderen. Die weißen Hexen in Deutschland und in Teilen der USA beispielsweise machten ihre Patienten häufig durch Flüstern bestimmter Worte oder Gesang wieder gesund, während ihre Berufsgenossen in Italien **Knoten** in Schnüre knüpften und diese auf Friedhöfen verbrannten, um ihre Patienten von körperlichen Gebrechen zu befreien.

Wie die Praktiker der schwarzen Magie, so konnten auch die weißen Hexen den **Bildzauber** anwenden, um bestimmte Ergebnisse zu erreichen. Dazu stellten sie von ihren Patienten Wachsbilder her, um mit deren Hilfe die Kranken von ihren Leiden und sonstigen Problemen zu kurieren. Eine Prozedur zum Besänftigen eines **Geistes** beispielsweise verlangte, daß die Hexe ein Bildnis von der verstorbenen Person anfertigte, dieses dann feierlich begrub und die Person, die den Geist zu Gesicht bekommen hatte, mit Wasser zu waschen.

Die Erzählungen über schwarze Hexerei sind in der Hauptsache Geschichte und gehören in frühere Jahrhunderte, doch es gibt noch immer viele Menschen, die von sich behaupten, Fähigkeiten der sozial akzeptablen weißen Hexen zu besitzen. Nicht wenige von ihnen arbeiten unentgeltlich, da die Annahme einer Bezahlung sie ihrer Ansicht nach verpflichten würde, ihre Magie nach den Bedürfnissen und Wünschen der Patienten durchschaubar zu machen.

Siehe auch **Schutz vor Hexenzauber**; **Wicca**; **Wrightson, John**.

Wenham, Jane gest. 1730. Engländerin mit dem Beinamen „Weise Frau von Walkerne", die als letzter Mensch von einem englischen Gericht wegen Hexerei zum Tode verurteilt wurde. Obwohl ihr solche Nachrede nicht behagte, war Jane Wenham aus Walkerne (Hertfordshire) in ihrem Dorf schon lange als Hexe verrufen. Als ein Bauer sie erneut der Hexerei bezichtigte, reichte sie eine Beschwerde bei Gericht ein, das jedoch eine weitere Verhandlung des Falles ablehnte, den Bauern für die

Werwolf

Beleidigung allerdings eine Geldstrafe von einem Schilling zahlen ließ.

Zu ernsthafteren Verhandlungen kam es 1712, als Jane Wenham wiederum – diesmal von Anne Thorne, dem Dienstmädchen eines Dorfgeistlichen – beschuldigt wurde, Hexerei zu betreiben. Das Mädchen beklagte sich darüber, daß Jane Wenham sie mittels Zauberei mit Anfällen und Halluzinationen von katzenähnlichen Dämonen heimgesucht und sie Nadeln erbrechen lassen habe. Einmal sei sie durch die Zauberei der Hexe gezwungen worden, eine halbe Meile zu rennen, obwohl sie sich erst kurz zuvor bei einem Unfall eine Beinverletzung zugezogen hatte. Die Anschuldigungen wurden von einer Reihe von Personen teilweise bestätigt, darunter auch von einem James Burville, der behauptete, vor Anne Thornes Haustür zahlreiche Katzen gesehen zu haben, von denen eine ein Gesicht wie Jane Wenham gehabt habe.

Aufgrund dieser Vorwürfe, die durch Jane Wenhams Ruf als Hexe noch unterstützt wurden, verhaftete man die Angeschuldigte und untersuchte sie in alter Manier gründlich auf das **Teufelsmal**, indem man ihr mehrmals Nadeln tief in den Arm stieß, um festzustellen, ob die Einstiche richtig bluteten und ob die Gefangene bei der Nadelprobe Schmerzen spüre. Man fand zwar keine verdächtige Stelle, doch Jane Wenham legte ein volles Geständnis ab, wobei sie zugab, eine Hexe zu sein, wie jeder es behaupte, doch dabei beteuerte, sich lediglich mit weißer Magie zu beschäftigen (*siehe* **weiße Hexe**).

Ungeachtet des Geständnisses der alten Frau (die wirklich geglaubt zu haben schien, über die Kräfte einer Hexe zu verfügen) brachten deren Gegner eine Klage wegen „vertrauten Umgangs mit dem Teufel in Gestalt einer Katze" vor. Als erhärtende Beweise wurden bei Gericht „Kuchen" aus Federn und eine verdächtige Salbe vorgelegt, die man unter dem Kopfkissen der Angeklagten gefunden hatte. Die Salbe war nach Ansicht des Anklagevertreters aus ausgelassenem Menschenfett gemacht. Das Gericht befand die Frau gegen den Willen des Richters für schuldig im Sinne der Anklage und verurteilte sie zum Tode. Der Richter Sir John Powell schob die Hinrichtung jedoch hinaus und erwirkte später eine Begnadigung der Verurteilten durch den König, was viele Dorfbewohner erzürnte.

Der Fall erregte überall im Land großes Interesse und trug zu einer Polarisierung der Meinungen über das Hexenwesen bei. Traktate und Flugschriften darüber wurden in großer Zahl veröffentlicht. Nach dem Spruch der Geschworenen war es für Jane Wenham unmöglich geworden, in ihr Heimatdorf zurückzukehren. Ein Herr, der Verständnis für ihre mißliche Lage hatte, stellte ihr ein kleines Haus in Hartingfordbury zur Verfügung, wo sie bis zum ihrem Tod im Jahre 1730 in Ruhe lebte. Anne Thorne, die die ursprünglichen Anklagepunkte gegen Jane Wenham geliefert hatte, erhielt von ihren Ärzten den Rat, Hände und Gesicht zweimal täglich zu waschen, und man ernannte einen jungen Mann, der über sie wachen sollte, während sie sich von ihrer Hysterie erholte. Diese Therapie erwies sich in mehr als einer Hinsicht als erfolgreich, denn Anne Thorne heiratete ihren Bewacher später.

Werwolf *siehe* **Lykanthropie**

West, Rebecca *siehe* **Hopkins, Matthew**

Wetterzauber Zu den Verbrechen, die man vielen vermeintlichen Hexen zur Last legte, gehörte auch das Heraufbeschwören von Unwettern und Stürmen mit dem Ziel, Schiffe untergehen zu lassen, Ernten zu vernichten und einem Feind eine Menge anderer Katastrophen zu bringen. Bereits viele Jahrhunderte vor den Hexenverfolgungen wurden Magier immer wieder beschuldigt, einen Wetterzauber angewendet zu haben, und so war es unvermeidlich, daß auch die vielbeschworene neue Hexengeneration mit solch dubiosen magischen Aktivitäten in Verbindung gebracht wurde. Der Glaube an die Macht der Hexen über die Elemente war tatsächlich so ausgeprägt, daß es bei jedem starken Wind, der Zerstörungen anrichtete, fast eine Selbstverständlichkeit war, die Verantwortung dafür irgendeinem betagten, unbeliebten alten Weib aufzubürden.

Francesco-Maria **Guazzo** lieferte 1626 in seinem klassischen *Compendium maleficarum* seine eigene Schilderung des Wetterzaubers:

Wetterzauber

Eine Hexe beschwört ein Unwetter herauf. Holzschnitt aus dem 16. Jahrhundert.

Die Hexen haben gestanden, daß sie am Sabbat oder wann immer sie wollten Hagelschauer gemacht haben, um die Früchte der Erde zunichte zu machen. Zu diesem Zweck schlugen sie ihren Geständnissen zufolge das Wasser mit einem Zauberstab, und dann warfen sie ein gewisses Pulver in die Luft oder ins Wasser, das ihnen der Teufel gegeben hatte. Dadurch kam eine Wolke auf, die sich in Hagelkörner verwandelte und überall dort niederging, wo die Hexen es wünschten. Wenn sie kein Wasser hatten, dann benutzten sie ihren Urin.

Zu dem gleichen Ergebnis kamen angeblich auch andere Hexen, wenn sie Opferhühner oder Seesand in die Luft warfen, Feuersteine über ihre linke Schulter nach Westen schleuderten, nasse Besen schüttelten, Wasser oder Urin in Erdlöcher gossen, Schweineborsten oder Eier kochten, Stecken an ein trockenes Flußufer legten, Zauberformeln sprachen, Säuglinge in Kesseln kochten oder Salbeiblätter im Boden vergruben und dort verrotten ließen. Bei einer schottischen Variante, von der 1662 im Prozeß gegen die **Hexen von Auldrean** die Rede war, mußte ein „Fluchstein" mit einem nassen Lappen geschlagen und dreimal gesprochen werden:

Ich schlage diesen Lappen auf diesen Stein,
Um einen Sturm zu entfesseln in des Teufels Namen;
Er soll nicht ruhen, bis es mir beliebt.

Um den Wind sich legen zu lassen, mußte dreimal die folgende Zauberformel aufgesagt werden:

Wir legen den Wind in des Teufels Namen.
Er soll sich nicht eher erheben, als bis wir ihn wieder heraufbeschwören.

Typisch für die Geständnisse, die man den vermeintlichen Wetterhexen abzwang, war 1438 die Aussage des Franzosen Pierre Vallin. Seinen eigenen Worten zufolge hatte Vallin auf Befehl des Teufels auf das Wasser eines Baches eingeschlagen, um einen wilden, zerstörerischen Sturm zu entfesseln. Ähnlich behauptete 1493 Elena Dalok vor einem Gericht in London, sie könne nach Belieben heftige Regengüsse hervorrufen. 1563 soll der König von Schweden vier Hexen für seine Armee angeworben haben, als er gegen die Dänen kämpfte; sie hatten angeblich den Auftrag, das Wetter zu seinen Gunsten zu beeinflussen. Zu den vermeintlichen Hexen, die gestanden, das Wetter zu schändlichen Zwecken ändern zu können, gehörten auch Margaret Byx und Elen Pendleton aus Wymondham (Norfolk), die 1615 zugaben, einen starken Wind heraufbeschworen zu haben, um mit dessen Hilfe ein Feuer anzufachen, das die gesamte Stadt niederbrennen sollte.

Anschuldigungen gegen Hexen, sie hätten Unwetter oder Stürme heraufbeschworen, um Schiffe sinken zu lassen, waren besonders in Schottland und den seefahrenden Ländern Skandinaviens an der Tagesordnung. Ein bekanntes Beispiel für einen angeblichen Wetterzauber war der Fall der **Hexen von Berwick**, in dem die Angeklagten zugaben, eine **Katze** ins Meer geworfen zu haben, an die sie Teile einer Leiche gebunden hätten, um das Schiff Jakobs VI. sinken zu lassen, das sich auf dem Weg nach Dänemark befand. (Das Schiff des Königs blieb unversehrt, ein anderes jedoch, das nach Leith unterwegs war, sank.) 1645, zwei Jahrhunderte später, bekannte Elizabeth Harris aus Faversham, John Woodcocks Boot durch einen **Fluch** zum Kentern gebracht zu haben, und im selben Jahr wurde der hochwürdige John Lowes hingerichtet, ein betagter Geistlicher, der der Hexenjagd des Matthew **Hopkins** in den Jahren 1645–1646 zum Opfer fiel, weil er vor Norwich angeblich ein Schiff habe sinken lassen, wobei vierzehn Menschen ums Leben gekommen seien. (Der Untergang eines solchen Schiffes wurde niemals wirklich festgestellt.) Noch 1707 schrieb man den Sturm, der die Flotte von Admiral Sir Cloudesley Shovel vor den Scilly-Inseln traf und zweitausend Menschenleben forderte und bei dem auch Shovel umkam, dem Fluch eines Matrosen zu, der auf Befehl des Admirals zu Unrecht gehängt worden war.

Der Aberglaube kannte wenigstens zwei Mittel, mit denen man sich bei starkem Sturm schützen konnte. Man mußte entweder etwas Mehl aus dem Fenster werfen, um damit vielleicht die Dämonen zu besänftigen, die den Sturm herbeigezaubert hatten, oder die Kirchenglocken (*siehe* **Glocken**) läuten, deren Klang angeblich Hexen und Dämonen abwehren konnte.

Nicht alle Unwetter jedoch wurden heraufbeschworen, um Schaden anzurichten. Die alte Tradition, von einer Hexe einen günstigen Wind zu kaufen, war bis in relativ neue Zeit unter den Seefahrern gut bekannt. Den Wind kaufte man am besten in Form einer Kordelschnur, die mit **Knoten** versehen war. Diese Knoten wurden gelöst, um eine gute Brise zu erzeugen, wenn ein Schiff in eine Flaute geriet.

Die Menschen in vielen Teilen Europas glaubten einst, daß Unwetter aufkämen, wenn eine Hexe stürbe, was ein Zeichen dafür sei, daß der Teufel nun käme, um das Seine zu fordern. 1642 beispielsweise wurde der Tod eines Musikers mit Namen Thomas Holt, der sich während eines Unwetters in Coventry das Genick brach, direkt mit einem alten Gerücht in Verbindung gebracht, das besagte, Holt habe einige Jahre zuvor dem Teufel seine Seele verkauft. Zeugen erinnerten sich daran, an dem stürmischen Abend einen stattlichen Fremden in Holts Haus gehen gesehen zu haben. Man erzählte sich auch, daß ein Sturm, der während einer Gerichtssitzung aufkomme, ein sicheres Zeichen dafür sei, daß der jeweilige Prozeß mit vielen Todesurteilen ende.

Der Glaube an die Fähigkeit der Hexen, Unwetter heraufzubeschwören, hielt sich mehrere Jahrhunderte lang. Noch 1691, als der Hexenwahn in den meisten Gegenden nachließ, schrieb ein amerikanischer Presbyterianer, der Lehrer und Autor Richard Baxter, in seinem Buch *Certainty of the World of Spirits*: „Das Heraufbeschwören von Unwettern durch die Hexen wird von so vielen bestätigt, daß ich es für unnötig halte, sie [alle] anzuführen."

Siehe auch **Ei**; **Knotenzauber**.

Weyer, Johann 1515–1588. Deutscher Arzt, der einer der ersten war, die den Hexenwahn öffentlich kritisierten. Weyer, ein Schüler von Cornelius **Agrippa**, diente als Hauslehrer in der französischen Königsfamilie und nahm später ein Amt in Cleve an, wo er mehrere Werke zum Thema Hexenwesen verfaßte. Mit seinen Erfahrungen auf dem Gebiet der Medizin konnte Weyer in so wichtigen Büchern wie *De Praestigiis Daemonum* (1563) erklären, daß viele der Symptome, die mit dämonischer **Besessenheit** assoziiert wurden, ihre Ursache in gewissen psychischen Voraussetzungen hatten. Bestimmte Personen würden durch Täuschung zu der Überzeugung gebracht, sie könnten Zauber bewirken, aber solche Behauptungen, so argumentierte er, seien das Produkt eines Irrglaubens. Wirkliche Übeltaten könne nur der Teufel vollbringen, Hexen dagegen besäßen keine übernatürlichen Kräfte. Weyer wies die Vorstellung vom **Hexensabbat** als reine Erfindung zurück und widerlegte die Idee, daß alle unerklärlichen Erkrankungen der Hexerei zuzuschreiben seien; er ließ allerdings gelten, daß nicht alle übernatürlichen Phänomene Fiktionen seien. (Weyer erzählte beispielsweise, wie er selbst einst eine Jungfrau vor der Entführung durch den Teufel gerettet habe.)

Als Protestant machte er zu einem großen Teil die katholische Kirche für den Hexenwahn verantwortlich und klagte die Priester an, Hexerei als Quelle aller möglichen Symptome angenommen zu haben, die in Wirklichkeit auf einfache medizinische oder psychische Ursachen zurückzuführen waren. Er verurteilte auch die Anwendung der **Folter** zur Erpressung von Geständnissen und versuchte, zwischen schwarzer und weißer Magie zu unterscheiden; Weyers Ansichten scheinen allerdings relativ wenig Einfluß auf seine Zeitgenossen gehabt zu haben. Den Hexenjägern seiner Zeit erteilte er eine unheilverkündende Warnung:

> Doch wenn der große Prüfer der Herzen erscheint, dem nichts verborgen bleibt, werden Eure bösen Taten entdeckt, Ihr Tyrannen, blutdürstigen Richter, Schlächter, Folterer und grausamen Räuber, die Ihr Eure Menschlichkeit weggeworfen habt und keine Gnade kennt. So rufe ich Euch vor das Tribunal des Großen Richters, der zwischen uns entscheiden wird, wo die Wahrheit, die Ihr mit Füßen getreten und begraben habt, sich erheben und Euch verdammen und Vergeltung für Eure Unmenschlichkeiten fordern wird.

Angeregt durch Weyers Schriften, fand der Herzog von Jülich-Cleve-Berg zu einer recht nachsichtigen Haltung gegenüber dem Hexenwesen, und so blieben dieser Region die schlimmsten Exzesse erspart, die andere Teile Europas erschütterten. Das heißt nicht, daß Weyer mit seinen Ansichten keine Gegner hatte; nur die Unterstützung des Herzogs Wilhelm von Cleve, dessen Leibarzt Johann Weyer gewesen war, rettete ihn davor, als Hexenfreund verbrannt zu werden.

Whitehead, Paul siehe **Hell-Fire Club**

Whittle, Anne siehe **Pendle, Hexen von**

Wicca Name der modernen Hexenbewegung, die in der zweiten Hälfte des zwanzigsten Jahrhunderts einen Aufschwung erlebte. Die Mitglieder des Wicca-Kults, der sich auf der Grundlage der Schriften der Historikerin Margaret **Murray**, Gerald **Gardners** und anderer neuzeitlicher Okkultisten entwickelte, erheben den Anspruch, daß ihre Magie einzig und allein guten Zwecken gewidmet und auf die Förderung der Gesundheit, die Abwehr des Bösen etc. gerichtet ist. Der Kult betont die zeremoniellen Aspekte des Hexenwesens, was sich in komplizierten Prozeduren und einem starken halbreligiösen Element äußert. Allerdings hat die Tatsache, daß die Teilnehmer gewöhnlich nackt sind und daß mitunter sexualmagische Riten ausgeführt werden, schon viele kritische Bemerkungen ausgelöst.

Häufig wird eine Verbindung zwischen modernem Wicca-Kult, nachmittelalterlichem Hexenwesen und – noch weiter zurück – vorchristlicher heidnischer Religion hergestellt. Die Verbindungslinie zwischen heidnischem Kult und dem mittelalterlichen Hexenwesen ist jedoch extrem schwach; das gleiche läßt sich von einer Beziehung zwischen der modernen Bewegung und dem historisch belegten Hexenwesen sagen, die nicht viel mehr als eine künstlich erdachte Verbindung ist. Dennoch regten zu Beginn der neunziger Jahre die Bemühungen, in Milton Keynes (Buckinghamshire) ein Zentrum für die Aktivitäten der modernen Hexenbewegung zu gründen, in der Bevölkerung viele Debatten an, die teilweise an die Reaktion erinnerte, die das Hexenwesen in früheren Zeiten hervorgerufen hatte.

Zu den prominenten Befürwortern des Wicca-Glaubens, die sich seit Gardner hervorgetan haben, gehören unter anderen Alex Sanders, der selbsternannte „König der Hexen", der das moderne Hexenwesen in eine eher zeremonielle Richtung steuerte, und Sybil Leek, eine Hexe aus den USA, die sich mit Auftrit-

Wier, Johan

ten im Fernsehen einen üppigen Lebensunterhalt verdiente. Aus der ursprünglichen Bewegung, die sich über die Jahre hinweg mehrmals gespalten hat, sind verschiedene Zweigbewegungen hervorgegangen, die ihrer eigenen Interpretation des Wicca-Glaubens folgen, wobei die Praktiken der einen im wesentlichen einer Fruchtbarkeitsreligion entsprechen und andere Splittergruppen mehr Betonung auf einen sexualmagischen Inhalt legen.

Wier, Johan *siehe* **Weyer, Johann**

Wiesel Das Wiesel galt in vielen Länder traditionell als unglückbringendes Geschöpf, das eng mit dem Hexenwesen verbunden war. Da Hexen das Wiesel angeblich als Tarngestalt bevorzugten, galt die Begegnung mit einem solchen Tier entweder im Haus oder im Freien als Vorbote eines Unheils. Vor dem Bösen, das das Auftauchen eines Wiesels oder das Ertönen seines Schreies mit sich bringen mußte, schützte man sich angeblich am besten, indem man drei kleine Steine vor sich hinwarf und dann sieben Kreuzzeichen machte.

Die Gabe der **Divination** wurde einem angeblich für ein ganzes Jahr zuteil, wenn man das noch schlagende Herz eines Wiesels verspeiste.

Wilkes, John *siehe* **Hell-Fire Club**

Williams, Abigail *siehe* **Salem, Hexen von**

Wilson, Bessie und Margaret *siehe* **Auldearn, Hexen von**

Wishart, Jane *siehe* **Aberdeen, Hexen von**

Witwe Coman *siehe* **Coggeshall, Hexe von**

Wolf Zu den bevorzugten Tarngestalten des **Teufels** gehörte der Wolf, ein Geschöpf, das als lange Zeit gefürchtetes Tier in die Annalen des europäischen Aberglaubens einging. In vielen Regionen löste das Auftauchen von Wölfen in der Regel Entsetzen und Bestürzung aus, denn die Tiere galten weit und breit als Vorboten von Unheil. Der bloße Anblick eines Wolfes konnte einen Menschen angeblich taub machen, wenn der Wolf den Menschen als erster sah, und wenn man das Wort „Wolf" auch nur aussprach, dann sollte ein solches Tier auch sogleich erscheinen.

Im walisischen Sagenschatz heißt es, daß der Wolf nicht von Gott, sondern vom Teufel geschaffen worden und die Kreatur seither ihrem Schöpfer treugeblieben sei. In deutschen Legenden hockte der Teufel zwischen den Augen des Wolfes. Manche Hexen sprachen davon, die Gestalt von Wölfen angenommen und so die Gemeinden in Angst und Schrecken versetzt zu haben (*siehe* **Lykanthropie**). Die Werwolfmythologie besagt, daß ein Mensch mit Hilfe verschiedener Zauber Wolfsgestalt annehmen könne. Mitunter wurde geschildert, wie die Opfer von Zaubern in Wölfe verwandelt wurden. In einer alten Geschichte ist die Rede von Hexen, die einen Geistlichen in einen Wolf verwandelten; das Opfer konnte später nur durch seinen weißen Kragen identifiziert werden.

Die Hexentradition zeigte jedoch auch eine andere Seite des Wolfes auf und wies auf den Nutzen dieses Tieres in der Volksmedizin hin. Epileptiker hüllte man zur Vermeidung von Anfällen in Wolfspelze; in gleicher Weise konnte man verfahren, um das Leben eines mit Tollwut infizierten Menschen zu retten. Ein Wolfsfell im Haus sollte die Fliegen fernhalten. In Frankreich wurde empfohlen, Wolfszähne gegen das Zahnfleisch zu reiben, wenn ein Kind Zahnweh hatte. Das sollte die Schmerzen vertreiben. Hatte ein Mensch Wolfsfleisch gegessen, dann war er angeblich gegen Geistererscheinungen gefeit. Wer mit einem Wolfskopf unter dem Kissen schlief, sollte vor Alpträumen geschützt sein. Litt jemand unter Koliken, dann galt das Bestreichen der Glieder mit Wolfskot als lindernd.

Woodville, Elizabeth um 1437–1492. Englische Königin, deren heimliche Heirat mit Eduard IV. im Jahre 1464 zu sensationellen Hexereianklagen führte. Elizabeth Woodville war die älteste Tochter von Sir Richard Woodville, des ersten Grafen Rivers, und Jacquetta, der Herzogin von Bedford. Sie wurde zuerst mit Sir John Grey verheiratet. Nach dem Tod ihres Gemahls in einer Schlacht im Jahre 1461 eroberte Elizabeth das Herz Eduards IV., mit dem sie zum erstenmal unter einer Eiche im Whittlebury Forest zusammengetroffen war. Die Nachricht von der heimlichen Eheschließung in Grafton bei Stony Stratford (Buckinghamshire) erregte Aufsehen, da man die Heirat aus politischen Gründen für ungünstig hielt.

Bald ging das Gerücht um, Elizabeth Woodville habe, unterstützt von ihrer Mutter, den König mittels Hexerei umgarnt. Die Anschuldigungen nahmen schließlich zu, als Edward während eines Aufstandes 1469 vom Grafen von Warwick verhaftet wurde. Ein Mann namens Thomas Wake nahm die Gelegenheit wahr, und reichte eine formale Anklage gegen die Herzogin von Bedford ein, um die königliche Heirat für ungültig erklären zu lassen. Als Beweis legte er eine Bleifigur von einem Ritter vor, die mit Draht umwickelt war, und die nach Wakes Aussage zum Zweck eines **Bildzaubers** für die Herzogin angefertigt worden war. John Daunger, der Geistliche der Gemeinde Stoke Bruerne (Northamptonshire), unterstützte die Behauptung, es seien zwei weitere Figuren hergestellt worden, von denen die eine Edward, die andere dessen künftige Braut dargestellt habe.

Der Fall kam zu Beginn des Jahres 1470 vor Gericht; zu dieser Zeit war Edward bereits wieder frei. Daunger zog seine Aussage zurück und bestritt nun, daß die Herzogin von Bedford jemals etwas mit Hexerei zu tun gehabt habe. Die Herzogin wurde freigesprochen, doch das Gerücht hielt sich hartnäckig. Als Edward 1483 starb, wurden die alten Beschuldigungen von Richard of Gloucester, dem Bruder des Königs, erneut vorgebracht. Richard of Gloucester hoffte, selbst über England herrschen zu können, und wenn die Heirat seines Bruders für ungültig erklärt würde, dann könnte der Anspruch Eduards V. auf den Thron angefochten werden.

Also wurden Elizabeth Woodville und Jane Shore, die Geliebte des verstorbenen Königs, von Richard beschuldigt, sie hätten mittels Zauberei seinen Körper dahinsiechen lassen. Als Beweis für die Schädigung zeigte Richard seinen verkrüppelten Arm vor. (Der Arm war seit Richards Kindheit in diesem Zustand, was allerdings niemand auszusprechen wagte.) Jane Shore wurde in den Londoner Tower gesperrt, ihr Vermögen konfisziert. Man zwang sie, in den Straßen der Hauptstadt barfuß und nur mit einem Kittel bekleidet Buße zu tun. Elizabeth Woodville unterdessen floh zur Sicherheit mit ihrem jüngsten Sohn. Jetzt konnte sich der Usurpator als Richard III. krönen lassen. Nicht lange darauf ließ der die beiden Söhne Edwards IV. im Tower gefangensetzen, wo sie dann auf geheimnisvolle Weise ums Leben kamen.

Elizabeth Woodville wurde als Königinwitwe wieder in ihre Rechte eingesetzt, als Heinrich VII. im Jahre 1485 den Thron bestieg. Sie starb in der Abtei von Bermondsey.

Wright, Elizabeth *siehe* **Junge von Burton**

Wrightson, John Englischer Hexer, bekannt als der „weise Mann von Stokesley", der weit und breit als der begabteste **weißer Hexer** seiner Generation galt. John Wrightson war im gesamten nördlichen Yorkshire und im Süden Durhams für seine Weisheit berühmt, doch viele Menschen fürchteten ihn wegen seiner ungewöhnlichen Kräfte. Wrightson, der siebente Sohn einer siebenten Tochter, behauptete, daß seine Magie nur wirke, wenn er faste. Er wußte Rat für viele Lebenslagen und konnte mit Hilfe seiner Magie verlorene oder gestohlene Besitztümer aufspüren, kranke Tiere heilen und über große Entfernungen sehen. Sein Ruf lockte Männer und Frauen aus weiter Ferne an, die zu ihm kamen, um ihn um Rat zu bitten.

Einmal sprach ein Müller bei ihm vor, dem ein Satz wertvoller Gewichte gestohlen worden war. Wrightson prophezeite, daß die Gewichte, von Dung bedeckt, bald zurückgebracht würden und riet dem Müller, danach keine weiteren Schritte zu unternehmen. Die Gewichte kamen tatsächlich in der vorausgesagten Weise zurück, und der beeindruckte Müller verfolgte den Fall nicht weiter. Höchstwahrscheinlich hatte die Nachricht, daß sich der berühmte Hexer der Sache angenommen habe, den Dieb dazu gebracht, das Gut in der vorgeschriebenen Weise zurückzugeben.

Eine andere Geschichte erzählt von zwei jungen Männern, die sich einen Spaß mit dem alten Hexer machen wollten. Unter einem Vor-

Würzburg, Hexen von

wand sprachen sie bei ihm vor und baten um seine Hilfe. Wrightson setzte sie vor ein prasselndes Feuer, doch als die beiden ihre Stühle von der sengenden Hitze wegrücken wollten, konnten sie sich nicht von der Stelle rühren. Nach einer Zeit ließ sich der Alte erweichen, hob den Zauber auf und ließ seine gründlich gestraften Gäste gehen.

Würzburg, Hexen von Das Bistum Würzburg erlebte zu Beginn des siebzehnten Jahrhunderts einige der schlimmsten Grausamkeiten, die in der Zeit des Hexenwahns in **Deutschland** verübt wurden. Die Hexenjagden, die den Geschehnissen in Bamberg vergleichbar waren, forderten Hunderte Menschenleben; unter den Opfern waren auch sehr vornehme und geachtete Bürger. Unter der Herrschaft des Fürstbischofs Philipp von Ehrenberg wurden in ganz Würzburg in einem Holocaust, der von den Jesuiten eingeleitet und im wesentlichen auch weitergeführt wurde, in der Zeit zwischen 1623 und 1633 rund neunhundert Hexen umgebracht.

Der Kanzler von Würzburg schrieb 1629 an einen Freund und gab in seinem Brief einen bildhaften Bericht über die Schrecken, die sich über das Bistum ausgebreitet hatten:

> Dieses Weh und Elend! Es sind noch vierhundert beiderlei Geschlechts in der Stadt, von hohem und niederem Rang, selbst Geistliche, so schwer beschuldigt worden, daß sie jede Minute verhaftet werden können ... Mit einem Wort, es ist sicher ein Drittel der Stadt hierin verwickelt. Die Reichsten, Anziehendsten, Hervorragendsten der Geistlichkeit sind schon hingerichtet. Vor einer Woche wurde ein Mädchen von neunzehn Jahren verbrannt, von dem man überall sagt, daß es das schönste in der ganzen Stadt gewesen sei, und das allgemein als ein Mädchen von außergewöhnlicher Bescheidenheit und Tugend galt. In sieben oder acht Tagen werden ihr weitere von den besten und anziehendsten Leuten folgen ... Um diese schreckliche Sache zu beenden – da sind dreihundert Kinder von drei oder vier Jahren, die mit dem Teufel gebuhlt haben sollen. Ich habe Kinder von sieben Jahren gewaltsam sterben sehen, und tapfere Schüler von zehn, zwölf, vierzehn und fünfzehn Jahren ...

Zur gleichen Zeit, da er diese Tragödien aufschrieb, verkörperte der Kanzler jedoch auch die Meinung seiner Zeit, als er in einem Nachsatz Einzelheiten über die neuesten Gerüchte von großen **Hexensabbaten** hinzufügt, die in der Nähe stattfinden und an denen achttausend Hexen teilnehmen sollten. Er berichtete, daß die Namen der Schuldigen auf dem Sabbat alle von einem Notar aufgezeichnet worden seien, und daß er hoffe, das Buch würde gefunden – „jedermann sucht eifrig danach".

Die Hexenpanik in Würzburg legte sich erst, als Ernst von Ehrenberg, der einzige Erbe des Fürstbischofs, von den Jesuiten der Hexerei beschuldigt und nach einem Geheimprozeß und dem Urteilsspruch (den man selbst vor dem Angeklagten geheimhielt) hingerichtet wurde. Von seiner wahren Situation erfuhr der junge Mann erst am Morgen seiner Hinrichtung, als er direkt in die Folterkammer geführt und nach einem kurzen Kampf getötet wurde. Der Fürstbischof, der letzte Gnadengesuche abgelehnt hatte, schien seine Entscheidung später bereut zu haben, und die allgemeine Atmosphäre begann sich unter seinem mäßigenden Einfluß zu verändern. (Dennoch bleibt der Name Ehrenberg einer der schrecklichsten in der gesamten Geschichte des Hexenwahns.) Die Ankunft der schwedischen Armee lenkte die Obrigkeit schließlich von der Fortsetzung ihrer unheilvollen Hexenjagden ab.

Y

Young, Alice *siehe* **Connecticut, Hexen von**

Z

Zauber Das Anwenden von Zaubern zu guten wie schlechten Zwecken hat seit jeher im Mittelpunkt der Hexenmythologie gestanden. Hexen sollten zwar auch **Dämonen** beschwören oder **Hausgeister** mit der Ausführung verschiedener Taten beauftragen können, doch die herkömmlichen Beschreibungen einer europäischen Hexe zeigten diese Männer und Frauen über einen wallenden Kessel gebeugt, über dem sie unheimliche Sprüche murmelten und bei dem Gedanken an die Folgen ihrer Magie häßlich lachten.

Nach Auffassung der Dämonologen gab es verschiedene Kategorien von Zaubern, die jeweils ganz bestimmte Ziele verfolgten. Diese Ziele spiegelten die fragwürdigsten Beschäftigungen der Hexen und ihrer Klienten wider, die meist gegen körperliche Leiden (die vielleicht selbst von Hexerei herrührten) helfen, die Liebe eines Menschen gewinnen oder einem Feind Schaden oder gar den Tod bringen sollten.

Zauber, die ihre Opfer mit schweren körperlichen Behinderungen oder dem Tod und deren Vieh oder Besitz mit Vernichtung und Zerstörung bedrohten, flößten der Bevölkerung Angst und Grauen ein. Zu solch üblen Zwecken wurden alle möglichen Mittel von Wachsbildern oder Puppen (*siehe* **Bildzauber**) bis hin zu Gift und dem **bösen Blick** angewendet. Eine der einfachsten Prozeduren, mit denen man jemanden zu töten beabsichtigte, war das Vergraben eines Gegenstandes, der dem Opfer gehörte oder das Opfer darstellte. Sollten mit einem Zauber die Felder eines Bauern verwüstet oder die Ernte gestohlen werden, dann baute die Hexe einen winzigen Pflug und ließ ihn von einem Krötengespann (*siehe* **Kröte**) ziehen. (Von diesem Zauber berichtete die schottische Hexe Isobel **Gowdie** in ihrem Geständnis.)

Es gab auch andere Schadenzauber, die weniger schwere Folgen hatten und dazu bestimmt waren, einem Feind Unannehmlichkeiten eher banaler Art zu bereiten. Typisch dafür war ein Zauber, zu dem sich 1645 Alicia Warner, eine Hexe aus Suffolk, bekannte. Mit ihm hoffte sie, zwei Frauen, die sie nicht mochte, böse Geister schicken zu können, die die beiden mit Läusen infizieren sollten. Das Gericht stellte dann fest, daß die beiden Frauen in der Tat verlaust waren.

Es gab auch viele Zauber, die in einem widerstrebenden Partner Liebesgefühle wecken sollten. Zu diesem Zweck bereiteten die Hexen auf Bitten ihrer Klienten – oder für ihre eigenen Ziele – entweder einen **Liebestrank** zu oder boten einen anderen Zauber an, der dasselbe bewirkte. Eine der ältesten Formen war das Anfertigen einer Puppe aus reinem Wachs, das mit Körperausscheidungen der gewünschten Person (Blut, Sperma, Speichel etc.) vermischt sein mußte. Mit einigen Blutstropfen aus dem dritten Finger der linken Hand (*siehe* **links**) schrieb man den Namen des geliebten Menschen auf die Stirn und den Namen des Liebenden auf die Brust der Puppe. In den Rücken, den Kopf, das Herz und das Becken der Puppe wurden vier neue, unbenutzte Nadeln gestoßen, dann bestreute man die Puppe mit Salz und Senfsamen und legte sie in ein Feuer. Das Feuer mußte zuvor mit einem Stück Papier entzündet worden sein, das mit einer Schriftprobe des geliebten Menschen versehen war. War das Feuer niedergebrannt, dann schrieb man den Namen dieses Menschen noch einmal in die Asche, um sicherzugehen, daß sich der Zauber nicht auf eine falsche Person richtete.

Andere Zauber waren dazu bestimmt, Probleme zu lösen, die sich aus der Befriedigung sinnlicher Begierden ergaben. Dabei ging es insbesondere um den Abbruch unerwünschter

Zauberbuch

Schwangerschaften. Diese Zauber wirkten meist so zerstörerisch auf den gesamten Körper, daß eine Schwangere dadurch ernstlich erkrankte und mit großer Wahrscheinlichkeit eine Fehlgeburt erlitt. (Es bestand jedoch auch immer die Gefahr, daß die Frau daran starb.) Zu den giftigen Substanzen, die diese Art Zauber in der Regel erforderte, gehörte unter anderem Mutterkorn.

Zauber wandte man auch an, um in die Zukunft zu schauen (*siehe* **Divination**), um die Luft zu vergiften und damit Seuchen zu verbreiten oder um das Wetter (*siehe* **Wetterzauber**) zu beeinflussen. Im Volksglauben existierte die Vorstellung, daß Hexen mit Hilfe ihrer Zauber auch Feuer ausbrechen lassen, Menschen in den Wahnsinn treiben und Ehepaare unfruchtbar machen konnten, daß sie in der Lage waren, Butter und Bier zu verderben und den Kühen die Milch zu stehlen. Für letzteres Kunststück „molken" sie angeblich Seilstücke, Strohhalme oder den Stiel einer in der Wand steckenden Axt.

Die Vorbereitung von Zaubern konnte einfach oder auch ausgesprochen kompliziert sein, erforderte umfassende Kenntnisse in den Zauberkünsten und Zugang zu einem **Zauberbuch**, das genaue Auskunft über die verschiedenen Prozeduren gab. Verschiedenartig waren auch die Zutaten für die Hexengebräue: Kräuter und andere Pflanzen, Wurzeln, tierische Organe und Teile menschlicher Leichen (besonders von Kindern und Gehenkten). Aus Tränken, die mit dem tödlichen **Nachtschatten**, mit Fledermausblut, Alraune (*siehe* **Mandragora**), Schlangengift und anderen ungewöhnlichen Zutaten angereichert waren, gewannen die Hexen der Überlieferung zufolge eine mächtige Zauberkraft. Typisch für die geheimnisvollen Rezepturen, die die Hexenkunst empfahl, war ein Wundheilmittel aus dem siebzehnten Jahrhundert, das unter anderem aus pulverisierten Würmern und Hämatiten, ranzigem Schweinefett und Moos aus einem alten Menschenschädel (*siehe* **Schädel**) bestand.

Damit ein Zauber auch wirkte, mußte eine Hexe nicht nur die richtigen Zutaten einsetzen, sondern darüber hinaus eine Verbindung zwischen dem jeweiligen Zauber und dessen Zielperson schaffen. Das war besonders wichtig, wenn das Opfer mittels eines Wachsbildes angegriffen werden sollte. Die größte Wirkung sollte erzielt werden, wenn die Hexe in das Bild oder den Zauber materielle Spuren vom Körper der zu behexenden Person – entwendete abgeschnittene Fingernägel, Zähne und Haarlokken, Körperflüssigkeiten, Kleidungsstücke oder gar Stroh von der Schlafstatt des Opfers – einbezog. Selbst ein Fußabdruck konnte gegen die Person, von der er stammte, verwendet werden. Eine typische Prozedur war das Einschlagen eines alten Sargnagels in den Abdruck, was der Zielperson solange furchtbare Schmerzen bereiten sollte, bis der Nagel entfernt wurde. Die Verbindung zwischen Zauber und Opfer ließ sich auch herstellen, indem man während der Vorbereitung der Prozedur mehrmals den Namen der Person aussprach, gegen die sich der Zauber richtete (*siehe* **North Berwick, Hexen von**).

Da die Hexen hinsichtlich ihrer magischen Kräfte auf den **Teufel** angewiesen waren, wurde für gewöhnlich die Geisterwelt um Beistand angerufen, damit ein bestimmter Zauber auch in der gewünschten Weise wirkte. Das tat man am besten im Schutz eines **magischen Kreises**, da die beschworenen Geister ihren bösen Sinn ohne weiteres auch gegen den Magier richten konnten, der es gewagt hatte, sie zu stören. Viele Hexen erklärten, daß der Teufel und seine Untergebenen ihnen wirklich gezeigt hätten, wie sie bei ihrer Magie vorgehen müßten und ihnen auch die dazu notwendigen Materialien geliefert hätten.

Siehe auch **Amulett**; **Besessenheit**; **Butterzauber**; **Fluch**; **Flugsalbe**; **Hexenflug**; **Hexenmesser**; **Kerzenzauber**; **Maleficia**; **Nekromantie**; **Potenzzauber**; **Todessalbe**; **Verwandlung**; **Weiße Hexe**; **Wetterzauber**; **Zauberformel**; **Zauberstab**.

Zauberbuch Die sogenannten „schwarzen Bücher", deren Zaubersprüche man oftmals Salomo persönlich zuschrieb, sollen im Mittelalter weit und breit in Gebrauch gewesen sein. Das älteste unter diesen Büchern war in Konstantinopel geschrieben worden, noch ehe die Stadt 1435 von den Türken eingenommen wurde. Viele dieser handgeschriebenen Bände griffen auf das überlieferte Wissen der Juden zurück,

Zauberformel

wovon am bekanntesten wohl die *Claviculae Salomonis* sind, in dem angeblich ein Teil des Zauberwissens des biblischen Königs Salomo übermittelt ist. (Ein Exemplar befindet sich im Britischen Museum in London.) Dem Vernehmen nach war Papst Honorius III. im Besitz eines solchen Buches; Papst Innozenz VI. ließ später eine Kopie davon in einer feierlichen öffentlichen Verbrennung vernichten. Die erste gedruckte Ausgabe eines Zauberbuches, das von Honorius stammen sollte, wurde 1626 in Rom hergestellt und in der Folgezeit in verschiedene Sprachen übersetzt.

Der Okkultist Gerald **Gardner** verlangte von seinen Schützlingen, daß sie sein eigenes *Book of Shadows*, in dem er Einzelheiten über den Ablauf gewisser Rituale beschrieb, mühsam handschriftlich kopierten. In ähnlicher Weise müssen auch viele moderne Hexen im Verlaufe ihrer „Lehrzeit" ihr eigenes Zauberbuch schaffen.

Typische Inhalte solcher Zauberbücher sind die Beschreibung der Kleidung und der Instrumente für magische Zeremonien und Ratschläge zur Wahl der richtigen Zeit und des richtigen Ortes für ein bestimmtes Ritual, für das ordnungsgemäße Ziehen eines **magischen Kreises**. Hier waren auch die **Namen der Macht** angegeben, mit denen Geister herbeigerufen, verborgene Schätze gefunden, Schlösser geöffnet und andere Dinge bewerkstelligt wurden. Die Zauber, die in diesen Büchern beschrieben waren, sollten verschiedenen Zwecken dienen, die vom magischen Einfluß auf eine Person bis zum Mord mit Hilfe der Magie reichten.

Zauberformel Ein Zauberspruch oder eine andere Form von Worten, die hergesagt werden kann, um die Macht der Magie zu beschwören, oder ein Gegenstand von bestimmtem Aussehen, dem angeblich magische Kräfte innewohnen (siehe **Amulett**).

Das Aussprechen von Zauberformeln war ein wichtiger Punkt beim Vorgang des Zauberns oder Bannens; es war möglicherweise eine Imitation der Gebete und Lieder der christlichen Kirche. Die Zauberformeln einer Hexe, die von einfachsten Reimen bis zu komplizierten Texten in lateinischer Sprache oder unsinnigen Sprüchen reichte, die vermutlich nur der **Teufel** selbst verstand, waren Teil der Mythologie der Zauber und Verwünschungen. Zauberformeln wurden in dem Glauben, daß sie die magische Wirksamkeit verstärkten, auch über den verschiedenen Instrumenten des Hexenhandwerks – über Messern, Kräutern und anderen Dingen – gesprochen.

Andererseits war die Zauberformel auch eines der einfachsten und am schnellsten verfügbaren Verteidigungsmittel gegen drohende Hexerei. Sie wurde gewöhnlich in allen möglichen Fällen angewendet – wenn man sich zur Nachtruhe begab, Krankheiten behandelte oder gefährliche Unternehmungen in Angriff nahm – und in ganz ähnlicher Weise wie ein Gebet gesprochen. In der Tat beschworen die Zauberformeln wie in dem allgemein bekannten „Weißen Vaterunser" sehr oft die Namen der Heiligen der christlichen Lithurgie:

> Matthäus, Markus, Lukas und Johannes,
> segne das Bett, in dem ich liege.

In Schottland wurden Verstauchungen behandelt, indem man um die betroffene Stelle Leinengarn mit neun Knoten (*siehe* **Knotenzauber**) band und dazu folgendes sang:

> Unser Retter ist gefallen,
> Sein Fuß ist verletzt.
> Unser Retter liegt darnieder.
> Sehne zu Sehne, Ader zu Ader.
> Gelenk zu Gelenk und Knochen zu Knochen
> Heile in Gottes Namen.

Die Kirche beurteilte solche Zauberformeln pessimistisch und wies warnend darauf hin, daß mit wenigen Ausnahmen nur Gebete in ihrer üblichen katholischen Form zulässig seien, und daß die Abwandlungen einen Dämon heraufbeschwören könnten. In Schottland mußte tatsächlich jeder, der der Anwendung von Zauberformeln schuldig gesprochen wurde, mit dem Feuertod rechnen. Sir George Mackenzie schrieb 1678 in seinem Werk *Laws and Customs of Scotland*:

> Obwohl Zauberformeln nicht in der Lage sind, Wirkungen zu zeigen, die bei Hexen strafbar sind, da diese Wirkungen nicht ohne den Teufel hervorgerufen werden können, und [da] dieser keinem auf dessen Wunsch hin dient, der sich ihm

Zaubernuß

nicht völlig ergeben hat, ist es sehr gerecht, daß deren Benutzer bestraft werden, denn sie sind zumindest der Abtrünnigkeit und Ketzerei schuldig.

Es gibt Aufzeichnungen von verschiedenen Zauberformeln, die ersonnen wurden, um die Bannsprüche und Zauber übelwollender Hexen zu brechen. Einen solchen Spruch zur Erlösung eines Opfers von einem Hexenzauber verriet James Device 1612 während des Prozesses gegen die **Hexen von Pendle**:

> Am Karfreitag werde ich fasten, solange ich mag,
> Bis ich sie die Glocke
> unseres Herrn läuten höre;
> Der Herr in seiner Messe
> Mit seinen zwölf Aposteln,
> Was hat er in seiner Hand?
> Den geschmeidigen Zauberstab.
> Was hat er in der andern Hand?
> Den Schlüssel zum Himmelstor.
> Öffne, öffne den Himmel, Schlüssel.
> Bleib geschlossen, Höllentor.
> Laß das getaufte Kind
> Gehn zu seiner Mutter sanft.
> Was ist dort drüben, was so hell leuchtet?
> Mein geliebter Sohn, der an den Baum genagelt ist.
> Er ist angenagelt so schmerzhaft an Herz und Hand
> Und an der heiligen Hirnschale.
> Gut ist jener Mensch,
> Der sein Kind
> den Freitagszauber lehren kann;
> Ein blaues Kreuz und ein andres von roter Farbe,
> Als unser lieber Herr am Kreuz war.
> Gabriel legte ihn zum Schlafen nieder
> Auf den Boden voll heiliger Tränen.
> Der liebe Gott kam vorbei:
> Gabriel, schläfst du oder wachst du?
> Nein, Herr, ich stehe mit Stab und Pfahl,
> Daß ich weder schlafen noch wachen kann.
> Steh auf, Gabriel, und gehe mit mir,
> Weder Stab noch Pfahl werden dir rühmlich sein.
> Süßer Jesus, unser Herr, Amen.

Es mag zumindest exotisch anmuten, doch auch der übliche Ausspruch „Gesundheit", mit dem man jemanden bedenkt, der gerade geniest hat, gehört zu den Zauberformeln. Er sollte die Person davor schützen, in einem Moment, in dem sie gewissermaßen wehrlos ist, einem störenden Einfluß durch übelwollende Kräfte zum Opfer zu fallen, denn die Seele könnte ja beim Niesen zufällig aus dem Körper ausgestoßen werden, und die Bemerkung „Gesundheit" würde ihr die Rückkehr erleichtern. Andere Zauberformeln sollten vor Zahnschmerzen, Blutungen und anderen körperlichen Beschwerden schützen, ganz gleich, ob sie übernatürlichen Ursprungs waren oder nicht.

Typisch für die Zauberformeln, die man als Teil der Therapie für körperliche Leiden aufsagte, war der folgende schottische Spruch gegen Schluckauf:

> Mein Geliebter ist einer,
> Der Schluckauf ist zwei;
> Wenn mein Liebster mich gern hat,
> Ist der Schluckauf vorbei.

Eine Alternative zum Aussprechen einer Zauberformel war das Aufschreiben auf einen Zettel oder auf ein Amulett, das man dann gewöhnlich an einer Schnur am Hals mit sich herumtrug. 1882 wurde in einer Hütte in Madeley (Shropshire) eine Zauberformel entdeckt, die auf ein Stück Papier gekritzelt und in einem Spalt am Schornstein versteckt war. Sie sollte offenbar das Haus vor allem Bösen schützen und lautete: „Ich fordere alle Hexen und Geister in dem berühmten Namen von Jehova, Alpha und Omega auf, dieses Haus zu verlassen."

Siehe auch **Zauber**; **Schutz vor Hexenzauber**.

Zaubernuß *siehe* **Haselstrauch**

Zauberstab Der angeblich zauberkräftige Stab, der ein unentbehrliches Requisit jedes ehrgeizigen Zauberers und so mancher Hexe war, wird noch heute von den Magiern benutzt, die auf der Bühne stehen und uns mit ihren Kunststücken verblüffen. Vielleicht waren es die Stäbe der biblischen Propheten, die die Vorstellung angeregt haben, daß zur Ausführung eines Zaubers ein Zauberstab benutzt werden müsse. Viele Magier setzten zweifellos großes Vertrauen in die Fähigkeiten eines vorschriftsmäßig angefertigten Zauberstabes, wenn sie behaupteten, sie brauchten damit nur in eine bestimmte Richtung zu zeigen, um ihren Zauber dorthin zu leiten.

Die frühesten Hinweise auf die Benutzung von Zauberstäben in der Hexenkunst stammen aus dem fünfzehnten Jahrhundert. In der von einem unbekannten Verfasser stammenden Schrift *Errores Gazariorum* heißt es, daß die Hexen einen Zauberstab erhielten, wenn sie vom **Teufel** getauft wurden (*siehe* **Initiation**). Solche Stäbe spielten gewöhnlich beim **Hexenflug** oder bei der **Divination** eine Rolle, ließen sich jedoch auch zum Aufspüren verborgener Schätze und zu anderen Dingen einsetzen. Außerdem konnten sie auch für die Jungfernprobe und zum Identifizieren von Dieben und Mördern benutzt werden. Ein in solchen Praktiken geübter Zauberer war angeblich in der Lage, ein Tier seiner Bewegungsfähigkeit zu berauben, indem er mit dem Stab auf dessen Körper zeigte. Zauberstäbe galten auch in der Heilkunde als nützlich, und so hatten die Ärzte bis weit in das achtzehnte Jahrhundert hinein als Symbol ihres Berufes stets einen Spazierstock bei sich.

Zauberstäbe gab es in unterschiedlichen Formen und Größen; manche Zauberer bevorzugten eiserne Stäbe oder statt dessen blanke **Schwerter**. Für die **Nekromantie** und die Kontaktaufnahme mit dem **Satan** sollten Zauberstäbe aus Zypressenholz, einem Material, das mit dem Tod in Verbindung stand, die besten sein. John **Fian** hatte behauptet, daß während der Untersuchungen im Fall der **Hexen von Berwick** der Teufel persönlich mit einem weißen Zauberstab in der Hand in seiner Zelle erschienen sei; der Teufel habe den Stab zerbrochen und sei darauf verschwunden. Um den Geist eines Selbstmörders zu beschwören, mußte ein Zauberer die Leiche neunmal mit seinem Zypressenstab berühren, woraufhin sich der Geist angeblich materialisierte, um die an ihn gerichteten Fragen zu beantworten. Zauberstäbe aus Hasel- oder Weidenholz (*siehe* **Haselstrauch**; **Weide**) spielten in anderen Zusammenhängen eine Rolle.

Gelegentlich gab es sehr strenge Regeln, die für gewisse Rituale die Verwendung eines bestimmten Typs von Zauberstab vorschrieben. In einigen Quellen wird beispielsweise behauptet, daß eine Hexe oder ein Zauberer zum Ziehen eines **magischen Kreises** nur eine Haselgerte von genau 49,53 cm Länge benutzen durften, die bei Sonnenaufgang mit dem blutbefleckten **Hexenmesser** des Magiers geschnitten worden sein mußte. Zu den Ritualen, die über einem neuen Zauberstab ausgeführt werden mußten, um dessen verborgene Zauberkraft zu wecken, gehörten das Aufsagen von Gebeten und von **Namen der Macht**. Manche Zauberer steckten auf die Enden des Stabes magnetisierte Kappen, um dessen Eigenschaften zu verstärken, und weihten ihn vor jeder neuen Benutzung.

Zaunrübe Krautige Kletterpflanze, die als Ersatz für **Mandragora** angeblich in vielen Hexentränken verwendet wurde. Die Pflanze besaß neben anderen Besonderheiten, die für die Ausübung des Hexenhandwerks wichtig waren, angeblich auch die Eigenschaften, stark abführend zu wirken, die Fruchtbarkeit bei Menschen und Pferden zu fördern, die Liebeslust zu erhöhen (*siehe* **Liebestrank**), verschiedene Unterleibserkrankungen zu lindern und Prellungen abzuschwächen (daher auch der französische Name für die Pflanze, der übersetzt „Kraut der geschlagenen Frauen" lautet.

Ziegenbock Der Ziegenbock war angeblich die bevorzugte Tarngestalt des **Teufels**. Dieses Tier wurde folglich weit und breit mit üppiger Männlichkeit und den Kräften der Dunkelheit in Verbindung gebracht. Einst stellte man den alten Gott Pan meist in einer Gestalt dar, die halb Mensch und halb Ziegenbock war. Obgleich eine direkte Verbindung zwischen der griechischen Mythologie und dem Hexenwesen noch zu beweisen bleibt, hat der Teufel des europäischen Hexenwesens doch ganz ähnlich den Rumpf und die Arme eines Menschen und den Kopf, die Hörner, die Beine, den Schwanz und die Klauenfüße eines Ziegenbocks (sowie gelegentlich ein Paar Flügel). Auch die Ziegendämonen des alten jüdischen Volksglaubens, denen es nach Menschenfrauen gelüstete, oder die altägyptische Tradition der Verehrung von Ziegenböcken, die sich angeblich mit ihren Anhängerinnen paaren durften, können hier einen Einfluß gehabt haben. Welchen Ursprung diese Vorstellung auch hat – im europäischen Volksglauben war der Ziegenbock untrennbar mit dem Dämonischen verbunden. Der Aberglaube z. B. behauptete, daß alle Ziegen einmal in vierundzwanzig Stunden

Ziegenbock

weggehen, um sich vom Teufel zum Zeichen ihrer Treue den Bart kämmen zu lassen.

Bereits 1335 schilderten die französischen Hexen Anne-Marie de Georgel und Cathérine Delort, wie sie mit dem Teufel in Gestalt eines Ziegenbocks Geschlechtsverkehr gehabt hätten. Auch wird in vielen anderen Geständnissen (seltsamerweise jedoch nicht in England oder Schottland) behauptet, daß der Teufel in solch einer Gestalt zu den **Hexenzirkeln** erschienen sei. Manche Hexen waren ihren eigenen Worten zufolge auf Dämonen in Ziegengestalt zu den **Hexensabbaten** geritten und hatten das Hinterteil eines Ziegenbocks geküßt (*siehe* **Kuß**), weil sie glaubten, das Geschöpf sei der **Satan** selbst. Der Ziegenbock, der sich zu den Hexenzirkeln zeigte, wurde meist als ein Tier mit schwarzem Fell beschrieben, das mitunter auch einen roten Bart zur Schau trug.

Die Hohepriester und Hohepriesterinnen neuzeitlicher Hexenzirkel tragen bei ihren Zeremonien häufig Ziegenmasken, zwischen deren Hörnern manchmal auch eine Kerze angebracht ist.